D1752067

STÄDTE, DÖRFER, BAUDENKMÄLER

STUDIA TRANSYLVANICA
IM AUFTRAG DES ARBEITSKREISES FÜR SIEBENBÜRGISCHE LANDESKUNDE
HERAUSGEGEBEN VON
HARALD ROTH UND ULRICH A. WIEN

BAND 36

Paul Niedermaier

STÄDTE, DÖRFER, BAUDENKMÄLER

STUDIEN ZUR SIEDLUNGS- UND
BAUGESCHICHTE SIEBENBÜRGENS

von

PAUL NIEDERMAIER

Als Festgabe zum 70. Geburtstag
herausgegeben vom Vorstand des
Arbeitskreises für Siebenbürgische Landeskunde

BÖHLAU VERLAG KÖLN WEIMAR WIEN

Die STUDIA TRANSYLVANICA erscheinen als Ergänzungsbände des „Siebenbürgischen Archivs", das in III. Folge die alte und neue Folge des „Archivs des Vereins für siebenbürgische Landeskunde" (1843-1944) fortsetzt.

Gedruckt mit Unterstützung
des Beauftragten der Bundesregierung für Kultur und Medien.

Bibliografische Information der Deutschen Nationalbibliothek:
Die Deutsche Nationalbibliothek verzeichnet diese Publikation in der Deutschen Nationalbibliografie; detaillierte bibliografische Daten sind im Internet über http://dnb.d-nb.de abrufbar.

Umschlagabbildung:
Illustration aus Samuel de Köleséri: Auraria Romano-Dacica. Hermannstadt 1717.

© 2008 by Böhlau Verlag GmbH & Cie, Köln Weimar Wien
Ursulaplatz 1, D-50668 Köln, www.boehlau.de

Alle Rechte vorbehalten. Dieses Werk ist urheberrechtlich geschützt.
Jede Verwertung außerhalb der engen Grenzen des Urheberrechtsgesetzes ist unzulässig.

Druck und Bindung: MVR Druck GmbH, Brühl
Gedruckt auf chlor- und säurefreiem Papier
Printed in Germany

ISBN 978-3-412-20047-3

INHALTSVERZEICHNIS

Vorbemerkung.. VIII
Zum Geleit IX
Dan Berindei: Ein wahrer Wissenschaftler........................IX
Peter Johanek: Paul Niedermaier zum 70. Geburtstag............XII
Herman Van der Haegen: Wissen und Gewissen XV
Tabula gratulatoria XVIII
Paul Niedermaier: Schriftenverzeichnis XXI

Siebenbürgen in Europa

Ein Gebiet im Spannungsfeld zwischen
europäischen Veränderungen und lokalen Gegebenheiten............1
Siebenbürgen und die Zips 7

Bevölkerungsgeschichte 14

Bevölkerungsdichte und Bevölkerungsbewegung im mittel-
alterlichen Siebenbürgen..14
Der Bevölkerungsanteil siebenbürgischer Städte 25
Die Zahl der Siebenbürger Sachsen 29

Zur mittelalterlichen Agrarkrise 31

Das Verhältnis zwischen Dorf und Stadt 31
Handel, Handwerk und Landwirtschaft in mittelalterlichen Städten 35
Die Auswirkung von Konjunkturen auf die Verwaltung der Städte ...40
Die Dynamik des Baues von Schlössern 47
Die Widerspiegelung des Weinbaues in der Architektur 49

Siedlungsgeschichte Siebenbürgens

Landschaft und Dorf 61

Lebensräume im Südosten Europas 61
Die Umgestaltung der Landschaft 69
Gemarkungen siebenbürgischer Straßendörfer 75
Dorfkerne auf dem Gebiet der Sieben Stühle 85

Die Stadt im Siedlungsgefüge 122
   Zur Entwicklung des mittelalterlichen Städtenetzes 122
   Zeitstufen der Stadtwerdung 128
   Stadt und Residenz in Transsilvanien 135
   Bistritz im Kontext der Verkehrswege 143

Städtebau

Allgemeine Gestaltung 147
   Siebenbürgische Städte im europäischen Kontext 147
   Die Grundrissgestaltung der Städte Siebenbürgens 150
   Topographie der Macht im Licht des Städteatlasprojektes 166
   Gepräge im Wandel 169
   Modernisierung der Altstädte Siebenbürgens im 19. Jh. 184
Bauten der Städte 190
   Städtische Bauten im Überblick 190
   Bürgerhäuser 202
   Bürgerliche Gemeinschaftsbauten 214
   Befestigungstürme verschiedener Zeiten 221

Sakralbauten als Bedeutungsträger

Vielfalt der Kirchen 235
   2000 Jahre christliche Baukunst 235
   Multikonfessionalität in der Raumkonzeption 237
Mitteleuropäische Baukunst 241
   Die Konzeption romanischer Kirchen 241
   Frühgotik im Spannungsfeld zwischen Absichten, Möglichkeiten
   und Notwendigkeiten 261
   Spätgotische Kirchen – das Ergebnis vielschichtiger
   Entwicklungsvorgänge 270
Kirchen byzantinischer Prägung 296
   Allgemeine Konzeption 296
   Die orthodoxe Kathedrale der Heiligen Dreieinigkeit in
   Hermannstadt 303
Eine gotische Synagoge in Hermannstadt? 311

Bergbau und Bergwerksorte

Salzbergbau 319
   Zeugnisse des frühen und hohen Mittelalters 319
   Entwicklung im späten Mittelalter 343

    Merkmale der frühen Neuzeit 354

Montanwesen..374
    Entwicklung im Mittelalter 374
    Montanwesen im 16. und 17. Jh. 408
Ortschaften, Siedlungen und Bauten........................439

Anhang
Verzeichnis der Abbildungen 445
Ortsnamenregister 450

VORBEMERKUNG

Schon seit vielen Jahrzehnten arbeitet Paul Niedermaier eng mit dem Arbeitskreis für Siebenbürgische Landeskunde zusammen. Lange vor der ersten Jahrestagung des Arbeitskreises in Hermannstadt 1977, bei der er referierte, gehörte er zu dessen Mitarbeitern, und das in einer Zeit, in der grenz- und systemüberschreitende wissenschaftliche Kooperation noch keineswegs selbstverständlich und oft schwierig war. 1979 erschien schließlich Niedermaiers Dissertation über den siebenbürgischen Städtebau im Mittelalter in der Hauptreihe des Arbeitskreises, dem „Siebenbürgischen Archiv", in Kooperation mit dem Kriterion-Verlag Bukarest.

Nach der politischen Wende von 1989/90 konnte diese gute Zusammenarbeit nahtlos fortgeführt und in fruchtbarer Weise intensiviert werden. Aufgrund der Erfahrungen mit den ersten Tagungen des Arbeitskreises für Siebenbürgische Landeskunde 1990 und 1991 in Siebenbürgen begann zunächst Thomas Nägler und dann Paul Niedermaier mit dem Aufbau von dessen Rumänien-Abteilung. Diese führte seit 1994 selber regelmäßig Tagungen an wechselnden Orten durch, beteiligte sich an den Projekten des Arbeitskreises und des Siebenbürgen-Instituts, ihre rund 100 Mitglieder landesweit arbeiteten an den Zeitschriften und Schriftenreihen mit. Das Bindeglied – auch im Vorstand des Arbeitskreises – war dabei stets Paul Niedermaier, dem in Hermannstadt mit der Leitung des Akademie-Institutes, mit der Professur an der Universität und dem Amt als Landeskirchenkurator, schließlich als Stadtrat Verantwortungen von zentraler Relevanz zuwuchsen.

Für den Arbeitskreis für Siebenbürgische Landeskunde stand es daher außer Frage, Paul Niedermaier anlässlich seines 70. Geburtstages am 25. Juli 2007 mit einer Zusammenstellung jener wichtigen Aufsätze zu ehren, die er im Laufe mehrerer Jahrzehnte verstreut und teilweise in rumänischer Sprache publiziert hat und die die Siedlungs- und Stadtgeschichtsforschung Siebenbürgens wie des gesamten Donau-Karpaten-Raumes ganz wesentlich vorangebracht haben. Manche Beiträge gehen auf Zeitungsserien zurück, stellen aber nicht weniger Forschungsergebnisse dar, war dies vor 1989 doch ein alternativer Weg zur Verbreitung profunden Wissens. So erklärt sich auch, warum bei einigen Beiträgen der wissenschaftliche Apparat fehlt. In einigen wenigen Fällen wurden Kürzungen vorgenommen, um Wiederholungen möglichst zu vermeiden.

Dieser Band soll ein Dank an Paul Niedermaier für jahrzehntelangen fachlichen Austausch, für befruchtende Zusammenarbeit, für erfolgreiche Aufbauleistung, für freundschaftliche Kritik und für unbedingte Zuverlässigkeit sein. Er wird überreicht mit herzlichen Wünschen für die Gesundheit und wissenschaftliche Schaffenskraft des Jubilars, der auch in seinem achten Jahrzehnt von den Gemeinschaften, die er wesentlich mit prägt, ohne Frage dringend gebraucht werden wird.

Der Vorstand
des Arbeitskreises für Siebenbürgische Landeskunde e.V. Heidelberg

ZUM GELEIT

Ein wahrer Wissenschaftler

Paul Helmut Niedermaier erfüllt sein 70. Lebensjahr. Es ist ein Alter, in dem man Bilanz zieht, ein Augenblick, dem unser Kollege abgeklärt entgegen sehen kann. Der Gewürdigte ist Absolvent des Bukarester Instituts für Architektur „Ion Mincu". Von Anfang an fühlte er sich vorwiegend der Restaurierungsproblematik verpflichtet und folgte somit dem Ruf der Siebenbürger Sachsen, ihr Erbe und ihre Zivilisation zu bewahren und zu verwerten. Professor Niedermaier gehört jener deutschen Bevölkerungsgruppe an, die sich vor fast einem Jahrtausend in Siebenbürgen niedergelassen, zivilisatorisch gewirkt und gebaut hat. Er gehört zu denen, für die Siebenbürgen die „wahre Heimat" ist, er ist einer der Wenigen, die verstanden haben, dass die Sachsen in ihrer Heimat Teil eines festen Gefüges von Beziehungen zwischen Sachsen, Rumänen und Ungarn sind; er hat verstanden, dass die Sachsen dank ihrer Tätigkeit und ihrer Beziehungen dem gesamten „dakischen Raum" angehören. Zugleich pflegt Paul Niedermaier selbstverständlich Beziehungen zum deutschen Raum, zu den Herkunftsregionen der Siebenbürger Sachsen. Da er sich der Achtung und Wertschätzung der Wissenschaftler des Auslandes erfreut, sind die Beziehungen für Rumänien in seiner Gänze dienlich.

Die siebenbürgischen Städte und Baudenkmäler erfreuten sich natürlicherweise seines Interesses und selbstverständlich waren es vornehmlich diejenigen, die die Sachsen geschaffen haben. Um die städtebauliche Entwicklung Siebenbürgens und Westrumäniens zu verstehen, muss man die Arbeiten des Architekten und Historikers Paul Niedermaier kennen, der seit 1975 Doktor der Architektur ist. Seit über 40 Jahren hat Professor Niedermaier in wertvollen Arbeiten – von denen einige in namhaften Verlagen im Ausland erschienen sind – das Maß seiner Gelehrsamkeit und Fähigkeiten gezeigt, wobei sich in seiner Person das Binom Architekt – Historiker ausgezeichnet ergänzt. Klausenburg, Hermannstadt, seine Heimatstadt, Schässburg, Bistritz, Temeswar und alle übrigen siebenbürgischen und westrumänischen Städte sowie eine Reihe von profanen und kirchlichen Baudenkmälern haben in Paul Niedermaier den aufmerksamen und kompetenten Gelehrten gefunden, der nicht nur ihre architektonische und städtebauliche Entwicklung, sondern auch ihre Genese untersucht hat, und das im allgemeinen Kontext. Die Städtegeschichte, die Siedlungsgeschichte, die Geschichte des Städtebaus, die historische Demographie sowie verständlicherweise die Architekturgeschichte haben in

Paul Niedermaier einen ausdauernden und hingebungsvollen Forscher gefunden, der nicht selten erstaunliche Ergebnisse erzielt hat.

Professor Niedermaier hat sich aber auch im Hermannstädter Forschungsinstitut für Geisteswissenschaften einen Namen gemacht, ein Institut, das er seit 1994 mit Geschick und mit Gefühl für Ausgleich leitet. Dieses Institut hat in seiner personellen Zusammensetzung und in den Zielsetzungen seiner Forschungsprojekte sowohl innerhalb des Landes als auch in den internationalen Beziehungen eine Brückenfunktion. Paul Niedermaier ist sich dieses Sachverhalts bewusst, was für die Entwicklung des Instituts und dessen Ausstattung positive Auswirkungen hatte. Das Hermannstädter Forschungsinstitut ist eine der ansatzfreudigsten und effizientesten Forschungseinrichtungen der Rumänischen Akademie im Bereich der Geisteswissenschaften, und dieses verdanken wir seit über einem Jahrzehnt Paul Niedermaier.

Professor Niedermaier, der am 6. Juni 2001 für seine Verdienste und seine gesamte Tätigkeit zum Korrespondierenden Mitglied des höchsten wissenschaftlichen und kulturellen Gremiums Rumäniens gewählt wurde, ist nicht nur ein arbeitsamer und hingebungsvoller Siebenbürger, sondern gleichermaßen ein Bürger dieses Landes. Indem Paul Niedermaier seine berufliche Ausbildung am Architekturinstitut „Ion Mincu" genossen hat, ist er durch Beruf und Spezialisierung mit der allgemeinen Problematik Rumäniens verbunden und hat natürlicherweise sein Interessensgebiet auch auf die Gebiete außerhalb des Karpatenbogens ausgedehnt. Er ist einer der effizientesten Vorsitzenden einer Einrichtung der Rumänischen Akademie, der Städtegeschichte-Kommission. Seit einigen Jahren leitet Professor Niedermaier mit sicherer Hand, mit Taktgefühl und bemerkenswerten Ergebnissen die Tätigkeit dieser akademischen Kommission. Ihre Tagungen, die abwechselnd in verschiedenen Städten des Landes abgehalten werden, vor allem jedoch ihre wissenschaftlichen Arbeiten, verleihen diesem Verband hohes Ansehen, eine Tatsache, die in bedeutendem Maße ihrem Vorsitzenden zu verdanken ist.

Von Paul Niedermaier ist bei uns auch die Initiative ausgegangen, einen Städtegeschichteatlas Rumäniens herauszugeben. Die bisher erschienen Lieferungen Schässburg, Mühlbach, Suczawa und Târgovişte sind bemerkenswerte Arbeiten, durch die unsere Historiographie auf internationaler Ebene in Erscheinung tritt. Die Bände, die Paul Niedermaier im deutschsprachigen Raum veröffentlicht hat, sowie die Herausgabe des Städtegeschichteatlas' Rumäniens haben zur Hebung des internationalen Prestiges des Landes beigetragen und gleichzeitig die auswärtigen wissenschaftlichen Beziehungen gefördert. Die Preise und Ehrungen, die Professor Niedermaier zuteil geworden sind, seine Beziehungen zur Internationalen Städtegeschichtekommission des Internationalen Komitees für Geschichtswissenschaften, sprechen für sich, so dass wir ihm sowohl für seine diesbezügliche Mühe dankbar sein müssen als auch für seine kompetente anleitende Arbeit.

Seit 1999 ist Paul Niedermaier ordentlicher Professor an der Geschichtefakultät der Hermannstädter Lucian-Blaga-Universität. In dieser Eigenschaft sowie in der als Direktor des Forschungsinstituts bildet er eine junge Elite in einem Bereich aus, in dem es wenige Spezialisten gibt. Auch eine andere Facette der Tätigkeit von Professor Niedermaier, die als Museologe, soll nicht vergessen werden. Fast ein Jahrzehnt lang, von 1963 bis 1971, arbeitete er maßgeblich vor allem im Freilichtmuseum des Brukenthalmuseums. Diese Tätigkeit hat ebenfalls zur Vervollkommnung seiner Persönlichkeit beigetragen.

Es ist noch meine Aufgabe, einen anderen Aspekt von Paul Niedermaier hervorzuheben, den des aufrechten und ernsthaften *Menschen*, der sich seinem Land, den Siebenbürger Sachsen und seiner Heimatstadt hingebungsvoll widmet.

Im Namen der Rumänischen Akademie sowie in meinem eigenen Namen wünsche ich dem Kollegen und Freund ein langes Leben, Gesundheit und bleibende Wirkung.

Dan Berindei
Mitglied und Vizepräsident der Rumänischen Akademie

Paul Niedermaier zum 70. Geburtstag

Paul Niedermaier wird 70 Jahre alt, und aus diesem Anlass erscheint ein Sammelband, der eine Auswahl seiner Aufsätze zur Geschichte Siebenbürgens und besonders auch zur Geschichte von dessen Städten erneut publiziert und sie damit, wenigstens zum Teil, eigentlich erst weiteren Kreisen der deutschen Forschung so recht zugänglich macht. Das ist ein großer Gewinn für die deutsche und die europäische Stadtgeschichtsforschung, denn ein solcher Band lässt das vorbereitende und begleitende Rahmenwerk der Einzeluntersuchungen deutlich werden, das die unabdingbare Voraussetzung bildet für die großen zentralen Beiträge, die Paul Niedermaier zur Städtegeschichte, vor allem des Mittelalters, geleistet hat. Von ihnen wird noch die Rede sein müssen.

Doch Paul Niedermaier ist ein Historiker besonderer Art und Prägung, und das muss voranstehen. Er hat nicht den „normalen" Bildungsgang eines Historikers genommen, indem er nach der Schulzeit Geschichtswissenschaften studierte, vielleicht zusammen mit anderen Fächern, eine der Philologien etwa oder Kunstgeschichte. Er absolvierte vielmehr ein Studium der Architektur, und er hat den Beruf eines Architekten auch eine Zeit lang in der Praxis ausgeübt. Aber es ist doch offenkundig, dass es vorrangig die Geschichte der Architektur und die Geschichte des Städtebaus gewesen sind, die ihn interessierten. Und ebenso offenkundig ist, dass es dieses Interesse wiederum war, das ihn dann 1963 in den Dienst des Brukenthal-Museums in Hermannstadt führte. Von dort erst wechselte er nach acht Jahren in die akademische Forschung und Lehre, der er sich, 1999 zum Professor ernannt, auch heute noch widmet. Die Städtegeschichte ist dabei zum Zentrum seiner Tätigkeit geworden und geblieben.

Paul Niedermaier hat sie stets auf besondere Weise betrieben, und das hängt selbstverständlich mit seinem Werdegang zusammen. Es sind die Realien, die Denkmäler, das gebaute Gehäuse der Stadt, seine Ordnung und Gliederung, die für ihn im Vordergrund stehen, und seine zentralen Werke sind ganz von dieser engen Verknüpfung von der Auswertung monumentaler und schriftlicher Quellen wie durch die Veranschaulichung in Karten, Plänen und bildlichen Wiedergaben geprägt. Das wird besonders deutlich in dem monumentalen Werk über den Städtebau in Siebenbürgen, dem Banat und dem Kreischgebiet, in dem er in drei Bänden, von 1996 bis 2004 erschienen, die Entwicklung während des Mittelalters von den Anfängen bis zur Mitte des 16. Jahrhunderts und darüber hinaus nachgezeichnet hat. In minutiösen Analysen ist das Wachstum und die Verdichtung des baulichen Körpers der Städte dieser Region plastisch herausgearbeitet worden, und man wird behaupten dürfen, dass kaum eine andere Region Europas eine so umfassende Darstellung ihrer städtebaulichen Entwicklung während des Mittelalters gefunden hat. Sie ist als die Krönung seines Lebenswerks anzusehen, für die die Vielzahl der Einzelstudien, von denen dieser Band eine Auswahl bietet, das feste, vorbereitende Fundament bildet. Dieses Gesamtœuvre Paul Niedermaiers hat sein thematisches Zentrum in Siebenbürgen und greift in die angrenzenden, von deutschsprachigen Siedlern mitgeprägten Landschaften, in das Banat und das Kreischgebiet aus. Paul Niedermaier ist vor allem anderen ein Historiker Siebenbürgens. Aber mit dem dreibändigen Werk zum Städtebau, das der europäischen Forschung ein umfassendes Bild der städtischen Entwicklung in einem wichtigen Gebiet des südöstlichen Europas vermittelt, ist Paul Niedermaier endgültig auch in die vorderste Reihe der europäischen Städtehistoriker vorgerückt.

Aber schon lange bevor er diese Bände zu veröffentlichen begann und bevor seine Leistungen durch den Professorentitel anerkannt wurden, ist die internationale Gelehrtenwelt auf ihn aufmerksam geworden und hat ihn in ihre Aktivitäten eingebunden. Es versteht sich, dass er in die wissenschaftlichen Kommissionen und Sozietäten Deutschlands, die sich mit dem Südosten befassen, berufen wurde. Aber auch die „Commission Internationale pour l'Histoire des Villes" hat seinen Rang früh erkannt, der spätestens seit seinen Arbeiten zum Städtebau in der zweiten Hälfte der siebziger Jahre, die eine Vorstufe zu den späteren Werken bildete, offen zu Tage trat. Im Jahre 1986 beantragte das rumänische Mitglied Samuil Goldenberg aus Klausenburg für Rumänien einen weiteren Delegierten in die Kommission zu berufen. Der Blick fiel wie von selbst auf Paul Niedermaier, und 1988 hat er in Andorra zum ersten Mal an einer Sitzung der Kommission teilgenommen. Er hat in der Folgezeit tatkräftig an den Arbeiten dieser Kommission teilgenommen, und zwar nicht nur durch Vorträge auf den jährlichen Sessionen, sondern er hat auch die Aufgaben der Grundlagenforschung der Commission angepackt. Er brachte den „Städtegeschichteatlas Rumäniens" in Gang, wobei er das Blatt Schäßburg (2000) selbst bearbeitete und am Blatt Mühlbach (2004) mitwirkte. Vor allem aber hat er 2005/06 den Rumänien betreffenden Band des „Elenchus fontium historiae urbanae", des großen Quellenwerkes der Kommission zur Stadtgeschichte, in Zusammenarbeit mit einigen anderen Gelehrten vorgelegt. Hier hat er ein Novum in der Geschichte dieser Quellenedition geschaffen. Er hat nämlich neben dem Abdruck der schriftlichen Quellen eine Übersicht über die derzeit verfügbaren archäologischen Befunde zur Stadtgeschichte in Rumänien erstellt. Damit hat er den unbedingt notwendigen interdisziplinären Zugriff ungemein erleichtert, und die insgesamt äußerst spärliche schriftliche Überlieferung vor 1300 für weite Teile des heutigen Rumäniens, die Walachei und die Moldau, wirkungsvoll ergänzt.

So hat sich Paul Niedermaier vor allem mit dem „Elenchus" und mit der Organisation der Arbeiten am „Städtegeschichteatlas" als Brückenbauer zwischen der rumänischen und der übrigen europäischen Stadtgeschichtsforschung erwiesen. Besonders deutlich wurde dieses Bemühen um internationale Diskussion und um den Gedankenaustausch zwischen inländischen und ausländischen Forschern mit der Tagung, die er als Vorsitzender der Städtegeschichtskommission Rumäniens der Rumänischen Akademie der Wissenschaften zusammen mit der Commission Internationale pour l'Histoire des Villes im Jahre 1977 in Târgovişte zur Residenzenfrage in der europäischen Geschichte veranstaltete. Die auswärtigen Teilnehmer waren tief beeindruckt von den beiden Exkursionen, die nach Câmpulung, Curtea de Argeş, Tartlau und Kronstadt führten, und ich selbst denke mit Dankbarkeit zurück an die eintägige Fahrt im Anschluss an die Tagung, die Paul Niedermaier mit mir unternahm. Sie führte von Kronstadt und seiner Umgebung nach Schässburg und hat mir einen ersten, aber nachhaltigen Eindruck von Siebenbürgen vermittelt.

Der persönliche Dank mischt sich so mit dem Dank und tiefen Respekt, den die internationale Stadtgeschichtsforschung Paul Niedermaier zollt. Er kann auf einen reichen, oft widrigen Umständen abgerungenen Ertrag seiner wissenschaftlichen Arbeiten zurückblicken. Möge es ihm noch lange beschieden sein, als Forscher für Siebenbürgen und als Brückenbauer zwischen rumänischer und internationaler Forschung zu wirken.

Peter Johanek
Prof. em., Leiter a. D. des Instituts für vergleichende Städtegeschichte
Münster/W.

Wissen und Gewissen

Bald nach dem Zusammenbruch des Ceaușescu-Regimes fand 1992 in Augsburg eine Tagung zur Bewahrung des Kulturgutes der Siebenbürger Sachsen statt. Dabei sprach Paul Niedermaier über die hochgradige Gefährdung dörflicher Bauten. Bei dem Vortrag spürte man die vollständige Identifizierung des Redners mit der angeschnittenen Problematik.

Diese überzeugende Haltung führte zu einer Freundschaft, aus der eine Zusammenarbeit erwuchs. Unter Mitarbeit mehrerer Autoren – auch von zwei meiner Studentinnen an der Universität Löwen – schlug sich diese in einem Buch nieder: *Weißkirch (Deutsch-Weißkirch / Viscri). Ein siebenbürgisches Dorf im Griff der Zeit. Zur Siedlungsgeschichte Rumäniens* (Leuven, 1997). Jenseits der wissenschaftlichen Themenstellung, die in vielerlei Hinsicht besonders wichtig und einmalig ist, wollte diese Publikation auch eine Ehrerweisung an das siebenbürgische Dorf schlechthin sein. Dieses Buch lieferte später einen fundamentalen Beitrag zur Anerkennung von Deutschweißkirch/Viscri als Weltkulturerbe durch die UNESCO. Damals schrieb Niedermaier in einem Nachwort des Bandes: „*Im Sommer 1993, bei der Durchsicht des Pfarramtsarchivs in Weißkirch, spielte im Pfarrhaus eine Musikerin Bratsche. Die Töne hallten in den leeren Räumen wider und es klang, als weinten sie um das verlorene Leben. Es ist nicht wiederzugewinnen, aber die Erinnerung daran sollten wir bewahren. Wenngleich die Vergangenheit heute in einem verklärten Licht erscheint, wollen wir uns bemühen, ihr nicht nachzutrauern, sondern dankbar auf das einst Gewesene zurücksehen und dabei den Blick für das Künftige freihalten.*"

Einige Jahre später bemühte sich Professor Niedermaier, auch die siebenbürgische Stadt zu würdigen: Mit einem größeren Team erarbeitete er eine sehr geschätzte Dokumentation für die Aufnahme Hermannstadts auf die Liste des Weltkulturerbes. Obwohl heute ein solcher Antrag für eine Altstadt Mitteleuropas begrenzte Aussichten auf Erfolg hat, erschien ihm dieser von zweitrangiger Bedeutung: Wichtig war ihm vor allem der volle Einsatz für seine Stadt.

Ein solcher Einsatz gehört zu seinem Charakter. Das Ziel sieht er nur als einen Orientierungspunkt an, aber das Wesentliche ist für ihn der eventuell dornige Weg in die angedeutete Richtung. Als viele seiner Landsleute 1990 den Schwierigkeiten in Siebenbürgen durch eine Auswanderung auswichen, blieb er bewusst in Hermannstadt, weil er hier seine Pflichten sah.

Dabei setzte er sich ehrenamtlich vor allem im Rahmen der Evangelischen Kirche A.B. in Rumänien ein. Schon 1987 war er zum Kurator der Hermannstädter evangelischen Kirchengemeinde gewählt worden und hatte deswegen in der damaligen kommunistischen Zeit ernste berufliche Schwierigkeiten. Nach 1989 wählte man ihn zum Bezirkskirchenkurator und schließlich zum Landeskirchenkurator – zum höchsten weltlichen Vertreter der Kirche. Wenn es nötig war, hielt er in pfarrerlosen Gemeinden selbst Gottesdienst oder setzte sich im Rahmen des Demokratischen Forums der Deutschen bei entmutigten Bauern dafür ein, dass diese ihren einstigen Boden zurückfordern sollten. Überall, wo „Not am Manne" war, sprang er ein, gleichgültig, wie hoch der Aufwand war.

Auch seinen Einsatz als Direktor des Hermannstädter Forschungsinstitutes für Geisteswissenschaften sieht er in erster Linie als Dienst an dessen wissenschaftlichen Mitarbeitern. Und als ihm 2007 in Deutschland der Siebenbürgisch-Sächsische Kulturpreis verliehen wurde, empfand er dieses als große Ehre, stiftete jedoch dessen Dotierung dem Arbeitskreis für Siebenbürgische Landeskunde e.V. Heidelberg.

Im Zentrum seiner Tätigkeit stand und steht die Forschung. Wir waren sehr froh, als er in den neunziger Jahren die Einladung annahm, seine Kenntnisse als Gastprofessor den Studenten der Universität Löwen zu vermitteln. Dafür stellte er schon mit seiner Dissertation 1975 die Weichen, indem er eine Methodologie ausarbeitete. Bei dieser berücksichtigte er sämtliche älteren Erkenntnisse, ergänzte diese durch eine konsequente Interpretation des Parzellengefüges und setzte diese zur Bevölkerungsentwicklung in Beziehung. Die Grenzen der Auswertung der Merkmale des Grundrissgefüges erachtete er nicht als prinzipielle Einschränkung, sondern als Ausdruck einer begrenzten Verwertung von Informationen – auch planimetrischer Art –, und die Akzeptanz einer gewissen Unsicherheit der erzielten Resultate sah Niedermaier durch das Ausmaß zusätzlicher Erkenntnisse gerechtfertigt.

Wichtig für seine wissenschaftliche Arbeit waren die Jahre vor 1989, als einem in Siebenbürgen „Hände und Füße gebunden waren". In jenen Jahren arbeitete er unabhängig von politischen Gesichtspunkten seine Forschungsprojekte am Hermannstädter Institut aus, und dabei spielte es für ihn keine Rolle, wenn die Studien zunächst in der Schublade blieben. Ein erster Band zur Geschichte des Städtebaues im untersuchten Raum, in rumänischer Sprache, befand sich 1989 bei einem Bukarester Verlag, wo bei den politischen Umwälzungen die Illustrationen verlorengingen. Mit Hilfe seiner Freunde vom Arbeitskreis für Siebenbürgische Landeskunde e.V. Heidelberg konnte er diese erneuern und 1996 den Band in Deutschland herausbringen. Bis 2004 ergänzte Niedermaier diese Abhandlung durch zwei weitere, weitgehend vor 1989 abgefasste Bände zum mittelalterlichen Städtebau in Siebenbürgen und heutigen Westrumänien, die ein neues Licht auf die Genese der Städte werfen. Auf dem Gebiet der historischen Geographie bilden die einleitenden Kapitel zu den drei Bänden einen Abriss der siedlungsgeschichtlichen Entwicklung innerhalb des Karpatenbogens und des östlichen Karpatenbeckens, der bei künftigen Forschungen in Rechnung gestellt werden sollte.

In den unruhigen Jahren seit 1989 bedeutete für ihn die wissenschaftliche Arbeit auch einen seelischen Ausgleich. Dabei blieben die Erfolge nicht aus.

1994 Jahre erhielt er die Befugnis zur Betreuung von Doktoranden und 1999 den Rang eines ordentlichen Professors. Schließlich wurde Paul Niedermaier im Jahr 2001 zum korrespondierenden Mitglied der Rumänischen Akademie gewählt.

Herman Van der Haegen
Prof. em. der Katholischen Universität Löwen
Mitglied der Königlichen Belgischen Akademie der Wissenschaften

TABULA GRATULATORIA

Paul Niedermaier zum 70. Geburtstag

Edeltraud Ackner, Würzburg
Richard Ackner, Neubrandenburg
Alexandru Artimon, Bacău
Alexandru Avram, Hermannstadt
Dumitru Agache, Jassy
Nadia Badrus, Hermannstadt
Joachim Bahlcke, Stuttgart
Christof Baiersdorf, Düsseldorf
Victoria Paraschiva Batariuc, Suczawa
Dan Berindei, Bukarest
Karin Bertalan, Öhringen
Mihaela und Gustav Binder, Bad Kissingen
Karlheinz Blaschke, Friedewald
Cornelia Bodea, Bukarest
Ioana Bogdan-Cătăniciu, Klausenburg
Gerhard Bonfert, Bad Wörishofen
Sigrid Bonfert, Bad Wörishofen
Werner Bonfert, Weinheim
Martin Bottesch, Hermannstadt
Ingmar Brandsch, Stutensee
Ingmar Brantsch, Köln
Anca Bratuleanu, Bukarest
Heinz W. Bredt, Düsseldorf
Gheorghe Cantacuzino, Bukarest
Ionel Cândea, Brăila
Stela Cheptea, Jassy
Vasile Ciobanu, Hermannstadt
Stefan Cosoroabă, Hermannstadt
Florin Constantiniu, Bukarest
Maria Crângaci-Țiplic, Hermannstadt

Gisela Dahinten, Passau
Egon Dahinten, Passau
Malwine Dengel, Hermannstadt
Hedwig Deppner, Osterode-Dorste
Hanna Derer, Bukarest
Peter Derer, Bukarest
Harald Dootz, Dreieich
Șerban Dragomirescu, Bukarest
Günter Dressnandt, München
Hansotto Drotloff, Alzenau
Heinz Duchardt, Mainz
Otto Dück, Gröbenzell
Michael Edling, Ostfildern-Nellingen
Nicolae Edroiu, Klausenburg
Hans Eisenburger, Bochum
Finn-Einar Eliassen, Tonsberg
Hermann Fabini, Hermannstadt
Kurt Fernengel, Nürnberg
Teodor Octavian Gheorghiu, Temeswar
Lucian Giura, Hermannstadt
Maura Geraldina Giura, Hermannstadt
Dinu C. Giurescu, Bukarest
Victor V. Grecu, Hermannstadt
Hans-Jürgen Greger, Backnang
Anna Maria Gündisch, Oldenburg
Konrad Gündisch, Oldenburg
Sigrid Haldenwang, Hermannstadt
Michael Hartmann, Wiehl, Drabenderhöhe
Heinz Heltmann, St. Augustin
Harald Heppner, Graz

Balduin Herter, Mosbach
Kai Hufenbach, Lehrte
Dan Dumitru Iacob, Hermannstadt
Institut für deutsche Kultur und
  Geschichte Südosteuropas,
  München
Institut für Vergleichende Städte-
  geschichte, Münster
Franz Irsigler, Trier
Gudrun Liane Ittu, Hermannstadt
Ingeborg Johanek, Münster
Peter Johanek, Münster
Klaus Johannis, Hermannstadt
Helmut Kelp, Woltersdorf
Hansgeorg von Killyen, Lahr
Jean-Pierre Kintz, Straßburg
Chistoph Klein, Hermannstadt
Hans Klein, Hermannstadt
Konrad Klein, Gauting
Walter Klemm, Geretsried
Heinke Klemm, Detmold
Werner Klemm, Detmold
Dieter Knall, Graz
Diethard Knopp, Nürnberg
Gerlinde Knopp, Nürnberg
Walter König, Reutlingen
Gerhard Konnerth, Hermannstadt
Joachim Langhein, Heidelberg
Nicolae Lascu, Bukarest
Sven Lilja, Stockholm
Sabin Adrian Luca, Hermannstadt
Christoph Machat, Köln
Mircea D. Matei, Bukarest
Hanni Markel, Nürnberg
Michael Markel, Nürnberg
Richard Marsina, Preßburg/
  Bratislava
Stefan Măzgăreanu, Mammendorf
Nils H. Măzgăreanu, Dormitz
Otto Mittelstrass, Karlsruhe
Ilie Moise, Hermannstadt
Dirk Moldt, Berlin

Dorel Morândău, Hermannstadt
Camil Mureşanu, Klausenburg
Doina Nägler, Hermannstadt/
  Neuhausen
Thomas Nägler, Hermannstadt /
  Neuhausen
Alois Niederstätter, Bregenz
Lars Nilsson, Sollentuna
Gernot Nussbächer, Kronstadt
Peter Obermayer, Ehringshausen
Ferdinand Opll, Wien
Aurel Opris, München
Marion Opris, München
Mircea Păcurariu, Hermannstadt
Judit Pál, Klausenburg
Gabriela Pantel, Hermannstadt
Şerban Papacostea, Bukarest
Mircea Petrescu-Dâmboviţa, Jassy
Paul Philippi, Hermannstadt
Zeno Karl Pinter, Hermannstadt
Ioan Aurel Pop, Klausenburg
Corina Popa, Bukarest
Helmut Protze, Leipzig
Joachim von Puttkamer, Jena
Wilhelm Rausch, Groß-Gerungs
Christian Reinerth, Heilbronn
Thomas Riis, Kiel
Liliana Roşiu, Temeswar
Heike und Harald Roth, Regensburg
Dorina N. Rusu, Bukarest
Gabriele Samietz, Berlin
Wolfgang Sand, Berlin
Hatto Scheiner, Münster-Altheim
Walter Schiel, Gunzenhausen
Hermann Schmidt, Mössingen
Erika Schneider, Rastatt
Eckbert Schneider, Rastatt
Johann Schneider, Würzburg
Michael Schneider, Lehrte
Monika Schneider, Lehrte
Wilhelmine Schneider, Lehrte
Hermann Schobel, Würzburg

Günther Schuster, Nürnberg
Daniel Schuster, Lohr a. Main
Karl W. Schwarz, Wien
Irmgard Sedler, Kornwestheim
Werner Sedler, Kornwestheim
Stefan Sienerth, München
Bruno Sift, Mühlheim a.d. Ruhr
Annegret Simms, Dublin
Thomas Șindilariu, Kronstadt
Tereza Sinigalia, Bukarest
Gheorghe Sion, Bukarest
Anda Lucia Spânu, Hermannstadt
Victor Spinei, Jassy
Mariana Șlapac, Kischinew
Ștefan Ștefănescu, Bukarest
Helga Stein, Hildesheim
Südost-Institut, Regensburg
Zoltán Szász, Budapest
Katalin Szende, Budapest
Virgiliu Z. Teodorescu, Bukarest
Răzvan Theodorescu, Bukarest
Anneliese Thudt, Hermannstadt

Stefan Tobler, Hermannstadt
Günther H. Tontsch, Hamburg
Herman Van der Haegen, Löwen/Leuven
Florica Vasiliu, Hermannstadt
Oliver Velescu, Bukarest
Gerald Volkmer, Gundelsheim/Neckar
Günter Volkmer, Horben
Hildegard Volkmer, Horben
Alexandru Vulpe, Bukarest
Georg Weber, Münster
Renate Weber, Münster
Hugo Weczerka, Marburg
Christian Weiss, Tübingen
Ulrich A. Wien, Landau
Joachim Wittstock, Hermannstadt
Krista Zach, München
Frank-Thomas Ziegler, Stuttgart
Harald Zimmermann, Tübingen
Alexandru Zub, Jassy
Ewalt Zweyer, Zorneding

Paul Niedermaier: Schriftenverzeichnis

(aufgrund der systematischen Gliederung kann es zu Mehrfachnennungen kommen)

Geschichtsschreibung
Zum Ursprung siebenbürgischer Städte. Anmerkungen zu Michael Kroners Diskussionsbeitrag, in „Zeitschrift für Siebenbürgische Landeskunde", 14/2, 1991, S. 224–226.
Die Geschichtsschreibung Rumäniens und Siebenbürgens im Spannungsfeld zwischen Isolation und Öffnung, in: „Blätter für deutsche Landesgeschichte", Bd. 134, 1998, S. 175–184.

Siedlungsgeschichte
Dorfkerne auf dem Gebiet der Sieben Stühle, in „Forschungen zur Volks- und Laneskunde", 1973/1, S. 39–66.
Dezvoltarea Avrigului de la cătun la comună, in „Transilvania", Hermannstadt 1973/9, S. 59–68.
Ländliche Siedlung zur Zeit der Einwanderung, in „Neuer Weg Kalender" 1973, S. 112–113.
Das schöne alte Bild der Heimat, in „Karpatenrundschau" Nr. 51/VIII, 19.12.1975, S. 6 bis 50/IX, 10.12.1976 [Besprechung von Ansichten in 26 Folgen, alle S. 6].
Siedlungen und Bauten und *Wehranlagen* in „Geschichte der Deutschen auf dem Gebiet Rumäniens", Hrsg. C. Göllner, Bukarest 1979, S. 154–160.
Die Wüstung Bagendorf, in „Forschungen zur Volks- und Landeskunde", 1980/1, S. 136.
Zu August Meitzens Studie über „Die Flur Thalheim", in „Forschungen zur Volks- und Landeskunde", 1980/2, S. 121–123.
Banater Siedlungen im Lichte der Josephinischen Landesaufnahme, in „Forschungen zur Volks- und Landeskunde", 1981/2, S. 50–55.
Überlagerung von verschiedenartigen Siedlungsformen bei siebenbürgischen Städten, in „Forschungen zur Volks- und Landeskunde", 1984/2, S. 35–40.
Zur Siedlungsgeographie und Siedlungsgeschichte Siebenbürgens, in „Zeitschrift für Siebenbürgische Landeskunde", 1988/2, S. 129–149.
Schlüssel zum Verständnis historischer Vorgänge. Die Bevölkerungsgeschichte und ihre Auswirkungen (I), in „Neuer Weg", 13.08.1988, S. 3.
Umgestaltung der Landschaft. Die Bevölkerungsgeschichte und ihre Auswirkungen (II), in „Neuer Weg", 20.08.1988, S. 4.
Veränderung der Ortschaften. Die Bevölkerungsgeschichte und ihre Auswirkungen (III), in „Neuer Weg", 27.08.1988, S. 6.
Wirtschaftliche Folgen. Die Bevölkerungsgeschichte und ihre Auswirkungen (IV), in „Neuer Weg", 03.09.1988, S. 6.

Die Gemarkungen siebenbürgischer Straßendörfer, in „Forschungen zur Volks- und Landeskunde", 1989/1, S. 32–41.
Forschungsbericht: Siedlungs- und Baugeschichte Siebenbürgens, in „Forschungen zur Volks- und Landeskunde", 1991/1–2, S. 62-65.
Die Entwicklung des Städtenetzes im mittelalterlichen Siebenbürgen, in „Forschungen zur Volks- und Landeskunde", 1993/2, S. 13–18.
Evoluția rețelei de orașe în Transilvania medievală, in „Historia Urbana", I, Hermannstadt 1993, S. 21-26.
Die Umgestaltung einer Landschaft im Südosten Europas. Siebenbürgen im Mittelalter und in der frühen Neuzeit, in „Van Brussel tot Siebenbürgen. Progress in human geography in Europe. Liber Amicorum Prof. Dr. Herman Van der Haegen", Leuven 1994, S. 671–675.
Dinamica evoluției orașului Bistrița în contextul căilor de comunicație, in „Revista Bistriței", VIII, 1994, S. 79–81.
Denkmaltopographie Siebenbürgen. Kreis Kronstadt/Topografia monumentelor din Transilvania. Județul Brașov, Bd./Vol. 3.3, Hrsg. Ch. Machat, Innsbruck, Hermannstadt 1995, 367 S. [Mitverfasser].
Der mittelalterliche Städtebau in Siebenbürgen, im Banat und Kreischgebiet. Die Entwicklung von Anbeginn bis 1241, Heidelberg 1996, S.15–24, 47–70.
Weißkirch (Deutsch-Weißkirch/Viscri). Ein siebenbürgisches Dorf im Griff der Zeit. Zur Siedlungsgeschichte Rumäniens. Hrsg. Herman Van der Haegen, Paul Niedermaier, Leuven 1997, S. 13–26, 51–92, 105–177 [Mitverfasser], 251–254.
Siebenbürgische Kirchenburgen als Teil von Siedlungsstrukturen. Widerspiegelung der Bevölkerungsentwicklung in der Größe von Bauten, in „Landesgeschichte als Herausforderung und Programm. Karlheinz Blaschke zum 70. Geburtstag", Hrsg. U. John, J. Matzerath, Leipzig, Stuttgart 1997, S. 189–203.
Surprinderea specificului satelor transilvănene în lumina cercetărilor din Viscri, in „Tușnad 1999. A müemlékvedelem elméleti és gyarkolati kérdései/Teoria și practica reabilitrii monumentelor istorice/Theoretical and Practical Problems of Restoration on Monuments", Sfântu Gheorghe 2000, S. 68–70.
Siedlungstopographie und Siedlungsgeschichte – Methodische und methodologische Überlegungen zur Erforschung der Dorfgeschichte, in „Zugänge zur Gemeinde", Hrsg. G. Weber, R. Weber, Köln, Weimar, Wien 2000, S. 179–208.
Städtebau im Mittelalter. Siebenbürgen, Banat, Kreischgebiet. 1242–1347, Köln, Weimar, Wien 2002, S. 13–43.
Widerspiegelung des Weinbaues in der Architektur, in „Forschungen zur Volks- und Landeskunde", 44–45, 2001/2002, S. 245–256.
Bevölkerung und Siedlungslandschaft in „Aus der Volkskunde der Siebenbürger Sachsen", Hrsg. H. Klusch, Hermannstadt 2003, S. 17–38.

Städtebau im Spätmittelalter. Siebenbürgen, Banat und Kreischgebiet. 1348–1542, Köln, Weimar, Wien 2003, S. 9–56, 223–258.

Bevölkerungsgeschichte

Broos als Untersuchungsbeispiel. Die Bevölkerungszahl siebenbürgischer Städte zwischen dem 12. und 16. Jh. (I), in „Karpatenrundschau", Nr. 44/04.11.1977, S. 6.
Demographische Entwicklungstendenzen. Die Bevölkerungszahl siebenbürgischer Städte zwischen dem 12. und 16. Jh. (II), in „Karpatenrundschau", Nr. 45/11.11.1977, S. 6.
Siebenbürgische Städte. Forschungen zur städtebaulichen und architektonischen Entwicklung von Handwerksorten zwischen dem 12. und 16. Jh., Köln, Wien, Bukarest 1979, S. 78–84.
Zur Bevölkerungsdichte und -bewegung im mittelalterlichen Siebenbürgen, in „Forschungen zur Volks- und Landeskunde", 1986/1, S. 17–27.
Schlüssel zum Verständnis historischer Vorgänge. Die Bevölkerungsgeschichte und ihre Auswirkungen (I), in „Neuer Weg", 13.08.1988, S. 3.
Der mittelalterliche Städtebau in Siebenbürgen, im Banat und Kreischgebiet. Die Entwicklung von Anbeginn bis 1241, Heidelberg 1996, S. 15–24, 47–70.
Siebenbürgische Kirchenburgen als Teil von Siedlungsstrukturen. Widerspiegelung der Bevölkerungsentwicklung in der Größe von Bauten, in „Landesgeschichte als Herausforderung und Programm. Karlheinz Blaschke zum 70. Geburtstag", Hrsg. U. John, J. Matzerath, Leipzig, Stuttgart 1997, S. 189–203.
Die Bevölkerungsentwicklung siebenbürgischer Städte, in: „Vilfan Zbornik. Pravo – zgodovina narod/Recht – Geschichte – Nation. In memoriam Sergij Vilfan", Ljubljana 1999, S. 163–173.
Städtebau im Mittelalter. Siebenbürgen, Banat, Kreischgebiet. 1242–1347, Köln, Weimar, Wien 2002, S. 13–43.
Bevölkerung und Siedlungslandschaft in „Aus der Volkskunde der Siebenbürger Sachsen", Hrsg. H. Klusch, Hermannstadt 2003, S. 17–38.
Un model pentru stabilirea evoluției ordinului de mărime a numărului de locuitori din orașe și târguri, in „Identitate națională și spirit european. Academicianul Dan Berindei la 80 de ani", București 2003, S. 63–81.
Städtebau im Spätmittelalter. Siebenbürgen, Banat und Kreischgebiet. 1348–1542, Köln, Weimar, Wien 2003, S. 9–56, 223–258.
Evoluția populației medievale din Transilvania, in „Memoriile Secției de Științe Istorice și Arheologie", seria IV, Bd. 31, 2006, S. 107–188.

Städtegeschichte

Die Rolle der Stadtbefestigungen in der Türkenabwehr, in „Forschungen zur Volks- und Landeskunde", 1978/1, S. 81–87.

Siebenbürgische Städte. Forschungen zur städtebaulichen und architektonischen Entwicklung von Handwerksorten zwischen dem 12. und 16. Jh., Köln, Wien, Bukarest 1979, S. 7–8, 75–78, 84–85, 213–221.

Hermannstadt in Beschreibungen des 16 –18. Jhs., in „Forschungen zur Volks- und Landeskunde", 1979/2, S. 30–42.

Wer hatte recht? Seivert kontra Tröster: Vergleiche zwischen Hermannstadt und Wien, in „Die Woche", Nr. 588/23.03.1979, S. 6.

Sibiu în anul 1848, in „Transilvania", 1988/5, S. 27–28.

Raportul între sat și oraș în lumina crizei agrare medievale, in „Anuarul Institutului de Istorie Cluj", XXXI, 1992, S. 151-155.

Die Entwicklung des Städtenetzes im mittelalterlichen Siebenbürgen, in „Forschungen zur Volks- und Landeskunde", 1993/2, S. 13–18.

Dezvoltarea comerțului și geneza orașelor transilvănene în secolele XII–XV, in „Analele Brăilei", I, 1993, S. 161–169.

Evoluția rețelei de orașe în Transilvania medievală, in „Historia Urbana", I, 1993, S. 21-26.

Dinamica evoluției orașului Bistrița în contextul căilor de comunicație, in „Revista Bistriței", VIII, 1994, S. 79–81.

The Old Synagogue from Sibiu, in „Studia Judaica", V, 1996, S. 77–82.

Dinamica construirii castelelor în Transilvania, in „Tusnad 1996. A müemlékvedelem elméleti és gyakorlati kérdései/Teoria și practica reabilitării monumentelor istorice/Theoretical and Practical Problems of Restoration on Monuments", Sfântu Gheorghe 1997, S. 77–78.

Stadt und Residenz in Transilvanien, in „Historia Urbana", V, 1997/1, S. 123–130.

Raportul dintre comerț, meșteșuguri și agricultură în economia orașelor medievale din Transilvania, in „Historia urbana", 1998/1–2, S. 43–48.

Specificul orașelor transilvănene în context european, in „Tusnad 1998. A müemlékvedelem elméleti és gyakorlati kérdései/Teoria și practica reabilitării monumentelor istorice/Theoretical and Practical Problems of Restoration on Monuments", Sfântu Gheorghe 1999, S. 45–47.

Städtegeschichteatlas Rumäniens. Schäßburg/Atlas istoric al orașelor din România. Sighișoara; Bukarest 2000, 24 S. Großformat.

Der Wiederaufbau von Timioara/Temeschwar nach der Eroberung durch die Habsburger, in „Stadtzerstörung und Wiederaufbau", II, Bern, Stuttgart, Wien 2000, S. 263–274.

Denkmaltopographie Siebenbürgen. Stadt Schäßburg,/Topografia monumentelor din Transilvania. Municipiul Sighișoara, 4.1, Hrsg. Ch. Machat, Köln 2002, 238 S. [Mitverfasser].

Hermannstadt, in *Historische Stätten. Siebenbürgen*, Hrsg. H. Roth, Stuttgart 2003, S. 176–182.

Un model pentru stabilirea evoluției ordinului de mărime a numărului de locuitori din orae și târguri, in „Identitate națională și spirit european. Academicianul Dan Berindei la 80 de ani", București 2003, S. 63–81.

Von der Ansiedlung zur Städtelandschaft in Siebenbürgen, in „Siebenbürgische Zeitung", 31.01.2003, S. 5.

Städtegeschichteatlas Rumäniens. Mühlbach/Atlas istoric al orașelor din România. Sebeș, Bukarest 2004, 26 S. Großformat [Mitverfasser].

Auswirkung von Konjunkturen auf die Verwaltung der mittelalterlichen Städte im Südosten Europas, in „Nouvelles études d'histoire", XI, 2005, S. 51–58.

Elenchius fontium historiae urbanae, Hrsg. Paul Niedermaier, Bukarest 2006, S. 3–57 (auch in „Historia Urbana", XIII, 2005/1–2).

Aradul medieval, in „Națiunea română. Idealuri și realități istorice. Acad. Cornelia Bodea la 90 de ani", București 2006, S. 229–240.

Bergbau und Bergwerksorte

Ortschaften des siebenbürgischen Salzbergbaus im Mittelalter (1. Teil), in „Forschungen zur Volks- und Landeskunde ", Nr. 40/1–2, 1997, S. 117–145.

Ortschaften des siebenbürgischen Salzbergbaus im Mittelalter (2. Teil), in „Forschungen zur Volks- und Landeskunde", Nr. 41/1–2, 1998, S. 9–20.

Ortschaften des siebenbürgischen Salzbergbaus im Mittelalter und in der frühen Neuzeit (3. Teil), in „Forschungen zur Volks- und Landeskunde", 42–43, 1999–2000, S. 85–105.

Bergbauorte Siebenbürgens im Mittelalter, in „Salz und Silber in Siebenbürgen", I, Hrsg. R. Slotta, V. Wollmann, I. Dordea, Bochum 1999, S. 98–108.

Siebenbürgische Ortschaften des Montanwesens im Mittelalter, in „Revue roumaine d'histoire", XXXIX/1–4, 2000, S. 3–38.

Siebenbürgische Ortschaften des Montanwesens im 16. und 17. Jh., in „Revue roumaine d'histoire", XD–XDI, 2001–2002, S. 47–66.

Zur Entstehung von Goldbach (Roșia Montană), in „Silber und Salz in Siebenbürgen", IV, Hrsg. R. Slotta, V. Wollmann, I. Dordea, Bochum 2002, S. 163–166.

Die Entwicklung von Rodenau im Mittelalter, in „Silber und Salz in Siebenbürgen", VII, Hrsg. R. Slotta, V. Wollmann, I. Dordea, Bochum 2004, S. 33–38.

Geschichte des Städtebaus

Als Stadt angelegt. 750 Jahre Heltauergasse in Sibiu, in „Komm mit 72", S. 68–71.

Die städtebauliche und architektonische Entwicklung einiger Städte Siebenbürgens vom 12. bis zum 16. Jh., in „Studien zur Geschichte der mitwoh-

nenden deutschen Nationalität und ihrer Verbrüderung mit dem rumänischen Volk", I, Hrsg. C. Göllner, Bukarest 1976, S. 126–175.
Dezvoltarea urbanistică și arhitectonică a unor orașe transilvănene din secolul al XII-lea pînă în secolul al XVI-lea, in „Studii de istorie privind naționalitatea conlocuitoare germană și procesul de întărire a prieteniei ei cu poporul român", I, Hrsg. C. Göllner, București 1976, S. 115–159.
Turda. Dezvoltarea urbanistică a unui centru minier pînă în secolul al XVII-lea, in „Acta Musei Napocensis", XIV, 1977, S. 315–336.
Siebenbürgische Städte. Forschungen zur städtebaulichen und architektonischen Entwicklung von Handwerksorten zwischen dem 12. und 16. Jh., Köln, Wien, Bukarest 1979, S. 13–156.
Geneza centrului istoric clujean în lumina planimetriei lui, in „Acta Musei Napocensis", XVI, 1979, S. 201–213.
Geneza orașului Sighișoara, in „Monumente istorice și de artă ", 1979/2, S. 67–74.
Überlagerung von verschiedenartigen Siedlungsformen bei siebenbürgischen Städten, in „Forschungen zur Volks- und Landeskunde", 1984/2, S. 35–40.
Die Grundrißgestaltung der mittelalterlichen Städte Siebenbürgens, in „Forschungen zur Volks- und Landeskunde", 1987/2, S. 37-51.
Problematica planului prestabilit în istoria urbanismului, in „Historia Urbana", nr. 2/1994, S. 115–119.
Der mittelalterliche Städtebau in Siebenbürgen, im Banat und im Kreischgebiet. Die Entwicklung von Anbeginn bis 1241, Heidelberg 1996, S. 9–14, 24–46, 71–324.
Die Entstehung einer mittelalterlichen Stadt Siebenbürgens: Brașov (Kronstadt), in „Acta Archaeologica Academiae Scientiarum Hungaricae", Nr. 49, 1997, S. 55–66.
Specificul orașelor transilvănene în context european, in „Tusnad 1998. A müemlékvedelem elméleti és gyakorlati kérdései/Teoria și practica reabilitării monumentelor istorice/Theoretical and Practical Problems of Restoration on Monuments", Sfântu Gheorghe 1999, S. 45–47.
Städtebau im Mittelalter. Siebenbürgen, Banat, Kreischgebiet. 1242–1347, Köln, Weimar, Wien 2002, S. 5–11, 45–296.
Städtebau im Spätmittelalter. Siebenbürgen, Banat und Kreischgebiet. 1348–1542, Köln, Weimar, Wien 2003, S. 5–8, 57–221, 258–306.
Gepräge im Wandel: Die mittelalterliche Stadt im Südosten Europas, in „Bild und Wahrnehmung der Stadt", Hrsg. F. Opll, Linz 2004, S. 119–142.

Architekturgeschichte
Documente de arhitectură din România, X–XI, Hrsg. Grigore Ionescu, Gheorghe Curinschi, București 1964 [Mitverfasser Text].

Un moment important în dezvoltarea arhitecturii feudale din Țara Românească – construirea bisericii episcopale din Curtea de Argeș, in „Studii și comunicări ale Muzeului Brukenthal", XIII, 1967, S. 37–50.
Biserica cetate din Ighișul Nou, in „Studii și communicări ale Muzeului Brukenthal", XIV, 1969, S. 185–224.
Das alte Rathaus, in „Hermannstädter Zeitung", Nr. 149/06.11.1970, S. 6.
Zur Tätigkeit einer Bauhütte des 14. Jhs. in Siebenbürgen, in „Forschungen zur Volks- und Landeskunde", 1972/1, S. 44-52.
Siebenbürgische Wehranlagen, in „Die Woche", Nr. 375/21.02.1975 bis 456/10.09.1976 [26 Artikel, alle S. 6].
Die städtebauliche und architektonische Entwicklung einiger Städte Siebenbürgens vom 12. bis zum 16. Jh., in „Studien zur Geschichte der mitwohnenden deutschen Nationalität und ihrer Verbrüderung mit dem rumänischen Volk", I, Hrsg. C. Göllner, Bukarest 1976, S. 175–221.
Dezvoltarea urbanistică și arhitectonică a unor orașe transilvănene din secolul al XII-lea pînă în secolul al XVI-lea, in „Studii de istorie privind naționalitatea conlocuitoare germană și procesul de întărire a prieteniei ei cu poporul român", I, Hrsg. C. Göllner, București 1976, S. 160–201.
Siebenbürgische Städte. Forschungen zur städtebaulichen und architektonischen Entwicklung von Handwerksorten zwischen dem 12. und 16. Jh., Köln, Wien, Bukarest 1979, S. 159–280.
Siedlungen und Bauten und *Wehranlagen* in „Geschichte der Deutschen auf dem Gebiet Rumäniens", Hrsg. C. Göllner, Bukarest 1979, S. 159–177.
Gebäude und Wehranlagen, in „Geschichte der Deutschen auf dem Gebiet Rumäniens", Hrsg. C. Göllner, Bukarest 1979, S. 362–369.
Kunstgeschichtliche Fragen. Die Ausstrahlung der mittelalterlichen Bautätigkeit Regensburgs nach Siebenbürgen und die Denkmalpflege heute/Notizen von der 19. Jahrestagung des Arbeitskreises für Siebenbürgische Landeskunde, in „Karpatenrundschau", 30.10.1981, S. 5.
Die bauliche Entwicklung der mittelalterlichen Städte Siebenbürgens, in „Zeitschrift für siebenbürgische Landeskunde", 1982/1, S. 42–52.
Siebenbürgische Baukunst in Einzelbeispielen, in „Die Woche", Nr. 903/05.04.1985 bis 1128/28.07.1989 [Artikelserie in 20 Folgen, alle S. 6].
Erstrangiges Beispiel siebenbürgischer Baukunst. Die Pfeilerbasilika in Bartholomae, in „Neue Kronstädter Zeitung", III, 01.04.1987, S. 4.
Forschungsbericht: Siedlungs- und Baugeschichte Siebenbürgens, in „Forschungen zur Volks- und Landeskunde", 1991/1–2, S. 62-65.
The Old Synagogue from Sibiu, in „Studia Judaica", 1996/5, S. 77–82.
Die Konzeption der romanischen Kirchen Siebenbürgens, in „Ordnung und Verantwortung. Festschrift zum 80. Geburtstag von Bischof D. Albert Klein", Hermannstadt 1996, S. 30–52.
Dinamica construirii castelelor în Transilvania, in „Tusnad 1996. A müemlékvedelem elméleti és gyakorlati kérdései/Teoria și practica reabilitării mo-

numentelor istorice/Theoretical and Practical Problems of Restoration on Monuments", Sfântu Gheorghe 1997, S. 77–78.

Concepția bisericilor romanice din Transilvania, in „Ars Transilvanica", VI, 1996, S. 5–25.

Multiculturalitatea în concepția spațială a bisericilor medievale din Transilvania, in „Altera", 1996/5, S. 122–125.

Siebenbürgische Kirchenburgen als Teil von Siedlungsstrukturen. Widerspiegelung der Bevölkerungsentwicklung in der Größe von Bauten, in „Landesgeschichte als Herausforderung und Programm. Karlheinz Blaschke zum 70. Geburtstag", Hrsg. U. John, J. Matzerath, Leipzig, Stuttgart 1997, S. 189–203.

Das alte Rathaus in Hermannstadt, in „Buletinul Comisiei Naționale a Monumentelor, Ansamblurilor și Siturilor Istorice", 1997/1–4, S. 17–21.

Bekenntnis von 2000 Jahren christlicher Baukunst, in „Hermannstädter Gemeindebrief", Passionszeit 2000, S. 2–3.

Widerspiegelung des Weinbaues in der Architektur, in „Forschungen zur Volks- und Landeskunde", 44–45, 2001/2002, S. 245–256.

Siebenbürgische Kirchen im Spannungsfeld zwischen Absichten und Möglichkeiten, in „Transsylvania Nostra" I/1, 2007, S. 17–20.

Ethnologie

Moara cu dube din satul Fînațe, Hermannstadt 1966 [Mitverfasser].

Dezvoltarea Avrigului de la cătun la comună, in „Transilvania", 1973/9, S. 59–68.

Weißkirch (Deutsch-Weißkirch/Viscri). Ein siebenbürgisches Dorf im Griff der Zeit. Zur Siedlungsgeschichte Rumäniens. Hrsg. Herman Van der Haegen, Paul Niedermaier, Leuven 1997, S. 13–26, 51–92, 105–177 [Mitverfasser], 251–254.

Bevölkerung und Siedlungslandschaft in „Aus der Volkskunde der Siebenbürger Sachsen", Hrsg. H. Klusch, Hermannstadt 2003, S. 17–38.

Museologie

Proiectul de sistematizare al muzeului din Dumbrava Sibiului, in „Cibinium", 1966, S. 29–39.

Completări și ameliorări la proiectul de realizare arhitectonică, peisajistică și funcțională a Muzeului Tehnicii Populare din Dumbrava Sibiului, in „Cibinium", 1969–70, S. 71–80.

Note de călătorie. Muzee etnografice în aer liber din Austria și Republica Federală a Germaniei / Reiseaufzeichnungen. Ethnographische Freilichtmuseen in Österreich und der Bundesrepublik Deutschland, in „Cibinium", 1969–70, S. 517–520.

Proiectul de sistematizare al sectorului etnografic în aer liber al muzeului Golești, in „Studii și comunicări de istorie și etnografie ale muzeului Golești", 1974, S. 235–246.
Das Landeskirchliche Museum, in „Begegnungs- und Kulturzentrum Friedrich Teutsch der Evangelischen Kirche A. B. in Rumänien. Festschrift zur Einweihung ...", Hermannstadt 2003, S 15–20.

Denkmalschutz
Zur Erhaltung deutscher Baudenkmäler in Rumänien, in „Globus Spezial", 1992, S. 26–27.
Wem geben wir das Erbe? Künftige Nutzungsmöglichkeiten für siebenbürgische Baudenkmäler gesucht. Gedanken über den Erhalt von Kirchen, Burgen, öffentlichen Bauten und Häusern, in „Neuer Weg", 11.12.1992, S. 3–4.
Denkmäler in Rumänien. Vorschläge des Rumänischen Nationalkomitees von ICOMOS zur Ergänzung der Liste des Weltkulturerbes/Monuments en Roumanie. Propositions du Comité National Roumain de l'ICOMOS pour la Liste du Patrimoine Mondial, Hrsg. Ch. Machat, München 1995, S. 52–59.
Notwendigkeiten und Möglichkeiten baugeschichtlicher Forschung in siebenbürgisch-sächsischen Dörfern, in „Zeitschrift für Siebenbürgische Landeskunde", 1995/2, S. 192–194.
Das schwierigste Problem der Denkmalpflege: die Nutzung unserer Bauten, in „Europäische Kulturlandschaft Siebenbürgen", Hrsg. Annemie Schenk, Thaur 1995, S. 74–76.
Rumänien/Siebenbürgen. Eine Kultur geht zu Ende: Was geschieht mit den Baudenkmälern?, in „Tijdschrift van de Belg. Ver. Aardr. Studies – BEVAS/Bulletin de la Soc. Belge d'Etudes Géog. – SOBEG", 1997/2, S. 227–236.

Bauwesen und Städtebau
Wie baue ich mein Haus, in „Hermannstädter Zeitung", Nr. 25/02.08.1968 bis 31/06.09.1968 [Artikelserie in 5 Folgen, alle S. 9].
Mittelalterlich auch im Jahr 2000, in „Hermannstädter Zeitung", Nr. 119/10.04.1970, S. 8.
Systematisierungsplan zur Diskussion. Unsere Stadt hat ein Spezifikum, in „Hermannstädter Zeitung", Nr. 170/02.04.1971, S. 4.
Zwischen Vergangenheit und Zukunft. Diskussionsbeitrag zur Neugestaltung des Großen Rings, in „Neuer Weg", 23.02.1973, S. 3–4.
Feuchtigkeit im Haus – was nun? in „Die Woche", Nr. 395/11.07.1975, S. 6.

Kirche
Zwischen Verzagen und Hoffen, in „Zugänge. Forum des Evangelischen Freundeskreises Siebenbürgen", 1992/11–12, S. 17–21.

Bericht über das Treffen weltlicher Vertreter der Kirche am 29.01.94 im Bezirkskonsistorium Hermannstadt, in „LKI", Nr. 7/15.04.1994, S. 2–7.
Ansprache des Landeskirchenkurators Dr. Paul Niedermaier beim Neujahrsempfang des Bischofs, in „LKI", Nr. 1/15.01.2000.
Die Kirche im Selbstverständnis der Siebenbürger Sachsen, in „Transylvanian Review", Nr. 9/2, 2000, S. 12–18.
Neujahrsempfang im Bischofspalais, Ansprache des Landeskirchenkurators Dr. Paul Niedermaier beim in „LKI", Nr. 1/15.01.2006. S. 3–4.

Politik

In zwei Richtungen. Gedanken am Rande der Auswanderungsfrage, in „Neuer Weg", 15.02.1990, S. 1, 6.
Suche von Wegen. Das Demokratische Forum der Deutschen vor schwierigen Fragen, in „Neuer Weg", 01.03.1990, S. 1, 5.
Bitterer Nachgeschmack geblieben, in „Hermannstädter Zeitung", Nr. 1666/03.03.2002, S. 5.

Würdigungen

Kritik einer Kritik, in „Karpatenrundschau", Nr. 43/27.10.1972, S. 11.
Fünf Jahrgänge der Zeitschrift für Denkmalpflege, in „Forschungen zur Volks- und Landeskunde ", 1976/1, S. 118–121.
Colocviul Comisiei Internaționale pentru Istoria Orașelor, in „Științele sociale și politice peste hotare", București, 1988/3, S. 87–90.
Grundlegende Arbeiten. Dr. Thomas Nägler ist fünfzig geworden, in „Die Woche", Nr. 1104/10.02.1989, S. 6.
40 de ani Institutul de cercetări din Sibiu, in „Anuarul ICSUS", III, Hermannstadt 1996, S. 21–26.
Comisia de istorie a orașelor – un deceniu de activitate, in „Historia Urbana", X/1–2, 2002, S. 3–7.
Institutul la 50 de ani, in: „Institutul de Cercetări Socio-Umane Sibiu. Forschungsinstitut für Geisteswissenschaften Hermannstadt. Semicentenar 1956–2006, Hermannstadt 2006, S. 21–43.

SIEBENBÜRGEN IN EUROPA

Ein Gebiet im Spannungsfeld zwischen europäischen Veränderungen und lokalen Gegebenheiten*

Auf den ersten Blick liegt Siebenbürgen, die Senke in dem Karpatenbogen, irgendwo weit weg, am Balkan, in fast 2000 km Entfernung. Aber beschäftigen wir uns etwas intensiver damit, so stellen wir fest, dass Siebenbürgen lange Zeit zur Habsburger Monarchie gehörte, die sich um eine Zeit von dort bis zum Ärmelkanal erstreckte, und dass sich Kaiser Sigismund von Luxemburg lange Zeit als ungarischer König in Siebenbürgen aufhielt, um die Türkenabwehr zu organisieren oder dass Georg II. Rákóczy, der Fürst Siebenbürgens, in den Dreißigjährigen Krieg mit eingriff.

Und trotzdem: bei diesen Verbindungen handelt es sich letztlich um Vordergründiges. Viel wichtiger ist, dass die Geschichte Siebenbürgens Teil der europäischen Geschichte ist, und zwar in erste Linie dort, wo es sich um gemeinsame Entwicklungen handelte, die ihre Spuren bis heute hinterlassen haben.

Allgemeine Zugehörigkeit. Für den geistlich-geistigen Bereich muss hervorgehoben werden, das Siebenbürgens Gepräge bis an die Schwelle des 20. Jh. weitgehend vom katholisch-protestantischen Kulturraum bestimmt wurde. Dementsprechend gehörte das Gebiet im zweiten Jahrtausend Mittel- und Westeuropa an. Hier wirkten Benediktiner, Praemonstratenser und Zisterzienser, früh verbreitete sich der Dominikaner- und Franziskanerorden. Humanismus und Reformation spielten eine entscheidende Rolle, ebenso Aufklärung oder Pietismus. Entsprechend den verschiedenen Stilen der katholisch-protestantischen Welt war das Leben ausgestaltet – beginnend mit der Romanik bis hin zur Postmoderne; bis heute bestimmen diese das Bild der Orte. Ebenso äußert sich diese Zusammengehörigkeit in den von Heinz Stoob untersuchten Stadtwerdungsvorgängen; diese verliefen nicht nur in West- und Mitteleuropa gleichartig, sondern auch am östlichen Rand Mitteleuropas. Auch statistische Daten und der Baubestand widerspiegeln die gleichen wirt-

---
* Vortrag beim Institut für Europäische Geschichte, Mainz, 2003.

schaftlichen Konjunkturen, etwa im Falle der sich voll auswirkenden mittelalterlichen Agrarkrise.

Als Äußerung von Lebenseinstellungen West- und Mitteleuropas kannte die Natalität und Mortalität eine weitgehend gleichartige demographische Entwicklung, wenngleich eine verspätete Auswirkung von Prozessen festzustellen ist: Wie in Mittel- und Westeuropas gab es einen Bevölkerungsanstieg zwischen dem 7. und 14. Jh., den gewaltigen Bevölkerungsschwund gelegentlich des Schwarzen Todes und anschließende Schwankungen der Bevölkerungszahl bis ins 18. Jh., als von neuem ein substantielles Bevölkerungswachstum einsetzte. Die entscheidenden Auswirkungen dieser Entwicklungen auf sämtliche Bereiche der Existenz sollen hier nicht aufgerollt werden.

Wirtschaftliche Belange. Das Gebiet im Karpatenbogen ist einer differenzierten gesamteuropäischen Struktur zugehörig. Dabei erscheinen mehrere Phänomene als entscheidend.

Ein solches ist die Verbreitung neuer Technologien und Techniken von West nach Ost, aus dem flämischen und moselfränkischen Raum in weiter ostwärts gelegene Gebiete. In diesem Prozess spielten gerade die „Sachsen" Siebenbürgens eine wesentliche Rolle. Bei ihrer Einwanderung brachten sie solche in ein viel weniger entwickeltes Gebiet mit und konnten in späteren Jhh., dank der von ihnen gesprochenen deutschen Sprache, z. B. auf der Wanderschaft, auch mit einfacheren Handwerkern des Westens in unmittelbarem Kontakt bleiben. Es handelt sich jedoch nicht nur um Technologien und Techniken für die Herstellung von Gebrauchsgütern, sondern in gleichem Maße um solche für Bergbau und Landwirtschaft.

Innerhalb Siebenbürgens ließ sich ihr Wissen vielfältig verwerten. Im Bergwesen sind die ungleich komplexeren Fördermethoden der Hospites bekannt und in der Landwirtschaft stellten Flurzwang, Dreifelderwirtschaft und die regelmäßige Düngung des Bodens ebenfalls Neuheiten dar. Auf dem Königsboden, im kompakten Siedlungsgebiet der Hospites, wurden – etwa in Hermannstadt/Sibiu, Kronstadt/Brașov oder Bistritz/Bistrița – besonders wertvolle Handwerksprodukte erzeugt, und neuere Forschungen zeigen, dass auch die Marktflecken anderer Gebiete weitgehend von Gastsiedlern bewohnt waren – Marktflecken, in denen diese vermutlich etwas einfachere Erzeugnisse herstellten.

Dieser Transfer und zugleich die Belieferung des Hinterlandes mit Produkten auf europäischem Niveau war an gewisse Vorbedingungen gebunden. Nur durch eine besondere Rechtslage waren die Gastsiedler vor den Bewohnern des Umlandes geschützt – etwa in den Marktflecken des Szeklerlandes. Zugleich setzte die Behauptung gegenüber diesem Umland einen hohen Bildungsstand voraus, ein Umstand, vor dessen Hintergrund wir das entwickelte Schulwesen des sächsischen Königsbodens sehen müssen: um 1500 gab es in zwei von drei Ortschaften eine Schule – und zwar selbst in ganz kleinen Dörfern. Diese überaus zahlreichen Bildungsstätten jener Zeit beleuchten die erwähnte Eingliederung in europäische Strukturen. Dort, abseits gelegen, in Siebenbürgen, gab es ein „Zentrum" und eine „Peripherie" und zugleich große Unterschiede zwischen Städten, Marktflecken, freien Dörfern und hörigen Orten.

War der Westen Europas einerseits das „gebende" Gebiet, so war er andererseits auch ein „nehmendes" Gebiet – dieses im Rahmen vorteilhafter Handelsbeziehungen. Solches gilt für den Handel mit teuren Handwerkserzeugnissen – etwa mit Samt, Tuch oder Stahl. Lange Zeit wurden diese wohl durch den intensiven Ochsenhandel beglichen, der aus ganz Südosteuropa auf den Umschlagplatz Wien ausgerichtet war. Es sind dieses Elemente gesamteuropäischer Wirtschaftsstrukturen, in denen Siebenbürgen und dessen einzelne Gebiete einen festen Platz einnahmen und weitgehende Rückwirkungen hatten.

Teil dieser Strukturen bildete zugleich der siebenbürgische Bergbau. Durch Jhh. wurde aus Siebenbürgen in großen Quantitäten Steinsalz exportiert – dieses z. B. nach Mähren. Ebenso waren die Edelmetalle ein wichtiger Exportartikel. Gerade diesbezüglich deuten sich ganz enge Verflechtungen zwischen europäischen und siebenbürgischen Entwicklungen an. Als Folge des Handelsembargos für Einfuhren aus heidnischen Gebieten nach dem Konzil in Vienne, zu Beginn des 14. Jh., erblühten zahlreiche Bergstädte Siebenbürgens. In Hermannstadt und Frauenbach/Baia Mare wurde z. B. durch Jhh. je ein Viertel des europäischen Goldes verfeinert und vermünzt. Die ungarische Krone hatte diesbezüglich fast 200 Jahre eine Monopolstellung; sie konnte den Marktpreis des Goldes bestimmen und erzielte einen enormen Gewinn hinter diesen Orten. Als jedoch allmählich das Handelsembargo nicht mehr streng befolgt wurde, und Ungarn, zumal nach dem Import amerikanischen Goldes seine Monopolstellung einbüßte, gingen wesentliche Einnahmen für den Fiskus und letztlich für die Kriegführung verloren: Ein Viertel Jh. nach der Entdeckung Amerikas folgte das Desaster von Mohács, dass seinerseits Auswirkungen auf ganz Mitteleuropa hatte.

Ganz entscheidend für das Spezifikum Siebenbürgens ist die geographische Lage des Gebietes am Rande Mitteleuropas. Diese äußerte und äußert sich in vielen Beziehungen, wobei es Parallelen zu anderen Gebieten in Randlage gibt – etwa zu den baltischen Ländern oder zu Slowenien.

Bevölkerungsdichte. Aus dieser Lage am Rande Mitteleuropas, neben der Walachei und Moldau, die schon zum byzantinischen Kulturraum gehörten, ergibt sich eine relativ geringe Bevölkerungsdichte. Zu Beginn des zweiten Jahrtausends bedingten die Unterschiede – wie in ganz Europa – Zuwanderungen von außen und Migrationen innerhalb Siebenbürgens. Trotzdem blieb die Bevölkerungsdichte, im Vergleich zu anderen Gebieten, etwas geringer. So sind in Siebenbürgen z. B. Großgemarkungen verbreitet, die Parzellen in Dörfern und Städten waren besonders geräumig und in Schriften des 16. und

17. Jh. lesen wir bezüglich Hermannstadt, einer der bedeutendsten Städte des Gebietes – etwa bei Conrad Iacob Hiltebrandt: „*Sie ist an Größe, Stärke und Schönheit Wien in Österreich zu vergleichen, aber so Volkreich ist sie nicht, denn oft, in einem fast fürstlichen Haus ein einziger Hauswirt wohnet, da wohl seiner sechs sich betragen könnten.*"

Vielfalt und Toleranz. Die weiträumige Offenheit und die ständigen Migrationen sind mit einer Akzeptanz des Anderen verbunden. Diese widerspiegelt sich zunächst in sozialer Hinsicht: Das Patriziat siebenbürgischer Städte war keine geschlossene Bevölkerungsschicht, sondern hat reicheren Zuzüglern offen gestanden: Z. B. konnten Vertreter Nürnberger Familien, wie etwa der Hallers oder Stohmaiers, bald nachdem sie in Hermannstadt ansässig wurden, höchste Ämter bekleiden. In Kronstadt war Jerg Blesch (also Georg der Rumäne) einer der angesehensten Bürger der Stadt und selbstverständlich in der Innenstadt ansässig. Ebenso fanden Woiewoden und Fürsten aus der Walachei und Moldau durch Jh. in Siebenbürgen, mit seinen geregelten Verhältnissen, immer wieder Zuflucht.

In geistlicher Hinsicht ist diese Vielfalt und Toleranz besonders augenfällig gewesen. Nach der Reformation war die Zahl unterschiedlicher Glaubensbekenntnisse in Siebenbürgen ungewöhnlich groß: neben Katholiken gab es evangelische Lutheraner, reformierte Calvinisten und Unitarier; Wiedertäufer fanden hier für lange Zeit eine Bleibe und selbst Sabbatarier gab es in einigen Dörfern bis in die Zeit des zweiten Weltkrieges, als sie in Konzentrationslagern endeten. Gelegentlich finden wir Hinweise auf Juden und selbst zu der orthodoxen Kirche gab es, trotz gewisser Spannungen, ein annehmbares Verhältnis. Sprechend ist hierfür eine Begebenheit aus dem 16. Jh.: Da wollten sich Bewohner von Langendorf, einem Dorfes neben Mühlbach/Sebeş eine orthodoxe Kirche bauen, bekamen dabei jedoch Schwierigkeiten mit dem Bischof aus dem nahen Weißenburg/Alba Iulia; darauf beschwerten sie sich bei den sächsischen Stuhlsbehörden in Mühlbach und drohten fortzuziehen, wenn ihnen der Bau nicht gestattet würde, worauf sich diese Behörden für die Rumänen beim Bischof einsetzten und die Baugenehmigung erzielten.

Auch in ethnischer Hinsicht ist die Vielfalt und Toleranz prägend gewesen. Neben den drei Ständen, die teilweise Ethnien entsprachen (adlige „Ungarn", freie „Sachsen" und freie „Szekler"), gab es sehr viele Rumänen. Darüber hinaus wissen wir von Slawen, die als Bulgaren bezeichnet werden, von Zigeunern, Petschenegen, Kumanen, Kekend u. a. m. Gerade diesbezüglich tritt – wie in anderen Randgebieten Mitteleuropas – in den zwischenethnischen Beziehungen ein gewisser Pragmatismus in Erscheinung.

In Gemeinden des freien Königsbodens, in denen sich die sächsische Bevölkerung nicht mehr halten konnte – es waren dieses für gewöhnlich kleine Dörfer, mit einer Gemarkung von weniger als 22 km² –, ließ man Rumänen sich ansiedeln, da diese die Steuern für jene Siedlungen entrichteten. In Ort-

schaften mit einer ethnisch weitgehend gemischten Bevölkerung besetzte man zugleich die Ämter nach einem bestimmten Schlüssel mit Vertretern der einzelnen Ethnien, und dieses bis zum Bürgermeister oder Hannen hinauf.
Andererseits kam es auch zu Spannungen innerhalb einzelner Gemeinden. So gab es nach der Reformation und dem damit einhergehenden Einzug von Nationalsprachen in den Gottesdienst in Klausenburg/Cluj oder Broos/Orăștie Auseinandersetzungen zwischen Ungarn und Deutschen wegen der Nutzung der Pfarrkirchen. Dementsprechend versuchte man unter sich zu bleiben und bemühte sich nach Kräften, den Zuzug Andersnationaler zu verhindern – dieses bis ins 20. Jh. Geradezu paradigmatisch ist in Hermannstadt nach dem Konzivilitätsreskript von Joseph II. im 19. Jh. der Kampf der Rumänen um das Bürgerrecht in der Innenstadt und selbst im 20. Jh. versuchte sich dort das Bürgertum gegen die Übersiedlung der rumänischen Universität aus dem nach dem Wiener Schiedsspruch an Ungarn gefallenen Klausenburg zu widersetzen.

Die allgemeine Akzeptanz des Anderen fand in einer kulturellen Vielfalt des Raumes ihren Niederschlag – einer Vielfalt, die für Übergangsräume typisch ist. Sprechend dafür sind die hier entstandenen Drucke: der älteste rumänische Druck entstand in einer Hermannstädter sächsischen Druckerei. Ebenso ist diesbezüglich im 16. Jh. die Nutzung der Kronstädter Druckerpresse sprechend, und zwar abwechselnd von Johannes Honterus, für den Druck lateinischer, griechischer und deutscher Schriften, und von Diakon Coresi, für solche der orthodoxen Kirche. Im wenigstens teilweise sächsischen Klausenburg entstanden dagegen viele ungarische Bücher.

Selbstverständlich handelte es sich um vielschichtige gegenseitige kulturelle Beeinflussungen. Auf dem Land war z. B. die Gestaltung des bäuerlichen Innenraumes nach dem allgemein osteuropäischen Muster weitgehend durch die Nutzung von Textilien geprägt, in der Stadt die Bürgertracht hingegen von der Kleidung ungarischer Adliger beeinflusst.

Wohlstandsgefälle. Neben der Großräumigkeit und der relativen Toleranz ist für die Randlage Siebenbürgens ein weiteres Merkmal prägend: Das Gebiet gliedert sich in ein Wohlstandsgefälle von West nach Ost organisch ein. Auffällig ist dieses z. B. in der Gestaltung von Rathäusern; von Löwen/Leuven nach Frankfurt a. M., Neusohl/Banská Bystrica und schließlich Kronstadt werden die Bauten immer einfacher, wobei diese Schlichtheit nicht mit Primitivität gleichzusetzen ist. Das gleiche gilt für den Baubestand von Bergstädten: von Freiberg in Sachsen nach Kuttenberg/Kutná Hora, Kremnitz/Kremnica, Göllnitz/Gelnica und schließlich Großschlatten/Abrud ist dieser ebenfalls schrittweise immer einfacher.

Ein solches Wohlstandsgefälle mag zum Teil durch den unterschiedlichen Anteil von Handwerkern und Bauern an der Gesamtbevölkerung einzelner Räume begründet sein, der sich in der Zeit der mittelalterlichen Agrarkrise und dem darauf folgenden Ausgleich vielfältig auswirkte. Solche Erklärungen reichen jedoch nicht aus. Es wurde schon das Wohlstandsgefälle zwischen den Bergstädten erwähnt. In Frauenbauch z. B. wurde durch Jhh. ein Viertel des europäischen Goldes gefördert, und trotzdem hatten die Holzhäuser dort um 1750 einen Anteil am Gesamtbestand der Wohnbauten von 91 %. Ein solcher Sachverhalt ist heute nicht zu erklären. Bezog die Krone besonders hohe Einnahmen gerade hinter der Förderung östlicher Bergorte? Sind Verhaltensmuster entscheidend gewesen – etwa im Westen ein ständiger Ausbau, im Osten eine ständige Erneuerung des alten Baubestandes?

Siebenbürgen in der Türkenabwehr. Wegen seiner Randlage im Südosten Mitteleuropas war Siebenbürgen ein besonders exponiertes Gebiet. Sprechend dafür sind schriftliche Zeugnisse des 15. Jhs. Im Jahr 1453, nach dem Fall Konstantinopels, schrieb der Bischof jener Stadt, Samile, an den Hermannstädter Rat: *„Eure Stadt Ziben oder Hermannstadt hat einen großen Namen überall unter ihnen [den Türken] und sie sprechen, sie sei ihnen ein großes Widernis und Hindernis an ihrem Wege und sie wollen dies Hindernis von ihrem Weg werfen und eure Stadt besuchen und gewinnen und freuen sich sehr hinzuziehen. Darum raten wir euch, dass ihr eure Stadt fest und stark macht und befestigen lasst, das ihr sie nicht verliert."* Das Zitat zeigt einerseits die Gefährdung nicht nur Hermannstadts, sondern ganz Siebenbürgens durch die Expansion des osmanischen Reiches.

Der Gefährdung, aber auch der Rolle für die gesamte Türkenabwehr Mitteleuropas war man sich in Siebenbürgen bewusst. So schrieb der Hermannstädter Rat 1454 an den Wiener Bürgermeister und Rat: *„Wenn aber die genannte Stadt Konstantinopel, die einstmals selig und heilig war […], die einstmals der ganzen Christenheit als eine Mauer und ein Schild galt […], so ist auch diese Hermannstadt […] vor anderen Städten des Königreiches zu Ungarn namhaftiger. Darum schreien die verfluchten Türken […] ohne Unterlass: Cibin, Cibin, das ist Hermannstadt, Hermannstadt, damit hoffen sie, wenn sie diese Stadt gewinnen würden, so könnten sie nicht allein dem vorgenannten Königreich zu Ungarn, des die Hermannstadt ein Schild und Schirm ist, sondern auch der ganzen Christenheit umso leichter nach ihrer Bosheit Willen Schaden und Irrung bringen."* Ging die Formulierung von Hermannstadt als ein Schirm und Schild der Christenheit aus Siebenbürgen aus, so wurde sie in der folgenden Zeit von verschiedenen Kanzleien – auch der päpstlichen – übernommen. Es zeigt dieses einen Sachverhalt, aber zugleich auch ein Selbstbewusstsein, das Bewusstsein einer Rolle in der Geschichte Europas.

Um dieser gerecht zu werden, aber vor allem zum Selbstschutz musste man umfassende Wehranlagen errichten, die bis heute das Bild der gesamten Landschaft bestimmen. Auf Königsboden wurden über 200 Kirchenburgen errichtet; dazu kamen königliche Burgen und andere Wehranlagen. Ebenso gab es in Hermannstadt 8 km Stadtmauern, zu denen rund 70 Türme und 6 Bastio-

nen gehörten; in Kronstadt waren die dickeren Ringmauern nahezu 5 km lang und dazu gehörten über 40 Türme und Basteien.
Fehlten Wehranlagen dieser Art, so bestand die Gefahr des Ausblutens durch die sich wiederholenden Türkeneinfälle. Ihr Bau erforderte einen ständigen materiellen Aufwand für Befestigungen und zur Aufrüstung. Da es nur geringfügige Unterstützungen von außen gab – etwa von Seiten des Königs – , mussten diese Investitionen andernorts abgezweigt werden, so dass z. B. andere Bauten bescheidener ausfielen. Viele Bauten, die einstmals großzügig begonnen worden waren, mussten mit geringeren Mitteln beendigt werden – etwa die Kirche in Bartholomä bei Kronstadt. Auch das ist für das Gepräge Siebenbürgens bestimmend.

Als Schlussfolgerung ist zunächst die Zugehörigkeit Siebenbürgens zu Mitteleuropa zu unterstreichen. Es handelt sich dabei um ein Verhältnis zwischen einem Zentrum im Westen Mitteleuropas und einer Peripherie im Osten, in Siebenbürgen. Dieser Tatbestand hatte verschiedenartigste Folgen, wobei der Peripherie spezifische Werte zugeordnet werden können. Gerade als strategische Verteidigungslinie kam dem Karpatenbogen und der zugehörigen Senke eine besondere Bedeutung zu.

Bei der abgelegenen und abgeschlossenen Lage und der relativ geringen Bevölkerungsdichte in Siebenbürgen werden dabei viele geschichtliche Vorgänge besonders klar kenntlich. Sie können relativ leicht aus einem Geflecht vielfältiger Beziehungen innerhalb einer Struktur herausgelöst und untersucht werden. Dementsprechend eignet sich dieses Gebiet, trotz einer nicht immer günstigen Quellenlage, für verschiedenste Fallstudien.

Siebenbürgen und die Zips[*]

Vergleichsmöglichkeiten. Vergleicht man Siebenbürgen und die Zips so fällt auf den ersten Blick die unterschiedliche Größenordnung der beiden Gebiete auf: Als Ausdehnung und Raumform lässt sich die Zips eher mit dem Burzenland vergleichen, der historischen Entwicklung und mittelalterlichen Rechtslage entsprechend mit dem siebenbürgischen Königsboden schlechthin. Siebenbürgen dagegen, kann in seiner Gesamtheit entsprechend den Ausmaßen und der Verschiedenartigkeit von Räumen und Landschaften der gesamten Slowakei gegenüber gestellt werden.

Auf den ersten Blick fällt die unterschiedliche Lage innerhalb Mitteleuropas auf. Obwohl durch Jhh. im selben Staatsverband zusammengefasst, liegen die Slowakei und mithin auch die Zips im zentralen Teil Mitteleuropas, Sie-

---

[*] Vortrag bei der Tagung der Südostdeutschen Historischen Kommission, Leutschau, 1998.

benbürgen befand sich jedoch an dessen Rande. Im Spannungsfeld zwischen dem Westen und Osten des Kontinents bedeutete das zugleich stärkere Auswirkungen westlicher Einflüsse in Wirtschaft, Politik und Kultur in der Slowakei und eine betontere Eigenständigkeit gewisser Entwicklungen in Siebenbürgen.

Dabei ist zwischen zwei Phasen zu unterscheiden. Handelte es sich in einer ersten Phase sowohl im Falle der Slowakei mit der Zips als auch im Falle Siebenbürgens um Randgebiete Ungarns, so änderte sich diese Situation, in einer zweiten Phase mit dem Vordringen der Türken im Karpatenbecken. Nun bildeten die langen Täler der Slowakei, in die sich auch die Zips eingliedert, die Verbindung zwischen dem Westen und Siebenbürgen schlechthin, wodurch sie im Verhältnis zu Siebenbürgen aufgewertet wurden.

Die Siedlungsfreundlichkeit der Räume und ihre Auswirkungen. Sowohl Siebenbürgen als auch die Slowakei bilden aber in siedlungsgeschichtlicher Sicht keine in sich geschlossenen Räume. So wie die wichtigen Wasserläufe aus dem Raum hinausströmen, befinden sich die früh intensiv genutzten Gegenden in Randgebieten: hier handelt es sich um den Westrand der siebenbürgischen Senke – also das Gebiet zwischen Deesch/Dej und Karlsburg/Alba Iulia, dort um den Südrand der Slowakei – zwischen Pressburg/Bratislava und Kaschau/Košice. Entsprechend den Verbindungswegen zu anderen Räumen, liegen deswegen auch die wichtigsten Städte in Randbereichen, d. h. Klausenburg/Cluj, Hermannstadt/Sibiu und Kronstadt/Brașov bzw. Pressburg und Kaschau. Beiden fehlt ein natürlicher Mittelpunkt, etwa in der Gegend von Neumarkt/Târgu Mureș bzw. Neusohl/Banska Bystrica.

Die Erklärung findet sich in den geographischen Komponenten siedlungsgeschichtlicher Faktoren. In der Slowakei sind das Mittelgebiet und der Nordrand von mehr oder weniger gebirgigen Räumen besetzt und in der Senke Siebenbürgens steigt, im allgemeinen, das Gelände von West nach Ost an. Dementsprechend finden wir auch Tschernoseme, als Indikatoren der natürlichen Vegetation, nur am Südrand der Slowakei, vor allem im Raum Pressburg[1], in Siebenbürgen hingegen in der Siebenbürgischen Heide und in geringerem Maß bei Karlsburg[2]. Dort ist, ohne menschliche Eingriffe (also auch in der Zeit geringer Bevölkerungsdichte zu Beginn des Mittelalters) mit potentieller Waldfreiheit zu rechnen.

In den anderen Räumen beider Gebiete, deren Böden hauptsächlich aus verschiedenen Braunerden bestehen, ist mit natürlicher Bewaldung zu rechnen. Diese Gegenden waren feuchter und kälter, also weniger siedlungsfreundlich, eine Tatsche die Kurt Horedt für Siebenbürgen klar herausgestellt

---

[1] *Atlas für Ost- und Südosteuropa*, Hg. Peter Jordan, Karte Nr. 1.4 – M₂ A, Wien 1996.
[2] *Atlas Republica Socialistă România* [Atlas Sozialistische Republik Rumänien], Karte Nr. VI.1, București 1978.

hat.³ Auf das Gleiche laufen die Feststellungen von Alojz Habovstiak hinaus, wonach sich in der Slowakei die meisten älteren Siedlungen in *„niedere*[n] *Tal- und ebene*[n] *Lagen und der Großteil der jüngeren wieder* [in] *höher gelegene*[n] *Hang- und Gipfellagen"* befinden⁴. Für Siebenbürgen ist ein gleichartiger Tatbestand anhand unterschiedlicher Bevölkerungsdichten nachgewiesen⁵.

Sowohl in der Slowakei als auch in Siebenbürgen waren die weniger siedlungsfreundlichen Gebiete zunächst nicht in die politische Gliederung einbezogen⁶ und wurden weitgehend im Zuge des Landesausbaues dichter besiedelt. Zu diesen Gebieten gehört in der Slowakei die Zips mit ihren Braunerdeböden, auf denen mit Buchen und Buchen-Nadelmischwäldern zu rechnen ist, in Siebenbürgen der Königsboden, mit weitgehend gleichartigen Bodentypen. Die relativ späte Ansiedlung der Hospites, der sogenannten Sachsen, hüben wie drüben erfolgte dementsprechend im allgemeinen an Stellen, die im 12. und 13. Jh. von einer älteren Bevölkerung nur sehr schütter besiedelt waren.

Homogenität der Gebiete und ihre Auswirkung. Im Falle der Zips, wo der disponible Raum relativ klein war, ist das Siedlungsgebiet geschlossen und bildete als solches ein gesondertes Komitat, zu dem auch die angrenzenden Bergorte gehörten; bei Hospites anderer Ansiedlungen der Slowakei, im Raum Kaschau – Bartfeld/Bardejov, im Raum Pressburg und in verschiedenen Bergstädten im Revier von Kremnitz/Kremnica handelt es sich um gesonderte Siedlungskammern mit anderen Privilegien, weitgehend für Städte; sie befanden sich inmitten verschiedener Komitate. Auch bei dem Königsboden Siebenbürgens haben wir es mit mehreren Siedlungskammern zu tun, die in politischer und rechtlicher Hinsicht nicht in allen Fällen homogen waren: der Unterwald, das Propsteigebiet, das Kokelgebiet, der Kronstädter Distrikt (Burzenland) und der Bistritzer Distrikt; dazu kommen zumal noch Einzelsiedlungen, etwa bei Klausenburg, und minder privilegierte Orte und Gebiete. Während jedoch in dem durch die Randgebirge weitgehend geschlossen wirkenden Siebenbürgen in der Nationsuniversität ein Verband der privilegierten Siedlungskammern entstand, fehlt ein solcher Verband im Falle der nach Süden geöffneten, durch die zentralen Gebirgsmassive jedoch viel stärker gegliederten Slowakei.

---

[3] K. Horedt, *Siebenbürgen in spätrömischer Zeit*, Bukarest 1982, S. 11–17. Siehe dazu auch P. Niedermaier, *Zur Siedlungsgeographie und Siedlungsgeschichte Siebenbürgens*, in „Zeitschrift für Siebenbürgische Landeskunde", Nr. 11/2, 1988, S. 129–145.
[4] A. Habovštiak, *Stredoveká dedina na Slovensku* [Alte Dörfer in der Slowakei], Bratislava 1985, S. 374, s. auch S. 58.
[5] P. Niedermaier, *Der mittelalterliche Städtebau in Siebenbürgen, im Banat und im Kreischgebiet*, Heidelberg 1996, S. 48–56.
[6] *Magyarország története térképeken elbeszélve* [Geschichte Ungarns in Karten], Heft 1, Hg. F. Glatz, o.O., o.J., S. 20–21.

Dieser Zusammenschluss mehrerer Siedlungskammern, die im Kontext der späteren Anerkennung der Gesamtheit der Sachsen als Stand zu sehen ist, führte in Siebenbürgen zu einer gewissen Machtposition dieses Standes, die schwerer zu übergehen war. Einerseits konnten dementsprechend diese Gebiete in größerem Maß adelsfrei gehalten werden. Wenn es auch Vergabungen gab, wie die von Bistritz oder Mühlbach – also von kleineren, um eine gewisse Zeit wirtschaftlich geschwächten Städten in Randgebieten des Königsbodens –, so waren sie doch für den König schwieriger und konnten leichter rückgängig gemacht werden. Dagegen währte die Verpachtung des Nordteiles der Zips jahrhundertelang. Eine Adelsburg, wie die der Thökölys in Käsmark/ Kežmarok, gab es zwar um eine Zeit auch in Bistritz, jedoch konnte diese nach der Wiedereingliederung in den Königsboden geschleift werden. Jenseits davon sind jedoch die Phänomene in beiden Gebieten die gleichen: In Siebenbürgen kam es um eine Zeit in wirtschaftlich schwachen Einzelorten, wie Deesch und Thorenburg/Turda, zu einer Konzentration kleiner Adelsresidenzen; und andererseits konnten sich wirtschaftlich starke Städte, auch in der Slowakei, ohne eine Eingliederung in einen Verband weitgehend behaupten.

Der Ausbau der Siedlungslandschaft erfolgte hüben wie drüben in ähnlicher Weise. Im Bereich des Königsbodens Siebenbürgens sind die wenigen vorsächsischen Siedlungen häufig als Enklaven angrenzender Komitate erhalten geblieben. Im Zuge der Besiedlung zusätzlicher Gebiete – etwa der Zwei Stühle, des Zekesch oder des Zwischenkokelgebietes – übersiedelten zwar sächsische Bewohner älterer Dörfer in diese neuen Gebiete[7], doch ist trotzdem bis Mitte des 14. Jhs. in allen Orten des Königsboden ein rasanter Bevölkerungsanstieg festzustellen[8]. In der Zips weisen gewisse Ortsnamen auch auf eine vorsächsische Besiedlung hin (etwa Hollomütz/Holumniča), doch wird diese gering gewesen sein. Eindeutig befinden sich die Siedlungen mit sächsischer Bevölkerung in tieferen Lagen, auf den günstigsten Standorten. Aber auch hier gibt es, wie in Siebenbürgen, gewisse Anzeichen einer Erweiterung der Siedlungslandschaft – so dürfte Alt-Walddorf/Stara Lesna neueren Datums sein als das benachbarte Groß-Lomnitz/Velká Lomnica. Unabhängig davon ist aber auch in der Zips mit einem ähnlichen Bevölkerungsanstieg wie in Siebenbürgen zu rechnen.

Die Städte beziehungsweise künftigen Städte sind in Siebenbürgen nicht nur bis ins 14., sondern bis ins 16. Jh. angewachsen.[9] Dabei stieg zwischen 1150 und 1650 der Anteil der städtischen Bevölkerung an der Gesamtbevöl-

---

[7] Th. Nägler, *Die Ansiedlung der Siebenbürger Sachsen*, Bukarest 1979, S. 124–168.
[8] P. Niedermaier, *Zur Bevölkerungsdichte und -bewegung im mittelalterlichen Siebenbürgen*, in „Forschungen zur Volks- und Landeskunde", Bd. 29/1, 1986, S. 17–27.
[9] P. Niedermaier, *Siebenbürgische Städte. Forschungen zur städtebaulichen und architektonischen Entwicklung von Handwerksorten zwischen dem 12. und 16. Jh.*, Köln, Wien, Bukarest 1979, S. 78–84.

kerung Siebenbürgens stark an. Da diese Entwicklungstendenzen mit jenen Gesamteuropas übereinstimmen, kann auch in der Slowakei und in der Zips die Entwicklung nicht prinzipiell anders verlaufen sein. Auch in Konkordanz mit der anwachsenden ländlichen Bevölkerung und dem größeren Urbanisierungsausmaß wird es auch hier zu einem merklichen Ausbau der Städte gekommen sein. Eine Feststellung, archäologische Grabungen hätten gezeigt, dass Städte wie Leutschau/Levoča oder Kaschau/Košice aus einem Guss, in einem Zuge aufgebaut worden seien,[10] müssen wir deswegen mit Zurückhaltung zur Kenntnis nehmen – selbst wenn wir eine wachsende Anzahl von Städten und Marktflecken in Rechnung stellen.

Gesamtkonzeption des Siedlungsgefüges. Bei der Rodung von Wäldern Siebenbürgens und der Anlage neuer Siedlungen in vorher schütter besiedelten Gebieten spielten vor allem klimatische Gesichtspunkte, welche die Vegetation beeinflussten, eine große Rolle. In der Zips stimmen diese Gesichtspunkte zusätzlich mit dem Relief überein: Die ebeneren Gebiete zwischen dem Fuß verschiedener Gebirge sind die siedlungsfreundlichen, gerodeten Flächen.

Auf diesen siedlungsfreundlichen Flächen, meist entlang der Wasserläufe, befinden sich hüben wie drüben die Siedlungen. Dabei versuchen die Gemarkungen auch seitlich gelegene Wälder mit einzubeziehen, die in der Zips besonders groß sind. Trotzdem sind die Gemarkungen der Zips etwas kleiner als die auf südsiebenbürgischem Königsboden. Da sich die Ortschaften geländebedingt an wenigen Trassen aneinander reihen (vor allem entlang der Straße im Poppertal, entlang der Straße Deutschendorf/Poprad – Eperies/Prešov und im Hernadtal) und nur in kleinerem Maße in Seitentälern liegen, wirkt der Abstand zwischen den Siedlungen zusätzlich geringer.

Auffällig im Vergleich zu Siebenbürgen ist der relativ große Urbanisierungsgrad der Zips. In Siebenbürgen konnten normalerweise größere Städte nur in einem Abstand von beiläufig 60 km entstehen, während es Marktflekken als Stuhlsvororte auch 30 km weit von anderen Städten gab. Der Abstand zwischen den Zentren der Oberen und der Unteren Zips, zwischen Leutschau und Käsmark, beträgt auch 30 km, aber beide haben klar städtische Merkmale. Dazu kommt noch die Existenz einer Zwergstadt bei Käsmark, Pudlein/Podolinec, sowie eines neueren Fleckens bei Leutschau, Neudorf/Spišská-Nova Ves). Der Urbanisierungsgrad und vor allem die Existenz einer richtigen Zwergstadt (mit Kirche, Rathaus und ganz wenigen Häusern innerhalb der Ringmauer) erscheint eindeutig als eine Auswirkung der Verbindung zum Zentrum Mitteleuropas, wo es solche Städte gibt. In Siebenbürgen tragen hin-

---

[10] I. Gojdic, *Preservation of Historical Towns – Slovakian Experience*, Vortrag bei der Tagung „Preservation of Historic Settlements", Tușnad 1998.

Abb. 1. Kirchdrauf und das Zipser Haus von hinter dem Zipser Kapitel

gegen selbst große Marktflecken, wie Birthälm/Biertan, weitgehend ländliche Merkmale.

Ein nennenswerter Unterschied zwischen der Zips und dem südsiebenbürgischen Königsboden ist andererseits die einstige Konzentration von verschiedenen Funktionen in der Haupt-Hermannstadt: Dort befanden sich Komitatsburg, Propsteisitz und Wirtschaftszentrum an einem Ort. In der Zips sind all diese an verschiedenen Orten angeordnet gewesen: auf Bergen östlich und westlich des Dorfes Kirchdrauf/Spišské Podhradie stand die Komitatsburg, das sogenannte Zipser Haus/Spišský hrad und die Stiftskirche mit den Domherrenhäusern, des Zipser Kapitels/Spišsky kapitula (Abb. 1); der Handwerks- und Kaufmannsort wurde jedoch 15 km weiter westlich gebaut. Die Konzentration der Standorte in Hermannstadt spricht für andere Gewichtungen der einzelnen Institutionen: die Bürgergemeinde hatte wohl eine größere Bedeutung im Vergleich zur Propstei und vor allem zum Komitat. Dieses führte vermutlich zu einem besseren Miteinander, das dann einen Niederschlag in der besonderen Entwicklung der Stadt fand.

Siedlungen und Bauten. Unterschiede in der Ausbildung einzelner Elemente finden sich weiter im Grundrissgefüge der Ortschaften. Sowohl auf siebenbürgischem Königsboden als auch in der Zips handelt es sich um systematisch zeilenmäßig angelegte Orte, wie sie für westliche Siedler typisch sind. Aber während es beim Ausbau der Siedlungen Siebenbürgens vor allem zur Anlage mehr oder weniger breiter straßenartiger Räume kam, haben in der Zips und in der Slowakei im allgemeinen spindelförmige Anger eine große Bedeutung.

Siebenbürgen in Europa 13

Abb. 2. Häusergruppe in Georgenberg

In Siebenbürgen finden wir solche Anger sehr selten – in nicht sehr klarer Form in Thorenburg. Dieser Unterschied ist schwer zu erklären, am ehesten durch ein etwas höheres Alter der siebenbürgischen Anlagen.

In dem Grundrissgefüge der wichtigsten Ortschaften der Zips fällt auf, dass die Parzellen merklich kleiner bemessen sind als in Siebenbürgen: Aber die Spiegelung der räumlichen Entwicklung von Käsmark in dem Grundrissgefüge entspricht in etwa der vieler siebenbürgischer Städte, während Leutschau etwas einheitlicher ist, aber auch seine Entsprechungen findet, so in dem Burg-Viertel in Schäßburg/Sighişoara.

Besonders klar sichtbar sind Ähnlichkeiten und Unterschiede zwischen den zwei Gebieten in der Architektur, wobei die Unterschiede vor allem der frühneuzeitlichen Habsburger Phase der Zips zu verdanken sind, die Ähnlichkeiten hingegen einer früheren und einer späteren Phase. Einerseits fehlen in siebenbürgischen Städten die repräsentativen Rathäuser der Zips, die dort eindeutig der Verbindung zum Zentrum Mitteleuropas zu verdanken sind; ebenso fehlen die reichen Zierformen des späten 16. und des 17. Jhs., die die gleiche Verbindung widerspiegeln, zugleich aber auch ein gewisses Wohlstandsgefälle dieser Zeit. Ähnlichkeiten sind dagegen vor allem an einfacheren Häusern festzustellen. So hat Georgenberg/Spisska Sobota heute annähernd die Architektur wie sie für Bistritz vor der Mitte des 19. Jhs. beschrieben ist. Das heutige Gepräge dieser Stadt stimmt hingegen mit jenem Käsmarks überein.

Die Verteidigung der Gebiete steht mit den architektonischen Merkmalen in engem Zusammenhang, was für die Zeit der Türkenbedrohung eindeutig ist.

Trotz des schützenden Gürtels der Karpaten war zumal der Südteil Siebenbürgens stark gefährdet. Die Slowakei, als Nordteil Ungarns und später als Ostteil des Habsburger Reiches, war in ihrer Gesamtheit weniger von Türkeneinfällen bedroht. Im Spannungsfeld zwischen Verteidigungsnotwendigkeiten und Verteidigungsmöglichkeiten entstand in Südsiebenbürgen, zumal auf Königsboden, ein differenziertes Netz starker Wehranlagen – Stadtbefestigungen und Kirchenburgen; auf nordsiebenbürgischem Königsboden sind die Kirchenburgen merklich weniger befestigt und für die Slowakei war ein solch engmaschiges Netz nicht nötig. Zwar sind die Städte wie in ganz Europa gewiss auch dort befestigt gewesen – etwa Bartfeld –, aber Befestigungen von Kirchen, selbst wenn sie einst wohl existierten, waren nicht mit jenen Südsiebenbürgens zu vergleichen. Hingegen findet das Zipser Haus in Siebenbürgen nicht seinesgleichen. Die Mittel, die in Wehranlagen investiert wurden, fehlten in Siebenbürgen bei andersartigen Bauten.

Bevölkerungsgeschichte

Bevölkerungsdichte und Bevölkerungsbewegung im mittelalterlichen Siebenbürgen*

Berechnungen der Bewohnerzahl müssen weitgehend von der Bevölkerungsdichte pro km² ausgehen.[11] Sieht man von wenigen Einzelorten ab, lässt sich diese Dichte in Siebenbürgen vor allem für den sogenannten Königsboden sowie für einige angrenzende, wirtschaftlich ähnlich entwickelte Gebiete genauer bestimmen. Die ermittelten Werte erlauben zum Teil jedoch gewisse Verallgemeinerungen und ermöglichen zugleich Rückschlüsse auf verschiedenste Zusammenhänge.

Anhaltspunkte. Auf die Familienzahl vieler Ortschaften ist zunächst aus Angaben der ersten Hälfte des 14. Jhs. zu schließen. Um 1330 umfassten die 26 Ortschaften des Brooser Dekanats 3300 Herdstellen,[12] und diese Gesamtzahl lässt sich nach dem sogenannten Zehnten des Zehnten aufteilen – am besten entsprechend der ersten Zählung von 1336.[13] Wenig später, 1334, wurde die

---
* Erstdruck: „Forschungen zur Volks- und Landeskunde" 1986/1, S. 17–27.
[11] Siehe z. B. Şt. Pascu, *Voivodatul Transilvaniei* [Das Woiewodat Siebenbürgen], I, Cluj 1971, S. 152–157, 227–231.
[12] O. Mittelstraß, *Terra Syculorum terrae Sebus und der sächsische Unterwald*, in *Zur Rechts- und Siedlungsgeschichte der Siebenbürger Sachsen*, Köln, Wien 1971, S. 95f.
[13] *Documente privind istoria României* [Dokumente zur Geschichte Rumäniens], seria C Transilvania, 14. Jh., III, Bucureşti 1954, S. 218f. Die Abgaben von 1332 (S. 128f, 141f) stimmen weniger mit anderen Daten überein (z. B. *Urkundenbuch...*, I, S. 326–329), scheinen also unausgewogener, und die Verzeichnisse für 1333–1335 sind sehr lückenhaft. Für einige Ortschaften

Herdstellenzahl im Brooser Dekanat in den zugehörigen neun Siedlungen genau verzeichnet.[14]

Die erzielten Werte bilden einen Ausgangspunkt für weitere Berechnungen. Bezieht man die Ortsgrößen im Brooser Dekanat auf die 1332 als Zehnter des Zehnten geleisteten Zahlungen,[15] ergibt sich ein durchschnittlicher Abgabenwert von 0,25 Groschen pro Herdstelle; auf die gleiche Weise kann im Mühlbacher Dekanat für 1332 eine mittlere Zahlung von 0,29 und für 1336 von 0,24 Groschen pro Herdstelle ermittelt werden. Zum zehnten Teil der Pfarrereinnahmen ist der Kathedralzins hinzuzurechnen,[16] dessen Zehnter – hier wie drüben – rund 0,09 Groschen pro Herdstelle ausmachte (mithin beiläufig 27 % des gesamten Hundertsten),[17] der ganze Zehnte des Zehnten betrug also 0,34 Groschen pro Feuerstelle. In Ortschaften, in denen den Geistlichen nur eine Zehntquarte zustand, dürfte demnach in den Verzeichnissen von 1332/1337 einer Herdstelle, also einer Familie, eine Abgabe von über 0,08 Groschen entsprochen haben. Auf diese Weise können die Dorfgrößen für mehrere Dekanate oder spätere Kapitel (Schogen, Tekendorf,[18] Spring, Vierdörfer, Bulkesch, Bogeschdorf und Bachnen)[19] annähernd errechnet werden.[20]

Handelte es sich jedoch um Dekanate oder Plebane, die dem Archidiakon des Gebietes nicht unterstellt waren[21] und die diesem gewöhnlich keine Zehntquarte zu geben hatten, könnte in den Verzeichnissen von 1332/1337, je nach der Abgabe allein an den Bischof oder auch an das Domkapitel, einer

---

wurden fehlende Angaben nach Zahlungen aus jenen Jahren und für Schwarzwasser/Săcel vergleichsweise nach der Gemarkungsgröße bestimmt.

[14] F. Zimmermann, C. Werner, G. Müller, G. Gündisch, *Urkundenbuch zur Geschichte der Deutschen in Siebenbürgen* (von nun an: *Urkundenbuch ...*), I, Hermannstadt 1892, S. 464f.

[15] *Documente ...*, seria C, 14. Jh., III, S. 127f, 138f. Das Jahr 1332 eignet sich am besten für Ermittlungen, da es von damals die vollständigsten Angaben gibt.

[16] Für die gesonderte Besteuerung von Bischof und Domherren siehe: E. Wagner, *Die päpstlichen Steuerlisten 1332–37*, in „Forschungen zur Volks- und Landeskunde", XI/1, S. 38. Für die Übereinstimmung der Zahlungen der Geistlichen und Archidiakone sind z. B. die Aufzeichnungen aus dem Thorenburger Archidiakonat relevant. Dort gaben die Pfarrer im Durchschnitt 342 Groschen pro Jahr ab, der Archidiakon hingegen 419 Groschen pro verzeichnetes Jahr (*Documente ...*, seria C, 14. Jh., III, S. 122f, 142–144, 160, 175f, 191f, 208, bzw. S. 150, 184f, 205).

[17] *Urkundenbuch ...*, I, S. 227, 464f. Siehe auch: E. Wagner, *Wüstungen in den Sieben Stühlen als Folge der Türkeneinfälle des 15. Jh.*, in „Forschungen zur Volks- und Landeskunde", 21/1, S. 46.

[18] In *Documente ...*, seria C, 14. Jh., III, S. 157, erscheint für Tekendorf/Teaca selbst ein Pleban, also ein Geistlicher, der dem Archidiakon nicht unterstellt war, so dass der Ort eine Ausnahme bildete.

[19] G. Müller, *Die deutschen Landkapitel in Siebenbürgen und ihre Dechanten 1192–1848* in „Archiv des Vereins für siebenbürgische Landeskunde", XLVIII, S. 128, 131f, 134f, 177–180. Vgl. auch G. D. Teutsch, *Das Zehntrecht der evangelischen Landeskirche A.B. in Siebenbürgen*, Schäßburg 1858, S. 33f.

[20] *Documente ...*, seria C, 14. Jh. III, S. 125–127, 130–132, 138f, 140–142, 144f, 148f, 153f, 157f, 161–163, 166, 175, 177–180, 182f, 187f, 192f, 195–197, 206f, 209f, 218. Hier und bei den folgenden Berechnungen nach dem Zehnten des Zehnten wird von einem Mittelwert sämtlicher Zahlungen ausgegangen.

[21] Siehe z. B. G. D. Teutsch, *a.a.O.*, S. 31.

Herdstelle eine Zahlung von 0,19 bis, eher, 0,25 Groschen pro Jahr entsprochen haben. Zu dieser Kategorie gehören die Dekanate Bistritz, Kiraly und Regen, die ein ähnliches oder nur weniger nachteiliges Zehntrecht als das Mühlbacher und Brooser Dekanat besaßen.[22] Nach dem sogenannten Zehnten des Zehnten[23] lassen sich dort, entsprechend dem nicht genau zu ermittelnden bischöflichen Anteil, eher untere Grenzen bestimmen.

Auf dem Gebiet der Hermannstädter Propstei, im späteren Schenk-Hermannstädter und im Leschkircher Kapitel (und dementsprechend ursprünglich vermutlich auch im Hermannstädter Kapitel) mussten die Pfarrer eine Zehntquarte abtreten und zugleich einen minimalen Kathedral- und Propsteizins zahlen;[24] offensichtlich war das Zehntrecht in einer frühen Zeit dem im Mühlbacher und Brooser Dekanat sehr ähnlich. In den Rechnungen der Jahre 1332/1337 werden die Ortschaften des Propsteigebietes jedoch gesondert geführt, mit einer einmaligen Abgabe für vier Jahre,[25] so dass sich kein unmittelbarer Vergleich mit den anderen Dekanaten anstellen lässt. In den Verrechnungen des halben Zehnten der Jahre 1317–1320 sind jedoch sowohl einige Siedlungen aus dem Propsteigebiet als auch aus dem Mühlbacher Dekanat angeführt,[26] so dass für diese eine vergleichende Größenbestimmung möglich ist. Darunter befindet sich auch Hermannstadt/Sibiu selbst, das zur Entschlüsselung der Steuerliste des Propsteigebietes von 1332–1335 herangezogen werden kann.

Einen letzten, aber am wenigsten zuverlässigen Anhaltspunkt gibt es für acht Siedlungen des Mediascher Kapitels; 1283 trat das siebenbürgische Bistum die ihm zustehenden drei Zehntquarten den Geistlichen für einen festen Kathedralzins ab; die Größe sämtlicher Zehnteinnahmen ist also bekannt.[27] Wie weiter unten gezeigt wird, verdoppelte sich die Bevölkerung in diesem Teil Siebenbürgens im Laufe von 50 Jahren, und es ist anzunehmen, die Zehnteinnahmen dass bei der nicht übermäßig großen Bevölkerungsdichte bis 1333 auf das Zweifache gestiegen sein werden. Um ihre Höhe für Ermittlungen zu verwenden, kann der doppelte „halbe Zehnte" von 1319/1320 aus Orten des Mühlbacher Dekanats (den Kathedralzins hinzugerechnet)[28] als nächstliegender Vergleich dienen.[29] Deren Herdstellenzahl entsprechend (die

---

[22] Ebenda, S. 38f; G. Müller, *a.a.O.*, S. 128–131, 146–148, 165–167; E. Wagner, *Zur Siedlungsgeschichte Nordsiebenbürgens im Mittelalter*, in „Korrespondenzblatt des Arbeitskreises für Siebenbürgische Landeskunde", VI/3–4, S. 131.
[23] *Documente ...*, seria C, 14. Jh., III, S. 134f, 139f, 147, 158, 161f, 175, 177, 182, 193f, 212, 217f.
[24] G. Müller, *a.a.O.*, S. 152f, 171–175; vgl. auch S. 139–145.
[25] *Documente ...*, seria C, 14. Jh., III, S. 219–221.
[26] *Urkundenbuch ...*, I, S. 325–327, 329.
[27] *Urkundenbuch ...*, I, S. 145, 160; G. Müller, *a.a.O.*, S. 155–159 (40 Mark: 3 = 13,3 × 4 = 53,2 Mark x 56 Groschen/Mark = 2979 Groschen).
[28] *Urkundenbuch ...*, I, S. 326f, 329 bzw. 226f.
[29] Andere Vergleichswerte, die auf einen wesentlich kleineren Zehnten hinweisen, entstammen den Jahren 1332–1337; da es sich dort jedoch um eine ganz allgemeine Besteuerung handelte, dürfte die Schätzung großzügiger erfolgt sein.

um 1320 wohl etwas kleiner waren als um 1330) ergibt sich ein durchschnittlicher Zehnter von 9,26 Groschen pro Familie.[30] Wird der gesamte Zehnte des Mediascher Dekanats von 1333 durch diesen Wert geteilt, so erhält man die Herdstellenzahl der zugehörigen Ortschaften,[31] die allerdings nur entsprechend der Gemarkungsgröße auf diese aufgeteilt werden kann.

Auf diese Art lässt sich die Größe von insgesamt 153 Ortschaften bestimmen,[32] doch handelt es sich dabei nur um annähernde Werte; ungenaue oder

---

[30] Die Ortschaften Kleinmühlbach/Sebeșel, Unterbrodsdorf/Șibot, Reichenau/Răhău, Mühlbach/Sebeș, Kelling/Câlnic, Petersdorf/Petrești (zweimal) und Großpold/Apoldu de Sus sind für 1330 mit 1669 Familien in Rechnung zu stellen. Bei einem Wachstumsrhythmus, der einer Verdoppelung der Bevölkerung im Laufe von 50 Jahren gemäß war, dürften dieser Zahl 1319 nur 1440 Familien entsprochen haben. Zu den Zehneinnahmen von 11.988 Groschen kommt demnach ein Kathedralzins von 1.344 Groschen hinzu. 11.988 + 1.344 = 13.332 Groschen : 1.440 Herdstellen = 9,26 Groschen/Herdstelle. Vergleichsweise sei erwähnt, dass nach Gy. Györffy (*Einwohnerzahl und Bevölkerungsdichte in Ungarn bis zum Anfang des XIV. Jhs.*, in „Studia Historica Academiae Scientiarum Hungaricae", XLII, S. 19f) der durchschnittliche Zehnte einer ungarischen Bauernhufe gegen Ende des 12. Jhs. umgerechnet rund 2 Groschen betrug; 1342 hatte er dagegen im Komitat Zala einen Wert von 6–7 Groschen, doch soll die Hufe angeblich von 2 Familien bewohnt gewesen sein. Genauere Daten gibt es aus Schlesien: In der Breslauer Diözese war damals der Zehnte einer Hufe mit 10,5–14 Groschen angesetzt, im Herzogtum Oppeln mit 7 Groschen – dieses wenn wir die Mark gewöhnlichen Silbers mit 42 Groschen gleichsetzen (W. Kuhn, *Westslawische Landesherren als Organisatoren der mittelalterlichen Ostsiedlung*, in „Die deutsche Ostsiedlung des Mittelalters als Problem der europäischen Geschichte", Hrsg. W. Schlesinger, Sigmaringen 1975, S. 253).
[31] Statt 2.979 im Jahre 1283 wird der Zehnte der Orte des Mediascher Dekanats 1333 beiläufig 5.950 Groschen betragen haben. 5.950 Groschen: 9,26 Groschen/ Herdstelle = 640 Herdstellen. Entsprechend Anmerkung 19 dürften die errechneten Zahlen untere Grenzwerte darstellen, von denen die reellen Werte jedoch nicht sehr verschieden gewesen sein dürften.
[32] Als Ergebnis von Rechnungen sind die folgenden Familienzahlen der Jahre 1330–1337 abgerundet, aber nicht verändert worden. Werte, für die sich eine Bevölkerungsdichte ergibt, die um mehr als 60 % kleiner ist als die durchschnittliche Dichte des Gebietes, sowie Familienzahlen von Ortschaften des Mediascher, Bistritzer, Kiralyer und Reener Dekanats sind – als möglicherweise zu klein – durch ein (K) gekennzeichnet; ist die Bevölkerungsdichte einzelner Orte um mehr als 60 % größer als der Durchschnittswert für das entsprechende Gebiet, so steht hinter der vielleicht zu groß erscheinenden Zahl ein (G). Abtsdorf/Țapu 120, Agnetheln/Agnita 350, Arkeden/Archiud 170, Bachnen/Bahnea 180, Baierdorf/Crainimăt 30 (K), Bärendorf/Beriu 110, Birk/Petelea 110 (K), Birnbaum/Ghirbom 100, Birthälm/Biertan 120 (K), Bistritz/Bistrița 250 (K), Blutroth/Berghin 170, Bonnesdorf/Boian 240, Botsch/Batoș 130, Braller/Bruiu 230, Broos/Orăștie 340, Bucholz/Boholț 60, Bulkesch/Bălcaciu 160, Burgberg/Vurpăr bei Hermannstadt 350, Burgberg/Vurpăr bei Winz 320 (G), Bußd/Boz 110, Deutsch-Budak/Budacu de Jos 50 (K), Deutsch-Zepling/Dedrad 70 (K), Dobring/Dobîrca 120, Donnersmarkt/Mănărade 170, Durles/Dîrlos 130, Dürrbach/Dipșa 140, Eisch/Fîntînele 50 (K), Elsterdorf/Sereca 60, Eppeschdorf (Elisabethstadt)/Dumbrăveni 30 (K), Etschdorf/Iernuțeni 20 (K), Füssen/Feisa 70, Gergeschdorf/Ungurei 110, †Gießhübel 20, Girelsau/Bradu 150, Ginsdorf/Băița 90, Gladen/Gledin 30 (K), Großau/Cristian 130 (K), Großeidau/Viile Tecii 350 (G), Großendorf/Mărișelu 110, Großlogdes/Ludoș 120 (K), Großkopisch/Copșa Mare 69 (K), Großpold/Apoldu de Sus 290, Großscheuern/Șura Mare 400 (G), Großschogen/Șieu 240, Gugendorf/Gogan 40, Hahnbach/ Hamba 160, Halwelagen/Hoghilag 260 (G), Hamlesch/Amnaș 30 (K), Hammersdorf/Gușterița 200, Heidendorf/Viișoara 20 (K), Heltau/Cisnădie 400, Hermannstadt/Sibiu 380, Hetzeldorf/Ațel 70 (K), Hochfeld/Fofeldea 40 (K), Holzmengen/Hozman 80 (K), Jaad/Livezile 30 (K), Jakobsdorf/Sîniacob 50, Johannisdorf/ Sîntioana 80 (K), Kastendorf/Căstău 60, Kastenholz/Cașolț 150, Kelling/Câlnic 350 (G), Kintelen/Chintelnic 50, Kirchberg/Chirpăr 150, Kyrieleis/Chiraleș 50 (K), Kleinbistritz/Dorolea 20 (K), Kleinenyed/Sîngătin 120, Klein-

mangelhafte Angaben des Zehnten oder der Abgaben widerspiegeln sich selbstverständlich auch in den ermittelten Familienzahlen. Immerhin ist daraus auf die Bewohnerzahl zu schließen: Da zu jener Zeit die Bevölkerung stark anwuchs, werden auf eine Familie durchschnittlich fünf Personen entfallen sein.[33] Bei der Berechnung der Bevölkerungsdichte kann man sich auf die Gemarkungsgröße einer viel späteren Periode stützen.[34] Es gibt zwar gewisse Änderungen in deren Flächenausdehnung, doch waren diese bei den hier untersuchten, von Sachsen bewohnten Ortschaften – zumal auf Königsboden – recht gering;[35] auch spielen Unterschiede von wenigen Quadratkilometern keine wesentliche Rolle, und die Differenzen gleichen sich für größere Gebiete gegenseitig aus. Die gebirgigen Teile der Gemarkungen sind in die folgenden Berechnungen nicht einbezogen worden; sie wurden in einer früheren Zeit – mit einer verhältnismäßig niedrigen Bevölkerungszahl – von der vor allem Ackerbau betreibenden Bevölkerung der untersuchten Ortschaften nur in geringem Maße genutzt.

Das ermittelte Bild gewinnt durch einen Vergleich mit der späteren Bevölkerungsdichte an Relevanz. Für den südsiebenbürgischen Königsboden bie-

---

mühlbach/Sebeșel 150 (G), Kleinpold/Apoldu de Jos 100, Kleinschenk/Cincșor 110, Kleinscheuern/Șura Mică 200, Kleinschogen/Șieuț 80 (K), Kokelburg/Cetatea de Baltă 240, Krakau/Cricău 190, Krapundorf/Ighiu 220, Langendorf/Lancrăm 20 (K), Langenthal/Valea Lungă 412 (G), Lechnitz/Lechința 140 (K), Ludwigsdorf/Logig 160, Martinsberg/Șomărtin 150, Mediasch/Mediaș 110 (K), Mergeln/Merghindeal 100, Meschen/Moșna 90 (K), Mettersdorf/Dumitra 90 (K), Michelsberg/Cisnădioara 50, Michelsdorf/Veseuș 50 (K), Mildenburg/Alămor 120, Minarken/ Monariu 20 (K), Mühlbach/Sebeș 330, Neppendorf/Turnișor 200, Neudorf/Nou 200, Niedereidisch/Ideciu de Jos 20 (K), Niederwallendorf/Ideciu de 20 (K), Oberbrodsdorf/Vinerea 290 (G), Obereidisch/Ideciu de Sus 30 (K), Oberneudorf/Satu Nou 50 (K), Ocnița 110, Orlat 130, Paßbusch/Posmuș 60 (K), Perkaß/Pricaz 40, Petersdorf/Petrești 180, Pintak/Slătinița 30 (K), Pintak/Pinticu 319 (G), Pränzdorf/ Suseni 20 (K), Pretai/Bratei 50 (K), Rätsch/Reciu 150 (G), Reen/Reghin 60 (K), Reichenau/Răhău 120, Reichesdorf/Richiș 70 (K), Reußdorf/Cund 80, Reußmarkt/ Miercurea Sibiului 90, Rohrbach/Rodbav 40 (K), Rothberg/Roșia 160, Rothkirch/ Roșia de Secaș 60, Rumes/Romos 260, †Sächsisch-Erkes 50, Salzburg/Ocna Sibiului 400, Sankt-Georgen/Sîngeorzul Nou 170, Scharosch/Kokel/Șaroș pe Tîrnave 60 (K), Scholten/ Cenade 130, Schönau/Șona 130, Schönbirk/Sigmir 20 (K), Schorsten/Șoroștin 100, Schwarzwasser/Săcel 30 (K), Seiden/Jidvei 270 (G), Senndorf/Jelna 60 (K), Sommer/Jimbor 50, Spring/Șpring 350 (G), Talmesch/ Tălmaciu 80, Tarteln/Toarcla 150, Taterloch/Tătârlaua 120, Tekendorf/Teaca 260, Tetscheln/Aciliu 80, Thalheim/Daia 100, Tordesch/Turdaș 60, Törnen/Păuca 70 (K), Treppen/Tărpiu 70 (K), Treßten/Lunca 90, Troschen/Drașov 40 (K), Tschappertsch/ Topîrcea 120, Ungersdorf/Șieu-Măgheruș 60, Unterbrodsdorf/Șibot 120, Urwegen/Gîrbova 120, Walachisch-Lasseln/Laslău Mare 60, Wallendorf/Unirea 30 (K), Waltersdorf/Dumitrița 40 (K), Weilau/Uila 180, Weingartskirchen/Vingard 520 (G), †Weißkirch/Reußmarkt 60, Weißkirch/Albeștii Bistriței 70 (K), Werd/Vărd 60, Windau/Ghinda 40 (K), Winz/Vințu de Jos 160, Zekeschdorf/Cunța 30, Zied/Veseud 60.

[33] Siehe dazu: P. Niedermaier, *Siebenbürgische Städte. Forschungen zur städtebaulichen und architektonischen Entwicklung von Handwerksorten zwischen dem 12. und 16. Jh.*, Köln, Wien, Bukarest 1979, S. 31f.

[34] Für diese siehe: E. Wagner, *Historisch-statistisches Ortsnamenbuch für Siebenbürgen*, Köln, Wien 1977, S. 162–401; G. Müller, *Siebenbürgens Stühle, Distrikte und Komitate vor dem Jahre 1848*, Hermannstadt 1914, mit Nachträgen von 1922 und 1932, Karte.

[35] P. Niedermaier, *Dorfkerne auf dem Gebiet der Sieben Stühle*, in „Forschungen zur Volks- und Landeskunde", 16/1, S. 48f. Siehe dazu auch: Gy. Györffy, a.a.O., S. 10.

ten sich dazu die Familienzahlen der einzelnen Ortschaften aus den Jahren 1488/1510 an, die von A. Berger veröffentlicht wurden.[36] Die Dörfer des nordsiebenbürgischen Königsbodens sind in der gleichen Zählung nur mit einem Gesamtwert erfasst, doch lässt sich dieser nach den Beiträgen aufteilen, die die einzelnen Gemeinden 1488 zu dem Kathedralzins entrichteten.[37] Vergleichsweise können noch andere Werte herangezogen werden, und zwar für den Hermannstädter Stuhl die von 1468[38] und 1536[39] und für den ganzen übrigen südsiebenbürgischen Königsboden die von 1532.[40]

Aus der Familienzahl ist wieder auf die Bevölkerung zu schließen, und da diese um 1500 nicht mehr im Wachsen begriffen war, muss man für eine Familie im Mittel nur 4,5 Personen rechnen.[41] Wie oben gezeigt, kann die Bevölkerungsdichte anhand der neueren Gemarkungsflächen ermittelt werden (die gebirgigen Teile nicht eingerechnet).

Wenn die Geistlichen der einzelnen Ortschaften tatsächlich nur für ihre eigenen Einnahmen Abgaben leisten mussten – und es scheint alles dafür zu sprechen – so lebten um 1330/1337 in dem erfassten Gebiet,[42] auf rund 3600 km², mindestens 91.000 Menschen; es entfallen demnach rund 26 Bewohner auf einen km². Die Bevölkerungsdichte war folgendermaßen gestaffelt:

Die angeführten Werte bezeugen eine große, verhältnismäßig ausgeglichene Bevölkerungsdichte,[43] von dieser kann bei künftigen Berechnungen der Bevölkerung Siebenbürgens weitgehend ausgegangen werden. Auffällig ist

---

[36] A. Berger, *Volkszählung in den 7 und 2 Stühlen, im Bistritzer und Kronstädter Distrikt vom Ende des XV. und Anfang des XVI. Jh.*, in „Korrespondenzblatt des Vereins für siebenbürgische Landeskunde", 17, S. 52–59, 65–74.

[37] G. Müller, *Die deutschen Landkapitel...*, S. 130, 146. Bei den errechneten Familienzahlen, die Wirte, Sedler, Arme und Hirten einschließen, handelt es sich um folgende annähernde Werte: Baierdorf/Crainimăt 36, Deutsch-Budak/Budacu de Jos 50, Dürrbach/Dipșa 91, Großendorf/Mărișelu 48, Heidendorf/Viișoara 52, Jaad/Livezile 105, Johannisdorf/Sîntioana 36, Kleinbistritz/Dorolea 44, Lechnitz/Lechința 149, Mettersdorf/Dumitra 131, Minarken/Monariu 25, Niederwallendorf 24, Oberneudorf/Satu Nou 55, Petersdorf/Petriș 2, Pintak/Slătinița 36, Sankt-Georgen/Sîngeorzul Nou 72, Schelken/Jeica 18, Schönbirk/Sigmir 36, Senndorf/Jelna 69, Tatsch/Tonciu 18, Treppen/Tărpiu 75, Wallendorf/Unirea 55, Waltersdorf/ Dumitrița 78, Weißkirch/Albeștii Bistriței 48, Wermesch/Vermeș 66, Windau/Ghinda 66.

[38] F. Teutsch, *Die Bevölkerungszahl des Hermannstädter Stuhles 1468* in „Korrespondenzblatt des Vereins für siebenbürgische Landeskunde", III, S. 70; E. Sigerus, *Chronik der Stadt Hermannstadt*, Hermannstadt 1930, S. 4.

[39] F. Stenner, *Zählung der Wirte im Hermannstädter Stuhl im Jahre 1536*, in „Korrespondenzblatt des Vereins für siebenbürgische Landeskunde", X, S. 111.

[40] *Quellen zur Geschichte der Stadt Kronstadt*, II, Kronstadt 1889, S. 282–284. Der Repser Kathedralzins von 1400 wird nicht berücksichtigt, da seine Festlegung unbekannt ist.

[41] P. Niedermaier, *Siebenbürgische Städte ...*, S. 32.

[42] Von den in Anmerkung 17 angeführten Ortschaften werden hier einige – wegen der nicht feststehenden, in Rechnung zu stellenden Gemarkungsgröße – nicht weiter berücksichtigt (das sind Krakau/Cricău, Krapundorf/Ighiu, Orlat und †Sächsisch-Erkes). Da die Flur von †Gießhübel bei Mühlbach der Stadt zufiel und die von †Weißkirch bei Reußmarkt/Miercurea Sibiului auf die Nachbargemeinden aufgeteilt wurde, ist deren Bevölkerung indirekt berücksichtigt worden.

[43] Siehe dafür: P. Niedermaier, *Städtebau im Spätmittelalter. Siebenbürgen, Banat und Kreischgebiet (1348–1541)*, Köln, Weimar, Wien 2004, Abb. 4.

Archidiakonat, Dekanat, Kapitel	Zugehörigkeit	Gemarkungen (km²)	Bewohnerzahl	Dichte (Bew./km²)
Kokelburg	Komitatsboden	330	12.300	37
Tekendorf, Schogen	Komitatsboden	370	11.600	31
Spring, Vierdörfer	Komitatsboden	350	10.200	29
Mühlbach	Großenteil Königsboden	550	15.200	28
Broos	Königsboden	170	4.600	27
Propsteigebiet	Fast nur Königsboden	1.100	26.500	24
Bistritz, Kiraly	Königsboden	540	≥ 7.900	≥ 15
Mediasch	1315 mit dem Königsboden „wiedervereinigt"	250	≥ 3.200	≥ 13
Reen	ungewiss	240	≥ 2.900	≥ 12

dabei die große Bewohnerzahl pro km² auf Komitatsboden. Da Sachsen dort zum Teil ziemlich spät angesiedelt wurden,[44] spricht die Dichte für eine schon in früherer Zeit beträchtliche Bevölkerung oder für ein größeres Ausmaß der Besiedlungsaktion. Geringer war die Dichte im 14. Jh. auf dem Königsboden, und dieses bezeugt eine kleinere Bewohnerzahl zur Zeit der planmäßigen Ansiedlung der Hospites;[45] die Feststellung gilt auch für zwei Gebiete, deren ursprüngliche Rechtslage nicht eindeutig ist, und zwar für das Reener und Mediascher Dekanat.

Da die Ansiedlung in den verschiedenen Gegenden sukzessive erfolgte und sich überall nur eine kleine Familienzahl niederließ,[46] die jedoch sehr schnell anwuchs,[47] ist die stärkste Staffelung der Bevölkerungsdichte auf dem Königsboden, wenigstens teilweise, durch eine unterschiedliche Ansiedlungszeit zu erklären. Einerseits erscheint dabei das Mediascher Dekanat als „novella plantatio", andererseits das Bistritzer und zumal das Reener Dekanat als nachgeysanisches, großenteils erst im 13. Jh. bevölkertes Siedlungsgebiet. Zumal das Fehlen romanischer Kirchen weist auf die spätere Besiedlung im Mediascher, Bistritzer, Reener und auch im Kiralyer Dekanat hin,[48] wobei, vor allem für das Bistritzer und Kiralyer Dekanat, die Existenz allein von gotischen, nicht sehr großen Kirchen kaum durch eine weniger vorteilhafte Rechtslage zu erklären ist.[49]

Aus den Jahren 1488 bzw. 1510 verfügen wir fast ausschließlich über Daten vom Königsboden. In den erfassten Orten lebten auf einem Gebiet von rund

---

[44] K. K. Klein, *Luxemburg und Siebenbürgen*, Köln, Graz 1966, S. 53; Th. Nägler, *Die Ansiedlung der Siebenbürger Sachsen*, Bukarest 1979, S. 157–159, 161f.
[45] Siege auch: Th. Nägler, *Zum Gebrauch des Ausdrucks „terra deserta" in einigen Urkunden des 12.–13. Jhs.*, in „Muzeul Brukenthal. Studii şi comunicări, arheologie-istorie", XVIII, 1974.
[46] P. Niedermaier, *Dorfkerne...*, S. 53f.
[47] Siehe dazu: W. Kuhn, *Vergleichende Untersuchungen zur mittelalterlichen Ostsiedlung*, Köln, Wien 1973, S. 211–217.
[48] Im Burzenland, in dem Sachsen in der ersten Hälfte des 13. Jhs. angesiedelt wurden, herrschen frühgotische Kirchen vor, jedoch gibt es auch romanische Teile von Bauten sowie hochgotische; in *Draas/Drăuşeni*, das 1224 zum Königsboden kam, gab es eine spätromanische Basilika.
[49] Bei der unvorteilhaften Quellenlage, die keine sicheren Schlüsse erlaubt (vgl. dazu: Th. Nägler, *Die Ansiedlung ...*, S. 128–132), kommt diesen konkreten Anhaltspunkten eine besondere Bedeutung zu.

Stuhl, Distrikt	1468	1488/1510			1532/1536		
	Dichte (Bew./km²)	Gemarkungen	Bewohner	Dichte (Bew./km²)	Gemarkungen	Bewohner	Dichte (Bew./km²)
Kronstadt		630	16.800	27	630	10.100	16
Mediasch, Schelk		640	10.800	17	610	12.700	21
Bistritz		600	9.900	17			
Schäßburg		580	8.500	15	580	6.800	12
Hermannstadt	13	810	11.000	14	640	8.900	14
Broos		220	2.800	13	220	2.500	11
Mühlbach, Reußmarkt		370	4.200	11	400	4.300	11
Schenk		680	4.800	7	690	5.000	7
Reps		640	4.100	6	590	2.700	5
Leschkirch		340	1.800	5	340	2.200	6

5.500 km² ungefähr 75.000 Menschen; im allgemeinen ergibt sich also eine Bevölkerungsdichte von 14 Bewohnern pro km², wobei in einigen Gebieten gleichzeitig größere Veränderungen festzustellen sind:

Die Lage um 1500 zeigt ein weitgehend gewandeltes Bild,[50] das vorläufig jedoch noch keine Verallgemeinerung auf Siebenbürgen in seiner Gesamtheit zulässt. Als dicht bewohnt erscheinen zumal die Gebiete bei Kronstadt, Mediasch, Schäßburg und Bistritz, die vorher, wenigstens teilweise, dünner bevölkert waren; das Propsteigebiet (der Hermannstädter, Leschkircher und Teile des Schenker Stuhles) sowie das Brooser und teilweise auch das Mühlbacher Dekanat (Mühlbacher und Reußmarkter Stuhl) waren um 1500 viel dünner bewohnt als früher. Wie eine Urkunde von 1454[51] zeigt, war die Bevölkerung nicht so sehr von den Türken verschleppt worden, sondern vielmehr verzogen. Es müssen also allmähliche, aber doch bedeutende Wanderbewegungen stattgefunden haben.

Da gerade das dünn besiedelte Gebiet zwischen Hermannstadt und Reps/Rupea für den Ackerbau weniger geeignet war (es handelte sich größtenteils um das sogenannte Haferland, das „nicht viel mehr als Hafer hervorgebracht" haben soll[52]), das Mediascher und Reußmarkter Gebiet durch den Weinbau begünstigt war und die Kronstädter Gegend durch eine besondere Fruchtbarkeit des Bodens, dürfte die Wanderbewegung in diese, den Türkeneinfällen teilweise sogar stärker ausgesetzten Gegenden, aber auch in die Städte,[53] mit

---

[50] Siehe dafür: P. Niedermaier, *Städtebau im Spätmittelalter ...*, Abb. 4.
[51] *Urkundenbuch ...*, V, Bukarest 1975, S. 459f. Wäre die Bevölkerung von den Türken verschleppt worden, so hätten diese auch die Kirchen ausgeraubt. Da letztere jedoch von Landsleuten geplündert worden sind, dürfte es zu einer allmählichen Entvölkerung gekommen sein. In diesem Zusammenhang ist auch der frühe Wüstungsprozess in Nordsiebenbürgen beachtenswert (*Urkundenbuch ...*, III, Hermannstadt 1902, S. 487, 615; V, S. 49).
[52] R. Capesius, *Das siebenbürgisch-sächsische Bauernhaus. Wohnkultur*, Bukarest 1977, S. 14.
[53] P. Niedermaier, *Siebenbürgische Städte ...*, S. 82f.

der Agrardepression des 14.–16. Jhs.[54] in Zusammenhang zu bringen sein, die eine Folge des Bevölkerungsrückgangs war und im Besonderen den Anbau von Korn unrentabel machte.[55] Sicherlich spielte auch die Bedrängung durch die Türken dabei eine Rolle[56] und führte mit dazu, dass sich kleinere Orte (mit einer Gemarkungsgröße unter 20–23 km²), die nicht die Kraft hatten, verschiedene Institutionen zu erhalten und eine stärkere Kirchenburg zu bauen, auf Königsboden – wo Freizügigkeit bestand – oftmals nicht halten konnten, zu temporären Wüstungen wurden und nachher mit Rumänen wieder besiedelt werden mussten.[57]

Bevölkerungsbewegung. Unmittelbar nach der sächsischen Ansiedlung auf dem Königsboden, im 12. und 13. Jh., war die Bevölkerungsdichte gering.[58] Es entfielen ungefähr 2–4 Bewohner auf einen km², doch zwischen 1330–1337 waren es bereits 23 – ein enormer Zuwachs, der auf einen hohen Wachstumsrhythmus schließen lässt. Für die gesamte Wachstumszeit – von der Ansiedlung bis in die erste Hälfte des 14. Jhs. – ergeben sich folgende spezifische Wachstumswerte pro hundert Jahre:

	Ansiedlungszeit		1330/1337 Bew./km²	Wachstumszeit (Jahre)	Wachstum/100 Jahre
	Zeit[59]	Bew./km²			
Brooser Dekanat	1150	2[63]	27	180	325 %
Propsteigebiet	1160	2	24	170	325 %
Mühlbacher Dekanat	1180[60]	2	28	150	475 %
Bistritzer Dekanat	1200[61]	~3[64]	~18	130	300 %
Mediascher Dekanat	1250	~4[65]	~14	80	375 %
Reener Dekanat	1250[62]	~4[66]	~14	80	375 %
Mittelwert					362 %

---

[54] W. Abel, *Geschichte der deutschen Landwirtschaft vom frühen Mittelalter bis zum 19. Jh.*, Stuttgart 1967, S. 110–147.
[55] Bezeichnenderweise hat zwischen 1488/1510 und 1532/1536, als der Bevölkerungsrückgang nur noch von geringer Bedeutung war, auch ein gewisser Ausgleich der Bevölkerungsdichte begonnen; nur der Mediascher Stuhl blieb weiterhin außergewöhnlich dicht besiedelt.
[56] E. Wagner, *Wüstungen ...*, S. 40–48.
[57] Geht man von der nationalen Zusammensetzung der Bevölkerung aus (siehe dazu: E. Wagner, *Wüstungen ...*, S. 45), so sind von den Dörfern des Königsbodens mit größerer Gemarkung nur zwei zu temporären Wüstungen geworden. Von den Dörfern mit kleineren Gemarkungen hingegen wurden insgesamt 25 kleine Wüstungen, u.zw. 7 in Nordsiebenbürgen, 9 in der Kokelgegend und 9 im Süden Siebenbürgens.
[58] K. K. Klein, *Transsylvanica*, München 1963, S. 222–225; W. Kuhn, *Vergleichende Untersuchungen ...*, S. 211f, 221.
[59] Siehe K. K. Klein, *Transsylvanica*, Karte 9–11.
[60] Die Zeitangabe trägt den zahlreichen romanischen Kirchen des Gebietes Rechnung.
[61] Die Zeitangabe trägt den gotischen Kirchen und der verhältnismäßig großen Bevölkerungsdichte Rechnung.
[62] Die Zeitangabe trägt den gotischen Kirchen und der geringen Bevölkerungsdichte Rechnung.
[63] Für diesen und die folgenden Werte siehe: P. Niedermaier, *Dorfkerne ...*, S. 52.

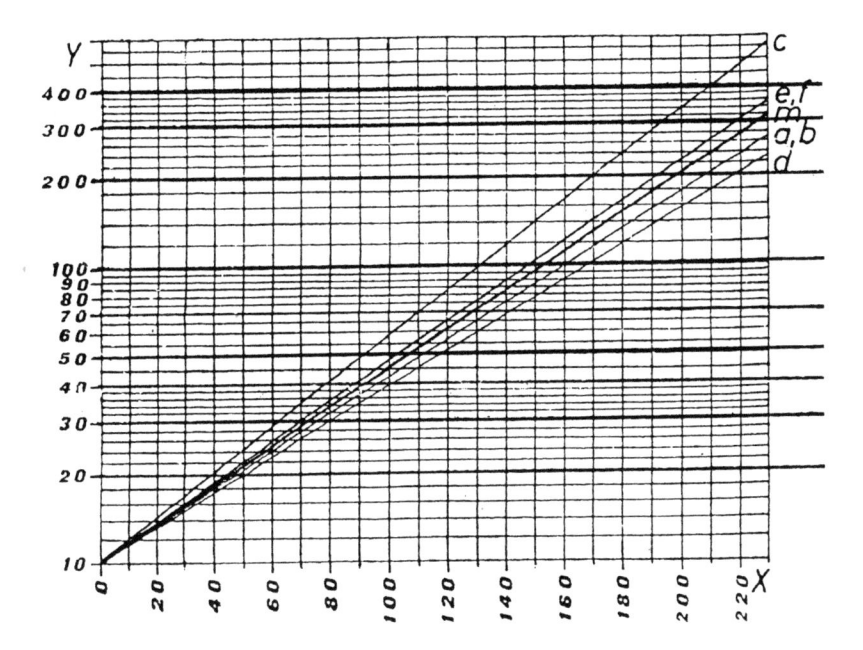

Abb. 3. Wachstumsrhythmus in verschiedenen Gebieten vor 1337 (a – Brooser Dekanat, b – Propsteigebiet, c – Mühlbacher Dekanat, d – Bistritzer Dekanat, e – Mediascher Dekanat, f – Reener Dekanat, m – Mittelwert)

Allgemein ist eine Verdoppelung der Bevölkerung in je 50 Jahren festzustellen, wobei die Unterschiede zwischen den einzelnen Gebieten unerheblich sind (Abb. 3). Dieser große Wachstumsrhythmus in ganzen Gebieten, mit zahlreichen Dörfern, stimmt mit dem der einzelnen Handwerksorte, also mit dem der zukünftigen Städte überein und ist demnach in früher Zeit dem natürlichen Wachstum zuzuschreiben; die Migration vom Land in größere Zentren war damals auf siebenbürgischem Königsboden ohne Belang. Zugleich zeigt die weitgehende Übereinstimmung der Steigerungsraten in Gebieten, in denen die Ansiedlung vor bzw. nach dem Mongolensturm stattgefunden hat, dass dieser Einfall – von einigen Orten abgesehen – auf die Bevölkerungszahl hier wahrscheinlich keinen sehr großen Einfluss gehabt hat.[67]

---

[64] In Bistritz entfielen 17+5 Hofstellen (110 Personen) auf 35–40 km², in Heidendorf/ Viişoara 8 Hofstellen (40 Personen) auf 16 km², in Lechnitz beiläufig 20 Hofstellen (100 Personen) auf 40 km².
[65] Siehe: P. Niedermaier, Siebenbürgische Städte ..., S. 68f.
[66] In Reen entfallen 17+7 Hofstellen (120 Personen) auf eine Gemarkung von ursprünglich beiläufig 29 km² (von der späteren Flur des Doppelortes wurden 5 km² für die Wüstung †Benktelke abgezogen).
[67] Siehe auch A. Armbruster, Grenzwacht und Hilfsvölker, in „Revue roumaine d'histoire", XII/ 6, S. 1109.

Vergleicht man hingegen die Bevölkerungsdichte von 1330/1337, 1488/1510 und 1532/1536 (26–14– ~12 Bewohner/km²), so ist ein bedeutender Rückgang festzustellen.[68] Ein genaueres Bild des Schwundes erzielen wir bei Vergleichen in einem einheitlichen, geschlossenen, zu allen drei Zeitpunkten gut erfassten Gebiet: Auf dem Königsboden lebten 113.000, nachher 76.000 und dann beiläufig 69.000 Bewohner, wobei sich Bevölkerungsdichten von 20, 14 und 12 Bewohnern/km² ergeben. Die Zahlen – die nicht für ganz Siebenbürgen verallgemeinert werden können[69] – deuten zwischen 1330/1337 und 1488/1510 auf einen Bevölkerungsverlust von 33 % hin, und von 1488/1510 bis 1532/1536 auf einen neuen Schwund von 9 %; rechnet man beide Etappen zusammen, beträgt die Differenz 39 %.

Da diese Entwicklung parallel mit der in anderen Teilen Mitteleuropas verlaufen ist,[70] dürfte sich der Bevölkerungszuwachs auch in Siebenbürgen schon vor der Mitte des 14. Jhs. verringert haben. Vermutlich stieg dann mit dem Schwarzen Tod – d. h. den Pestwellen, die 1348 begannen[71] – die Mortalität sprunghaft an. Nach dem 14. Jh. hatte der Bevölkerungsrückgang mehrere Ursachen. Außer einer andersartigen Mentalität, die die Natalität beeinflusste, spielte die Türkennot eine gewisse Rolle,[72] aber auch Epidemien waren weiterhin die unmittelbare Ursache. Aufschlussreich ist ein Vergleich der Zahlen von 1488/1510 und 1532/1536: Ein bedeutender Rückgang der Bevölkerung ist nur im Burzenland festzustellen – dort aber auch in der Kronstädter Inneren Stadt,[73] die damals durch Seuchen,[74] aber nicht durch Türkeneinfälle gefährdet war. Erst gegen die Mitte des 16. Jhs. haben sich Natalität und Mortalität[75] im Allgemeinen wieder die Waage gehalten.

Die errechneten Werte sind gleichzeitig für das Verhältnis zwischen Stadt und Land aufschlussreich. Im Brooser, Mühlbacher, Reußmarkter, Hermannstädter, Leschkircher, Schenker und Mediascher Stuhl gab es insgesamt 61 Ortschaften, deren Größe sowohl 1330/1337 als auch 1488/1510 festgestellt werden konnte. Von 57 Dörfern wuchsen nur 13 an, und bei wenigstens drei von diesen (Langendorf, Perkaß und Hochfeld) handelte es sich vermutlich um eine Neubesiedlung. Dagegen ist die Bevölkerung in 2 der 4 Städte gewachsen.

---

[68] Siehe auch: E. Wagner, *Wüstungen* ..., S. 47f.
[69] Eine ausführliche Darstellung des Themas findet man bei Şt. Pascu, *Voievodatul Transilvaniei*, I, S. 152–159, 222–232; II, Cluj-Napoca 1979, S. 325–439.
[70] J. C. Russel, *Die Bevölkerung Europas 500–1500*, in „Bevölkerungsgeschichte Europas", Hrsg. C. M. Cipolla, K. Borchart, München 1971, S. 22–27.
[71] Ebenda, S. 41–43; Şt. Pascu, *Voievodatul Transilvaniei*, II, S. 335–337.
[72] E. Wagner, *Wüstungen* ..., S. 40–48.
[73] P. Niedermaier, *Siebenbürgische Städte* ..., S. 79.
[74] Vgl. A. E. Imhof, *Einführung in die Historische Demographie*, München 1977, S. 60–63.
[75] Siehe auch S. Goldenberg, *Urbanizare și mediu înconjurător: cazul orașelor medievale din Transilvania* [Stadtwerdung und Umwelt: der Fall der mittelalterlichen Städte Siebenbürgens], in „Anuarul Institutului de istorie și arheologie Cluj-Napoca", XVIII, S. 319.

Noch klarer erscheinen die Veränderungen bei den überschlägigen Rechnungen für den gesamten Königsboden. Während die Landbewohnerzahl von 103.000 auf 53.000 sank (also um 49 %), stieg die der Städte von 10.000 auf 23.000 (also um 130 %). Während der Anteil der letzteren an der Gesamtbevölkerung des Gebietes 1330/1337 nur 9 % ausmachte, handelte es sich 1488/1510 um 30 %; bis 1532/1536 fiel ihr Prozentsatz wieder auf 28 % ab.

Die erarbeiteten Daten sind für weitere Untersuchungen des gesamten siebenbürgischen Raumes bedeutungsvoll.[76] Bei deren Ergebnissen werden sich jedoch die unterschiedlichen Merkmale der beiden Entwicklungsetappen weiterhin voneinander abheben.[77] Da sie gewiss auch in Siebenbürgen mit einer Agrardepression verbunden waren und große Rückwirkungen auf sämtliche Bereiche des mittelalterlichen Lebens hatten,[78] sollte ihnen bei künftigen Arbeiten Rechnung getragen werden.

Der Bevölkerungsanteil siebenbürgischer Städte[*]

Als Teil eines komplexen Siedlungsgefüges ist die Entwicklung der Städte und ihrer Bevölkerung einerseits von der allgemeinen Bevölkerungsentwicklung abhängig gewesen und andererseits vom Maß der Urbanisierung. Beide hatten eine eigene Dynamik, die vielschichtige Aufschlüsse gibt.

Eine Untersuchung dieser Entwicklungen in Siebenbürgen ist besonders lohnend, da es sich um einen relativ abgeschlossenen Raum handelt: Er ist rundum von Gebirgszügen der Karpaten umschlossen und ein Großteil der städtischen Bevölkerung, nämlich die Deutschen, lebte hier weitab von anderen gleichartigen Bevölkerungsgruppen. Diese überschaubare Situation wiegt eine nicht sehr günstige Quellenlage auf.

Die allgemeinen europäischen Tendenzen der Bevölkerungsentwicklung sind heute in großen Zügen bekannt[79] und trotz der abgeschiedenen Lage gliedern sich auch die Veränderungen in Siebenbürgen, die für einzelne Ortskatego-

---

[76] Auch für die hier behandelten Gebiete erlauben die Angaben zusätzliche Ermittlungen. So kann nach dem Wachstumsrhythmus (Abb. 1) die ungefähre zeitliche Größenentwicklung von einzelnen Orten vor 1347 bestimmt werden, und nach der Bevölkerungsdichte der Umgebung lässt sich die Größenordnung von Orten, über die es keine Daten gibt, einschätzen.
[77] Siehe: Şt. Pascu, *Voievodatul Transilvaniei*, II, S. 336.
[78] W. Abel, *Wüstungen in historischer Sicht*, in „Zeitschrift für Agrargeschichte und Agrarsoziologie", 1967, II, S. 10–15; P. Niedermaier, *Siebenbürgische Städte ...*, S. 213–216.
[*] Erstdruck: *Vilfan Zbornik. Pravo zgodovina narod/Recht, Geschichte, Nation. In memoriam Sergij Vilfan*, Ljubljana 1999, S. 163–173. Hier gekürzt wiedergegeben
[79] J. C. Russel, *Late ancient and medieval population*, in: „Transaction of the American Philosophy Society", 48/3, 1958; J. C. Russel, *Die Bevölkerung Europas 500–1500*, in: „Bevölkerungsgeschichte Europas" (Mittelalter bis Neuzeit), Hg. C. Cipolla, K. Borchardt, München 1971; R. J. Mols, *Die Bevölkerung im 16. und 17. Jh.*, ebenda.

rien bestimmt werden konnten,[80] in deren Fluktuationen weitgehend ein.[81] Die ermittelten Daten geben eine Bild der Bevölkerungsentwicklung von Städten verschiedener Art:

Ortskategorie ↓ Jahr →	1150	1250	1350	1450	1550	1650	1720
Bischofsstadt/Fürstenresidenz	300	600	2400	1400	1400	2600	3500
Prozentueller Anteil	16	7	6	4	3	4	4
Klar profilierte Salzbergbauorte	700	1600	6200	3600	2400	2500	3200
Zentrale Orte mit Salzbergbau	400	1200	4500	4000	4800	5700	6400
Bergbauorte bei Salzgruben	1100	2800	10700	7600	7200	8200	9600
Prozentueller Anteil	58	35	29	22	14	12	12
Silberbergbaustadt	–	500	1200	100	200	300	300
Klar profilierte Goldbergbaustädte	–	–	1500	2900	2100	1000	3700
Zentraler Ort mit Edelmetallbergbau	–	–	1300	1500	1600	4900	1500
Eisenbergbauort	–	–	300	600	500	500	700
Bergstädte des Montanwesens	–	500	4300	5100	4400	6700	6200
Prozentueller Anteil	0	6	12	15	9	10	8
Große Handwerksstädte	200	2100	9000	10200	20700	30000	36900
Kleinere Handwerksstädte	200	1700	8000	7500	10500	12300	15500
Marktflecken mit städt. Charakter	100	400	2200	2400	4800	5800	6000
Minder- und Zwergstädte	–	–	100	200	500	700	700
Handwerksstädte	500	4200	19300	20300	36500	48800	59100
Prozentueller Anteil	26	52	53	59	74	74	76
Gesamtbevölkerung	1900	8100	36700	34400	49500	66300	78400
Prozentueller Anteil	100	100	100	100	100	100	100

Die Daten belegen die allmählich schwindende Bedeutung der Bevölkerung der Bischofsstadt bis 1450; nachher, auch als Fürstenresidenz hatte sie nur eine begrenzte Bedeutung. Der prozentuelle Anteil der Bevölkerung von

---

[80] Die Daten wurden in drei Bänden zum mittelalterlichen Städtebau des Gebietes erarbeitet (P. Niedermaier, *Der mittelalterliche Städtebau* ..., ders., *Städtebau im Mittelalter* ... . Diese wurden im Band *Städtebau im Spätmittelalter*..., S. 29–30 zusammengefasst. Sie erscheinen gegenwärtig in einer umfangreichen Arbeit: ders. *Evoluția populației medievale în Transilvania*, in: „Memoriile Secției de Istorie și Arheologie a Academiei Române", 2006.
[81] Vgl. dazu auch: P. Niedermaier, *Der mittelalterliche Städtebau* ..., S. 15–22, 47–58; ders., *Städtebau im Mittelalter*..., S. 13–25.

Orten des Salzbergbaus reduzierte sich stark und stetig bis 1550, also bis zum Ende der mittelalterlichen Agrarkrise.[82] Der Bevölkerungsanteil der Bergstädte des Montanwesens an der gesamten städtischen Bevölkerung variierte relativ stark, d. h. er wuchs zunächst bis 1450 an, reduzierte sich in den nächsten hundert Jahren, um dann weiter in geringerem Maß zu schwanken. Am eindrucksvollsten ist jedoch das Anwachsen der Bevölkerung von Handwerksorten, dieses bis 1550, bis zum Ende der Agrarkrise; dann spielte sich auch deren Anteil an der gesamten städtischen Bevölkerung ein. Im Verhältnis zwischen dem Bevölkerungsanteil verschiedener Ortskategorien bildet dementsprechend das Ende der mittelalterlichen Agrarkrise eine Grenze: Damals ergab sich ein Größenverhältnis zwischen verschiedenen Ortschaften, das sich später nur noch in Ausnahmefällen änderte.

Prinzipiell könnte man versuchen, das Allgemeinbild zu korrigieren, und zwar, in dem man auch Marktflecken geringerer Bedeutung berücksichtigt. Es wären dieses auf Komitatsboden Diemrich/Deva, Fogarasch/Făgăraş und Hatzeg/Haţeg, im Szeklerland Niklasmarkt/Gheorgheni und Ungarisch-Kreuz/Cristuru Secuiesc sowie in den sächsischen Stühlen und Distrikten Reußmarkt/Miercurea Sibiului, Heltau/Cisnădie, Agnetheln/Agnita, Großschenk/Cincu, Birthälm/Biertan, Keisd/Saschiz, Reps/Rupea, Zeiden/Codlea und Tartlau/Prejmer.[83] Zu der Bevölkerung der oben angegebenen Handwerksorte kämen dann noch andere Werte hinzu:

Ortskategorie↓ Jahr →	1150	1250	1350	1450	1550	1650	1720
Handwerksstädte allgemein	500	4200	19300	20300	36500	48800	59100
Marktflecken	700	3500	16600	7000	8400	13600	24800

Die große Zäsur nach dem Schwarzen Tod zeigt jedoch im Fall dieser Marktflecken eine bedeutende Auswirkung der mittelalterlichen Agrarkrise auf ihre Bevölkerungszahl.[84] Trotz der zentralörtlichen Funktionen dieser Orte beweist die Bevölkerungsbewegung, dass die Wirtschaft der Marktflecken stark landwirtschaftlich geprägt war und die Ortschaften deswegen nur bedingt den Städten zugerechnet werden können.

Schließlich zeigt die Veränderung des Verhältnisses zwischen der Gesamtbevölkerung und der städtischen Bevölkerung die Dynamik der Urbanisierung in Siebenbürgen.

---

[82] Für diese s.: W. Abel, *Agrarkrisen und Agrarkonjunktur in Mitteleuropa vom 13. bis zum 19. Jh.*, Berlin 1935.
[83] Vgl. dazu auch: H. Stoob, *Kennzeichen der mittelalterlichen Städtebildung im Karpatenbogen*, in: „Forschungen zur Volks- und Landeskunde", Bd. 21/1, 1978.
[84] S. dazu: P. Niedermaier, *Zur Bevölkerungsdichte ...*, S. 24–27.

Bevölkerungskat.↓ Jahr →	1150	1250	1350	1450	1550	1650	1720
Gesamtbevölkerung	170.000	230.000	650.000	470.000	480.000	580.000	800.000
Städtische Bevölkerung	1.900	8.100	36.700	34.400	49.500	66.300	78.400
Prozentueller Anteil	1,12	3,52	5,65	7,32	10,31	11,43	9,80
Differenz der Prozentwerte	2,40	2,13	1,67	2,99	1,12	−1,63	2,40

Auffallend ist dabei, dass zwischen 1150 und 1650 der Anteil der städtischen Bevölkerung stetig zugenommen hat. Zugleich zeigen die Differenzen zwischen den einzelnen Prozentwerten gewisse charakteristische Trends an. Eine betonte Urbanisierungswelle ist zunächst zwischen 1150 und 1250 festzustellen und geht wohl auf die Ansiedlung von Hospites aus dem Westen Europas zurück. Nach 1250 verringert sich das Maß der Urbanisierung nur um weniges, lässt aber, trotz der mittelalterlichen Agrarkrise, während der Umschichtungen nach dem Schwarzen Tod etwas nach. Sie erreicht einen Höhepunkt gegen Ende der Agrarkrise, klingt jedoch nach deren Ende etwas ab. Aber erst nach 1650 ist erstmals seit 1150 eine nennenswerte Verringerung des Urbanisierungsgrades festzustellen.

Zieht man nicht nur die Bevölkerung der eigentlichen Städte, sondern auch die der Marktflecken in Betracht, so ergibt sich selbstverständlich ein stärkeres Ausmaß der Urbanisierung, aber das allgemeine Bild ändert sich nicht grundsätzlich.

Bevölkerungskat.↓ Jahr →	1150	1250	1350	1450	1550	1650	1720
Gesamtbevölkerung	170.000	230.000	650.000	470.000	480.000	580.000	800.000
Städte u. Marktflecken	2.600	11.600	53.300	41.400	57.900	79.900	103.200
Prozentueller Anteil	1,53	5,04	8,20	8,81	12,06	13,78	12,90
Differenz der Prozentwerte		3,51	3,16	0,61	3,25	1,72	-0,88

Wieder erscheint nach 1150 ein sprunghafter Anstieg des Prozentsatzes der urbanen Bevölkerung dank der Ansiedlung der Hospites. Die stärkere Beeinträchtigung der Entwicklung unmittelbar nach dem Schwarzen Tod zeigt, dass im Besonderen die Marktorte in ihrer Entwicklung durch den Beginn der Agrarkrise in Mitleidenschaft gezogen wurden und diese Beeinträchtigung hört bis zum Ende der Krise nicht völlig auf. Dagegen ist in der darauf folgenden Zeit ein etwas betonteres Ausmaß der allgemeinen Urbanisierung festzustellen, die auf ein Anwachsen gerade der Marktflecken zurückgeht. Selbst die Verringerung des Verstädterungsmaßes nach 1650 ist bei einer Einbeziehung der Bevölkerung der Flecken von etwas kleinerer Bedeutung.

Abschließend ist festzustellen, dass sich die Bevölkerungsbewegung in den siebenbürgischen Städten in den gesamteuropäischen Rahmen einfügt, das Bild dieses Rahmens jedoch merklich ergänzt.

Die Zahl der Siebenbürger Sachsen *

Bei Berechnungen der Bevölkerungszahl müssen vor allem mechanische Rückprojektionen aus der heutigen auf eine frühere Zeit sorgsam vermieden werden. Dieses zeigen z. B. die Ausführungen von Karl Kurt Klein über die Schätzungen der Einwandererzahl: „*Georg Daniel Teutsch hatte in seiner ‚Geschichte der Siebenbürger Sachsen für das sächsische Volk‘ aus den urkundlichen Andeutungen schließen zu dürfen geglaubt, dass im Jahre 1224, dem Jahr der Ausstellung des ‚Goldnen Freibriefs‘ der Siebenbürger Sachsen, ‚von Broos bis Draas wohl über 50.000 Höfe standen!‘* […] *Obwohl sonst ein erbitterter Gegner Teutschs, folgte Friedrich Maurer in seinem Buch ‚Die Besitzergreifung Siebenbürgens durch die das Land jetzt bewohnenden Nationen‘ (1875) dem Grundleger der sächsischen Geschichte in seinen Zahlenberechnungen und baute sie weiter aus. 50.000 Höfe zwischen Broos und Draas, ‚also zwei- bis dreihundert Tausend deutsche Einwohner; rechnet man dazu die Kolonisten im Kronstädter und Bistritzer Distrikt, die von Deutschen bewohnten Gemeinden am oberen Mieresch* […] *u. a.], so wird es nicht zu hoch gegriffen sein, wenn die Zahl der um 1200 in Siebenbürgen angesiedelten Deutschen auf eine halbe Million festgesetzt wird!‘ Als der erste Weltkrieg ausbrach, war der Glaube an die 50.000 Höfe Teutschs noch unerschüttert, obwohl August Meitzen schon 1898 Zweifel an solchen Zahlen angemeldet hatte. Noch im Jahre 1927 schrieb Fritz Heinz Reimesch zwar viel gemäßigter, aber noch immer voll Romantik: ‚Zu dieser Zeit* […] *ziehen etwa 30.000 Moselfranken aus ihrer Heimat und wandern* […] *ins* […] *Land jenseits der Wälder, Transsylvanien, ein.‘* […] *So ist das nicht gewesen. Keine 50.000 Höfe, auch keine 30.000 Köpfe, selbst nicht 2.000 Hufen, sondern fünfhundert! Alles andere ist spätere Erwerbung.*" Diese Zahl wurde aber bald von Reinerth als zu klein bezeichnet.

Seither konnten genauere Rechnungen, zumal auch für andere Gebiete – außer den erstbesiedelten – angestellt werden. Gehen wir von der Größe der Dorfkerne, der damals normalen Bevölkerungsdichte u. a. aus, so lässt sich zunächst auf die Gründerzahlen der Ortschaften schließen. Um 1150 handelte es sich in der Gegend von Broos/Orăştie, Hermannstadt/Sibiu, Leschkirch/Nocrich und Großschenk/Cincu um beiläufig 1.400 Familien. Zwischen 1160 und 1200 sind Orte in der Umgebung von Mühlbach/Sebeş, Reps/Rupea und

---

* Erstdruck: *Schlüssel zum Verständnis historischer Vorgänge. Die Bevölkerungsgeschichte und ihre Auswirkungen (I)*, in „Neuer Weg", 13.08.88, S. 3 (gekürzt).

Bistritz/Bistriţa von rund 700 Familien angelegt worden. Weiter dürften sich nach 1200 im Burzenland, in der Reener, Schäßburger und Mediascher Gegend sowie in anderen Gebieten noch ungefähr 3.400 Familien niedergelassen haben. Schließlich gründeten um die Mitte des 14. Jhs. 300 Familien verschiedene Bergwerkssiedlungen. Im Ganzen ergibt das annähernd 6.000 Familien, jene miteingerechnet, die aus einem Gebiet Siebenbürgens in ein anderes übersiedelten. Ziehen wir letztere für später besiedelte Gebiete ab, so könnte es sich um beiläufig 3.000 eingewanderte Familien gehandelt haben. (Diese Gesamtzahlen sagen jedoch nicht sehr viel aus, denn hundert Familien um 1150 waren vergleichsweise von viel größerer Bedeutung als ebenso viele zweihundert Jahre später; durch den natürlichen, damals sehr großen Zuwachs waren nämlich in den zweihundert Jahren aus den hundert Familien von 1150 rund achthundert geworden!)

Durch neuere Untersuchungen rücken vor allem die großen Variationen in den Vordergrund, die die Bevölkerungszahl im Laufe der Jhh. aufwies. Nach der Einwanderung, vor dem Abschluss der Besiedlung verschiedener Landstriche, bilden zunächst die Angaben des Andreanischen Freibriefes einen ersten Anhaltspunkt für die zahlenmäßige Schätzung der Siebenbürger Sachsen. Vergleichen wir die zu leistende Abgabe (500 Mark Silber) mit den Zahlungen, die in Privilegien anderer Gebiete pro Hof vorgesehen waren, so lässt sich für 1224 für das Gebiet der Sieben Stühle schon auf 4.000–6.000 Familien schließen. Rechnet man weitere 1.000–2.000 Familien für das Burzenland und Nordsiebenbürgen hinzu, so ergibt das 5.000–8.000 Familien.

Für den besonders großen Bevölkerungszuwachs jener Zeit spricht eine nächste, genauere Schätzung, die für die Jahre 1330–1337 möglich ist. Nach der päpstlichen Sondersteuer und anderen gleichzeitigen Abgaben lebten damals auf dem sogenannten „Königsboden" – also in den freien Gemeinden – schon 25.000 Familien. Zählt man die hörigen Dörfer auf „Komitatsboden" – mit rund 8.000 Familien – hinzu, so kommt man schon auf 33.000 Familien. In den folgenden Jahren wird die Bevölkerungszahl noch etwas weiter angewachsen sein und dabei 1347 für viele Jhh. ihren höchsten Wert erreicht haben.

Dann kam jedoch ein schwerer Rückschlag. Die große Pestepidemie, der Schwarze Tod, forderte seit 1348 viele Menschenleben, weiterhin machte sich der Geburtenrückgang bemerkbar und auch die Türkeneinfälle dezimierten die Bevölkerung. Nach Konskriptionen aus der Zeit um 1500 und 1535 gab es damals auf dem Königsboden nur 17.000 beziehungsweise 15.000 Familien. Schlägt man wieder die Bewohner von Gemeinden auf Komitatsboden hinzu, so kommt man für die erste Hälfte des 16. Jhs. zu Familienzahlen von 23.000 und 20.000.

Spätere Ziffern weisen auf einen neuen Anstieg hin, der allerdings viel langsamer als der erste war. Zu Beginn des 18. Jhs. gab es in den Dörfern und Städten des Königsbodens wieder 21.000 Familien, so dass insgesamt mit beiläufig

28.000 siebenbürgisch-sächsischen Familien gerechnet werden kann; diese Zahl entspricht beiläufig 126.000 Menschen. Der Zuwachs setzte sich auch in den folgenden Jhh., zeitweise stärker, fort, und zwar gab es in Siebenbürgen 1870 rund 210.000 und 1930 etwa 237.000 Deutsche. Ein absoluter Maximalwert war vor dem Zweiten Weltkrieg zu verzeichnen.

Diese Werte kann man den weiter oben ermittelten Bewohneranzahl der Städte gegenüberstellen (wobei für Weißenburg/Alba Iulia und die Bergwerksorte im Mittelalter mit der Hälfte Deutscher gerechnet wird und für die frühe Neuzeit mit einem Viertel; dagegen war in den Handwerksorten bis ins 18. Jh. die überwiegende Zahl der Bewohner deutsch). Dementsprechend ergeben sich folgende Zahlen deutscher Stadtbewohner: 1250: 5.800, 1350: 25.700, 1550: 37.700, 1720: 59.000 und 1930: 62.000. Nach diesen Werten bildete der Prozentsatz der Stadtbewohner dieser Bevölkerungsgruppe etwa: 1250: 14 %, 1350: 14 %, 1550: 38 %, 1720: 46 % und 1930: 26 %. Der Anteil der Stadtbewohner erreichte dementsprechend um 1700 einen Höhepunkt. Von einem Volk der Bauern kann jedoch seit etwa 1500 nicht mehr die Rede sein.]

Zur Mittelalterlichen Agrarkrise

Das Verhältnis zwischen Dorf und Stadt[*]

Der Begriff „Agrarkrise des Mittelalters" benennt eine Gesamtheit von Phänomenen des 14.–16. Jhs., die von dem Verfall der Preise landwirtschaftlicher Produkte mit all ihren Folgen verursacht wurde. Diese Frage wurde in Mittel- und Westeuropa vor allem von Wilhelm Abel[85] untersucht; seine Feststellungen – die auch Kritiken hervorgerufen haben – haben an Aktualität nichts verloren.

Die Forschungen gehen von Daten aus verschiedenen Ländern aus (wie England, Frankreich, Deutschland und Polen) und unterstreichen, dass die Bewegung der Preise und Löhne in diesen Ländern ähnlich war. In der Landesausbauperiode bis in die erste Hälfte des 14. Jhs. sind die Getreidepreise fast ununterbrochen gestiegen, dann sind sie nach 1500 gesunken, um nachher wieder bedeutend zu steigen. Viel kleinere Veränderung der Preise gab es bei Tierprodukten, Wein und Obst, ebenso bei Handwerksprodukten: In der zweiten Hälfte des 14. Jhs. sind sie leicht angestiegen – insbesondere in Polen –,

---

[*] Vortrag bei einer Tagung des Geschichte-Institutes Klausenburg, 1991.
[85] W. Abel, *Agrarkrisen und Agrarkonjunktur in Mitteleuropa*, Berlin 1935; ders., *Die Wüstungen des ausgehenden Mittelalters*, Stuttgart 1955; ders., *Agrarkrisen und Agrarkonjunktur*, Hamburg, Berlin 1966

aber nachher sind sie im Laufe von hundert Jahren langsam zurückgegangen, um erst nach 1525 eine neue Steigerung zu erfahren. Noch unbedeutender waren die Veränderungen im Bereich der Löhne. Es ist möglich, dass diese bis zur ersten Hälfte des 14. Jhs., parallel zum Getreidepreis stiegen, später, bis zum Anfang des 16. Jhs., sind sie fast überall langsam gesunken, um nachher genauso langsam zu steigen.

Wenn wir diese Veränderungen miteinander vergleichen, dann ergibt sich, dass die realen Einkünfte der Bauern und Handwerker bis zum Anfang des 14. Jhs. ähnlich waren. In der darauffolgenden Zeit bis um 1500 war das reale Einkommen der städtischen Bevölkerung hoch und das Einkommen der in der Feldwirtschaft Tätigen niedrig. Nach dem Beginn des 16. Jhs. ist das reale Einkommen der städtischen Bevölkerung gesunken, aber das Einkommen der Bauern gestiegen.

Diese Entwicklung ist durch die Bevölkerungsbewegung zu erklären.[86] Es ist bekannt, dass die Bevölkerung Europas jahrhundertelang schnell zugenommen hatte und in der ersten Hälfte des 14. Jhs. zu stagnieren begann. Insbesondere während des Schwarzen Todes, um die Mitte des 14. Jhs., hat sich die Einwohnerzahl drastisch, in einigen Orten bis auf die Hälfte verringert und erst im 16./17. Jh. hat sie wieder langsam zugenommen.

Es gab eine Beziehung zwischen der Einwohnerzahl, der angebauten Ackerfläche und den Preisen der landwirtschaftlichen Produkte. Bis um 1350 war die ständige Urbarmachung zusätzlicher, für den Ackerbau immer weniger vorteilhaften Grundstücke notwendig: Diese befanden sich oft in Hanglagen, auf weniger fruchtbarem Boden oder auch in klimatisch unvorteilhafteren Gebieten. Damit stieg aber auch der Wert günstiger Ackflächen an. Sowohl dieser Anstieg als auch die ständigen Investitionen in die Urbarmachung führten zu einer intensiveren Landwirtschaft sowie zu einer Erhöhung der Preise.

Nachher gab es einen Überfluß an Anbauflächen; die Produktion hat sich aber nur allmählich vermindert und der Verbrauch von Getreidewaren pro Kopf blieb relativ konstant, so dass sich ein Überangebot ergab, das die Verminderung der Durchschnittspreise verursachte. Im Falle der tierischen Produkte, des Weines oder Obstes und vor allem der handwerklichen Produkte war der Verbrauch pro Kopf veränderlich; so kam es diesbezüglich zu keinem Überangebot – und implizite veränderten sich die Preise nur wenig. Allmählich wurden überschüssige Felder aufgegeben und eine extensive Landwirtschaft betrieben.

---

[86] J. C. Russell, *Die Bevölkerung Europas 500–1500*, in „Bevölkerungsgeschichte Europas", herausgegeben von C. Cipolla, K. Borchhardt, München 1971, S. 26, 38 und 42; R. Mols, *Die Bevölkerung im 16. und 17. Jh.*, ebenda, S. 81, 108, 111 und 146

Als nach dem Anfang des 16. Jhs. eine neue Bevölkerungszunahme einsetzte, stiegen auch die Preise der landwirtschaftlichen Produkte – wie in der Landesausbauperiode vom Beginn des Jahrtausends wieder an.

Da sich die hier skizzierten Veränderungen nicht auf Einzelpersonen, sondern auf ganze Bevölkerungsschichten bezogen haben, ist ihr bedeutender Einfluß auf die Beziehung zwischen Dorf und Stadt selbstverständlich.

Was Siebenbürgen betrifft, muß zuerst hervorgehoben werden, dass die demographische Entwicklung jener aus dem restlichen Europa sehr ähnlich war[87]. Für einige Teile Südsiebenbürgens bestätigen die Urkunden des 14.-15. Jhs. für jene Zeit eine Verminderung der Bevölkerung um fast 50 %. Für Siebenbürgen kann die gleichzeitige Verminderung der Gesamtbevölkerung auf 23 % geschätzt werden und wenn auch das Banat sowie das Kreischgebiet in Betracht gezogen werden, dann beträgt die allgemeine Verminderung etwa 34 %. In Siebenbürgen nahm die Bevölkerung bis 1600 um ungefähr 48 % zu und verminderte sich wieder nach 1660. Wenn auch die angrenzenden Gebiete in Betracht gezogen werden, dann betrug die zwischen 1500-1600 stattgefundene Zunahme etwa 30 % und die Verminderung nach 1660 war ebenfalls sehr betont.

Für eine ähnliche Entwicklung der Preise in Siebenbürgen und in Mitteleuropa spricht auch eine gewisse Handelsverbindung zum europäischen Markt – vor allem was den Vieh- und Weinhandel betrifft.

Es ist bekannt, dass bei uns nur wenige frühe Urkunden erhalten geblieben sind und vor allem die Bewegung der Preise kann auf deren Grundlage kaum festgelegt werden. Es gibt aber trotzdem Anhaltspunkte, die in Betracht gezogen werden sollten.

Zwischen 1317 und 1332 ist der Zehnte der Handwerkszentren Mühlbach und Bitritz nicht wesentlich gestiegen im Vergleich zum Zehnten ländlicher Ortschaften. Daraus ergibt sich, dass eine Differenzierung der beiden Ortschaftskategorien erst nach 1332 einsetzte, und eine solche Differenzierung war an erhöhte Einkünfte der Bevölkerung aus Handewerkszentren gebunden.[88]

Über genaue Angaben verfügen wir nur für die Zeitspanne 1550-1610,[89] damals sind die Löhne und die Preise wie folgt gestiegen:

---

[87] P. Niedermaier, *Zur Bevölkerungsdichte und -bewegung im mittelalterlichen Siebenbürgen*, in „Forschungen zur Volks- und Landeskunde", 29/1, 1986, S. 17-27. Andere Daten wurden aus einer geplanten Arbeit desselben Autors: *Urbanismul medieval în Transilvania* [Mittelalterlicher Städtebau in Siebenbürgen] entnommen.

[88] Da die Dörfer aus der Umgebung der Handwerkszentren größtenteils frei waren, konnte die Zuwanderung in Handwerkszentren nicht von sozialen, sondern nur durch wirtschaftliche Gründe, etwa den höheren Lebensstandard in den Handwerksorten, ausgelöst worden sein. Dementsprechend ist eine Zuwanderung in die Städte ohne vorherige Differenzierung des Lebensstandards auszuschließen

[89] S. Goldenberg, *Clujul în secolul XVI* [Klausenburg im 16. Jh.], București 1958, S. 340, 358 und 362-363

- 1556–1598   Löhne   20 %
- 1556–1609   50 verschiedene Handwerksprodukte   134 %
- 1551–1610   Hafer   345 %

Die oben erwähnten Angaben sprechen für eine ähnliche Entwicklung in Siebenbürgen und in anderen Teilen Mitteleuropas. Im Sinne von komplexen Strukturen, in die sich sowohl die Bevölkerungsentwicklung, die Preisentwicklung als auch die daran gebundenen Erscheinungen eingliedern, können auch im mittelalterlichen Siebenbürgen Veränderungen im Verhältnis zwischen Dorf und Stadt vorausgesetzt werden, die sich zweifellos auf verschiedenste Belange auswirkten. Sie sprechen für die erwähnten Strukuren und sind ein indirekter Beweis für deren Existenz.

- *Auf demographischer Ebene.* Vor 1340 entsprach die Bevölkerungszahl der Handwerkszentren jener der größeren Dörfer. Dank einer bedeutenden Zuwanderung in die Städte differenzierten sich zwischen 1350–1500 die Größenverhältnisse der beiden Ortschaftskategorien. Nach 1550 hat sich die Zuwanderung in die städtischen Siedlungen sehr verringert, so dass das vorher entstandene Größenverhältnis zwischen der Bevölkerung der beiden Ortschaftskategorien bis in unser Jh. bewahrt wurde.
- *Auf sozial-politischer Ebene.* Vor der Mitte des 14. Jhs. waren die Besitzer von größeren landwirtschaftlich genutzten Flächen – zu denen wohl auch die Gräfen der Städte gerechnet werden können – tonangebend; sie gehörten zu den Verantwortungsträgern und traten mitunter für die Städte bei der Obrigkeit ein. Bis ins 16. Jh. hat sich die Macht der Vertreter der ländlichen Gemeinden – und vor allem des Kleinadels – vermindert; auch der Großadel mußte die Meinung der Vertreter der Städte berücksichtigen. Da die Adligen in einer wirtschaftlich gespannten Zeit versuchten, einen größtmöglichen Profit zu erzielen (und implizite auch eine gewisse wirtschaftliche und politische Macht zu bewahren), spitzten sich die sozialen Konflikte zu. Beginnend mit dem 16. Jh. haben die Gutsherren – und vor allem der Großadel – erneut beträchtlich an Gewicht gewonnen; gegen sie konnten alle anderen sozialen Bevölkerungsschichten – einschließlich die städtischen Gemeinden – nur schwer ihre soziale Position erhalten. Die Veränderungen haben selbstverständlich auch die Verhältnisse zwischen den drei rumänischen Ländern (in denen die Bedeutung der Städte in der Struktur der mittelalterlichen Gesellschaft unterschiedlich war) geprägt.
- *Auf kultureller Ebene.* Die Architektur widerspiegelt die Veränderungen besonders gut und stellt einen eindeutigen Beweis für die Existenz der erwähnten komplexen Strukturen dar. Bis zum Ende der Frühgotik (um 1300) wurden in den zukünftigen Dörfern und Städten Bauten von ähnlicher Bedeutung errichtet.[90] Während der Spätgotik konzentrierten sich die

---

[90] Wir denken hier zum Beispiel an die monumentalen Kirchen von Großschenk, Heltau oder Mönchsdorf, an die beeindruckenden Wohntürme von Chersig, Râul de Mori oder Kelling.

bedeutenden Bauten fast ausschließlich in den Städten; es ist die Rede vor allem von den sehr umfangreichen Befestigungen, von zahlreichen Kirchen und anderen öffentlichen oder privaten Bauten.[91] Andere bedeutende Kirchen wurden in Weinbaugebieten errichtet, aber der Bau von Schlössern oder Kirchen in einfachen dörflichen Siedlungen wurde fast völlig eingestellt.[92] Um 1550 – in der Zeit der Renaissance – gelangte die Initiative im Baubereich erneut in die Hände des Adels dörflicher Siedlungen, der damals zahlreiche prunkvolle Schlösser errichten ließ.[93]

Als Schlußfolgerung der oben dargestellten Feststellungen kann die überragende Bedeutung der mittelalterlichen Agrarkrise in der Veränderung der Beziehung zwischen Dorf und Stadt hervorgehoben werden. Im Lichte der eingetretenen Wandlungen können wesentliche Phänomene dieses Verhältnisses erklärt werden, die für die Geschichte Rumäniens eine besondere Bedeutung hatten.

Handel, Handwerk und Landwirtschaft in mittelalterlichen Städten*

Die Bedeutung verschiedener Tätigkeiten innerhalb der mittelalterlichen Städte veränderte sich im Laufe der Zeit erheblich. Die Veränderungen wurden nicht nur von der allgemeinen historischen Entwicklung,[94] sondern auch von dem wechselnden Verhältnis zwischen den Durchschnittspreisen verschiedener Erzeugnisgruppen bestimmt.[95] Aufgrund dieser Voraussetzungen

---

[91] Wegen des Verhältnisses zwischen den verschiedenen Preiskategorien profitierten die Städte dieser Zeit nicht nur vom Handel mit den benachbarten Gebieten, sondern auch vom Handel mit der Walachei und der Moldau.
[92] Der Wiederaufbau des Kastells von Eisenmarkt stellt eine sehr glaubwürdige Ausnahme dar; was die Kirchen betrifft, ist zum Beispiel der Mangel an religiösen Baudenkmälern aus dem 15. Jh. in der Walachei ausgesprochen frappant – aber in diesem Kontex völlig erklärbar.
[93] Wir erwähnen auch in diesem Kontext die Blütezeit im Baubereich, die Mitte des 16. Jhs. in der Walachei begann und an einer großen Anzahl von Kirchen abzulesen ist.
* Erstdruck: *Raportul între comerț, meșteșuguri și agricultură în economia orașelor* [Das Verhältnis zwischen Handel, Handwerk und Landwirtschaft in der Wirtschaft der Städte], in „Historia Urbana", 1998/1–2, S. 43–48.
[94] Die Angaben wurden aus zahlreichen Arbeiten übernommen, die in dieser kurzen Synthese nicht zitiert werden können; man findet sie größtenteils in: P. Niedermaier, *Der mittelalterliche Städtebau ...* (Bd. I).
[95] Die Synthese beruht auf im Laufe der Jahre durchgeführten Forschungen. Sie geht von Wilhelm Abels Feststellungen über die Entwicklungsetappen der Wirtschaft im Mittelalter und der Neuzeit aus. Unter den zahlreichen dieser Thematik gewidmeten Arbeiten erwähnen wir hier seinen Band: *Agrarkrisen und Agrarkonjunktur in Mitteleuropa vom 13. bis zum 19. Jh.*, 2. Auflage, Stuttgart, 1996. Die Lage in Siebenbürgen wurde von P. Niedermaier behandelt: *Siebenbürgische Städte*, Bukarest, Köln, Wien 1979, wie auch in: ders., *Raportul între sat și oraș în lumina crizei agrare medievale* [Das Verhältnis zwischen Dorf und Stadt im Lichte der mittelalterlichen Agrarkrise], in: „Anuarul Institutului de Istorie Cluj-Napoca", XXXI, 1992

kann man gewisse Gesetzmäßigkeiten in der Veränderung der Bedeutung der Berufe und Beschäftigungen innerhalb der Städte erfassen.

Eine Analyse muß vor allem die Hauptsubsistenzquelle der Stadt in Betracht ziehen. Wenngleich die wirtschaftliche Grundlage der Städte meist nicht von einem einzigen Wirtschaftszweig oder einer einzigen Funktion des Ortes geprägt war, so gab es doch für gewöhnlich in dem wirtschaftlichen Gefüge eine Dominante. Im Falle der Bischofsstädte bzw. der Komitatsvororte war die Verwaltung des Hinterlandes ausschlaggebend beziehungsweise die Abgaben von diesem stellten die wesentliche Subsistenzquelle dar (es sei hier etwa an die zwei Zehntquarten gedacht, die Bischof und Kapitel bekamen). Im Falle der Bergbauzentren bildet die Förderung und eventuell die Verhüttung des geförderten Erzes die wirtschaftliche Grundlage (die selbstverständlich den zeitlich unterschiedlichen Verwertungsmöglichkeiten der Bodenschätze entsprechen mußte). Schließlich bildet die Versorgung des Hinterlandes mit eingeführten oder selbst erzeugten Produkten die wirtschaftliche Existenzgrundlage der Handwerks-Handelsorte dar.

Entwicklungsperioden. Die Entwicklungsdynamik der verschiedenartigen Ortschaften wird von spezifischen Faktoren bestimmt. Bezüglich der Verwaltung des Hinterlandes kann über die erste Zäsur Mitte des 14. Jhs. gesprochen werden, als die Bevölkerung aufhörte zu wachsen und anfing sich zu vermindern. Auch mit der Agrarkrise, die das wirtschaftliche Potential der zugehörigen Gebiete schwächte, nahmen die Abgaben ab, was sich auf die Hauptorte unmittelbar auswirkte. Die zweite, für die katholischen kirchlichen Zentren fatale Zäsur bildet dann die Reformation.

Im Falle der Bergbauzentren hing der wirtschaftliche Aufschwung oder Verfall unmittelbar von der Nachfrage nach Salz, Silber und Gold auf dem europäischen Markt ab. Das Salz hatte schon vom ersten Jahrtausend bis zum 14. Jh. eine besondere Bedeutung gehabt, die dann jedoch, zusammen mit dem Rückgang der Bevölkerung und wohl auch wegen einer Überproduktion der stetig vermehrten Förderstätten abnahm. Das Silber hatte bis nach 1300 einen sehr hohen Wert, nachher dank der Verbreitung des Silbers als Zahlungsmittel während die Verbreitung des Goldes wesentlich anstieg. Ein Einfuhrverbot von Waren – und mithin auch von Gold – aus heidnischen Ländern, zumal aus Afrika nach Europa ließen den Goldpreis wesentlich ansteigen. Da es im mittelalterlichen Ungarn die meisten Goldvorkommen gab (zeitweise wurden hier drei Viertel des europäischen Goldes gefördert), hatte die ungarische Krone diesbezüglich eine Monopolstellung. Dementsprechend konnte sie den Goldpreis weitgehend bestimmen und wertete das Gold im Vergleich zum Silber stark auf. Gegen Ende des 15. Jhs., mit der Aufweichung des Einfuhrverbotes von afrikanischem Gold und der Verbreitung des amerikanischen Goldes, verlor die Goldproduktion in Ungarn weitgehend ihre Bedeutung während das Silber wieder an Bedeutung gewann.

Handel gab es immer und in sehr verschiedenen Ortschaften – z. B. auch in den Bischofsstädten. Für die Bündelung der Handelstätigkeiten an bestimmten Orten war vor allem die zweite Hälfte des 14. Jhs. entscheidend, als die ersten Jahrmärkte organisiert wurden und die Städte Kronstadt und Hermannstadt das Stapelrecht erhielten. Anderen siebenbürgischen Städten wurde das Stapelrecht nur in der Zeit der immer zahlreicher werdenden Einschränkungen aus dem 16. Jh. verliehen. Eine breitere Existenzbasis des ländlichen Raumes nach dem Ende der Agrarkrise führte auch zu zahlreicheren Marktorten in verschiedenen Gebieten, wobei auch die Zentralisierung des Handels in den wichtigsten Städten zurück ging – dieses auch wegen der zahlreichen levantinischen oder armenischen Kaufleute, die vor allem im Bereich des Osmanischen Reiches mit neuen politischen Verhältnissen besser umgehen konnten.

Schließlich hatte für die Entfaltung der Handwerkstätigkeiten vor allem seit der Ansiedlung der Hospites im 12. und zu Beginn des 13. Jhs. eine besondere Bedeutung, dass diese die räumliche Trennung ihrer Produktion von der Landwirtschaft wesentlich gefördert hatten. Später, etwa zwischen 1350 und 1550 wurde die Entwicklung des Handwerkes durch die Agrarkrise ganz wesentlich begünstigt. Bei einem allgemein relativ hohen Lebensniveau konnte auch nach dem Ende der Agrarkrise nicht auf die Erzeugnisse dieses Wirtschaftszweiges und der zugehörigen Orte verzichtet werden.

Aus all diesen Daten ist auf Zäsuren im 14. und 16. Jh. zu schließen.

Geistliche und politische Zentren. Obwohl im Falle der transsylvanischen Bischofsstädte und Komitatsvororte die Handwerker manchmal erwähnt werden, sprechen die Quellen nicht für eine bedeutende Handwerksproduktion. Es ist zum Beispiel bekannt, dass Weißenburg/Alba Iulia – die Fürstenresidenz Siebenbürgens – aus anderen Städten mit Handwerksprodukten versorgt wurde, dass selbst der Schornsteinfeger regelmäßig aus Mediasch gebracht wurde. Die bedeutenden italienischen Viertel von Großwardein/Oradea (Olosig, Velența, Bologna) können eher mit Handelstätigkeiten als mit Handwerksproduktion in Verbindung gebracht werden. (Bezüglich Italien ist für Rom selbst die große Anzahl der deutschen Schuster bekannt.)

Eine ähnliche Lage kann auch für wichtige Komitatsvororte festgestellt werden – zumal für Temeswar/Timișoara und Karansebesch/Caransebeș, in denen viele Ragusaner lebten. Aber die Dynamik des Handels solcher Vororte war auch von der Kaufkraft des landwirtschaftlich geprägten Hinterlandes abhängig und schwankte mit den Preisen, die von Konjunkturen und Krisen der Agrarproduktion abhängig waren. Die geistliche und später die politische Bedeutung von zentralen Orten, wie Großwardein, Weißenburg und Temeswar, konnte solche Schwankungen nur teilweise ausgleichen.

Gleichzeitig gab es in den Städten selbst auch eine gewisse landwirtschaftliche Produktion (z. B. in Großwardein), deren Bedeutung sich jedoch umgekehrt proportional zur Bevölkerungszahl veränderte.

Bergbauorte. Die überragende Bedeutung des Bergwesens für die zugehörigen Ortschaften muß nicht kommentiert werden, da die Dynamik dieser Tätigkeit bereits erwähnt wurde. Sie hat nicht nur die Bergbauorte selbst, sondern auch die Entwicklung der mit ihnen verbundenen Ortschaften beeinflußt. So spiegelt sich die Entwicklung von Rodenau/Rodna auch in jener von Bistritz/Bistriţa wider oder die Förderungsdynamik von Thorenburg/Turda, Kloosmarkt/Cojocna und Salzburg/Ocna Sibiului in jener des Doppelortes Unterwintz/Vinţu de Jos – Burgberg/Vurpăr, wo lange Zeit das Salz jener Orte verschifft wurde.

Eine bemerkenswerte Handwerksproduktion kann nur in den wichtigsten Bergbauzentren Thorenburg, Deesch/Dej und Frauenbach/Baia Mare festgestellt werden, die sicherlich auch an ein gewisses Hinterland gebunden war. Die gewerbliche Produktion kann in einer etwas jüngeren Zeit, des Niedergangs des Bergwesens, deutlich verfolgt werden und diese wurde auch von den politischen Verantwortungsträgern gefördert, so im Falle von Deesch. Diese Produktion hat während der Krisenzeiten zur Bewahrung eines städtischen Charakters der Orte wesentlich beigetragen.

Dem Handel kam schon früher, im 13.–14. Jh., bedeutendes Gewicht zu; durch diesen sollte die Bevölkerung der Ortschaften der landwirtschaftlichen Tätigkeiten enthoben werden und für die unmittelbare Förderung von Salz und Erz bereit stehen. Zu erwähnen sind Urkunden aus Rodenau, die Privilegien für Wochenmärkte in Thorenburg, Seck/Szék/Sic und Deesch. Dabei war Frauenbach die erste transsylvanische Ortschaft, die das Jahrmarktsrecht erhielt. Wo es ein landwirtschaftlich geprägtes Hinterland gab, gewann später, nach dem Ende der Agrarkrise, der Handel mit diesem Hinterland an Bedeutung – eine Tatsache, die im Fall von Deesch, mit seinen zahlreichen Jahrmärkten, besonders offensichtlich ist.

Die bedeutende Parzellengröße in den Salzförderstätten sowie die Privilegien für die Landwirtschaft (vor allem für Thorenburg und Deesch) sprechen zugleich für die Bedeutung der Landwirtschaft in der Wirtschaft der an Salzgruben gebundenen Ortschaften. Zumal mit dem Rückgang der Salzförderung wurde der Landbau zu einer ausgleichenden Beschäftigung der Häuer. Hingegen waren in den meisten Ortschaften, in denen Erze gefördert wurden, der Landwirtschaft enge Grenzen gesetzt, da sich diese in klimatisch ungünstigen Gebirgsgegenden befanden. Dieses widerspiegeln auch die geringeren Ausmaße der Parzellen innerhalb des Weichbildes der Orte.

Handwerks- und Handelszentren. Auch im Fall dieser Ortschaften widerspiegelt sich ihr besonderes Profil schon seit der Ansiedlung der Hospites im

12. Jh. in den kleinen Ausmaßen der Parzellen innerhalb des Weichbildes. Urkundliche Belege für die Tätigkeit der Handwerker gibt es seit dem 14. Jh., vor allem seit dem Beginn der Agrarkrise, wobei der wichtigste die Neuorganisation der Zünfte in den Sieben Stühlen betrifft. Während der Agrarkrise hat ein starker Zustrom der Bevölkerung aus den ländlichen in die städtischen Ortschaften stattgefunden; dieser Zustrom lässt sich unmittelbar durch die Entwicklung der Handwerksproduktion und durch den steigenden Wohlstand in den Städten erklären. Nach dem Ende der Agrarkrise änderte sich das allgemeine Profil der Städte nicht, da sich nun im ländlichen Hinterland erweiterte Absatzmöglichkeiten ergaben. Andererseits sind nach der Überwindung der Agrardepression auch in den ländlichen Ortschaften zahlreiche Handwerker belegt und gleichzeitig gibt es Bestrebungen, die zünftigen Handwerker vor diesen zu schützen.

Die ersten Handelsprivilegien wurden nicht einzelnen Städten gewährt, sondern Gebietskörperschaften oder Personen; auch die Toponymie spricht nicht für eine frühe Konzentration des Handels in sehr wenigen Zentren. Eine Polarisierung wird erst im 14. Jh. ersichtlich. Sie geht mit dem Bevölkerungswachstum einher, die ihrerseits vornehmlich an die Zunahme der Handwerksproduktion gebunden war. In den Handelsprivilegien aus der Zeit um 1400 werden nur einige Städte Siebenbürgens genannt, und zwar immer in der gleichen Reihenfolge; dieses zeigt, dass diese Nennungen nicht zufälligen Charakter haben. Hermannstadt ist jene siebenbürgische Stadt, für die besonders viele Handelsprivilegien erhalten geblieben sind; diese betreffen vor allem den Handel nach Westen; Kronstadt erhielt seine Privilegien etwas später, und diese beziehen sich vor allem auf den Handel nach Osten und Süden. Bis zur Mitte des 15. Jhs. besaßen alle anderen siebenbürgischen Städte zusammen nicht so viele Handelsprivilegien wie jede dieser beiden Städte allein. Das Stapelrecht begünstigte lange Zeit nur Hermannstadt und Kronstadt; Bistritz, Klausenburg und Karansebesch bekamen es erst 200 Jahre später. Im 15.–17. Jh. stieg die Zahl der Orte mit Marktrecht, und der wachsende Wohlstand in ländlichen Ortschaften nach dem Ende der Agrarkrise führte auch zur Blüte neuer Zentren; Neumarkt wurde sogar zur „Stadt" erhoben. Nach dem Konzentrationsprozess kann also ein Dezentralisierungsprozess beobachtet werden.

Die ungefähr gleiche Größe der künftigen Städte und Dörfer im 12.–13. Jh. lässt vermuten, dass in jener Zeit die Landwirtschaft auch für die Bevölkerung der Handwerks-Handelszentren eine erhebliche Bedeutung hatte. Eine solche Beschäftigung wurde zur Zeit der Agrarkrise für Handwerker unrentabel, und um 1500 entfielen damals in den Städten 200 Familien auf einen Hirten, in den Dörfern der Sieben Stühle waren es hingegen 15 Familien. Wegen der großen Bevölkerungszahl und dementsprechend dem kleinen Gemarkungsanteil pro Familie konnte die Landwirtschaft auch nach dem Ende der Agrarkrise für die großen Handwerksorte keine alternative Beschäftigung weiter

Kreise der Stadtbevölkerung sein; allein Patrizier betreiben eine solche auf ihren Meierhöfen.

Bedeutungswandel der verschiedenen Berufe. Daraus lässt sich schlussfolgern, dass sich in den verschiedenartigen Städten – verbunden mit der Entwicklung der Bevölkerung und der Preise – die wirtschaftliche Bedeutung mancher Berufe veränderte. Nur das Bergbauwesen war selbstverständlich auf bestimmte Fundorte beschränkt und hatten eine eigene Entwicklungsdynamik, die vor allem von der europäischen Marktentwicklung abhing. Die Gewerbeproduktion erlebte beginnend mit der Mitte des 14. Jhs. in den Handwerksorten einen besonderen Aufschwung. Später haben sich die Handwerker etwas bescheidener in einigen Bergbauzentren und ziemlich spät auch in den kleineren Ortschaften durchgesetzt. Der Handel wurde schon früh erwähnt, und zwar in Bischofsstädten, Bergwerks- und Handwerkszentren. Mit der Polarisierung des Handels konzentrierten sich die Kaufleute später vor allem in den Handwerksorten, wenngleich sich das Netz der Orte mit Marktrecht im späten Mittelalter und in der frühen Neuzeit erweiterte. Die Landwirtschaft war vor allem bis ins 14. Jh. auch in den Städten von besonderer Bedeutung; außer in Ortschaften bei Salzgruben hat sie nachher an Bedeutung verloren.

Wenn hier von der besonderen Bedeutung einzelner Beschäftigungen gesprochen wird, so handelt es sich dabei um die Zahl der daran beteiligten Einwohner. Diese Zahl stimmt nur begrenzt mit einem Machtverhältnis innerhalb der Städte überein. In den Bischofsstädten fiel den Geistlichen die entscheidende Rolle zu, in den entwickelten Bergstädten hatten die Waldbürger das Sagen und in den Handwerks-Handelszentren die wohlhabenden Kaufleute, die mitunter auch Unternehmer waren.

Die Auswirkung von Konjunkturen auf die Verwaltung der Städte[*]

Im Folgenden soll die Dynamik von städtischen Entwicklungstendenzen im mittelalterlichen Siebenbürgen aufgezeigt werden. Entsprechend einer relativen Abgeschiedenheit des Raumes können hier einzelne Konstellationen und Veränderungen ziemlich klar erfasst werden. Dabei geht es letztlich darum, die Interessen und Möglichkeiten einzelner Machtfaktoren und das veränderliche Verhältnis zwischen diesen auszuloten. Zum einen handelt es sich dabei um den König und später den Fürsten mit den zugeordneten Institutionen, zum anderen um die Städte – zunächst die Bischofsstadt (Weißenburg/Alba Iulia), dann um etliche Bergstädte (vor allem Thorenburg/Turda, Deesch/Dej und Rodenau/Rodna) und schließlich um einige Handelsemporien, die weit-

---

[*] Erstdruck in „Nouvelles études d'histoire", XI, 2005, S. 51–58.

gehend von Handwerkern bewohnt waren (vor allem Hermannstadt/Sibiu und Kronstadt/Brașov). Auch den adligen Grundbesitzern kam in den Machtkonstellationen eine merkliche Bedeutung zu.

Interessen der Zentralmacht. In der ersten Hälfte des zweiten Jahrtausends können eine Reihe objektiver Faktoren ausgemacht werden, welche die Entwicklungstendenzen beeinflussten. Es handelt sich einerseits um die demographischen Veränderungen als Folge von Geisteshaltungen (Bevölkerungsexplosion, Schwarzer Tod und anschließender Bevölkerungsrückgang) und andererseits um die Preisbewegungen (Agrarkonjunktur in der Zeit des Landesausbaus, mittelalterliche Agrarkrise und neue Agrarkonjunktur am Beginn der Neuzeit); dazu kommen besonders günstige Zeitintervalle für die Förderung einzelner Bodenschätze wie Salz und Gold.

Innerhalb dieses allgemeinen Rahmens waren der Zentralmacht Grenzen gesetzt, innerhalb derer sie ihre Interessen durchsetzen konnte. Sie musste äußeren und inneren Gegebenheiten Rechnung tragen, etwa den Konstellationen der Macht – im Verhältnis zu den Großmächten des Raumes und den Besonderheiten innerhalb des Landes. Das gleiche gilt im Kontext des Wirtschaftsgefüges, wo regionale und überregionale Netzwerke berücksichtigt werden mussten. Diese wirkten sich in unterschiedlichsten Beziehungen aus und äußerten sich z. B. in der immer häufigeren Verwendung des Terminus „civitas" seit der zweiten Hälfte des 13. Jhs. oder in der allmählichen Auffächerung des Profils von Wirtschaftszentren. Auffällig ist dabei die hervorragende Bedeutung von vier Königen – Karl Robert, Ludwig I. (der Große), Sigismund v. Luxemburg und Matthias Corvinus –, die eine enge Beziehungen zu Mittel- und Westeuropa hatten und die vorhandenen Möglichkeiten besonders im Auge behielten.

Die Grenzen der Entscheidungsfindung der Zentralmacht treten uns zunächst in der Raumordnung des Gebietes entgegen. Eine Förderung – etwa durch Investitionen oder Privilegien – brachte nur für bestimmte Arten von Ortschaften eine Frucht und verpuffte andernfalls.

Erste wichtige Entscheidungen betrafen die kirchliche, politische und administrative Gliederung des Gebietes und damit zusammenhängend die Förderung bestimmter Ortschaften mit zentralörtlichen Funktionen. Der einzige Bischofssitz Siebenbürgens liegt zwar völlig exzentrisch, aber in der zu Beginn des zweiten Jahrtausends am dichtesten bewohnten Gegend um die einstmals römische Stadt Apulum/Weißenburg. Der Sitz einer exempten, weltlichen Propstei für die aus Mitteleuropa eingewanderten Hospites befand sich hingegen etwa im Schwerpunkt von deren Siedlungsgebiet, in Hermannstadt. Auch die frühe politische Gliederung ging eindeutig nicht von einer gleichmäßigen Gliederung des Gesamtgebietes aus, sondern von einer entsprechenden Aufteilung der zu Beginn des Jahrtausends dichter bewohnten

Gebiete, im Westen Siebenbürgens; dort waren die Vororte Deesch, Klausenburg/Cluj, Thorenburg, Weißenburg.

Bergstädte sind selbstverständlich an die Lagerstätten von Salz (Deesch, Thorenburg) oder metallhaltigem Erz gebunden gewesen (Rodenau/Rodna oder Frauenbach/Baia Mare). Für die Standorte der königlichen Salzkammern spielten gleichzeitig aber auch die Verkehrswege eine Rolle (vor allem entlang des Somesch und des Mieresch) und bei den Kammern für Edelmetalle die Sicherheit der Orte (Hermannstadt, Frauenbach).

Erwähnenswert sind die Standorte der Handelsemporien beziehungsweise Handwerksorte. Charakteristisch für die bedeutenden Städte (Hermannstadt, Kronstadt, Bistritz, Klausenburg) ist deren Randlage. Alle befinden sich in der Nähe von Karpatenübergängen und kein einziger in der Mitte des Gebietes etwa in der Gegend von Neumarkt/Târgu Mureș – obwohl es auch dort hochqualifizierte Hospites gab. Besonders prägnant ist die Lage von Hermannstadt und Kronstadt an Übergängen der Südkarpaten, wobei für diese Städte auch die weitaus meisten älteren Handelsprivilegien ausgestellt worden sind. Da bei den Einwanderern selbst kaum eine genaue Kenntnis der potentiellen Möglichkeiten einzelner Standorte vorauszusetzen ist, bezeugt die Konzentration von Kaufleuten und Handwerkern gerade an diesen Karpatenübergängen – die gleichzeitig Verkehrknotenpunkte waren – der Zentralmacht eine bewusste Raumplanung im Rahmen Südosteuropas; sie hatte im Süden Siebenbürgens die Walachei und auch weitere Handels- und Absatzrouten in Richtung Byzanz im Auge.

Auch Mühlbach und Broos sind in das mittelalterliche Straßennetz Siebenbürgens gut eingebunden gewesen, aber die Karpatenübergänge bei diesen Orten scheinen für den Transport großer Warenmengen in Richtung Walachei zu schwierig gewesen zu sein um eine Förderung durch Einzelprivilegien zu rechtfertigen. Ein Gleiches scheint zum Teil auch für Bistritz und die Verbindungen mit der Moldau zu gelten; immerhin erhielt der Ort am Beginn der Neuzeit verschiedene fürstliche Privilegien – z. B. das Stapelrecht – vermutlich weil er als einzige Alternative zur Ostverbindung bei Kronstadt bedeutend war.

Bezüglich der Abgabenpolitik konnte die Zentralmacht – wie heute – zwei verschiedene Wege gehen. Durch hohe Abgaben ließ sich kurzzeitig ein hoher Profit erzielen, doch verringerten sich langfristig gerade dadurch die Einnahmen. Das gleiche gilt auch umgekehrt. (Besonders deutlich wird dieses im Bergbau. Für Investitionen, die sich nur allmählich amortisierten, mussten große Mittel aufgebracht werden. Fehlten diese, so kam es langfristig zu einem Verfall der Gruben, zu einem Rückgang der Förderung und zu Grubenunglücken.)

Ähnliches gilt für die Privilegien. Hielt man früher erteilte Rechte nicht ein, so führte dieses zu einer Abwanderung von Fachkräften; erteilte man solche

Rechte zu großzügig, so ergaben sich Schwierigkeiten in der Zukunft. Immer wieder gab es mehrere Alternativen, zwischen denen der richtige Weg gefunden werden musste.

Dabei spielten gerade die Städte für die Zentralmacht in mehrerlei Beziehung eine große Rolle. Einerseits waren hervorgehobene Siedlungen Repräsentationsobjekte der Macht – gewissermaßen Statussymbole. Dieses gilt schon für die Residenzen der „Herzöge" in diesem Teil Europas, an der Wende des 1. Jahrtausends unserer Zeitrechnung. Sie wurden als „*urbs*" und nur ausnahmsweise als „*civitas*" bezeichnet – eine Tatsache die sich wohl weitgehend durch das Geltungsbedürfnis der Herzöge erklären lässt. Nachdem dann der Begriff „*civitas*" rund 200 Jahre lang nicht mehr gebraucht wurde, erscheint er in der ersten Hälfte des 13. Jhs. zunächst in ausländischen Chroniken wieder und wenige Jahrzehnte später auch in offiziellen Urkunden der Zentralmacht Ungarns. Es war wohl wieder eine Prestigeangelegenheit, diese Bezeichnung zu übernehmen und dadurch mit Westeuropa gleichzuziehen, beziehungsweise den Begriff nachher durch die Unterscheidung zu den „*oppida*" aufzuwerten.

Andererseits waren die Städte als Bollwerke des Reiches – zumal in der Türkenabwehr – von ausschlaggebender Bedeutung. Schon die „*urbs*" vom Beginn des 2. Jahrtausends waren befestigt – etwa Doboka/Dăbâca. Ähnliches gilt für die etwas neueren Komitatsburgen von Deesch, Klausenburg, Weißenburg, bei denen es sich um befestigte Siedlungen handelte, für die manchmal auch Reste antiker Wehranlagen wiederverwendet wurden.

Die Funktion der Städte als Bollwerke des Landes gilt vor allem für das späte Mittelalter. Nachdem seit der Mitte des 14. Jhs. die älteren Holz-Erde-Befestigungen etappenweise durch Stadtmauern ersetzt wurden, waren die Städte die weitaus stärksten Wehranlagen des Gebietes. Hermannstadt ist z. B. von Mauern mit einer Gesamtlänge von 8 km umzogen gewesen, zu denen über 70 Türme gehörten; vergleicht man die Mauerwerksmenge in diesen Befestigungen mit jener von Burgen, so ist leicht festzustellen, dass in den Mauern von Hermannstadt mehr Mauerwerk verbaut war als in allen königlichen Burgen des Gebietes zusammen; ebenso ist leicht festzustellen, dass die Stadtmauern der acht Städte des Gebietes mehr Mauerwerk beinhalteten als die Wehranlagen der etwa 30 königlichen Burgen und 200 Kirchenburgen des Gebietes zusammengenommen. Es ist also leicht zu verstehen, dass die Existenz stark befestigter Städte, zumal im Rahmen der Türkenabwehr eine unabdingbare Notwendigkeit für das gesamte Land und dabei auch eine Repräsentationsfrage für die Zentralmacht war.

Privilegien im Spannungsfeld zwischen Eigeninteressen und Notwendigkeiten. Der Ausbau der Städte und die Errichtung dieser Stadtbefestigungen wurden weitgehend von den Ortschaften selbst finanziert. Dementsprechend war die wirtschaftliche Blüte des Königreiches im Allgemeinen und die der Städte im Speziellen ein vorrangiges Interesse des Königs.

Zunächst, schon seit dem 13. Jh., war die Unterstützung der Bergstädte ein Anliegen der Krone, da zunächst die Förderung von Salz, dann die von Silber und schließlich von Gold Haupteinnahmequellen des Staates bildeten. In diesem Zusammenhang sind Urkunden für Thorenburg, Deesch, Rodenau oder Frauenbach zu verstehen.

Die Bedeutung der Handelsemporien beziehungsweise Handwerksorte war jedoch nicht von Anbeginn im gleichen Maße augenscheinlich, denn bis zur Mitte des 14. Jhs. sind diese noch nicht volkreicher als bedeutende Dörfer gewesen – selbst wenn sich an einigen Orten ihre besondere Bedeutung schon in zentralörtlichen Funktionen abzeichnete. Erst mit dem Beginn der mittelalterlichen Agrarkrise ab Mitte des 14. Jhs. kam das außerordentliche wirtschaftliche und mithin politische Gewicht der Städte allmählich zum Tragen. Seit damals schaltete sich die Krone durch deren Vertreter in steigendem Maße auch in die günstige Regelung wirtschaftlicher Belange ein – etwa durch eine Zunftregelung für Hermannstadt, Mühlbach, Broos und Schäßburg/Sighișoara. Dazu gehören die zahlreiche Privilegien: So wurde das althergebrachte Wochenmarktrecht durch das Jahrmarktrecht ergänzt, zunächst für Frauenbach, Bistritz und Kronstadt; nur den beiden wichtigsten Handelsstädten – Kronstadt und Hermannstadt – wurde früh auch das Stapelrecht erteilt (Bistritz, Klausenburg und Karansebesch/Caransebeș erst viel später). Mit dem Ende der Agrarkrise ging das Interesse an den Städten wesentlich zurück.

Privilegien erhielten nun viel eher Marktflecken oder Städte unteren Ranges. Es gab solche in verschiedenen Gebieten schon lange, aber eine Verschiebung der Gewichtungen zugunsten dieser Marktflecken ist erst mit dem Verschieben der Interessen in den ländlichen Raum seit dem Ende der Agrarkrise im 16. Jh. festzustellen. Damals erhielten z. B. Neumarkt, Sächsisch Regen/Reghin oder Großenyed/Aiud ein größeres Gewicht.

In diesem Rahmen erfolgten Förderungen durch die Zentralmacht. Für sie stellte sich die Frage: Inwieweit haben wir einen Nutzen, wenn wir die Städte fördern und inwieweit haben wir einen Schaden, wenn wir dieses nicht tun? Entscheidend für eine solche Fragestellung war das wirtschaftliche und politische Potential der Städte. In der Zeit der mittelalterlichen Agrarkrise war dieses Potential groß, vorher und nachher merklich kleiner. Dementsprechend sind die meisten Privilegien Städten zwischen 1347 und 1550 erteilt worden. Das gilt schon für ein großes Privileg für Frauenbach von 1348, es gilt für eine Urkunde von 1387 für die Befestigung von Mühlbach oder für das Privileg von 1405 für Klausenburg. Kaiser Sigismund von Luxemburg hielt sich zu Beginn des 15. Jhs. sogar längere Zeit in Kronstadt auf, um das Gebiet für die Türkenabwehr auf Vordermann zu bringen.

Bei all diesen Begünstigungen und Privilegien, an denen der Staat mittelbar sehr wohl interessiert war, stellt sich jedoch die Frage: Spielte in erster Linie das Interesse an einer Förderung der Städte eine Rolle oder waren die Städte so stark, dass die Zentralmacht keine andere Wahl hatte? Auffällig ist, dass sich zumal Könige, die aus dem Ausland kamen oder mit diesem besonders eng verbunden waren – wie Karl Robert, Sigismund v. Luxemburg oder Matthias Corvinus – und bei denen ein weiterer Horizont vermutet werden kann, für die Städte einsetzten.

Effektiv nimmt das Interesse an den Wirtschaftszentren mit dem Ende der Agrarkrise merklich ab, so dass im 17. Jh. die politische Position der Städte im Landtag immer ungünstiger wird. Ein Indikator dieser Entwicklung ist das Verhältnis zwischen Adel und Bürgertum. Im 15. Jh. waren Vergabungen von Städten an hochrangige Persönlichkeiten noch Ausnahmefälle, die sich rückgängig machen ließen – so im Fall von Bistritz oder Mühlbach. Im 17. Jh. war das Vordringen der Adligen in die schwächeren Städten – wie Deesch, Thorenburg oder Enyed – nicht mehr zu verhindern oder rückgängig zu machen und dadurch büßten diese Städte ihre Vorrangstellung weitgehend ein. Wesentlich ist dabei, dass sich auch die mit dem Adel eng verbundene Zentralmacht – nun der Fürst – für die Städte nicht mehr einsetzte.

Auswirkungen auf die Verwaltung der Städte. Die Veränderung der Lage wiederspiegelt sich eindeutig in der Verwaltung der Städte und in den städtischen Gremien. Dabei gab es drei Kräftefelder, die an der Leitung der Städte interessiert waren: die Zentralmacht, die adligen Grundbesitzer des ländlichen Raumes und die Städte selbst.

Die Zentralmacht – d. h. die ungarischen Könige und später die siebenbürgischen Fürsten – mit den zugehörigen Institutionen war vor Ort unmittelbar durch Wojewoden, Vizewojewoden, Gespane und deren Burgvögte vertreten. In den Hospitesgebieten – die im Kontext der Stadtwerdung eine überragende Rolle spielten – sind für eine frühere Zeit die vom König ernannten adligen Grafen erwähnt, die nur mit dem Königshaus, aber nicht mit den jeweiligen Gebieten verbunden waren. Ihnen stand allerdings jeweils ein von der lokalen Bevölkerung gewählter Vertreter bei.

An die Stelle dieser Grafen traten um 1400 Königsrichter, die aus der Reihe der Hospites hervorgegangen waren. Wie die Jahresangabe zeigt, fällt der Wechsel gerade in die Anfangszeit der mittelalterlichen Agrarkrise, in der die Wirtschaftszentren erstarkt waren – eine Tatsche, die auf einen nennenswerten politischen Druck seitens der Städte hinweist.

Rund hundert Jahre später – als die Agrarkrise zu Ende ging und die Städte viel von ihrem politischen Gewicht verloren – erscheinen gelegentlich auch Adlige in diesem Amt – eine Tatsache, die die Dynamik der allgemeinen Entwicklung deutlich widerspiegelt, zugleich auch die Hinneigung der Zentralmacht zu den Grundbesitzern.

Die Interessen der Grundbesitzer wurden in den Städten von den Gräfen vertreten. Als Lokatoren und Bewohner auch der künftigen Städte, verfügten diese von Anbeginn über etwas größere Anteile an der Flur der Ortschaften, konnten aber zugleich auch ihren Besitz im ländlichen Raum ausweiten. In einer Frühzeit vertraten die Gräfen, deren Funktion erblich war, eindeutig die Interessen der Städte oder künftigen Städte – etwa wenn es am Anfang des Bergrechtes von Rodenau um 1270 heißt: „[W]*Ir grof hans von der Rodena vnd dy czwelf gesworen vnd dy gemayn*", oder wenn der Gräf und Richter [S]tark aus Klausenburg 1316 verschiedene Rechte für die Stadt erwirbt. In dem Maße, in dem die Interessen der Hauptorte und des ländlichen Raumes auseinander gingen, wurde die Doppelrolle der Gräfen jedoch immer problematischer, so dass sie aus der Leitung der Ortschaften verdrängt wurden. Wieder war die erste Phase der mittelalterlichen Agrarkrise die Zeit, in der die Gräfen mit der wirtschaftlichen Entwicklung nicht mehr Schritt halten konnten.

Neben den Königrichter und unter Umständen den Gräfen traten spätestens seit 1300, vermutlich jedoch viel früher – möglicherweise schon im 12. Jh. – die gewählten Richter (auch Stadtrichter, Bürgerrichter oder Konsistorialrichter) – etwa in Hermannstadt, Mühlbach, Bistritz, Kronstadt oder Schäßburg. Als Bürger der jeweiligen Ortschaft vertraten sie deren Interessen. Obwohl sie nur eine begrenzte Zeit dieses Amt bekleiden konnten, war ihre Wahl mitunter nicht unproblematisch: Einige Familien konnten eine Stadt in einem solchen Maße beherrschen, dass ihre Vertreter abwechselnd immer wieder gewählt wurden. In Bistritz kam es in diesem Kontext sogar zu blutigen Auseinandersetzungen zwischen den wichtigsten Geschlechtern.

Dazu sind in den größeren Orten, in Hermannstadt, Kronstadt, Schäßburg und Mediasch/Mediaş, etwa seit 1360 gewählte Bürgermeister erwähnt, die allerdings in etwas kleineren Ortschaften – wie Bistritz und Mühlbach – fehlen, gerade in jenen Ortschaften, die zeitweise auch ihren juridischen Status verlieren sollten. Auffällig ist dabei, dass wieder die Mitte des 14. Jhs. als eine Wende erscheint, seitdem die Strukturen der Stadtleitung ausgebaut wurden – eine solche Entwicklung wird leicht verständlich, wenn man den nahezu sprunghaften Anstieg der Bevölkerung kennt. Dabei ist es von sekundärer Bedeutung, wenn vereinzelt die Funktion des Bürgermeisters mit der des Königsrichters vereinigt wurde, wofür allerdings eine Akzeptanz des Königsrichters durch die jeweilige Stadt eine Voraussetzung gewesen sein dürfte. Auch spezifische Forderungen gab es einigerorts – etwa die abwechselnde Zugehörigkeit des Bürgermeisters zu verschiedenen Ethnien (Frauenbach) oder zu verschiedenen Stadtteilen (Schäßburg). Dabei bestanden die Aufgaben des Bürgermeisters „in guter Rechnung und guter Wirtschaft".

Sehr früh gab es auch einen gewählten Stadthannen, welchem vornehmlich Verwaltungsaufgaben zufielen und bezeichnenderweise lassen sich keine großen Rückwirkungen verschiedener Konjunkturen auf dieses Amt feststellen – gleichgültig, ob der Hann neben einem Königsrichter oder neben einem Bürgermeister wirkte. Wie sehr das Hannenamt allerdings jenes des Bürgermeisters ergänzte, zeigt eine kleine Stadt wie Mediasch, wo nach der Schaffung der Bürgermeisterfunktion auf einen Hann verzichtet wurde. Andererseits führte die rasant wachsende Bevölkerungszahl der Städte nach der Mitte des 15. Jhs. zu immer größeren Verwaltungsaufgaben, die durch Hilfskräfte aufgefangen wurden.

Die mit der Bevölkerungszahl ansteigenden Verwaltungsaufgaben bedingten auch die wachsenden Aufgaben der Geschworenen, die zu gut entlohnten Senatoren wurden, sowie die Ergänzung des Inneren Rates, des Magistrates, durch den Äußeren Rat, die Hundertmannschaft.

Versucht man das Gesagte zusammenzufassen, so ist zu betonen, dass die tiefen Einschnitte am Anfang und Ende der mittelalterlichen Agrarkrise die Verwaltung der Städte vollständig veränderte:
- Sie führte zu einem mehrfachen Wechsel der Einstellung der Zentralmacht gegenüber den Städten, die sich bis in die Zusammensetzung der Stadtleitung auswirkte.
- Dazu veränderte sie das Verhältnis zwischen Stadt und ländlichem Hinterland, was ebenfalls auf die Stadtleitung Rückwirkungen hatte.
- Schließlich bedingte sie eine spezifische Bevölkerungsbewegung, die sich in der Komplexität der Verwaltungsaufgaben und der Zahl der Verantwortungsträger niederschlagen musste.

Die Dynamik des Baues von Schlössern*

Ein allgemeiner Blick auf die Anzahl und Bedeutung der in Siebenbürgen errichteten Schlösser zeigt uns, dass es zwischen den verschiedenen Zeiträumen sehr große Unterschiede gab.

In einer ersten Zeitspanne, als das Bauprogramm der Schlösser und Burgen noch nicht klar umrissen war, kann in der Durchführung solcher Bauten ein gewisser Aufschwung festgestellt werden, der von zwei Urkunden für Rodenau/Rodna belegt ist: 1268 wurde ein Steinturm mit einem daneben stehenden Holzhaus verkauft; der Turm und das Haus befanden sich in einem rundum befestigten Hof; im Jahre 1269 wird ein vielleicht gemauerter „Palast" er-

---

* Erstdruck: *Dinamica construirii castelelor în Transilvania* [Die Dynamik des Schlossbaues in Siebenbürgen], in „Tuşnad 1996. A müemlékvedelem elméleti és gyakorlati/Teoria şi practica reabilitării monumentelor istorice/Theoretical and Practical Problems of Restauration on Monuments", Sfântu Gheorghe 1997, S. 77–78. Um Wiederholungen zu vermeiden, wird er hier gekürzt wiedergegeben.

wähnt, der anstelle des Holzhauses errichtet wurde.[96] Die Anlage erinnert uns an ähnliche Bauten in Kelling/Câlnic, Urwegen/Gârbova oder Diosig. Kurz darauf wurde das burgartige Schloss von Karl Robert in Temeswar/Timişoara und ähnliche Bauen mit kleineren Ausmaßen in Lippa/Lipova und Lugosch/Lugoj errichtet, die alle der Krone zugehörten und dementsprechend vom Schatzamt bzw. der zur Burg gehörenden Domäne finanziert wurden.

Auch der Umbau der Komitatsburg von Hunyad/Hunedoara in ein mittelalterliches Schloss durch den Statthalter Siebenbürgens, Johannes Hunyadi, und später durch den König Matthias Corvinus kann auf solch eine Finanzierung zurückgeführt werden. Ebenso wurde auch die Burg Solymos/Şoimoş vom Staat finanziert. Bis Ende des 15. Jhs. wurde nur eine unbedeutende Anzahl kleinerer Schlösser vom Adel errichtet.

Erst im 16. Jh. hat sich die Lage wesentlich verändert und seitdem hat die Anzahl der Schlösser in Siebenbürgen wesentlich zugenommen. Mit einer gewissen Unterbrechung um 1700 dauerte der Wachstumprozess bis zum 19. Jh. an. Es wurden nicht nur etliche bedeutende Baudenkmäler errichtet, sondern eine große Anzahl von Schlössern und Herrenhäusern, die kaum bekannt sind; es sei hier z. B. an das Hatzeger Land oder das Szeklerland erinnert, wo manchmal mehrere solcher Bauten in einem Dorf stehen.

Hinterfragt man diese Entwicklung, so kann ein allgemeiner Entwicklungsprozess des Bauprogramms nicht als Erklärung dienen, denn gerade in einer frühen Zeit entstand eine ansehnliche Zahl befestigter Residenzen, die eine Weiterentwicklung des Programms hätten verursachen können; eine solche Fortbildung setzte aber erst 200 Jahre später ein. Andererseits kann die Dynamik auch nicht durch die Türkeneinfälle begründet werden, da diese gerade jene Gebiete weniger betroffen haben, in denen später die meisten Schlösser errichtet wurden. Innere Auseinandersetzungen in Siebenbürgen gab es wiederum gerade in jener Zeit, als die Bauarbeiten bei vielen Schlössern im Gange waren.

Sicher ist, dass diese Arten von Bauten dem Adel zuzuordnen sind, also einer Gesellschaftskategorie, die ihre Einkünfte vornehmlich aus der Landwirtschaft bezog. Im Laufe der Zeit sind die Einkünfte all jener, deren Lebensunterhalt vom Ackerbau bestimmt war, sehr großen Veränderungen unterworfen gewesen. (Da diese weiter oben erläutert wurden, gehen wir auf diese hier nicht weiter ein.)

Der Prozess, der in verschiedenen Gebieten etliche Besonderheiten aufweist, kennzeichnete ganz Europa. Die Lage in Siebenbürgen passt vollkommen in

---

[96] *Documente privind instoria României, seria C, Transilvania, veacul XIII* [Urkunden bezüglich der Geschichte Rumäniens, Serie C, Siebenbürgen, 13. Jh.], Bd. II, Bucureşti 1952, S. 115, 382–383.

diesen Rahmen; dieses gilt sowohl für das Anwachsen und für die Verminderung der Bevölkerung als auch für die Preisschwankungen, über die bereits die Rede war.

Folglich können aus den oben gezeigten Feststellungen drei wesentlich unterschiedliche Perioden unterschieden werden:
1. Bis zum Ausbruch der großen Pestepidemie um die Mitte des 14. Jhs. war die Vermögensverteilung für das ländliche Milieu günstig, wo die soziale Differenzierung zu jener Zeit weniger ausgeprägt war als in den folgenden Jhh. Implizit wurden auch gewisse spezifische Bauten des Adels errichtet, deren Umfang aber ein gewisses Maß nicht überschritten hat.
2. Von der Mitte des 14. bis der Mitte des 16. Jhs. war das freie Land durch die Preise seiner Produkte benachteiligt. Es war die Zeit der umfangreichen Bauten in den Städten und vor allem der Errichtung von Wehranlagen, welche die siebenbürgische Bautätigkeit der vergangenen Jhh. in ihrem Umfang und den anfallenden Kosten um ein vieles übertrafen. Dagegen hat sich die Bautätigkeit im ländlichen Milieu stark vermindert und konzentrierte ich eher in den Weinbaugebieten.
3. In der zweiten Hälfte des 16. Jhs. war der Lebensstandard im ländlichen Milieu wieder besser, aber wegen der verschärften Differenzierung profitierte vor allem der Adel von dem größeren Wohlstand. Während die großen Bauten in den Städten Siebenbürgens fast völlig eingestellt wurden, sind die zahlreichen Schlösser und Herrenhäuser in den ländlichen Siedlungen errichtet worden. Erst die 1848er Revolution hat diese Lage wieder verändert.

Die Widerspiegelung des Weinbaues in der Architektur*

Die Ernährungsweise als Voraussetzung für den Weinbau. Weinkonsum und Weinbau müssen im Kontext der allgemeinen Ernährungsweise der Bevölkerung betrachtet werden. In dem Maße, in dem pflanzliche Produkte in der Nahrung eine große Rolle spielten und tierische eine geringe, war der Konsum von Wein ein Luxus; in dem Maße, in dem tierische Nahrung – also Fleisch und Fett – als Lebensmittel Bedeutung hatten, war auch der Wein als Ausgleich dazu wichtig.

Bis ins 14. Jh., solange die Bevölkerung anwuchs und nach einer intensiveren Nutzung des Bodens gestrebt werden musste, erhielt logischerweise der Ackerbau steigende Bedeutung. Mit dem Schwarzen Tod und dem Bevölkerungsrückgang setzte Mitte des 14. Jhs. die mittelalterliche Agrarkrise ein,[97]

---

* Erstdruck in „Forschungen zur Volks- und Landeskunde", 44–45, 2001/2002, S. 245–256.
[97] W. Abel, *Geschichte der deutschen Landwirtschaft vom frühen Mittelalter bis zum 19. Jh.*, Stuttgart 1967, S. 110–149.

die für zwei Jhh. zu einer wesentlichen Änderung der Ernährungsweise führte: Der Ackerbau und die Getreideproduktion verloren an Bedeutung während die Viehzucht einen neuen Stellenwert erhielt. Von der überragenden Bedeutung der Tierhaltung in Siebenbürgen zeugt u. a. eine Konskription aus der Zeit um 1500, nach der im Haferland im Durchschnitt 1 Hirte auf nur 7 Familien entfiel, in Zied/Veseud und in Werd/Vărd sogar einer auf 3–4 Familien. Da in dicht bewohnten Gebieten der Fleischkonsum erheblich war (in der Berliner Gegend wurden z. B. täglich im Durchschnitt drei Viertel kg Fleisch pro Person konsumiert), waren Ochsen europaweit ein erstrangiges Handelsobjekt. Der hohe Fleischkonsum im 14.–16. Jh. wird zu einem beträchtlichen Weinkonsum geführt haben. Aus den Arbeiten von Wilhelm Abel[98] wissen wir zudem von dem damaligen Anstieg der Weinpreise.

Statistische Daten zeigen auch für Siebenbürgen eine erhebliche Veränderung der Getreidepreise seit der Mitte des 16. Jhs. Dieser Anstieg muss auch mit einer erheblich größeren Nachfrage in Verbindung gestanden haben und diese mit einer allmählich wachsenden Bedeutung des Ackerbaues im Verhältnis zur Viehzucht und zum Weinbau.

Die Verbreitung amerikanischer Pflanzenarten – zumal von Kartoffeln, Mais und verschiedenen Gemüsen – brachte eine zusätzlich Veränderung des Speisezettels. Dadurch wird der Wein an Bedeutung verloren haben und im Vergleich zu den horrend steigenden Getreidepreisen gab es dabei gewiss einen relativen Preisverfall.

Entwicklung des Weinbaues in Siebenbürgen. In diesen Koordinaten müssen wir die Bedeutung des Weinbaues sehen. Zahlreiche Quellen sprechen für das Alter des Weinbaues in Siebenbürgen. Auf dem Balkan hat dieser schon im Altertum eine große Rolle gespielt und seine Tradition wird gewiss auch nachher nicht völlig verschwunden sein. Nach G. A. Schuller war er auch in Siebenbürgen wichtig und es gab „*wohl an manchen Bergen Spuren ehemaliger Rebkultur*".[99] Auch eine Urkunde von 1206 für die Hospites in Rumes, Krakau und Krapundorf lässt auf Weinberge schließen, die von diesen vorgefunden worden waren.[100]

Da zu Beginn des 2. Jahrtausends in günstigen Teilen West- und Mitteleuropas die Weinproduktion allmählich eine etwas größere Rolle spielte,[101] werden die Hospites mit dieser vertaut gewesen sein; dafür spricht u. a. deren Rolle in der benachbarten Moldau, wo der Weinbau gerade in Gegenden mit Gastsiedlern – etwa in Hârlău und Cotnari – eine besondere Bedeutung hatte.

---

[98] *Ebenda*, S. 126–127. Siehe auch S. 180–182.
[99] G. A. Schuller, *Aus der Vergangenheit der siebenbürgisch-sächsischen Landwirtschaft*, Hermannstadt 1895, S. 55.
[100] F. Zimmermann, C. Werner, *Urkundenbuch zur Geschichte der Deutschen in Siebenbürgen*, I, Hermannstadt 1892, S. 9–10. Siehe auch Schuller, *Aus der Vergangenheit* ..., S. 56.
[101] K. Lambrecht, *Deutsches Wirtschaftsleben im Mittelalter*, I, 1886, S. 567.

In Siebenbürgen beziehen sich einige der ersten Urkunden der Hospites auf Weinberge.[102] Dabei handelte es sich nicht in allen Fällen um Gegenden, die für den Weinbau günstig waren – etwa bei Heltau/Cisnădie oder im Haferland; G. A. Schuller schreibt dazu: „*Wir können getrost sagen, dass kein Ort ohne Weinberg gewesen ist.*"[103] Größere zusammenhängende Weinberge werden 1323 im Besitz von Gräfen erwähnt.[104] 1283 ist auch der Weinzehnte für die Gemeinden der Mediascher Gegend genannt, aber entsprechend der Bevölkerungszahl war der Zehnte noch relativ klein.[105] Obwohl die klimatischen Vorteile des Gebietes den Weinbau begünstigten, scheint das Verhältnis zwischen aufgewandter Arbeit und erzieltem Gewinn den Winzern noch nicht wesentliche Vorteile verschafft zu haben. Dementsprechend gab es – von der Ansiedlung abgesehen – vor der mittelalterlichen Agrarkrise noch keine bedeutenden Rückwirkungen auf Migrationen in Weinbaugebiete.

Allem Anschein nach änderte sich dieses in der Zeit der Agrarkrise. Innerhalb Südsiebenbürgens können Migrationen etwa für die Zeit zwischen 1350 und 1500 nachgewiesen werden, und zwar von Süden nach Norden.[106] Die Türkengefahr kann nur einer der Gründe dafür gewesen sein, denn aus gleich gefährdeten, aber wirtschaftlich unterschiedlich gestellten Gebieten wanderte die Bevölkerung in verschiedenem Maße ab: Aus dem zur Zeit der Agrarkrise besonders ungünstigen Haferland gab es eine starke Migration ins Weinland, aber nicht annähernd im gleichen Maße aus dem durch Weinbau wirtschaftlich vorteilhafteren Unterwald (selbst nach dem Türkeneinfall von 1438) oder aus der Umgebung von Kronstadt/Brașov und Hermannstadt/Sibiu, die durch die Nähe der Städte begünstigt war.

Dabei war aber auch in klimatisch ungünstigeren Gebieten der Weinbau üblich – selbst im relativ feuchten und kalten Burzenland wurde Wein gebaut.[107] 1478 war der Wein zu einem Hauptausfuhrartikel geworden, und es lohnte sich damals, den siebenbürgischen Wein nach Ungarn und westwärts darüber hinaus zu transportieren.[108] Unter den Bedingungen des europäischen Preisgefüges während der Zeit der Agrarkrise war der Weinbau eine essentielle Einnahmequelle für die siebenbürgischen Winzer und deren Gebiete geworden. Es ist dieses ein klarer Hinweis darauf, dass das Verhältnis zwischen aufgewendeter Arbeit und erzieltem Gewinn die Winzer, die Dörfer mit guten Weinbergen und das gesamte Weinland wesentlich begünstigte.

---

[102] *Urkundenbuch...*, I, S. 8–9, 27–28.
[103] G. A. Schuller, *Aus der Vergangenheit* ..., S. 55.
[104] *Urkundenbuch...*, I, S. 374.
[105] *Urkundenbuch...*, I, S. 145.
[106] P. Niedermaier, *Zur Bevölkerungsdichte und -bewegung im mittelalterlichen Siebenbürgen*, in: „Forschungen zur Volks- und Landeskunde", 29/1, 1986, S. 24, Abb. 1 und 2.
[107] G. A. Schuller, *Aus der Vergangenheit* ..., S. 56.
[108] M. Fuss, *Notizen zur Flora Siebenbürgens*, in „Archiv des Vereins für Siebenbürgische Landeskunde", NF, I, S. 105f.

Eine neue Änderung brachte das Ende der Agrarkrise. Obwohl die Türkengefahr nicht kleiner geworden war, wanderte bis in die 1530er Jahre schon ein Teil der Bevölkerung aus dem Weinland ins Haferland zurück, und dieser Prozess setzte sich in der Folgezeit fort. Es handelt sich dabei um eine neue Entwicklung, die wohl im Kontext allmählich steigender Getreidepreise gesehen werden muss: Zwischen 1551 und 1610 stieg der Haferpreis in Klausenburg/Cluj um 345 %;[109] in der gleichen Zeitspanne stieg der durchschnittliche Preis des Mostes in Mediasch/Mediaş jedoch viel weniger.[110] Dabei handelt es sich im Falle beider Preisentwicklungen um Langzeitvorgänge, was sich z. B. an der Entwicklung des Weinpreises deutlich zeigen lässt:

Zeitspannen von je 25 Jahren	Prozentuelle Steigerung bezogen auf	
	Vorherige Periode	den Zeitraum 1526/1550
1526/1550	–	0 %
1551/1575	48 %	48 %
1576/1600	15 %	71 %[111]
1601/1625	58 %	269 %
1626/1650	13 %	303 %
1651/1675	62 %	491 %
1676/1700	44 %	709 %

Um den gleichen Prozentsatz, um den der Haferpreis in Klausenburg in nur 50 Jahren stieg, wuchs der Mostpreis in Mediasch im Laufe von etwa 125 Jahren an. Dieses beweist ein zunehmend ungünstigeres Arbeit-Preisverhältnis im Weinbau, das natürlicherweise einen Niederschlag im geringeren Interesse für den Weinbau fand.

Diese Vorgänge sind auch im Kontext des Fernhandels zu sehen: Im Unterschied zum Getreide, dessen Preis den Wagen- oder Pferdetransport auf große Entfernungen nicht lohnte, war ein solcher für Wein lohnend. So gab es für die siebenbürgischen Weine in steigendem Maße eine Konkurrenz der Weine von außerhalb Siebenbürgens, zumal aus dem Süden, aus der Walachei und aus Griechenland. So berichten 1773 die Heidendorfer an Kaiser Joseph II., dass der Preis der guten Mediascher Weine vom Geraten oder Missraten

---

[109] P. Niedermaier, *Siebenbürgische Städte. Forschungen zur städtebaulichen und architektonischen Entwicklung ...*, Bukarest, Köln, Wien 1979, S. 215.
[110] Berechnet nach J. Bedeus v. Scharberg, *Mittheilungen über ein Medwischer Stadtbch aus dem 16. und 17. Jh.*, in „Archiv des Vereins für siebenbürgische Landeskunde", III, 1858, S. 46–52.
[111] Dieser Preisanstieg ist mit jenem des Hafers um 345 % zu vergleichen.

des Weines in der Walachei abhängt bzw. von etwaigen Handelsbeschränkungen.[112]
Der Rückgang des Weinbaues in Mitteleuropa ist eine allgemeine Erscheinung der Zeit. Nach G. A. Schuller mussten in Siebenbürgen die Hermannstädter 1586 *„durch Magistratsbeschlüsse zum Weinbau angehalten werden, 1630 haben die Jakobsdorfer bei Großschenk eine ganze Halde aufgelassen, und 1717 taten die Agnethler das Gleiche. Auch die dem Weinland näher gelegenen Trapolder ließen im 18. Jh. 7 Halden auf, und am stärksten zeigt sich der Rückgang im Weinland selbst: in Birthälm z. B. waren von 41 Halden, die es im 16. und 17. Jh. gab, 1741 nur noch 12 übrig".*[113] Das Bemühen der Dorfgemeinschaften, eine Kontrolle über ihre Weinberge zu bewahren (etwa 1658 in Zied/Veseud und Rohrbach/Rodbav[114]), änderte nichts an diesem Rückgang.

Die allgemeine Tendenz sowie die angeführten Beispiele zeigen, dass im 17. und 18. Jh. in ärmeren Dörfern Weinberge für den eigenen Verbrauch beibehalten wurden – aber lediglich dafür. Reichere Ortschaften und zumal Städte waren an solchen Relikten kaum interessiert. Gehandelt wurde fast ausschließlich mit gutem und teurem Wein, dessen Absatz jedoch ebenfalls zurückging.

Preislimitationen als Anhaltspunkt für Vergleiche. G. A. Schuller schrieb: *„Der Wein war das allgemein bekannte und allgemein gebrauchte Haupterzeugnis und ward daher als Preisvermittler, Preismesser angewendet. [...] Im*

---

[112] R. Theil, M. C. v. Heidendorf, *Eine Selbstbiographie*, in: „Archiv des Vereins für siebenbürgische Landeskunde", XVI, S. 458f.
[113] G. A. Schuller, *Aus der Vergangenheit* ..., S. 82f. Im Jahre 1884 gab es noch in folgenden Dörfern größere Weinberge:
- 100–199 Joch in Abtsdorf/Apoșu, Arbegen/Agârbiciu, Baaßen/Basna, Blutroth/ Berghin, Bonnesdorf/Boian, Botsch/Batoș, Bußd/Buzd, Dobring/Dobârca, Donnersmarkt/ Mănărade, Durles/Dârlos, Sächsisch Eibesdorf/Ighișu Nou, Felldorf/Filitelnic, Frauendorf/Axente Sever, Gergeschdorf/Ungurei, Groß-Alisch/ Seleuș, Großau/Cristian, Groß-Lasseln/Laslău Mare, Groß-Probstdorf/Târnava, Halvelagen/Hoghilag, Irmesch/Ormeniș, Johannisdorf/Sântioana, Kelling/Câlnic, Kirtsch/Curciu, Klein-Alisch/Seleuș, Klein-Blasendorf/Blăjel, Klein-Lasseln/Laslău Mic, Kreisch/Criș, Langenthal/Valea Lungă, Maldorf/Viișoara, Manniersch/ Măgheruș, Mettersdorf/Dumitra, Michelsdorf/Veseuși, Nimesch/Nemșa, Petersdorf/Petriș, Puschendorf/Păugea, Reußdorf/Solovăstru, Reußen/ Ruși, Reußmarkt/Miercurea Sibiului, Sankt-Georgen/Sîngeorz Nou, Scholten/Cenade, Schönau/Șona, Schorsten/Șoroștin, Stolzenburg/Slimnic, Teckendorf/Teaca, Tobsdorf/ Dupuș, Törnen/Păuca, Treppen/Tărpiu, Urwegen/Gârbova, Waldhütten/Valchit, Weingartskirchen/Vingart, Wölz/Velț, Wurmloch/Valea Viilor, Zuckmantel/Țigmandru,
- 200–299 Joch in Bogeschdorf/Băgaciu, Bulkesch/Bălcaci, Großpold/Apold, Hamlesch/ Amnaș, Keisd/Saschiz, Lechnitz/Lechința, Meschen/Moșna, Nadesch/Nadășa, Pretai/Bratei, Rode/Zagăr, Scharosch b. Mediasch/Șaroș, Seiden/Jidvei, Zendersch/Senereuș,
- 300–399 Joch in Hetzeldorf/Ațel, Klein-Schelken/Șeica Mică, Reichesdorf/ Richiș,
- etwas über 500 Joch in Birthälm/Biertan,
- über 700 Joch in Groß-Kopisch/Copșa Mare.
[114] F. Schuler v. Libloy, *Deutsche Rechtsdenkmäler der Siebenbürger Sachsen*, in: „Archiv des Vereins für siebenbürgische Landeskunde", VII, 1867, S. 364

Herbst zog [...] die zuständige Behörde in die Weingärten und nahm die ‚Soßung' vor: wie viel der Eimer in Geld gelten und wie viel Frucht und Waren man dafür geben und nehmen könne. So verteidigten die Mediascher 1697 diesen Brauch."[115] 1697 hieß es dazu in Mediasch, dass dieses „seit die Stadt stehe" üblich sei; erhalten haben sich diesbezügliche Daten seit dem Beginn des 16. Jhs.

Diese Preislimitationen erlauben einen Vergleich zwischen dem Weinpreis einzelner Dörfer und Gebiete und zeigen mithin den unterschiedlichen Gewinn an, der für eine annähernd gleiche Arbeit erzielt werden konnte. Zur Verfügung steht eine Limitation, die vom Hermannstädter Rat 1628, in einem mittelmäßigen Weinjahr, beschlossen wurde. Das Verzeichnis erlaubt einen allgemeingültigen Vergleich, der auch die vorherige Zeit beleuchtet. Der Wert eines großen Fasses Wein betrug danach:

Gebiet	Ortschaft	Teilpreis in Hafer[116]	Teilpreis in fl. u. den.	Gesamt-preis in fl.	Gemarkungs-größe des Dorfes 1884[117]
Mediasch	Bogeschdorf	0,40	4,00	4,40	3 536 K.-Joch
	Birthälm	0,40	3,00	3,40	8 147 K.-Joch
	Reichesdorf	0,40	2,75	3,15	4 455 K.-Joch
	Nimesch	0,40	2,50	2,90	1 518 K.-Joch
	Mediasch	0,30	2,50	2,80	8 193 K.-Joch
	Eibesdorf	0,40	2,00	2,40	3 827 K.-Joch
	Almen	0,30	2,00	2,30	2 025 K.-Joch
Mittelwert				3,05	
Schelken	Wurmloch	0,30	2,00	2,30	4 634 K.-Joch

---

[115] Schuller, *Aus der Vergangenheit ...*, S. 80.
[116] Die Umrechnung des Preisanteiles, der in Kübel Hafer angegeben ist, erfolgte nach Angaben der Jahre 1689–1697 (J. Bedeus v. Scharberg, *Mitteilungen ...*, S. 73). 1689, 1692/1693, 1693/1694, 1996 und 1697 betrug der durchschnittliche Preis pro Kübel 1,21 fl; zur gleichen Zeit, 1692/1693 und 1693/1694 kostete ein Fass Wein 45 fl. Nachdem der Haferpreis in der zweiten Hälfte des 16. Jhs., in rund 50 Jahren, um rund 350 % gestiegen ist, können wir für die Zeit 1628–1693, also für 65 Jahre, mit einer Preissteigerung von wenigstens 300 % rechnen, dieses in der Annahme, dass die Preise prozentuell weniger gestiegen sind als 75 Jahre vorher. Dementsprechend ist für 1628 mit einem Preis von etwa 0,40 fl/Kübel zu rechnen. Da im Verhältnis zum Wein der Hafer sehr billig war, spielen Ungenauigkeiten der Preisberechnung eine geringe Rolle.
[117] Gemarkungsgrößen nach: O. v. Meltzl, *Statistik der sächsischen Landbevölkerung in Siebenbürgen*, in: „Archiv des Vereins für siebenbürgische Landeskunde", XX, 1886, Anhang, S. 23–29 und E. Wagner, *Historisch-statistisches Ortsnamenbuch für Siebenbürgen*, Köln, Wien 1977, S. 353, 375. Mehrere Dörfer im Unterwald hatten im Mittelalter eine wesentlich größere Gemarkung, doch lagen die später abgetrennten Teile weitgehend im Vorgebirge und im Gebirge.

Zur Mittelalterlichen Agrarkrise

Gebiet	Ortschaft	Teilpreis in Hafer	Teilpreis in fl. u. den.	Gesamt- preis in fl.	Gemarkungs- größe des Dorfes 1884
	Kleinschelken	0,40	1,75	2,15	5 550 K.-Joch
	Frauendorf	0,40	1,70	2,10	4 679 K.-Joch
	Schaal	0,40	1,70	2,10	4 088 K.-Joch
	Mardisch	0,30	1,75	2,05	3 019 K.-Joch
	Arbegen	0,30	1,60	1,90	4 082 K.-Joch
	Marktschelken	0,20	1,50	1,70	5 925 K.-Joch
Mittelwert				2,04	
Unterwald	Kelling	0,40	2,00	2,40	5 559 K.-Joch
	Hamlesch[118]	0,40	1,75	2,15	5 842 K.-Joch
	Reußmarkt	0,20	1,60	1,80	6 372 K.-Joch
	Großpold	0,20	1,50	1,70	6 312 K.-Joch
Mittelwert				2,02	
Hermannstadt	Stolzenburg	0,40	0,75	1,15	11 462 K.-Joch
	Großau	0,40	0,50	0,90	16 121 K.-Joch
Mittelwert				1,02	
Untertänige Dörfer	Großprobst- dorf	0,40	2,00	2,40	4 805 K.-Joch
	Mortesdorf	0,30	2,00	2,30	2 676 K.-Joch
	Reußen	0,40	1,00	1,40	4 409 K.-Joch
Mittelwert				2,03	

Die Tabelle ist unvollständig: Von den freien Gemeinden der Mediascher Gegend fehlen z. B. Baaßen, Bußd, Großkopisch, Hetzeldorf, Kirtsch, Pretai, Scharosch, Waldhütten, Wölz. Wenigstens in einigen von diesen wird in erheblichem Maße Weinbau getrieben worden sein. Ebenso fehlen von den untertänigen Dörfern manche wichtige Winzerorte – etwa Bonnesdorf, Bulkesch, Durles, Kleinprobstdorf, Seiden. Die Schelker Gegend und der Unterwald sind sehr gut vertreten und der Hermannstädter Gegend kam als Weinbaugebiet nur eine begrenzte Bedeutung zu.

---

[118] Wir rechnen hier Hamlesch dem Unterwald zu; in naturräumlicher Sicht gehört der Ort dazu, verwaltungsmäßig war er lange Zeit untertänig und wurde nachher dem Hermannstädter Stuhl angeschlossen.

Beeindruckend ist die Differenz zwischen dem teuersten und dem billigsten Wein der Liste, mit dem immerhin noch gehandelt wurde: diese beträgt ungefähr 1 : 4,4. Im Vergleich zu den Großauern erhielten die Bogeschdorfer für die gleiche Arbeit mehr als vier Mal so viel und die Birthälmer auch fast vier Mal so viel. Sogar innerhalb derselben Gegend sind mitunter die Differenzen erheblich – zumal in der Mediascher Gegend und im Unterwald. (Die untertänigen Dörfer gehören keinem geschlossenen Gebiet an.[119])

Die Unterschiede zwischen den einzelnen Weinen wird nicht immer so groß gewesen sein. Zumal in der Zeit der Agrarkrise und des großen Fleischkonsums dürfte als Ausgleich zu Fleisch und Fett ein herber Wein in größerem Maße geschätzt worden sein als im 17. Jh. mit der stärker vegetarischen Kost. Dementsprechend können wir für das 14. bis 16. Jh. mit etwas weniger differenzierten Preisen rechnen. Aber gewisse Unterschiede hat es sicher auch damals gegeben, und selbstverständlich haben diese den Wohlstand der Bewohner einiger Dörfer wesentlich beeinflusst und sich zugleich in der Architektur niedergeschlagen.

Andere Kriterien des Wohlstandes. Ganz allgemein muss auch der Dorfgröße Rechnung getragen werden: Kleine Dörfer mussten größere Aufwendungen für Schule, Verteidigung und anderes machen, größere Ortschaften hatten es diesbezüglich leichter.

Wie oben gezeigt, gab es im Laufe der Zeit gewisse Migrationen, dank derer die Bevölkerung der verschiedenen Orte im Laufe der Zeit größer oder kleiner wurde. Als ein Einheitskriterium sehen wir dementsprechend die Gemarkungsgröße an, die zwar gewisse Veränderungen erfahren hat, deren Umfang jedoch im Verhältnis zur Gesamtgröße nicht bedeutend war. Da die Flurgröße ein Subsistenzkriterium bildete, stimmte sich in gewissem Maße die Bevölkerung auf diese ab, so dass sie die Bewohneranzahl in etwa widerspiegelt und ein Vergleichskriterium für die meisten Dörfer bildet.[120]

Von der Gemarkungsgröße her sind einige Ortschaften eindeutig in einer vorteilhaften Lage gewesen. Es handelt sich dabei vor allem um die großen Ortschaften Mediasch, Birthälm und Stolzenburg; im Falle von Großau ist die Lage weniger eindeutig. Relativ günstig war die Größe von Kleinschelken, Marktschelken, Hamlesch, weniger eindeutig ist die Lage von Reußmarkt und Großpold. In dieser Kategorie mittelgroßer Orte sind auch Reichesdorf, Wurmloch Frauendorf, Arbegen, Kelling, Großprobstdorf, Reußen und Ur-

---

[119] Es sei hier erwähnt, dass verschiedene Dörfer erst relativ spät den Status von freien Dörfern erhielten, so Bogeschdorf, Schaal und Hamlesch.
[120] Einschränkungen sind diesbezüglich jedoch in Einzelfällen geboten; zumal die Gemarkung von Großau erstreckte sich bis weit ins Gebirge und kann deswegen nicht in ihrer vollen Größe in Rechnung gestellt werden. Ebenso reichten die Gemarkungen von Reußmarkt und Großpold bis ins Gebirge und jene von Hamlesch und Stolzenburg waren weitgehend bewaldet.

wegen zu erwähnen. Sehr klein waren hingegen Nimesch, Almen und Mortesdorf.

Wichtig war zugleich das Alter des Dorfes. Aus dem Banat des 18. Jhs. kennt man den Spruch: „Dem Ersten den Tod, dem Zweiten die Not, dem Dritten das Brot." So schlimm wie im sumpfigen Banat dürfte es in Siebenbürgen nicht gewesen sein, aber in den ersten Generationen waren auch hier bedeutende Rodungen durchzuführen und gewisse Anlagen zu erstellen, die Kraft und Zeit kosteten. Dementsprechend muss mit sehr begrenzten Möglichkeiten in den ersten 50 Jahren nach der Besiedelung des entsprechenden Gebietes gerechnet werden, gleichgültig, ob es sich dabei um die zweite Hälfte des 12. Jhs. oder um das 13. Jh. handelt.

Dazu kommt, dass bis zum Schwarzen Tod Mitte des 14. Jhs. die Bevölkerung durch natürlichen Zuwachs sehr stark anwuchs. Dementsprechend waren früher gegründete Dörfer merklich volkreicher als neuere[121] und mithin hatten dadurch ältere Siedlungen vor 1347 erheblich größere Möglichkeiten.

Wenn wir speziell Kirchen und den Wohlstand der Kirchengemeinde im Auge haben, so fällt dazu noch das Zehntrecht des jeweiligen Gebietes ins Gewicht. Am besten gestellt waren diesbezüglich die Dörfer der Hermannstädter Gegend, die einen Kathedralzins, also eine fest vereinbarte Abgabe im Gegenwert von beiläufig einer Zehntquarte, zu zahlen hatten. In der Mediascher Gegend und im Unterwald wurde ein Kathedralzins gezahlt, der beiläufig zwei Zehntquarten entsprach. Die Schelker Gegend (das Schelker Kapitel) war stärker benachteiligt.[122] Noch schlechter standen die Winzerorte des Bogeschdorfer und Bulkescher Kapitels da, in denen nur eine Zehntquarte im Dorf verblieb.

Selbstredend gab es im Fall untertäniger Orte zusätzliche Abgaben an den Grundherrn, die die Lage wesentlich beeinflussten. Dabei handelt es sich nicht allein um solche Orte, die bis in die Neuzeit Besitz eines Grundherrn blieben, sondern auch um andere, die erst relativ spät dem Königsboden angeschlossen wurden, etwa Bogeschdorf, Schaal und Hamlesch.

Schließlich sollen hier auch Verheerungen durch Türkeneinfälle Erwähnung finden, unter denen zwar alle Gegenden Südsiebenbürgens zu leiden hatten, im Besonderen jedoch der Unterwald.

Widerspiegelung in der Architektur. Nach der oben erwähnten Preislimitation gab es einen gewissen Unterschied zwischen den Preisen für Weine der

---

[121] P. Niedermaier, *Zur Bevölkerungsdichte ...*, S. 24–26.
[122] Es sei hier erwähnt, dass die am Ostrand der Schelker Gegend gelegenen Dörfer kirchlich zum Mediascher Dekanat gehörten.

Mediascher Gegend, genauer dem einstigen Mediascher Dekanat und den übrigen Gebieten. Mit großem Abstand folgten die Preise der Schelker Gegend, des Unterwaldes und jene untertäniger Dörfer mit gutem Wein. Die wenigen Gemeinden der Hermannstädter Gegend waren diesbezüglich nur in begrenztem Maße konkurrenzfähig.

Für die guten Weinbaugebiete sind dabei vor allem die Kirchen und deren Befestigungsanlagen kennzeichnend, und da fällt als erstes deren relativ späte Bauzeit auf. Im Altland gibt es nahezu durchgängig romanische Kirchen (eine Ausnahme bilden nur einige strategische Punkte, die anscheinend in einer ersten Etappe allein von Szeklern besetzt gewesen sind); in der Mediascher Gegend hat man später mit dem Bau der Kirchen begonnen, soweit ersichtlich erst nach der ersten Hälfte des 14. Jhs.; nur in Mediasch selbst wurde archäologisch eine frühere Bauphase erfasst. Wie bekannt, widerspiegelt dieses die Etappen der Ansiedlung der Siebenbürger Sachsen.

Im Altland – mit seinen romanischen Kirchen – wurde in der Zeit der Gotik fast nirgends mehr gebaut. Nennenswerte Ausnahmen bilden in der Hermannstädter Gegend (außer der Stadtkirche, die vom Geld der Kaufleute und Handwerker erbaut werden konnte) zwei wichtige Kirchen, und zwar von Dörfern, die beide in der Preislimitation erwähnt sind: die Kirche in Großau und jene in Stolzenburg. Im erstgenannten Ort handelt es sich um einen vollständig umgestalteten romanischen Bau, in letzterem um einen unvollendet gebliebenen Neubau – beide aus der Zeit um 1500. Obwohl die zwei erwähnten Ortschaften in der Preislimitation nur mit den billigsten, also mit minderwertigen Weinen angeführt sind, stellt ihre Erfassung doch den dortigen Weinhandel unter Beweis. Er hat anscheinend ausgereicht, diesen volkreichen Orten[123] einen überdurchschnittlichen Wohlstand zu sichern.

Im Unterwald ist die Lage nicht im gleichen Maße eindeutig. Obwohl die dortigen Weine recht gut eingeschätzt wurden, spiegelt sich dies nicht im gleichen Maße in den Kirchenbauten wider. Zwar wurde der alte Bau in Reußmarkt teilweise verändert, aber es handelt sich nicht um ein ähnlich großzügiges Unterfangen wie in Großau. In Kelling, Urwegen, Großpold und Hamlesch wissen wir nichts von ähnlichen Veränderungen; teilweise wurden dort auch bescheidenere Bauten im 19. Jh. durch neue Kirchen ersetzt. Die Frage nach den Gründen dieser nur geringfügigen Interventionen bleibt offen – vielleicht sind sie in einer Nachwirkung des verheerenden Türkeneinfalls von 1438 zu suchen. Außerdem war Hamlesch lange Zeit ein unfreier Ort.

Wie bescheiden Kirchen und Kirchenburgen trotz des guten Weines in untertänigen Ortschaften sein konnten, zeigen die in der Preislimitation erfassten kleineren Dörfer Reußen, Mortesdorf und Großprobstdorf. Trotz ihrer

---

[123] Verschiedene Abgaben und Konskriptionen weisen darauf hin – so F. Teutsch, *Die Bevölkerungszahl des Hermannstädter Stuhles 1468*, in: „Korrespondenzblatt des Vereins für siebenbürgische Landeskunde", 1880, S. 70.

guten, teuren Weine konnten sie keine besonderen Kirchen errichten, und ähnliches gilt für andere grundherrliche Winzerorte, teilweise mit einem schlechteren Zehntrecht wie Bulkesch, Durles, Kleinprobstdorf und Seiden; in Bonnesdorf haben wir es zwar mit einer besonderen, aber doch nicht mit einer ganz großen Kirche zu tun. Es zeigt dieses, wie sehr die jeweiligen Grundherren – auch die Stadt Hermannstadt – hinter diesen Winzerdörfern verdient haben werden.

Bei den Winzerorten mit gutem Wein, in der Schelker und Mediascher Gegend, ist eine gediegene gotische Architektur eindeutig vorhanden – zu erwähnen ist diesbezüglich z. B. die Tätigkeit der Hermannstädter Bauhütte auch in Reichesdorf, Kirtsch, Eibesdorf oder Scharosch an der Kokel.[124] Eindeutig ist bei dieser Gruppe von Ortschaften die Bedeutung der Größe. Obwohl Bogeschdorf mit dem besten und teuersten Wein verzeichnet ist, hat das Dorf zwar eine schöne Saalkirche, aber doch nur eine solche errichten können. In Eibesdorf haben wir es mit einer ähnlichen Situation zu tun, ebenso in Wurmloch[125] und Frauendorf. Bescheidener sind die Kirchen der vom Weinland etwas weiter abgelegenen kleineren Orte Arbegen und Schaal (einst grundherrlich), vor allem aber die der ganz kleinen Dörfer Mardisch, Almen und Nimesch. In der letztgenannten Ortschaft handelte es sich sogar um einen ausnehmend guten Wein (er steht an vierter Stelle der Preislimitation), doch konnte dieses die geringe Dorfgröße nicht kompensieren.

In großen Ortschaften mit teurem Wein konnten ganz besondere Bauten errichtet werden. In Marktschelken, Kleinschelken, Mediasch, Reichesdorf und Birthälm stehen die bedeutendsten Basiliken oder Hallenkirchen, in deren Reihe auch die Bauten der in der Preislimitation nicht angeführten Winzerdörfer Meschen, Pretai und Hetzeldorf einzugliedern sind. Von den großen Orten hatte Marktschelken den billigsten Wein und dieses widerspiegelt sich auch an der Kirche; Kleinschelken, Hetzeldorf, Pretai und vor allem Meschen hatten, soweit bekannt, die teureren Weine, und dort finden wir auch die wertvolleren Kirchen.[126] Mediasch ist ein Sonderfall, da der Ort zur Bauzeit der Kirche in der Stadtwerdung begriffen war und seine Kräfte weitgehend auf die Errichtung der Stadtmauer konzentriert waren. Sieht man vom kleinen Bogeschdorf ab, so standen auf den ersten Plätzen der Liste Birthälm und Reichesdorf. Der Basilika der letztgenannten Ortschaft räumte Viktor Roth einen ganz besonderen Stellenwert unter den Dorfkirchen ein,[127] und die ganz ungewöhnlich reich ausgestattete Hallenkirche des Marktfleckens

---

[124] P. Niedermaier, *Zur Tätigkeit einer Bauhütte des 14. Jhs. in Siebenbürgen*, in: „Forschungen zur Volks- und Landeskunde", Nr. 15/1, 1972, S. 44–52.
[125] Trotz ihrer urtümlichen, durch die geringere Dorfgröße bedingten einfacheren Art gehört die Kirchenburg heute zum Weltkulturerbe.
[126] Die Kirchenburg in Meschen wird ebenfalls dem Weltkulturerbe zugerechnet.
[127] V. Roth, *Geschichte der deutschen Baukunst in Siebenbürgen*, Straßburg 1905, S. 83.

Birthälm[128] ist zweifellos in südosteuropäischem Vergleich ein besonders wertvoller Bau.

Wie nach der Preisbewegung in der Zeit der Agrarkrise zu vermuten ist, begann die Konjunktur des Baugewerbes in den Winzerdörfern schon in der zweiten Hälfte des 14. Jhs. Sie verstärkte sich nach 1400, um an der Wende vom 15. zum 16. Jh. einen Höhepunkt zu erreichen. Nach 1525, mit der Beendigung der Arbeiten in Birthälm, Meschen oder Großau flaute sie jedoch rasch ab.

Ähnliche Vergleiche und Feststellungen könnte man wohl auch bezüglich der Wehranlagen der Kirchenburgen anstellen.

Interessanter ist jedoch zum Abschluss eine wenigstens summarische Erwähnung der Bauernhäuser. Es ist wohl kein Zufall, dass Damasus Dürr, der in der ersten Hälfte des 16. Jhs. gegen die Ersetzung der alten Holzhäuser durch Steinhäuser zu Felde zog, gerade in Kleinpold, in der Weingegend des Unterwaldes lebte. Ebenso wissen wir aus dem gleichen Jh. von den zahlreichen Maurern der Mediascher Gegend[129], und diese haben wohl gleichfalls nicht nur an Kirchenburgen, sondern auch an typischen Winzerhäusern mit großen Kellergeschossen gearbeitet – und zwar zu einer Zeit, als in der Hermannstädter Gegend die Bauernhäuser noch lange Zeit aus Holz waren.[130] So hat der städtische Steinbau um 1500 im ländlichen Raum zunächst in Weingegenden Fuß gefasst und erst viel später in anderen Dörfern. Mit dem vergleichsweise zurückgehenden Weinpreis im 17. und 18. Jh. schritt dieser Prozess jedoch nicht weiter fort, sondern es kam zu einem allgemeinen Verfall der Häuser.[131]

Versucht man die obigen Feststellungen zusammenzufassen, so ist die Rückwirkung des Weinbaues auf die Architektur offensichtlich: Gerade der Weinbau ermöglichte die Errichtung der wertvollsten gotischen Kirchen im ländlichen Raum Siebenbürgens. Diese Bedeutung der materiellen Möglichkeiten kann jedoch nicht als allein entscheidend betrachtet werden. Eine Reihe anderer Faktoren spielte ebenfalls eine Rolle, so dass der Weinbau zwar als wesentlicher, aber doch nur als ein Faktor einer komplexen Struktur zu betrachten ist.

* * *

---

[128] Auch diese Kirchenburg gehört zum Weltkulturerbe. Dass drei Objekte dieser Gegend in die Liste der UNESCO aufgenommen wurden, ist vielsagend.
[129] V. Werner, *Die Mediascher Zunfturkunden*, in: „Wissenschaftliche Beilage zum Mediascher Gymnasial-Programm", 1909/10, S. 33–34.
[130] F. Schuller, *Zwei Konskriptionen des einstigen Hermannstädter Stuhles aus dem Beginne des 18. Jh.*, in: „Archiv des Vereins für siebenbürgische Landeskunde", XXXII, S. 119–202, 246–315.
[131] G. A. Schuller, *Aus der Vergangenheit* ..., S. 41.

SIEDLUNGSGESCHICHTE SIEBENBÜRGENS

Landschaft und Dorf

Lebensräume im Südosten Europas*

Erst wenn bestimmende Faktoren ins Zentrum von Untersuchungen gestellt werden, lässt sich der strukturierte Ablauf der Geschichte begreifen. Ein solcher Faktor, der die Entwicklung bis in die Neuzeit wesentlich beeinflusst hat, ist der Lebensraum des Menschen. Unter einem solchen verstehen wir ein geographisch relativ einheitliches Gebiet mit besonderen Charakteristika[1] (klimatische Faktoren und deren Folgeerscheinungen, Bodengestalt, Bevölkerung u. a.). Letztere wirkten nicht nur zusammen, sondern beeinflussten sich auch gegenseitig. Stieg z. B. die Bevölkerungsdichte über einen optimalen Wert – durch Veränderung der Bevölkerungszahl, der Beschäftigungsart der Bewohner oder der klimatischen Bedingungen – so kam es für gewöhnlich zu Wanderungen der Bevölkerung zwischen Räumen mit verschiedenen Charakteristika, und diese Migrationen konnten ihrerseits Rückwirkungen auf die Merkmale der Räume haben. Uns sollen hier gerade diese, mit der Bevölkerungszahl zusammenhängenden Bewegungen beschäftigen, und zwar beginnend mit der Völkerwanderung, als ein neuer Entwicklungszyklus der europäischen Geschichte einsetzte.[2]

Frühe Veränderungen im südosteuropäischen Rahmen. Nicht nur die Bedeutung für die spätere Geschichte – speziell unseres Raumes –, sondern auch die Parallelität zyklischer Entwicklungen erübrigt es, auf die Zeit vor der Völ-

---

* Vortrag bei der Jahrestagung des Arbeitskreises für Siebenbürgische Landeskunde, Freiburg, 1986
[1] Es sei hier auch an die Definition und Bedeutung des „Biotops" erinnert.
[2] Im Vergleich zu älteren Spuren, hat man z. B. in Siebenbürgen aus der Bronzezeit viel zahlreichere Funde gemacht (E. Condurachi, V. Dumitrescu, M. Matei, *Harta arheologică a României* [Archäologische Karte Rumäniens], București 1972, Karte 2–14). Es ist festzustellen, dass die Ausweitung des Siedlungsraumes damals – bedingt durch die unterschiedliche Siedlungsfreundlichkeit verschiedener Räume – weitgehend den gleichen Richtungen wie im frühen Mittelalter folgte. Gemäß der großen Streuung der Funde führte die Entwicklung zu einer weitläufigen Erstreckung des Siedlungsraumes, wie wir sie erst aus dem hohen Mittelalter wieder kennen.

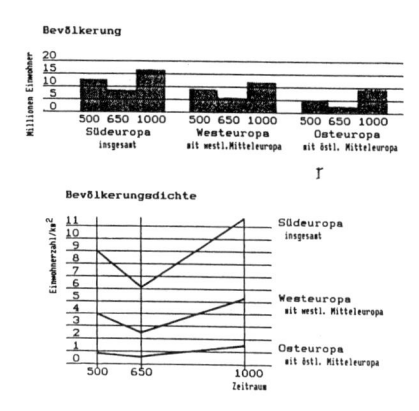

Abb. 4. Bevölkerungsentwicklung zwischen den Jahren 500 und 1000 n. Chr.

kerwanderung näher einzugehen. Für die folgende Zeit jedoch – mit ihrem zeitweise kälteren Klima, das für den Norden relativ ungünstig, für den Süden aber günstig war – ist (nach J. C. Russel[3]) ein eindeutiges Süd-Nordgefälle der Bevölkerungsdichte festzustellen (Abb. 4). Dieses Faktum erklärt die überragende Bedeutung des byzantinischen Reiches in der zweiten Hälfte des ersten Jahrtausends n.Chr., es erklärt mit, warum die städtische Kultur in den Küstengebieten der Balkanhalbinsel bis zum Slaweneinfall eine ununterbrochene Kontinuität aufweisen konnte.[4] Boten dort Ebenen auch in kälteren Zeitläuften einen günstigen Lebensraum, so führte die relativ große Bevölkerungsdichte in einer wärmeren Periode zu einer Einbeziehung auch höher gelegener Gebiete in den Siedlungsraum; verschiedene byzantinische Quellen (die z. B. im 8. Jh. von Siedlerfamilien auf dem Athosberg sprechen)[5] weisen darauf hin. Durch die teilweise Begrenzung durch Meer waren gerade auch die Räume der Balkanhalbinsel etwas vor Wandervölkern geschützt, während weiter nördlich die russische Steppe, mit ihren Ausläufern bis Turnu-Severin diesen Völkern eine große Bewegungsfreiheit erlaubte und gleichzeitig sesshaften Bewohnern weniger Sicherheit gewährte.

Wir wissen heute noch nicht, in wie weit das relativ warme Klima um die Jahrtausendwende ein Anwachsen der Bevölkerung in weiter nördlich gelegenen Gebieten mitbestimmt hat. Eindeutig ist jedoch, dass gerade dort der geschützten Lage einzelner Räume eine wesentliche Rolle zukam. Die abge-

---

[3] J. C. Russel, *Die Bevölkerung Europas 500–1500*, in: „Bevölkerungsgeschichte Europas", hrsg. C. M. Cipolla, K. Borchardt, München 1971, S. 21.
[4] Z. Kaczmarczyk, *Das Fortleben der römischen Städte auf dem Balkan im Mittelalter*, in: „Acta Poloniae historica", 41, 1980, S. 5–33.
[5] M. Popescu-Spineni, *România în izvoare geografice și cartografice* [Rumänien in geographischen und kartographischen Quellen], București 1978, S. 91.

Landschaft und Dorf 63

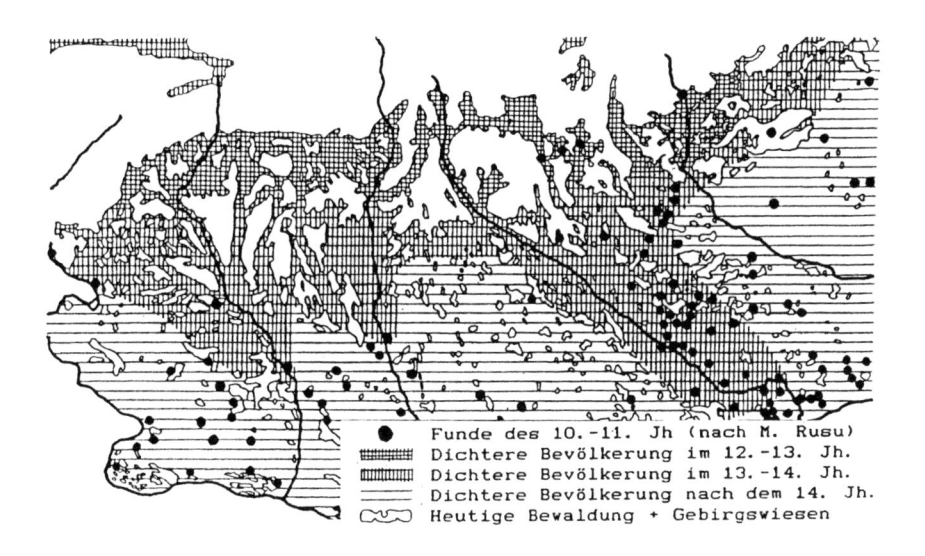

```
● Funde des 10.-11. Jh (nach M. Rusu)
▦▦▦ Dichtere Bevölkerung im 12.-13. Jh.
▥▥▥ Dichtere Bevölkerung im 13.-14. Jh.
═══ Dichtere Bevölkerung nach dem 14. Jh.
◠◠◠ Heutige Bewaldung + Gebirgswiesen
```

Abb. 5. Gang der dichteren Besiedlung der Walachei

schlossene, großräumige Steppe des Karpatenbeckens spielte bei dem Sesshaftwerden von Wandervölkern eine besondere Bedeutung – zunächst, noch in einer kälteren Periode, in der Geschichte von Langobarden, Gepiden und Awaren, dann aber, in der wärmeren Zeit, vor allem in jener der Ungarn; für diese bildete sie die Basis für den Aufbau eines neuen Reiches im südöstlichen Europa. Dagegen war die sesshafte Bevölkerung einer dritten Macht im Südosten Europas – die des bulgarischen Zarats – vor allem an Senken gebunden, die es innerhalb und seitlich des Balkan- und Rhodopegebirges gab. Ein stetiges Anwachsen der Bevölkerung führte allmählich auch nördlich dieser Gebirgszüge zu einer größeren Bevölkerungsdichte.

Umwandlung des Naturraumes in Kulturraum. Wichtiger für uns sind die Veränderungen innerhalb kleinerer Räume, die gerade auch für die Ausweitung des frühmittelalterlichen Siedlungsraumes auf dem Gebiet des heutigen Rumänien besondere Bedeutung erlangten. Kennzeichnenderweise sind die ältesten, in Quellen als Herzogtümer belegten Siedlungskammern des Banates, des Kreischgebietes und Siebenbürgens Waldsteppen oder waldsteppenartige Gebiete gewesen – d. h. Gegenden, die durch einen Wechsel von offenem und bewaldetem Land gekennzeichnet waren –, die in ihrer Ausdehnung in den Karten durch Schwarzerdeböden ausgewiesen sind. Dort waren Rodungen weniger aufwendig, die Gegenden erlaubten eine verhältnismäßig große Bewegungsfreiheit, sie boten gleichzeitig aber auch Schutz. Selbst bei der viel kleineren Siedlungskammer des Weißenburger Raumes dürfte noch die durch Schwarzerdeböden angezeigte potentielle Waldfreiheit eine entscheidende Rolle gespielt haben.

Sprechend ist auch die frühe Besiedlung der Gebiete südlich und östlich der Karpaten. Die Funde des 10. und 11. Jhs. wurden dort vor allem in den steppenartigen, aber wenig geschützten Landstrichen im Süden der Walachei und im Osten der Moldau gemacht (Abb. 5 und 6)[6] – also in Gebieten die für Nomaden besonders günstig waren.

Die Phasen des mittelalterlichen Landesausbaues, bei denen es sich um ein erhebliches Anwachsen der Bevölkerungsdichte in wenig bewohnten Gebieten handelte, sind für Siebenbürgen und das Banat eindeutig klargestellt worden.[7] In Siebenbürgen handelte es sich zunächst um eine dichtere Besiedlung im Westen des Beckens, dann um eine Verdichtung der Bevölkerung in weiter östlich gelegenen Gebieten, gefolgt von der Ansiedlung der Sachsen zwischen Kokel und Alt und der Besiedlung oder Wiederbesiedlung peripherer Senken. Im Banat[8] befanden sich zunächst besonders viele mittelalterliche Niederlassungen im Miereschtal, dann auch in der Gegend von Tschanad/Cenad und entlang eines Nord-Südstreifens, in den sich Temeswar/Timișoara eingliederte. Es folgte eine dichtere Besiedlung am Rande des Berglandes und in diesem selbst – also in Ostrichtung, gegen Fedschet/Făget und Karansebesch/Caransebeș hin, sowie entlang der Straße nach Orschowa/Orșova. Schließlich ist aber auch ein Anwachsen der Bevölkerung im Sumpfgebiet zwischen Tschanad und Temeswar und zuletzt in Gebirgssenken festzustellen.

Für die Walachei und Moldau lässt sich das Ausgreifen der dichten mittelalterlichen Besiedlung vor allem anhand der Staatsbildung und des Alters der Kirchen verfolgen. In diesen viel ausgesetzteren Gebieten trat in dieser Etappe das Kriterium der geschützten Lage stark in den Vordergrund. Gemäß den mittelalterlichen Quellen sind zunächst Wojewodate vor allem auf dem Gebiet Olteniens zu vermuten, also dort, wo es zwischen Tismana und Râmnicu Vâlcea eine besonders gut ausgeprägte Senke gibt; innerhalb dieser deuten sich, in der Sicht heutiger Bewaldung, auch Zentren an. Ähnliches gilt im Falle Munteniens für den Raum der beiden alten Hauptstädte der Walachei – Câmpulung und Curtea de Argeș. In welchem Maß die Senken im Bereich des Karpatenbogens, und zumal die țara Vrancei, als frühe Siedlungskammern des Raumes eine Rolle spielten, ist noch zu untersuchen – dieses wohl auch im

---

[6] M. Rusu, *Frühformen der Staatsentstehung in Rumänien – Betrachtungen zur sozialökonomischen und politischen Lage*, in: „Zeitschrift für Archäologie", 18, 1984, S. 198.
[7] P. Niedermaier, *Der mittelalterliche Städtebau in Siebenbürgen, im Banat und im Kreischgebiet*, Teil I, Heidelberg 1996, S. 47–58; ders., *Städtebau im Mittelalter. Siebenbürgen, Banat und Kreischgebiet (1242–1347)*, Köln, Weimar, Wien 2002, S. 13–25; ders., *Städtebau im Spätmittelalter, Siebenbürgen, Banat und Kreischgebiet (1347–1541)*, Köln, Weimar, Wien 2004, S. 9–30.
[8] Hier wird der heute zu Rumänien gehörige Teil mit berücksichtigt.

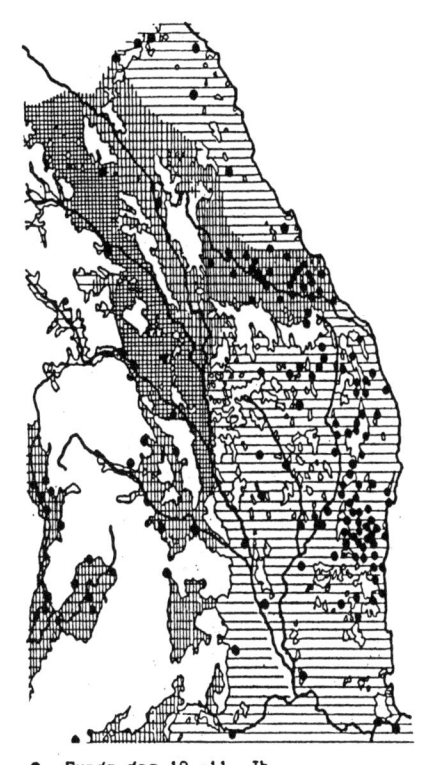

Abb. 6. Gang der dichteren Besiedlung
in der Moldau

● Funde des 10.-11. Jh.
≡ Dichtere Besiedlung im 12.-13. Jh.
▥ Dichtere Besiedlung im 13.-14. Jh.
= Dichtere Besiedlung nach dem 14. Jh.
⌒ Heutige Bewaldung + Gebirgswiesen

Kontext der Entstehung des Milkower Bistums. Eindeutig liegt auch das Gebiet der ersten Hauptstädte der Moldau in einem klar abgeschlossenen Raum am Fuße der Karpaten. Bei der Bevorzugung dieser Siedlungskammern ist gewiss ihre geschützte Lage ausschlaggebend gewesen, durch die sie sich von den im 10. und 11. Jh. bewohnten Ebenen unterschied; ihretwegen nahm man auch größere Rodungen in Kauf (auf welche im Falle der Walachei die Braunerdeböden des Raumes hinweisen), und dieses lässt wiederum auf eine etwas spätere dichtere Besiedlung schließen – den Sagen nach von Siebenbürgen her.

Südlich der Karpaten (Abb. 5) wuchs die Bevölkerung allem Anschein zuerst entlang der Fernhandelswege an, die durch etwas stärker bewaldete Gebietsstreifen gesichert waren, so im Raum von Târgoviște und Bukarest (Codrii Vlăsiei). Die dichtere Besiedlung der Ebene ist neueren Datums. In der

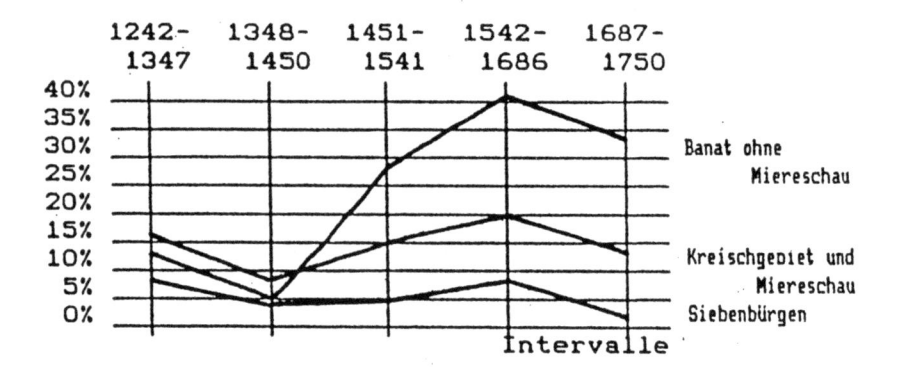

Abb. 7. Anteil der Wüstungen an der Gesamtzahl der Ortschaften

Moldau (Abb. 6) ist mit einem ähnlichen Voranschreiten der dichten Besiedlung zu rechnen. Vom geschützten Streifen entlang der Karpaten – zwischen Radautz und Bacău – griff diese zunächst nur wenig über den bergenden Waldstreifen hinaus. Ebenfalls entlang des Fernhandelsweges erfolgte der nächste Vorstoß ostwärts hin – in das Gebiet von Iași –, wieder mit einem Waldgebiet, den Codrii Cosminului, als Rückendeckung. Es folgte später die Zersiedlung dieses Waldstreifens und, wieder zum Schluss, – sieht man vom Donauraum ab – die etwas dichtere Besiedlung der Ebene.

Der Siedlungsrückgang in der frühen Neuzeit veränderte das Bild der Besiedlung nur zum Teil – am wenigsten in Siebenbürgen: dort sank, vor allem als Folge von Migrationen, die Bevölkerung in ungünstigeren Siedlungsgebieten, ohne dass diese aber ganz aufgegeben wurden. Das andere Extrem stellt eindeutig das Banat mit ausgedehnten Teilen der ungarischen Tiefebene dar, welche in der zweiten Hälfte des 16. Jhs. und im 17. Jh. einen Teil des osmanischen Reiches bildeten. Dort konnten sich nur wenige Siedlungen halten: Sie wurden von ihren Bewohnern allmählich verlassen. Während sich die Bevölkerung in der Nähe des Berglandes – etwa im Banat – zu einem bedeutenden Teil in dieses zurückzog, konzentrierte sie sich in der Tiefebene, die vom Gebirge weiter abseits lag, in großen Flecken – den sogenannten Alföld-Siedlungen. Das ungeheure Ausmaß dieses Prozesses geht dabei aus dem prozentuellen Anteil der Wüstungen an der Gesamtzahl der erwähnten Siedlungen hervor (Abb. 7).[9] Ähnlich wie im Banat – aber nicht von gleicher Bedeutung – dürften derzeitige Umschichtungsprozesse auch in der Walachei und Mol-

---

[9] Die Daten des Diagramms fußen auf den Angaben von C. Suciu, *Dicționar istoric al localităților din Transilvania* [Historisches Wörterbuch der Ortschaften in Transsylvanien], Bd. 1, București 1967, Bd. 2, București 1968.

Landschaft und Dorf 67

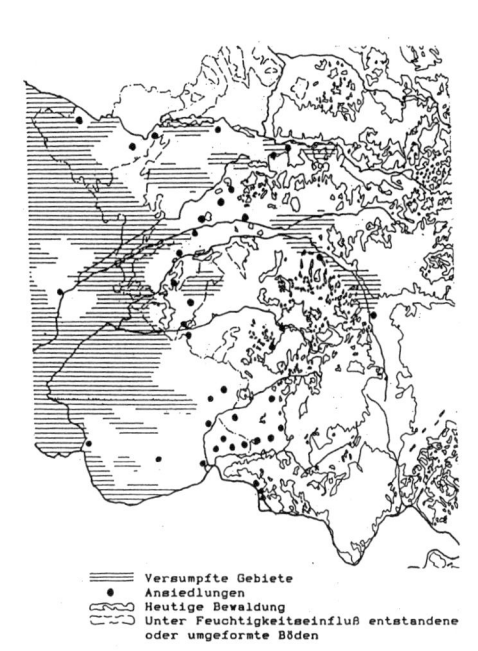

Abb. 8. Ansiedlungen des Ersten Großen
Schwabenzuges

≡≡≡ Versumpfte Gebiete
● Ansiedlungen
⌢⌢ Heutige Bewaldung
⌢⌢ Unter Feuchtigkeitseinfluß entstandene
oder umgeformte Böden

dau gewesen sein; wie z. B. auch die archäologischen Grabungen bei Coconi zeigten, dürften auch dort vor allem die Siedlungen der Tiefebene verlassen worden sein. Zugleich verschwanden auch die Deutschen der Städte, denen in der Walachei und in der Moldau ein Zuzug aus dem Hinterland fehlte.

Während die Tiefebenen der Moldau und Walachei nach 1700 weitgehend dünn besiedelt blieben, konnten Gebiete dieser Art, die an das Habsburger Reich kamen – so das Banat und die Batschka –, vor allem auch mit Deutschen wieder stärker bevölkert werden.[10] Gewiss entstanden dabei schon früh auch eine Reihe von Bergstädten und Hüttenwerken. Sieht man von diesen und einer neuen Ortskonzentration in der Nähe der Donau ab, so folgte interessanterweise die Ansiedlung der Schwaben in groben Zügen beiläufig den gleichen Linien, wie ein halbes Jahrtausend früher der Landausbau im Banat: Beim ersten großen Schwabenzug entstanden Niederlassungen in der Mieschgegend und in dem schon erwähnten Nord-Südstreifen bei Temeswar (Abb. 8); beim zweiten Schwabenzug wurden dann Ansiedlungen in dem Gebiet zwischen Temeswar und Tschanad gegründet oder erweitert (Abb. 9), in einer Gegend,

---

[10] S. dazu: *Die Donauschwaben. Deutsche Siedlung in Südosteuropa*, bearb. I. Eberl u.a., Sigmaringen 1989, S. 83.

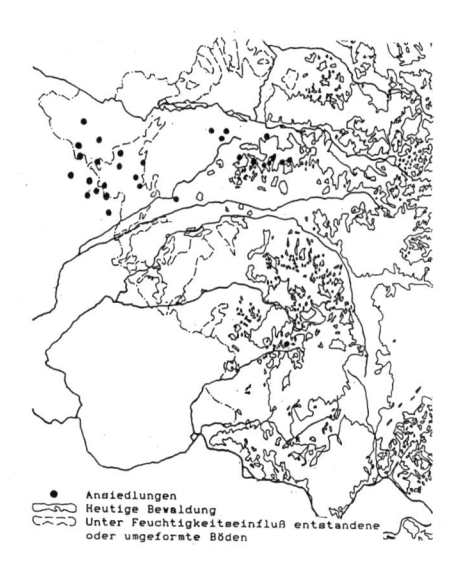

Abb. 9. Ansiedlungen des Zweiten Großen Schwabenzuges

• Ansiedlungen
⌢⌢⌢ Heutige Bewaldung
⌢⌢⌢ Unter Feuchtigkeitseinfluß entstandene oder umgeformte Böden

die in der Türkenzeit von neuem versumpft war.[11] Selbstverständlich kamen auch andere Siedlungen hinzu, und zugleich erfolgten umfangreiche Eingriffe in das Umland – Trockenlegungen von Sümpfen, Rodungen u. a.

Eingliederung von Sachsen und Schwaben in den Umgestaltungsprozess. Beide Siedlergruppen trugen wesentlich zur Erschließung neuen Kulturlandes bei. Während jedoch die Sachsen vor allem Wald rodeten, mussten die Schwaben in größerem Maße Sümpfe trockenlegen. Letzteres war besonders schwer und ungesund. Das Gebiet der trockengelegten Sümpfe, mit seinen Schwarzerdeböden, war dann aber besonders fruchtbar. So führten Fleiß und Ordnungsliebe der Schwaben nachher zu einem besonders großen Wohlstand, der geradezu sprichwörtlich wurde. Für die Siebenbürger Sachsen gab es gewiss einen leichteren Anfang, mit weniger Verlusten. Aber die gerodeten Braunerdeböden an der Stelle einstiger Wälder erbrachten später niemals die großen Erträge Banater Böden. Durch besondere Kulturen – etwa den Weinbau – gelang es den Sachsen, diese Unterschiede auszugleichen.

In den von Sachsen urbar gemachten Gebieten gab es allem Anschein nach zur Zeit der massiven Rodungen nur relativ wenige Bewohner und diese dürften sich weitgehend in den späteren Enklaven des Weißenburger Komitats befunden haben. Obwohl wir vom Zuzug vieler Nichtdeutscher wissen, machte in der Zeitspanne 1848–1918, in traditionell sächsischen Gebieten, der Anteil der Deutschen – nach fast 800 Jahren – noch immer

---

[11] *Das Deutschtum im Ausland*, hrsg. K. Bell, Dresden 1926, S. 37–55.

38 % aus (Abb. 10).¹² Im Banat war zur Zeit der Ansiedlung der Schwaben in vielen Gegenden wohl eine zahlreichere Bevölkerung vorhanden, und so lässt es sich erklären, dass Ende des 19. Jhs. – nach nur 150 Jahren –, auch in den intensivsten von Deutschen besiedelten Komitatsbezirken der Anteil der Schwaben nur 29 % ausmachte.

Die Umgestaltung der Landschaft*

Merkmale des Raumes. Bei der kleinen Anzahl siedlungsgeschichtlicher Studien für den Südosten Europas ist eine Klärung verschiedener Fragen dringend nötig. Eine davon, die Veränderung des Landschaftsbildes, soll hier aufgerollt werden.

Grundsätzlich muss dazu gesagt werden, dass sich die landschaftsbestimmenden Faktoren im Laufe der Zeit in unterschiedlichem Maß wandelten. Nur geringe Veränderungen erfuhren die Bodengestalt, etwas stärkere Verschiebungen fanden bei klimatischen Faktoren statt, die weitaus bedeutendsten aber gab es bei der wichtigen Bevölkerungsdichte, die sich unmittelbar auf die Raumnutzung auswirkte.

Im Hinblick auf die Vegetationszusammensetzung gibt es für den in Frage stehenden Raum ganz wenige paläobotanische Untersuchungen, die auf Pollenanalysen fußen.¹³ Da es sich bei den Landschaftsmerkmalen aber um Elemente einer komplexen von Gebiet zu Gebiet unterschiedlichen Struktur handelt, erscheint es sinnvoll, auf diese aus Bevölkerungszahl und Bevölkerungsverteilung rückzuschließen.

Umwandlung des Naturraumes in Kulturlandschaft. Den Ausgangspunkt für diesbezügliche Betrachtungen muss zunächst die Gliederung in unterschiedliche Vegetationszonen bilden. Im Fall Siebenbürgens handelt es sich dabei in geringerem Maße um waldsteppenartige Gebiete¹⁴, innerhalb derer die bewal-

---

12 Sämtliche Ziffern wurden berechnet nach: J. Jekelfalussy, *A magyar korona országainak Helységnévtára* [Ortsnamen-Lexikon der Länder der ungarischen Krone], Budapest 1892. Sie fußen auf der Volkszählung von 1890. Um Vergleiche zwischen Siebenbürgen und dem Banat anstellen zu können, wurde in Siebenbürgen nicht auf die sächsischen Stühle Rücksicht genommen, sondern es wurden allgemein die Bezirke der Komitate in Rechnung gestellt, in denen der Anteil der deutschen Bevölkerung mehr als 10 % ausmachte. Innerhalb der Komitate Bistritz-Naszod, Kronstadt und Hermannstadt wurden z. B. die Bezirke Rodna, Sieben Dörfer und Săliște nicht mitgerechnet.
* Erstdruck als: *Die Umgestaltung einer Landschaft im Südosten Europas. Siebenbürgen im Mittelalter*, in „Van Brüssel tot Siebenbürgen. Progress in human geography in Europa. Liber Amicorum Prof. Dr. Herman Van der Haegen", Leuven 1994, S. 671–675.
13 E. Pop, *Analize de pole în regiuni de câmpie* [Pollenanalysen in ebenen Gebieten], in: „Buletin științific. Secținea biologie, științe agricole a Academiei R.P.R., Seria botanică", Nr. 9/1, S. 5–28
14 K. Niedermaier, *Zur Problematik der siebenbürgischen Waldsteppe*, in: „Tüxenia. Mitteilungen der Floristisch-soziologischen Arbeitsgemeinschaft", Nr. 3, S. 241–256.

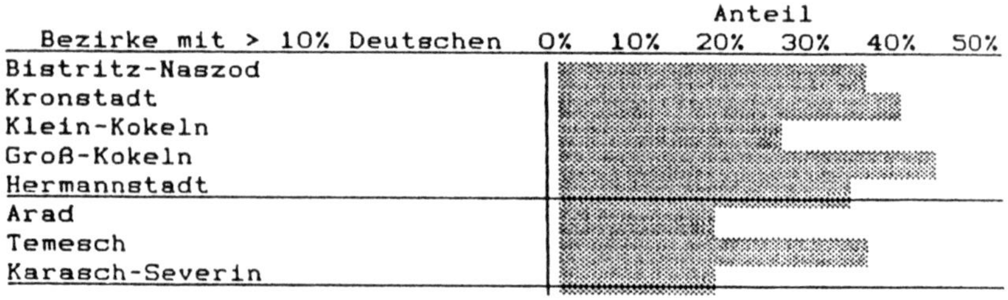

```
                                 Anteil
 Bezirke mit > 10% Deutschen  0%  10%  20%  30%  40%  50%
 Bistritz-Naszod
 Kronstadt
 Klein-Kokeln
 Groß-Kokeln
 Hermannstadt
 Arad
 Temesch
 Karasch-Severin
```

Abb. 10. Anteil der Deutschen an der Gesamtbevölkerung verschiedener Komitate, 1890

deten Teile von Eichen bewachsen waren, sondern in größerem Maße um unterschiedliche Laubwaldgebiete mit Eichen- und Buchenbestand sowie um Zonen der Fichtenwälder.

Fortschreitende Entwaldungen und die Umwandlung gerodeter Flächen in verschiedenartiges Kulturland waren an ein Anwachsen der Bevölkerung gebunden. Dabei spielte die Bewirtschaftungsweise des Landes eine wichtige Rolle, da sie sowohl für die Größe der benötigten waldfreien Flächen als auch für das Verhältnis zwischen Feldern und Grünland ausschlaggebend war.

Grundsätzlich ist also eine rechnerische Erfassung des Landschaftsgepräges möglich. Eine solche wurde für besonders charakteristische Zeitpunkte angestellt: für den Beginn des 2. Jahrtausends, für die erste Hälfte des 14. Jhs. und für die Wende um 1500. Die Merkmale anderer Zeitabschnitte können durch Vergleiche bestimmt werden.

Bevölkerungsentwicklung. Für eine erste Zeit, vor und unmittelbar nach der Jahrtausendwende, fehlen halbwegs eindeutige Anhaltspunkte. Geht man von späteren Zahlen und dem Wachstumsrhythmus der Bevölkerung in West- und Mitteleuropa aus[15] und zieht auch gewisse Werte für zugewanderte Volksgruppen ab, so dürfte die Gesamtbevölkerung Siebenbürgens damals weniger als 100.000 Bewohner betragen haben. Bis 1100 dürfte sie rund 150.000 Menschen erreicht haben und bis 1241 etwa 230.000. Vor dem Schwarzen Tod, Mitte des 14. Jhs., gab es in Siebenbürgen schon beiläufig 630.000 Bewohner, 1500 nur noch 480.000, aber hundert Jahre später viel

---

[15] J. C. Russel, *Die Bevölkerung Europas 500–1500*, in: „Bevölkerungsgeschichte Europas", München 1971, S. 9–57.

mehr, etwa 710.000 Bewohner. Gegen 1700 kam es dann zu einem bedeutenden Einschnitt, wobei die Bevölkerung auf 400.000 sank[16].

Bedürfnisse der Bevölkerung und deren Sicherstellung. Für den Beginn des 2. Jahrtausends lassen sich Vergleiche mit frühen mitteleuropäischen Verhältnissen in schütter besiedelten Gebieten anstellen. Dort entfielen auf einen Hof 2–4 ha Ackerland[17]. Die Haustiere hatten für die Wirtschaft jener frühen Jhh. eine außerordentliche Bedeutung, so dass es ausgedehnte Weideflächen gab – wohl 20–30 ha/Familie. Dagegen war der Anteil der Heuwiesen sehr klein und betrug nur beiläufig 0,5 ha/Familie. Weite Teile des Territoriums waren selbstverständlich bewaldet.

Für die Ermittlung der Bedürfnisse im Hohen Mittelalter können viel genauere Rechnungen angestellt werden, wobei vom Kalorienbedarf der verschiedenen Familienmitglieder auszugehen ist: das Familienoberhaupt, das die schwerste Arbeit verrichtete, dürfte tägliche 3.500 kal benötigt haben, ein zweiter Erwachsener, der etwas leichtere Arbeit verrichtete, könnte einen Bedarf von 3.000 kal gehabt haben, und die Kinder, je nach Alter, einen Bedarf von 1.500–2.500 kal. Dementsprechend kann mit einem durchschnittlichen Pro-Kopf-Verbrauch von beiläufig 2.500 kal/Tag gerechnet werden.

Entsprechend dem Spezifikum der einheimischen zeitgenössischen Landwirtschaft[18], die diese Kalorien produzierte, lassen sich für die erste Hälfte des 14. Jhs. einige typische Kategorien von Bauernwirtschaften und ihr benötigter Besitzstand bestimmen[19]:
1. Bei einer Bevölkerungsdichte von rund 30 Bewohnern/km² in Gebieten mit Dreifelderwirtschaft und guter Düngung des Bodens[20] konnte die Ackerfläche einer normalen Familie etwa 7,1 ha betragen haben (1568 kal/Person/Tag); der benötigte Viehbestand dürfte fünf Großvieheinheiten entsprochen haben (Fleisch: 247 kal/Person/Tag, Milchprodukte, Eier: 182 kal/Person/Tag), der seinerseits 2,3 ha Wiesen und 3,0 ha Weiden beanspruchte, und dazu kamen andere Lebensmittel aus verschiedenen Gärten u.a. von 0,4 ha Größe (Gemüse und Früchte: 112 kal/Person/Tag, Fisch,

---

[16] P. Niedermaier, *Der mittelalterliche Städtebau in Siebenbürgen, im Banat und im Kreischgebiet, Teil I, Vom Anbeginn bis 1241*, Heidelberg 1996, S. 47–58; ders. *Städtebau im Mittelalter. Siebenbürgen, Banat und Kreischgebiet (1242–1347)*, Köln, Weimar, Wien 2002, S. 13–25; ders. *Städtebau im Spätmittelalter. Siebenbürgen, Banat und Kreischgebiet (1348–1541)*, Köln, Weimer, Wien 2004.
[17] W. Abel, *Geschichte der deutschen Landwirtschaft vom frühen Mittelalter bis zum 19. Jahrhundert*, Stuttgart 1962, S. 13, 15, 22, 24, 419.
[18] E. Lazea, *Agricultura în Transilvania în secolul al XIV-lea* [Die Landwirtschaft in Siebenbürgen im 14. Jh.], in: „Studii. Revista de Istorie" Nr. 16/2, 1964, S. 249–276.
[19] W. Abel, *op. cit.*, S. 99–107; E. Lazea, *op. cit.*, S. 269; Documente privind istoria României, seria C, sec. XI, XII, XIII, I, București 1951, S. 335.
[20] E. Lazea, *op. cit.*, S. 253, 261–265, 274; Șt. Pascu, *Voievodatul Transilvaniei*, I, Cluj 1972, S. 400–401.

Honig, Getränke: 391 kal/Person/Tag) und wenigstens 3,0 ha genutzter Wald beziehungsweise 0,4 ha Unland.
2. Bei einer fast gleichgroßen Bevölkerungsdichte, in Gebieten mit Zweifelderwirtschaft und Bodendüngung waren für die gleiche Getreideproduktion 7,7–11,8 ha nötig; ein Viehbestand, der 4–5 Großvieheinheiten entsprach, benötigte 1,8–2,3 ha Wiesen, aber nur 0,3–0,7 ha zusätzliche Weiden und dazu kamen wieder die anderen Flächen von mindestens 3,8 ha.
3. In Gebieten, die stärker auf Viehzucht ausgerichtet waren, wo es aber doch auch Zweifelderwirtschaft gab, kann die Bevölkerungsdichte maximal 20–25 Bewohner/km^2 betragen haben. Eine Ackerfläche von 5,5–7,7 ha gab dabei ungefähr 1100 kal/Person/Tag her. Ein Viehbestand, der 8–9 Großvieheinheiten gleichkam (Fleisch: 420 kal/Person/Tag, Milchprodukte, Eier: 309 kal/Person/Tag), benötigte 3,5–4,0 ha Wiesen und 7,3–8,4 ha Weiden. Dazu sind wieder Gärten (0,4 ha), genutzter Wald (wenigstens 3,0 ha) und Unland (wenigstens 0,4 ha) hinzuzurechnen.
4. In Gebieten, die fast völlig auf Viehzucht ausgerichtet waren, konnte die Bevölkerungsdichte unter den Gegebenheiten im mittelalterlichen Siebenbürgen 18 Bewohner/km^2 kaum überschreiten. Benötigt wurde dabei ein Viehbestand, der 14 Großvieheinheiten gleichkam. Er erforderte 13,0 ha Weiden und 6,5 ha Wiesen, zu denen wohl 2,0 ha Äcker, 0,4 ha Gärten, wenigstens 3,0 ha Wald und Unland kamen.

Für die frühe Neuzeit können wir eher Vergleichsrechnungen anstellen. Nach diesen dürfte die durchschnittliche Ackerfläche/Wirtschaft von 7,4 auf 6,3 ha zurückgegangen sein, die Wiesenfläche von 3,0 auf 4,5 angewachsen sein und die Weidefläche von 4,9 auf 6,2; zugleich stieg die Fläche von verschiedenartigen Gärten von 0,4 auf 1,6 ha an. Nach der Mitte des 16. Jhs. fand natürlicherweise wieder ein gewisser Rückgang des Anteiles von Grünland/Familie statt, der in begrenztem Maß mit einem Anstieg der Ackerflächen/Familie einherging.

Flächennutzung im frühen Mittelalter. In der Zeit der Völkerwanderung, als die Bevölkerung Siebenbürgens auf kleine Zahlen schrumpfte, und die naturbedingt waldfreien Flächen für diese annähernd ausreichten, wird die Vegetation weitgehend dem Charakter der verschiedenen Vegetationszonen entsprochen haben. Es handelte sich damals vor allem um ein Anpassen des Siedlungsraumes an den Naturraum. Die Eingliederung in diesen bedingte nur in geringem Masse seine Umgestaltung, zumal durch einfache Anlagen.

Für den Beginn des zweiten Jahrtausends lässt sich genaueres sagen: Die Bevölkerung Siebenbürgens wird um das Jahr 1000 ungefähr 4.000 km2 waldfreien Boden genutzt haben. Eine freie Fläche von beinahe dieser Größenordnung gab es von Natur aus im waldsteppenartigen Gebiet der Siebenbürgischen Heide (Câmpia Transilvaniei). Da jedoch um die Jahrtausendwende nicht nur die Heide, sondern vor allem auch das Miereschtal um Weißenburg/ Alba Iulia, die unteren Teile der einmündenden Täler und die Someschtäler etwas dichter besiedelt waren, werden Rodungen von etwas größerem Ausmaß, wahrscheinlich durch Abbrennen der Wälder, schon gegen Ende des ersten Jahrtausends begonnen haben.

Landesausbauperiode. Bis zum ersten Mongoleneinfall von 1241/42 wird die benötigte und mithin intensiver genutzte Fläche auf beiläufig 12.000 km^2 (21 %) angewachsen sein. Dazu könnten noch etwa 3000 km2 (5 %) verbuschte Flächen hinzugefügt werden, die nach dem Abbrennen von Wäldern entstanden waren, nicht genutzt wurden und sich langsam wieder bewaldeten. Weitere 2000 km2 (4 %) werden feucht oder sumpfig gewesen sein. Von der unbewaldeten Fläche von insgesamt 17.000 km2 wurde also ein großer Teil intensiv genutzt. Der übrige Teil der Fläche von 40.000 km2 (70 %) war weiterhin von Wäldern bedeckt. Ihr Anteil an der Gesamtfläche war also beträchtlich, und zumal im Hügelland und im Gebirge Siebenbürgen war der größte Teil des Territoriums bewaldet.

Aus dem bisher Gesagten geht eindeutig hervor, dass die Wälder für das Landschaftsbild Siebenbürgens eine große Rolle spielten. Sie bedeckten aber vor allem die Höhenzüge zwischen den einzelnen Tälern und Gebiete höherer Lage. Die etwas weiteren, tiefer gelegenen Täler waren schon zu einem großen Teil besiedelt, aber durch Wälder am Rande der Gemarkungen gegliedert. In den Tälern bestimmten die Siedlungen mit den umgebenden Äckern und Weiden in steigendem Maße das Bild. Wenn der Anteil von Weiden auch etwas größer als später gewesen sein dürfte, so begann in manchen Gegenden doch schon damals das Gepräge der Landschaft dem heutigen zu ähnlen.

Die Erweiterung der intensiv genutzten Flächen schritt in der ersten Hälfte des 14. Jhs. schnell fort. Nach den durchgeführten Berechnungen entfielen um 1347 von den rund 57.000 km2 Siebenbürgens schon 16 % auf Äcker, 6 % auf Wiesen, 12 % auf Weiden und 1 % auf die Siedlungen mit ihren Höfen und Gärten, so dass Wald und Unland nur noch 65 % der Gesamtfläche bedeckten (sie machen auch heute 40 % des Territoriums aus).

Da sich die Waldflächen vor allem in gebirgigen Lagen und weniger dicht besiedelten Gebieten befanden, gab es viele Gegenden, in denen das Landschaftsbild dem des 19. Jhs. vor der Kommassation ähnelte. Entsprechend dem Flurzwang und der Anordnung der meisten Äcker in Gewannen, die sich ihrerseits in zwei oder drei große Felder eingliederten, handelte es sich jedoch nicht um eine bunt gewürfelte Landschaft, sondern immer wieder um große, einheitlich genutzte Flurblöcke, die das Bild bestimmten.

Nicht mehr das Vorherrschen des Waldes, sondern der Wechsel von Äckern, Grünland und Wald waren für dieses ausschlaggebend geworden. Mithin löste das Kulturland weitgehend den Naturraum ab und die Land-

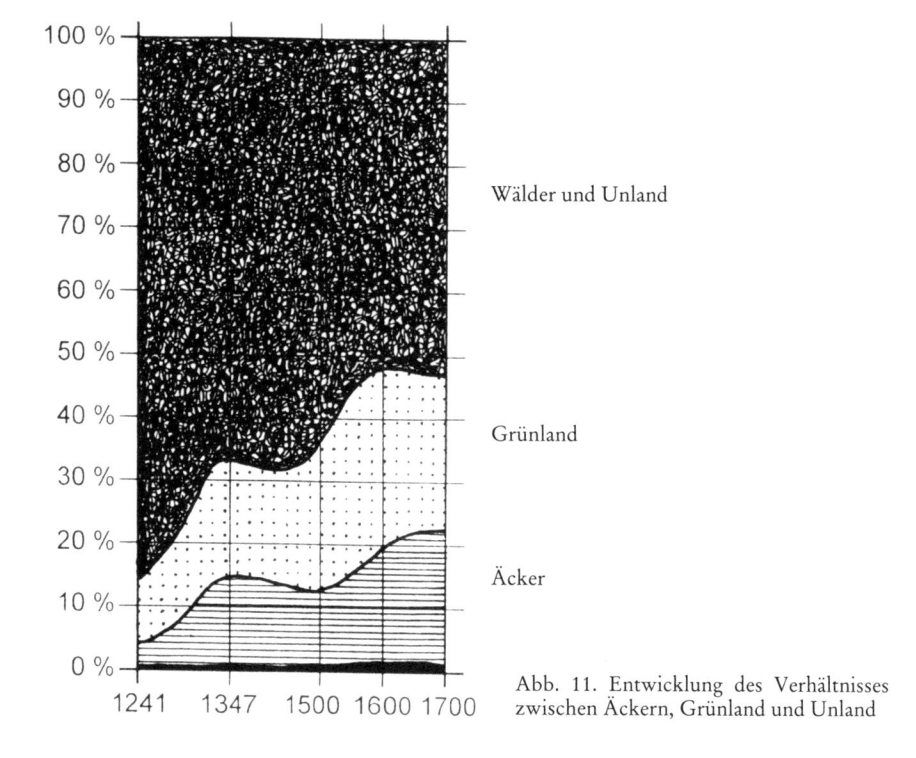

Abb. 11. Entwicklung des Verhältnisses zwischen Äckern, Grünland und Unland

schaft hatte in zunehmendem Maße das Aussehen einer vom Menschen gestalteten Welt erhalten.

Wüstungsperiode. Obwohl auch in Siebenbürgen die Bevölkerung nach 1347 stark zurückging, obwohl beträchtliche Migrationen stattgefunden haben, sind doch nur verhältnismäßig wenige Ortschaften untergegangen (es ist insgesamt mit einem Wüstungsquotienten von 18 % zu rechnen). Ein weitaus größeres Ausmaß erreichten partielle Flurwüstungen. Als Folge einer weitgehenden Reprofilierung der Wirtschaften auf Viehzucht beziehungsweise Wein- und Obstbau, werden an geeigneten Hängen Wein- und Obstgärten angelegt worden sein und zugleich müssen Äcker aufgelassen und weiter als Weide genutzt worden sein.

So unterschied sich das Landschaftsbild um 1500 stärker vom heutigen als jenes von 1347. Zwar hat sich das Verhältnis von Wald und waldfreien Flächen nicht grundlegend geändert, wohl aber innerhalb des Kulturlandes der Anteil des Grünlandes an der Gesamtfläche und mithin am Gesamtbild. Zugleich verringerte sich der Unterschied im Gepräge von dichter und schütterer bewohnten Gebieten im Sinne einer relativen Angleichung der ersteren an das Aussehen der letzteren.

Nach der Mitte des 16. Jhs. sind die Ackerflächen wieder angewachsen und erreichten hohe Werte. Weniger, aber doch gestiegen ist die Gesamtfläche des Grünlandes, so dass die Ausdehnung der Wälder abnahm. Eindeutig belegen aber die verschiedenen Ziffern auch eine neuerliche Differenzierung einzelner Gegenden, so dass sich das Landschaftsgepräge den uns geläufigen Bildern näherte.

Fasst man das Gesagte zusammen, so sind die andauernden Veränderungen evident (Abb. 11). Im Großen verlief die Entwicklung zwar im Sinne einer fortschreitenden Umwandlung von Naturland in Kulturland, zugleich gab es jedoch eine sehr differenzierte Dynamik dieses Prozesses, bei der auch rückläufige Entwicklungen nicht fehlten. Geht man von der Bevölkerungsentwicklung und -zusammensetzung, den genannten Kennwerten und den Flurnamen aus, so lässt sich in etwa auch die Entwicklung der Gemarkungsnutzung einzelner Dörfer abzeichnen (Abb. 12).

Gemarkungen siebenbürgischer Straßendörfer*

Für die Bodennutzung war zunächst die allgemeine Größe der Gemarkungen wichtig, und diese änderte sich während vieler Jhh. kaum.[21] Selten musste die Flur eines untergegangenen, in allen Fällen kleinen Dorfes den benachbarten Flächen angeschlossen werden, wie im Fall von †Underten, †Furkeschdorf oder †Bägendorf, noch seltener kam ein einstiges „Freitum" an eine oder mehrere Gemeinden – wie das „Schmillenfeld" bei Großschenk. Auf Adelsboden dürften manchmal hörige Dörfer mit ihrem Boden geteilt worden sein, wobei an Rumänisch Lasseln/Laslău Mare zu erinnern ist, von dem sich im 18. Jh. Kleinlasseln/Laslău Mic teilweise loslöste.

Selbst um unbedeutende strittige Flächen wurde mit großer Zähigkeit auch durch Jhh. hindurch prozessiert. Den Sagen nach sollen allerdings Veränderungen vorgekommen sein.[22] Bei Grenzstreitigkeiten schworen angeblich Männer mit Dorferde in den Stiefeln, dass sie auf eigener Erde stehen, und vergrößerten dadurch den Hattert (sächs. für Gemerkung) von Großschenk/Cincu, Rosenau/Râșnov oder Deutsch-Kreuz/Criț. Wegen eines „*muesereschen Pferdes*", das sich auf einer schadhaften Brücke einen Fuß brach, sollen

---

* Erstdruck in „Forschungen zur Volks- und Landeskunde" 1989/1, S. 32–41.
21 Für die Konstanz von festgelegten Gemarkungsgrenzen siehe zuletzt: E. Wagner, *Register des Zehnten und des Schaffünfzigsten als Hilfsquellen zur historischen Demographie Siebenbürgens*, in: „Forschungen über Siebenbürgen und seine Nachbarn", Bd. I, Hg. B. Kálmán u.a., München 1987, S. 210.
22 F. Müller – M. Orend, *Siebenbürgische Sagen*, Göttingen 1972, S. 309–311, 324–325.

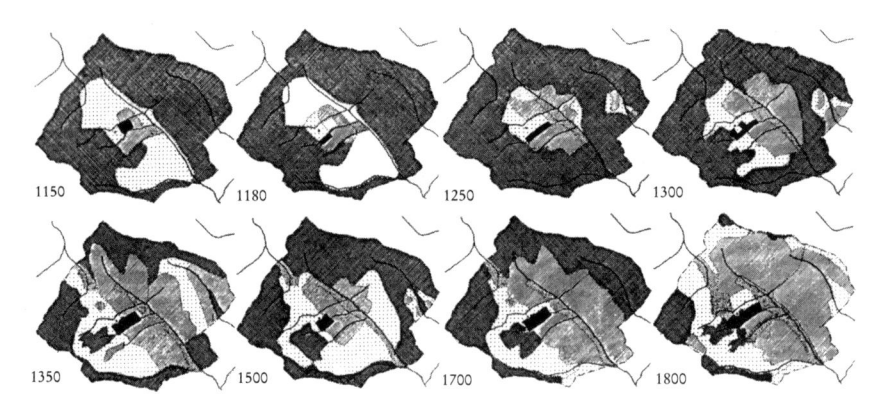

Abb. 12. Deutsch-Weißkirch, beiläufige Entwicklung der Gemarkungsnutzung

Hetzeldorf/Aţel, Martinsdorf/Metiş und Pintak/Slătiniţa, die keine Entschädigung zahlen wollten, den Gemarkungsteil, auf dem die Brücke lag, verloren haben. Nach einer anderen Überlieferung bereicherten sich die Wallendorfer, denen ein starker Zigeuner den sehr schweren Hattertstein versetzte, an Boden.

Für die durchschnittliche Größe der Gemarkungen spielten die wenigen und kleinen Veränderungen kaum eine Rolle. Nach der Lage um 1900[23] lässt sich demnach schließen, dass die durchschnittliche Fläche der Gemarkungen von Anfang an in den verschiedenen Gebieten unterschiedlich war. Im allgemeinen ist der Boden den früher besiedelten freien Dörfern reichlicher zugemessen worden. Die Burzenländer Ortschaften hatten den weitaus meisten Boden (rund 45 km²/Ort)[24]; überdurchschnittlich sind auch die Gemarkungsflächen in der Hermannstädter, Repser und Schenker Gegend (37, 35 bzw. 31 km²/Siedlung). Ungefähr mittelgroß sind die Bodenflächen für einstmals freie sächsische Gemeinden um Schäßburg/Sighişoara, Mühlbach/Sebeş und Leschkirch/Nocrich (rund 29 km²/Dorf), unterdurchschnittlich hingegen die der häufig etwas neueren Ortschaften bei Bistritz/Bistriţa, Reen/Reghin und Mediasch/Mediaş, aber auch Broos/Orăştie (27–22 km²/Ort). Weitaus kleinere Gemarkungen, die jedoch dem allgemeinen siebenbürgischen Mittel nahe standen, hatten um das Jahr 1900 einst untertänige sächsische Gemeinden einiger Gegenden: Auf die Dörfer des Kaltbachtales (Oberweißenburger Komitat) entfielen im Durchschnitt nur 15 km², auf die des östlichen Zwischenkokelgebietes (Kokelburger Komitat/Oberer Kreis) sogar nur 13 km².

---

[23] O. v. Meltzl, *Statistik der sächsischen Landbevölkerung in Siebenbürgen*, in: „Archiv des Vereins für siebenbürgische Landeskunde", Bd. 20.
[24] B. Graf (*Die Kulturlandschaft des Burzenlandes*, München 1934, S. 62–67) vermutet, dass ursprünglich auf besonders großen Gemarkungen noch andere Dörfer gegründet werden sollten bzw. kleinere Neugründungen eingingen.

Wie die durchschnittlichen Gemarkungsgrößen hat auch die Staffelung der Hattertflächen durch die Jhh. hindurch keine wesentliche Veränderung erfahren. Sie ist im Allgemeinen betont, denn an vielen Orten verhinderten schon die Geländegegebenheiten eine regelmäßige Aufteilung; aber selbst in großen Senken – wie dem Burzenland – gibt es bedeutende Unterschiede von Ortschaft zu Ortschaft. Den kleinsten Hattert, von nur 5,5 km^2, besaß Wolkendorf/Vulcan bei Schäßburg, doch gab es noch andere 9 Dörfer, deren Gemarkung auch weniger als 10 km^2 umfasste. 58 Ortschaften verfügten über 10–20 km^2, 79 – also die meisten – über 20–30, 39 über 30–40, 18 über 40–50, 6 über 50–60 und 16 über mehr als 60 km^2. Von den letzteren befanden sich 6 in der Hermannstädter Gegend, 5 im Burzenland und je 2–3 in den Gebieten von Großschenk, Schäßburg und Bistritz. Agrarreformen und Flurbereinigung brachten seit 1921 allerdings manche Änderungen.

Da die einzelnen Dorffluren in bedeutendem Maße mit den Becken von Wasserläufen oder Teilen davon zusammenfallen, befinden sich viele Hattertgrenzen auf Wasserscheiden zwischen diesen Gewässern. Relevant ist z. B. die Aufteilung des Gebietes nordwestlich des Harbaches auf die Ortschaften Bürgesch/Bîrghiş, Käbesch/Coveş, Agnetheln/Agnita, Roseln/Ruja, Propstdorf/Stejeriş, Jakobsdorf/Iacobeni und Neithausen/Netuş; in einigen Fällen gehören dabei allerdings die Bereiche von zwei Bächen zu einer Flur (im Fall von Jakobsdorf seit dem Untergang von †Michelsdorf), und andere größere Becken sind quergeteilt. Wie A. Schullerus hervorhob, wurden die Gemarkungsgrenzen wohl von königlichen Burgmannen festgelegt.[25] Dabei dürfte auch der Abstand zwischen Weichbild und Grenze eine Rolle gespielt haben[26]; so soll der Sage nach die Ausdehnung der Gemarkung von Târnava/Großprobstdorf durch einen Pfeilschuss bestimmt worden sein.

Dort, wo die Grenzen nicht an klar kenntlichen Linien des Geländes entlang verliefen – wie Wasserläufe, Geländebruchlinie, Wege, Waldränder oder Feldsäume – und wo es keine anderen eindeutigen Anhaltspunkte für ihren Verlauf gab – wie alleinstehende Bäume oder Gehöfte – wurden diese künstlich geschaffen. Schon in mittelalterlichen Urkunden werden immer wieder Grenzhaufen erwähnt, und vielerorts haben sich diese bis heute erhalten, z. B. an der strittigen Scheidelinie zwischen dem Stolzenburger und Salzburger Boden. Manchmal hatten solche Haufen sogar einen Namen – so heißt der letzte von den 31 zwischen Braller/Bruiu und Gürteln/Gherdeal befindlichen „*des Schuwemariechen senjer*"[27]. An anderen Stellen gab es auch Hattertsteine –

---

[25] A. Schullerus, *Die Grenzburgen der Altlinie*, in: „Korrespondenzblatt des Vereins für siebenbürgische Landeskunde", 1918, S. 20.
[26] Vgl. dazu: *Documente privind istoria României*, seria C, Transilvania, sec. XIV, Bucureşti 1951–1955, Bd. 1, S. 226–227, Bd. 4, S. 467; *Urkundenbuch zur Geschichte der Deutschen in Siebenbürgen*, Hermannstadt 1897–1937, Bukarest 1975–1991, Bd. 1, S. 216–217, Bd. 2, S. 1.
[27] F. Müller – M. Orend, *a.a.O.*, S. 434; siehe auch Th. Nägler, J. Schobel, K. Drotleff, *Geschichte der siebenbürgisch-sächsischen Landwirtschaft*, Bukarest 1984, S. 28.

die mitunter besonders groß und schwer waren –, eine Reihe künstlich gepflanzter Bäume oder eine Hecke.

Ein besonders wichtiger Teil der Gemarkungen war früher die Gemeinerde („*Gemeinierd*"). 1910 bestand diese – nach Ernst Wagner[28] – in 34 Dörfern verschiedener Gebiete aus:

	Königsboden	Adelsboden
Wald	66 %	45 %
Hutweide	24 %	35 %
Öd- und Unland	6 %	15 %
Acker-, Wiesen-, Rebland	4 %	5 %

Die Gemeinde konnte ungeschmälert von allen „Wirten" (Haus- und Grundeigentümern) benutzt werden, und wahrscheinlich waren die genossenschaftlichen Formen ihrer Nutzung schon seit der Einwanderung üblich. Der Anteil dieses Bodens an der Gesamtfläche der Hatterte schwankte jedoch im Laufe der Zeit ganz erheblich. Konkret wissen wir von einem Rückgang im 18. und 19. Jh.; so ist in 22 Dörfern des Nösnerlandes zwischen 1792 und 1865 der Anteil an Wald und Weide von 80 % der Gemarkungsfläche auf 46 % gesunken[29]. Um 1900 machte sie auf einstigem Königsboden im Mittel annähernd 50 % der Gesamtfläche aus, auf einstigem Adelsboden hingegen weniger als 20 %.[30] Die Agrarreformen von 1921 und 1945 brachten dann weitere Änderungen, indem ein Teil dieses Bodens an den Staat kam oder umliegenden Dörfern zugeteilt wurde.

Wie aus den angeführten Angaben zu ersehen ist, nehmen die Waldungen einen bedeutenden Teil der Gemarkungen ein. Einstmals war ihre Ausdehnung noch größer, denn die verhältnismäßig kleine Bevölkerung früherer Jhh. brauchte im Allgemeinen weniger offenes Land. So waren die Waldungen vor allem bis ins 13. Jh. besonders ausgedehnt. Dieses ist aus der Bevölkerungsbewegung zu schließen[31] und widerspiegelt sich in den Flurnamen: Nach Johann Wolff[32] sind die Waldnamen am zahlreichsten. Auch wenn der Baumbestand oft gewichen ist, sind die alten Benennungen erhalten geblieben. Es handelt

---

[28] E. Wagner, a.a.O., S. 195.
[29] Berechnet nach: R. Csallner, *Beiträge zur Flurentwicklung und Wirtschaftsgeschichte des Bistritzer Distriktes*, in: „Bistritzer Kalender", 1931–1936.
[30] E. Wagner, a.a.O., S. 191.
[31] P. Niedermaier, *Zur Bevölkerungsdichte und -bewegung im mittelalterlichen Siebenbürgen* in diesem Band.
[32] J. Wolff, *Beiträge zur siebenbürgischen Agrargeschichte*, in: „Gymnasial Programm Mühlbach", 1884/85, S. 25–33.

sich um Bezeichnungen, die mit Busch, Holz, Hart, Hagen, Horst, Strut, Löch, Lö, Lau, Wit, Weit, Schachen, Strauch, Reis gebildet sind, außerdem um Namen, die auf gewisse Baumarten hinweisen; zum Grundwort tritt oft ein Bestimmungswort hinzu, das z. B. die Lage oder rechtliche Stellung des Waldes angibt („*Kouppenbäsch*" – Schweischer/Fişer, „*Harebesch*" – Martinsdorf/Metiş). Aus der Frequenz dieser Benennungen schließt R. Csallner sogar, dass der Wald in Minarken/Monariu bei der Ansiedlung unserer Vorfahren schon stark gelichtet war (dieses wohl in der Verbindung mit einer älteren Vorsiedlung); in Jaad/Livezile vermutet er bedeutende Rodungen nach der Einwanderung, in Kleinbistritz/Dorolea die Urbarmachung des Tănasabachtales durch die Ansiedler.[33]

Es gibt vielfältige Hinweise auf Rodungen, die gewiss aus Zeitläuften stammen, in denen der Wald zurückgedrängt wurde, doch im 19. Jh. verloren die Rodungen an Bedeutung. Zwar hieß es noch 1783 in Wermesch/Vermeş, dass man zwei Wiesen „vor kurzer Zeit" gerodet habe,[34] aber 1789 war im Schenker Stuhl das Bauholz schon knapp geworden.[35] Waldungen blieben meist an entlegenen, schwer zugänglichen Teilen der Gemarkung erhalten.

Ihre Nutzung wurde durch Waldordnungen geregelt. Eine solche aus Bogeschdorf/Băgaciu[36] aus der zweiten Hälfte des 18. Jhs. enthält z. B. ganz genaue Verfügungen für die einzelnen Wälder der Gemeinde; nur einer von diesen war zum wöchentlichen Schneiden von Brennholz freigegeben, wobei man aber keine Eichen und alte Buchen fällen durfte. Im Allgemeinen wurden jährlich, im Herbst, aus den schlagreifen Beständen und aus den zur Auslichtung bestimmten Schlägen Lose gebildet und gegen ein geringes Entgelt durch die Altschaft an die einzelnen Wirte als Brenn- und Bauholz vergeben.[37]

Neben dem Wald war die Weide der wichtigste Bestandteil der ungeteilten Gemeinerde, und ihre Größe wuchs im Laufe der Zeit stark an. Dieses ist nicht nur aus der Bevölkerungsbewegung zu schließen, sondern auch aus der besonderen Bedeutung der Viehzucht im Mittelalter. So entfiel um 1500 in der Schenker Gegend ein Hirte auf 14 Wirte, in der Repser einer auf 17 und in der Leschkircher einer auf 19 Wirte, in Zied und Werdt betrug das Verhältnis sogar 1:3 beziehungsweise 1:4 ![38]

---
[33] R. Csallner, a.a.O., 1931, S. 104, 1932, S. 127 und 126.
[34] Ebenda, 1936, S. 102–104.
[35] F. Schuler-Libloy, *Deutsche Rechtsdenkmäler der Siebenbürger Sachsen*, in: „Archiv des Vereins für siebenbürgische Landeskunde", Bd. 7, S. 364.
[36] F. Teutsch, *Beiträge zur sächsischen Agrargeschichte*, in: „Korrespondenzblatt des Vereins für siebenbürgische Landeskunde", 1900, S. 49–50.
[37] E. Wagner, a.a.O., S. 195–196.
[38] A. Berger, *Volkszählung auf dem Gebiet der 7 uns 2 Stühle, im Bistritzer und Kronstädter Distrikte vom Ende des XV. und Anfang des XVI. Jh.*, in: „Korrespondenzblatt des Vereins für siebenbürgische Landeskunde", 1894, S. 49–59 und 65–76.

Auch die Weiden trugen, je nach ihrer Lage oder der Art und Zeit ihrer Nutzung, verschiedene Namen. J. Wolff erwähnt Zusammensetzungen mit Wonne, Weide, Blume, Blumenbusch, Blumenau, Atzung, Atzenau, Mast, Brach- und Stoppelweide.[39]

Als Hutweide dienten abgelegene, weniger günstige Stellen des Gemeindebodens und die Brache; Großvieh und Schweine, aber nur ausnahmsweise Schafe und Ziegen durften auch im Laubwald grasen und für das Spannvieh gab es außerdem eine kleine Weide in unmittelbarer Nähe der Dorfhöfe („*Atzengk*" oder „*Pesch*" genannt).[40]

Wie alle anderen Belange der Gemeinde war auch der Weidegang streng geregelt. Alljährlich bestimmten die Dorfgemeinden die Zeit der Öffnung und Schließung der einen und der anderen Weide und die Art ihrer Nutzung. Jeder Wirt konnte soviel Vieh austreiben lassen, wie er besaß; nur in einzelnen Gemeinden (z. B. Zeiden/Codlea) war der Viehtrieb nach der Größe der Bauernwirtschaften geregelt. Die Pflege der Weiden war Angelegenheit aller Berechtigten, doch beschränkte sie sich vorwiegend auf das Entfernen von Gestrüpp.[41]

Zumal mit der zunehmenden Stallfütterung stieg im Laufe der Zeit die Bedeutung der Wiesen; z. B. in den schon erwähnten 22 Dörfern des Nösnerlandes ist ihr Anteil an der Gesamtfläche der Gemarkungen, zusammen mit dem der Gärten, von 7 % im Jahr 1792 auf 21 % im Jahr 1865 – also auf das Dreifache – angewachsen.[42] Die Wiesen lagen an günstigen Orten, nach Möglichkeit gruppiert. Zur Zeit der Heuernte teilte man in den meisten Dörfern die einzelnen Heuwiesen den Zehntschaften zu, die einzelne Streifen an die Höfe verlosten. (Außerdem gab es in Dörfern der Repser und Schenker Gegend aber auch Wiesen, die von den Leuten zugunsten des Gemeindesäckels gemäht wurden.)[43] Mit der Zeit – öfter um die Wende um 1900 – hat die Grasverlosung aufgehört, und die Losteile sind Eigentum des letzten Nutznießers geworden. Es gab jedoch auch vorher schon erbliche Wiesen: Auf der Hermannstädter Gemarkung sind sie im 14. Jh. erwähnt und im sächsischen Eigenlandrecht 1583.[44]

Die Ackerflächen haben erst allmählich ihre heutige Bedeutung erhalten: Zwischen den Jahren 1721 und 1880 – für die wir über genauere Angaben verfügen – ist in der Hermannstädter Gegend die Fläche der Felder auf das Vierfache

---

[39] J. Wolff, a.a.O., S. 46–47.
[40] A. Schullerus, *Siebenbürgisch-sächsische Volkskunde im Umriß*, Leipzig 1926, S. 5.
[41] E. Wagner, a.a.O., S. 197–198.
[42] Berechnet nach: R. Csallner, a.a.O.
[43] J. Wolff, a.a.O., S. 50; siehe auch G. A. Schuller, *Aus der Vergangenheit der siebenbürgisch-sächsischen Landwirtschaft*, Hermannstadt 1895, S. 87–91.
[44] J. Wolff, a.a.O., S. 50.

vergrößert worden[45] und wenn wir für den gleichen Zeitabschnitt einen Bevölkerungszuwachs von etwas mehr als das 2,5fache in Rechnung stellen, ergibt sich eine Zunahme der bebauten Fläche pro Familie von beiläufig 60 %. Auch in den 22 Dörfern des Bistritzer Distrikts ist von 1792 bis 1865 der Anteil der Äcker an der Gesamtfläche der Gemarkungen von 13 % auf 32 % gestiegen – also auf mehr als das Doppelte.[46]

Es wird angenommen, dass schon seit der Einwanderung Drei- und manchmal Zweifelderwirtschaft üblich war.[47] Dabei gab es meist zwei oder drei große Felder, die den besseren Boden neben der Gemeinde belegten. Oft entsprachen diese dem 2- oder 3jährigen Zyklus der Fruchtfolge, doch war dieses nicht immer der Fall. So war in Thalheim/Daia jedes der beiden großen Felder in drei Reihen Kurzgewanne geteilt[48] – vielleicht aber erst seit dem Übergang von der Zwei- zur Dreifelderwirtschaft. Dies ist jedoch nicht die einzige Erklärungsmöglichkeit einer solchen Gliederung, denn in Mühlbach/Sebeş boten zwei wichtige Ackerflächen unterschiedliche Voraussetzungen: Entsprechend den Witterungsverhältnissen verschiedener Jahre erzielte man auf dem sonnigen oder schattigen Grund bessere Erträge. Seltener, und im allgemeinen neuer sind Kombinationsformen zwischen den beiden Bewirtschaftungsarten, bei denen die zwei Hauptfelder durch ein drittes Ersatzfeld ergänzt wurden – in Heidendorf/Vişoara, Sankt Georgen/Sîngeorgiu Nou oder Lechnitz/Lechinţa.[49]

Unabhängig von der Unterteilung oder dem Gutdünken der einzelnen Nutznießer mussten – dem „Flurzwang" entsprechend – alle Grundstücke eines Feldes gleich bewirtschaftet werden. Herbst- und Sommersaaten beziehungsweise Brache erstreckten sich über sehr große Flächen.[50]

Bis in die neuere Zeit blieben die Äcker im allgemeinen Eigentum der Gemeinde. Die Felder waren in Gewanne (Gewande) und diese in Losfelder geteilt, die alljährlich an alle „Wirte" gleichmäßig verlost wurden (der Begriff „Furling" wurde in unterschiedlichem Sinn verwendet und soll darum hier vermieden werden). Um das Ertragsrisiko bei unterschiedlichen Böden nach Möglichkeit auszugleichen, erhielten die Anwärter mehrere Parzellen, von denen sich jede an einer anderen Stelle, in einem anderen Gewann befand („Gemengelage").

Im Nösnerland entfielen 1575–1650 auf eine Pfarrei im Mittel 15 Grundstücke, 1687–1780 20 Grundstücke und 1790–1820 31 Grundstücke (von de-

---

[45] Berechnet nach: F. Schuller, *Zwei Konskriptionen des einstigen Hermannstädter Stuhles aus dem Beginn des 18. Jhs.*, in: „Archiv des Vereins für siebenbürgische Landeskunde", Bd. 32, S. 88–202, 246–176, 501–630 und O. v. Meltzl, *a.a.O.*
[46] Berechnet nach: R. Csallner, *a.a.O.*
[47] G. A. Schuller, *a.a.O.*, S. 46–50.
[48] A. Meitzen, *Die Flur Thalheim als Beispiel der Ortsanlage und Feldeinteilung im Siebenbürger Sachsenlande*, in: „Archiv des Vereins für siebenbürgische Landeskunde", Bd. 27.
[49] R. Csallner, *a.a.O.*, 1934, S. 94, 1936, S. 107 und 100.
[50] S. auch: A. Schullerus, *a.a.O.*, S. 2.

nen allerdings nur ein Teil Felder waren).⁵¹ Dabei wird in Wermesch/Vermeș und Wallendorf/Unirea ausdrücklich gesagt, dass *"in allem, was durch das Los ausgeteilt wird, [...] der Pastor auch seinen Anteil wie ein Dorfsmann"* hat.⁵² Das gleiche galt auch für Waltersdorf/Dumitrița, nur dass dort dem Pfarrer sein Teil „ohne Los, wo es ihm beliebt" zustand; 1797 heißt es: *"Wenn die Gemeindeinsassen etwas von der Gemeinerde zu ihrem Brauch unter sich verteilen, welches jährlich ein bis zweimal geschieht, wo der Dorfgräb die freie Wahl hat seine Losteile am besten und ihm gefälligen Ort zu nehmen, da hat der Pfarrer sein Losteil zunächst ihm."*⁵³ In Südsiebenbürgen standen dagegen dem Geistlichen und der Kirche meist ein Doppellos zu; der Kirchenbesitz wurde dann öfter gegen Entgelt, den *"Mädem"* verpachtet.⁵⁴

Die Größe der Losfelder änderte sich im Laufe der Zeit.⁵⁵ Um die Mitte des 18. Jhs. heißt es in Lechnitz/Lechința: *"Die Losteilcher, so [...] von uralten Zeiten her immer gegeben werden, können, weder ihrer Zahl noch Größe nach bestimmt werden, indem derselben bald mehr, bald weniger sind, je nachdem ein und das andere Stück Hatterts verpfändet oder ausgelöset wird, auch die selben bald größer, bald kleiner werden, je nachdem der Dorfleute mehr oder weniger sind."*⁵⁶ Man war also – wie in Wallendorf/Unirea – von Zeit zu Zeit genötigt, *"deren Dorfsleuten Lösser anders aufzuteilen oder mehrere und kleinere Lösser zu machen"*.⁵⁷

Der Bauer wusste gewöhnlich nur, über wie viele ganze Teile oder Teilstücke er verfügte. Ihre Fläche war von untergeordneter Bedeutung. Bei der annähernd gleichen Länge aller Losfelder eines Gewannes ergab sich die Größe der Losfelder einfach aus ihrer Breite; bei Neuaufteilungen und Grenzstreitigkeiten regelten die Feldgeschworenen die Parzellengröße normalerweise nach der Breite. Die einzelnen Grundstücke wurden dann durch Furchen begrenzt, die bewahrt werden mussten. (Ähnlich verhielten sich die Dinge auch bei Sonderkulturen, wie Hanf-, Flachs- oder Erbsenlosen bzw. Krautgärten.)

Musste man wegen der wachsenden Bevölkerung neue Felder anlegen, so benutzte man zunächst den besseren Boden rund um die Ortschaft und erst nachher weiter abgelegene Teile. Dabei erhielt die Ackerfläche in ihrer Gesamtheit, geländebedingt, eine unregelmäßigere Form – in Deutschbudak/Budacu de Jos wird 1596 z. B. die Anhöhe „Krummgewand" erwähnt.⁵⁸

---

⁵¹ E. Wagner, *Historisch-statistisches Ortsnamenbuch für Siebenbürgen*, Köln, Wien 1977, S. 97; siehe auch: R. Theil, *Beiträge zur sächsischen Agrargeschichte*, in: „Archiv des Vereins für siebenbürgische Landeskunde", Bd. 30, S. 406–411.
⁵² R. Csallner, *a.a.O.*, 1936, S. 103, 1933, S. 99.
⁵³ Ebenda, 1932, S. 123.
⁵⁴ A. Schullerus, *a.a.O.*, S. 5.
⁵⁵ P. Niedermaier, *Zu August Meitzens Studie über „Die Flur Thalheim"*, in: „Forschungen zur Volks- und Landeskunde", Bd. 23, Nr. 2.
⁵⁶ R. Csallner, *a.a.O.*, 1936, S. 100–101.
⁵⁷ Ebenda, 1933, S. 99.
⁵⁸ Ebenda, 1931, S. 107.

Außer den Feldern, die Gemeindebesitz waren, gab es schon sehr früh auch solche, die Eigentum von Familien waren – in Bistritz z. B. im 14. Jh. Auf Königsboden – also in freien Dörfern – entstanden Privatäcker zunächst vor allem durch Eigenrodungen.[59] Das „Erbe" dieser Art hatte jedoch bis in die neuere Zeit – so in Kleinbistritz/Dorolea bis 1800 oder 1850 – eine geringere Bedeutung als die Losländer.[60] Allmählich verzichtete man auf eine neue Aufteilung der Lose, die dann vererbt wurden; auch durch Kauf oder sonstige Aneignung aus dem Gemeindegut kam es zur Bildung von Privatvermögen.

Große Wandlungen brachten Separation und Kommassation: Es entstanden Einzelbesitze, die nicht mehr dem Flurzwang unterworfen waren.[61] Durch sie wurde die Dreifelderwirtschaft in eine reicher ausgebildete Wechselwirtschaft umgewandelt und gleichzeitig die Brache aufgelassen. In der ersten Gemeinde auf ehemaligem Königsboden wurde die Kommassation 1885 eingeleitet, bis 1904 war sie in 69 von 224 Dörfern durchgeführt und bis 1945 in beiläufig der Hälfte der siebenbürgisch-sächsischen Gemeinden. Durch die Zusammenlegung der einzelnen Grundstücke jedes Besitzers wurde, wie Adolf Schullerus sagt, das „Meer von Ährenwogen" zerschlagen. Durcheinandergewürfelt boten, in der ersten Hälfte des 20. Jhs., Herbst- und Sommersaaten, Weiden, Wiesen und Rübenfelder dem Auge ein buntes Bild dar.[62]

Sprechend für die allgemeine Entwicklung sind die Benennungen der Äcker. Die alten, großen Felder haben einfache Namen (so Oberfeld, Mittelfeld und Unterfeld in Freck/Avrig, Buchenfeld, Bergrechfeld und Hinteres Feld in Schweischer/Fişer). Die fortschreitende Aufteilung des Bodens findet oft ihren Niederschlag in Zusammensetzungen mit „neu" (Neue Länder – Deutschbudak/Budacu de Jos, Neufeld – Schweischer/Fişer), aber auch mit „-teile" und „-teilung". Die letzten beiden Benennungen – die auch auf die Flurverfassung hinweisen – kommen z. B. bei 22 Riednamen in Senndorf/Jelna vor.[63] Die „Teilungen" findet man weniger in der Ebene als in Hanglage; sie zeigen daher das Fortschreiten der Rodungen aus der günstigeren nächsten Umgebung des Dorfes nach dem weniger günstigen, hügeligen und entlegeneren Gelände hin (kleine Birkenteile, große Birkenteile, Weihersteile, Holzteile, untere Holzteile, vordere Teile, hintere Teile). Nach der Kommassation fanden hingegen genaue Angaben der Besitzer eine große Verbreitung (es hieß einfach: „*bä des Simen Honts sengem Stäck*").

---

[59] Siehe dazu: *Siebenbürgisch-sächsisches Wörterbuch*, Bd. 2, Berlin, Leipzig, S. 335–226; A. Schullerus, *a.a.O.*, S. 5–6.
[60] R. Csallner, *a.a.O.*, 1932, S. 126.
[61] Siehe dazu: E. Wagner, *Historisch-statistisches Ortsnamenbuch*, S. 96–97.
[62] A. Schullerus, *a.a.O.*, S. 2–3.
[63] R. Csallner, *a.a.O.*, 1931, S. 109.

Von den Anlagen und Bauten in den Fluren der Dörfer sind einige sehr alt. Schon 1228 ist eine „große Straße" bei Regen/Reghin urkundlich bezeugt,[64] und später mehren sich die Belege. Die Wege standen für jedermann offen, wurden aber durch Gemeindearbeit instand gehalten. Wer nicht zur Arbeit erschien, „*wenn der Richter warnen ließ*", wurde vielerorts um das Doppelte des jeweiligen Taglohnes bestraft.

Zu den Wegen gehörten schon früh Brücken und Fähren: 1289 wird z. B. eine zwischen Unterwinz/Vințu de Jos und Burgberg/Vurpăr erwähnt.[65] Die zahlreichen Holz-, Stein- oder sogar gedeckten Brücken einer späteren Zeit wurden auch von den Dörfern errichtet und erhalten, auf deren Gemarkung sie sich befanden. Wie schon erwähnt, haftete die Gemeinde für Unfälle, die darauf geschahen.

Zu den ältesten Bauten in den Fluren gehörten die Mühlen: Schon in einer Urkunde von 1206 ist von einer solchen die Rede.[66] Nach einer Aufzählung aus der Zeit um 1500 gab es auf dem Königsboden 120 Mühlen[67] – eine Mühle entfiel dabei auf beiläufig 200 Familien. Es gab jedoch merkliche Unterschiede zwischen den einzelnen Gegenden und Dörfern. Viele Mühlen sind z. B. in der Schäßburger Gegend verzeichnet, und zwar im Durchschnitt eine pro Dorf beziehungsweise eine pro 100 Familien; in Zeiden gab es sogar vier Mühlen.

Wir können nur vermuten, dass es sich um 1500 im Allgemeinen um Kornmühlen mit ober- oder unterschlächtigem Wasserrad handelte. Von 1721 wissen wir jedoch über die Vielzahl der Mühlenarten Bescheid.[68] In der Hermannstädter Gegend gab es damals Kornmühlen mit 37 Steinpaaren, gleichzeitig aber 43 andere Mühlenarten – Walkmühlen, Reißwölfe, Schmiedehämmer und Sägemühlen; in Heltau/Cisnădie allein sind damals 2 Kornmühlen mit 4 Mahlgängen verzeichnet worden, ebenso 4 Reißwölfe, 2 Schmiedehämmer und 1 Walkmühle. Für die Verbreitung der Mühlen spricht unter anderem eine große Zahl von Flurnamen: In sehr vielen Dörfern (wie Braller/Bruiu, Deutsch-Weißkirch/Viscri oder Irmesch/Ormeniș) heißt es „*ba der Mil*" oder ähnlich. Die Verteilung der Anlagen blieb aber, gewiss geländebedingt, ungleichmäßig; in Langenthal/Valea Lungă sagte man z. B. „*de amgemeine sen an de Langendeuler mil meule kun*". Dabei stellte die Mühlenpacht für das Dorf eine wichtige Einnahmequelle dar – in Großau/Cristian machte sie 1883 ungefähr 16 % der ordentlichen Einnahmen aus; nach dem Erlös der Holzwirtschaft bildete der Betrag den zweitgrößten Posten der Gemeinderechnung.

---

[64] *Urkundenbuch zur Geschichte der Deutschen in Siebenbürgen*, Bd. 1, S. 48.
[65] Ebenda, S. 161.
[66] Ebenda, S. 9.
[67] A. Berger, a.a.O.
[68] F. Schuller, a.a.O.

Eine besondere Bedeutung kam einst den Höhenwachen zu.[69] Sie waren in ganz Siebenbürgen verbreitet und kündeten in Kriegszeiten das Nahen des Feindes von Berg zu Berg an. Flurnamen wie Wartburg oder Hohe Warte deuten auf diese Einrichtung hin, und auf dem „Hutberg" zwischen Trappold/Apold und Peschendorf/Stejăreni soll es noch vor nicht allzu langer Zeit Spuren des Gebäudes gegeben haben, von dem aus der Wächter nach dem Feind spähte.

Bis zur Reformation gab es in den Fluren vieler Dörfer Kapellen und Kreuze, die nachher verschwanden. Einige urkundliche Belege, zahlreiche Sagen, vor allem aber viele Flurnamen weisen auf diese hin; allein letztere sind in rund 70 Orten aufgezeichnet worden.

Andere Zweckbauten außerhalb der Dörfer waren schließlich Brunnen (vor allem Schwengelbrunnen) und Unterstände für Wächter (zumal in Weingärten). Dazu kamen an vielen Orten Zäune, die ständig aufgestellt oder nur zu gewissen Jahreszeiten zum Schutz der Felder aufgerichtet wurden.[70]

Obwohl die beschriebenen Teilungen, Nutzungen und Anlagen heute größtenteils verschwunden sind, ist ihre Kenntnis von erstrangiger Bedeutung. Ohne sie kann das einstige Dorf mit seinem Leben nicht verstanden werden.

Dorfkerne auf dem Gebiet der Sieben Stühle*

Die Untersuchung setzt sich zum Ziel, die ursprünglichen Dorfanlagen zu erfassen und dadurch die Probleme der allgemeinen Entwicklung der Ortschaften aus siedlungstopographischer Sicht zu deuten.[71] Wir beschränken uns dabei auf die Dörfer der späteren Sieben Stühle, weil es sich hier um ein siedlungsgeschichtlich relativ geschlossenes Gebiet handelt.

Den Ausgangspunkt für unsere Forschungen bilden die Grundbuchpläne, die Ende des 19. Jhs. angefertigt wurden.[72] Mit geringfügigen Veränderungen geben diese einen viel älteren Zustand wieder, da dem Erbrecht entsprechend Haus und Hof an einen einzigen Nachkommen übergingen[73] und es auch sonst Bestimmungen gab, die eine Teilung von Haus und Hof verhinderten,

---

[69] M. Orendt, *Deutsche Volkskunst. Siebenbürgen*, Weimar 1942, S. 21.
[70] G. A. Schuller, *a.a.O.*, S. 57–58; F. Teutsch, *a.a.O.*, S. 34–37.
* Erstdruck in „Forschungen zur Volks- und Landeskunde", 1973/1, S. 39–66.
[71] Auf dem Gebiet der Sieben Stühle wurden bislang nur Großschenk/Cincu und Poiana Sibiului untersucht.
[72] Da die Genauigkeit der Grundbuchpläne unterschiedlich ist, wurden nur solche verwendet, deren Präzision offensichtlich ist. Die Pläne besitzen den Vorteil, dass Veränderungen nicht verzeichnet sind, und den Nachteil, dass Schichtlinien fehlen und so der Geländeform nur in großen Zügen Rechnung getragen werden konnte. Die Originale der Ortsriede sind im Maßstab 1:3.600 oder 1:2800 gezeichnet.
[73] A. Meitzen, *Die Flur der Gemeinde Thalheim,* in: „Archiv des Vereins für siebenbürgische Landeskunde", Bd. XXVII, 1897, S. 661.

sie also in gleicher Größe erhielten.⁷⁴ (Als Abbildungen gibt es Orientierungsskizzen, die nicht genau maßstabsgetreu sind; in diesen zeigen schwarze Flächen die Kerne an, kurze Linien deuten längliche Parzellen an, punktierte Flächen stehen für kleine unregelmäßige Besitze, Kreuze zeigen den Standort der alten Kirche, Wellenlinien verweisen auf Wasserläufe. In den topographischen Aufnahmen sind die mutmaßlichen Kerne mit dickeren Linien umgrenzt und die ursprünglichen Parzellen bzw. Hufen nummeriert.)

Auf dieser Grundlage und unter Zuhilfenahme der Josephinischen Landesaufnahme und geschichtlicher Angaben soll in der Arbeit zunächst eine Begrenzung der Dorfkerne vorgenommen werden, anschließend sollen ihre allgemeine Größe bestimmt und ihre Merkmale herausgestellt werden. Geschichtliche Folgerungen, die sich aus der Untersuchung der Dorfkerne ergeben, werden in einem abschließenden Kapitel behandelt.

Räumliche und zeitliche Bestimmung der Dorfkerne. Die einzelnen Gemeindeteile wurden unter bestimmten Bedingungen angelegt und ausgebaut. Abgesehen von der allgemeinen geschichtlichen Entwicklung, die sich natürlicherweise auch auf die Dorfformen auswirkt, musste bei dem Ausbau jüngerer Dorfteile außer auf die Geländegegebenheiten auch auf ältere bauliche Anlagen und Besitzverhältnisse Rücksicht genommen werden. Dadurch ergaben sich gewisse Besonderheiten der einzelnen Parzellengruppen, die eine Begrenzung der Ausbauetappen und mithin der ältesten Dorfteile erlauben.

Bei unserer Untersuchung werden in dieser Beziehung für die Bestimmung der Kerne folgende Elemente berücksichtigt:

---

[74] Diese Bestimmungen sind dadurch zu erklären, dass die Gemeinden als Eigentümer von Höfen und Fluren über eine allgemeine Ordnung wachten. Besonders bedeutsam sind in diesem Zusammenhang das Verfügungsrecht der Dörfer über „wüst gelassene Hofstellen" und die Möglichkeit der Neuanlage von Gehöften.

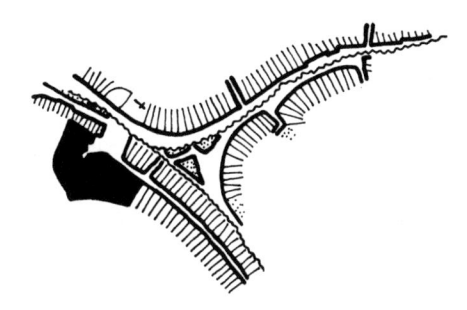

Abb. 13. Hahnbach, Orientierungsskizze

- Parzellengruppen, deren Grundstücke sich durch ihre Größe von jenen anderer Zonen unterscheiden, wobei fast ausnahmslos die größeren und vor allem längeren Parzellen ein höheres Alter besitzen.[75]
- Begrenzungslinien der Entwicklungsetappen innerhalb einer Ortschaft, die sich in besonders ausgebildeten oder an besonderen Stellen angeordneten Straßenfronten erhalten haben, sowie in durchgehenden Parzellentrennungslinien, die von ungewöhnlich ausgebildeten Hofstellen begrenzt sind.

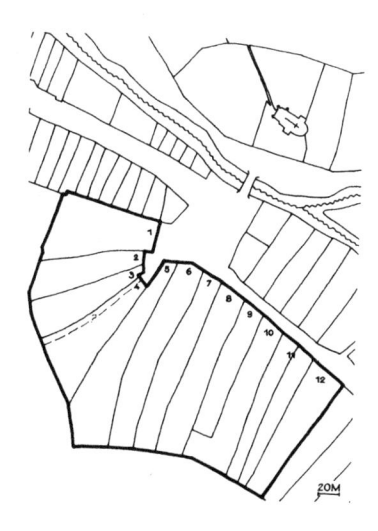

Abb. 14. Hahnbach, Dorfkern

---

[75] Siehe auch G. Treiber, *Der Stadtplan als Urkunde*, in: „Mitteilungen des Burzenländer [sächsischen] Museums", 1944, Jg. V, S. 25.

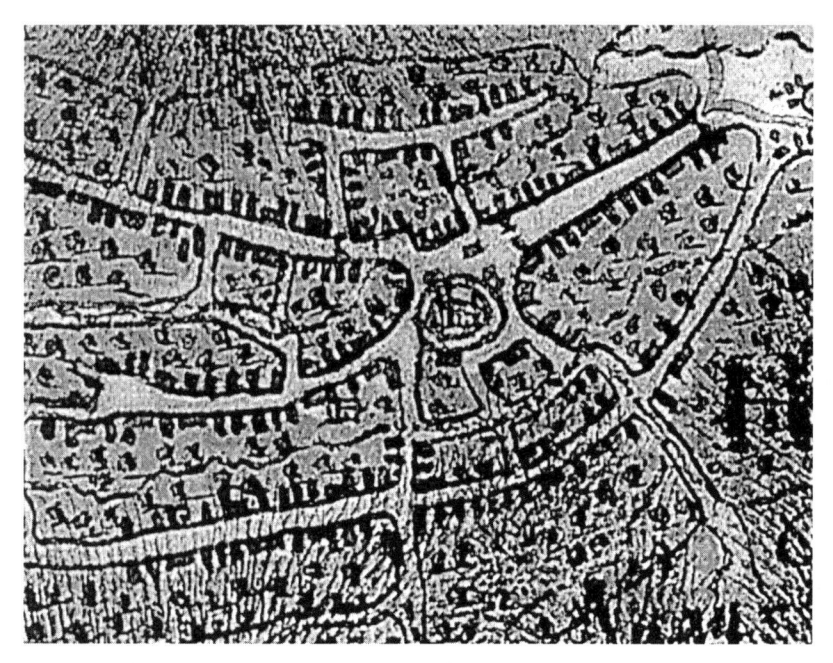

Abb. 15. Heltau in der Josephinischen Landesaufnahme

• Begrenzungen von Parzellengruppen, die sich mehr oder weniger der Ovalform nähern, mitunter auch nur abgeschrägte oder abgerundete Ecken aufweisen – dieses als eine alte Tradition, möglicherweise auch als Anpassung der Parzellierung an eine leichter zu verteidigende Form.[76]

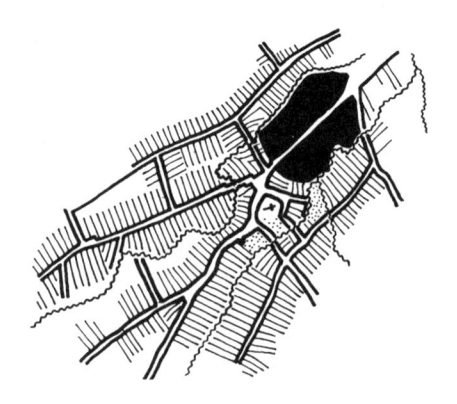

Abb. 16. Heltau, Orientierungsskizz

---

[76] Es ist anzunehmen, dass die Dörfer mit elementaren Verteidigungsanlagen versehen waren.

Landschaft und Dorf   89

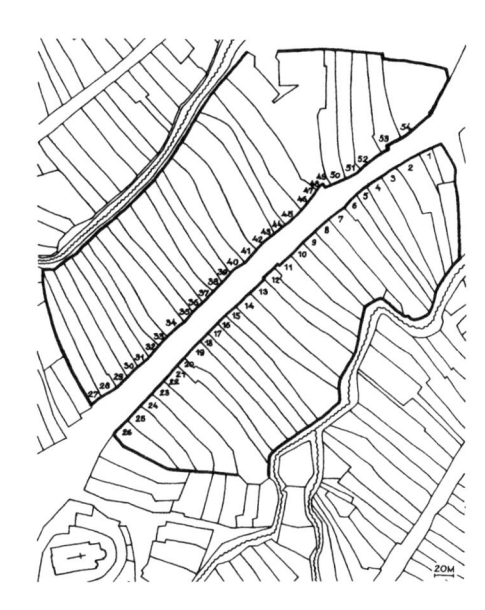

Abb. 17. Heltau, Dorfkern

- Bodengestalt und Wasserläufe.
- Stellung der Parzellengruppen zur Kirche.
- Ummantelungsformen in der Parzellenausbildung.
- Besonderheiten der Begrenzungslinien von Parzellengruppen – wie Vor- und Rücksprünge, Knicke usw.[77]

Nach einer ersten Analyse der Ortsriede sämtlicher Gemeinden der Sieben Stühle und der Enklaven innerhalb dieses Gebietes, wurden für ein genaueres Studium 22 Dörfer ausgewählt, deren planimetrische Struktur besonders klar ist, und die mithin ziemlich sichere Schlüsse bezüglich der ältesten Kerne erlauben. Bei den auch graphisch wiedergegebenen Ortschaften und der ursprünglichen Parzellenanzahl ihrer Kerne handelt es sich um:

Abb. 18. Thalheim, Orientierungsskizze

---

[77] Die Besonderheiten weisen vor allem auf unterschiedliche Ausbauetappen hin, sind aber möglicherweise auch auf verschwundene Hindernisse zurückzuführen (C. Sitte, *Der Städtebau*, Wien 1922, S. 58; G. Treiber, *a.a.O.*, S. 25).

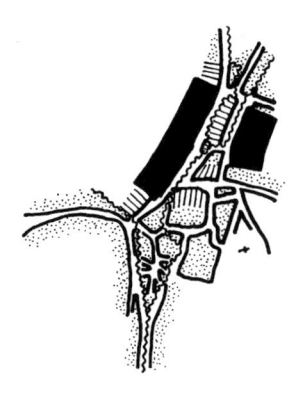

Abb. 19. Burgberg, Orientierungsskizze

- Hahnbach/Hamba, Abb. 13 und 14; 12 Höfe[78]
- Heltau/Cisnădie, Abb. 15, 16 und 17; ungefähr 50 Parzellen (54 Hufen)[79]
- Thalheim/Daia, Abb. 18[80]; 9, möglicherweise aber bis 14 Höfe[81]

---

[78] Für die Bestimmung des alten Kerns ist die Größe der Parzellen und ihre Stellung zur Kirche maßgebend gewesen. Die Begrenzung des Kerns an der Ostseite ergibt sich aus der Anordnung einer Quergasse im gegenüber gelegenen Baublock, die funktionell als optimale Verbindung zwischen den Talstraßen weiter aufwärts anzuordnen gewesen wäre. Es soll hier darauf verwiesen werden, dass in der Josephinischen Landesaufnahme bei Parzelle 4 eine Straße angedeutet ist, die es möglicherweise gab. Da jedoch die Gesamtform des Kernes besonders geschlossen ist, könnte es sich dabei eher um einen Fehler der Aufnahme handeln, die auch im Bereich der Kirche problematisch ist.

[79] Für die Bestimmung des alten Kernes ist die Stellung zur Kirche, die geschützte Lage zwischen den Wasserläufen, die in der Parzellierung klar erkennbare süd-westliche Begrenzungslinie des ursprünglichen Dorfes, die in den Straßenfronten erhaltene nord-östliche Abgrenzung und schließlich die Parzellengröße maßgebend. Bezeichnenderweise ist auf der Josephinischen Landesaufnahme die den Kern bildende Marktgasse (nordöstlich der Kirchenburg) an beiden Enden durch Tore geschlossen. eine weitere Straßensperre erscheint am Anfang der Langgasse (nordwestlich der Kirchenburg) und eine zusätzliche Kirche neben dem ersten Abschnitt der Gräfengasse (südwestlich der Kirchenburg).

[80] S. auch: P. Niedermaier, *Der mittelalterliche Städtebau in Siebenbürgen, im Banat und im Kreischgebiet*, Teil I, Heidelberg 1996, Abb. 124 auf S. 178.

[81] Der alte Kern ist durch Größe und Regelmäßigkeit der Parzellen klar erkennbar. Zusammen mit einer dazugehörigen Nachtweide weist er hinten eine ziemlich regelmäßig geschwungene Abschlußlinie auf. Die Differenz zwischen den zwei Varianten ergibt sich je nachdem, ob man innerhalb nur die ganz regelmäßig angelegten Hofstellen dem Kern zuordnet oder auch fünf unregelmäßigere Parzellen auf der einen Seite. Im Vergleich zur Josephinischen Landesaufnahme ist im Fall Thalheim die Bedeutung der neuen, genaueren topographischen Aufnahme besonders augenscheinlich.
Unserer Annahme ist die A. Meitzens (a.a.O., S. 689) gegenüberzustellen. Er vermutet auf Grund einer Untersuchung der Gewannteilung, dass die Gemeinde ursprünglich zu 43 Hufen angelegt wurde und dass von diesen mindestens 38 auf Bauernwirtschaften entfielen. Es ist jedoch fraglich, ob die Teilung auf die Einwanderungszeit zurückgeht, da das „*Loosfeld*" immer wieder frisch aufgeteilt wurde und zwar „*unter alle gleich*" (F. Teutsch, *Beiträge zur alten Geschichte des Schenker Stuhls und der Markgenossenschaft im Sachsenland*, in: „Archiv des Ver-

- Burgberg/Vurpăr, Abb. 19; 25, möglicherweise auch 27 Parzellen[82]
- Kastenholz/Caşolţ, Abb. 20, 21 und 22; 10–11 Hofstellen[83]
- Gierelsau/Bradu, Abb. 23[84]; 14 Hofstellen[85]

---

eins für siebenbürgische Landeskunde", Bd. XVII, 1883, S. 559–560; vgl. Auch E. Wagner, *Die Gemeinerde der Siebenbürger Sachsen*, in: „Neue Beiträge zur siebenbürgischen Geschichte und Landeskunde", Köln, Graz 1962, S. 184–187). Das gleiche ist für die Bistritzer Gegend Festzustellen (s. in diesem Band *Gemarkungen siebenbürgischer Straßendörfer*). Eine genauere Untersuchung der Größen von Losfeldern der Gewanne weist ebenfalls auf Abfolgen von Neuaufteilungen hin (P. Niedermaier, *Zu August Meitzens Studie über „Die Flur Thalheim"*, in „Forschungen zur Volks- und Landeskunde" 1980/2, S. 121–123). Bei der ständigen Veränderung der Bevölkerungszahl war jedoch die Neuteilung der Gewanne eine Voraussetzung für eine gleichmäßige Aufteilung der Losfelder. Meitzen sieht für seine Untersuchung eine Bestätigung darin, dass Thalheim bei einer Konskription aus dem Jahre 1721 insgesamt 38 „*sessiones*" besaß (ebenda, S. 656–657 und 674). Dieses Übereinstimmen ist eher auf eine letzte Aufteilung zurückzuführen, da die Gemeinde zum Beispiel 1536 nur 15 Wirte hatte (F. Stenner, *Zwei Beträge zur Bevölkerungsstatistik des 16. Jhs.*, in: „Korrespondenzblatt des Vereins für siebenbürgische Landeskunde", Bd. X, 1887, S. 111; vgl. auch: P. Niedermaier, *Zu August Meitzens Studie über „Die Flur Thalheim"*, in „Forschungen zur Volks- und Landeskunde", 1980/2, S. 121–123.). Befremdend wirkt die von Meitzen angenommene Größe, wenn wir sie mit anderen Annahmen vergleichen (siehe ebenda, F. Stenner, *op. cit.*, S. 54–55), zumal Thalheim die kleinste Gemeindegemarkung des Hermannstädter Stuhls besaß. Weiters ist zu erwähnen, dass die Ortschaft im Jahre 1863 53 Wirte hatte, etwas mehr als Meitzen für das 12. Jh. annimmt. In der gleichen Zeitspanne ist nach seinen Angaben die Ackerfläche der Gemeinde um ungefähr 240 % gestiegen, also auf das 3,4fache. Ziehen wir den bedeutenden Anstieg des Bodenertrags in Betracht – nach den Angaben W. Abels (*Die Wüstungen des ausgehenden Mittelalters*, Stuttgart 1955, S. 114) läßt sich dieser für die gleiche Periode auf das Doppelte bis Dreifache schätzen –, so ergibt sich, dass vom 12. bis ins 19. Jh. die Agrarproduktion der Gemeinde ungefähr auf das 7- bis 10-fache gestiegen ist. Es scheint unwahrscheinlich, dass ursprünglich eine so kleine Agrarfläche eine so große Gemeinde ernähren konnte, auch wenn man der Viehzucht eine größere Bedeutung beimißt – wobei nicht vergessen werden darf, dass auch das Weideland der Gemeinde klein war. Dementsprechend ist unseres Erachtens Meitzens Annahme abzulehnen.

[82] Die Gehöfte des alten Kernes unterscheiden sich vom Rest des Dorfes durch Größe, Regelmäßigkeit und besonders günstige Lage.

[83] Für die Bestimmung des alten Kernes war in erster Linie der hinten abgerundete Gartenabschluß maßgebend. Gegenüber vom alten Kern, auf diesen abgestimmt, ist in einer zweiter Etappe eine Parzellengruppe angelegt wurde, die später von anderen Parzellen ummantelt worden ist, von Hofstellen, die ihrerseits mit dem Rest des regelmäßigen Teiles der Siedlung in Verbindung stehen. Auf der Josephinischen Landesaufnahme erscheint die Zeile des Kernes uneinheitlich, doch dürfte dieses auf Ungenauigkeiten der Zeichnung zurückgehen, da ansonsten die einzige größere Parzellengruppe ganz eindeutig das Resultat vieler aufeinanderfolgender Entwicklungsetappen sein könnte.

[84] S. auch P. Niedermaier, *Der mittelalterliche Städtebau ...*, Abb. 132, S. 188.

[85] Es deuten die geschützte Lage neben dem Bach, die Stellung zur Kirche, die Begrenzung durch zwei Querstraßen und die hinten abgeschrägten Ecken eines Quartals auf seine Ursprünglichkeit hin. Die Parzelle 5 könnte jedoch neueren Datums sein.

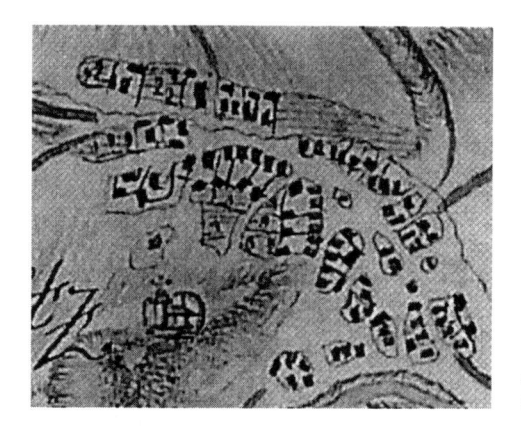

Abb. 20. Kastenholz in der Josephinischen Landesaufnahme (Ausschnitt)

Großschenk/Cincu, Abb. 24 und 25; ungefähr 29 Parzellen (30 Hufen);[86] dazu zeigt Abb. 26 den ältesten Teil der rumänischen Siedlung
- Braller/Bruiu, Abb. 27; 18 Parzellen[87]
- Zied/Veseud, Abb. 28 und 29; 9 Hofstellen, möglicherweise auch 15;[88] dazu zeigt Abb. 30 den ältesten Teil der rumänischen Siedlung

Abb. 21. Kastenholz, Orientierungsskizze

---

[86] Die Bestimmung des ursprünglichen Kernes geht von der Parzellengröße und ihrer Lage im Gelände aus. Eine Parzellengruppe weist hinten abgeschrägte Ecken auf (Hufen Nr. 16–28), dürfte also etwas älter sein. Sie bildet jedoch mit den restlichen Hofstellen eine konzeptionsmäßig einheitliche Anlage. Andere Kernbegrenzungen siehe: *Siebenbürgen und seine Wehrbauten*, Leipzig 1941, S. 105; G. Treiber, *Siedlungsgeschichtliche Untersuchungen*, S. 107.
[87] Die Parzellen des Kernes sind durch die geschützte Lage neben dem Wasserlauf und den bogenförmigen Abschluß der gegenüberliegenden Seite bestimmt.
[88] Der Kern unterscheidet sich vom Rest der Siedlung durch die Parzellengröße, die abgeschrägte hintere Begrenzung und die Stellung zur Kirche. Die Differenz zwischen 9 und 15 Gehöften ergibt sich aus der Zurechnung des Sackgassenteiles zur ersten oder zweiten Periode.

Landschaft und Dorf 93

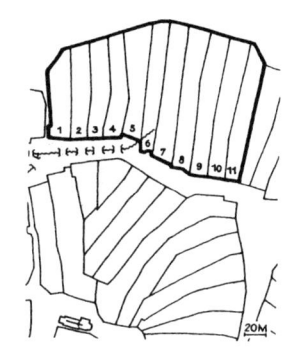

Abb. 22. Kastenholz, Dorfkern

- Werd/Vărd, Abb. 31 und 32; wahrscheinlich 9 Parzellen[89]
- Seiburg/Jibert, Abb. 33; ungefähr 18 Hofstellen[90]
- Hamruden/Homorod, Abb. 34; ungefähr 12 Hofstellen (13 Hufen)[91]
- Streitfort/Mercheașa, Abb. 35 und 36; 10 Parzellen (11 Hufen)[92]

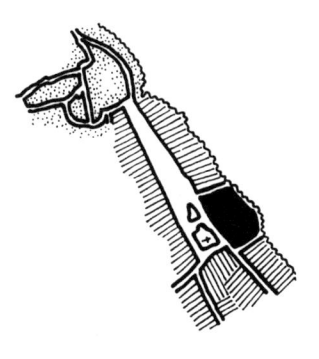

Abb. 23. Gierelsau, Orientierungsskizze

---

[89] Innerhalb des annähernd runden Zentralteiles des Dorfes ist die südliche Parzellengruppe als älter anzusprechen, da sie größere Hofstellen hat und hinten eine ovale Gartenabschlußlinie aufweist. Die Westbegrenzung dieser Parzellengruppe wird durch kürzere Hofstellen markiert, die Ostbegrenzung durch breitere. Auf der Josephinischen Landesaufnahme erscheint die Kirche noch freistehend.
[90] Für die Bestimmung des alten Kernes spricht vor allem die Größe der Hofstellen, aber auch ihre Lage im Gelände.
[91] Für die Bestimmung des alten Kernes sprechen die Parzellengröße und die Stellung zur Kirche.
[92] Die als ursprünglich bezeichneten Parzellen sind besonders groß, regelmäßig und von den Hofstellen der Quergasse unabhängig. Die leichte Krümmung der Gartenabschlußlinie und die Stellung zur Kirche sind weitere Anhaltspunkte.

Abb. 24. Großschenk, Orientierungsskizze

- Katzendorf/Caţa, Abb. 37 und 38; 15 Höfe[93]
- Dobring/Dobârca, Abb. 39; 10, möglicherweise nur 8 Parzellen[94]
- Kelling/Câlnic, Abb. 40; 13 Hofstellen[95]
- Roseln/Ruja, Abb. 41 und 42; 10 Parzellen[96]
- Henndorf/Brădeni, Abb. 43; 18 Höfe (19 Hufen)[97]

---

[93] Das überragende Alter des einen Baublocks ergibt sich aus der Parzellengröße, seiner Anordnung zwischen dem schützenden Bachlauf und der Kirche sowie der teilweise abgeschrägten, teilweise abgerundeten Gartenabschlußlinie. Zusätzlich ist der Baublock seitlich durch Quergassen begrenzt.
[94] Innerhalb der einzigen regelmäßig angelegten Zeile des Dorfes ergibt sich ihr ältester Teil aus einer Abrundung der Gartenabschlußlinie und, damit verbunden, aus der etwas größeren Parzellenoberfläche. Die Differenz zwischen den beiden Werten ergibt sich, je nachdem, ob man den Kern genau der hinteren Ausbuchtung entsprechend begrenzt oder die eine Grenze zwei Parzellen weiter südöstlich verlegt, wo die Straßenfront eine ganz ungewöhnlich starke Verwerfung aufweist.
[95] Auch hier existierte eine einzige regelmäßige Zeile, innerhalb welcher der Kern durch die zentrale Lage und durch Rücksprünge in der Straßenfront begrenzt ist.
[96] Für die Bestimmung des alten Kernes sprechen die deutlich ovale Begrenzung der Parzellengruppe, die Lage im Gelände, sowie der Umstand, dass alle anderen Parzellengruppen sich in der einen oder anderen Form an einen älteren Teil der Siedlung anschließen müssen. Auf der Josephinischen Landesaufnahme erscheint die Kircheburg in der Mitte des Platzes.
[97] Für die Bestimmung des ursprünglichen Kernes sind seine klare Begrenzung, die hinten abgeschrägten Ecken sowie seine Parzellengröße wesentlich. Auf der Josephinischen Landesaufnahme erscheinen alle drei Seiten des Angers dicht bebaut – auch die heute völlig versumpfte; selbst im Grundbuch erscheint deren Bebauung.

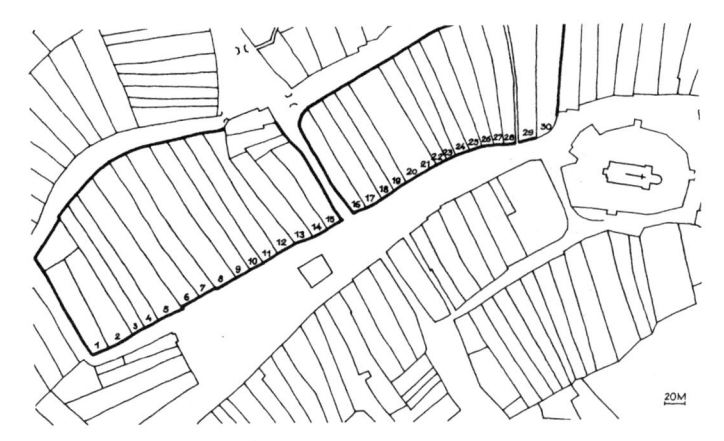

Abb. 25. Großschenk, Dorfkern

- Trappold/Apold, Abb. 44; ungefähr 18 Hofstellen[98]
- Schaas/Șaeș, Abb. 45 und 46; 15 Parzellen[99]
- Deutsch-Kreuz/Criț, Abb. 47; ungefähr 16 Parzellen[100]

Abb. 26. Großschenk, ältester Teil der rumänischen Siedlung

---

[98] Die Begrenzung des alten Kernes ergibt sich aus der Parzellengröße, der abgeschlossenen Anlage, den seitlich angeordneten Straßen und der hinten abgeschrägten Gartenabschlußlinie.
[99] Die Bestimmung des Kernes erfolgte auf Grund der Größe der Hofstellen. An der Ostseite ist der älteste Teil durch eine Gasse, an der Westseite durch eine viel kleinere Hofstelle begrenzt; im Ganzen ergibt sich eine besonders geschlossene Form.
[100] Für die Bestimmung des alten Kernes ist die Größe der Parzellen und ihre Lage in ebenem Gelände entscheidend.

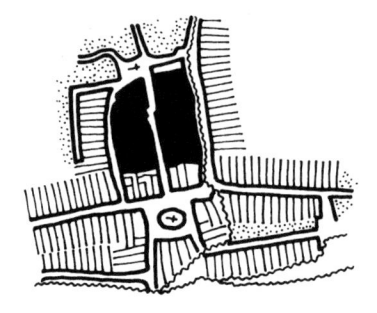

Abb. 27. Braller, Orientierungsskizze

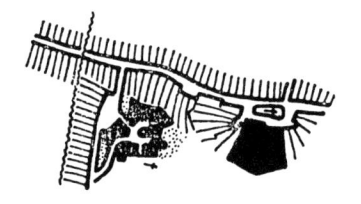

Abb. 28. Zied, Orientierungsskizze

Weitere Untersuchungen werden in Einzelfällen das Bild etwas verändern. Dies dürfte zumal dort der Fall sein, wo sich die ursprüngliche Gemeindegröße nicht mit vollständiger Sicherheit feststellen lässt. Erwähnt seien Thalheim, Burgberg, Braller, Zied und Dobring. Es muss aber betont werden, dass die Unterschiede verhältnismäßig klein sind, also nicht prinzipieller Natur.

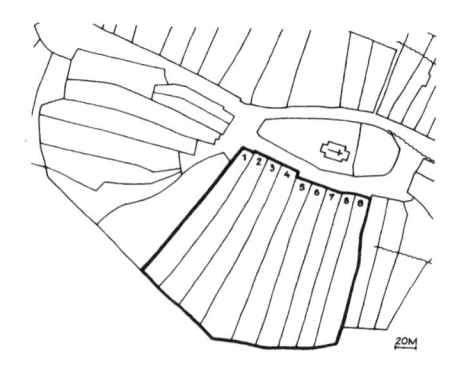

Abb. 29. Zied, Dorfkern

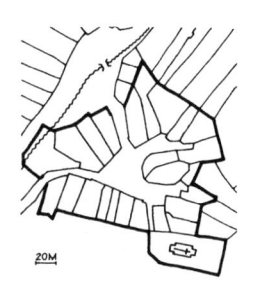

Abb. 30. Zied, ältester Teil der rumänischen Siedlung

Abb. 31. Werd, Orientierungsskizze

Es stellt sich nun die Frage, ob die untersuchten Parzellengruppen der sächsischen Kerne tatsächlich aus der Zeit der Einwanderung der „Hospites" stammen oder ob sie nur die ältesten erhaltenen Gemeindeteile sind.

Wenn wir die Parzellenanzahl mit der Zählung des Jahres 1488 vergleichen (einer Zeit, in der die Dörfer Südsiebenbürgens besonders klein waren), so er-

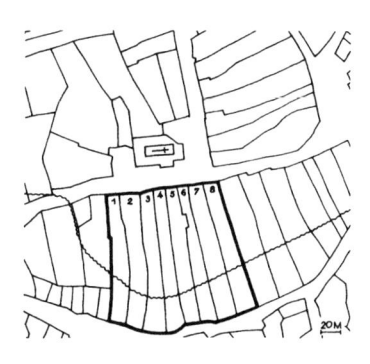

Abb. 32. Werd, Dorfkern

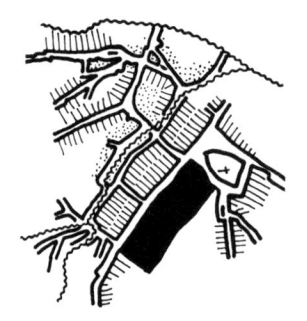

Abb. 33. Seiburg, Orientierungsskizze

gibt sich aufgrund der Differenz, dass die Kerne wesentlich älter sein müssen als die Zählung. Ziehen wir die Schwierigkeit der Veränderung einer bestehenden Situation[101] sowie den Umstand in Betracht, dass als Folge von Katastrophen entlegene Gemeindeteile und kleine Hofstellen aufgelassen wurden, nicht zentrale, große Höfe, so stellt sich letzten Endes nur die Frage, ob die untersuchten Parzellengruppen vor oder nach dem Mongoleneinfall entstanden sind. Einerseits ist es nicht ausgeschlossen, dass sich die Struktur einer Gemeinde wandelte, andererseits ist es unmöglich, dass viele Dörfer ihre Form veränderten, denn den Mongolensturm überlebte ein erheblicher Teil der Bevölkerung, vor allem in den Dörfern, und schritt kurze Zeit darauf zum Bau oder Ausbau der Kirchen.

In Ermangelung umfassender archäologischer Untersuchungen gibt es gegenwärtig einen einzigen sicheren Anhaltspunkt für das Entstehen der Dorfkerne vor dem Mongoleneinfall, und zwar das Verhältnis zwischen dem Siedlungskern und der ungefähr bekannten Erbauungszeit der Kirche.

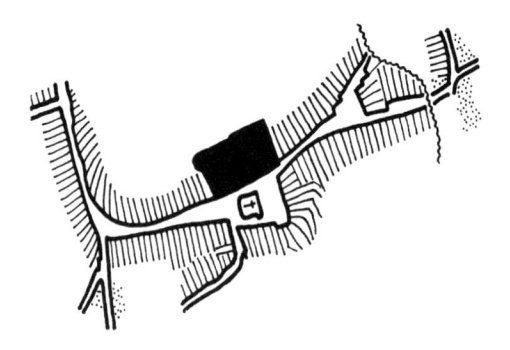

Abb. 34. Hamruden, Orientierungsskizze

---

[101] Sehr klar wurde die Beständigkeit einer einmal getroffenen Aufteilung von A. Meitzen ausgedrückt (a.a.O., S. 652). Siehe auch *Die österreichisch-ungarische Monarchie in Wort und Bild*, Bd. VI, Wien 1902, S. 354.

Landschaft und Dorf 99

Abb. 35. Streitfort, Orientierungsskizze

Es ist auffällig, dass der Standort der Kirche nicht überall in die Grundrissstruktur des alten Kernes einbezogen wurde. In Seiburg (Abb. 33) befand sie sich an einem Ende der Zeile, weit hinter der Bauflucht, also ohne räumliche Beziehung zu ihr, in Heltau (Abb. 17) und Braller (Abb. 27) scheint sie in ziemlich ebenem Gelände unbegründet weit abgelegen gewesen zu sein. Überall handelt es sich um zumindest ursprünglich romanische Kirchen, die in der ersten Hälfte des 13. Jhs. entstanden sind.[102] Da bei keiner dieser Ort-

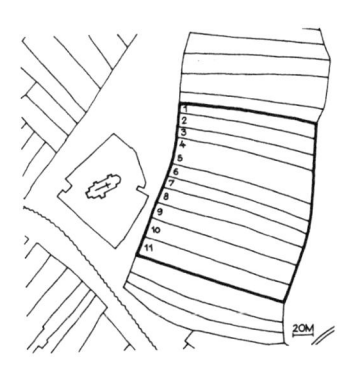

Abb. 36. Streitfort, Dorfkern

---

[102] V. Vătășianu, *Istoria artei feudale în țările române* [Geschichte der feudalen Kunst in den rumänischen Ländern], Bd. I, București 1959, S. 29, 85; G. Entz, *Die Baukunst Transsilvaniens im 11. bis 13. Jh.*, in: „Acta Historiae artium", Bd. XIV, 1968, Heft 3–4, S. 26–27; W. Horwath, *Die Landnahme des Altlandes im Lichte der Kirchenburgen*, in: „Siebenbürgische Vierteljahrsschrift", Bd. LIX, 1936, S. 169–180 und Karte.

Abb. 37. Katzendorf, Orientierungsskizze

schaften ein Grund für eine Verlegung der Gemeinde nach dem Mongoleneinfall existiert haben dürfte, kann der Mangel einer räumlichen Beziehung der Kirche zum alten Kern am ehesten dadurch erklärt werden, dass die erhaltene Ortschaftsstruktur lange vor dem Zeitpunkt der Erbauung der Kirche entstand bzw. bis zum Baubeginn schon beachtlich über die alte Anlage hinausgewachsen war. Als besonders typisch kann der Fall Heltau angesehen werden, wo auch ausgedehnte Wehranlagen um die Kirche[103] eine so große Distanzierung und vor allem völlige Isolierung vom alten Kern nicht rechtfer-

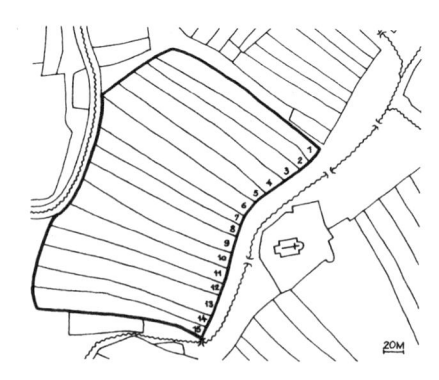

Abb. 38. Katzendorf, Dorfkern

---

[103] W. Horwath und G. Treiber nehmen eine sehr frühe einfache Befestigung der Kirche an. Siehe: W. Horwath, *Zur Herkunft der Kirchenburgen*, in: „Siebenbürgische Vierteljahrsschrift", Bd. LXIV, 1941, S. 71; G. Treiber, *Zu W. Horwath, Siebenbürgisch-sächsische Kirchenburgen baugeschichtlich untersucht und dargestellt*, in: „Siebenbürgische Vierteljahrsschrift", Bd. LXIV, 1941, S. 85–86.

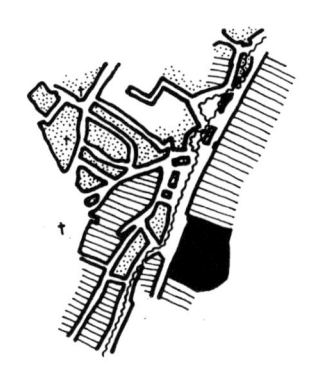

Abb. 39. Dobring, Orientierungsskizze

tigen könnten.[104] So sind in Heltau, Braller und Seiburg die untersuchten Hofstellen auf die Einwanderungszeit zurückzuführen, und dies ist vor allem für die besonders große Ortschaft Heltau höchst bedeutungsvoll, da sie in unmittelbarer Umgebung von Hermannstadt liegt.

Für die anderen Kerne kann kein direkter Beweis ihrer Existenz vor dem Mongoleneinfall gebracht werden. Trotzdem ist es sehr wahrscheinlich, dass dort, wo sich der Mongoleneinfall besonders verheerend ausgewirkt hat, doch wenigstens einige alte Elemente erhalten blieben, durch die dann die „neue" planimetrische Gestaltung des Dorfes unklarer hätte ausfallen müssen (als Beispiel für das Überleben älterer Elemente, der Begrenzung eines Kernes, möglicherweise vorsächsischer Abstammung[105] – und der damit verbundenen allgemeinen Unklarheit des Plangefüges, sei auf das Zentrum von Reußmarkt verwiesen – Abb. 48). Gerade die untersuchten Gemeinden weisen aber ein besonders klares Grundrissgefüge auf. Nicht zu übersehen ist auch die weitgehende Übereinstimmung der Größe der Gemarkungsanteile pro Hof, die nach dem Mongoleneinfall sicher differenzierter war. So können wir zusammenfassend sagen, dass die Kerne tatsächlich aus der Zeit der Einwanderung stammen und in diesem Sinn „ursprünglich" sind.

Allgemeine Größe der Siedlungen. Die festgelegten Fakten werfen ein Licht auf die allgemeine Größe der Siedlungen. Fassen wir die bei der Begrenzung

---

[104] Neuere Untersuchungen haben gezeigt, dass es sich im Fall Heltaus um eine Ortschaft mit mehreren Siedlungskernen handelte, zwischen die sich die Kirche eingliederte (P. Niedermaier, *Der mittelalterliche Städtebau in Siebenbürgen, im Banat und im Kreischgebiet, Teil I, Die Entwicklung vom Anbeginn bis 1241*, Heidelberg 1996, S. 248–254.

[105] Jenő Maior, *A magyar városok és városhálózat kialakulásának kezdetei* [Die Anfänge der Ausgestaltung der Städte und des Stadtnetzes in Ungarn], in: „Település tudományi közlemények" [Mitteriungen zur Siedlungsgeschichte], 1966, Nr. 18, S. 52, verweist auf die Ableitung des rumänischen und ungarischen Ortsnamens von einem Wochenmarkt, der hier abgehalten wurde.

der Dorfkerne erzielten Werte zusammen (Tabelle I) so ergibt sich eine mittlere Gemeindegröße von 17 Höfen; dabei umfasste der kleinste Kern wahrscheinlich 8, der größte 54 Hufen.

Gegenüberstellung der Dorfkerne und Gemeindegemarkungen

	Ursprüngliche Anzahl der Hufen	Anzahl der Hofstellen im Jahre 1488	Prozentueller Anstieg der Hofstellenzahl	Absolute Größe der Gemeindegemarkung Ende des 19. Jhs.	Ursprüngliche Größe des Gemarkungsanteiles pro Hof	Größe des Gemarkungsanteils pro Hof 1488	Prozentuelle Verringerung der Größe des Gemarkungsanteiles pro Hof
			%	ha	ha		%
Hermannstädter Kapitel							
Hahnbach	12	31	160	2 980	248	98	61
Heltau	54	228	320	13 800	255	60	77
Thalheim	9	14	55	2 310	258	165	36
Burgberg	25	57	128	6 990	280	123	56
Kastenholz	11	28	130	2 880	240	103	57
Gierelsau	12	43	180	3 180	265	94	65
Mittelwert	20	65	243	5 350	258	107	59
Prozentuelle Abweichung	64	79			4	23	
Schenk-Hermannstädter Kapitel							
Großschenk	30	68	126	9 150	305	135	56
Braller	18	39	116	3 970	221	102	54
Zied	9	21	132	1 800	200	86	57
Werd	8	18	126	1 460	183	81	56
Mittelwert	16	36	125	4 095	228	101	56
Prozentuelle Abweichung	48	47			17	17	
Kosder Kapitel							
Seiburg	18	36	100	5 380	300	150	50
Hamruden	13	68	124	3 190	246	47	81
Streitfort	11	40	260	3 780	344	95	72
Katzendorf	15	92	510	4 340	290	47	84
Mittelwert	14	59	324	4 170	295	85	72
Prozentuelle Abweichung	16	36			9	44	
Mühlbacher Kapitel							
Dobring	10	65	550	2 320	232	36	85
Kelling	13	97	650	3 160	246	33	87
Mittelwert	12	81	600	2 740	239	35	86
Prozentuelle Abweichung	13	20			34		
Schenk-Kosder Kapitel							
Roseln	10	41	310	2 480	248	60	76

Landschaft und Dorf

Fortsetzung

	Ursprüngliche Anzahl der Hufen Anzahl der Hofstellen im Jahre 1488	Prozentueller Anstieg der Hofstellenzahl	Absolute Größe der Gemeindegemarkung Ende des 19. Jhs.	Ursprüngliche Größe des Gemarkungsanteiles pro Hof Größe des Gemarkungsanteils pro Hof 1488		Prozentuelle Verringerung der Größe des Gemarkungsanteiles pro Hof
		%	ha	ha		%
Kisder Kapitel						
Henndorf	19	59	210	3 680	194 63	68
Trappold	18	91	400	3 580	199 40	80
Schaas	15	113	654	3 030	202 27	89
Deutsch-Kreuz	16			3 130	196	
Mittelwert	17	88	421	3 360	198 43	79
Prozentuelle Abweichung	9	22			1 30	

Da die untersuchten Dörfer nur nach dem Kriterium der Klarheit ihrer planimetrischen Gliederung ausgewählt wurden, stellt sich jedoch die Frage, ob der Mittelwert dem allgemeinen Durchschnitt entspricht beziehungsweise wie weit die Extremwerte von der tatsächlichen Maximal- und Minimalgröße ursprünglicher Dorfkerne abweichen.

Um die anfänglichen Größenverhältnisse der Siedlerdörfer genauer zu erfassen, sind wir auf Rückschlüsse angewiesen.

Vergleichen wir zunächst die alte Hofstellenzahl der analysierten Gemeinden mit der vollständigsten alten Zählung der Wirte, das heißt jener des Jahres

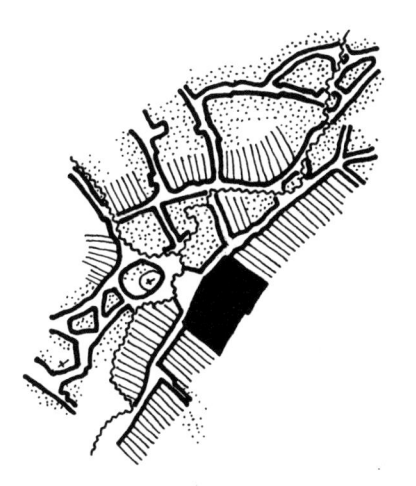

Abb. 40. Kelling, Orientierungsskizze

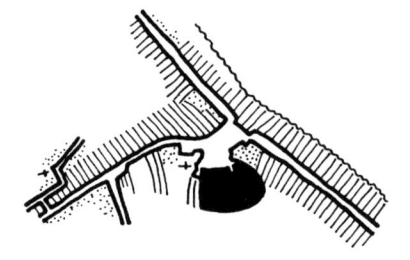

Abb. 41. Roseln, Orientierungsskizze

1488[106] (Tabelle I), so ist ersichtlich, dass in der Zwischenzeit von 250–350 Jahren die Gemeinden im Mittel um 277 % gewachsen sind, wobei der Wachstumsrhythmus stark schwankt. Während der Anstieg der Bevölkerung im Fall von Thalheim nur 55 % beträgt, erreicht er im Fall von Schaas 654 %. Die prozentuelle mittlere Abweichung der Einzelanstiegswerte vom durchschnittlichen Anstiegswert (277) beträgt ungefähr 58 %, ist also enorm hoch.[107] Daraus ergibt sich, dass Rückschlüsse aus späteren Zählungen auf die

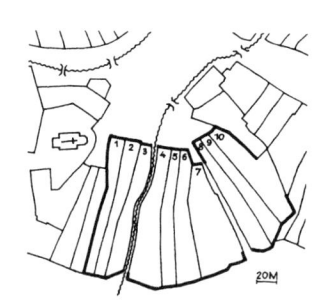

Abb. 42. Roseln, Dorfkern

---

[106] A. Berger, *Volkszählung in den Sieben und Zwei Stühlen, im Bistritzer und Kronstädter Distrikt vom Ende des 15. und Anfang des 16. Jhs.*, in: „Korrespondenzblatt des Vereins für siebenbürgische Landeskunde", Bd. XVII, 1894, S. 52–59 und 65–69.

[107] Das unterschiedliche Wachstum der Gemeinden muß auf verschiedene Ursachen zurückgehen. Einerseits werden in einigen Gemeinden Zuwanderungen, in anderen Abwanderungen stattgefunden haben und andererseits dürften sich Katastrophen ungleich ausgewirkt haben.

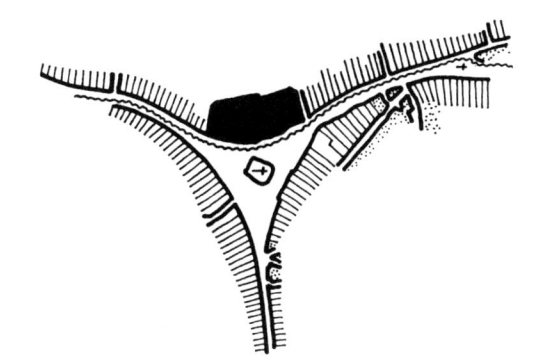

Abb. 43. Henndorf, Orientierungsskizze

ursprünglichen Gemeindegrößen einen sehr begrenzten Wert haben, und allgemeine Folgerungen in dieser Richtung kaum zulässig sind.

In Anbetracht der Rolle, die den Siedlern bei der allgemeinen Sicherung der Grenzen zukam,[108] und der Bedeutung der Landwirtschaft als Hauptbeschäftigung beziehungsweise angesichts des geringen Ertrags, der im 12. und 13. Jh. erzielt wurde,[109] ist dagegen ein gewisser Zusammenhang zwischen den Dorfgrößen und den zugeordneten Bodenflächen denkbar.

Die Änderungen, die die Ausdehnung der waldfreien und Ackerflächen erfahren haben, sind noch nicht eingehend behandelt worden. So sind wir gezwungen, uns auf die Gesamtgemarkungen zu beziehen, was jedoch bei der leichten Veränderlichkeit der obigen Flächenanteile augenblicklich auch me-

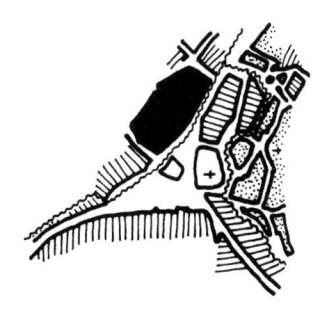

Abb. 44. Trappold, Orientierungsskizze

---

[108] Th. Nägler, *Populaţia românească în sudul Transilvaniei şi caracterul colonizării săseşti în sec. XII şi XIII* [Die rumänische Bevölkerung im Süden Siebenbürgens und der Charakter der sächsischen Ansiedlung im 12. und 13. Jh.], in: „Studii şi articole de istorie", Bd. XIII, 1969, S. 184.
[109] Siehe auch W. Abel, a.a.O., S. 114.

thodisch richtiger sein dürfte. Zwar gehen betreffs der Genauigkeit der alten Begrenzungen die Meinungen auseinander, doch spielt für unsere Untersuchung eine gewisse Unbestimmtheit oder Veränderung der Gemarkungsgrenzen, einige Hektar mehr oder weniger, keine wesentliche Rolle.[110]

---

[110] Über die Genauigkeit der Begrenzung einzelner Gebiete sagt G. Müller (in: „Archiv des Vereins für siebenbürgische Landeskunde", Bd. XXXVIII, 1912, S. 44), dass *aus den ältesten uns überlieferten Grenzbeschreibungen und Besitzeinsetzungen (z. B. 1206 betreffend terra Cwezfey, 1223 betreffend Michelsberg usw.)"*, aber auch aus dem Zehntrecht *„mit Bestimmtheit zu entnehmen"* ist, *„dass die einzelnen Gemeinden von Anbeginn fest umschriebene Gebiete erhalten haben"*. Auch O. Mittelstraß (*Die Besitzergreifung Siebenbürgens durch die Arpadenkönige*, in: „Neue Beiträge ...", Bd. I, S. 24–26) betrachtet die Besitzgrenzen als besonders beständig. Dagegen nimmt F. Teutsch (*Die Art der Ansiedlung der Siebenbürger Sachsen*, in: „Beiträge zur Siedlungs- und Volkskunde der Siebenbürger Sachsen", Sonderabdruck aus A. Kirchhof, *Forschungen zur deutschen Landes- und Volkskunde*, Stuttgart 1895, S. 8) im Hinblick auf die Vielzahl der Hattertprozesse und die Existenz der Markgenossenschaften an, dass die Grenzen „höchst unbestimmt" gewesen sind.
Das erste Argument für eine ungenaue Flächenaufteilung – die große Anzahl der „Hattertprozesse" – muß aber noch eingehender untersucht werden, den z. B. von 35 veröffentlichten Urkunden (F. Teutsch, *Beiträge zur alten Geschichte des Schenker Stuhls und der Markgenossenschaften im Sachsenland*, in: „Archiv des Vereins für siebenbürgische Landeskunde", Bd. XVII, 1883, S. 541–543 und F. Zimmermann, C. Werner, G. Müller, *Urkundenbuch zur Geschichte der Deutschen in Siebenbürgen*, Bd. I u. II, 1892 u. 1897, Nr. 16, 197, 651, 1034, 1239, 1253 u. 1254), die irgendwie mit Gemarkungsgrenzen des Schenker Stuhls einen Zusammenhang haben, könnten höchstens vier auf Ungenauigkeit der Grenzen zurückgeführt werden – zwei betreffen „Reambulierungen" (ebenda, Nr. 651 u. 1355), „einen Vertrag" (F. Teutsch, *a.a.O.*, Nr. 3) und eine bezieht sich auf eine „Grenzberichtigung" (F. Teutsch Nr. 6). Andererseits wird auch der Bestand der Markgenossenschaften für die Frühzeit angezweifelt (E. Wagner, *a.a.O.*, S. 184–187). Gewisse Veränderungen der Grenzen werden stattgefunden haben, und zwar:
• durch die späte Aufteilung von unbesiedelten Freitümern (ihre Anzahl war jedoch gering, ihre Ausdehnung nach dem Wossling bei Schäßburg zu schließen klein),
• durch die Aufteilung der Gemarkung untergegangener Gemeinden (die Anzahl dieser dürfte nach dem *Urkundenbuch ...*, Bd. I–IV ebenfalls gering gewesen sein, auch wird es sich um kleine Ortschaften gehandelt haben) und schließlich
• durch Ankauf von Land (der ebenfalls nicht ein bedeutendes Ausmaß gehabt haben kann).
Drei dokumentarisch erwiesene Veränderungen werden in 12 Urkunden behandelt (*Urkundenbuch ...*, Nr. 1034, 1253 und 1254; F. Teutsch, *a.a.O.*, Nr. 10 u. 21–28), was für die Außergewöhnlichkeit von Veränderungen spricht.
Schließlich bleibt eine letzte Frage offen – die Gründung neuer Gemeinden auf der Gemarkung alter. Im Fall von dokumentierten Ortschaften kommt im Allgemeinen nach der wenig unterschiedlichen ersten dokumentarischen Erwähnungen der Dörfer und nach der ähnlichen Erbauungszeit der Kirchen nur eine wenig unterschiedliche Entstehungszeit in Betracht – etwa im Fall von Gürteln/Gherdael. Für eine organisierte Verdichtung des Ortschaftennetzes wären von Anfang an die Gemarkungen der späteren Siedlungen als Prädien oder Freitümer ausgespart worden, unorganisierte Neugründungen müssen aber damals unvorteilhaft gewesen sein – in erster Linie für die Bewohner selbst. So ist dies unseres Erachtens im Allgemeinen auszuschließen. Bezüglich rumänischer Ortschaften hat es den Anschein, dass bei der Ansiedlung der „Hospites" die gebirgigen Flächen nicht in Rechnung gezogen wurden – möglicherweise wegen der Präsenz einer rumänischen Bevölkerung. Dazu gibt es rumänische Bevölkerung in Exklaven des Weißenburger Komitates sowie in Gemeinden, die fast oder ganz eingegangen sind und neu besiedelt wurden.

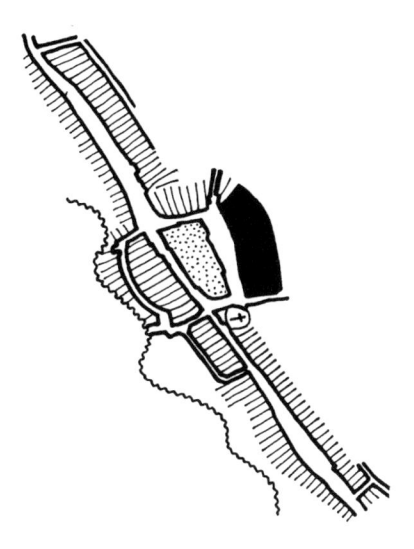

Abb. 45. Schaas, Orientierungsskizze

Um Ausgangspunkte für eine Überprüfung der charakteristischen Größe der Dörfer zu erhalten, stellen wir also in Tabelle I für die verschiedenen Dörfer die ursprüngliche Parzellenanzahl der Gemarkungsgröße gegenüber.[111] Hierbei ist festzustellen, dass die Größe des auf einen Hof entfallenden Gemarkungsanteils verhältnismäßig ähnlich ist. Für die Unterschiede zwischen den Einzelwerten und dem Durchschnitt ergibt sich dementsprechend eine kleine mittlere prozentuelle Abweichung – sie beträgt etwas mehr als ein Viertel des entsprechenden Wertes für die Zählung des Jahres 1488. Da der zeitliche Anstieg dieser prozentuellen Abweichung der Einzelwerte vom Durchschnittswert mit der Differenzierung der Größe der Gemeinden ungefähr parallel geht, – gleichzeitig Gemeinden, die vom 12. bis 15. Jh. besonders stark gewachsen sind, im 15. Jh. einen besonders kleinen Gemarkungsanteil pro Hof aufwiesen, und Dörfer, die in dieser Zeitspanne wenig anwuchsen, 1488 große Gemarkungsanteile pro Hof aufwiesen – sind dieses klare Hinweise,

---

Zusammenzufassend läßt sich sagen: Es werden mancherorts geringfügige Veränderungen stattgefunden haben, doch können wir trotzdem im Allgemeinen mit festen Gemarkungsgrenzen rechnen; dazu werden die Durchschnittswerte mehrerer Gemeinden, als Mittelwerte größerer Gebiete, nur teilweise von Veränderungen beeinflußt.

[111] Die Größe der Gemarkungen wurde teils von O. Meltzl, *Statistik der sächsischen Landbevölkerung in Siebenbürgen*, 1886, Tabelle 4 übernommen und für die hier fehlenden Ortschaften nach der Karte von G. Müller (*Siebenbürger Stühle, Distrikte und Komitate vor dem Jahre 1848*, 1914) berechnet.

108   Siedlungsgeschichte Siebenbürgens

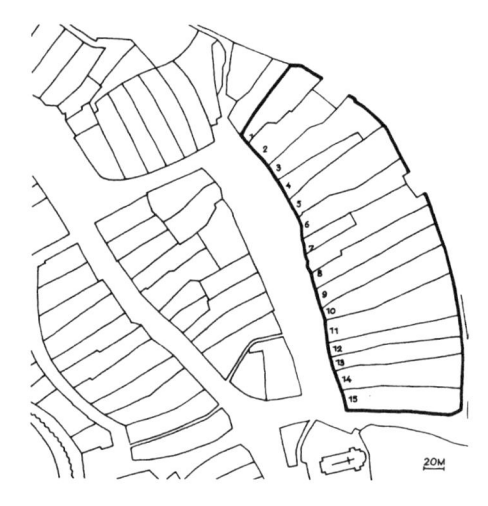

Abb. 46. Schaas, Dorfkern

dass bei der Anlage der Gemeinden ihre Hofstellenanzahl in etwa auf die Größe der Gemarkung abgestimmt wurde.[112]

Wichtig für unsere weiteren Rückschlüsse ist, dass nach Tabelle I der mittlere Gemarkungsanteil pro Hof, also die für eine bestimmte Gemarkungsgröße spezifische Dorfgröße ursprünglich in den einzelnen Kirchenkapiteln unterschiedlich war, innerhalb dieser aber sehr ähnlich. Mit einer einzigen Ausnahme, auf die wir noch zu sprechen kommen werden, beträgt die mittle-

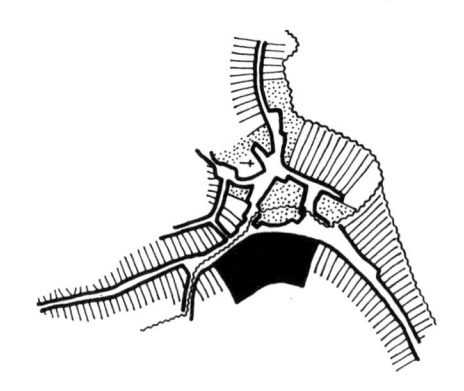

Abb. 47. Deutsch-Kreuz, Orientierungsskizze

---

[112] Dass an und für sich gewisse Differenzen bestehen, ist bei dem oben Gesagten natürlich. Die verhältnismäßig weitgehende Übereinstimmung der Größe der Hofanteile an der Gemeindegemarkung läßt jedoch Unbestimmtheit und Veränderungen der Gemarkungsgrenzen als unbedeutend erscheinen.

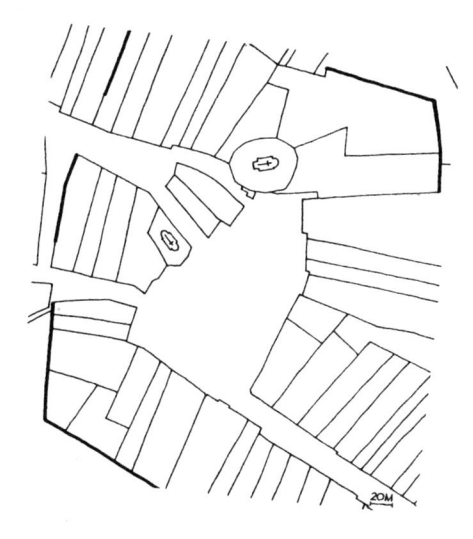

Abb. 48. Reußmarkt, alter Bereich des Dorfes

re prozentuelle Abweichung der Einzelwerte vom Durchschnittswert innerhalb der einzelnen Kapitel 1–9 % – sie ist also sehr gering. Dadurch heben sich die Gebiete mit einer unterschiedlichen Besiedlungsdichte voneinander ab. Mit 198 Hektar (344 Joch) pro Hof war diese im Kisder Kapitel am größten. Es folgt das Schenk-Hermannstädter Kapitel mit 228 Hektar (396 Joch) pro Hof, das Mühlbacher mit 239 Hektar (415 Joch), das Schenk-Kosder mit 248 Hektar (431 Joch), das Hermannstädter mit 258 Hektar (448 Joch) und das Kosder Kapitel mit 295 Hektar (513 Joch) pro Hof. Für die anderen Kapitel, zumal für das Leschkircher und Brooser, fehlen uns leider die Werte, doch ist anzunehmen, dass sie nicht wesentlich von jenen der Nachbargebiete abgewichen sein können.[113]

Nach den für einzelne Gebiete charakteristischen Werten der Gemarkungsanteile pro Hof und nach der Ausdehnung der Gemarkungen ließe sich im Prinzip die ursprüngliche Größe aller Gemeinden einzeln bestimmen. Da jedoch bei dem heutigen Stand der Kenntnisse – vor allem der Siedlungsetappen, aber auch anderer Faktoren, größere Fehler auftreten könnten, wollen wir nur allgemeine Resultate anführen, da sich bei diesen die kleinen, für Einzelgemeinden unvermeidlichen Fehler gegenseitig automatisch weitgehend ausgleichen.

Betreffs der mittleren Dorfgröße ergibt sich aus Tabelle II der höchste Wert für das Kisder Kapitel – 20 Hufen pro Dorf.[114] Es folgt das Hermann-

---

[113] Für Kapitel, für die wir keine Anhaltspunkte haben, verwenden wir daher die der benachbarten ungefähr gleichzeitig besiedelten Gebiete.
[114] Die Zahl der Höfe dürfte etwas kleiner gewesen sein, da dem Gräf und dem Geistlichen je zwei Hufen zugestanden worden sein könnten.

städter Kapitel mit durchschnittlich 17 Hufen pro Dorf, das Schenk-Hermannstädter mit 16, während die mittlere Dorfgröße der anderen Kapitel 13 Hufen nicht übersteigt. Bei einer Gesamtsumme von etwas über 1600 ursprünglichen Siedlerhöfen in 113 Gemeinden der Sieben Stühle[115] ergibt sich als allgemeiner Durchschnitt eine Dorfgröße von 14 Hofstellen.[116] Die Größe der Ortschaften war also kleiner als der Mittelwert von 17 Hofstellen bei den anfangs untersuchten Gemeinden.[117]

Fassen wir weiterhin die Anzahl der verschieden großen Gemeinden zusammen, so ergibt sich, dass 6 % der Ortschaften anfangs weniger als 6 Höfe hatten, 33 % hatten zwischen 6 und 10 Hofstellen, 31 % zwischen 11 und 15, 16 % zwischen 16 und 20, dann 8 % zwischen 21 und 30, und 6 % über 30. Die kleinsten Gemeinden dürften am Anfang 3 Hofstellen umfasst haben, die weitaus größte, Heltau 54 Hufen. In allen Kapiteln beziehungsweise Stühlen gab es neben größeren Gemeinden auch kleinere, doch sind die anfänglich besonders bedeutenden Ortschaften im Hermannstädter, Schäßburger und Schenker Stuhl konzentriert gewesen.

Vergleichen wir die einzelnen Werte (von denen ungefähr 75 % Dörfern des 12. Jh. zugehören) mit anderen Schätzungen der Gemeindegrößen, so stimmt die Größenordnung mit diesen Annahmen im Allgemeinen überein.

Um auf die Ortschaften Siebenbürgens zurückzuschließen, zog B. Markgraf noch Anfang des 20. Jhs. eine Parallele zur Leipziger Gegend, die etwa um die gleiche Zeit besiedelt worden ist und wo die Dörfer mit mindestens 7, für gewöhnlich aber mit 12, 14, 18 und höchstens 40 Hufen angelegt wurden.[118] Stark abweichend ist die Annahme A. Meitzens, nach der Thalheim, der Gemarkung entsprechend eine kleine Gemeinde, ursprünglich 38–40 Bauernhöfe umfasst haben soll (das 3- bis 4fache der von uns festgestellten Zahl). Seine Annahme wurde von K. K. Klein und K. Reinerth übernommen und verallgemeinert.[119] Dagegen nimmt Șt. Pascu für die zweite Hälfte des 12. Jhs. anhand der Schenkungsurkunde von 25 Gemeinden eine mittlere Dorfgröße von 20 Höfen an, genauer, durchschnittlich 11 in der Schenkung dokumenta-

---

[115] Da die Anzahl der Gemeinden, die zu den Sieben Stühlen gehörten, mit der Zeit anwuchs, beziehen wir uns hier auf die in der Karte von G. Müller (*a.a.O.,*) dazugerechneten Dörfer. So erscheinen in Tabelle II auch Ortschaften des Magareier, Bogeschdorfer und Lassler Kapitels.
[116] Eine kleine Anzahl untergegangener und nicht wieder besiedelter Dörfer, deren Hofstellenzahl mit den Gemarkungen in unsere Rechnungen nolens-volens miteinbezogen ist, die aber bei der Gesamtzahl der Gemeinden nicht erscheinen, verändert diesen Wert nur um einige Zehntel.
[117] Der Größenunterschied von ungefähr 20 % ist vor allem darauf zurückzuführen, dass die mittlere Gemarkungsgröße der untersuchten Gemeinden den allgemeinen Durchschnitt – um den selben Prozentsatz – übersteigt.
[118] B. Markgraf, *Nachbarschaften in Deutschland und Siebenbürgen*, in: „Korrespondenzblatt des Vereins für siebenbürgische Landeskunde", Bd. XXXIII, 1910, S. 152.
[119] K. K. Klein, *Transsylvanica*, München 1963, S. 223; K. Reinerth, *Über Wendenkreuzzug und Südostsiedlung*, in: „Zur Rechts- und Siedlungsgeschichte der Siebenbürger Sachsen", 1971, S. 66–68.

risch belegte Höfe, plus einer ungefähr eingeschätzten Anzahl nicht erwähnter Wirtschaften. Für die erste Hälfte des 13. Jhs. betont er gleichzeitig, dass die Größe der Gemeinden zwischen 3 und 66 Hofstellen schwankte.[120]

Bestimmung der durchschnittlichen Gemeindegrößen

	Berechnung der Hofstellen anzahl nach der mittleren Gemarkungsgröße			Berechnung der ursprünglichen mittleren Gemeindegrößen		Vergleich mit den Daten des Jahres 1488		
	Größe der Gemeindegemarkungen	Gemarkungsanteil pro Hof	Gesamtzahl der Hofstellen	Anzahl der Gemeinden	Durchschnittliche Anzahl der Hofstellen pro Gemeinde	Gesamtzahl der Hofstellen im Jahr 1488	Durchschnittliche Anzahl der Hofstellen pro Gemeinde (1488)	Prozentueller Anstieg der Hofstellenanzahl
	ha	ha						%
Hermannstädter Kapitel	97 000	258	376	22	17	2 185	99	481
Leschkircher Kapitel	32 300	~228	~146	11	-13	366	31	-138
Schenk-Hermannstädter Kapitel	62 800	228	277	18	16	736	41	164
Mühlbacher Kapitel	46 000	239	193	17	11	1 089	64	463
Brooser Kapitel	17 380	~239	~77	7	-10	440	63	-502
Kosder Kapitel	42 670	295	145	11	13	595	54	310
Schenk-Kosder Kapitel	17 100	~248	~69	7	-10	350	50	-400
Magareier Kapitel	1 800	~248	~8	1	- 8	55	55	-587
Kisder Kapitel	56 970	198	287	14	20	1 632	117	469
Bogeschdorfer Kapitel	5 060	~198	~26	3	- 9	178	59	-680
Lasseler Kapitel	4 360	~198	~22	2	-11	134	67	-509
Gesamtwert/ Mittelwert	383 440	~236	~1 622	113	-14	7 730	68	-377

Die von uns ermittelten Größenwerte der Ortschaften liegen etwas unter dem von Şt. Pascu für Siebenbürgen angenommenen Durchschnitt, doch darf nicht vergessen werden, dass es sich hier um Siedlerdörfer handelte, und die Zahlen nur die ursprüngliche, zeitlich nicht synchrone Anzahl der Familien angeben, die schnell zunahm und zu der mancherorts andere Ansiedler dazukamen.[121]

---

[120] Şt. Pascu, *Voievodatul Transilvaniei*, Bd. I, Cluj 1971, S. 152, 155, 157.
[121] Im Zusammenhang mit der Gehöfteanzahl, das heißt der Zahl eingewanderten Familien, und dem natürlichen Zuwachs müssen auch die Stellen des Andreanums gesehen werden, die sich auf die Anzahl der zu stellenden Krieger beziehen.

Abb. 49. Großschenk um 1160

Merkmale der Siedlungskerne. Für die Kerne der Siedlerdörfer ist das Auftreten mehrerer Dorftypen kennzeichnend, die W. Radig zu den Übergangsformen von den älteren zu den jüngeren Siedlungsarten zählt.[122] Neben dem Zeilen- und Straßendorf gibt es zumindest Ansätze zum Sackgassendorf und zwar in den Gemeinden Hahnbach und Braller.

Die größte Verbreitung hatten natürlich die Zeilendörfer, also Ortschaften, die eine einzige Straßenzeile besaßen (Abb. 49). Bei den untersuchten Gemeinden umfasste diese in Großschenk die meisten Höfe – und zwar 30. Die Mehrzahl der größeren einzeiligen Dörfer besaßen ungefähr 18 Hofstellen. Straßendörfer, also Ortschaften mit einer Gasse mit zwei bebauten Fronten sind selten gewesen – im Falle der von uns untersuchten Dörfer waren es nur drei: Heltau, Burgberg und Braller. Dabei waren in Burgberg die zwei Zeilen unterschiedlich lang und ziemlich weit voneinander entfernt, sodass sich zwischen ihnen ursprünglich eine Art Anger befand, dessen Existenz von zwei Wasserläufen bedingt war. Durch die Parzellenzahl dieser Dörfer 54, 25 und 18 ist auch die Größendifferenz zu den Zeilendörfern umrissen.

Wenn wir diese Fakten mit der effektiven Länge der Zeilen vergleichen, so erhalten wir konkretere Resultate. Die Zeile in Großschenk (Abb. 25) hatte 495 m (262 Klaftern), die in den größeren einzeiligen Dörfern eine von 300–450 m Länge. Von den zweizeiligen Dörfern hatten die beiden Zeilen in Heltau (Abb. 17) eine Gesamtlänge von 935 m (494 Klaftern), die Zeilen in Burgberg 775 m (410 Klaftern) und die in Braller 600 m (318 Klaftern).[123] Aus diesen Daten geht hervor, dass bei der Anlage der Dörfer eine Gesamtlänge von 500–600 m (ungefähr 300 Klaftern oder 700 Schritte) im Allgemeinen nicht

---

[122] W. Radig, *Die Siedlungstypen in Deutschland*, Berlin 1955, S. 92–94, 94–96.
[123] Die Differenzen zwischen den hier angeführten Werten und denen, die sich aus Tabelle III errechnen lassen, sind auf die quergestellten Parzellen zurückzuführen, die in die Tabelle nur mit durchschnittlicher Breite eingerechnet wurden.

überschritten wurde. Ergab sich aus der Anzahl der vorgesehenen Parzellen und der für sie festgelegten Breite eine größere Gesamtlänge, so wählte man eine zweizeilige Anordnung.

Der Grenzwert von 500–600 m Zeilenlänge erlaubt uns, das ungefähre ursprüngliche Verhältnis zwischen Zeilen- und Straßendörfern zu bestimmen. Es ergibt sich, dass bei einer durchschnittlichen Parzellenbreite von 20 m (10,5 Klaftern, 26,7 Schritte) Dörfer mit weniger als 25 Höfen normalerweise Zeilendörfer und Dörfer mit mehr als 25–30 Hufen Straßendörfer waren. Es dürfte sich bei Letzteren ungefähr um den zehnten Teil der Gesamtzahl der Siedlungen gehandelt haben. Die durchschnittliche Größe eines Zeilendorfes betrug 12 Hufen, die eines Straßendorfes 35.

Bezüglich der inneren Gliederung der Kerne kann bei einem genauen Studium der Pläne nicht übersehen werden, dass die im Großen und Ganzen einheitlichen Kerne kleine Anomalien aufweisen, die auf ihre Zusammensetzung aus Einzelzellen hindeuten. Als „Anomalien" betrachten wir hier gewisse Abweichungen der Parzellengröße oder -form sowie Unterbrechungen, Verwerfungen, Knicke und lokale Aus- oder Einbuchtungen der Straßenfront oder Gartenabschlußlinie. Sie treten praktisch in allen Ortschaften auf und sind ihrer Eigenart nach nicht als spätere Veränderungen anzusehen.[124]

Unseres Erachtens können die dadurch sich abzeichnenden Einzelzellen nur als Ausbauetappen der Kerne gedeutet werden. Die Einzelzellen bestehen aus 1–13 Höfen, wobei wir die beiden größten klar erkennbaren einheitlichen Parzellengruppen von 10 bzw. 13 Hofstellen in Großschenk finden. Ein Ausbauabschnitt umfasste durchschnittlich ungefähr 5 Höfe. Dabei liegt die Anzahl der Ausbauabschnitte, die 3 Höfe umfassten, mit rund 18 % an erster Stelle, gefolgt von Parzellengruppen bestehend aus 5 (16 %), 6 (15 %), 7

---

[124] In Heltau (Abb. 17) ließen sich die Hofstellen 8–47 auch ohne die Parzellen 1–7 und 48–54 denken, weiters könnten auch die beiden Zeilen (8–47) gesondert betrachtet und in Abschnitte gegliedert werden. In Burgberg (Abb. 19) weist die Form der 17 Parzellen auf der einen Seite des Baches und der 8 Parzellen auf der anderen Seite geringe Differenzen auf, und in der Mitte der Bauflucht der längeren Zeile gibt es eine kleine Verwerfung. Besonders klar ist die Gliederung in Kastenholz (Abb. 22), wo die Gruppe der 11 Hofstellen aus 3 Teilen, zu 4, 1 und 6 Parzellen gebildet wird. Undeutlicher ist die Lage in Gierelsau, das aber auch nicht ganz homogen ist. In Großschenk (Abb. 25), sind die Parzellen 1–2, 3–12, 13–15, 16–28 und 29–30 voneinander unterscheidbar und zwei Hauptgruppen (3–12 und 16–28) klar erkennbar. Auch Braller ist nicht ganz einheitlich, und in Zied (Abb. 29) gibt es, abgesehen von den trapezoidalen Parzellen der Westseite, eine Verwerfung zwischen den Hofstellen 4 und 5. In Werd (Abb. 32) finden wir einen kleinen Mangel an Fluidität bei der Gartenabschlußlinie, der eine Aufschlüsselung in die Parzellen Nr. 1, 2–4, 5–6 und 7–8 nahelegt. In Hamruden weist ebenfalls die Gartenabschlußlinie eine Diskontinuität auf, sodass hier der Kern in 6+7 Höfe zerfällt. In Katzendorf (Abb. 37) sind Differenzen stark ans Gelände gebunden, in Dobring wurde auf das Verhältnis hingewiesen und in Kelling wurde der 13-parzellige Kern ebenfalls in 5+3+5 Gehöfte zerlegen. Weiters ist die Gliederung auch für Roseln (Abb. 42) in 3+3+1+3 oder 6+1+3 Hofstellen anzunehmen, doch läßt sich das Phänomen auch in Henndorf, Trappold, Schaas, und Deutsch-Kreuz verfolgen; in Schaas (Abb. 46) z. B., gliedert sich der Kern in die Hofstellen 1–2, 3–6, 7, 6–10 und 11–15.

(13 %) und 4 Höfen (11 %), während die Anzahl der Ausbauabschnitte in denen 2, 8, 9, 10 und 13 Höfe angelegt wurden im Ganzen nur 16 % ausmachte. Zu dieser prozentuellen Anzahl der Parzellengruppen kommen 11 % Einzelparzellen hinzu, die möglicherweise auf den natürlichen Zuwachs während des Gemeindeausbaues zurückgehen.

Da sich die Teilelemente in eine allgemeine Form einfügen und so nicht unabhängig voneinander denkbar sind, ergibt sich, dass den Dorfanlagen einheitliche ursprüngliche Konzeptionen zu Grunde lagen, die prinzipiell in den einzelnen Ausbauetappen berücksichtigt wurden, unter Umständen allerdings mit kleinen Veränderungen.

Nur in zwei der untersuchten Ortschaften – in Großschenk (Abb. 25) und Burgberg (Abb. 19) – findet sich je eine Parzellengruppe, die gesondert existieren konnte.[125] Wir können in ihnen „Urkerne" sehen, die organisch in die folgende Ausbildung der eigentlichen Kerne einbezogen wurde.

Als wichtigstes Teilelement der Siedlung bildet die Hauptstraße gewissermaßen das Rückgrat des Dorfkernes. Außer dieser gibt es aber nur in Ausnahmefällen einen Querweg. Eine richtige, senkrecht zur Hauptstraße angeordnete Gasse gibt es nur in Großschenk (Abb. 25), und hier wäre es denkbar, dass sich in der Gasse ein Weg erhalten hat, der schon vor Anlage der heutigen Gemeinde existierte.[126] Schwerer zu deuten ist das Auftreten kleinerer Quergässchen in Braller, Henndorf und ebenfalls Großschenk. Sie könnten teilweise einen Zugang zu einer Nachtweide gebildet haben, in manchen Orten auch zu einem Wasserlauf. Tatsache ist aber, dass sie naturgemäß häufiger bei größeren Ortschaften auftreten und Ausbauabschnitte markieren.

Bei den Straßenfronten fällt zuallererst die relativ begrenzte Verbreitung von geraden Abschnitten auf, und auch hier folgen für gewöhnlich Bögen oder Knicke. Dass die ungeradlinigen viel häufiger auftreten, ist ohne Zweifel auf die Geländeform und den Verlauf der Bachbetten zurückzuführen, so in Burgberg, Kastenholz (Abb. 22), Gierelsau, Großschenk, Roseln (Abb. 42), Henndorf, Trappold und Deutsch-Kreuz. Darüber hinaus steht aber die Bereitwilligkeit zu einer engen Anpassung an die Geländegegebenheiten, mit der für das Mittelalter charakteristischen Vorliebe für geschwungene Fronten in direktem Zusammenhang.[127]

---

[125] In Großschenk handelt es sich um den aus den Parzellen 16–28 gebildeten Baublock, der hinten abgeschrägte Ecken aufweist, in Burgberg um die kleinere, abgelegene Parzellengruppe.
[126] Wenn O. Mittelstraß (*Beiträge zur Siedlungsgeschichte Siebenbürgens im Mittelalter*, München 1961, Karte IV) auch keine wichtige durch Großschenk führende Straße annimmt, so ist ihre Voraussetzung bei G. Treiber (*Siedlungsgeschichtliche Untersuchungen*, S. 105) doch nicht ganz unbegründet. Die Annahme eines frühen Verteidigungspunktes auf dem Höhenzug, auf dem sich heute die Ortschaft befindet und der sich gewissermaßen wie ein Querriegel ins Tal schiebt, ist naheliegend, zumal die Lage des Dorfes auf einem Berg für die Sieben Stühle ungewöhnlich ist. Es wäre denkbar, dass sich hier der alte, leicht zu sperrende und zu verteidigende Weg bewahrt hat. dieser Annahme widerspricht allerdings der Straßenname „Neugaßtor".
[127] W. Rauda, *Raumprobleme im europäischen Städtebau*, München 1956, S. 7–9 u. 95.

Leicht geschwungene Baufluchten und kleine Knicke sind gleichzeitig wesentlich häufiger als betonte, die aber gerade durch ihre Seltenheit (Anteil 19 %) interessant sind. In Deutsch-Kreuz ist eine konvexe Form durch den Verlauf des Bachbettes bestimmt worden, in Roseln (Abb. 42) die allgemeine konkave Form anscheinend durch den Verlauf der Höhenschichtenlinien. Die nicht geländebedingten, ebenfalls betont konkaven Baufluchten in Streitfort (Abb. 36) und Katzendorf (Abb. 38) wirken in ihrer Anlage so auf die Kirche abgestimmt, dass der Gedanke nahe liegt, bei dem Aufbau des Dorfes sei auf einen älteren Kirchenbau aus vorsächsischer Zeit, möglicherweise auf einen Szekler Bau Rücksicht genommen worden.

Besonders hervorzuheben ist, dass konvexe Baufluchten im allgemeinen eine größere Verbreitung hatten als konkave und zwar in einem Verhältnis von 59 zu 45 %. Mögen auch in vielen Fällen konkrete Gründe die eine oder andere Form bestimmt haben, so deutet das Gesamtverhältnis darauf hin, dass der traditionell-funktionelle Gesichtspunkt einer Annäherung an die vorteilhafte Ovalform gegenüber dem ideellen Gesichtspunkt der Raumbildung überwog.[128] Dieses scheint vor allem anfangs der Fall gewesen zu sein, änderte sich aber gegen Ende des 12. Jhs. Bei den vor 1190 gegründeten Dörfern beträgt der Anteil der konvexen Baufluchten an der Gesamtzahl der geschwungenen Fronten 59 %, bei den späteren Gründungen aber nur 40 %. Dabei ist auch innerhalb der vor 1190 angelegten Ortschaften das Auftreten konkaver Formen teilweise bei verhältnismäßig späten Gründungen zu beobachten, so in Streitfort und Katzendorf. Unregelmäßigkeiten und Verwerfungen haben in diesem Zusammenhang eine untergeordnete Bedeutung, da sie auf ganz andere Ursachen zurückzuführen sind, vor allem auf Ausbauetappen und Hindernisse.

Das über die Straßenfronten Gesagte gilt im allgemeinen auch für die Abschlusslinie der Gärten, nur ist hier das Verhältnis zwischen konvexen und konkaven Linienführungen naturgemäß wesentlich verschoben, es stellte sich nur das Problem der Annäherung an die günstige Ovalform, nicht das der Raumbildung. Der Anteil der konvexen Kurven an der Gesamtanzahl der Bögen macht 69 % aus, der Anteil der betont geschwungenen Linien 48 %, von letzteren entfallen wiederum 93 % auf konvexe Formen. Konkave Abschlüsse sind beinahe immer geländebedingt.

Es muss allgemein gesagt werden, dass innerhalb eines Dorfgefüges für die Kirchen ein dominierender Standort ausgewählt wurde. In 14 der 21 unter-

---

[128] Augenblicklich ist es nicht möglich, auf die Frage der Raumbildungstendenzen näher einzugehen, da zwei bebaute Fronten selten anzutreffen sind. Bei einzeiligen Ortschaften finden wir aber höchstens im Verlauf eines Bachbettes oder im Verlauf der gegenüberliegenden, späteren Straßenzeile einen Anhaltspunkt für den Verlauf eines Verhaues bzw. einer Plankenbegrenzung, die ein wesentlicher raumbildender Faktor gewesen sein dürfte und eine „Straße" oder einen „Anger" andeutete.

suchten sächsischen Dörfer befindet sich die Kirche der bebauten Zeile gegenüber, und zwar in 6 Gemeinden etwas weiter abgelegen auf einer kleinen Anhöhe, in 8 Ortschaften direkt neben der Dorfstraße – ungefähr der Mitte der Zeile gegenüber. In 3 Fällen befindet sich die Kirche, teilweise geländebedingt, an einem Ende der Zeile, vor die Bauflucht gestellt – also in räumlichem Zusammenhang mit ihr. Nur im Falle von 3 Ortskernen ist die Stellung unvorteilhafter.

Im Vergleich zu anderen Elementen ist aber die Stellung der Kirche zum Siedlungskern für die erste Etappe weniger bezeichnend. Stellen wir die ungefähre Entstehungszeit der Gemeinden[129] der Datierung der Kirchen gegenüber,[130] so ist festzustellen, dass die heutigen Bauten im Allgemeinen 50–80 Jahre nach der Einwanderungszeit erbaut wurden. Wir wissen aber nichts Näheres über frühere, kleinere Kapellen – seit wann es sie gab und wo sie standen, beziehungsweise in welchem Umfang sich die Siedlungen in 30–80 Jahren weiter entwickelt haben.

Im Zusammenhang mit Bauten besonderer Art wäre schließlich noch zu erwähnen, dass in Heltau (Abb. 17), in der Ortschaft, die in der ersten Etappe am größten war, eine Fläche existierte, die durch ihre ungewöhnliche Form einen Bau besonderer Art vermuten lässt. Es handelt sich um den mit Nummer 48–49 bezeichneten Parzellenraum.

Ein letztes Element, dessen Behandlung wesentlich erscheint, sind die Parzellen. Aus der Untersuchung der verschiedenen Gemeindekerne geht in erster Linie hervor, dass die durchschnittliche Hofstellengröße verblüffend ähnlich ist. Der Mittelwert beträgt 2670 m² (743 Quadratklaftern; Tabelle III) und die durchschnittliche prozentuelle Abweichung der Einzelwerte vom Mittelwert nur 18 %. Dabei ist zu bemerken, dass die Abweichungen im Prinzip auf abweichende Einzelfälle zurückzuführen sind und nicht auf eine allgemeine Staffelung der Größe nach Entstehungszeit oder geographischer Lage der Gemeinde. Nur für das Hermannstädter und Kisder Kapitel ist der Mittelwert etwas größer, für das Schenk-Kosder Kapitel etwas kleiner. Dabei erreicht die mittlere prozentuelle Abweichung im Hermannstädter Kapitel mit 27 % den weitaus größten Wert. Hier erscheinen die extremsten Größenunterschiede sämtlicher Gemeinden, was sich möglicherweise durch das Alter dieser Siedlungsgruppe erklären ließe. Thalheim und Burgberg (Abb. 19) haben die weitaus größten Parzellen, dagegen Heltau (Abb. 17) und Kastenholz (Abb. 22) die kleinsten. In all diesen Fällen liegt nur bei Heltau, das möglicherweise als Zentrum gedacht war, eine plausible Erklärung vor. Zukünftige Forschungen werden in dieser Richtung noch weitere Erkenntnisse bringen müssen.

---

[129] Nach K. K. Klein, *Luxemburg und Siebenbürgen*, Köln, Graz 1966, S. 53–54.
[130] Nach V. Vătășianu, a.a.O.

Landschaft und Dorf 117

Merkmale der Parzellen

	Anzahl der Straßenzeilen	Anzahl der ursprünglichen Hufe	Durchschnittliche Oberfläche der Parzellen	Mittlere Länge der Straßenfronten	Mittlere Breite der Parzellen	Mittlere Länge der Parzellen	Verhältnis zwischen Breite und Länge
			m²	m	M	m	
Hermannstädter Kapitel							
Hahnbach	1	12	4 190	23	29	146	1 : 5
Heltau	2	54	1 940	16	16	124	1 : 8
Thalheim	1	9	3 930	25	25	156	1 : 6
Burgberg	2	25	3 810	31	29	130	1 : 4
Kirchberg	1	11	1 940	17	17	111	1 : 6
Gierelsau	1	12	2 920	23	21	138	1 : 6
Mittelwert		20	3 120	23	23	134	**1 : 6**
Prozentuelle Abweichung		64	27	17	21	9	20
Schenk-Hermannstädter Kapitel							
Großschenk	1	30	2 210	17	17	120	1 : 7
Braller	2	18	2 740	24	24	98	1 : 4
Zied	1	9	3 150	15	15	164	1 : 9
Werd	1	8	2 090	14	14	133	1 : 8
Mittelwert		16	2 550	17	17	129	**1 : 7**
Prozentuelle Abweichung		48	16	19	19	14	21
Kosder Kapitel							
Seiburg	1	18	2 960	25	25	120	1 : 5
Hamruden	1	13	2 860	17	17	168	1:10
Streitfort	1	11	2 120	14	15	145	1:10
Katzendorf	1	15	2 660	15	17	160	1 : 9
Mittelwert		14	2 650	18	18	148	**1 : 9**
Prozentuelle Abweichung		16	10	21	17	9	15
Mühlbacher Kapitel							
Dobring	1	10	2 325	16	16	142	1 : 9
Kelling	1	13	2 780	17	17	164	1:10
Mittelwert		12	2 550	17	17	153	**1 : 9**
Prozentuelle Abweichung		13	9	3	3	7	6
Schenk-Kosder Kapitel							
Roseln	1	10	2 072	11	17	125	1 : 7
Kisder Kapitel							
Henndorf	1	19	3 060	19	19	157	1 : 8
Trappold	1	18	2 720	17	16	170	1:11
Schaas	1	15	2 723	19	23	119	1 : 5
Deutsch-Kreuz	1	16	3 560	27	21	170	1 : 8
Mittelwert		17	3 016	21	20	154	**1 : 8**
Prozentuelle Abweichung		9	10	17	11	11	19
Mittelwert		17	2 670	19	20	141	**1 : 7**
Prozentuelle Abweichung		39	18	22	19	13	18

Ebenso wie die Gesamtfläche der Parzellen weisen auch ihre durchschnittlichen Ausmaße eine große Ähnlichkeit auf. Besonders die mittlere Tiefe ist sehr ähnlich, die durchschnittliche Länge der Gassenfront dagegen etwas unterschiedlicher. Aus der Tendenz zur ovalen Form heraus sind die Parzellen hinten häufig breiter als vorne, aber die allgemeine Breite ist unabhängig von der Größe des Dorfes. Der variabelste Faktor ist zweifelsohne das Verhältnis zwischen Breite und Länge der Parzellen, das zwischen 1:4 und 1:11 schwankt.

Abgesehen von dem für die verschiedenen Kerne charakteristischen Mittelwert der Hofstellen ist ein genauer Vergleich innerhalb der einzelnen Kerne wichtig und auch überraschend. Wie schon erwähnt, war die Größe der Parzellen eines Dorfes – zumindest anfangs – ähnlich. So konnte sie eines der Kriterien für die Abgrenzung der ursprünglichen Kerne sein. Jenseits der – sagen wir Größenordnung – zeigt aber eine genaue Gegenüberstellung, dass die einzelnen Parzellen nicht gleich groß waren.

Für einige Gemeinden kann auch die absolute Größe und Anzahl der Parzellen (ausgenommen ganz augenscheinliche Änderungen) graphisch festgehalten werden. Jenseits der allgemeinen Ähnlichkeit waren die Hofstellen von unterschiedlicher Größe, und dieses abgesehen davon, dass mitunter 1–2 Hofstellen die doppelte Größe haben und vielleicht auch schon anfangs hatten. Die wichtige „doppelte Größe" ist zeitlich schwer zu verfolgen, da wir außer in Sonderfällen, wie in Hahnbach, nicht wissen können, ob diese Parzellen nicht später geteilt wurden beziehungsweise durch Zusammenziehen von 2 normalen Besitzen entstanden sind. Heute finden wir Parzellen von doppelter Größe in Heltau (Abb. 17), Großschenk (Abb. 25), Hamruden, Streitfort (Abb. 36) und Henndorf.[131] Als Faktum liegt aber vor allem die allgemeine Vielfalt der Größenabstufungen auf der Hand. Abgesehen von der Abstufung der Parzellen mittlerer Größe können wir praktisch in allen Gemeinden, außer in besonders großen, auch einige kleine Parzellen feststellen.

Sicher lassen sich Überlegungen über gewisse Verhältnisse der Größen zueinander anstellen – schon im graphischen Bild erscheinen solche in einigen Fällen –, aber bei der hier möglichen Genauigkeit können wir nicht sicher sein, ob eine gewisse Ordnung auch wirklich der Parzellierung eigen ist oder bloß in sie hineingedacht wurde.

Geschichtliche Folgerungen. Da die Dorfkerne des südsiebenbürgischen Königsbodens früher siedlungsgeschichtlich nicht untersucht worden sind, ist es natürlich, dass wir einige Folgerungen festhalten, die sich für die Geschichte der Ansiedlung der Siebenbürger Sachsen ergeben.

---

[131] In den Einzeldiagrammen zur Parzellengröße wurden die Hofstellen in ihrer heutigen Größe wiedergegeben.

In erster Linie bilden die Feststellungen und Zahlen Anhaltspunkte für den Besiedlungsgang des ehemaligen Propsteigebietes.

Am interessantesten sind dabei die Probleme, die sich in Verbindung mit den eventuellen „*Erstsiedlungen*" stellen. Von den Ortschaften, die F. Teutsch[132] und in engerer Auswahl K. K. Klein[133] zu diesen rechneten, wurden hier zwei untersucht: Großschenk und Burgberg. Es sind die Dörfer, die sich von den anderen durch die Existenz der „*Urkerne*" unterscheiden. Ihrer Parzellenanzahl von 13 Hufen in einem Fall beziehungsweise 8–10 Hufen im anderen, entspricht ein Gemarkungsanteil von ungefähr 700 ha pro Hof – das ist fast drei Mal so viel als in den sonst am dünnsten besiedelten Gebieten. Aber die völlig ausgebauten Kerne, die anderenorts in Rechnung gezogen wurden, sprechen auch für eine verhältnismäßig kleine Siedeldichte, so dass der „endgültige" Ausbau der Kerne wohl vor der Anlage weiterer Dörfer erfolgte (es sei hier besonders auf den Unterschied zu den Siedlungen des Schenk-Hermannstädter Kapitels verwiesen/Tabelle I). Die Feststellungen sprechen für die Existenz von „*Erstsiedlungen*"[134], und gab es solche, so lässt sich weiterhin folgern, dass die Ansiedlung der „Hospites" in dieser entlegenen und exponierten Gegend anfangs ein ganz bescheidenes Ausmaß hatte – bei den „*Urkernen*" von Dörfern[135] könnte es sich um insgesamt beiläufig 60 Höfe gehandelt haben. Ihre abgeschlossene Anlage beweist gleichzeitig, dass seinerzeit noch kein ausreichendes Vertrauen in die Fortführung der Besiedlungsaktion bestand. Als sich diese aber gut anließ, wurden die neuen Ortschaften zusammen auf über 160 Höfe vergrößert, wodurch eine Besiedlungsdichte erzielt wurde, die mit jener später gegründeter Ortschaften vergleichbar war.

Wenn K. K. Klein im Anschluss an den Ausbau der Erstsiedlungen die Besiedlung des Hermannstädter Kapitels annimmt, so findet dieses wahrscheinlich eine Bestätigung in der Tatsache, dass die Besiedlungsdichte dieses Kapitels nur um weniges größer war als die der ersten Dörfer. Nachdem die Gemarkungsanteilwerte pro Hof der einzelnen Gemeinden erstaunlich ähnlich waren, lässt sich vermuten, dass der Ausbau dieser Gegend zwar möglicherweise in zwei Etappen, aber doch in kurzen Abständen und verhältnismäßig geschlossen erfolgte.[136]

---

[132] F. Teutschs Darlegung der Ansichten auf der 52. Generalversammlung des Vereins für siebenbürgische Landeskunde betreffs des Gangs der Besiedlung des „Alten Landes", in „Korrespondenzblatt des Vereins für siebenbürgische Landeskunde", Bd. XXIV, 1901, S. 107.
[133] K. K. Klein, *Transsylvanica*, Karte 9, Anhang.
[134] Jenseits der Auslegung der Urkunden erscheint es logisch, dass die erste Etappe der Besiedlung des langen schmalen Streifens der Sieben Stühle, eine Ansiedlung auf einem kürzeren, aber ebenfalls langgezogenen Streifen war. Dabei ist es nach Kleins Annahme charakteristisch, dass in der ersten Etappe im Hermannstädter Stuhl nicht die Zibinsebene selbst, sondern das Bergland an deren Rand besiedelt wurde – ein Vorgang, der auch sonst Parallelen findet.
[135] Bei der Ermittlung der Anzahl der Hofstellen wurden die 9 Erstsiedlungen nach K. K. Klein (*Transsylvanica*, Karte 9) in Rechnung gestellt.
[136] In dieser Beziehung ist es auch charakteristisch, dass im Hermannstädter Kapitel praktisch durchwegs romanische Kirchen oder deren Reste existieren.

Ganz klar hebt sich die Siedeldichte des Schenk-Hermannstädter Kapitels von jener des Hermannstädter Kapitels ab und weist dadurch zumindest den Großteil der Gemeinden als jüngere Gründungen aus. Gleichzeitig sind aber die Gemarkungsanteile pro Hof selbst dann ziemlich verschieden, wenn man Großschenk nicht in Rechnung stellt. Dies lässt auf einen uneinheitlichen Ausbau des Kapitels schließen. Braller und Zied sind, nach der Siedeldichte zu schließen, wenngleich jünger als die Gemeinden des Hermannstädter Kapitels, so doch älter als andere Dörfer der Schenker Gegend. Aus späteren Zählungen,[137] aber auch nach der Existenz romanischer Kirchen können wir Rohrbach und Martinsberg in eine Reihe mit den zwei oben erwähnten Ortschaften setzen. Typischerweise finden wir die größte Besiedlungsdichte in Werd, das eine gotische Kirche besitzt, mithin jüngeren Datums sein dürfte. Dieses Dorf steht wahrscheinlich auch für die anderen Orte mit gotischen Kirchen,[138] so die Gemeinden aus der Gegend der Straße Halmagen – Henndorf – Schäßburg, wo die Szekler anscheinend erst etwas später durch Sachsen ersetzt worden sind – möglicherweise ähnlich wie in der Gegend der Reps – Keisder Straße.

Für das Leschkircher Kapitel verfügen wir vorläufig nicht über entsprechende Daten. Nach Rückschlüssen aus späteren Zählungen könnten vielleicht Holzmengen und Marpod älter sein als die anderen Ortschaften,[139] möglicherweise ebenso alt wie Braller. Auch die späteren Gründungen könnten parallel mit denen anderer Kapitel, zumal des Schenk-Hermannstädter Kapitels erfolgt sein.

Außerhalb des Propsteigebietes ist entweder die Zahl der untersuchten Gemeinden zu gering oder sie entstammen einem zu geschlossenen Teilgebiet, als dass sich zu den Untersuchungen K. K. Kleins und W. Horwaths zusätzliche Erkenntnisse erbringen ließen.

Fassen wir ganz allgemein die Resultate zusammen, so scheint sich zu bestätigen, dass nach dem anfänglichen Ausbau eines schmalen Streifens ein kompaktes Gebiet besiedelt und dann wieder zum streifenweisen Ausbau übergegangen wurde. Erst bei der Besiedlung des Kisder Kapitels wird man, zumindest teilweise, auf eine Ansiedlung in geschlosseneren Gruppen zurückgekommen zu sein.

Auf die Art, in der die Ansiedlung ablief, wirft die planimetrische Gliederung der Ortschaft ein neues Licht. Obwohl es keine urkundlichen Belege gibt, ist aus der Existenz und Größe der „Einzelzellen" mit großer Wahrscheinlichkeit zu schließen, dass die Familiengruppen, die in den Gemeinden ankamen, klein waren. Die Identifizierung so kleiner Familiengruppen, die etappenwei-

---

[137] A. Berger, a.a.O., S. 65–67.
[138] W. Horwath, *Die Landnahme* ..., Karte.
[139] A. Berger, a.a.O., S. 56–57.

se einheitlich geplante Kerne ausgebaut haben, ist siedlungsgeschichtlich überraschend. Es ist schwer denkbar, dass so kleine Gruppen unabhängig voneinander eine so weite Wanderung unternommen haben. Die Wanderzüge werden größer gewesen sein, die Geschichtsforschung nimmt dieses – sicher mit Recht – an. Diese beiden Elemente können nur dann auf einen Nenner gebracht werden, wenn man annimmt, dass größere Wandergruppen von einer zentralen Stelle aus, z. B. für das Schenker Gebiet möglicherweise in Großschenk, auf die im Ausbau befindlichen Ortschaften aufgeteilt wurden.

Nach den Erkenntnissen von F. Teutsch,[140] K. K. Klein[141] und W. Horwath[142] wie auch nach unseren Feststellungen ist zu schließen, dass im Allgemeinen bis zu 12, 13 Gemeinden parallel ausgebaut wurden. Kamen nun gleichzeitig in jeder davon aus einem Wanderzug im Mittel fünf Familien an, so kann man annehmen, dass die Wandergruppen bis zu 60, 65 Familien umfassten. Zudem dürften mehrere Wandergruppen einander in nicht allzu großem Abstand gefolgt sein. Dafür spricht auch die Respektierung der einheitlichen Konzeption der Kerne innerhalb der verschiedenen Ausbauetappen. Bei dem Abstand zwischen den Wandergruppen dürfte es sich aber auch nicht bloß um Tage gehandelt haben, da sonst die Erstankömmlinge, bei der Notwendigkeit gewisser Vorarbeiten, die effektive Aufteilung wahrscheinlich nicht endgültig hätten durchführen können, bevor die nächsten ankamen – zumindest wären die Anomalien kleiner.

Abgesehen von Anwerbung und Heranleitung der Siedler, weist die Festlegung der jeweilig zu besiedelnden Zonen, die Abgrenzung der Gemarkungen,[143] die genaue Abstimmung der Dorfgrößen auf diese[144] und die Aufteilung der ankommenden Siedler auf eine gewisse Anzahl im Ausbau befind-licher Siedlungen, auf eine zielbewusste Gesamtplanung und vor allem auf eine allgemeine Organisation hin. Es handelte sich nicht um eine spontane oder lokale Aktion, sondern um ein bedeutendes Unternehmen eines Staates. Dabei lassen sich in der streifenförmigen oder kompakten Form der zu verschiedenen Zeiten besiedelten Gebiete die Richtlinien der staatlichen Ansiedlungspolitik verfolgen. Weiterhin ist möglicherweise aus der unterschiedlichen Besiedlungsdichte der einzelnen Kapitel auf Konjunkturschwankungen der Besiedlungsaktion zu schließen[145] – dieses abgesehen von dem allmählichen Ansteigen und Abfallen der Größenordnung der wandernden Bevölkerungszahlen.

---

[140] F. Teutsch, *Die Siebenbürger Sachsen in Vergangenheit und Gegenwart*, Leipzig 1917, S. 9 und Darlegungen ... (*a.a.O.*), S. 107.
[141] K. K. Klein, *Luxemburg* ..., S. 53–54; ders. *Transsylvanica*, S. 171–188, Anhang Karte 9–11.
[142] W. Horwath, *Die Landnahme* ..., S. 169–180.
[143] Die Größenabstufung der verschiedenen Siedlungen ist bis heute eine gültige Regel der Raumplanung.
[144] Die Genauigkeit der Abstimmung muß um so höher eingeschätzt werden, als die Gebiete teilweise dicht bewaldet und dadurch schwer zugänglich waren.
[145] Eine genauere Beurteilung dieser Schwankungen wird jedoch nur dann möglich sein, wenn wir über ein annähernd vollständiges Bild der Ansiedlungsetappen der „Hospites" in einem

Bei diesen Ergebnissen darf nicht vergessen werden, dass sie nur die ursprünglichen Gemeindeanlagen betreffen. Es fand aber möglicherweise auch ein späterer Zuzug statt – zwar nicht in allen, aber zumindest in einigen Gemeinden. In manchen Fällen dürfte nicht lang nach der Anlage des Kerns zu einer Erweiterung der Siedlung geschritten worden sein, so in Streitfort (Abb. 36) mit der Absteckung der Höfe zu beiden Seiten des alten Kerns oder in Schaas (Abb. 46) mit dem Ausbau des halbwegs runden Dorfes.

Da die Probleme von einem einzigen Gesichtspunkt her angegangen wurden, bietet die vorliegende Arbeit einen Ausgangspunkt für weitere Forschungen. Unabhängig davon ist es notwendig, die wertvollsten Dorfkerne als geschichtliche Denkmäler auch in ihrer Parzellenstruktur zu schützen.[146]

Die Stadt im Siedlungsgefüge

Zur Entwicklung des mittelalterlichen Städtenetzes*

Die Kenntnis der Veränderungen im Städtenetz ist für die Erklärung verschiedenster Erscheinungen unbedingt nötig: Nur durch sie lässt sich die Gesetzmäßigkeit unterschiedlicher Prozesse erfassen. Für eine Erörterung dieses Themas müssen zuerst drei Aspekte klargestellt werden:
1. Die Distanz zwischen einzelnen Hauptorten besitzt, neben wichtigen geographischen Parametern des Siedlungsraums, eine ausschlaggebende Bedeutung. Ein Reiter konnte an einem Tag, unter normalen Bedingungen, beiläufig 60 km zurücklegen; dieses war eine Wegetappe von einem Rastpunkt zum anderen. Als Gesamtstrecke und als Hälfte dieser Distanz handelt es sich um eine wichtige Maßeinheit bei der Dimensionierung von Verwaltungseinheiten. Als solches ist dieses Maß zu Beginn des 14. Jhs. bei den Gemarkungen der Bergwerksorte Frauenbach/Baia Mare und Offenburg/Baia de Arieș belegt.[147] (Es wird an dieser Stelle von „unius et dimidie rastae" = 3 Offener Meilen = etwa 25 km gesprochen.)

---

viel größeren Raum verfügen. Auch die möglicherweise unterschiedliche Ausdehnung der Wälder in den einzelnen Gebieten wäre in diesem Zusammenhang in Rechnung zu stellen, doch ist kaum anzunehmen, dass z. B. das Schenk-Kosder Kapitel, das etwas lockerer besiedelt war, eine größere Bewaldung aufwies als das Schenk-Hermannstädter und Kisder Kapitel, zwischen denen es liegt.

* Erstdruck: *Die Entwicklung des Städtenetzes im mittelalterlichen Siebenbürgen*, in: „Forschungen zur Volks- und Landeskunde", 1993/2, S. 13–18.

[146] Aus dem untersuchten Gebiet sind dieses die alten Kerne der Ortschaften Großschenk/Cincu (sächsischer und rumänischer Kern), Heltau/Cisnădie, Kastenholz/Cașolț, Katzendorf/Cața, Klosdorf/Cloașterf, Reußmarkt/Miercurea, Schaas/Șaeș, Thalheim/Daia, Werd/Vărd und Zied/Veseud (sächsischer und rumänischer Kern).

[147] *Documente privind istoria României*. C, XIV/IV, 674–675; F. Zimmermann, C. Werner: *Urkundenbuch zur Geschichte der Deutschen in Siebenbürgen*. I, Hermannstadt 1892, S. 396.

2. Die Definition des Stadtbegriffs ist sehr schwierig, und eine Erläuterung zu diesem Thema würde den Rahmen der vorliegenden Studie sprengen. Jenseits eines „Kriterienbündels", das von der modernen Forschung in Erwägung gezogen wird,[148] steht fest, dass der Begriff „Stadt" in verschiedenen Zeitabschnitten unterschiedlich ausgelegt worden ist. Für uns sind hier nicht nur die Arten, in denen verschiedene Ortschaften bezeichnet wurden, von Bedeutung, sondern auch Institutionen, Befestigungsanlagen u. a.
3. Für die Agrarkrise des 14.–16. Jhs., die zahlreiche Phänomene der Stadtentwicklung erklärt, gibt es [wie oben gezeigt] auch bei uns verschiedene Anhaltspunkte. Wenn die Agrarkrise in Rechnung gestellt wird, muss zwischen drei Perioden unterschieden werden – jener vor 1350, jener zwischen 1350 und 1550 sowie jener nach 1500 –, wobei der mittlere Zeitraum für die Entwicklung des städtischen Lebens besonders günstig war.
Die Merkmale des Städtenetzes lassen auf mehrere Entwicklungsetappen schließen, die von spezifischen Prozessen und Phänomenen gekennzeichnet sind.

I. Die Periode der Entstehung zentraler Orte
Zu Beginn der untersuchten Zeitspanne kann noch nicht von einer städtischen Kultur gesprochen werden; die Schaffung von Verwaltungszentren wird hingegen ein Anliegen der politischen und kirchlichen Institutionen gewesen sein. Vorerst handelte es sich dabei um Burgen, später auch um Siedlungen mit einem besonderen Profil. Selbstverständlich hat deren Standort der Ausdehnung der dichter besiedelten Gebiete Rechnung getragen. Unter den Bedingungen einer relativ geringen Bevölkerungsdichte sind natürlicherweise vor allem die klimatisch begünstigten Gegenden im Westen Siebenbürgens dichter besiedelt gewesen[149]; dabei handelt es sich vorwiegend um das Gebiet am Rande der Siebenbürgischen Heide und um den südwestlichen Teil des Siebenbürgischen Beckens. Hier befinden sich die beiden ältesten mittelalterlichen Hauptorte: Doboka/Dăbâca und Weißenburg/Alba Iulia. Die Entfernung zwischen ihnen beträgt 130 km (also zwei Tagesritte), und in der Mitte des Weges befindet sich Thorenburg/Turda.
Damit hörte dieser Prozess nicht auf, und vor allem Burgen wurden in das Gefüge einbezogen. Solche Burgen waren zum Teil neben Salzgruben angelegt worden, die in einer frühen Entwicklungsetappe eine große Bedeutung hatten. Die neuen Vororte der Gespanschaften befanden sich ebenfalls im dichter besiedelten Streifen, d. h. im westlichen Teil des Siebenbürgischen Beckens, am Rande der Siebenbürgischen Heide. Es handelt sich dabei nicht nur

---

[148] Siehe z. B. H. Stoob, *Forschungen zum Städtewesen in Europa*. Köln, Wien 1970, S. 20–32; 115–118.
[149] P. Niedermaier, *Zur Siedlungsgeographie und Siedlungsgeschichte Siebenbürgens*, in: „Zeitschrift für Siebenbürgische Landeskunde", 2/1988.

um Thorenburg, sondern auch um Deesch/Dej und Klausenburg/Cluj. Da möglicherweise ältere Vororte gerne ersetzt wurden, könnte das Ortschaftspaar Großwardein/Oradea – Klausenburg/Cluj die Alternative zu den älteren Ortschaften Biharia – Doboka gebildet haben. Der Abstand zwischen den einzelnen Orten am Westrand Siebenbürgens beträgt etwa 35 km, da jedoch Doboka bald an Bedeutung verlor, wurden die Distanzen zwischen Klausenburg – Deesch = 70 km und Klausenburg – Thorenburg = 31 km, sowie Weißenburg – Thorenburg = 65 km bedeutungsvoll.

Einer unterschiedlichen Konzeption entspricht die Entwicklung der beiden anderen Vororte von Gespanschaften – Hunyad/Hunedoara und Kokelburg/Cetatea de Baltă –, deren Aufwertung eine größere Bevölkerungsdichte, auch außerhalb des dichtbesiedelten Westrandes Siebenbürgens, voraussetzte. Durch diese wurde der Südteil des Siebenbürgischen Beckens gegliedert, in welchem Weißenburg, dank seiner verschiedenartigen Funktionen, ein Hauptort blieb. Kokelburg befindet sich 65 km von Weißenburg, Hunyad aber – durch geographische Faktoren bedingt – in der etwas größeren Entfernung von 80 km.

Bei der neueren Entstehung der Stühle auf sächsischem Siedlungsgebiet – die ursprünglich auch als Komitate bezeichnet wurden, also gewissermaßen kleinere Komitate waren – finden wir die gleichen Parameter. Dieses gilt schon für die wichtigsten zentralen Orte: Der Abstand zwischen Deesch und Bistritz/Bistriţa beträgt 60 km und jener zwischen Weißenburg und Hermannstadt/Sibiu 65 km. Jenseits dieser Anordnung haben die Stuhlsgebiete viel geschlossenere Formen als die alten Komitate, und zwar mit einem Radius von etwa 15 km. Zwischen den Vororten dieser Gebietskörperschaften ergaben sich demnach Abstände von ungefähr 30 km, bzw. ein Vielfaches dieses Wertes – Ziffern, die immer wieder anzutreffen sind.[150] Auch bei etwas neueren Vororten der Szekler Stühle können die gleichen Werte angetroffen werden.[151] die Orte sind durch die Aussage des Königs von 1427, es gebe „in jedem Stuhl einen Marktflecken oder eine Stadt",[152] belegt. Durch die

---

[150] Hier einige Wegstrecken: Hermannstadt – Mühlbach 51 km; Mühlbach – Broos/Orăştie = 33 km; Hermannstadt – Leschkirch/Nocrich = 32 km; Leschkirch – Schäßburg = ca. 59 km (auf dem alten Weg); Hermannstadt – Großschenk/Cincu = 60 km (durch Marpod), Großschenk – Reps/Rupea = 49 km; Reps – Kronstadt = 68 km; Hermannstadt – Mediasch = 55 km; Mediasch – Neumarkt = 65 km (durch Rode/Zagăr); Neumarkt – Sächsisch-Reen = 32 km; Sächsisch-Reen – Bistritz = 71 km; Mediasch – Schäßburg = 32 km; Schäßburg – Reps = 55 km; Hermannstadt – Kronstadt = 125 km (auf dem alten Weg).
[151] Wir nennen das Beispiel der Szekler Stühle, deren Vororte zum Teil jünger sind: Neumarkt – Oderhellen/Odorheiu Secuiesc = ca. 90 km; Schäßburg – Oderhellen = 64 km, Oderhellen – Szeklerburg/Miercurea Ciuc = 51 km, Szeklerburg – Niklasmarkt/Gheorgheni = 54 km; Szeklerburg – Sankt Georgen/Sfântu Gheorghe = 65 km; Szeklerburg – Szekler Neumarkt/Tîrgu Secuiesc ca. 60 km auf dem kürzesten Weg, Szekler Neumarkt – Sankt Georgen = 35 km; Sankt Georgen – Kronstadt = 32 km.
[152] K. Szabó, Székely oklevéltár [Sekler Urkundenbuch], I, Klausenburg 1872, S. 123, II, Klausenburg 1876, S. 145.

Gliederung der größeren Abstände entstanden automatisch Flecken, also Vororte geringerer Bedeutung in der Mitte der Wegstrecken – so z. B. Fogarasch/Făgăraș zwischen Hermannstadt und Kronstadt/Brașov und Enyed/Aiud zwischen Weißenburg und Thorenburg.

II. Das Auftreten spezifisch städtischer Merkmale
Wie schon angedeutet, handelt es sich im Fall der meisten Gebietsvororte, selbst im Verständnis der damaligen Zeit, nicht um Städte im engeren Sinne des Wortes. Die betreffenden Ortschaften hatten jedoch in einigen Beziehungen Funktionen, die später den Städten zukommen sollten. So wurden im Laufe der Zeit andere Ortschaften der Gegend zu zentralen Orten, bzw. nur einige der einstigen Vororte behielten ihre ursprüngliche Funktion. Dieser Vorgang war mit dem Auftreten einer städtischen Kultur verbunden.

Die erste Ortschaft, die im 13. Jh. als „Stadt" bezeichnet wurde, war selbstverständlich die Bischofsstadt Weißenburg – also eine Siedlung, in der mehrere wichtige Institutionen ihren Sitz hatten. Nach früheren Belegen aus dem 10. und 11. Jh., die für die Stadtwerdung weniger aufschlussreich sind, erscheint die Bezeichnung „civitas" für den Sitz der siebenbürgischen Diözese nicht nur in Chroniken im Zusammenhang mit dem ersten Mongoleneinfall, sondern auch in einer königlichen Urkunde von 1282.[153]

Typisch städtische Institutionen hatte es vereinzelt schon ziemlich früh in verschiedenen Ortschaften gegeben – so z. B. im Jahre 1235 die Beginenhäuser in Hermannstadt und Kronstadt. Eine größere Anzahl von städtischen Institutionen, vor allem mit wirtschaftlichem Charakter, sind zunächst im Bergwerksort Rodenau/Rodna erwähnt, und zwar in einer Urkunde von 1292.[154] Bezeichnungen als „civitas" gibt es allerdings in diesem Fall schon vor dem ersten Mongoleneinfall, hinzu kommt eine solche Bezeichnung in einer offiziellen Urkunde des siebenbürgischen Wojwodats aus dem Jahr 1292.[155]

Die dritte Ortschaft, die in einer Urkunde des Wojwodats von 1297 als „civitas" bezeichnet wurde, war Thorenburg.[156] Wegen der Salzgruben, die es dort gab, bestand diese Ortschaft bereits im 13. Jh. aus einer Reihe von Einzelsiedlungen und verschiedenen Pfarreien, wie sie zu jener Zeit auf dem spä-

---

[153] *Documente* ... C, XII/II, S. 239. Ihre urkundliche Erwähnung ist sicherlich sowohl den oben genannten Institutionen zu verdanken als auch dem besonderen baulichen Rahmen, zu dem auch die alten römischen Bauten beitrugen. Im Fall der Stadt Hermannstadt, die nur Sitz einer Propstei war, erscheint die Bezeichnung „civitas" allein in Chroniken, und zwar im Zusammenhang mit den Ereignissen von 1241 (dort heißt es allerdings: „die Stadt genannt Hermannsdorf").
[154] *Documente* ... C, XII/II; S.382–383. Der besondere Charakter dieses Ortes ist auch durch ein sehr altes Bergrecht belegt, das eines der ältesten dieser Art in Mitteleuropa ist (I. T. Piirainen: *Das Stadtrechtsbuch von Sillein*. Berlin, New York 1972, 158–160).
[155] G. Entz, *Die Baukunst Transsilvaniens im 11.–13. Jh.*, in: „Acta Historiae Artium", XIV/3–4, 1968, S. 158; *Documente* ... C, XIII/II, S. 383.
[156] *Documente* ... C, XIII/II, S. 435.

teren Gebiet Rumäniens nur noch in Großwardein anzutreffen waren. Selbst wenn in Thorenburg verschiedene Institutionen urkundlich nicht belegt sind, wird es sie doch gegeben haben, und zwar dem Rang des Vorortes entsprechend.

Die Bezeichnungen sind demnach keinesfalls zufällig. Da es sich jedoch bei zwei der drei Ortschaften um Bergwerksorte handelt, war deren Standort an Salz- bzw. Edelmetallfundorte gebunden. Bei Weißenburg hingegen handelt es sich um einen Standort, der aus einer früheren Etappe herrührte. Die Anordnung der Hauptorte dieser Etappe ist demnach nicht auf bestimmte Vorstellungen einer Raumordnung zurückzuführen, sondern auf einen sehr komplizierten Sachverhalt, der sich aus einer gegebenen Lage ergab (bei der z. B. auch die Ansiedlung ausgebildeter Bergleute eine Rolle spielte). Es ist festzustellen, dass alle „Städte" dieser Übergangszeit (vom Ende des 13. Jhs.) am Rande des Siebenbürgischen Beckens liegen – erstmals jedoch nicht ausschließlich an dessen Westrand.

III. Das Netz der Wirtschaftszentren
Bald nachdem die ersten Elemente einer städtischen Kultur belegt wurden, sind solche in vielen Ortschaften festzustellen. Dieser Prozess kann anhand der verhältnismäßig weiten Verbreitung der Bezeichnung „Stadt" verfolgt werden – etwa zwischen 1320 und 1370. Der Vorgang stellt eine völlig neue Etappe der Entwicklung des Städtenetzes in Siebenbürgen dar.

Die wichtigen Bergwerksorte aus der Zeit um 1300 hatten dabei eine geringere Bedeutung. So waren die auf Salzförderung spezialisierten Ortschaften zwar Jahrhunderte lang durch zahlreiche Privilegien gefördert worden, sie konnten jedoch, wegen der ökonomisch ungünstigen Lage, in der sich die Salzhauer schon früh befanden, nur dann eine gewisse städtische Entwicklung erfahren, wenn sie in größerem Maße auch von Handwerkern bewohnt wurden – wie etwa Thorenburg und Deesch. Selbst im Falle dieser beiden Orte bedingte die abnehmende Bedeutung der Salzförderung und die Unmöglichkeit, bedeutendere Befestigungsanlagen anzulegen[157] – in einer Zeit, in der gemauerte Befestigungen für den städtischen Charakter eines Ortes als wesentlich erachtet wurden –, ihre Einstufung in die Kategorie der Marktflecken.

Gewisse Parallelen lassen sich auch im Falle der auf Förderung von Edelmetallen spezialisierten Orte feststellen: Der Bergbau allein, der bedeutende Investitionen erforderte, konnte in einem relativ unruhigen Gebiet Europas lange Zeit keine Basis für die Entwicklung von Ortschaften bilden. Von den Bergbaustädten hat nur Frauenbach seinen städtischen Charakter bewahrt; es handelt sich um einen Ort, der ein komplexes wirtschaftliches Profil besaß,

---

[157] Von dem Fall Stadt Mediasch ausgehend, scheint dieses Kriterium um das Jahr 1500 an Bedeutung gewonnen zu haben.

von vielen Handwerkern bewohnt wurde und auch gemauerte Stadtmauern errichten konnte.

Unter den in Siebenbürgen herrschenden Bedingungen wurden in der Zeit der Agrarkrise die Handwerksorte für das Städtenetz ausschlaggebend.[158] Wie bereits gezeigt wurde, können die Wurzeln der Stadtwerdung dieser Orte bis ins 13. Jh. zurückverfolgt werden, die städtischen Merkmale sind jedoch nach 1300 stärker ausgeprägt. Ihre Größe war damals jedoch noch nicht von jener großer Dörfer verschieden, sondern stand mit ihrer Gründungszeit im Zusammenhang. Erst zur Zeit der Agrarkrise begann ihre bedeutende Entwicklung, die ihrerseits auch zu dem ungewöhnlichen Ansteigen der Bevölkerungszahl führte und damit die Bedingung für die Errichtung gemauerter Wehranlagen bildete. Die Stagnation solcher Ortschaften in einer späteren Periode veränderte die Gegebenheiten nur wenig; das um 1550 bestehende Gefälle zwischen den Größen verschiedener Siedlungen hat sich im allgemeinen bis heute erhalten.

Für diese neue Entwicklungsetappe des Städtenetzes in Siebenbürgen war die Ansiedlung von gut ausgebildeten Handwerkern entscheidend. Siedlungsgeschichtlich bedingt, erfolgte sie ebenfalls am Rande des Siebenbürgischen Beckens. Dort jedoch ließen sie sich in Hauptorten der Stühle nieder, die verkehrstechnisch günstiger lagen, also am Schnittpunkt von Fernwegen.[159] Dabei gab es auch Rivalitäten im Entwicklungsprozess nahegelegener Orte – z. B. zwischen Heltau (das ursprünglich verhältnismäßig groß war) und Hermannstadt (das von zahlreichen Handwerkern bewohnt wurde). Die Entwicklung konnte jedoch kaum durch Maßnahmen der Verwaltung beeinflusst werden und verlief vor allem aufgrund wirtschaftlicher Gesetzmäßigkeiten.

Aus der konkreten geographischen Lage ergaben sich dennoch Unterschiede zwischen einzelnen wichtigen Zentren. So hatte die geringe Distanz zwischen Mühlbach, Broos und Weißenburg die Entwicklung dieser Ortschaften beeinträchtigt.[160] Ebenso war die geringe Distanz zwischen Schäßburg/Sighişoara und Mediasch für das Aufblühen dieser Orte nicht förderlich.

Wie bekannt, erfuhren andererseits die Zentren an den bedeutenden Fernwegen über die Karpaten eine zunehmende Entwicklung – Hermannstadt,

---

[158] Wir verwenden diesen Begriff, da die ein Handwerk ausübende Bevölkerung im Rahmen dieser Orte viel zahlreicher war als die der Kaufleute (das Verhältnis betrug nahezu 1 : 100), selbst wenn die Kaufleute viel wohlhabender waren und somit die führende Gesellschaftsschicht der Städte bildeten.

[159] Die Identifizierung dieser Ortschaften wird durch eine spezifische Größe der Handwerkerparzellen möglich und durch das Dokument von 1367 belegt, das eine Regelung der Zünfte innerhalb der bedeutendsten Handwerksorte vorsah, die zugleich auch die Stuhlvororte waren (F. Zimmermann, C. Werner, G. Müller: *Urkundenbuch...* II, Hermannstadt 1897, S. 459–452).

[160] Sicherlich haben zu dieser ungünstigen Entwicklung auch andere Faktoren beigetragen, so etwa ihre besondere Gefährdung zur Zeit der Türkeneinfälle und das minder entwickelte Hinterland.

Kronstadt, Bistritz, Klausenburg –, denn für den Absatz der Erzeugnisse dieser Orte bildeten die Walachei und Moldau einen besonders günstigen Markt. Auf diese Art entstanden die wichtigsten Vororte Siebenbürgens wiederum in Randgebieten des Beckens.

Bemühungen um die Entwicklung auch anderer zentralen Orte in der Zeit des Fürstentums änderten diese Lage kaum. Trotzdem soll hier Neumarkt/ Târgu-Mureş erwähnt werden, das zu Beginn des 17. Jhs. zur Stadt erklärt wurde, und Szekler Neumarkt/Târgu Secuiesc, das jedoch in der untersuchten Zeit die Bedeutung eines kleinen Marktfleckens nicht überstieg.

Von den oben erwähnten Feststellungen ausgehend, kann man schlussfolgern, dass wegen geographischer Gegebenheiten, die das Siedlungsgefüge Siebenbürgens bestimmten, keine vorherrschende, zentral gelegene Ortschaft vorhanden war. Siebenbürgens Städte lagen durchwegs in Randgebieten – zuerst am Westrand des Landes und später kreisförmig angeordnet. Vor allem im 15.–16. Jh. kristallisierte sich eine Ausrichtung der Städte auf umliegende Gebiete stärker heraus. Dementsprechend übte das Städtenetz Siebenbürgens eine Brückenfunktion zwischen verschiedenen Gebieten aus.

Zeitstufen der Stadtwerdung *

Eine Untersuchung der Entwicklungsetappen transsylvanischer Städte zeigt deutliche Unterschiede zwischen Siebenbürgen, dem Banat und dem Kreischgebiet. Die Unterschiede gliedern sich zum Teil auch in größere Räume ein, vor allem auch wegen ihrer zeitlichen Zugehörigkeit zu unterschiedlichen, politischen und staatlichen Gebilden, wie dem Byzantinischen bzw. Osmanischen Reich, dem Ungarischen Königreich u. a. m. Aber neben den selbstverständlichen Unterschieden können gleichzeitig auch einige wesentliche Ähnlichkeiten, sogar mit symbolischer Bedeutung festgehalten werden.

In unserer Gegend gibt es vier Etappen in der Städteentwicklung, die ihrerseits verschiedene Unteretappen mit vielfältigen Aspekten aufweisen:
1. Die Entstehungsetappe der Städte im Kontext der Konsolidierung institutioneller Strukturen (9.–14. Jh.);
2. Die Blütezeit der wirtschaftlichen Zentren unter den Bedingungen der Agrarkrise (14.–16. Jh.);
3. Die Stagnationsetappe in der Entwicklung der Städte infolge der Aufwertung landwirtschaftlicher Produkte (16.–17. Jh.);
4. Die Etappe einer neuen Entwicklung im Kontext der allgemeinen Entwicklung seit dem 18. Jh.

---

* Vortrag beim Kolloquium der Gemischten Rumänisch-Ungarischen Geschichtekommission, Bukarest, 1993.

Die Entstehungsetappe der Städte
In Siebenbürgen gab es zahlreiche römische Städte, aber nur an der Stelle von einigen wenigen begann eine bedeutende mittelalterliche Entwicklung – in Apulum/Weißenburg/Alba Iulia, Potaissa/Thorenburg/Turda, Napoca/Klausenburg/Cluj und Tschanad/Cenad. Die Tatsache, dass wichtige römische Städte – wie Tibiscum/Jupa und Ulpia Traiana/ Sarmizegetusa – im Mittelalter nicht einmal die Keime eines städtischen Lebens gekannt haben zeigt, dass unter den veränderten Siedlungsbedingungen die römischen Überreste nur in begrenztem Maß die Entstehung der mittelalterlichen Städte förderten und dass die Entstehung der mittelalterlichen Zentren von diesen Ruinen weitgehend unabhängig war. Dort aber, wo solche den neuen Siedlungsbedingungen entsprachen, wurden sie verwendet. Die Verbindung zu den antiken Städten ist also weniger bedeutend als im Süden oder Westen des Kontinents (einschließlich des Balkans): Die Lage unterscheidet sich zugleich auch von jener der benachbarten Gebiete, die nicht zum Römerreich gehörten.

Wenn die Schlussfolgerungen der gegenwärtigen Geschichtsschreibung in Betracht gezogen werden – die auch die frühmittelalterlichen slawischen oder Wikingerzentren als Städte bezeichnen –, dann ist auch die Zuordnung eines solchen Status für die Sitze der frühen „Herzöge" im untersuchten Gebiet angebracht: Es sind dieses Biharea, Morisena/Tschanad und Doboka/Dăbâca; dazu kam dann noch das Weißenburg des Gyula/Alba Iulia. Mit all den Unterschieden zwischen diesen (Biharea scheint eine dicht besiedelte Ortschaft und Doboka eine Streusiedlung gewesen zu sein), gliedern sich die vier Ortschaften in eine weitläufige Landschaft zentraler Orte des frühen Mittelalters ein, die weitgehende Ähnlichkeiten mit jener benachbarter Gebiete aufweist, wobei jedoch diese zentralen Orte keinesfalls mit hochmittelalterlichen Städten gleichzusetzen sind.

Um diese herum gab es schon ein zugehöriges Territorium: der mittlere Teil des Kreischgebietes gehörte zu Biharea, der südliche Teil des Kreischgebietes zusammen mit dem Banat zu Morisena, die nördliche Hälfte Siebenbürgens zu Doboka und dessen südliche Hälfte zu Weißenburg. Wie vielerorts wurden allerdings die frühen Zentren durch andere abgelöst: Den Rang von Biharea hat die nahe Bischofsstadt Großwardein/Oradea übernommen, jenen von Doboka der etwas weiter abliegende Ort Klausenburg/Cluj (mit der großen Benediktinerabtei in Appesdorf/Cluj-Mănăştur) und aus Morisena ist das griechische Kloster verlegt worden.

Das mittelalterliche Städtenetz des Raumes war in der ersten Hälfte des 11. Jhs. an die Niederlassungen der bedeutenden geistlichen Institutionen gebunden, die dort gegründet wurden – vor allem an die drei Bistümer (Großwardein, Tschanad, Weißenburg), an das bedeutende Kloster in Appesdorf und etwas später und in viel geringerem Umfang auch an die Propsteien in Arad und Hermannstadt/Sibiu. Die Lage weist Ähnlichkeiten mit Ungarn und Mitteleuropa auf. Es müsste indessen untersucht werden, inwieweit es vor den

Mongoleneinfällen Anfänge paralleler Entwicklungen östlich und südlich der Karpaten gab – zu denken ist zum Beispiel an die Fundamente mehrer Kirchen in Cetățeni oder an das Milkower Bistum.

Um 1300 war dann Großwardein – mit zahlreichen dazugehörigen Siedlungen, 8 Pfarreien und bald 20 Kirchen – eine große Stadt, gleichrangig mit anderen bedeutenden Städten Europas.

Zu der politischen Gliederung in Komitate haben mehrere Faktoren beigetragen. Da die Salzlagerstätten um 1000 eine überragende Bedeutung hatten, ist es selbstverständlich, dass diesen im frühen Mittelalter auch in anderer Beziehung eine besondere Rolle zukam: Die wichtigsten Salzgruben mit den dazugehörenden Siedlungen (Salzdorf/Ocna Dejului, Kloosmarkt/ Cojocna, Thorenburg) wurden jeweils von einer Burg abgesichert, wofür die Gleichnamigkeit dieser Niederlassungen spricht (*Deesakna*/Salzdorf – *Deeswar*/Deesch, *Kolosakna*/Klosmarkt – *Koloswar*/Klausenburg, *Thorda Akna*/Thorenburg – *Thordawar*/Moldovenești). Da die Burgen auch anderweitige Funktionen übernehmen konnten, ist es nicht verwunderlich, dass diese Verwaltungszentren Hauptorte von Komitaten wurden – dieses zusammen mit den älteren Verwaltungszentren Doboka und Weißenburg beziehungsweise Tschanad und Biharea. In Siebenbürgen reichten diese Komitate der Salz-Burgen allmählich vom Westrand bis zum Ostrand der Senke (diese Komitate waren Szolnok, Klausenburg, Thorenburg; dazu kommen mit gleicher Länge Doboka und Weißenburg). Es gab in solchen Burgen oder den Bergwerksorten selbst gewisse Voraussetzungen für eine Stadtwerdung, so dass diese in der Entwicklung des Städtenetzes Siebenbürgens ein spezifisches Element darstellen.

Nur wo es an solchen Ausgangspunkten für eine verwaltungsmäßige Gliederung mangelte, hat sich eine Gliederung in Komitate nach geographisch-strategischen Gesichtspunkten durchgesetzt (in Siebenbürgen im Fall von Hunyad/Hunedoara und Kokelburg/Cetatea de Baltă, im Banat bei den Komitaten Temesch, Karasch und Zarand). Es ist auch der Versuch von König Karl I. Robert zu erwähnen, je einer Ortschaft des Komitates den Rang einer Stadt zu verleihen, wobei es sich mitunter aber um einen erfolglosen Versuch handelte, so im Fall der Ortschaft Groß-Schemlak/ Șemlacu Mare im südlichen Banat. Es sind Maßnahmen, die wahrscheinlich auch in anderen Regionen des ehemaligen Ungarischen Königreichs wiederzufinden sind und die später auch auf der Ebene verschiedener Stuhlszentren fortgesetzt wurden. So behauptete König Sigismund 1427, dass es in jedem Szeklerstuhl eine Stadt oder einen privilegierten Marktflecken gäbe. Wenigstens im Csiker Stuhl handelte es sich aber in Szeklerburg/ Miercurea Ciuc eindeutig um eine richtige Zwergstadt.

Die Blütezeit der wirtschaftlichen Zentren
Die ersten Ortschaften, die den Staus einer Stadt zumindest teilweise unabhängig von ihrer strukturell-organisatorischen Funktion erhalten haben, waren Bergbauzentren: zuerst Thorenburg und Rodenau und später Deesch, Salzdorf, Frauenbach/Baia Mare, Mittelberg/Baia Sprie, Offenburg/Baia de Arieș; dazu kamen der Doppelort Unterwinz/Vințu de Jos – Burgberg/Vurpăr und Sathmar/Satu Mare, die bei dem Salztransport eine besondere Rolle spielten.

Die besondere Aufmerksamkeit, die den Bergstädten gewidmet wurde, war an den Absatz gebunden: Das Salz war schon vor 1000 von überragender Bedeutung, das Silber wurde in den ersten Jhh. danach wichtig wurde, dann aber für längere Zeit durch das Gold ersetzt. Parallelen mit dem Aufschwung dieser Orte können in gewissen Bergrevieren anderer Gegenden gefunden werden – etwa nach dem Beginn des 14. Jhs. bezüglich der goldfördernden Bergwerksorte in der Slowakei, Die siebenbürgischen Zentren spielten jedoch in verschiedenen Beziehungen zunächst eine wichtige Rolle – eine Tatsache, die durch die Verbreitung des Bergbaurechtes von Rodenau in der Slowakei belegt wird.

Der Stadtwerdungsprozess kann bei Handwerks-Handelszentren weit zurückverfolgt werden, wobei zwei Phasen zu unterscheiden sind.
1. Wie aus der frühen Parzellengröße ersichtlich ist, bildeten Handwerker und Kaufleute in späteren Handwerksorten schon seit der Gründung der dortigen Hospitessiedlungen die Mehrheit der Bevölkerung.
Dazu kamen institutionelle Bestrebungen. 1211 erlaubte König Andreas II. dem Deutschen Orden, „Städte aus Holz" und später sogar „aus Stein" zu errichten und dann berichtete 1228 der Bischof der Kumanen aus diesem Raum dem Papst über die Absicht der Errichtung von Städten (ein Plan, der allerdings durch das Vordringen der Goldenen Horde illusorisch geworden ist).
Nachher, anlässlich des ersten Mongoleneinfalls, wurde Hermannstadt als Stadt und Bistritz als Marktflecken bezeichnet. Dabei ist ein Beleg für Hermannstadt, das zunächst Hermannsdorf hieß, besonders sprechend: Es heißt in einer Chronik „die Stadt genannt Hermannsdorf"; durch diese Formulierung wurde die Tatsache unterstrichen, dass es sich beim sogenannten „Dorf" in Wirklichkeit um eine Stadt handelt. Schließt man nach der immer zahlreicheren Gründung von Bettelmönchsklöstern, so ist es vor allem Hermannstadt, Kronstadt und Bistritz gelungen, ihren besonderen Charakter unter Beweis zu stellen – am Anfang möglicherweise dank des Handels.
Die erste offizielle urkundliche Erwähnung eines Handwerksortes, und zwar Klausenburgs als „*civitas*", stammt trotzdem erst aus dem Jahr 1316. Seither, um die Mitte des 14. Jhs., ist der Begriff „Stadt" für die meisten späteren wirtschaftlichen Zentren belegt: Mühlbach, Hermannstadt, Broos,

Kronstadt, Bistritz, Mediasch, Schäßburg, aber auch für andere Orte, wie Heltau/Cisnădie.
2. Die zweite, entscheidende Phase hat Mitte des 14. Jhs., nach dem Schwarzen Tod, mit der gesamteuropäischen Agrarkrise begonnen. Sie verursachte das Zuströmen der ländlichen Bevölkerung in die oben erwähnten Handwerks- und Handelszentren, was gleichzeitig zur Zunahme der Meisterzahl, zur Verstärkung der Zünfte und implizit zu ihrer zunehmenden wirtschaftlichen Bedeutung beigetragen hat; die Notwendigkeit einer neuen Zunftregelung in der zweiten Hälfte des 14. Jhs. macht dieses augenscheinlich. Auch die Erteilung von Jahrmarktprivilegien seit der Mitte des 14. Jhs. an Frauenbach, Bistritz, Kronstadt und andere Städte spricht dafür. Das wirtschaftliche Gewicht der bedeutendsten Städte wird für Hermannstadt, Kronstadt und Bistritz durch die Tätigkeit von Patriziern als Unternehmer deutlich: Diese pachteten Zölle und Kammern und betätigten sich im Bergbau verschiedener Reviere – auch außerhalb Siebenbürgens (so in Baia de Aramă). Durch die Verleihung des Stapelrechtes zunächst in der zweiten Hälfte des 14. Jhs. an Kronstadt und Hermannstadt und erst in der zweiten Hälfte des 16. Jhs. an Bistritz, Klausenburg und Karansebesch/Caransebeș, wird deren überragende Rolle im Fernhandel deutlich.
Während die alten Bischofsstädte und Salzförderstätten wegen einer begrenzten oder schlecht bezahlten wirtschaftlichen Tätigkeit für die Bevölkerung nicht anlockend waren und allmählich an Bedeutung verloren, erhielten die Handwerks-Handelszentren zwischen dem 14. und 16. Jh. im Städtenetz eine vorherrschende Position. Bis etwa 1550 hat sich zwischen den verschiedenen Ortschaften – mit wenigen Ausnahmen – ein Größenverhältnis herausgebildet, das sich im Grunde genommen bis heute erhalten hat. Die wichtigsten Städte, die auch von besonderer Bedeutung in der Türkenabwehr waren, gliedern sich auf europäischer Ebene, nach Heinz Stoob, in die Reihe der wichtigen Zentren mittlerer Größenkategorie ein und bilden im südosteuropäischen Raum eine besonderes Element.
Ihre Konzentration gerade in Siebenbürgen, und zwar in bestimmten Zentren, kann der früheren Niederlassung der „sächsischen" Hospites zugeschrieben werden; sie konnten eine enge Verbindung zu den fortgeschrittenen Staaten und deren Technik aufrechterhalten. Im Gegensatz zu bestimmten Gebieten – etwa der Slowakei – hat hier deren Ansiedlung auch im ländlichen Raum stattgefunden. Als dann im 15. Jh. die Migration der Bevölkerung aus diesem ländlichen Raum in die Städte bedeutende Ausmaße annahm, hat sich die ethnische Zusammensetzung der Stadtbevölkerung wenig verändert und implizit wurden die Vorteile der Zusammenarbeit mit dem Westen des Kontinents bewahrt; zugleich hatten die hergestellten Produkte einen idealen Absatzmarkt in der Walachei und in der Moldau.
Die Aufwertung des ländlichen Raumes nach dem Ende der mittelalterlichen Agrarkrise und das allgemeine Anwachsen der Bevölkerung haben im

16.–17. Jh. zu einer Zunahme der Anzahl regionaler Zentren beigetragen, und von Ortschaften, die nicht nur für den Handel, sondern teilweise auch für die Herstellung von Gütern eine gewisse Bedeutung hatten. Ähnlich wie in den anderen Gebieten Mitteleuropas haben diese Orte in jener Zeit – mit Ausnahme von Neumarkt – trotzdem das Niveau „unbedeutender oder minderer Städte" nicht überschritten. Auch in diesem Sinne haben wir es mit einem viel allgemeineren Phänomen zu tun, das für den ganzen Südosten des Kontinents eine bedeutende Rolle spielte.

Die Stagnationsetappe in der Entwicklung der Städte
Krisenphänomene sind zuerst, beginnend schon mit dem 14. Jh., in der Förderung und dem Absatz von Salz aufgetreten. Diese Erscheinungen haben sich allmählich verschärft und im 16. Jh. konnte die Familie Fugger bei der Pachtung des Regals nicht mehr die erwarteten Gewinne erzielen. Verbunden mit der Abnahme der Bevölkerungszahl hat die Krise den Rückgang aller einseitig auf die Salzförderung oder den Salztransport profilierten Ortschaften verursacht: Von den derartigen Bergbauzentren ist es nur Thorenburg und Deesch (mit einem bemerkenswerten Handel und zahlreichen Handwerkern) gelungen, eine gewisse Bedeutung zu bewahren.

Erst später wurden Krisenphänomene im Edelmetallbergbau und in den damit verbundenen Ortschaften deutlich. Schon im 15. Jh., als sich der Edelmetallbergbau stark ausweitete, ist der Wohlstand in den siebenbürgischen Bergbauzentren nicht mit jenem in den Bergstädten Obersachsens, Böhmens oder Oberungarns zu vergleichen gewesen. Seit dem 16. Jh. machte in Siebenbürgen die ständige Türkengefahr die für das Bergwesen notwendigen langfristigen Investitionen unrentabel; die Bergwerke verfielen und die Unfälle mehrten sich. Vor allem im 17. Jh. sind die Transportwege unsicherer geworden, was zur Verschlechterung der Lage in den Bergbauzentren beigetragen hat. Wenn auch deren Zahl zugenommen hat, ist es nur Frauenbach mit zahlreichen Handwerkern und Kaufleuten gelungen, seine Bedeutung teilweise zu bewahren; die anderen Ortschaften haben Züge eines städtischen Charakters allmählich verloren.

Bei den Handwerks- und Handelszentren kann ein solcher Rückgang zunächst nicht beobachtet werden, wenngleich auch in ihrem Fall eine Stagnation der Entwicklung stattgefunden hat. Sie ist vor allem den Preisveränderungen auf europäischer Ebene zu verdanken. Da die Preise der landwirtschaftlichen Produkte – und insbesondere des Getreides – seit dem 16. Jh. stark anzogen, nahm der Zuzug der ländlichen Bevölkerung in die Städte vergleichsweise ab. Mit dem relativen Absinken der Preise von Handwerkserzeugnissen kam es zu einer Krise in der Erzeugung von Handwerkswaren, die sich in der Beschränkung der Zahl von Gesellen und Lehrlingen zünftiger Meister äußerte, in den Kämpfen gegen unzünftige Meister und zwischen den Zünften selbst sowie in den Einschränkungen des freien Handels u. a. m.

Es handelte sich auch in diesem Sinn um ein allgemeineres Phänomen, das sich aber in Siebenbürgen wegen des Vordringens der Türken verstärkt hat: Dieses Vordringen beschränkte den Handel mit Mitteleuropa und die Verwendungsmöglichkeiten eines auswärtigen, bedeutenden Kapitals. Während das Banat mit weniger Städten das Schicksal der ungarischen Tiefebene teilte, ist das Spezifikum Siebenbürgens – trotz einer stärkeren Isolation – als Folge einer weitgehenden Unabhängigkeit von der Hohen Pforte und aus der bedeutenden Konzentration von Handwerkern und Kaufleuten in befestigten Städten zu erkennen. Wenngleich die Befestigungsanlagen mit der damaligen Kriegstechnik im Allgemeinen nicht ganz Schritt halten konnte, sicherte sie den Städten doch Überlebenschancen.

Mit der wachsenden Kaufkraft der ländlichen Bevölkerung nach dem Ende der mittelalterlichen Agrarkrise erblühten in deren Bereich neue Handelszentren. Es handelte sich dabei um Marktflecken, in denen es jedoch schon früher auch einige Handwerker gegeben hat. Erinnert sei in diesem Zusammenhang vor allem an Neumarkt (das auch rechtlich den Status einer Stadt erhielt) sowie an andere Szeklerzentren, aber auch an Regen/Reghin, Enyed/Aiud und Fogarasch/Făgăraș.

Die Etappe der neuen Entwicklung
Infolge der Eingliederung Siebenbürgens in das Habsburgerreich und des Beginns der „demographischen Explosion" in Europa hat in der Entwicklung der Städte wieder eine neue, allerdings gemäßigtere Entwicklungsetappe begonnen. Diese Entwicklung kann zwar in ganz Mitteleuropa verfolgt werden, sie hat jedoch im Allgemeinen nicht die Größen- und Bedeutungsverhältnisses zwischen den Ortschaften verändert.

Veränderungen können nur in den von Habsburg den Türken abgenommenen Gebieten, im Kreischgebiet und dem Banat beobachtet werden. Wegen der neuen Besiedlung – auch in den entvölkerten Städten – wurde eine bedeutende Anzahl wichtiger Zentren (vor allem Großwardein, Arad und Temeswar) ganz neu angelegt (ein Gleiches geschah auch in der ungarischen Tiefebene). Wie Weißenburg/Karlsburg in Siebenbürgen hat auch das neubefestigte Temeswar im Banat an Bedeutung gewonnen. Es entwickelten sich Marktflecken und auch einige Bergbauzentren, die aber im Allgemeinen bescheidenere Ortschaften geblieben sind.

Die Industrialisierung im 20. Jh. hat eine neue Bedeutungssteigerung von Städten im Vergleich zu ländlichen Ortschaften verursacht. Dabei änderten sich jedoch bis zur Mitte des Jhs. die alten Größenverhältnisse zwischen den Ortschaften nur wenig. In kommunistischer Zeit wurden zwar einige Industriezentren forciert gefördert (so Hunyad/Hunedoara, Reschitz/Reșița, Petroscheni/Petroșani usw.), die Veränderungen sind aber unbedeutender als man vermuten würde und sie gehen in nachkommunistischer Zeit zurück.

Wenn aus den oben dargestellten Angaben eine Schlussfolgerung gezogen werden soll, dann kann behauptet werden, dass Siebenbürgen mit seinen Städten ein Brücke zwischen Ost und West, zwischen dem byzantinischen/muslimischen und dem westlichen Kulturkreis dargestellt hat. Die Entwicklungsetappen des Städtenetzes widerspiegeln die allgemeine Entwicklung in Mitteleuropa. Ihr Spezifikum wurde aber gleichzeitig von einer Reihe lokaler Faktoren beeinflusst, was der hiesigen Städtelandschaft auch ein eigenes Spezifikum verleiht.

Stadt und Residenz in Transsylvanien*

Im Mittel- und Westteil Rumäniens, d. h. in Siebenbürgen, im Banat und im Kreischgebiet gibt es nur wenige Herrschaftsresidenzen in Städten; im Mittelteil Rumäniens, in Siebenbürgen, waren die bedeutenden Städte fast ausschließlich königliche Freistädte mit einer besonderen Rechtslage, im Westteil Rumäniens, also im Banat und im Kreischgebiet, handelte es sich allerdings nicht um solche. Trotz der rechtlichen Vielfalt, oder gerade wegen dieser lassen sich gewisse Entwicklungstendenzen allgemeinerer Art im Verhältnis zwischen Residenz und Stadt feststellen. Diese gehen im untersuchten Gebiet parallel mit den Etappen der Stadtentwicklung schlechthin, die ihrerseits im Zusammenhang mit der Entwicklung des Verhältnisses zwischen Landwirtschaft und Handwerk steht.

In einer ersten Etappe bis Mitte des 14. Jhs., in der Landausbauperiode, in der sich die ersten Niederlassungen mit zentralörtlichen Funktionen als Städte zu profilieren begannen, ihre wirtschaftliche Bedeutung jedoch noch geringer war, hat sich im untersuchten Raum die Kombination von Residenz und Siedlung auf die Entwicklung zentralörtlicher Funktionen und damit auch auf die Stadtentstehung vorteilhaft ausgewirkt.

Nur so lässt sich für eine Frühzeit vor allem die relativ große Bedeutung der Bischofsstädte des Kreischgebietes, des Banates und Siebenbürgens erklären, also die von Wardein (später Großwardein)/Oradea, Tschanad/Cenad und Weißenburg (später Karlsburg)/Alba Iulia. Selbst die Residenzen von weltlichen Pröpsten – in Arad und Hermannstadt/Sibiu – scheinen für die Stadtwerdung dieser Ortschaften eine gewisse Rolle gespielt zu haben. Bischöfe und Kapitel förderten die Ansiedlung der Hospites – von der Apenninenhalbinsel (Italien) in Wardein oder aus der Gegend von Maas und Mosel (Belgien, Luxemburg, Deutschland) in Weißenburg. Zwar blieben die Bischofsstädte Besitz der geistlichen Herrschaft, zwar behielten sich der Bischof

---

* Vortrag bei der internationalen Tagung der Städtegeschichtekommission Rumäniens, Târgoviște 1996. Erstdruck in „Historia Urbana", V, 1997/1, S. 123–130.

oder das Kapitel wesentliche Rechte vor, etwa das Marktrecht und Zolleinnahmen (so in Wardein[161]), aber sie regelten zugleich wichtige Belange der Gemeinden. So sind die Orte angewachsen: In der Doppelstadt Großwardein sind schon zu Beginn des 14. Jhs. in dem nördlichen Ort (Olosig) drei Pfarren belegt und im südlichen Ort (Wardein) fünf[162]. Auch Belege als „civitas" sind für die Bischofsstädte besonders alt.

In ähnlicher Weise wirkte sich die Existenz königlicher Residenzen auf den Stadtwerdungsprozess aus. Dabei handelt es sich selbstredend vor allem um Temeswar/Timişoara im Banat, wo Karl I. Robert 1315–1323 residierte. Schon vor Jahrzehnten hieß es diesbezüglich: *„Für das rasche und mächtige Aufblühen der [... Stadt] war es unstreitig ein großes Glück, dass innerhalb [von] deren Mauern ein König eine Reihe von Jahren residierte, der aus demjenigen Lande kam, welches sich damals der höchsten Zivilisation Europas erfreute [...;] so hatten sich auch in Temeschwar Würdenträger des Reiches Wohnungen gebaut."*[163] Tatsächlich spricht vieles für das damalige Entstehen eines zusätzlichen Stadtteiles (der sogenannten „Kleinen Palanka") in der Nähe des neuen Schlosses. Dazu lassen Urkunden dieser Zeit auf eine differenzierte Schichtung der Bewohnerschaft der „civitas" schließen.[164]

Eine Aufwärtsentwicklung ist aber in dieser frühen Zeit der Bevölkerungsexplosion selbstverständlich auch in anderen Orten mit weniger bedeutenden Residenzen festzustellen – etwa in Lippa/Lipova –, wo der König in einer Burg nur kurz weilte – oder in Karansebesch/Caransebeş (beide im Banat) beziehungsweise in Sathmar/Satu Mare im Kreischgebiet.

Es ist jedoch zu unterstreichen, dass die allgemeine Entwicklung in der Landausbauperiode vor der Mitte des 14. Jhs. ganz allgemein zu einer Entfaltung sämtlicher Ortschaften führte – auch der künftigen Freistädte, in denen es keine Residenzen gab: Wie Lippa wuchsen diese an, es entstanden darin Bettelmönchsklöster und ähnliche städtisch geprägte Institutionen. Ihre Entwicklung konnte sich aber nicht mit der von Wardein oder Weißenburg messen.

Zugleich erlaubt die Quellenlage jedoch keine wirklich vielschichtige Erfassung der Vorgänge. Indirekte Hinweise lassen nämlich auch für diesen Raum und diese Zeitspanne Auseinandersetzungen zwischen Herrschaft und Siedlung vermuten, zumal auch Freiheiten älterer Ortschaften begrenzt wur-

---

[161] S. Tóth, *Tîrgurile din Oradea* [Die Märkte in Wardein], Teil I, in: „Biharea", Bd. II, 1974, S. 86; s. auch D. Prodan, *Iobăgia în Transilvania în secolul XVI* [Die Leibeigenschaft in Siebenbürgen im 16. Jh.], Bd. II, Bucureşti 1967, S. 824.
[162] *Documente privind istoria României*, seria C, sec. XIV [Dokumente zur Geschichte Rumäniens, Serie C, 14. Jh.], Bd. III, Bucureşti 1952, S. 41–54, 70–73, 73–86.
[163] F. Wettel, *Temeschwar im Mittelalter*, Temeschwar, S. 10.
[164] Şt. Pascu, *Voievodatul Transilvaniei* [Das Wojewodat Siebenbürgens], Bd. II, Cluj 1979, S. 142.

den, etwa die von Klausenburg/Cluj, das der König dem Bischof von Weißenburg übereignete – gewiss nicht zur Freude der Ortsbewohner.

Zu erinnern ist in diesem Zusammenhang auch an die Doppelrolle von Gräfen. Einerseits waren sie Wortsprecher der Ortschaften, und diesbezüglich ist der Beginn des Bergrechtes von Rodenau/Rodna aus der Zeit um 1270 sprechend: „[W]ir grof hans von der Rodena vnd dy czwelf gesworen vnd dy gemeyn von der rodena [...] tv[n] wir allen den chvnt [...] daz eyn gemachtez ding ist mit dez hohen chvnich stephans gewalt vnd mit den teursten von der stat [...]."*165* Andererseits hatten Würdenträger eine Reihe von Vorrechten, die wohl auch missbraucht werden konnten, und durch ihre Residenzen und Besitze in Städten waren dazu vielfache Berührungspunkte mit der Bevölkerung gegeben. So hatte 1268 „comes Rotho" im gleichen Rodenau „primo turris lapidae et domus lignea apud turrim et curiam circummunitam cum fundo [...] item casam integraliter et duas curias et omnes agros sub castro [...] item medias partes argenti fodinarum undique locorum"*166* und „comes Nycolaus" hatte 1292 „in civitate Rodna sitis [...] mansionem supra [...] palatii quo ipse comes Nycolaus moratur, vel aliarum domorum, tabernarum, pistorum, molendinorum, macellorum, calcificum, carnificum, balneatorum, examinatorum vel kuthelhofforum [...]"*167*.

In einer zweiten Etappe, zwischen der Mitte des 14. und der ersten Hälfte des 16. Jhs., in der es im Gefolge der Agrarkrise bei uns zum Erblühen der Handwerkerzentren kam, entstand verständlicherweise ein Spannungsverhältnis zwischen Städten und Residenzen. Den wirtschaftlichen Gewichtungen entsprechend, entwickelten sich dabei die Dinge im Allgemeinen zum Vorteil der Städte.

Die Tatsachen zeigen, dass die alten Bischofszentren mit der neuen Entwicklung nicht Schritt halten konnten. Dieses gilt zunächst für Tschanad, aber auch für Weißenburg. Selbst Wardein, das einst viel größer als alle anderen Orte war, blieb zurück. Der Grund dafür war wohl eine Benachteiligung der Bewohner, die sich einerseits aus der Mitsprache der Herrschaft in sämtlichen Angelegenheiten der Ortschaft ergab.[168] Andererseits wissen wir z. B. von 1374, dass Handwerker ihre Erzeugnisse dem Bischof und dem Kapitel zu einem geringeren Preis verkaufen mussten, und auch Marktzölle und ähnliches bedeuteten zusätzliche Abgaben.[169] Bemühungen der Einwohner, eine größere Unabhängigkeit zu erlangen, führten bis ins 16. Jh. zu keinen nennenswer-

---

[165] I. T. Piirainen, *Das Stadtrechtsbuch von Sillein*, Berlin, New York 1972, S. 155.
[166] F. Zimmermann, C. Werner, *Urkundenbuch zur Geschichte der Deutschen in Siebenbürgen*, Bd. I, Hermannstadt 1892, S. 100.
[167] Ebendort, S. 204.
[168] Şt. Pascu, *Meşteşugurile din Transilvania până în secolul al XVI-lea* [Das Handwerk in Siebenbürgen bis ins 16. Jh.], Bucureşti 1954, S. 48.
[169] Şt. Pascu, *Meşteşugurile din Transilvania ...*, S. 38.

ten Ergebnissen: Die Geistlichen verfügten über eine nahezu uneingeschränkte Unterstützung durch den König und über ein großes Vermögen, das ihnen bedeutende Interventionsmöglichkeiten eröffnete.[170] Demgegenüber spielte die immer noch bedeutende Größe der Ortschaft, der überaus rege Handel, das Bestehen von einigen Zünften und das Erzielen gewisser Privilegien nur eine beschränkte Rolle.

Im Allgemeinen ist die städtefreundliche Politik der Könige dieser Periode bekannt.[171] In einer Zeit ständig drohender Türkeneinfälle war eine solche prinzipiell auch unabdingbar, wobei das Hauptgewicht auf die Ortschaften am Südrand Transsylvaniens fallen musste, vor allem auf Temeswar, Hermannstadt und Kronstadt.

Zumal im Fall von Temeswar werden Vorteile daraus augenscheinlich. Nach Karl I. Robert und Ludwig I. (dem Großen) hielt sich vor allem Sigismund von Luxemburg dort häufig auf, was die Bedeutung der Stadt steigerte: Selbst wenn Temeswar nicht mehr im engeren Sinn eine königliche Residenz war, wurde es doch *„zum Mittelpunkte der ganzen unteren Gegend [..., und] gewöhnlich war der Temeser Obergespann gleichzeitig auch der Oberkapitän des unteren Landestheiles"*[172]. Diese Rolle war jedoch zweischneidig und wir wissen wie sehr sich andere Orte, z. B. Bistritz, gegen Herren wie Johannes von Hunyand gewehrt haben, der ja gerade in Temeswar eine wichtige Residenz hatte: 1441 erhielt er das Königsschloss und wurde zum *„Ban"* des gesamten Banates ernannt.[173]

Gewiss, manche Verfügungen des Königs wirkten sich in dieser Zeit offensichtlich zu Gunsten von Freistädten aus, selbst wenn es sich nicht um Städte handelte, die in der Türkenabwehr von besonderer Bedeutung waren und auch nicht um Orte, an denen der König ganz unmittelbare finanzielle Interessen hatte – etwa um Bergstädte. Im Zusammenhang mit solchen Förderungen, beispielsweise von Klausenburg oder Schäßburg/Sighișoara, wäre allerdings zu überprüfen, in wie weit es sich um eine Begünstigung des Königs aus eigener Initiative handelte oder in wie weit die Städte selbst einfach die Möglichkeiten hatten, ihren Anliegen ein entsprechendes Gewicht zu verleihen.

Einerseits überließ König Sigismund von Luxemburg 1437 einer Kapelle in Kronstadt ein größeres Grundstück am Rande der Innenstadt,[174] das ihm ver-

---

[170] I. Pușcaș, *Convenția din 1722 dintre Capitlul episcopiei catolice din Oradea și orașul Oradea* [Die Vereinbarung von 1722 zwischen dem Kapitel der katholischen Diözese Großwardein und der Stadt Großwardein], in: „Lucrări stiințifice", Oradea 1972, S. 69.
[171] F. B. Fahlbusch, *Städte und Königtum im frühen 15. Jh. Ein Beitrag zur Geschichte Sigismunds von Luxemburg*, Köln, Wien 1983.
[172] A. Barát, *Die königliche Freistadt Temesvár*, Temeschwar 1902, S. 17f.; F. Wettel, *Temeschwar im Mittelalter*, S. 18.
[173] E. Ungureanu, *Originea și trecutul orașului Timișoara* [Der Ursprung und die Vergangenheit der Stadt Temeschwar], Timișoara 1925, S. 9.
[174] G. Gündisch, *Urkundenbuch zur Geschichte der Deutschen in Siebenbürgen*, Bd. IV, Hermannstadt 1937, S. 642f.

mutlich als Lagerplatz gedient hatte,[175] auf dem nachher 14 Hofstellen angelegt werden konnten. Andererseits kam es aber auch zu Beschränkungen der Rechte von Freistädten – dieses vermutlich auf Druck einflussreicher Persönlichkeiten aus dem Umfeld des Königs –, Beschränkungen, die für gewöhnlich auch an Residenzen gebunden waren.

Ein erster, einfacherer Fall ist der von Deesch/Dej, einem Salzbergwerksort im Nordwesten Siebenbürgens: Entgegen dem alten Recht, den Richter selbst zu wählen, verlieh Ludwig der Große 1349 einem *„comes Andreas"* lebenslänglich die Richterwürde des Ortes. Es kam zu einer Erhebung der Stadtbewohner und schließlich zu einem Vergleich, in dem Andreas auf das Richteramt verzichtete, dafür aber eine erbliche steuerfreie Hofstelle mit zugehörigen Liegenschaften erhielt.

Später kam es öfters zu verschiedenen königlichen Verleihungen. Die Leidtragenden waren dabei etwas kleinere, isoliert liegende Orte, mit denen man sich solches eher erlauben konnte.

Bei Städten mit einer minderen Rechtslage ist eine Vergabung leichter verständlich. So wurde 1426 Lippa mit der zugehörigen Burg Schischman dem Sohn des bulgarischen Woiewoden verliehen, war dann später ein Besitz von Johannes Hunyadi und 1528 eineinhalb Jahre lang die Residenz von Johann Zápolya. Gegenüber den Benachteiligungen, die sich daraus ergaben ‚zählte eine zeitweise Reduzierung von Abgaben (1426) oder die Existenz einer Münze (1454) nur wenig.

Das Los traf aber auch Freistädte. Sathmar/Satu Mare, dessen alte Rechte schon im 13. Jh. bestätigt worden waren, wurde 1411 von Sigismund von Luxemburg Georg Brancovic´ verliehen und 1452 nannte es Johannes Hunyadi *„civitas nostra"*. 1460 kam es an den König zurück, aber schon 1481 wurde es wieder an Emerich Zápolya vergeben, kam dann an andere Besitzer, so 1526 an Stanislaus Báthory.[176] Durch diese Besitzer wurden die Stadtrechte eingeschränkt.[177]

Ein ähnliches Los traf selbst Freistädte des privilegierten Königsbodens. 1453 wurden Stadt und Distrikt Bistritz zur Erbgrafschaft erklärt und Johannes Hunyadi zugesprochen. Dieser bestätigte der Stadt zwar ihre alten Rechte und betonte ausdrücklich, dass die Vögte der neu zu erbauenden Burg keinerlei Machtbefugnisse in der Stadt hätten, doch wohnten diese zunächst in einem Haus am Marktplatz, das ihnen Hunyadi auch schenkte. Schon bei der Verleihung hatte der Rat die Möglichkeit eines bewaffneten Widerstandes erwogen, aber bei ruhiger Überlegung und auf Anraten Hermannstadts sah er

---

[175] G. Nussbächer, *Schenkungen und Bestätigungen. 600 Jahre Martinsberger Kirche in Kronstadt*, in: „Karpaten-Rundschau", Nr. 9/2. III. 1995, S. 6.
[176] S. Borovszky, *Szatmár-Németi sz. kir. város* [Die königliche Freistadt Sathmar-Nemeti], Budapest, S. 172, 176 und 180.
[177] D. Prodan, *Iobăgia în Transilvania în secolul XVI* [Die Leibeigenschaft in Transsylvanien im 16. Jh.], Bd. II, S. 368.

davon ab. Als sich jedoch, zumal nach Hunyadis Tod die Übergriffe der Burgvögte häuften, kam es zum bewaffneten Kampf, der jedoch zu Ungunsten der Stadt ausfiel. Dann kam es zu einer Verbesserung der Lage durch die Bestätigung der Privilegien durch den König und 1464, bald nach dem Tod des zweiten Erbgrafen, konnte die Stadt für 6.000 Gulden die Burg zurückkaufen. Ein Jahr später erhielten die Bistritzer das Recht, die Burg abzutragen, wobei der König die Erbgrafschaft für ewige Zeiten aufhob und die Bistritzer in ihre alten Rechte und Freiheiten wieder einsetzte; auch das Haus am Marktplatz kam an die Stadt zurück:[178] Wo Recht und Schwert nichts halfen, hatte schließlich das Geld genützt.

Der Fall Bistritz ist aber nicht der einzige dieser Art: 1464, im gleichen Jahr, als die Bistritzer in den Besitz der Burg gelangen konnten, verpfändete König Matthias Corvinus Stadt und Stuhl Mühlbach/Sebeş einer adligen Familie, Pongratz. Gewisse Dinge wiederholten sich, andere wieder gestalteten sich anders, denn das Gebiet gehörte unmittelbar zur Gebietskörperschaft der Sieben Stühle. So kam es, dass sich die Familie 1478 beklagt, diese Stühle hätten ihr die verpfändete Stadt entrissen und 1480 erbrachten die Sieben Stühle 2.000 Gulden für die Auslösung von Stadt und Stuhl.[179]

Handelte es sich in all diesen Fällen vornehmlich um Geldbeschaffungsmaßnahmen des Königs, so begann sich gegen Ende des 15. Jhs. die Konstellation in größerem Maß zu ändern. Damals *„veranlaßte der Adel in Verbindung mit der hohen Geistlichkeit auf den Landtagen von 1492, 1504 und 1523 eine Anzahl von Beschlüssen, [durch ...] die Häuser der Prälaten und des Adels in den Städten [...] steuerfrei sein"* sollten; zugleich wurden die Adligen in unterschiedlichster Beziehung gegenüber Bürgern und Städten bevorzugt. König *„Wladislaus konnte jedoch nichts zu deren Schutze tun, [und] hatte wohl auch gar kein Verständnis für die Bedeutung des Bürgertums und des Städtewesens".*[180] Damit begann allmählich eine neue Zeitspanne.

In dieser dritten Etappe, seit der ersten Hälfte des 16. Jhs., als mit dem Ende der Agrarkrise wirtschaftliche Schwierigkeiten städtischer Siedlungen merklich zunahmen, verschoben sich die Gewichtungen zum Nachteil der Städte: Neue Residenzbildungen konnten wesentlich schwerer verhindert werden.

Und wieder waren es die kleineren, abgelegeneren und damit schwächeren Städte, die im Besonderen zu leiden hatten. Konnten sich diese nicht gegen den Zuzug von Adligen wehren, so wurden sie von ihnen gewissermaßen überflutet: Die Adligen bewohnten ihre Stadtresidenzen vor allem im Winter, suchten darin aber auch in Zeiten akuter Türkengefahr Schutz – so in Sath-

---

[178] O. Dahinten, *Geschichte der Stadt Bistritz in Siebenbürgen*, Köln, Wien 1988, S. 62–67.
[179] F. Baumann, *Die Schenkung der Stadt und des Stuhles Mühlbach an die Brüder Johann und Andreas Pongratz. Ein Beitrag zur Geschichte Mühlbachs unter Mathias und Wladislaus II*, in: „Mühlbacher Gymnasial-Programm 1875/76", S. 33, 39 und 42.
[180] F. Wettel, *Temeschwar im Mittelalter*, S. 38.

mar.[181] Sie waren von Abgaben befreit und belasteten dadurch die jeweiligen Ortschaften, in denen dafür die anderen Bewohner entsprechend größere Leistungen zu erbringen hatten. Zugleich kam es selbstverständlich auch zu wesentlichen Veränderungen in der Zusammensetzung des Magistrates: Aus Karansebesch wissen wir beispielsweise, dass der Stadtrat anfänglich zumeist aus Handwerkern bestand, später jedoch mehrheitlich aus adligen Grundbesitzer.[182]

In der Folge trachteten auch normale Stadtbewohner – Handwerker und Kaufleute –, in den Adelsstand erhoben zu werden, um der erheblichen Begünstigungen teilhaftig zu werden – etwa in Wardein oder Deesch[183] – und gegen eine Bezahlung war dieses durchaus möglich. So veränderten sich die Gewichtungen in einigen Orten vollständig: Thorenburg, Deesch und Enyed/Aiud wurden schließlich zu „oppida nobilium" schlechthin erklärt.[184]

Wichtigere Städte konnten sich gegen den Zuzug von Adligen schützen und diesbezüglich sind zwei Begebenheiten aus Hermannstadt aufschlussreich. Mitte des 16. Jhs. kam in Hermannstadt das größte Bürgerhaus zum Verkauf und der Fürst beziehungsweise der Fiskus waren daran interessiert. Obwohl die Stadt eigentlich das teuere Haus nicht brauchte, berief sich diese auf das Näherrecht und kaufte es selbst, nur um keinen Besitz der Obrigkeit in ihren Mauern zu haben. Noch sprechender ist die Geschichte der Familie Haller. Diese hatte im 16. Jh. in der Stadt eine Handelsvertretung eröffnet, sich später aber mit adligen Familien verschwägert. Als ein Nachkomme wieder ein Haus in der Stadt kaufen wollte, genehmigte der Magistrat dieses nicht, da Haller ein „Ungar", d. h. ein Adliger sei.

Spannungen zwischen Städten und Adligen waren dementsprechend unumgänglich, wobei die Städte in dieser Zeitspanne in der Defensive waren. In der Abwehr von Angriffen hielt ein Vertreter der Städte und des freien Königsbodens, Albert Huet, im Jahr 1591 auf dem Landtag vor dem Fürsten eine Rede, die von der allgemeinen Problematik zeugt. Darin erwähnte er unter anderem: Die Adligen sagen „*ihr seid nur [...] Schuster, Schneider und Kürschner, nicht Kriegsleute und Verteidiger des Reiches [...]. Gerade das aber rechnen wir uns zur Ehre [...]. Dass aber Schuster und Schneider Zunftleute sind, da sei Gott dafür gelobt, dass endlich so friedliche Zeiten gekommen sind, dass man sich mit Schuhmachern mag erhalten und Eurer Fürstlichen Ganden einen dicken fetten und angenehmen Zins geben kann. [...] Darum sollen Euere Fürstliche Durchlaucht viel lieber dulden, und wir wollen sie viel lieber tragen, die Namen Kürschner, Schneider, als Diebe, Mörder und Räuber.*"[185]

---

[181] S. Borovszky, *Satmár-Németi sz. kir. város* [Die königliche Freistadt Sathmar], S. 180–198.
[182] F. Milleker, *Geschichte der Städte und des Städtewesens im Banat*, Vrsac 1921, S. 12.
[183] Șt. Pascu, *Meșteșugurile din Transilvania ...*, S. 159.
[184] F. Schuler v. Libloy, *Siebenbürgische Rechtsgeschichte*, Bd. I, Hermannstadt 1855, S. 450f.
[185] *Sächsisch-schwäbische Chronik*, Hrsg. E. Eisenburger, M. Kroner, Bukarest 1976, S. 46f.

Letztlich konnten sich die Adligen gegen die großen Freistädte nicht durchsetzen, aber kleinere Orte veränderten ihren Charakter. In immer größerem Maß verdankten Orte wie Karansebesch oder Thorenburg ihr Gepräge und Ansehen den Adligen und nahmen dadurch wenigstens teilweise den Charakter von Residenzstädten an.[186] Städte dieser Art, im engeren Sinn des Wortes, waren jedoch nicht zahlreich. Eindeutig muss Ende des 16. Jhs. Wardein dazu gerechnet werden, welches durch einen Landtagsbeschluss nach der Reformation in den Besitz des Fürsten übergegangen war, und ebenso Weißenburg. Eine Reihe von Orten, die in das Osmanische Reich eingegliedert worden waren – an der Spitze mit Temeswar – bekamen dagegen eher den Charakter von Garnisonsstädten.

Fasst man das Gesagte zusammen, so wird deutlich, dass es sich zunächst im Verhältnis zur Stadt um graduelle Unterschiede zwischen herrschaftlichem Besitz und einer eigentlichen Residenz handelte, später werden die Unterschiede jedoch vielschichtiger.

Zugleich wird deutlich, wie sich die Dynamik des Verhältnisses in die Entwicklung allgemeiner Strukturen eingliedert: Die Beziehungen änderten sich im Kontext der großen Etappen demographischer Entwicklung und der Verschiebungen im Preisgefüge beziehungsweise der daran gebundenen unterschiedlichen Gewichtungen von Landwirtschaft und Handwerk einerseits und den verschiedenen Konjunkturen des Bergbaus andererseits.

Bistritz im Kontext der Verkehrswege*

Für die Entwicklungsdynamik der mittelalterlichen Stadt war vor allem ihr wirtschaftliches Profil ausschlaggebend. Außer einigen älteren Besitzen wurden um 1180 zahlreiche Grundstücke angelegt, die von Anfang an kleiner als bäuerliche Parzellen waren; dies kann nur durch ihre Anlage durch Handwerker und Kaufleute erklärt werden[187].

Auch andere Hinweise sprechen für einen relativ hohen Anteil der Kaufleute an der Gesamtbevölkerung des Ortes. So ist die Stadtkirche auf dem Hauptplatz eine der wenigen Kirchen Siebenbürgens, die dem Heiligen Nikolaus geweiht waren, und wie Karl-Heinz Blaschke bewies, gehörten solche Kirchen in der Regel Handelsemporien an. Über Bistritz, das in Verbindung

---

[186] F. Milleker, *Geschichte der Städte und des Städtewesens im Banat*, S. 12.
* Vortrag bei der Tagung der Rumänischen Städtegeschichte-Kommission, Bistritz 1993. Erstdruck: Dinamica evoluției orașului Bistrița în contextul căilor de comunicație [Die Entwicklungsdynamik der Stadt Bistritz im Kontext der Verkehrswege], in „Revista Bistriței" [Bistritzer Zeitschrift], VIII, Bistritz 1994, S. 79–81.
[187] Für weitere Erklärungen siehe: P. Niedermaier, *Siebenbürgische Städte*, Bukarest, Köln, Graz 1979, S. 76–77, 119–123.

mit den Ereignissen von 1241/42 als „Marktflecken" bezeichnet wurde, gibt es auch einige frühe urkundliche Belege, die auf Handelstätigkeiten hinweisen. Von besonderer Bedeutung ist für die Stadt das 1353 verliehene Jahrmarktrecht gewesen; sie erhielt es sechs Jahre nachdem dieses Recht überhaupt erstmals einer Stadt dieses Raumes verliehen wurde (und zwar der Bergstadt Frauenbach) und 11 Jahre bevor die Stadt Kronstadt dieses Rechts erhielt.[188] Die Tatsache, dass 1292 Komes Nikolaus, der Besitzer zahlreicher Bergwerke in Rodenau/Rodna auch ein Haus in Bistritz hatte, zeugt für die sehr frühzeitige Beteiligung des städtischen Patriziats im Bergwesen. Dann berichten die Urkunden auch über Handwerker und deren Zünfte[189]. Es muss schließlich hinzugefügt werden, dass es in Bistritz, einer mittelgroßen Stadt, eine ungewöhnlich große Anzahl von Klöstern gab.

Wenn einerseits die Ortschaft wohl auf die Ausdehnung des sächsischen Siedlungsgebietes abgestimmt war, in dessen Mitte sie sich befand, so setzte andererseits ihr vorrangig vom Handel geprägtes Profil die Lage an einem Fernweg voraus, der Siebenbürgen und die Nordmoldau verband.

Der Verlauf der Schlacht mit den Petschenegen im Jahr 1068 bei Kyrieleis deutet auf einen Rückzug der Petschenegen entlang des Bistritz- und Borgo-Tals durch den Tihutza-Pass und vermutlich wurde bei der Standortwahl von Bistritz dieser Karpatenpass in Betracht gezogen. Jahrhundertelang hatte sie jedoch keine besondere Bedeutung erlangt.

Nur zum Teil ist dieses der Existenz eines anderen naheliegenden Passes zu verdanken: Im Jahr 1241 drangen die Mongolen durch den Rotunda-Pass bei Rodna in Siebenbürgen ein, und dieses spricht für einen Fernweg durch das Tal des Großen Somesch hinüber in das Tal der Goldenen Bistritz. Eine Burg, wahrscheinlich in diesem Pass, wurde schon 1268 bestätigt[190] (etwa 100 Jahre vor jenen in Törzburg und bei Talmesch), eine Tatsache, welche die damalige bevorzugte Benutzung dieses Passes bestätigt. Im 16.–17. Jh. erwähnen die geographischen Beschreibungen im Nordosten Siebenbürgens nur einen einzigen Pass über die Karpaten. Zu diesem Pass oberhalb von Rodna gab es von Bistritz eine Verbindung, die sowohl für das Bergbaugebiet als auch für die bedeutende Stadt wichtig war. Sie führte von Bistritz über einen 300 m hohen Bergzug in das Tal des Großen Somesch und von dort weiter nach Rodenau, dann über die Wasserscheide in Richtung der Goldenen Bistritz und weiter entlang anderer Berge nach Baia oder Szutschawa.

---

[188] *Documente privind istorie României* [Dokumente zur Geschichte Rumäniens], Serie C, 14. Jh., Bd. IV, București 1955, S. 400–404; F. Zimmermann, C. Werner, G. Müller, *Urkundenbuch zur Geschichte der Deutschen in Siebenbürgen*, Bd. II, Hermannstadt 1897, S. 97–99 und S. 212–213.
[189] *Documente ...*, Serie C, 13. Jh., Bd. II, București, 1952, S. 382–383, Șt. Pascu, *Meșteșugurile din Transilvania până în secolul al XVI-lea* [Die Gewerbe in Siebenbürgen bis ins 16. Jh.], București 1954, S. 352–369.
[190] *Documente ...*, Serie C, 13. Jh., Bd. II, S. 115.

Tatsache bleibt, dass man nach Rodna gut durch das Tal des Großen Somesch gelangen konnte, ohne Bistritz zu berühren. Wegen der Möglichkeit, der Stadt auszuweichen, wegen der großen Entfernung zwischen Pass und Stadt oder wegen der vom Gelände verursachten besonderen Schwierigkeiten gab es im Mittelalter in diesem nordöstlichen Gebiet Siebenbürgens nur einen Saumpfad und keinen Fahrweg über die Berge.

Die eigentliche Konkurrenz für den Weg über die Karpaten bei Bistritz war jedoch jener entlang der Karpaten aus Polen. Wie zumal die Architektur der Moldau zeigt, kamen die meisten gotischen Einflüsse nicht aus Siebenbürgen, sondern aus Polen. Es ist dementsprechend zu vermuten, dass in dem Maße, in dem Hospites z. B. in Krakau angesiedelt wurden, und dann vor allem Juden in Galizien, die Verbindung von der alten Fernstraße Krakau-Kiew, die bei Lemberg abzweigte und über Halitsch nach Szutschawa führte, unproblematischer war als eine Verbindung über die Karpaten.

Westwärts sind die Verbindungen nach Bistritz unproblematisch gewesen. Die Urkunden nach 1400 erwähnen die von den ausländischen Kaufleuten besuchten Ortschaften immer in der gleichen Reihenfolge: Klausenburg – Bistritz – Weißenburg[191], was vermuten lässt, dass die Jahrmärkte in diesen Ortschaften in dieser Reihenfolge aufgesucht wurden. Für die Verbindung mit Klausenburg erwähnen die Berichte des 16. und 17. Jhs. den bedeutenden Weg nach Deesch/Dej, über Reckentek/Reteag und Bethlen/Beclean, aber in den Landkarten des 18. Jhs. ist auch ein wichtiger Weg zwischen Neuschloß/Gherla und Bistritz eingezeichnet. Zu diesen kommt noch der Weg nach Neumarkt/Târgu Mureş.

Die mühselige Verbindung auf dem Karpatenweg und vor allem die bessere Anbindung an das europäische Straßennetz über Lemberg bestimmten die zögernde Entwicklung der als Handelsemporie angelegten Stadt Bistritz. Diese haben entscheidend zur Stagnation und zu den nur mittelgroßen Ausmaßen der Stadt beigetragen.

Ein schlüssiges Indiz dafür ist die langdauernde Stagnation der Bevölkerungszahl von Bistritz: Von der Mitte des 14. Jhs. bis um die Mitte des darauffolgenden Jhs. nahm die Anzahl der Bewohnerzahl kaum zu, während die Einwohnerzahl von Kronstadt, Klausenburg, Hermannstadt oder Schäßburg spektakulär zunahm.[192] Erst später kann ein gewisser Aufschwung beobachtet werden; die Bevölkerung der Stadt erreichte schließlich um 1550 einen vorläufigen Maximalwert von etwa 5.000 Einwohnern.

Die Stagnation kann vor allem in Verbindung mit Schwierigkeiten gesehen werden, die der Handel der Stadt kaum bewältigen konnte – und dieses trotz der günstigen Voraussetzungen, welche eine bedeutende Finanzkraft sicherte

---

[191] Die erste Urkunde diesbezüglich: F. Zimmermann, C. Werner, G. Müller, *Urkundenbuch* ..., Bd. III, Hermannstadt 1902, S. 638–639.
[192] P. Niedermaier, *a. a. O.*, S. 79–84.

und welche die reiche Bistritzer Architektur bestätigt. Für eine ziemlich geringe Handelstätigkeit spricht auch die kleine Zahl der diesbezüglichen Urkunden des 14. und 15. Jhs.: ihre Anzahl ist viel kleiner als jene von Hermannstadt oder Kronstadt, sogar geringer als jene zum Klausenburger Handel. Hinzu kommt, dass die Verleihung des Stapelrechtes an Bistritz erst 1523 erfolgte, ungefähr 150 Jahre später als an die Städte Kronstadt und Hermannstadt, aber trotzdem 30 Jahre vor der Verleihung des Stapelrechtes an Klausenburg.

Noch klarer erscheint die relativ geringe Bedeutung des Bistritzer Handels im Licht der Zolleinnahmen von Rodenau. Laut der Darstellung von Georg Werner aus dem Jahr 1552[193] hatte das königliche Schatzamt innerhalb Siebenbürgens drei wichtige Zollstellen, welche in der Regel jeweils den drei Städten ihrer Umgebung verpachtet wurden:
- die Stadt Kronstadt hat eine durchschnittliche Pacht von 2000 Gulden zu zahlen (wobei es sich um einen Weg in die Moldau und einen in die Walachei handelte);
- die Stadt Hermannstadt entrichtete eine Pacht von 1000 Gulden;
- die Stadt Bistritz zahlte eine Pacht von 200 Gulden.

Während die Bedeutung der Handwerker im Leben der Stadt allmählich zunahm, beschränkte sich der Bistritzer Handel vornämlich auf jenen innerhalb Siebenbürgens, welcher durch jenen mit der Moldau lediglich ergänzt wurde. Wegen der ziemlich mühsamen Verbindungen von Bistritz über die Karpaten wiesen die Handelswege durch Polen für den Warenaustausch mit der Moldau viele Vorteile auf.

Jenseits der Entwicklung des Handels und jenseits der sozial-politischen Probleme der Stadt Mitte des 15. Jhs. war Bistritz besonders reich – eine Tatsache, die vor allem der Beteiligung von Patriziern am Bergbau in Rodenau zu verdanken war. Er lässt sich in der frühen Gründung mehrerer Klöster und dem frühzeitigen Bau von Stadtmauern verfolgen. In dem Maße, in welchem der Rodenauer Silberbergbau zurückging stagnierte weitgehend auch die Entwicklung von Bistritz. Die wertvollen Bistritzer Häuser, welche jenen in Hermannstadt, Kronstadt oder Klausenburg um nichts nachstanden, entstanden um 1500, als der Goldbergbau zurückging und der Silberbergbau wieder anfing, sich zu erholen.

Die Verflechtung des Reichtums mit der Beschränkung der allgemeinen Entwicklung, die vor allem dem Straßennetz zu verdanken war, hat dem mittelalterlichen Bistritz sein Spezifikum verliehen.

---

[193] M. Holban, M.M. Alexandrescu-Dersca Bulgariu, Paul Cernovodeanu (Hgg.), *Călători străini despre țările române* [Ausländische Reisende über die rumänischen Länder], Bd. II, București 1970, S. 52.

In den beiden letzten Jhh. wurde die Problematik der Stadtlage von Neuem aktuell. Die Bemühungen der Stadt für den Bau einer Eisenbahn im Borgo-Tal verbunden mit dem Bau einer Bahnlinie entlang des Dorna-Tales hatten letztlich keinen Erfolg. Dieses führte zu einer neuen zeitweiligen Stagnation; zugleich fehlten die Einkünfte aus dem Bergbau. Auch wenn der Staat die Eisenbahnverbindung in die Moldau entlang des Ilva-Tales zwischen dem Rotunda-Pass und dem Tihutza-Pass gebaut hat, ermöglicht doch die Modernisierung der Straße zwischen Bistritz und Vatra Dornei eine neue Eingliederung der Stadt in das Netz der Hauptverkehrsstraßen. Da der mittelalterliche Baubestand – eben wegen der zeitweiligen Stagnation – gut erhalten ist, bietet die Stadt günstige Voraussetzungen für den Tourismus.

STÄDTEBAU

Allgemeine Gestaltung

Siebenbürgische Städte im europäischem Kontext*

Bei der Besichtigung einer Stadt bemerken wir für gewöhnlich ihr Spezifikum, aber diese Erkenntnis ist intuitiv und macht rationale Folgerungen schwierig. Zum Beispiel: Wenn ein Siebenbürger die Stadt Käsmark/Kežmarok in der Slowakei besichtigt, sieht er in der Gesamterscheinung eine Reihe von auffallenden Ähnlichkeiten mit siebenbürgischen Städten, etwa mit Bistritz/Bistriţa, ohne sich der Art dieser Parallelen bewusst zu werden.

Die Strukturen, die in der Gesamterscheinung ersichtlich sind und mit denen wir konfrontiert werden, sind komplex. Es gibt selbstverständlich zahlreiche, für alle mittelalterlichen Städte gemeinsame Merkmale, die ihren Ursprung im Zeitgeist haben und die für den ganzen Kontinent gültig sind, wie zum Beispiel eine gewisse Asymmetrie der Kompositionen, sowohl in Hermannstadt/Sibiu als auch in Perugia. Gleichzeitig gibt es auch viele, für einzelne Gegenden typische Elemente, die von klimatischen und wirtschaftlichen Faktoren sowie von der Mentalität der Bewohner bedingt werden; sie äußern sich zum Beispiel in den verschiedenartigen Baumaterialien, die etwa in Broos/Orăştie oder im alten Moskau verwendet wurden.

Um die Eingliederung des Gepräges siebenbürgischer Städte in den europäischen Kontext beurteilen zu können, müssen die verschiedenen Aspekte einzeln untersucht werden.

Ein erster Aspekt, den wir in diesem Gefüge erwähnen möchten, ist die Lage der Städte, die weitgehende Parallelen, aber auch einige Besonderheiten aufweist. Diesbezüglich unterscheiden sich die Städte Siebenbürgens von jenen im Süden Europas, die häufig auf Bergspitzen oder steilen Hängen liegen – ein extremes Beispiel stellt die wüste Stadt Mistra in Griechenland dar.

---

* Vortrag bei der siebenbürgischen Denkmaltagung, Tuşnad 1998. Erstdruck: *Specificul oraşelor transilvănene în context european* [Das spezifikum der siebenbürgischen Städte im europäischen Kontext], in „Tuşnad 1998. A müemlék vedelem elméleti és gyarkolatikérdései/Teoria şi practica reabilitării monumentelor istorice/Theoretical and Practical Problems of Restoration on Monuments", Sfântu Gheorghe 1999, S. 45–47.

Viel differenzierter müssen die Fragen des Grundrissgefüges betrachtet werden. Aus klimatischen Gründen sind Straßen im Süden schmal, um dadurch den Sonneneinfall einzuschränken. In Mittel- und Nordeuropa sind die Straßen viel breiter, so dass Sonne und Licht diese durchfluten konnten.

Eine besondere Bedeutung hat weiter das unterschiedliche Verhältnis zwischen den alten Siedlungstypen (mit ziemlich kleinen, fast quadratischen Parzellen und engen Straßen) und den mittelalterlichen Gründungen (die vor allem durch große, längliche Parzellen und Straßen mit unterschiedlicher Breite gekennzeichnet sind). Zum ersten Siedlungstyp gehören nur wenige Teile siebenbürgischer Städte; die komplexeste Anlage dieses Typs in Siebenbürgen ist die Alte Burg in Klausenburg/Cluj. Ähnlich selten treffen wir in Siebenbürgen Stadtteile an, die gewundene, unregelmäßig angeordnete Straßen besitzen; es sind dieses meist einstige Vorstädte, die durch eine allmähliche Bebauung von Flurblöcken entstanden sind (z. B. Teile der Oberen Vorstadt in Kronstadt/Brașov); dieses bildet einen Unterschied zwischen den hiesigen Zentren und jenen Osteuropas.

Bei uns überwiegen die neuen Siedlungsgebilde (wie im Falle Hermannstadts), doch handelt es sich dabei um sehr verbreitete Formen; nahezu überall, wo Siedlungen geplant angelegt wurden – von Irland bis in die Ukraine –, kommen sie vor, dieses jedoch mit einer gesteigerten Häufigkeit in Mitteleuropa (z. B. in Rothenburg ob der Tauber) und zumal in dessen östlichem Teil. Aber auch bei dieser Art von Grundrissen kann eine gewisse Besonderheit unserer Städte festgestellt werden, die sich aus ihrer Entstehungszeit ergeben hat. Die Zeit ihrer Anlage ist relativ klar begrenzt: Ihr Kern stammt meist aus der zweiten Hälfte des 12. Jhs. und die Erweiterungsetappen der Innenstädte setzten sich für gewöhnlich bis in die zweite Hälfte des 14. Jhs. fort. Es entstanden Städte mit „parallelen Straßen", die durch einen „Quermarkt" verbunden sind (ein Beispiel dafür ist Bistritz). Hingegen fehlen fast völlig etwas jüngere Kompositionen mit einem spindelförmigen Anger, die für viele Städte in der östlichen Slowakei kennzeichnend sind (z. B. Kaschau/Kosice) oder Städte, die aus fast quadratischen Baublöcken bestehen, zwischen denen die Straßen eine sehr ähnliche Breite haben (häufig in Polen, z. B. im Fall Krakau/Kraków anzutreffen).

Noch komplexer ist die Frage nach spezifischen Bauten, die das Gesamtgepräge mitbestimmen. Im Vergleich zum westlichen Teil Mitteleuropas sind im Osten Parterrehäuser weiter verbreitet; die Geschosse der Bauten und der Fensterabstand sind jedoch etwas größer, wodurch die Bauten maßstäblich anders wirken – es fehlt ihnen der etwas putzige Charakter deutscher Kleinstädte.

Die klimatische Bedingungen wurden schon erwähnt, und diese widerspiegeln sich vor allem in der Bedeutung des Holzes als Baumaterial. Dieses ist vor allem für die mittel- und osteuropäische Architektur charakteristisch, aber während im westlichen Mitteleuropa mit seiner größeren Bevölkerungsdichte

Allgemeine Gestaltung 149

der Fachwerkbau die Regel ist, kommt im weniger dicht besiedelten Osten der Blockbau in größerem Maße zur Geltung. Bei uns scheint zunächst auch der Fachwerkbau eine größere Rolle gespielt zu haben, doch trat später weitgehend der Blockbau an seine Stelle.

Da in einer nächsten Phase, im 16.–18. Jh., in Siebenbürgen die Holzwände durch Stein- und Ziegelmauern ersetzt wurden, gibt es diesbezüglich vor allem Ähnlichkeiten mit mitteleuropäischen Orten, nicht aber mit ost- oder nordeuropäischen Städten; bezeichnend hierfür ist ein Vergleich zwischen Iassy/Iaşi und Bistritz. Auch die Chromatik der Bauten wurde wenigstens teilweise von den klimatischen Umständen bedingt, so dass auch diesbezüglich Siebenbürgen mitteleuropäischen Gepflogenheiten entspricht.

Dabei spielt aber auch die Mentalität der Bewohner der unterschiedlichen Gegenden eine Rolle. Diese Mentalität – als Ergebnis einer jahrhundertelangen Erziehung, aber auch sozialer Gegebenheiten – widerspiegelt sich in vielerlei Beziehung. So hatte anscheinend das intuitiv angestrebte Verhältnis zwischen den für Verbrauchsgüter verwendeten Mitteln und jenen für Bauten eine gewisse Bedeutung. Vor allem im Falle der Bergstädte waren die Investitionen ziemlich bescheiden, und zwar zumal im Vergleich zu anderen Gebieten Mitteleuropas; dabei ist ein klares West-Ostgefälle von Sachsen nach Böhmen, in die Slowakei und nach Siebenbürgen festzustellen, von Freiberg nach Kuttenberg/Kutna Hora, weiter nach Kremnitz/Kremnica und Großschlatten/Abrud. In diesem Sinne sind jedoch auch die Unterschiede zwischen den verschiedenen siebenbürgischen Stadttypen gravierend.

Der Wohlstand war aber meistens auch an andere wirtschaftliche Bedingungen gebunden, die der Qualität der hergestellten Handwerksprodukte und dem Spezifikum der wirtschaftlichen Verbindungen zu verdanken sind; er widerspiegelt teilweise ein bestimmtes Gefälle zwischen bedeutenden und zweitrangigen Zentren sowie zwischen dem Westen und Osten Europas (von Löwen nach Nürnberg, Mühlbach/Sebeş und Konstanza/Constanţa). Dieses Wohlstandsgefälle ist aber im Falle der siebenbürgischen Städte teilweise dadurch beeinflusst, dass ein bedeutender Teil der Investitionen in Siebenbürgen wegen der ständigen Türkengefahr für die Wehranlagen aufgewendet werden mussten – eine insbesondere in Hermannstadt und Kronstadt offensichtliche Tatsache. Zugleich war auch der Rechtsstand der siebenbürgischen Städte genügend gefestigt, so dass die Stadtbewohner in der Errichtung von besonders prunkvollen Rathäusern keine Notwendigkeit sahen.

Es sind also vielfältige Elemente, die in Betracht gezogen werden müssen. Wenn wir eine Bilanz der oben aufgezählten Beobachtungen ziehen, folgt daraus, dass das Spezifikum siebenbürgischer Städte – jenseits der Unterschiede von Ort zu Ort – im Großen jenem der mitteleuropäischen städtischen Siedlungen entspricht. Es gibt gleichzeitig zahlreiche Besonderheiten, die vor allem einem klar gegliederten Grundrissgefüge und einer betonten Schlichtheit zu verdanken sind.

Die Grundrissgestaltung der mittelalterlichen Städte*

Das Gebiet innerhalb des Karpatenbogens ist ein weitgehend geschlossener Raum, innerhalb dessen im Mittelalter – wegen der relativ kleinen Bevölkerungsdichte – sprunghafte Evolutionen von Ortschaften kaum möglich waren. Trotz einer nicht sehr günstigen Quellenlage sind darum die Entwicklungsprozesse siebenbürgischer Städte gut überschaubar, so dass sie, bei einer großen Vielfalt städtebaulicher Formen, ein dankbares Studienobjekt bilden. Dieses gilt auch für die allmähliche Ausbildung ihrer Gestalt, wobei das Grundrissgefüge als wesentlicher Bestandteil der Raumformen besonderes Interesse verdient.

Dank verschiedener Regelungen, die juristischen und funktionellen Gesichtspunkten Rechnung trugen, widerspiegelt der Grundriss – im Unterschied zum Baubestand – einen sehr alten Sachverhalt; zwar gab es Änderungen,[1] doch beschränkten sich solche meist auf gewisse Verdichtungen des Parzellengefüges und auf kleine Gebiete. Dementsprechend bilden die Stadtpläne einen wichtigen Ausgangspunkt für Untersuchungen der Erweiterungsetappen von Ortschaften – wie die von Erich Keyser durchgeführten[2] –, aber auch für allgemeinere Feststellungen und für eine Klassifikation.

Dorftypen – Stadttypen. Demographische Untersuchungen haben gezeigt, dass die Bevölkerung im Allgemeinen und jene der Städte im Besonderen im Laufe der Zeit stark angewachsen ist[3] – im Falle von Hermannstadt/Sibiu zwischen 1100 und 1600 z. B. beiläufig auf das 200-fache. Mit den an solche Entwicklungen gebundenen zahlreichen Erweiterungen kam es selbstverständlich auch zu einer immer komplexeren Grundrissausbildung, so dass Heinz Stoob *„die Wachstumsphasen bei der großen Mehrzahl mittelalterlicher Bürgergemeinden als eine ineinandergreifende Abfolge von spontanen und planmäßigen Vorgängen"* bezeichnet.[4] Eine formale Typologie der Grundrisse in der auf uns gekommenen Gestalt hat darum einen begrenzten Wert, zumal diese vorrangig von den Merkmalen des Straßennetzes ausgeht. Bei einer Einteilung müssen einerseits auch die Charakteristika der Parzellen – als Grund-

---

* Vortrag gehalten bei der Bayerischen Akademie der Schönen Künste, München 1986. Erstdruck in „Forschungen zur Volks- und Landeskunde", 30/2, 1987, S. 37–51.
[1] S. dafür z. B. Gh. Curinschi, *Centrele istorice ale orașelor* [Die historischen Zentren der Städte], București 1967, S. 45.
[2] E. Keyser, *Der Stadtgrundriß als Geschichtsquelle*, in: „Studium Generale", Nr. 6, 1963, S. 345ff.; E Keyser, *Städtegründungen und Städtebau in Norddeutschland im Mittelalter*, Remagen/Rhein 1958.
[3] S. dazu P. Niedermaier, *Zur Bevölkerungsdichte und -bewegung im mittelalterlichen Siebenbürgen*, in: „Forschungen zur Volks- und Landeskunde", 29/1, 1986, S. 17ff.
[4] H. Stoob, *Die hochmittelalterliche Städtebildung im Okzident*, in: „Die Stadt. Gestalt und Wandel bis zum industriellen Zeitalter", Hrsg. H. Stoob, Köln, Wien 1979, S. 137.

Allgemeine Gestaltung 151

bestandteile der Siedlungen – erfasst werden, andererseits vor allem der Entwicklungsvorgang selbst. Schon Werner Radig hat die gemeinsamen Wurzeln von städtischen und ländlichen Siedlungen hervorgehoben.[5] Verständlicherweise verstärkten sich die Unterschiede zwischen diesen erst im Laufe der Zeit – in letzter Phase unter dem Einfluss der Agrarkrise des 14.–16. Jhs.[6] In morphogenetischer Sicht wird eine weitgehende Verwandtschaft zwischen den verschiedenen Typen deutlich, so dass man in Siebenbürgen, in Parallelität zu den Dorfformen, zwischen vier Stadttypen unterscheiden kann.

1. Verdichtete Streusiedlungen[7] sind auf einer ursprünglichen Einödblockflur oder dem Gelände einstiger Vorstadtmeierhöfe durch zahlreiche Besitzteilungen allmählich entstanden, wobei die verschiedenen Veränderungen normalerweise nur für sich bedacht wurden. Die Parzellen solcher Siedlungen bestehen meist aus Höfen und Gärten und haben dementsprechend sehr oft eine längliche, aber doch verschiedene Form; die Besitze sind entlang eines häufig unregelmäßigen Straßennetzes angeordnet. Entsprechend der weiten Verbreitung von Streusiedlungen[8] handelt es sich dabei um Ausbildungen, die jeweils örtlichen Gegebenheiten und Traditionen entwachsen sind, wobei im Grundrissbild kaum zwischen Städten und Dörfern unterschieden werden kann. Siedlungen dieser Art (wie Teile von Deesch/ Dej) haben jedoch für siebenbürgische Altstädte und ihren charakteristischen Städtebau nur eine geringe Bedeutung.
2. Verdichtete lockere Siedlungen[9] tragen ein haufendorfartiges Gepräge.[10] Da sich im Weichbild nur Höfe befinden und Gärten fehlen, setzen sich diese Siedlungen aus kleinen, oft ungefähr quadratischen Höfen zusammen, die im allgemeinen zwischen ursprünglich vereinzelten Besitzen an-

---

[5] W. Radig, *Die Siedlungstypen in Deutschland und ihre frühgeschichtlichen Wurzeln*, Berlin 1955.
[6] S. dazu: W. Abel, *Agrarkrisen und Agrarkonjunktur*, Hamburg, Berlin 1966, S. 42–96.
[7] S. dazu: E. A. Gutkind, *International History of City Development*, 8, New York, London 1972, S. 14–19; M. Born, *Geographie der ländlichen Siedlungen*, 1, Stuttgart 1977, S. 108–114; P. Niedermaier, *Überlagerung von verschiedenartigen Siedlungsformen bei siebenbürgischen Städten*, in: „Forschungen zur Volks- und Landeskunde", 27/2, 1984, S. 35ff.
[8] R. Vuia, *Studii de etnografie și folclor* [Ethnographische und Floklorististische Studien], 1, București 1975, S. 163–193.
[9] Für die Entstehung von Siedlungen dieser Art s.: M. Born, a.a.O., S. 114–126; P. Niedermaier, *Geneza centrului istoric clujean în lumina planimetriei sale* [Die Entstehung der Klausenburger Altstadt im Lichte ihres Grundrißgefüges], in: „Acta Musei Napocensis", 16, 1979, S. 201–207; ders., *Geneza orașului Sighișoara* [Die Entstehung von Schäßburg], in: „Revista muzeelor și monumentelor. Monumente istorice și de artă", Nr. 2, 1979, S. 67–73.
[10] Die Bezeichnung geht auf österreichische Städte bzw. A. Klaar (*Die siedlungstechnischen Grundzüge der niederösterreichischen Stadt im Mittelalter*, in: „Jahrbuch für Landeskunde von Niederösterreich", 29, 1948, S. 383; ders., *Die Siedlungsformen der österreichischen Donaustädte*, in: „Die Städte Mitteleuropas im 12. und 13. Jh.", Hrsg. W. Rausch, Linz 1963, S. 111) zurück.

152   Städtebau

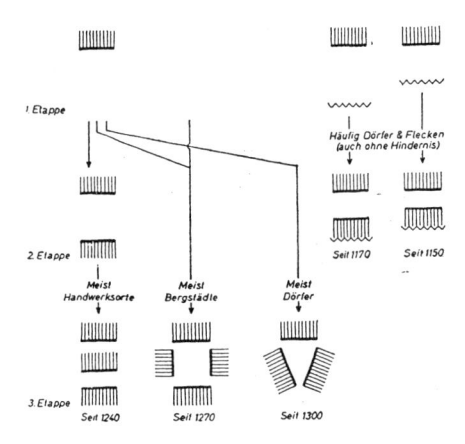

Abb. 50. Grundrissschemata zeilenmäßiger Anlagen

gelegt wurden. Ein Charakteristikum sind die schmalen Straßen, die ziemlich regelmäßig, möglicherweise nach einem allgemeinen Konzept angeordnet sind.[11] Anlagen dieser Art (in Siebenbürgen in Klausenburg/Cluj und Weißenburg/Karlsburg/Alba Iulia am vollständigsten ausgebildet) stehen demnach häufig einer Hochform des Haufendorfes[12] nahe und sind besonders alt. Die geringe Breite der Straßen erinnert an südländische Ortschaften – oft römischer Tradition –, und da zu Beginn unseres Jahrtausends das italienische Städtewesen in Europa von besonderer Bedeutung war, könnte bei der Verwendung des Grundrisstyps die Auswirkung dortiger Städte eine Rolle gespielt haben.

3. Zeilenmäßige Anlagen[13] (dazu gehören Zeilendörfer, Straßendörfer, Angerdörfer, Markstraßendörfer und unter Umständen auch Platzdörfer) haben in Mitteleuropa eine besondere Bedeutung gehabt und sind auch für die siebenbürgische Städtetypologie am weitaus wichtigsten. Charakteristisch für diese sind große, längliche Parzellen, die normalerweise aus Höfen und Gärten bestehen und für gewöhnlich gruppenweise angelegt worden sind – dieses nach Konzepten, die meist auch die jeweils nachfolgende Etappe, aber nur in einem einzigen Fall (der sogenannten Altstadt von Kronstadt/Braşov) sämtliche Erweiterungsphasen bedachten. Selbstverständlich entstand auch das Straßennetz nur allmählich durch Verlängerung der bestehenden Zeilen und Anlage bzw. Verlängerung von neuen, wobei die Hauptstraßen – den klimatischen Bedingungen Mitteleuropas

---

[11] Ihre Anordnung entspricht dem Rippentypus Ch. Klaibers (*Die Grundrißbildung der deutschen Stadt im Mittelalter*, Berlin 1912, S. 79) bzw. dem Fischgräten- oder Netzplan E. Eglis (*Geschichte des Städtebaues*, Bd. 2, Erlenbach/Zürich, Stuttgart 1962, S. 21f).
[12] M. Born, *a.a.O.*, S. 123.
[13] E. Egli, *a.a.O.*, S. 21f, spricht von Langzeilenplänen.

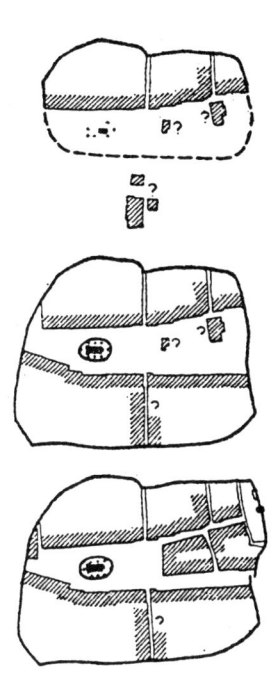

Abb. 51. Mühlbach, Verhältnis zwischen Häuserzeile und Freiraum

angepasst – verhältnismäßig breit sind. Im Entwicklungsprozess ergaben sich bestimmte Grundrissschemata (Abb. 50): Abhängig vom vorhandenen Raum vor der ältesten Zeile, von Entstehungszeit und funktionellen Erfordernissen – wie der Notwendigkeit einer Marktfläche – konnte dort später nur eine Straße, ein schmaler oder ein breiter Anger entstehen; nach der üblichen Parzellierung des letzteren bzw. der Weiterentwicklung des Zweistraßensystems wurde schließlich, in Einzelfällen, der Marktplatz (häufig ein Quermarkt) zum Kompositionsschema erhoben. Parallel- oder Radialstraßen kamen häufig hinzu. Durch den Komplexitätsgrad einer solchen Struktur unterschieden sich gegen Ende des Mittelalters Stadt- und Dorfgrundrisse weitgehend voneinander. Die Verwandtschaft zwischen diesen ist jedoch eindeutig, und in einem Frühstadium bildet die Parzellengröße den einzigen Unterschied zwischen ihnen.
4. Baublockmäßige Anlagen setzen sich aus rechteckigen, oft quadratischen Baublöcken zusammen, die ihrerseits aus länglichen Parzellen – genauer aus Höfen und manchmal aus Gärten – bestehen; dazwischen befindet sich ein gitterförmiges Straßennetz.[14] Als eine Weiterentwicklung der zeilenmä-

---

[14] S. dazu: ebenda, S. 22f.

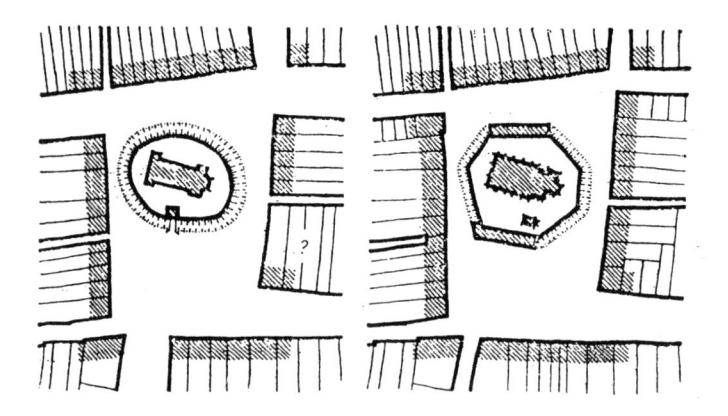

Abb. 52. Klausenburg, Veränderung des Marktplatzes

ßigen Anlagen waren sie, anders als diese, im Wesentlichen nicht linear, sondern konzentrisch geplant und wurden dementsprechend durch peripher angeordnete Baublöcke erweitert, wobei es jedoch zu keiner wesentlichen Änderung des Kompositionsschemas kam. Baublockmäßige Anlagen sind verhältnismäßig spät entstanden und hatten im Mittelalter einen betont städtischen Charakter; in Siebenbürgen ist dieser Typ jedoch nur ansatzweise zu finden – etwa in Schäßburg/Sighişoara.
Die Grenzen zwischen einzelnen Typen (zumal zwischen zeilenmäßigen und baublockmäßigen Anlagen) sind nicht immer ganz klar zu ziehen, und vor allem müssen in den meisten Städten ältere und neuere Siedlungen unterschieden werden (z. B. in Hermannstadt); dazu kommen manchmal auch Vorstädte unterschiedlicher Art (so in Klausenburg).

Das Verhältnis Siedlung – Natur. Durch die Gestaltung der Flur wirkte der Mensch entscheidend auf den Naturraum ein und formte diesen zu einem Kulturraum um. Andererseits reichte jedoch die Vegetation der Umgebung unmittelbar in die Siedlungen hinein. Besonders deutlich ist dieses bei den frühen Siedlungen auf Einödblockfluren, deren Parzellengefüge sich nur allmählich verdichtete. Erst nach und nach wurde die organische Bindung an den umgebenden Natur- oder Kulturraum immer weitgehender gestört, wobei gerade in vielen verdichteten Siedlungen auf einstigen Einödblockfluren und zeilenmäßigen Anlagen doch große Gärten mit ihrer Vegetation erhalten blieben.
Bei der Bebauungsverdichtung befestigter Flächen handelte es sich einerseits um einen funktionell bedingten Prozess der maximalen Verwertung kostbarer Flächen – dieses schon früh in haufendorfartigen Siedlungen und

später auch in zeilenmäßigen Stadtanlagen. Andererseits geht es aber auch um eine neue Einstellung des Menschen zur Natur und mithin um eine unterschiedliche Konzeption des Raumes: Meist in der zweiten Hälfte des 13. Jhs. wurde bei zeilenmäßigen Anlagen der offene, naturverbundene Freiraum durch den geschlossenen, architektonisch gestalteten Raum ersetzt. Ohne diese grundlegende Veränderung – in ihren vielfältigen Auswirkungen – ist die Entwicklung der mittelalterlichen Stadtbaukunst, wenigstens im südöstlichen Mitteleuropa, nicht zu verstehen.

Charakteristisch ist die Entwicklung von Mühlbach (Abb. 51). Dort befand sich der Natur- bzw. Kulturraum zunächst vor der geschlossenen Häuserzeile, wohl hinter einem abgegrenzten Anger.[15] Nachdem eine zweite Zeile gegenüber der ersten in beträchtlichem Abstand von dieser entstanden ist, war der freie Raum zwischen ihnen zwar durch die beiden Fronten klar begrenzt, aber dank der breiten seitlichen Öffnungen mit dem Umland dennoch organisch verbunden. Bei der Parzellierung des Angers – wie in anderen Fällen in der zweiten Hälfte des 13. Jhs. – entstanden zwei sehr breite Straßenzüge, die durch einen Quermarkt verbunden waren.

Die zunehmend geschlossene Ausbildung solcher Quermärkte wird nach 1270 durch Änderungen am Klausenburger Marktplatz deutlich (Abb. 52). Als königliche Gründung entstand er fast in einer einzigen Etappe. Kurz danach wurden jedoch die ursprünglich viel breiteren Einmündungen mehrerer Hauptstraßen wesentlich verengt.

Auf die gleiche Konzeptionsänderung weisen auch andere Detaillösungen zeilenmäßiger Anlagen hin. Bei solchen waren normalerweise in einer Frühzeit alle Parzellen parallel zueinander und mit den Häusern der Straße zu angelegt worden. Diese Anordnung behielt man zunächst auch neben den Marktplätzen bei. Dort lagen dann allerdings die langen seitlichen Gartengrenzen neben den Plätzen und waren höchstens durch Verkaufsstände verdeckt – so in Bistritz/Bistriţa und Hermannstadt auf je einer Seite des Freiraumes (Abb. 53): Obwohl dieser Freiraum zweifellos ein ganz wichtiges Glied der städtebaulichen Komposition gewesen ist, betrachtete man es zunächst nicht als selbstverständlich, ihn durch eine Bebauung auch architektonisch zu gestalten. Dieses geschah dann später: Wie häufig von Anbeginn an anderen Seiten dieser Quermärkte, erschien es wünschenswert, möglichst alle Fronten von Plätzen durch eine Bebauung auszuformen – z. B. in Mediasch/Mediaş. Dabei blieb allerdings der Beginn der anschließenden Hauptstraßen zunächst unbebaut, und erst allmählich entstanden auch dort Häuser (dieses im Gefolge der fortschreitenden Verstädterung und der daran gebundenen Besitzteilungen). Durch nachträgliche Interventionen wurden ursprünglich unbebaute

---

[15] Nach H. Planitz *(Die deutsche Stadt im Mittelalter*, Graz, Köln 1965, S. 65–68) waren auch die Wike Mitteleuropas im 11. Jh. ähnlich ausgebildet.

156   Städtebau

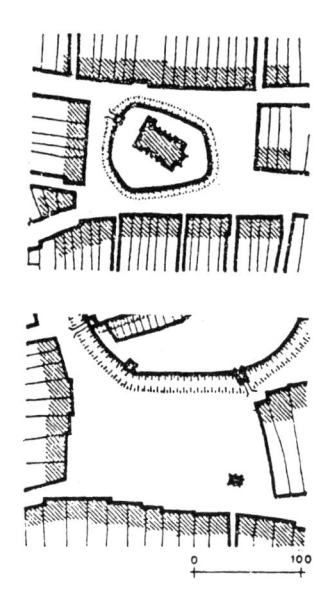

Abb. 53. Platzanlagen mit einer unbebauten Front (Bistritz, Hermannstadt)

Seiten von Plätzen gestaltet – etwa in Hermannstadt – und auch die Gesamtform korrigiert (in Kronstadt beispielsweise formte man den ursprünglich dreieckigen Marktplatz in einen geschlossener wirkenden viereckigen Platz um (Abb. 54).
   Freilich gab es schon früh auch in Siebenbürgen den architektonisch rundum gestalteten Platz, doch bildete er die Ausnahme (Abb. 55). In Broos entstand ein solcher zu Beginn des 13. Jhs. aus topographischen, entwicklungsgeschichtlich begründeten Gegebenheiten heraus. In der Vorsiedlung Klausenburgs – der sogenannten Alten Burg – führte Raummangel schon bis zum

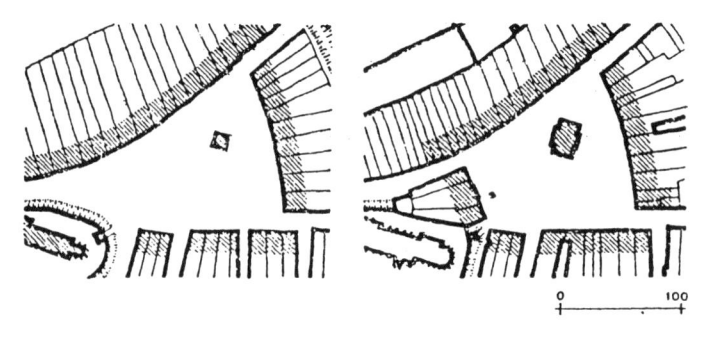

Abb. 54. Kronstadt, Umgestaltung eines Marktplatzes

Mongoleneinfall von 1241/42 zur Begrenzung des Kleinen Platzes. Aber erst in der zweiten Hälfte des 13. Jhs. entstand in Frauenbach/Baia Mare ein geschlossener Marktplatz aus einem Guss. Der Übergang vom naturverbundenen Freiraum zum architektonisch gestalteten „Ring" wird auch für den zentralen Teil Mitteleuropas von Karl Gruber erwähnt.[16] Ihm entspricht dort zugleich, auf einer anderen Ebene, das Zusammenfügen der ursprünglich vereinzelt angeordneten Niederlassungen (von Klöstern, Herrenhöfen, Siedlungen u. a.) zu einer einheitlichen Ortschaft – wie dieses für große Städte Deutschlands von Kurt Junghanns hervorgehoben wurde.[17] Wenn Albert Erich Brinckmann die geschlossene spätmittelalterliche Stadt mit der Gotik assoziierte,[18] so erinnern die frühen offenen Raumformen an die Romantik – doch sind sie, in engem Zusammenhang mit der Bevölkerungszahl, nicht deren einzige Äußerungsform auf städtebaulichem Gebiet.

Gliederung der Siedlungen. In einer frühen Zeit verdeutlicht die erwähnte Trennung von Burgen, Klöstern und Siedlungen unter anderem den Abstand zwischen deren Inhabern und Insassen bzw. Bewohnern. Die räumliche Vereinigung dieser Niederlassungen innerhalb der mittelalterlichen Stadt deutet auch einen gewissen Wandel gesellschaftlicher Beziehungen an.

Bei den siebenbürgischen Siedlungen ist die Tendenz zu einem geschlossenen, möglichst kurzen Umfang wehrtechnisch begründet, aber auch ein Symbol der Geschlossenheit der Gemeinschaft. Innerhalb der Weichbilder bestimmten die Organisationsformen verschiedener Bevölkerungsgruppen die Art der Ausgestaltung parzellierter Flächen: In lockeren Siedlungen – die den haufendorfartigen Anlagen meist vorangingen – konnte sich jeder den Platz für seinen Hof auswählen, bei zeilenmäßigen Anlagen wurde ihm dieser zugewiesen; bei dem einen Orten handelt es sich um eine nur im Großen gelenkte Ansiedlung, bei den anderen auch um eine Regelung der Einzelheiten.

Dabei blieben innerhalb der Bürgergemeinden gewisse Grenzen zwischen den Bevölkerungsschichten unverbrüchlich erhalten. Der Ungleichheit von Gewerken (Ringbürgern) und Knappen entsprechend ist z. B. in den Bergstädten eine Unterscheidung von Ring und Straßen wesentlich gewesen. Als Ausdruck der Rangordnung einzelner Stadtgebiete wird auch in anderen Fällen die differenzierte Dimensionierung einzelner Siedlungsräume gesellschaftliche Verhältnisse auf städtebaulicher Ebene widerspiegeln. Nach Theodor Fischer ist diese Differenzierung für den gesamten mitteleuropäischen

---

[16] K. Gruber, *Die Gestalt der deutschen Stadt*, München 1977, S. 34, 46 und 48. S. auch S. 62.
[17] K. Junghanns, *Die deutsche Stadt im Frühfeudalismus*, Berlin 1959, S. 88–143.
[18] E. A. Brinckmann, *Deutsche Stadtbaukunst in der Vergangenheit*, Frankfurt a. M. 1911, S. 144.

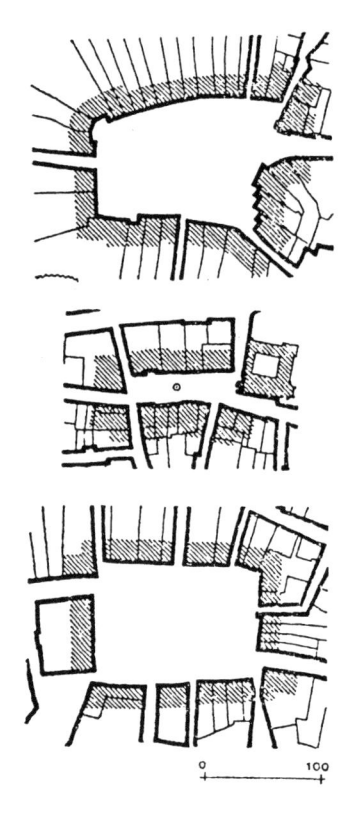

Abb. 55. Frühe geschlossene Platzanlagen (Broos, Klausenburg, Frauenbach)

Städtebau in ästhetischer Sicht wichtig;[19] sie ist ein weiterer Faktor, ohne den die mittelalterliche Stadtbaukunst Siebenbürgens nicht verstanden werden kann.

Bei zeilenmäßigen Anlagen ist eine gewisse Raumordnung nur teilweise an den Abstand von der Ortsmitte gebunden und in größerem Maße an die Zugänglichkeit des Gebietes. Daraus folgt die besondere Bedeutung des Straßennetzes – zumal der Straßenbreite und der Parzellengröße.

In vielen Fällen wurde die Abstufung im Laufe der Entwicklung immer deutlicher zur Geltung gebracht. So hat man in Bistritz den Hauptraum – zunächst ein Anger – von Anbeginn großzügig, die sekundären Quergassen jedoch überaus sparsam dimensioniert. Dieses erlaubte später, bei der Bebauung des Angers und bei Erweiterungen, eine Abstufung der Straßenbreiten – je nachdem, ob es sich um die Marktstraße, andere Hauptstraßen, Wohn- oder Verbindungsstraßen handelte (Abb. 56).

---

[19] Th. Fischer, 6 *Vorträge über Stadtbaukunst*, München, Berlin 1922, S. 9.

Allgemeine Gestaltung 159

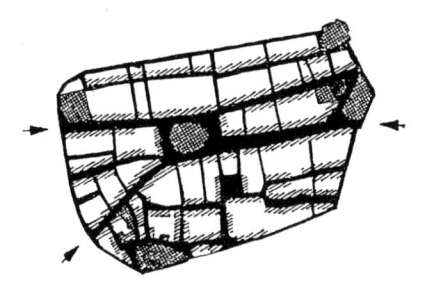

Abb. 56. Bistritz, Staffelung von Straßenbreiten

Dank der Staffelung trat und tritt die allgemeine städtebauliche Gliederung der Ortschaften klar in Erscheinung. Es ergaben sich Schwerlinien der Kompositionen, durch die entlegene Bezirke an das Zentrum angeschlossen wurden. In Kronstadt verbindet eine solche Hauptstraße den Marktplatz und den etwas später entstandenen langen Straßenzug der Burggasse; das Bindeglied – die Hirschergasse – besitzt eine verhältnismäßig große Breite und ist im Verlauf der Burggasse durch einen dreieckigen kleinen Platz betont (Abb. 57).

Vielgestaltiger ist die Ausbildung der kompositionellen Schwerlinie in Schäßburg (Abb. 58), und da diese Stadt in zwei verhältnismäßig engen Tälern stark in die Länge gezogen ist, kommt dieser Kompositionslinie große Bedeutung zu. Die dazugehörigen Straßenzüge haben im Allgemeinen eine größere Breite als die angrenzenden Straßen, aber auch engere Stellen. An den großen Bruchpunkten ihres Verlaufs gibt es je einen Platz, der diese wichtigen Punkte betont und zusammen mit den Engpässen und überbauten Stellen die Schwerlinie gliedert. Die dadurch entstandenen Teilstrecken haben, wie in anderen mittelalterlichen Städten, eine Maximallänge von 500–600 m.

Um zur Einheit der kompositionellen Anlage zu gelangen, mussten die weniger wichtigen Räume den bedeutenderen zugeordnet werden – was sich je-

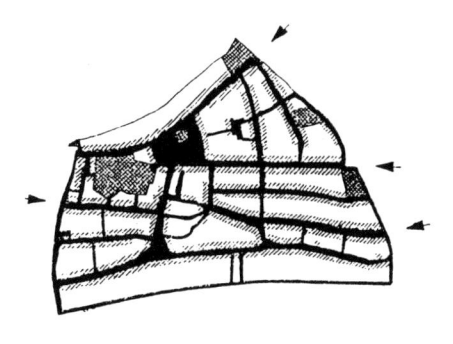

Abb. 57. Kronstadt, Verbindung zwischen Stadtgebieten

doch bei einem so komplizierten Gefüge nicht allein durch die Grundrissgestaltung gewährleisten ließ; dazu waren auch architektonische Dominanten, „optische Leitkörper", nötig.[20] Weil die Hauptstraßen oft vom Zentrum beginnend angelegt wurden, konvergieren sie teilweise dort automatisch – etwa in der Hermannstädter Unterstadt.

Ausgestaltung und Einzelformen. Wolfgang Braunfels schrieb: „*Wo immer man im Mittelalter nach einem vorausbestimmten Plan [und als solchen können wir Konzepte für die Einzeletappen bezeichnen] auf ebenem Gelände Städte begründet oder erweitert hat, waren die Straßen regelmäßig, gerade und relativ breit*",[21] und dieses ist nicht nur für Italien gültig. Trotzdem führte vor allem die Bereitschaft zur Anpassung an örtliche und funktionelle Gegebenheiten zu bedeutenden Unregelmäßigkeiten des Grundrissgefüges.

In städtebaulicher Sicht sind diese Gegebenheiten mit einem gottgegebenen Schicksal zu vergleichen, das man – aus christlicher Sicht, zumal des mittelalterlichen Menschen – zu tragen hatte („*Ich aber sage euch, dass ihr nicht widerstreben sollt dem Übel*"). Dem Ratschlag entsprechend waren auch die bestimmenden Gegebenheiten innerlich anzunehmen, als Vertrautes und nicht als Wesensfremdes in das Gefüge einzugliedern. Geschah dieses, so wirkten Unregelmäßigkeiten nicht störend, doch waren freie, relativ komplizierte Formen – Wolfgang Rauda spricht von gebunden-rhythmischen Kompositionen[22] – eine Grundbedingung dafür. Fasste man den einzelnen Raum – z. B. eine Straße –, wieder entsprechend christlichen Einstellungen, nicht als monumentales Gebilde an und für sich auf, sondern als Weg zu einem Ziel, als Teil eines viel größeren Ganzen, so waren die verschiedensten funktionellen Erfordernisse und Gegebenheiten nicht lästig. Diese Anpassungsfähigkeit ist als letztes wesentliches Kennzeichen der mittelalterlichen Grundrissgestaltung auch für die siebenbürgischen Städte bedeutsam.

Wir erkennen sie zunächst in der Ausbildung ganzer Stadtteile. Besonderheiten ergaben sich dabei häufig aus der entwicklungsgeschichtlichen Situation: In der Gründungs- oder Erweiterungszeit von sehr kleinen Siedlungen (und als solche sind auch die frühen Städte anzusprechen) hat man verständlicherweise vor allem augenblicklichen Forderungen zu entsprechen gesucht, den damals besten Standort bzw. die vorteilhafteste Form gewählt und aufwendige Herrichtungsarbeiten vermieden; wuchs dann der Ort stärker als vermutet an, so musste mitunter besondern Gelände- und Ortsgegebenheiten Rechnung getragen werden – z. B. in Kronstadt. Allgemein ist dabei festzustellen, dass bei Orten mit weniger Erweiterungsetappen (in Dörfern und kleinen

---

[20] W. Rauda, *Raumprobleme im europäischen Städtebau*, München 1956, S. 85–94.
[21] W. Braunfels, *Mittelalterliche Stadtbaukunst in der Toskana*, Berlin 1979, S. 86.
[22] W. Rauda, a.a.O., S. 98f.

Allgemeine Gestaltung 161

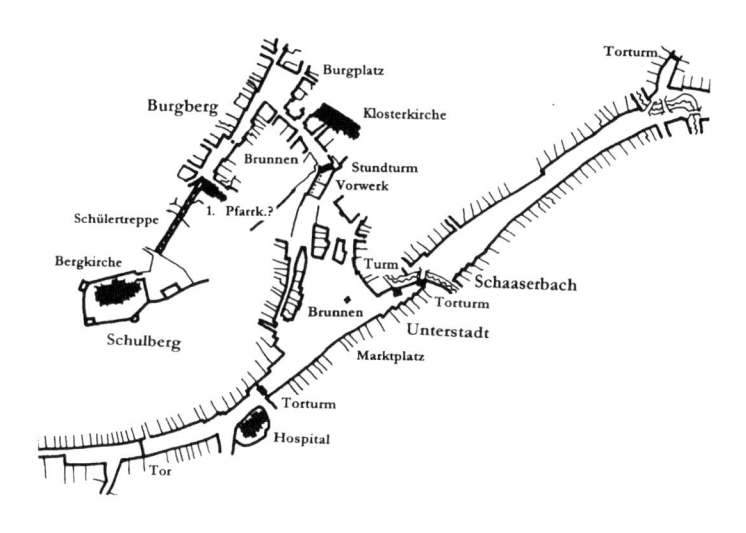

Abb. 58. Schäßburg, kommpositionelle Schwerlinie

Städten wie Mühlbach) geringere Unregelmäßigkeiten des Grundgefüges auftreten, bei solchen mit vielen Etappen ausgeprägtere (so in Hermannstadt). Für die Straßenführung, d. h. für einen eventuell gekrümmten oder geknickten Verlauf von Straßenzügen, sind ältere Anrechte von entscheidender Bedeutung gewesen. So konnte ein Fernweg nicht ohne weiteres verlegt werden, und ein solcher bestimmte in Bistritz und Hermannstadt den Verlauf von Hauptstraßen. Noch wichtiger waren jedoch oft die alten Siedlungsformen, und zumal die Kernform der Stadt. Manchmal tendieren diese zum kompositionell vorteilhaften regelmäßigen Rechteck (Bistritz); häufig sind aber auch wehrtechnisch günstige, geschlossene Ovalformen anzutreffen, und dann mussten automatisch die später hinter den älteren Parzellengruppen angelegten Straßen einen gekrümmten Verlauf erhalten (so im Südteil von Mediasch; Abb. 59).

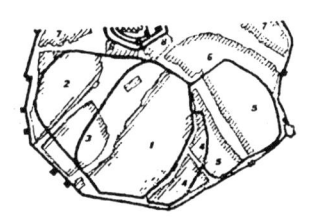

Abb. 59. Mediasch, ovale Begrenzungen von Pazellengruppen

Abb. 60. Schäßburg, Verhaue und Tore im einstigen Stadtbild

Erwähnenswert sind in diesem Zusammenhang auch Unregelmäßigkeiten der Frontenführung bei Straßen und Plätzen. Viele von diesen sind auf einstige Befestigungen – Verhaue und Begrenzungen – zurückzuführen. Solche befanden sich ursprünglich meist an den Siedlungsrändern und querten nach Erweiterungen den Verlauf der Straßen. Dort wurde mitunter für ein quer-gestelltes Tor außen auf der einen, innen auf der anderen Seite mehr Raum eingeplant. Da die Fronten zu beiden Seiten der Grenze nicht gleichzeitig gesehen werden konnten – zumal wenn es einen Torturm gab (wie z. B. zwischen dem Marktplatz und der Baier- bzw. Spitalgasse der Schäßburger Unterstadt, Abb. 60) – hielt man es anscheinend nicht für nötig, die Parzellenfronten auf der gleichen Linie anzuordnen. Manchmal wird schließlich beim Überschreiten der alten Siedlungsgrenze auch eine andere Straßenbreite nötig gewesen sein. So entstanden an solchen Stellen häufig Verwerfungen und seltener Knicke der Fronten. In der Schäßburger Baiergasse hängt ein Vorsprung sicher mit einer einstigen Grenze zusammen, und im Verlauf der dortigen Schulgasse sind Verwerfungen in beiden Straßenfronten möglicherweise auch dadurch zu erklären.

Durch Serien von Vorsprüngen – z. B. in verschiedenen Straßen Mediaschs – sollten wahrscheinlich trapezförmige Hausgrundrisse vermieden werden, aber nicht alle Besonderheiten der Frontenführung lassen sich durch funktionelle Belange erklären. Selbst wenn einige auch zufällig entstanden sind, dürften andere doch auf ästhetische Forderungen zurückzuführen sein. Dabei handelt es sich vor allem um Feinheiten der Frontenführung.

Durch Serien von Vorsprüngen – z. B. in verschiedenen Straßen Mediaschs – sollten wahrscheinlich trapezförmige Hausgrundrisse vermieden werden, aber nicht alle Besonderheiten der Frontenführung lassen sich durch funktio-

Allgemeine Gestaltung 163

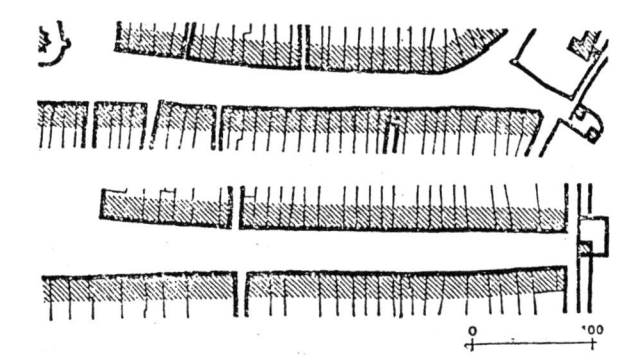

Abb. 61. Marktstraßen
siebenbürgischer Städte
(Bistritz, Klausenburg)

nelle Belange erklären. Selbst wenn einige auch zufällig entstanden sind, dürften andere doch auf ästhetische Forderungen zurückzuführen sein. Dabei handelt es sich vor allem um Feinheiten der Frontenführung.

In diesem Zusammenhang sind zunächst leichte Krümmungen zu erwähnen. In Klausenburg und Bistritz öffnete man die Marktstraße leicht zum Quermarkt hin (Abb. 61). Die Lösung entstammt einer verhältnismäßig frühen Zeit, und dadurch verband man die beiden wichtigsten Teile des Straßennetzes enger miteinander. Um den „Ring" besser abzuschließen, verjüngen sich in den gleichen Orten andere, teilweise etwas später angelegte wichtige Straßen in der Nähe des Marktplatzes (Abb. 62). Genauso beachtenswert ist die Frontenführung in Hermannstadt, beim Anschluss des Großen Rings an das unbebaubare Gebiet längs der Wehranlagen des älteren Kleinen Rings.

Wie im Schrifttum häufig erwähnt (z. B. von Pierre Lavedan[23]), sind Verjüngungen bzw. Verwerfungen mit raumbildender Wirkung zumal bei der Einmündung von Seitenstraßen in einen Marktplatz oder eine Hauptstraße angeordnet worden. Durch einen vorspringenden Bauteil ist dort die Straßenbreite reduziert und die Platz- oder Hauptstraßenfront stärker geschlossen worden – so z. B. beim Großen Ring in Hermannstadt. Am Ende des Pfarrergässchens in Schäßburg ist ein solcher Vorsprung in späterer Zeit sogar mit einem Bogen gepaart worden, der die Gliederung betont. Die Weiterentwicklung dieser Lösung bildet selbstverständlich die völlige Überbauung der Straße (in Siebenbürgen u. a. in Schäßburg und Klausenburg).

Überaus wirkungsvoll für das Raumgefüge und möglicherweise auch aus ästhetischen Gründen angelegt, sind zugleich Verwerfungen an anderen Stellen der Straßen (Abb. 64). In Schäßburg begrenzen mehrere Vorsprünge in den Fronten der Schanzgasse nicht nur einen Abschnitt der Straße, sondern

---

[23] P. Lavedan, *Histoire de l'urbanisme. Antiquité – moyen age*, Paris 1926, S. 470–475 und 478–488.

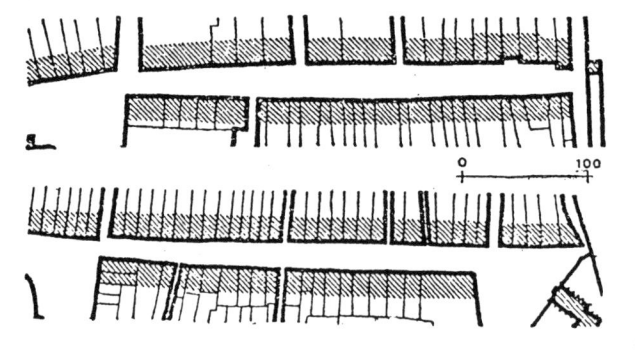

Abb. 62. Wichtige Straßen siebenbürgischer Städte (Klausenburg, Bistritz)

schließen auch den Raum des Burgplatzes gegen diese Nebenstraße ab, und ähnlich ist die Kronstädter Burggasse oberhalb des Platzes am Ende der Hirschergasse gestaltet.

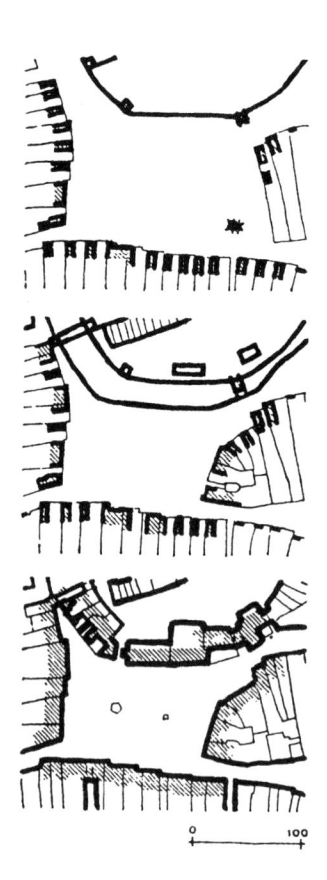

Abb. 63. Hermannstadt, Entwicklung der Frontenführung eines Platzes

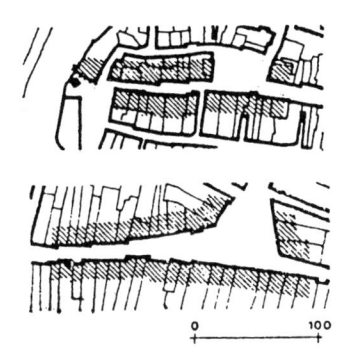

Abb. 64. Verwerfungen in Straßenfronten (Schäßburg, Kronstadt)

Nach unseren Darstellungen änderten sich im Laufe der Zeit die Gestaltungsgrundsätze nur teilweise. Als die Ortschaften stark anwuchsen und ihre Verstädterung begann, wandelte sich auch die Konzeption des Raumes. Die gestaffelte Dimensionierung und die Anpassung an funktionelle Erfordernisse sowie örtliche Gegebenheiten – mit den daran gebundenen komplexeren Formen – sind dagegen das ganze Mittelalter hindurch festzustellen.

Die Gestaltungsprinzipien sind letztlich ein konsequenter Ausdruck geistiger Einstellungen, durch die Wollen und Müssen auf einen Nenner gebracht wurden. Dieses Zusammenwirken erklärt, warum auch zweck- oder geländegebundene Belange gewissermaßen ein ästhetisches Vorzeichen erhalten. Städtebauliche Lösungen, die ganz verschiedenen Notwendigkeiten entsprachen, werden dadurch auf die Ebene künstlerischer Gestaltung gehoben.

Entscheidend ist dabei auch die lange Dauer der Entstehungszeit: Durch die vielen aufeinanderfolgenden Erweiterungen und Interventionen mit ihren jeweiligen Konzepten, wurden die Kompositionen vergrößert, ergänzt und korrigiert; sie erreichten dabei einen Komplexitätsgrad, der in einer kurzen Zeitspanne kaum zu erzielen war.

Mit diesen Merkmalen fügt sich die Gestaltung der mittelalterlichen Stadtgrundrisse nahtlos in den Städtebau Mitteleuropas ein; seine Prinzipien waren von Straßburg bis Kronstadt die gleichen. Selbst die großen Unterschiede zwischen den einzelnen Lösungen sind nichts Außergewöhnliches. Gebiete, in denen ein bestimmtes Grundrissschema vorherrscht (wie spindelförmige Anger in der Ostslowakei), sind meist Gründungen einer bestimmten, kurzen Periode. Die Entstehungszeit bedingte auch die weite Verbreitung zeilenmäßiger Anlagen im Falle siebenbürgischer Städte und war eine Voraussetzung für deren wichtigstes Spezifikum – die bewusst großzügige Bemessung sämtlicher Flächen.

Die Topographie der Macht im Licht des Städteatlasprojektes*

Der Städteatlas Rumäniens befindet sich in einem Anfangsstadium: Zwei Faszikel, für Schäßburg/Sighişoara und Szutschawa/Suceava, sind ausgearbeitet, aber noch nicht gedruckt, ein drittes für Târgovişte/Tirgowischte wurde begonnen.[24] Das aus diesen Lieferungen gewonnene Bild kann jedoch ganz wesentlich durch andere Studien zur Topographie der Städte Rumäniens und vor allem Siebenbürgens ergänzt werden, so dass sich doch ein aufschlussreiches Bild ergibt, in dem nicht Fallbeispiele, sondern besonders charakteristische Anordnungen im Mittelpunkt stehen. Es betrifft einerseits das Verhältnis zwischen Bürgergemeinde und Herrschaft beziehungsweise unabhängige Institutionen, und andererseits die Äußerung von Machtkonstellationen innerhalb der Gemeinde selbst.

Herrschaft, Institutionen und Gemeinde. Erste Aufschlüsse gibt die Topographie über das Verhältnis zwischen König beziehungsweise Fürst und Bürgergemeinde. Sowohl in Suceava als auch in Târgovişte gibt es einen Fürstenhof; in Schäßburg fehlt jedoch ein solcher. Vergleichen wir diese Situation mit jener anderer Orte der Moldau, der Walachei und Siebenbürgens, so erscheint sie als typisch. Im späten Mittelalter und in der frühen Neuzeit, also in der Zeit, die unsere Stadtpläne widerspiegeln, fehlt der Hof in den beiden erstgenannten Fürstentümern in keiner wichtigeren Ortschaft; in Siebenbürgen gab es jedoch kaum eine bedeutendere Stadt mit einem solchen.

Diese Tatsache widerspiegelt völlig unterschiedliche Gewichtungen innerhalb der erwähnten Gebiete. Während in der Moldau und Walachei allein der Fürst das Sagen hatte, und ihm die Stadtgemeinden dementsprechend auf Gedeih und Verderb ausgeliefert waren, gab es in Siebenbürgen mit seinen Freistädten ein ausgewogenes Verhältnis zwischen diesen beiden Machtfaktoren und mithin eine gewisse Dynamik dieses Verhältnisses: In Kronstadt trat der König einen Besitz innerhalb der Stadt zu Beginn des 15. Jhs. an diese ab, in Bistritz kam es wegen einer Herrschaftsburg innerhalb der Stadt gegen Ende des gleichen Jhs. zu ernsten Schwierigkeiten bis es der Gemeinde gelang, diese Burg zu erwerben und abzutragen, und in Hermannstadt musste die dortige Berg- und Münzkammer von der Krone immer wieder an Patrizier verpachtet werden, weil diese keinen Besitz innerhalb der Stadtmauern besaß oder erwerben konnte.

---

* Vortrag beim Kolloquium der Internationalen Kommission für Städtegeschichte, Bordeaux 1999.
[24] Seit 1999 sind folgende Lieferungen erschienen: Schäßburg/Sighişoara, Szutschawa/Suceava, Tirgovischte/Târgovişte und Mühlbach/Sebeş; in Arbeit befinden sich Langenau/Câmpulung und Braila/Brăila.

Greifen wir über den engen Rahmen der drei bis jetzt im Städteatlas untersuchten Orte hinaus, so erscheinen die Veränderungen im Machtverhältnis in den einstmals zur ungarischen Krone gehörigen Gebieten – Siebenbürgen und heutiges Westrumänien – noch ausgeprägter, denn aus der Zeit vor dem 15. Jh. hat sich in Stadtplänen der Standort eines Königshofes (Temeswar/Timişoara), eines Bischofssitzes (Tschanad/Cenad, Großwardein/Oradea, Weißenburg/Alba Iulia), eines Propsteisitzes (Hermannstadt) oder einer Deutschordensburg (Marienburg/Feldioara) erhalten.

Besonders vielschichtig war das Verhältnis zwischen Bürgergemeinde und Bettelmönchsklöstern. In der relativ kleinen Burg von Schäßburg nahm das Dominikanerkloster eine kleine Fläche unregelmäßiger Form ein; wenn wir diese Sachlage mit dem Plan von Mediasch/Mediaş vergleichen, wo an dem bei der Klostergründung noch unbebauten Stadtrand ein Minoritenkloster eine große Fläche besetzte, so ist dieses als Beweis zu werten, dass bei der Klostergründung in Schäßburg auf eine schon bestehende Bebauung weitgehend Rücksicht genommen wurde, also die Bürgergemeinde das Sagen hatte, eine Tatsache, die auf urkundlicher Grundlage auch im Fall der Verlegung eines Dominikanerklosters in das Innere der Stadtmauern von Hermannstadt nachweisbar ist. Andererseits nahm die Gemeinde ihrerseits auf klösterliche Niederlassungen auch Rücksicht – wofür der Stadtplan von Kronstadt spricht. Dort war bald nach 1300 ein Dominikanerkloster am Stadtrand angelegt worden; durch eine besondere, fächerförmige Grundrisslösung wurde bei späteren Stadterweiterungen dieser vom Kloster gewiss angestrebte marginale Standort beibehalten.

Besonders einprägsam treten uns im Plan von Bistritz die Zentren der Macht in Form von Befestigungen innerhalb der Stadt entgegen. Eine kleine Burg gehörte dem Comes, später dem Statthalter des Königs, die Kirchenburg ist der Bürgergemeinde zuzuordnen, aber auch das Dominikanerkloster war befestigt.

Verhältnisse zwischen Vierteln und Einzelsiedlungen innerhalb des gleichen Ortes. Als erstes zeigen die Grundrisse die Existenz sozio-ökonomisch unterschiedlicher Bevölkerungsgruppen auf, die gewiss über ein unterschiedliches Machtpotential verfügten. So gibt es im alten Grundriss von Suceava ein zentrales Gebiet mit einer regelmäßigen Anlage aus kleinen länglichen Parzellen von Kaufleuten und Handwerkern und rundum gelegene größere, unregelmäßig aufgeteilte Baublöcke mit größeren Parzellen einer bäuerlichen Bevölkerung; dabei weist die Zentralität des erstgenannten Gebietes gewiss auf seine polarisierende Rolle hin. Eine ähnliche Gliederung ist vielen Städten der Moldau und Walachei eigen; sie findet sich jedoch auch im Unterschied zwischen Innenstadt und Vorstädten mancher Orte Siebenbürgens wieder – etwa in Klausenburg/Cluj oder Hermannstadt.

Zwischen unterschiedlichen beieinanderliegenden Einzelsiedlungen bildete sich mitunter ein Machtverhältnis heraus, das im Grundrissgefüge deutlich zum Ausdruck kommt. So wurde in Schäßburg der Stundturm als Rathaus ausgebaut – ein Torturm, der Burg und Unterstadt verband, mithin beiden zugehörte und dementsprechend keinen der Stadtteile benachteiligte. Ähnlich ist in einer frühen Entwicklungsphase das Verhältnis zwischen Pfarrkirche und zwei Einzelsiedlungen in Mediasch einzustufen. Dabei ist bezeichnenderweise die klare Trennung zwischen den Siedlungen zu erwähnen, die durch Jhh. erhalten blieb. Handelt es sich hierbei um ausgeglichene Machtpositionen, so ist die Veränderung solcher Siedlungen aus dem Grundrissgefüge von Broos/Orăștie abzulesen. Dort gab es zunächst eine ältere Siedlung einer ansässigen, vermutlich Szekler Bevölkerung und eine neuere Hospitessiedlung, die sich an die erstere anlehnte. Später ist die neuere Siedlung gegenüber der ersteren wehrhaft abgegrenzt worden, griff aber bald auf deren Gebiet über, um sie schließlich ganz zu vereinnahmen. Es handelt sich hier um eine Veränderung der Machtverhältnisse, die in Kronstadt im Kontext der Verlegung des Verwaltungssitzes aus einer Siedlung in eine andere (aus der Altstadt in die Innere Stadt) zu einer Abstufung in Innenstadt und Vorstädte führte und zugleich zu einem unterschiedlichen Ausbau von Befestigungen, Kirchen, Häusern u. a. m.

Schichtung der Bevölkerung innerhalb der Gemeinde. Eine ganz deutliche Schichtung und mithin ein Indikator des Machtpotentials innerhalb der Gemeinde ergibt sich aus dem Unterschied zwischen Marktplatz, Haupt- und Nebenstraßen. In Bergstädten wird ja geradezu von Ringbürgern gesprochen – von Patriziern, die rund um den Hauptplatz einer Stadt wohnten – und in ähnlicher Weise sind in Kronstadt oder Hermannstadt die Parzellen der Patrizierhäuser eindeutig dem weitläufigen und wichtigen Marktplatz und den Hauptstraßen zuzuordnen: Die Zugehörigkeit eines Hauses zu einem solchen Raum stellte gewiss ein Statussymbol dar und die Bedeutung eines Raumes kam auch in seinem Aufbau zur Geltung: Es handelt sich dabei um die Geradlinigkeit des Verlaufes und um die Breite des Freiraumes. Fürgewöhnlich bildeten früher entstandene Gebiete das Herzstück der Siedlungen, in denen später auch die reicheren Bürger wohnten. Die Anlage der Parzellenreihen solcher Räume war nicht an eindeutige Vorgaben gebunden – d. h. an die Grenze älterer Parzellierungen. Neuere Nebenstraßen mussten jedoch auf solche Rücksicht nehmen, wodurch sich betonte Krümmungen des Verlaufes ergaben (so in Schäßburg) oder Verwerfungen (etwa in Bistritz). Dazu wurden diesen Seitenstraßen für gewöhnlich sparsamer bemessen, so dass sich auch diesbezüglich ein deutlicher Unterschied ergab; beispielhaft ist diesbezüglich die Innenstadt von Klausenburg.

Eindeutig gibt es zugleich einen deutlichen Unterschied in der Parzellengröße vom Stadtzentrum zur Peripherie hin. Sind diese Unterschiede in

Schäßburg vielleicht auch geländebedingt, so kann von einer solchen Bedingung auf ebenem Gelände – in Klausenburg, Bistritz oder Hermannstadt – nicht die Rede sein. Diese Abstufung lässt sich nicht durch Bodenmangel erklären; es hat vielmehr den Anschein, als sei sie bewusst zur Andeutung wirtschaftlicher und sozialer Unterschiede zwischen den einzelnen Bevölkerungsschichten angestrebt worden – etwa in Bistritz, wo eine großzügigere Bemessung von Parzellen der Randbereiche auch die Länge der Befestigungen nur unwesentlich beeinflusst hätte.

Noch deutlicher kommen diese Unterschiede im Kontext der neueren Verdichtungsparzellen, vor allem entlang der sogenannten „Neugassen" – z. B. in Kronstadt – zum Ausdruck. Diese neueren Parzellen für ärmere Leute sind immer sehr klein. Dabei wurden häufig bezeichnenderweise gerade nicht die Patrizierparzellen für die Anlage von Verdichtungsparzellen beschnitten, so in Hermannstadt.

Unterstrichen wurde diese planimetrische Gliederung durch die unterschiedlich großen Häuser, welche die feineren Unterschiede des Grundrisses hervorhoben. So widerspiegeln verschiedenste topographische Elemente die klare Gliederung der Bevölkerung und zugleich die Machtverhältnisse innerhalb der Gemeinde.

Gepräge im Wandel*

Für das Gepräge der mittelalterlichen Stadt gibt es – jenseits des südeuropäischen Raumes – relativ wenige direkte Informationen. Während für die neuere Zeit aus Abbildungen auf die Merkmale der Stadt rückgeschlossen werden kann, also die Darstellung als Quelle für städtegeschichtliche Forschungen zu nutzten ist, können wir für die ältere Zeit nur aus unserem allgemeinen Kenntnisstand auf das Gepräge schließen: Das Bild ist also nicht Ausgangspunkt, sondern Ergebnis der Forschungen.

Karl Gruber hat ein solches Bild entworfen[25] und dabei auch den charakteristischen Wandel eines idealen Stadtbildes skizziert. Da er jedoch das Augenmerk auf Bautypen richtete und diese hervorhob, sah er weitgehend von Distanzen zwischen Bauten und deren zahlenmäßigem Verhältnis ab – also letztlich auch von Raumverhältnissen. Für gewisse Gebiete wie die Rheingegend ist dieses nicht störend, für Gründungsstädte des Mittelalters, verhalten sich die Dinge jedoch anders und schon das Zentrum von Rothenburg o. T. oder München war einstmals durch ganz andere Parzellengrößen gekennzeichnet: Gerade in einer frühen Zeit und in relativ schütter besiedelten Ge-

---

* Erstdruck: *Gepräge im Wandel. Die mittelalterliche Stadt im Südosten Europas*, in: „Bild und Wahrnehmung der Stadt", Hrsg. F. Opll, Linz 2004, S. 119–142.
[25] Karl Gruber, *Die Gestalt der deutschen Stadt*, München 1977.

bieten kam den Raumverhältnissen im Gepräge der Ortschaften eine entscheidende Bedeutung zu.

Methodologie. Ausschlaggebend ist dabei zunächst der Siedlungstyp. Gehen wir von einer einfachen Einteilung aus:[26]
- Siedlungsgebilde auf einstigen Einödblockfluren,
- lockere, in Verdichtung begriffene Siedlungen,
- zeilenmäßige Anlagen,

so sind für jede dieser Siedlungsarten schon gewisse planimetrische Merkmale vorgegeben, die anhand des späteren Grundrissgefüges in ihren Grundzügen greifbar werden. Dabei sind gewisse Veränderungen, die sicher eingetreten sind, von sekundärer Bedeutung.

Ein Beispiel für diese grundsätzlichen Unterschiede des Gepräges bietet der Fall Temeswar/Timișoara. Dabei können wir nach dem mittelalterlichen Grundriss des Ortes, der ein großes Gebiet mit abgerundeten Baublöcken umfasst, für die ursprüngliche Form des entsprechenden Bereiches, für die „Stadt", eine frühe Einödblockflur vermuten, deren Bebauung sich später verdichtete (in der Mitte der Zeichnung erscheinen die zunächst wenig geteilten Flurblöcke mit Höfen, Äckern, Grasflächen, Obstgärten, Hecken, dazwischen das Netz der Wege).

Aus dem mittelalterlichen Grundriss dieser Stadt können wir jedoch auch die Existenz einer anderen, viel regelmäßigeren Siedlung ersehen, die ursprünglich aus Einzelhöfen bestand, aber schon früh dicht bebaut war. Sie befand sich innerhalb der rechteckigen „Burg".[27]

Im Fall beider Siedlungstypen muss aus anderen Quellen auf das Verdichtungsstadium der Parzellierung rückgeschlossen werden. Dafür bietet sich die beiläufige Entwicklung der Bewohnerzahl an, die sich aus konkreten Angaben, Vergleichen oder Zahlen späterer Zeit ergibt. Für die relativ frühe Zeit um 1240 kann entsprechend solcher Anhaltspunkte für die große Siedlung auf den Einödflurblöcken auf ein frühes Verdichtungsstadium geschlossen werden, gleichzeitig jedoch für die ungleich kleinere Siedlung innerhalb der „Burg" auf ein sehr fortgeschrittenes Bebauungsstadium.

Der dritte Siedlungstyp, die zeilenmäßigen Anlagen in Form von Parzellenreihen, Zeilen und Straßen oder Angern sind bei systematisch angelegten Ortschaften viel weiter verbreitet. Ein ganzer Kriterienkatalog erlaubt uns im Falle solcher Gebiete oder Ortschaften, die Reihenfolge festzulegen, in der die

---

[26] Paul Niedermaier, *Der mittelalterliche Städtebau in Siebenbürgen, im Banat und im Kreischgebiet ...bis 1241*, Heidelberg 1996; ders. *Städtebau im Mittelalter, Siebenbürgen, Banat und Kreischgebiet (1242–1347)*, Köln, Weimar, Wien 2002.

[27] Für das Gepräge der beiden Viertel im 16. Jhs. s. ders., *Städtebau im Spätmittelalter, Siebenbürgen, Banat und Kreischgebiet (1348–1542)*, Köln, Weimar, Wien 2004, S. 126–127.

einzelnen Parzellengruppen und Baublöcke angelegt[28] wurden, und aufgrund verschiedener Daten zur Bevölkerungsentwicklung können wir diese schließlich auch datieren.[29] So lässt sich z. B. für Mühlbach/Sebeș der zeitliche Rahmen für die Erweiterungsetappen der frühen Einzelsiedlungen bestimmen, woraus man deren Merkmale ersehen kann:[30] Vor allem verschiedene Abrundungen der Parzellengruppen und Baublöcke, die gewiss im Hinblick auf eine möglichst geschlossene Form angestrebt wurden, geben uns dabei sehr konkrete Hinweise.

Außer bei frühen Siedlungsformen spielen auch im Fall von zeilenmäßigen Anlagen die Verdichtungen des Parzellengefüges eine nennenswerte Rolle. Nach dem Bau stärkerer Wehranlagen um die Innenstädte kam es zur Anlage von neuen Hofstellen am hinteren Ende der Gärten und entlang von Seitenstraßen – so z. B. in Mediasch; im südosteuropäischen Raum wurden nur ausnahmsweise Parzellen auch der Breite nach geteilt. Alle Teilungen erfolgten jedoch nach einer gewissen Gesetzmäßigkeit, so dass diese in Funktion der Bevölkerungsentwicklung in etwa nachvollzogen werden können.

Nach einer Korrektur aufgrund solcher Entwicklungsgesetze kann dementsprechend das spätere Grundrissgefüge zusammen mit den Eckdaten der Bevölkerungsentwicklung entscheidende Anhaltspunkte für eine Rekonstruktion des planimetrischen Zustandes von Siedlungen in bestimmten Entwicklungsphasen bilden.

Eine zweite entscheidende Fragestellung ist an die Bebauung der Gebiete gebunden. Für Kirchen und Klöstern sowie für bürgerliche Gemeinschaftsbauten und Wehranlagen gibt es im Fall vieler Städte konkrete Studien, die auf ihre Entwicklungsgeschichte eingehen und dementsprechend Anhaltspunkte für deren Gepräge zu verschiedenen Zeiten bilden.

Komplexer ist der Sachverhalt im Falle der Wohnbauten. Seit langem wurden für diese Typenreihen herausgearbeitet.[31] Es stellt sich jedoch die Frage nach dem variabeln Anteil dieser Typen am gesamten Baubestand – dieses vor allem in Bezug auf Baumaterial und Größe.[32] Eindeutig kann diese Fragestellung nur in einer sehr begrenzten Zahl von Ortschaften beantwortet werden, z. B. für den siebenbürgischen Raum bisher im Fall von zwei Städten. Zunächst haben sich von der Mitte des 16. Jhs. für Kronstadt/Brașov Schätzungen des Wertes sehr vieler Häuser erhalten, die eine Identifizierung mit einzelnen Bautypen zulassen; ihr Anteil kann anschließend für die verschiedenen Stadtgebiete extrapoliert werden.

---

[28] Ders., *Siebenbürgische Städte, Forschungen zur städtebaulichen und architektonischen Entwicklung von Handwerksorten zwischen dem 12. und 16. Jh.*, Köln, Wien 1979, S. 13–30.
[29] Ders., *Siebenbürgische Städte*, S. 30–37.
[30] Ebenda, S. 49–61.
[31] Für Siebenbürgen s. z. B. H. Fabini, *Gotik in Hermannstadt*, Bukarest 1989.
[32] P. Niedermaier, *Siebenbürgische Städte ...*, S. 255–259.

Abb. 65. Schäßburg, Bauten vor 1225

Außerdem gibt es für Neustadt/Baia Mare aus der Mitte des 18. Jhs. eine vollständige Auflistung der Häuser nach Typen.[33] In beiden Fällen ist zugleich eine Lokalisierung der einzelnen Bauten innerhalb des Weichbildes möglich,[34] so dass sich daraus ein recht vollständiges Bild des Baubestandes ergibt. Für andere Städte sind nur durch Einzelangaben und Vergleiche ähnliche Sachbestände zu ermitteln. Wichtig erscheint dabei der Anteil von Holzhäusern mit Schindel- oder Strohdächern am gesamten Baubestand sowie die vorherrschende Giebel- beziehungsweise Traufenstellung der Häuser.

Geht man von Einzelangaben zum Baubestand aus sowie von den konkreten Möglichkeiten der einzelnen Städte entsprechend den bekannten Bauetappen der Stadtbefestigungen, so lassen sich einzelne Zeiträume bestimmen, in denen vor allem an gemauerten Wohnbauten gearbeitet wurde. Entsprechend diesen Zeiträumen lässt sich dann in etwa die Bautätigkeit an diesen Häusern zeitlich staffeln beziehungsweise die Veränderung der Zahl von Holzhäusern und gemauerten Häusern bestimmen.

Eine besondere Frage bilden kleine Bauten und Anlagen innerhalb der Ortschaften, die sich häufig nicht erhalten haben, welche jedoch das einstige Gepräge entscheidend mitbestimmten. Diesbezüglich kann nur auf alte Beschreibungen, auf Zeichnungen und die Ergebnisse archäologischer Grabungen zurückgegriffen werden, doch haben wir dabei nicht die Gewähr einer annähernden Vollständigkeit.

Trotzdem entwarf Hermann Phleps schon in den 1930-er Jahren anhand der damals bekannten Anhaltspunkte ein Bild der frühen siebenbürgischen

---

[33] *Monografia municipiului Baia Mare* [Monographie des Munizipiums Neustadt], Hg. N. Boca, Baia Mare 1972, S. 234–235.
[34] P. Niedermaier, *Siebenbürgische Städte ...*, Abb. 153 und 154 mit zugehörigem Text; ders, *Städtebau im Spätmittelalter ...*, S. 269–272, 283–284.

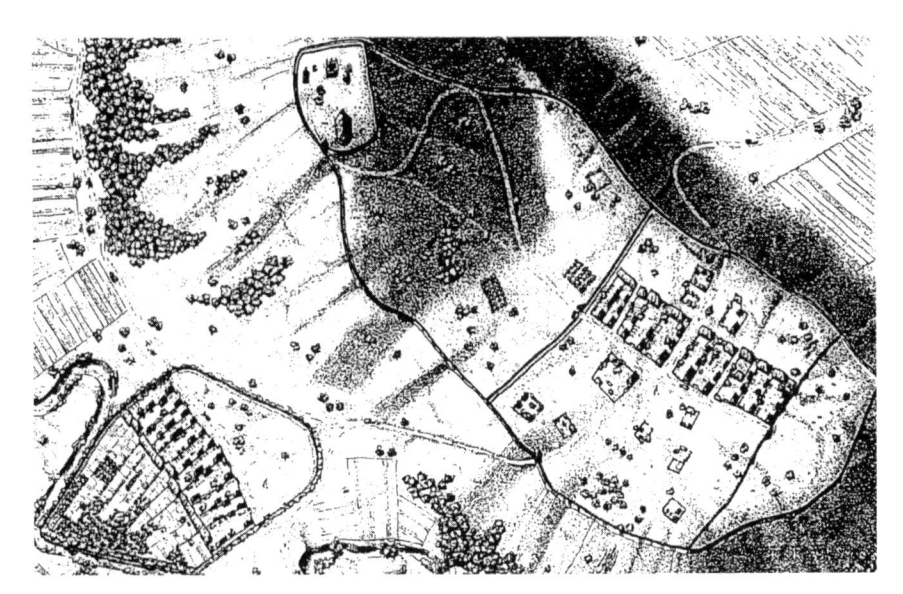

Abb. 66. Schäßburg um 1225

Hospitessiedlung Großschenk/Cincu,[35] Hermann Fabini hat um 1980 eine gut dokumentierte Rekonstruktion des Zentrums von Hermannstadt/Sibiu um die Zeit von 1500 gezeichnet[36] und Radu Oltean veröffentlichte 2004 bunte Rekonstruktionszeichnungen für Hermannstadt und Kronstadt, die den Zustand um 1600 darstellen sollen.

Fallbeispiel. Das Grundrissgefüge der Siedlungen war einerseits von der Bevölkerungszahl und von wirtschaftlichen Merkmalen geprägt, der Baubestand jedoch weitgehend von dem durch Wirtschaft und Preisgefüge bestimmten Wohlstandsniveau.[37] Zugleich spielte jedoch auch die Mentalität der Bewohner, ihre Vorstellung von der optimalen Siedlungs- und Bauart eine wachsende Rolle.

Auf dieser Grundlage lassen sich auch für den Südosten Europas charakteristische Veränderungen des allgemeinen Gepräges von Städten bestimmen und damit der Wandel des Stadtbildes. Paradigmatisch kann dieses am Beispiel von Schäßburg/Sighişoara gezeigt werden.

In einer frühen Entstehungsphase der Siedlung, schon zu Beginn des 13. Jhs., gab es in der dortigen Burg eine lockere Siedlung, die aus Einzelgehöften

---

[35] H. Zillich, *Siebenbürgen. Ein abendländisches Schicksal*, Königstein/Taunus 1968, S. 102.
[36] H. Fabini, *a.a.O.*, Abb. 84 und Umschlag.
[37] S. dafür z. B.: W. Abel, *Wüstungen in historischer Sicht*, in: „Zeitschrift für Agrargeschichte und Agrarsoziologie", 1967/2.

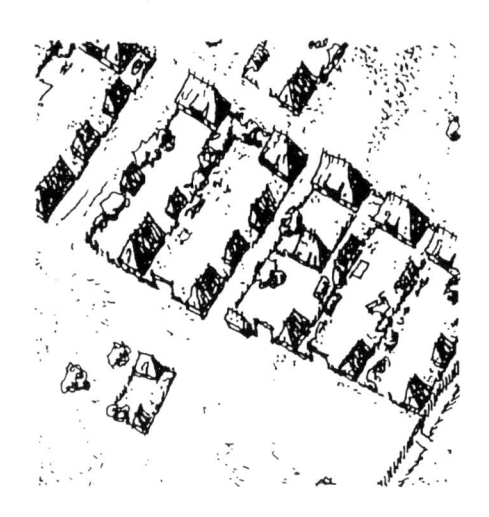

Abb. 67. Schäßburg, Bauten um 1225

und Einzelbauten bestand, wobei der allgemeine Baubestand spärlich und die Bauten recht bescheiden waren. In den einzelnen Höfen handelte es sich im Allgemeinen wohl um ein Haus und kleine Wirtschaftsbauten (Abb. 65). Die Besitze waren auf einer halbwegs ebenen und leicht zu verteidigenden Terrasse über einer Flußau verteilt. Ihre Fläche wurde von Verhauen begrenzt und solche trennten auch deren mittleren Bereich mit den Gehöften ab. Zugleich gab es auf einem Berg über der Terrasse eine kleine Burg mit einer Wehrmauer und einer kleinen Kirche.

In der ersten Hälfte des 13. Jhs. Kam es bei der Ansielung der Hospites zur Anlage der ersten beiden geschlossenen Parzellenreihen (Abb. 66). Die eine lag in der Burg zwischen den alten Gehöften, die weiter existierten. Entsprechend den geringen Ausmaßen des Gebietes bestanden die neuen Besitze nur aus Höfen ohne dahinterliegende Gärten. Die Anordnung der Bauten innerhalb der Höfe war fränkischer Art: Das Wohnhaus, aus Holz und mit einem strohgedeckten Walmdach, stand vorne gegen die Straße, kleinere gleichartige Wirtschaftsgebäude befanden sich dahinter und die große Scheune war am Ende des Hofes, quergestellt (Abb. 67). Die zweite Parzellenreihe entstand unterhalb der Terrasse, in der Au eines Baches, in einer schützenden Krümmung des Wasserlaufes. Da es dort, in der künftigen Unterstadt genug Platz gab, waren die Parzellen viel größer und umfassten außer dem fränkischen Hof auch einen dahinterliegenden Gemüse- und Obstgarten; dagegen waren die Bauten gleicher Art wie jene der neuen Zeile in der Burg. Vor der Häuserzeile gab es einen unregelmäßig geformten Anger, dessen Kontur sich dem Verlauf von älteren Fernwegen anpasste. Zusammen mit der Parzellengruppe war er durch einen Verhau geschützt, der streckenweise durch das Bachbett ergänzt wurde. An der eigentlichen Burg auf der Spitze des Berges hat sich nur

Allgemeine Gestaltung 175

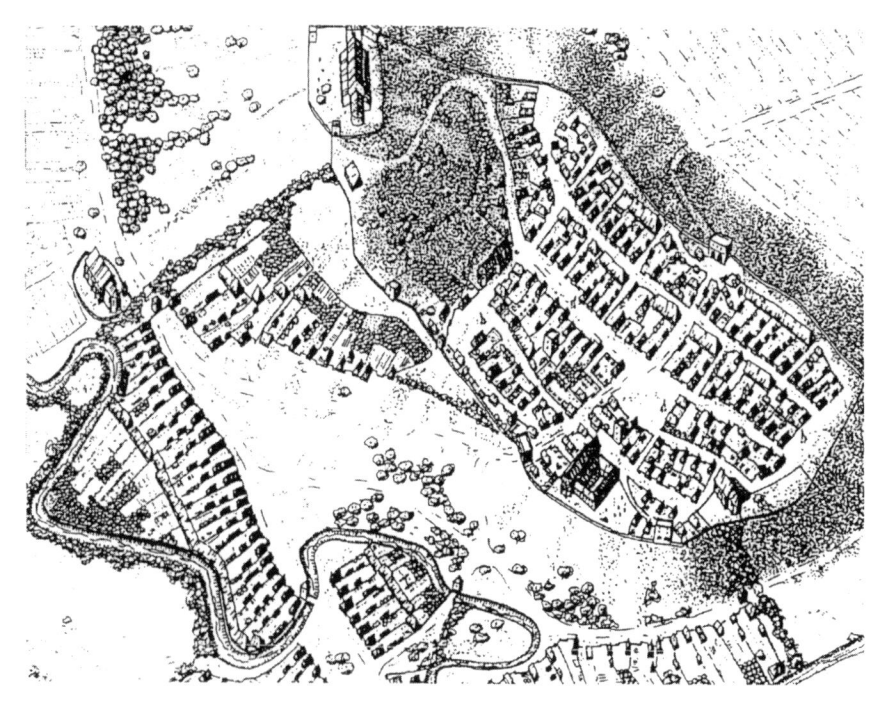

Abb. 68. Schäßburg um 1340

wenig verändert: Ungefähr in der Kirchenachse, in relativ geringem Abstand von der alten Kirche, hat man einen Bergfried zu errichten begonnen.

Gut hundert Jahre später, Mitte des 14. Jhs., war zumal das Gepräge des Burg-Viertels ein gänzlich anderes (Abb. 68). Da viele neue Höfe angelegt worden sind, waren die alten Einzelbesitze in die regelmäßigere neue Struktur eingegliedert worden. Zwischen den kleinen Baublöcken gab es nun ein halbwegs systematisches Straßennetz, das vor allem aus kurzen, engen Gassen bestand. In der Mitte der Fläche gab es einen kleinen Platz, von dem aus eine breite Hauptstraße zur Bergspitze mit der einstigen Burg führte. Ebenfalls betont war eine Quergasse, welche von dem Platz zu den beiden Toren am Rande des Viertels führte. Die Bebauung der Parzellen folgte weiterhin dem fränkischen Schema und war von der älteren kaum verschieden. Entsprechend den langen, geschlossenen Zeilen war nun allerdings das Gepräge entweder von der Abfolge aneinandergereihter giebelständiger Häuser bestimmt oder von den geschlossenen Fronten der Scheunen an der Rückseite der Höfe; nur in Gebieten, in denen alte kleine Gehöfte das Bild beherrschten, fehlten die letzteren. Die Einzelbauten waren weitgehend gleich wie im 13. Jh.: aus Holz und mit relativ hohen Strohdächern. Nur ausnahmsweise gab es hie und da an der Straße ein gemauertes Haus mit Staffelgiebel oder sogar einen Wohnturm im

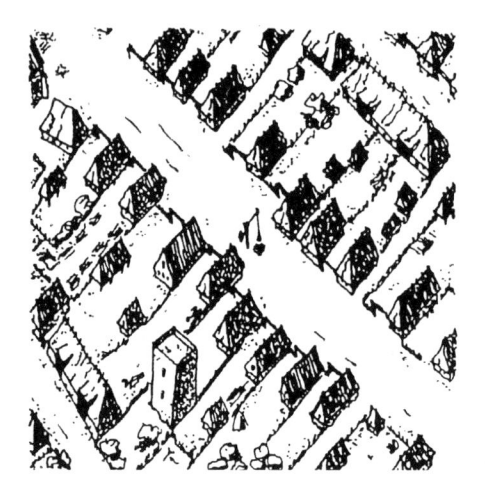

Abb. 69. Schäßburg, Bauten um 1340

hinteren Teil des Hofes. Wichtig für das Straßenbild waren acht Schwengelbrunnen, von denen sich einer wohl am Burgplatz befand, ein anderer in der Hauptstraße, neben zwei Verwerfungen der Häuserfronten, so dass er den gesamten Raum gliederte (Abb. 69). Von größerer Bedeutung für das Allgemeinbild waren gewiss drei neue Kirchen, die aus Platzmangel in Randgebieten des Viertels errichtet wurden; die größte von diesen Kirchen war durch die zugehörigen Gebäude klar als Klosterkirche kenntlich. Eine vierte Kirche mit bedeutenden Ausmaßen war in der einstigen Burg entstanden, die durch diesen dominanten Bau den Charakter einer Kirchenburg erhielt. Sämtliche Wehranlagen waren wohl erneuert worden. Zumal die älteren Holz-Erde-Be-

Abb. 70. Schäßburg, Bauten um 1425

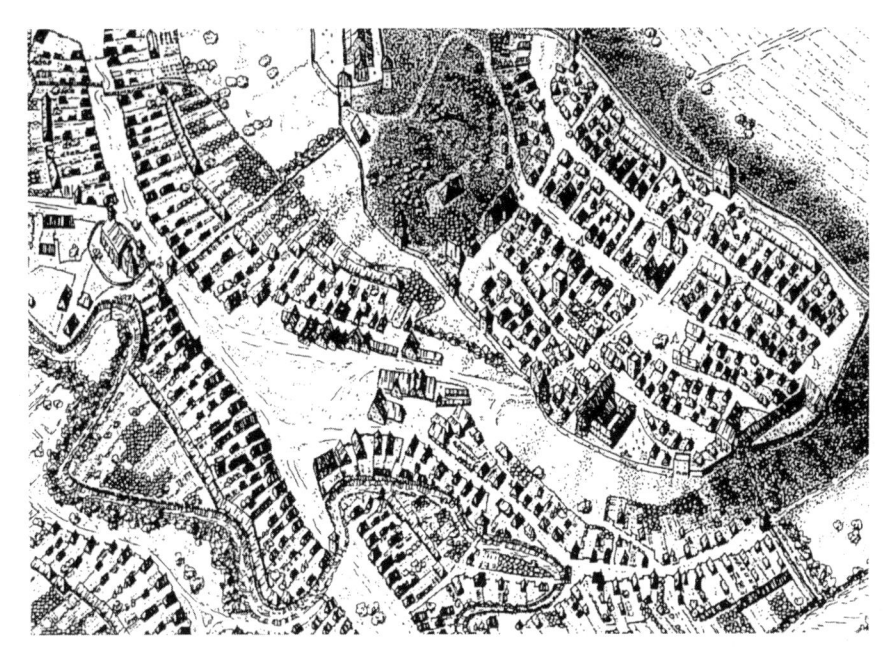

Abb. 71. Schäßburg um 1425

festigungen um das Burgviertel ersetzte man durch Mauern, in deren Verlauf einige wenige Türme eingegliedert waren. Von diesen sind zumal die wichtigen Tortürme mit zwei Durchfahrten von Bedeutung gewesen. Viel geringer waren die Veränderungen in der Unterstadt. Zwar ist auch hier nicht nur die ursprüngliche Parzellenreihe verlängert worden, sondern es waren auch neue Häuserzeilen entstanden. Trotzdem erhielt sich ein stark durch gesonderte Häuserzeilen geprägter Charakter der Anlage: Fast überall lagen vor den geschlossenen Zeilen weite, angerartige Freiräume, die das Bild bestimmten. Dabei gab es auch weiterhin Verhaue oder Dornenhecken um die Siedlung, die stellenweise jedoch mit kleinen Tortümen versehen waren; ein kirchenburgartiges Hospital lag außerhalb dieser Siedlungsgrenze. Die einzelnen Bauten unterschieden sich ansonsten kaum von jenen der Burg, nur dass es hier wenige gemauerte Häuser gab und dass in den Randbereichen der Siedlung besonders kleine Wohnbauten standen.

Bis in die erste Hälfte des 15. Jhs. hat sich das Gepräge des Burg-Viertels vor allem durch die höhere Zahl gemauerter, größerer Häuser mit schindel- oder ziegelgedecktem Satteldach geändert (Abb. 70). Auch die Wehrmauern waren nun stärker und mit zahlreicheren Türmen versehen. Ähnlicher Art, doch weniger gravierend, waren auch die Veränderungen im Gepräge der Kirchenburg auf der Bergspitze. Hingegen bot die Unterstadt nun ein wesentlich gewandeltes Bild. Es waren nicht nur die älteren Zeilen verlängert und durch

178 Städtebau

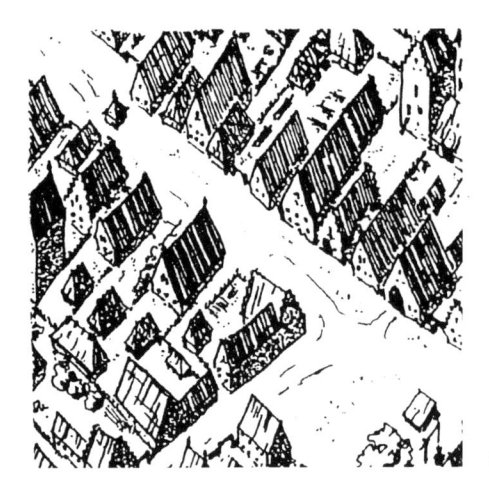

Abb. 72. Schäßburg, Bauten um 1550

neue ergänzt worden, sondern dabei wurden auch größere freie Flächen bebaut, so dass der Stadtteil nun ein wesentlich geschlosseneres Bild bot (Abb. 71). Es gab nun einen zentralen Marktplatz, um den sich Haupt- und Nebenstraßen legten. Zugleich war nun die Zahl gemauerter Häuser mit Satteldach auch in diesem Stadtviertel merklich größer. Zumal am Marktplatz dürften mehrere Zunftlauben und Patrizierhäuser gemauert gewesen sein. Als ein besonderes Merkmal dieses Viertels bestimmten alte Siedlungsgrenzen, deren Verhaue und Tore oder Tortürme beibehalten worden waren, das Gepräge der Hauptstraßen.

Die Veränderungen der nächsten hundert Jahre bis Mitte des 16. Jhs. waren fast ausschließlich an den Baubestand gebunden. Obwohl es in dem Burg-Viertel auch weiterhin strohgedeckte Scheunen gab, wurde das Bild der wichtigen Straßen und Zeilen nun von den großen, gemauerten Giebelhäusern geprägt (Abb. 72). Auch im Zentralbereich der Unterstadt spielten diese eine bedeutende Rolle, während in deren Randbezirken die kleinen Holzhäuser mit strohgedeckten Walmdächern weiter das Straßenbild bestimmten (Abb. 73). Eine größere Rolle kam in dem allgemeinen Gepräge den Wehranlagen mit ihren nun zahlreichen Türmen und Basteien zu, wobei zumal die Tore im Gesamtbild eine wichtige Rolle spielten. Als ein neues Element erscheinen am oberen, rechten Bildrand Meierhöfe mit einer dekorativen Gartenanlage.

Allgemeine Entwicklung. Fasst man – jenseits dieser Bemerkungen am Rande der Entwicklung von Schäßburg – Feststellungen zum Wandel des Gepräges der Städte zusammen, so ist bei der frühmittelalterlichen Stadt in Südosteuropa in dem Reduktionsstadium (*villes replie*[38]) ein fortschreitendes Gefälle

---
[38] P. Lavedan, *Histoire de l'urbanism. Antiquié – moyen age*, Paris 1926, S. 230–234.

Allgemeine Gestaltung 179

vom Zentrum (d. h. von Konstantinopel) zur Peripherie festzustellen, ein Gefälle, das in Randbereichen zur völligen Auflösung der Städte führte – eine Tatsache, die sich sowohl im Grundrissgefüge als auch in den Gemeinschaftsbauten widerspiegelt. Dabei kam es gerade in den erwähnten Randbereichen Südosteuropas – speziell in dessen Norden – zu einer Auflockerung der Struktur, deren Wandlung mitunter einer auch zeitlich abgesetzten Neugründung gleichkam. Dementsprechend ist das Siedlungsbild auch im Kontext neuer Niederlassungen zu sehen, deren lockere Struktur anfangs eine sehr große Bandbreite aufgewiesen hat – von beieinander stehenden Besitzen bis zu Einzelhöfen. Dabei ist außer dem verdichtungsfähigen Grundrissgefüge auch dessen effektiv fortschreitende Verdichtung als ein Charakteristikum der Zeit anzusehen.

Während in der Stadt auf der südlichen Balkanhalbinsel eine dichtere Bebauung beibehalten wurde (es sei hier z. B. an Mistra in Griechenland zu denken), gab es bei der hochmittelalterlichen Stadt in weiter nördlich liegenden Gebieten Südosteuropas – zumal im Fall kleinerer Siedlungen – eine gewisse Beibehaltung der frühmittelalterlichen lockereren Siedlungsart. Mit dem Bevölkerungszuwachs kam es erst viel später zu einer fortschreitenden Verdichtung des Grundrissgefüges und der zuzuordnenden Bebauung. Innerhalb von

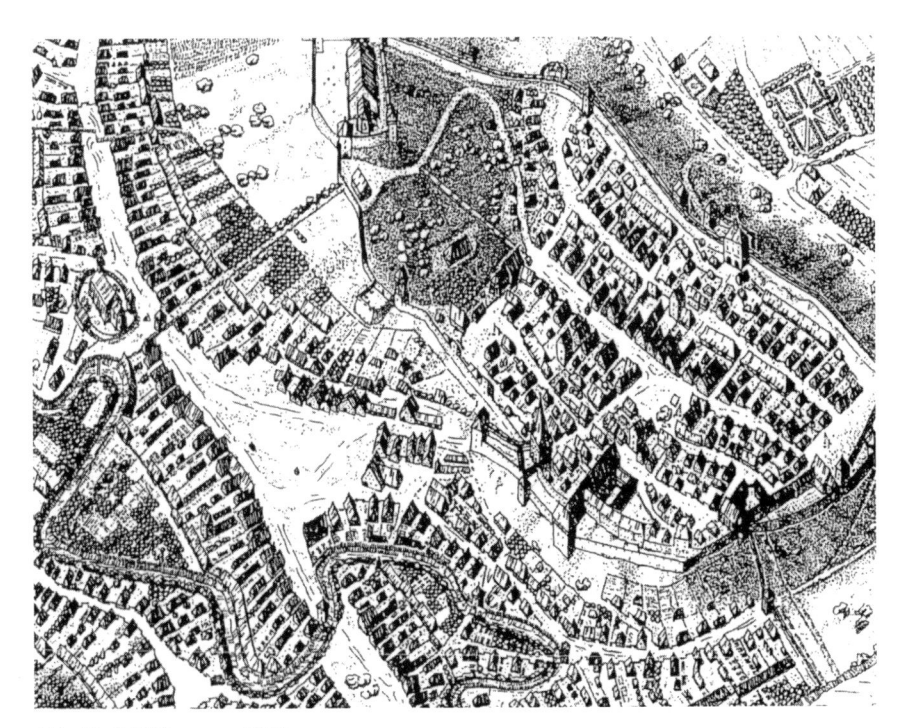

Abb. 73. Schäßburg um 1550

Abb. 74. Großwardein, Dombereich um 1240

kompakten Siedlungskernen, die sich allmählich ausbildeten, erhielten dabei die Siedlungsformen einen regelmäßigeren Charakter.

Anfangs spielte die Bebauung als prägender Faktor nur eine geringe Rolle, da die relativ kleinen Häuser, in großen Freiflächen standen und mitunter kaum sichtbar waren; dieses gilt vor allem für nördliche Gebiete mit ihrem Holzbau. Freilich gab es schon früh auch Ausnahmen – besondere Gebiete wie Klöster, Burgen oder Dombereiche, etwa in Großwardein/ Oradea (Abb. 74): Dort prägte eine Bischofsburg mit dem großen Dom und der Bischofsresidenz das gesamte Ortsbild, selbst als die Stadt im 14. Jh. sieben Pfarreien umfasste.

Systematische Neuanlagen gingen im Allgemeinen den allmählichen Verdichtungsvorgängen voraus. An ihrem Anfang standen geschlossene Kerne, die den vorher erwähnten wohl als Vorbild dienten. Auch diese Kerne waren aber zunächst, ebenso wie zugehörige klösterliche Niederlassungen und Burgen, locker gruppiert, eine Tatsache, die K. Junghanns anhand vieler Beispiele auch für Mitteleuropa herausgearbeitet hat.[39]

---

[39] K. Junghans, *Die deutsche Stadt im Frühfeudalismus*, Berlin 1959.

Allgemeine Gestaltung 181

Abb. 75. Heltau um 1225

In Siebenbürgen lässt sich etwa in Heltau/Cisnădie für das zweite Viertel des 13. Jhs. der Fall anfangs locker gruppierter Siedlungsgebilde und ihr anschließendes Zusammenwachsen modellhaft erfassen. Zunächst gab es dort drei gesonderte straßendorfartige Siedlungen (Abb. 75), die nahe beieinander lagen (diesen entsprechen heute die Marktgasse/rechts, die Gräfengasse/links unten und die Langgasse/links oben); Verhaue oder feste Zäune grenzten sie zum

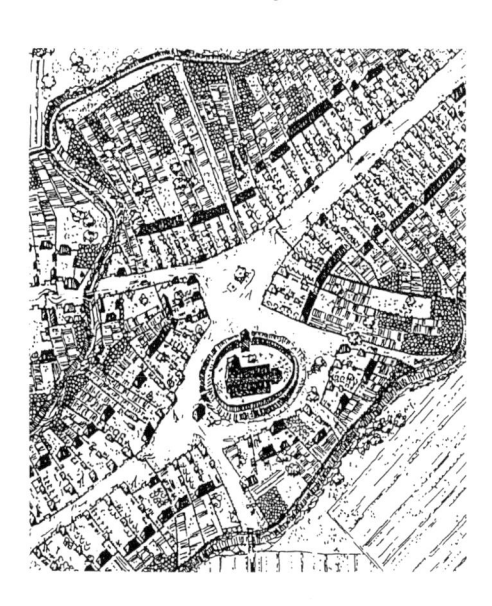

Abb. 76. Heltau um 1240

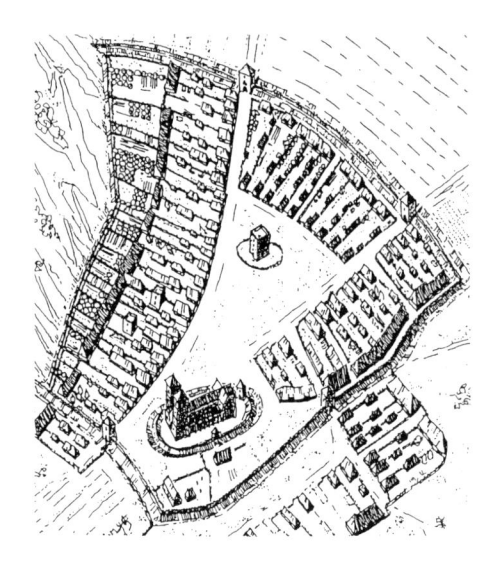

Abb. 77. Kronstadt, Innere Stadt um 1275

Teil bis ins 18. Jh. gegeneinander ab (Abb. 15). Dazwischen gab es eine große, freie, aber klar begrenzte Fläche, die wohl als Anger bzw. Nachtweide diente. Auf dieser stand völlig abgesondert, zwischen den drei Einzelsiedlungen die befestigte Kirche. Die Bebauung spielte im Gesamtgepräge eine untergeordnete Rolle. Keine der Siedlungen hatte eine Häuserfront gegen die freie Fläche, was eindeutig zeigt, dass diese nicht als architektonisch gestalteter Raum aufgefasst wurde.

Bei der Erweiterung der einzelnen Siedlungsgebilde wurde relativ früh die zentrale Freifläche bebaut. Es kam zur Ausbildung eines komplizierten Grundrissgefüges, das Merkmale des allgemein als mittelalterlich bezeichneten Städtebaus trug: Neben der Kirchenburg, am Anfang der zwei wichtigeren Gassen (Marktgasse, Gräfengasse), gab es Erweiterungen der Straßen zu kleinen Plätzen, während die Zufahrt zur dritten Gasse eng ausgebildet wurde (Abb. 76). Obwohl die Bebauung zunächst noch recht schütter war und erst später überhand nahm, bestimmte sie das Gepräge des zentralen Ortschaftsbereiches in wesentlichem Maße mit. Sie wirkte raumbegrenzend: Durch sie wurden die freien Flächen zu architektonisch gestalteten Räumen.

Die spätmittelalterliche Stadt ist in ganz Südosteuropa, und nicht nur hier, durch immer kompaktere Siedlungsgebilde gekennzeichnet, wobei eine Verdichtung der allgemeinen Struktur und des Parzellengefüges eine Rolle spielte. Auch die Erweiterungen in Randgebieten führten zu einer Aufwertung des älteren, zentralen Bereiches, der nun eine neue Bedeutung erhielt. Von erstrangiger Bedeutung war dabei der Baubestand. Kam diesem im Südteil der Balkanhalbinsel seit jeher eine bemerkenswerte Rolle zu, so wurde er nun auch im Nordbereich Südosteuropas zu einem bestimmenden Faktor des allgemeinen Gepräges. Dabei maß man, anders als in einer früheren Zeit, dem architektonisch gestalteten Raum einen besonderen Wert bei.

Drei Etappen dieser Entwicklung können wir bei der Genese der Innern Stadt von Kronstadt verfolgen. Zunächst gab es nur zwei beiläufig gegenüberliegende Zeilen, während sich der dazwischen liegende dreieckige Anger weit zur umgebenden Landschaft öffnete. Dann wurde in diese Öffnung eine dritte Häuserfront eingegliedert, so dass der Freiraum nun auf allen Seiten von Häuserfronten umgeben war und dementsprechend einen ganz anderen Charakter hatte (Abb. 77). Dabei gab es aber zwischen einem Turm in der Mitte des Platzes und der Kirchenburg an deren spitzem Ende ein nicht ganz ausgeglichenes Spannungsfeld. Dieses änderte sich wesentlich durch die Einfügung einer vierten Häuserfront vor der Kirchenburg, durch die der dreieckige in einen trapezförmigen Platz umgewandelt wurde, die Kirchenburg aber seitlich zu stehen kam. Größere Häuser rund um den Freiraum begrenzten später den Raum immer deutlicher. Sie leiteten von der offenen zur geschlossenen Bauweise über und diese dann weiter zu der Firstschwenkung. All diese Veränderungen waren letztlich Etappen auf dem Wege von einer virtuellen Raumbegrenzung zu einer flächig materiellen.

Es kam aber nicht nur zu einer Umbildung von Zentralbereichen, sondern, zumal im Kontext der Errichtung von starken, gemauerten Befestigungen sowie von immer zahlreicheren großen, gemauerten Häusern, zu einer Aufwertung weiter, selbst peripher gelegener Stadtgebiete.

Als erste Schlussfolgerung ergibt sich, dass zwischen dem Stadtbild verschiedener Phasen des Mittelalters eindeutig unterschieden werden muss – dieses unabhängig von den Kriterien, nach welchen wir einen Ort als Stadt bezeichnen oder nicht. Eine Zuordnung von gewissen Merkmalen zu einzelnen Stilen (Vorromanik/Romanik/Gotik) ist im Kontext des nördlichen Südosteuropas durchaus möglich – übertragen auf weitere Bereiche Europas jedoch noch zu untersuchen. Es gab nämlich nicht nur in der Übernahme einzelner Stile eine gewisse Zeitverschiebung von West nach Ost, sondern auch in der Verbreitung charakteristischer Siedlungsformen. Dabei existierte das Süd-Nord-Gefälle im Osten ebenso wie im Westen.

Während im Süden der Balkanhalbinsel – ebenso wie in Italien und Spanien – eine durch das Klima bedingte dichte Bebauung vorherrschte, bildete die Großräumigkeit im Norden Südosteuropas seit jeher ein zweites Merkmal des Stadtgepräges – eine Großräumigkeit, die auch an Unterschiede der Mentalität gebunden war und die mithin auch andersartige Werte in den Vordergrund rückte. In südlichen Bereichen entstanden durch eine viel dichtere Bebauung sowie durch unterschiedlich angeordnete Klöster andersartige Beziehungen zwischen Bauten und Räumen. In nördlichen Gebieten äußerte sich das materielle West-Ost-Wohlstandsgefälle einerseits in der Zahl und

Größe gemauerter Häuser und Kirchen, im Mittelalter nicht aber in jener der Wehranlagen. Andererseits erlaubt die geringe Bevölkerungsdichte wiederum auch eine unterschiedliche Beurteilungsmöglichkeit des südöstlichen Europa – wie etwa Vergleiche zwischen Wien und Hermannstadt verdeutlichen, zwei Städte, die etwa gleich groß,[40] aber nicht gleich dicht bebaut und bewohnt waren. So heißt es z. B. im 17. Jh.: „*Sie* [die Stadt Hermannstadt] *ist an Grösse/ Stärcke/und Schönheit Wien in Österreich zuvergleichen/aber so Volkreich ist sie nicht/denn offt/in einem fast Fürstlichen Haus/ein einziger Hauswirth wohnet/da wol seiner sechs sich betragen könten.*"[41]

Modernisierung der Altstädte Siebenbürgens im 19. Jh.*

Faktoren des Modernisierungsprozesses. Der Modernisierungsprozess von Altstädten ist, nicht nur in Siebenbürgen, das Ergebnis sehr komplexer Vorgänge. Dabei spielte unter anderem das Gedankengut der Aufklärung eine wesentliche Rolle, mit all seinen Facetten und Schattierungen, wobei Wien eine Vorreiterrolle hatte. Es war vor allem ein Vorbild, dem nachgeeifert wurde – und zwar aus eigener Initiative der Städte. Ein diesbezügliches Beispiel bietet Kronstadt/Brașov, das in der zweiten Hälfte des 19. Jhs. zwar weniger als andere Städte angewachsen ist, wo aber doch auf einer Seite der Inneren Stadt an Stelle der einstigen Stadtmauern eine anspruchsvolle Promenade, der Rudolfsring, geschaffen wurde. Aber auch Verordnungen spielten dabei eine gewisse Rolle – etwa wenn um 1850 der Gubernator Siebenbürgens, von Schwarzenberg, die Abtragung der mittelalterlichen Stadttore von Mühlbach/ Sebeș forderte.

Denken wir an die großen Bauten dieser Zeit, so dürfte ebenfalls mit einem merklichen Anstieg des Wohlstandes zu rechnen sein, der sich selbstverständlich ebenfalls in der Modernisierung der Altstädte niederschlug. Aus der Industrialisierung Wiens und anderer Städte des Umfeldes, die sich auf die gesamte Monarchie auswirkte, ergaben sich wirtschaftliche Zwänge: Unter Druck geriet vor allem das Handwerk siebenbürgischer Städte und Vorteile ergaben sich für den auf Läden im Stadtzentrum konzentrierten Handel – etwa wenn eine Hutmacherwerkstatt in steigendem Maße auf den Verkauf Wiener Ware umsteigen musste. Die Konkurrenzfähigkeit erforderte also eine gewisse Konzentration der Wirtschaftstätigkeit an bestimmten Orten, aus der sich ein weiterer Faktor von Veränderungen ergab.

---

* Vortrag bei der Tagung der Südostdeutschen Historischen Kommission, Hermannstadt 2004.
[40] Die Innenstadt Wiens umfaßte etwa 90 ha, die Hermannstadts 87 ha.
[41] J. Tröster, *Alt und Neu Teutsches DACIA*, Nürnberg, 1666, S. 374. S. auch: S. 367 und 371.

Ein starker Bevölkerungsanstieg in den Städten führte zu einem Urbanisierungsprozess und zu neuen Notwenigkeiten: Für die Zeitspanne 1800–1900 ist in diesen Ortschaften mit einem Bevölkerungswachstum von 200 % zu rechnen.[42] Allein in der Zeitspanne 1850–1910 gab es einen Bevölkerungszuwachs von 105,0 % – in den beiden „Munizipalstädten" Klausenburg/Cluj und Neumarkt/Târgu Mureş sogar einen solchen von 202,3 % bzw. 160,0 %.[43] Daraus folgten vor allem kommunale Notwendigkeiten: In größeren Orten wuchs der Verkehr an, woraus sich Probleme des Straßennetzes ergaben, ebenso waren die seit jeher vernachlässigten Straßen stärker belastet, erforderten einen ordentlichen Belag, um auch in Regenzeiten benutzbar zu bleiben. Mit der steigenden Häuserzahl wuchs auch in kleineren Orten die Brandgefahr, so dass feuersicherer gebaut werden musste. Veränderungen in der ethnischen Struktur der Städte widerspiegelten sich zugleich in der Entstehung neuer Bauten – vor allem von Kirchen.

Selbstredend waren jedoch all diese Prozesse nicht allein auf das 19. Jh. beschränkt, sondern begannen schon im Laufe des 18. Jhs. und setzten sich bis ins 20. Jh. fort – und mithin auch deren Auswirkungen.

Raumordnung des Stadtgefüges. Im Fall der bedeutendsten, einstmals ummauerten Städte – Hermannstadt, Klausenburg, Bistritz/Bistriţa, Kronstadt, Schäßburg/Sighişoara, Mediasch/Mediaş und Mühlbach – war die Veränderung der Gewichtung von einstigen Innenstädten und Vorstädten eine wesentliche Folge des allgemeinen Wachstums: Es kam zu einem starken Ausbau der Randviertel. Dadurch standen die alten Innenstädte nun weniger für die Städte schlechthin, sondern für deren Stadtzentrum. Der Unterschied Innenstadt–Vorstadt wurde mithin vornehmlich zu einer historischen Komponente des Stadtgefüges.

Die Innenstadt als Zentrum des Gesamtortes erfuhr dabei manche Veränderungen. Auch wenn die einzelnen Märkte schon seit langer Zeit an gewisse Orte der Innenstadt gebunden waren – etwa in Kronstadts der Küh- oder Pferdemarkt an die gleichnamigen Orte oder in Hermannstadt der Korn- bzw. Holzmarkt an den Großen Ring –, so erfuhr diese lokale Gebundenheit nun eine wesentliche Erweiterung und umfasste zu Beginn des 19. Jhs. einen beträchtlichen Teil der Innenstadt: So wurden z. B. in Hermannstadt Holzerzeugnisse in der Heltauer Gasse verkauft, Töpferwaren in der Wintergasse.

Zugleich verlagerte sich der Handel in größerem Maße von den Wochen- und Jahrmärkten in Läden. Zwar sind letztere auch schon im 14. Jh. erwähnt,

---

[42] Die Werte wurden nach E. Wagner, *Historisch-statistisches Ortsnamenbuch für Siebenbürgen*, Köln, Wien 1977, S. 55 berechnet.
[43] Ernő Deák, *Zentralität und städtische Entwicklung (1780–1918)*, in „Historia Urbana", 2000/1–2, S. 48–50.

aber ihre Zahl nahm nun stark zu. Dabei kam es auch zu örtlichen Veränderungen; früher konzentrierten sich Lauben und Läden weitgehend um die Hauptplätze – etwa in Bistritz –, im 19. Jh. begrenzten sie jedoch in nahezu allen Innenstädten in zunehmendem Maße auch Hauptstraßen, z. B. in Bistritz die Holzgasse und die Spitalgasse oder in Schäßburg die Untere Baiergasse. Werkstätten wurden in weiter hinten liegende Teile der Häuser oder weniger wichtige Straßen verdrängt. Die Läden führten nicht nur zu einer räumlichen Ausweitung des Stadtzentrums, sondern auch zu einer Veränderung von dessen Gepräge: Früher hatten die Häuser außer dem Tor keinen Eingang von der Straße und im Erdgeschoss gegen diese nur vergitterte Fenster; jetzt kamen neue Türen und Auslagen hinzu, die gegen Ende des Jhs. in sogenannten „Portalen" zusammengefasst wurden. Dadurch öffneten sich diese Häuser gegen die Straße und veränderten zugleich deren Charakter.

Wie eine Kartierung der Bauten zeigt, die seit der Mitte des 19. Jhs. in der Hermannstädter Altstadt errichtet wurden, entstanden relativ große, gute Neubauten auch in den Randgebieten der Innenstädte, was ebenfalls zu einer Veränderung des allgemeinen Gepräges führte.

Auch in den Vorstädten kam es zu wesentlichen Veränderungen. Dabei handelt es sich nur teilweise um deren Erweiterung – obwohl es etwa in Schäßburg auch solche gab –, sondern vor allem um eine bedeutende Verdichtung des Parzellengefüges. In Kronstadt z. B. hat es eine starke Verdichtung in der Blumenau gegeben, eine geringere in der Oberen Vorstadt; Bartholomä vergrößerte sich, während die sogenannte Altstadt[44] nur geringfügigere Veränderungen erfuhr. In Hermannstadt gab es starke Verdichtungen im Großen Tranchement (dem Viertel jenseits des Zibin) sowie im Lazarett und in der Neuen Welt; die Josephstadt (auf dem Gebiet der einstmals geplanten Zitadelle) entstand seit 1772, und nach einer Fotografie vom Turm der katholischen Kirche aus der Zeit um 1875 gab es östlich der Stadtmauern, zwischen dem Bürgerspital und der Heltauer Vorstadt, auf der Hallerwiese, noch keine Bebauung; diese erfolgte erst seit 1894, die ersten Parzellen auf der Konradwiese wurden 1892 angelegt und auf der Fonnwiese 1903. Andere Stadtviertel sind erst im 20. Jh. entstanden.

Im Falle der Vorstädte sind die Veränderungen im Baubestand nicht weniger wichtig wie in den Innenstädten gewesen. Statt der alten Holzhäuser nahmen nun auch hier die gemauerten Häuser überhand – etwa in der Altstadt von Kronstadt – und durch diesen Vorgang wurde die Differenz zwischen Altstadt und Vorstadt wieder kleiner. Selbst Gemeinschaftsbauten wurden nun, auch abgesehen von Spitälern, gelegentlich außerhalb der Altstädte errichtet, so z. B. in Klausenburg. Dazu entstanden die meisten Betriebe in die-

---

[44] Ung. „Óbrassó" oder rum. „Brașovechi" ist nicht mit der „Inneren Stadt", dem alten „Corona" zu verwechseln.

sen Stadtvierteln – in Kronstadt etwa die Schergfabrik oder in Hermannstadt die Riegersche Fabrik.

Veränderungen im Grundrissgefüge. Die sich wandelnde Raumordnung zog selbstverständlich verschiedene Veränderungen im Grundrissgefüge nach sich. Dabei ist die Schaffung von Promenaden an Stelle der einstigen Verteidigungsgürtel am wichtigsten. So entstanden in Kronstadt der Rudolfsring und der Park gegen die Obere Vorstadt, in Bistritz ebenfalls eine Promenade und ein Park, in Hermannstadt die Promenade und der Astra-Park auf dem Soldisch oder in Klausenburg die Freifläche, die später von der Oper und der orthodoxen Kathedrale besetzt wurde. Dabei handelte es sich mitunter um langwierige Prozesse: In Hermannstadt wurde die Ausfüllung der Teiche längs der Stadtmauer schon 1781 beschlossen und 1791 wurde mit der Anlage der Promenade begonnen; auf dem Soldisch – wo später der Astra-Park entstehen sollte – wurde der erste Wehrturm schon 1807 abgetragen, 1870 begann die Anlage des Parks, aber ein Mauerstück wurde noch 1902 abgetragen, ein anderes steht noch.

Diese Flächen wurden von Anbeginn als Teile des neuen Stadtgefüges verstanden; wo die Schaffung solcher Freiräume nicht möglich war – etwa um die Burg in Schäßburg oder in Kronstadt auf der Seite gegen die Warte – sah man von der Beseitigung der Wehranlagen häufig ab. Selbst wenn man die Wehranlagen abtrug, verzichtete man aber auf die Anlage von Promenaden am Rand von ärmeren Stadtvierteln (etwa am Rand der Hermannstädter Unterstadt).

In funktioneller Hinsicht waren Straßendurchbrüche nicht weniger wichtig, und durch diese wurden Innenstädte und Vorstädte organischer miteinander verbunden. Charakteristisch ist der Fall Hermannstadts[45]: 1866 wurde der Durchbruch von der Kempelkaserne in die Walkmühlgasse geschaffen, 1869 die Fleischergasse bis zur Mühlgasse verlängert, 1891 die Bahngasse durchgebrochen. Neuartige Verbindungen entstanden allerdings auch in der Stadt selbst: 1848 wurde die Verbindung zwischen Huetplatz und Kleinem Ring verbreitert, 1851–1859 die neue Auffahrt aus der Burgergasse auf den Kleinen Ring geschaffen, 1872 die Dragonerwacht erweitert und 1898 sind Fleischergasse, Großer Ring und Huetplatz durch den Abbruch des Priesterturms und der Jakobskapelle verbunden worden. Selbstverständlich kam es auch in anderen Städten zu Straßendurchbrüchen – in Kronstadt z. B. durch die Anlage der Brunnengasse, einer der wichtigsten Straßen der heutigen Stadt. Veränderungen dieser Art beschäftigten noch in den 1930er Jahren die Gemüter – als in Hermannstadt eine Front des Hundsrücken abgetragen wurde und man die Schleifung des Ratturmes immer wieder erwog.

---

[45] Die folgenden Daten stammen aus: E. Sigerus, *Chronik der Stadt Hermannstadt*, Hermannstadt 1930, S. 36–57.

Zugleich kam es zu verschiedenen Regulierungen. Schon um 1800 wurde z. B. die Regulierung von Karansebesch von den Behörden angeordnet,[46] wobei es sich letztlich um eine Begradigung von Straßen handelte. Zu solchen kam es auch andernorts, etwa in Hermannstadt, wo 1874 die Schewis- und die Mühlgasse reguliert wurden. Zugleich vereinfachte man stellenweise auch das Netz der Verbindungswege – in Hermannstadt etwa durch die Verbauung verschiedener Verbindungen zwischen Unter- und Oberstadt, etwa des Durchgangs vom Großen Ring auf den Fingerlingsplatz, der Schließung des Bußwinkels oder der Stiege neben der Fingerlingstreppe.

Von viel geringerer Bedeutung waren die Veränderungen im Parzellengefüge. Zwar gab es selbstverständlich auch weiterhin einzelne Teilungen oder Zusammenlegungen von Grundstücken, doch hatten diese keine übermäßig große Bedeutung. Wichtig ist vielmehr die Beibehaltung des alten Gefüges auch nach umfassenden Stadtbränden. So änderte sich kaum etwas am Grundrissgefüge von Sächsisch-Reen/Reghin, als dieser Ort 1848 abbrannte. Ein extremes Beispiel bietet Szekler Neumarkt/Târgu Secuiesc, einem Ort, der ebenfalls in der ersten Hälfte des 19. Jhs. abbrannte; da es dort ein sehr stark verdichtetes und darum ungünstiges Parzellengefüge gab, bemühten sich die Behörden um eine völlige Neuanlage der Ortschaft, konnten sich aber dabei gegenüber der Einwohnern nicht durchsetzen.

Veränderungen im Baubestand. Schon aus dem vorher Gesagten geht hervor, das wir es in erster Linie mit einer Verdichtung des Baubestandes zu tun haben, die sich jedoch weitgehend in ein älteres Parzellengefüge eingliedert. Da die Neubauten der Innenstädte meistens alte kleinere Häuser ersetzten, führten dort diese Verdichtungen oftmals zu einem Übergang von der offenen zur geschlossenen Bauweise, aber auch zu höheren Häuserfronten – etwa in der Wintergasse und in der Wiesengasse in Hermannstadt. In den Vorstädten ging die neue Bebauung hingegen oftmals mit Parzellenteilungen einher – etwa in der Kronstädter Blumenau oder in der westlichen Vorstadt Schäßburgs –, so dass hier mitunter erst jetzt klar kenntliche Baufronten auf dem Gebiet der alten Meierhöfe entstanden.

Parallel dazu wurde das alte Baumaterial in immer größerem Maße ersetzt. Zwar begannen diesbezügliche Bestrebungen in den geschlossenen Innenstädten schon viel früher; in Hermannstadt wissen wir z. B., dass 1546 Pfarrherren nur hölzerne Häuser kaufen durften, um diese solide umzubauen, und 1768 wurde verboten, in der Stadt Holzhäuser zu bauen oder Häuser mit Schindeln zu decken, die Rauchfänge aus Brettern aber alljährlich neu ausgemauert werden mussten.[47] Aus Kronstadt wissen wir etwa um die gleiche Zeit

---

[46] Arhivele Naționale, Direcția Județeană Timișoara, Fonds: *Banater Generalkomandantur*, Paket LIV, Nr. 84.
[47] E. Sigerus, a.a.O., S. 8, 31.

von ähnlichen Bestimmungen. Aber ein solcher Prozess ging langsam vor sich – dieses vor allem in kleineren Städten und Marktflecken. In Neumarkt gab es um den zentralen Anger um 1875, als das Grundbuch angelegt wurde, noch zahlreiche Holzhäuser, und von Sächsisch-Reen wissen wir, dass es bis 1848 praktisch nur Holzhäuser besaß und diese erst nach dem großen Brand jenes Jahres durch gemauerte Häuser ersetzt wurden; in Szekler Städten – wie Oderhellen/Odorheiu Secuiesc – gibt es bis heute noch einige Holzhäuser.

Gewisse Veränderungen im Baubestand brachten auch einige Großbauten. Dabei ist zum Teil an Wirtschaftsbauten zu denken, an neue Fabriken, vor allem in den Vorstädten. Neue Kirchen und Schulen entstanden sowohl in Vorstädten als auch in Innenstädten. Eine Besonderheit Kronstadts bildeten dabei neue Stadttore am Rande der Inneren Stadt, von denen sich allein das Waisenhausgässer Tor erhalten hat, doch gab es z. B. auch ein monumentales Katharinengässer Tor; am eindrucksvollsten war das neue Klostergässer Tor, dessen Formen an das viel größere Brandenburger Tor Berlins erinnerten.

Beseitigung altertümlicher Formen. Bestimmend für eine Veränderung des Gepräges vieler Städte wurde die Tendenz zur Schaffung von Großräumen – zumal im Stadtzentrum. So erhielt der Hauptplatz in Klausenburg sein heutiges Aussehen durch die Beseitigung von Befestigungsmauern und Lauben rund um die Michaelskirche. In Bistritz gab es einen ähnlichen Prozess, bei dem zunächst ebenfalls die Kirchen-Ringmauer mit den daran angebauten Lauben und nachher auch ein Schulgebäude abgetragen wurde. In Hermannstadt wirkten sich die Veränderungen vor allem auf dem Kleinen Ring aus, wo man die Laubenkirche und eine zentrale Baugruppe, aber auch einen Brunnen nahe der katholischen Kirche beseitigte. Bestrebungen dieser Art gab es bis weit ins 20. Jh.: Noch in den 30-er Jahren wurde in Hermannstadt über die Abtragung des Ratturmes verhandelt.

Als Inbegriff der Veränderungen des 19. Jhs. gilt die weitgehende Beseitigung der Befestigungsanlagen in Klausenburg, Bistritz und Hermannstadt, aber auch zum Teil in Kronstadt, wodurch die Verbindung von Innenstadt und Vorstädten enger wurde. Um diesen Prozess etwas genauer zu beleuchten,[48] erwähnen wir, dass man in Hermannstadt im 18. Jh. zunächst die Teiche zuschüttete; als erster Turm wurde 1807 der Weberturm abgerissen, zwischen 1852 und 1881 fielen die meisten Mauern, Türme und Basteien und 1902 ein letztes Stück der Stadtmauer auf dem Soldisch. In anderen Städten sind solche Arbeiten etwa gleichzeitig erfolgt. Wenn es auch viele Stimmen dafür gab, so waren diese Veränderungen doch nicht unumstritten. Schon 1873 beschloss die Hermannstädter Kommunität, die noch vorhandenen Befestigungstürme zu erhalten,[49] und für die Abtragung der Stadtmauer mit den Türmen in der

---

[48] Ebenda, S. 27–58
[49] Ebenda, S. 48.

Harteneckstraße gab es zwei Beschlüsse – von 1869 und 1894; trotzdem steht ein Teil der Mauer bis heute. Eindrucksvoll ist in diesem Zusammenhang die Arbeit Johann Böbels, der Grundrisse und Ansichten der Befestigungen vor ihrer Beseitigung anfertigte – ein Beweis, dass man sich des Wertes dieser Bauwerke bewusst wurde.

Die Wehranlagen waren jedoch nicht die einzigen mittelalterlichen Eigenheiten der Städte, die beseitigt wurden. An verschiedenen Stellen kam es zu einer Begradigung der Straßenfronten und in Hermannstadt wurden Laubengänge vermauert. Noch wichtiger war die Vereinheitlichung der Straßenfronten und in diesem Sinn ist zumal die Firstschwenkung zu erwähnen, also die Umgestaltung von giebelständigen in traufenständige Häuser, ein Vorgang, der z. B. in Bistritz in einer relativ kurzen Zeitspanne um Mitte des 19. Jhs. erfolgte. Selbst Einzelheiten und Baumaterialien änderten sich; so kamen Fledermausgauben und Biberschwanzziegeln auf.

Dazu kamen selbstredend die verschiedensten kommunalen Arbeiten – etwa die Pflasterung und Beleuchtung von Straßen und Plätzen, die Anbringung von Schildern mit Straßennamen und selbst das Verbot, Viehherden durch die Straßen zu treiben, war keine Selbstverständlichkeit.

Betrachten wir all diese Modernisierungsarbeiten aus der Sicht des 21. Jhs., so bedauern wir viele davon. Jenseits von historischen und denkmalpflegerischen Gesichtspunkten entsprachen sie aber weitgehend neuen Erfordernissen und Einstellungen. Sie erfolgten in einem vielfältigen Spannungsfeld zwischen Bedürfnissen und Möglichkeiten, Modernisierungs- und Bewahrungstendenzen.

Bauten der Städte

Städtische Bauten im Überblick*

Schäßburg/Sighișoara, Hermannstadt/Sibiu oder Karlsburg/Alba Iulia beeindrucken uns durch ihre alten Gebäude und Häusergruppen. Der heutige Baubestand ist aber das Ergebnis ständiger Wandlungen. Gute Häuser wurden erweitert, nicht entsprechende abgetragen und neue eingefügt; sogar Bautypen und die Bedeutung einzelner Baugattungen änderten sich.

Die ersten siebenbürgischen Ortschaften, die – im Zusammenhang mit Ereignissen des 11. Jhs. – in Chroniken als „Städte" bezeichnet wurden, sind

---

* Vortrag bei der Tagung des Arbeitskreises für Siebenbürgische Landeskunde, Regensburg, 1981. Erstdruck: *Die bauliche Entwicklung der mittelalterlichen Städte in Siebenbürgen*, in: „Zeitschrift für Siebenbürgische Landeskunde", 5/1, 1982, S. 42–52.

Weißenburg (später Karlsburg) und Doboka/Dăbâca gewesen;[50] neben diesen scheint auch Klausenburg/Cluj schon früh eine verhältnismäßig große Bedeutung errungen zu haben.[51] Die Orte hatten noch keinen mittelalterlich-städtischen Charakter, waren aber militärisch und verwaltungsmäßig Zentren ausgedehnter Gebiete.

Dementsprechend fielen die Wehranlagen in ihrem Baubestand besonders ins Gewicht. In Weißenburg und Klausenburg gab es alte römische Mauern und Tore in einem noch ziemlich guten Zustand.[52] Die Burgen von Doboka und Appesdorf/Cluj-Mănăștur waren damals hingegen mit Erdwällen und Palisaden versehen.[53]

Eine engere Verbindung zwischen Siedlung und Befestigung gab es vor allem in Weißenburg, wo sowohl das geschützte Gebiet als auch jenes vor den Mauern bewohnt war. Aus dieser Zeit stammen Erdhütten,[54] aber, wie andernorts,[55] gab es möglicherweise auch schon Holzhäuser.

Das Bild der ersten „Städte" wird durch einen anderen Fund im Bereich des nachmaligen Bischofssitzes ergänzt: Ein römischer Turm, dem man eine Apsis anfügte, wurde spätestens im 10. Jh. in eine Rotunde umgewandelt; daneben errichtete man bald darauf eine Saalkirche.[56] Vorläufig verfügen wir für Siebenbürgen über keinen Hinweis auf ein so frühes Kloster wie das vor 1035 bestehende ostkirchliche in Tschanad/Morisena (heute Cenad);[57] die Benediktinerabtei zu Appesdorf stammte wahrscheinlich aber auch aus dem 11. Jh.[58]

In ihrer Gesamtheit dürften die Bauten dieser ersten wichtigen Orte des Mittelalters weitgehend in die umgebende Landschaft eingegliedert gewesen sein und dadurch ein malerisches Gepräge geboten haben.

---

[50] Șt. Pascu, *Voievodatul Transilvaniei* [Das Wojwodat Siebenbürgen], Bd. I, Cluj 1972, S. 149; G. Entz, *Die Baukunst Transilvaniens im 11.–13. Jh.*, in: „Acta historiae artium", Bd. XIV/3–4, 1968, S. 167f.
[51] *Istoria Clujului* [Geschichte Klausenburgs], hrsg. Șt. Pascu, Cluj 1974, S. 55–66.
[52] M. Rusu, *Castrul roman Apulum și cetatea feudală din Alba Iulia* [Das römische Castrum Apulum und die mittelalterliche Burg in Karlsburg], in: „Anuarul institutului de istorie și arheologie Cluj-Napoca", Bd. XXII, 1979, S. 48–62; P. Niedermaier, *Siebenbürgische Städte*, Bukarest, Köln, Wien 1979, S. 224–225.
[53] Gh. Anghel, *Mittelalterliche Burgen in Transsilvanien*, București 1973, S. 17; *Istoria Clujului*, S. 57.
[54] Gh. Anghel, *Noi descoperiri arheologice în legătură cu așezarea feudală timpurie de la Alba Iulia* [Neue archäologische Funde im Zusammenhang mit der frühmittelalterlichen Siedlung in Karlsburg], in: „Apulum", Bd. VII/I, 1968, S. 469–470, 480.
[55] S. z. B. Șt. Pascu, *a. a. O.*, Bd. I, S. 10, 14, 37f; *Istoria Clujului*, S. 58.
[56] R. Heitel, *Archäologische Beiträge zur Geschichte der romanischen Baudenkmler in Siebenbürgen* (II), in: „Revue roumaine d'histoire de l'art" (Serie Beaux-Arts), Bd. XII, 1975, S. 3–10.
[57] Șt. Pascu, *a. a. O.*, Bd. I, S. 65.
[58] H. Stoob, *Die mittelalterliche Städtebildung im Karpatenbogen*, in: „Die mittelalterliche Städtebildung im südöstlichen Europa", hrsg. H. Stoob, Köln, Wien 1977, S. 209.

Über die folgende Zeitspanne bis zum Mongoleneinfall von 1241 wissen wir besser Bescheid. Doboka verlor seine einstige Bedeutung; in den mittelalterlichen Chroniken werden für diese Zeitspanne Weißenburg, Hermannstadt, Thorenburg/Turda und Rodenau/Rodna als „Städte" erwähnt[59] (also der Sitz des siebenbürgischen Bischofs, ein Handwerker-/Kaufmannsort, der gleichzeitig Standort einer Propstei war, und zwei Bergstädte). „Städtischen" Charakter hatten aber auch andere Orte in zunehmendem Maße – zumal Kronstadt/Brașov und Klausenburg.[60]

In den erwähnten Siedlungen begannen die Gemeinschaftsbauten eine große Rolle zu spielen. Der Weißenburger Dom (der später durch einen anderen Bau ersetzt wurde) ist eine verhältnismäßig große Basilika gewesen, und die romanische Kirche in Hermannstadt war ebenfalls fertiggestellt.[61] In der gleichen Stadt wird ein Dominikanerkloster und ein Beginenhaus erwähnt (ein ebensolches auch in Kronstadt),[62] und in unmittelbarer Nähe Klausenburgs gab es die schon erwähnte Abtei.

Außer den vorher üblichen Erdhütten und Blockbauten fanden nach der Einwanderung der Siebenbürger Sachsen auch größere Fachwerkbauten mit Strohdächern zunehmend Verbreitung.[63] Gleichzeitig traten auch die ersten Steinhäuser auf: So werden in Weißenburg gemauerte „Paläste" erwähnt,[64] die wohl zum Bischofssitz und Domkapitel gehörten. In Hermannstadt und Kronstadt wurden möglicherweise auch turmartige Bauten errichtet.[65]

Die Wehranlagen hatten in dieser Zeit eine verhältnismäßig geringe Bedeutung im Baubestand der Städte. In Weißenburg, Thorenburg[66] und Klausenburg blieben die römischen Mauern erhalten, aber wie die Holz-Erde-Befes-

---

[59] Șt. Pascu, *a. a. O.*, Bd. I, S. 151; G. D. Teutsch, F. Firnhaber, *Urkundenbuch zur Geschichte Siebenbürgens*, Wien 1857, S. XXX; G. Entz, *Die Baukunst*, S. 140, 158.
[60] Șt. Pascu, *a. a. O.*, Bd. I, S. 150f.
[61] R. Heitel, *a. a. O.*, Grundriß zwischen S. 8–9; G. Treiber, *Mittelalterliche Kirchen in Siebenbürgen*, München 1971, Grundriss 35; P. Niedermaier, *Siebenbürgische Städte*, S. 238f. Dazu auch A. Avram, *Betrachtungen über die kurzen romanischen Basiliken im Hermannstädter Kreis*, in: „Zeitschrift für Siebenbürgische Landeskunde", Jg. IV, 1981, S. 128–130.
[62] G. Entz, *Die Baukunst*, S. 141, 148; P. Binder, *Unele probleme referitoare la prima mențiune documentară a Brașovului* [Einige Fragen zur ersten urkundlichen Erwähnung Kronstadts], in: „Cumidava", Bd. III, 1969, S. 125–130.
[63] H. Phleps, *Über die Urformen des siebenbürgisch-sächsischen Bauernhauses*, in: „Archiv des Vereins für siebenbürgische Landeskunde", Bd. XLI, 1924, S. 261–275. Strohdächer waren vor allem wegen der hohen Befestigungskosten von Schindeln viel billiger.
[64] R. Csallner, *Quellenbuch zur vaterländischen Geschichte*, Hermannstadt 1905, S. 49.
[65] M. v. Kimakowicz, *Alt-Hermannstadt*, S. 249f; P. Niedermaier, *Die städtebauliche und architektonische Entwicklung einiger Städte Siebenbürgens vom 12. bis zum 16. Jh.*, in: „Studien zur Geschichte der deutschen Nationalität und ihrer Verbrüderung mit der rumänischen Nation". Bd. I, hrsg. C. Göllner, Bukarest 1976, S. 185.
[66] C. Mureșan, *Monumente istorice din Turda* [Geschichtliche Denkmäler in Thorenburg], București 1968, S. 7–8. Im Mittelalter wurde das Castrum „Saxonia-" oder „Sixadonaburg" genannt (G. Entz, *Die Baukunst*, S. 172).

tigungen der Hermannstädter Propstei erwiesen sich diese 1241 als nicht ausreichend;[67] Rodenau wird in den Quellen sogar als „offen" geschildert.[68] Fasst man die Angaben zusammen, so ergibt sich das Bild von Ortschaften, in deren Gepräge die Architektur stärker hervortrat, während den Landschaftselementen eine geringere Bedeutung zukam.

Zwischen dem Mongoleneinfall und dem Schwarzen Tod verstärkte sich der Stadtwerdungsvorgang. Außer den schon angeführten Ortschaften wurden zusätzlich einige Handwerksorte als „civitas" bezeichnet (Broos/Orăştie, Mühlbach/Sebeş), dann lässt sich von Bergstädten sprechen (Frauenbach/Baia Mare, Offenburg/Baia de Arieş, Deesch/Dej und Salzdorf/Ocna Dejului), aber auch den indirekt an Bergreviere gebundenen Siedlungen wurde mehr Bedeutung geschenkt (etwa Unterwinz/Vinţu de Jos).[69] Orte mit wenigstens teilweise städtischem Charakter, die aber damals noch nicht als „Städte" bezeichnet worden sind, waren Bistritz und Schäßburg.[70]

Besonderes Gewicht wurde zwischen 1242 und 1348 auf die Gemeinschaftsbauten gelegt. In den meisten angeführten Orten gab es monumentale Basiliken, die entweder schon vorher in romanischem Stil ausgeführt wurden (Broos und vermutlich Klausenburg), oder die damals in spätromanischem, frühgotischem oder hochgotischem Stil vollendet worden sind (Mühlbach, Kronstadt, Rodenau, Bistritz, Unterwinz).[71] In Weißenburg arbeitete man neuerlich am Dom,[72] und in Hermannstadt wurde mit dem Neubau der Kirche begonnen.[73] Hervorzuheben ist auch die immer größere Zahl klösterlicher Niederlassungen: In den 15 städtischen Orten gab es wenigstens 14 Klöster

---

[67] G. Entz, *Die Baukunst*, S. 140.
[68] R. Csallner, *a. a. O.*, S. 45.
[69] *Documente privind istoria României* [Urkunden zur Geschichte Rumäniens], C-Transilvania, 14. Jh., Bd. II, Bucureşti 1953, 289ff.; F. Zimmermann, C. Werner, *Urkundenbuch zur Geschichte der Deutschen in Siebenbürgen*, Bd. I, Hermannstadt 1892, S. 395, 346, 241.
[70] S. dazu z. B. P. Niedermaier, *Siebenbürgische Städte*, S. 230–233, 245f.
[71] V. Roth, *Die kirchlichen Baudenkmäler des Unterwaldes*, in: „Beiträge zur Geschichte der evangelischen Kirche A. B. in Siebenbürgen" [Teutsch-Festschrift], Hermannstadt 1922, S. 315; G. Treiber, *a. a. O.*, S. 30f., 89–92; G. Entz, *Die Baukunst...*, S. 21; A. Klein, *Baugeschichte der evangelischen Kirche in Mühlbach,*, in: „Studien zur siebenbürgischen Kunstgeschichte", Bukarest, Köln, Wien 1976, S. 23–34; *Die baugeschichtlichen Ergebnisse der Grabungen in der Schwarzen Kirche*, in: „Mitteilungen des Burzenländer sächsischen Museums", Bd. III, Kronstadt 1938, S. 93–102; V. Vătăşianu, *Istoria artei feudale în Ţările române* [Geschichte der mittelalterlichen Kunst in den Rumänischen Ländern], Bucureşti 1959, S 116 f, 217; P. Niedermaier, *Siebenbürgische Städte*, S. 183–189, 225f., 245, 249f.; E. Wagner, H. Gunesch, *Zur Geschichte des Winzer Distrikts*, in „Zeitschrift für Siebenbürgische Landeskunde", Jg. I, 1978, S. 105–108, 110–114.
[72] *Die deutsche Kunst in Siebenbürgen*, hrsg. V. Roth, Berlin, Hermannstadt 1934, S. 74–81; G. Entz, *A gyulafehérvári szekesegyház* [Die Weißenburger Domkirche], Budapest 1958; V. Vătăşianu, *a. a. O.*, S. 42–57.
[73] Die Arbeiten begannen am Nordarm des Querschiffes (*Die deutsche Kunst*, S. 88f), wo sich auch Reste eines Sechspaß-Rundfensters mit lilienförmigen Nasen erhalten haben – gleich jenen des 13. Jhs. in Bartholomae.

und 3 Hospitale (davon in Hermannstadt und Bistritz mindestens je zwei Klöster und je ein Hospital).[74] Sie verfügten allgemein über bedeutende Gebäude.

Aus dieser Zeitspanne verfügen wir erstmals über Hinweise auf bürgerliche Gemeinschaftsbauten. In Hermannstadt baute man vor 1324 neben dem Ratsturm ein Rathaus,[75] und auch im Schäßburger Stundturm gab es mehrere Ratsstuben.[76] Am besten wissen wir über Bauten dieser Art in Rodenau bescheid: Wirtshaus, Bäckerei, Mühle, Fleischbank, Schusterei, Kuttelhof und Waaghaus gehörten dort 1292 in das Stadtbild;[77] dieses spricht eindeutig für den weit fortgeschrittenen Stadtwerdungsprozess.

In der Typologie der Wohnbauten traten keine großen Veränderungen auf. Der interessanteste Beleg stammt wieder aus der Bergstadt Rodenau. 1268 besaß ein Graf einen Steinturm, der neben einem Holzhaus in einem wehrhaften Hof stand.[78] Andere Türme schmückten Hermannstadt, Kronstadt, Bistritz und Schäßburg;[79] eines der zwei Bauwerke dieser Art im letztgenannten Ort war besonders sorgfältig in spätromanischem Stil ausgeführt.[80]

In Rodenau ist 1292 auch ein „Palast" erwähnt, der wohl gemauert gewesen sein dürfte.[81] Wahrscheinlich entstand schon vor der Mitte des 14. Jhs. wenigstens eines der Hermannstädter kleinen Steinhäuser mit Staffelgiebel.[82] Das „Haus" schlechthin war aber weiter aus Holz und strohgedeckt. Wie in Schäßburg festgestellt werden konnte, sind sogar die Keller solcher Bauten aus Holz und mit tragendem Fachwerk gewesen.[83] Die Wohnbauten kehrten normalerweise ihre Schmalseite der Straße zu;[84] unabhängig von der Anzahl ihrer Räume hatten demnach die Häuserfronten ungefähr die gleiche Länge

---

[74] G. Entz, *Die Baukunst*, S. 130, 131, 141, 142, 159, 163; F. Zimmermann, C. Werner, *Urkundenbuch*, Bd. I, S. 239, 298, 404; P. Binder, *a. a. O.*, S. 127f.; Th. Streitfeld, *Das Mühlbacher Dominikanerkloster,* in: „Siebenbürgische Vierteljahrsschrift", Bd. LVIII, 1935, S. 58–68; *Documente...,* C..., 14. Jh., Bd. III, S. 146.
[75] G. Seivert, *Das älteste Hermannstädter Kirchenbuch,* in: „Archiv...", Bd. XI, 1874, S. 398f; E. M. Thalgott, *Hermannstadt*, Hermannstadt 1934, S. 78.
[76] R. Schuller, *Alt Schäßburg*, Schäßburg 1934, S. 19, 31.
[77] F. Zimmermann, C. Werner, *Urkundenbuch* ..., Bd. I, S. 204; *Documente* ..., C, 13. Jh., Bd. II, S. 382f.
[78] F. Zimmermann, C. Werner, *Urkundenbuch*, Bd. I, S. 100.
[79] A. Berger, *Die Hunyadiburg in Bistritz,* in: „Nösner Gabe 1928", Bistritz 1928, S. 21; V. Drăguț, *Cetatea Sighișoara* [Die Burg Schäßburg], București 1968, S. 30f., 38.
[80] F. Müller, *Archeologische Skizzen aus Schäßburg,* in: „Archiv des Vereins für siebenbürgische Landeskunde", Bd. II, 1857, S. 404.
[81] F. Zimmermann, C. Werner, *Urkundenbuch* ..., Bd. I, 204; G. Entz, *Die Baukunst* ..., S. 17.
[82] H. Fabini, *Die europäische Dimension Hermannstadts,* in: „Forschungen zur Volks- und Landeskunde", Bd. XXIIII/1, 1980, S. 87f., 91.
[83] R. Popa, Gh. Baltag, *Documente de cultură materială orășenească în Transilvania din a doua jumătate a secolului al XIII-lea* [Urkunden zur städtischen Sachkultur Siebenbürgens in der zweiten Hälfte des 13. Jhs.], in: „Studii și cercetări de istorie veche și arheologie", Bd. XXXI/1, 1980, S. 33–42, 49f.
[84] P. Niedermaier, *Siebenbürgische Städte*, S. 258 und Abb. 138, 140ff., 144f., 148f., 151f., 156 (in den Stichen aus einer viel späteren Zeit ist der Anteil der Traufenhäuser größer als anfangs).

und Form. Da die Größe der Ortschaften wesentlich gewachsen war, bedingte die große Anzahl ähnlicher Fassaden wohl ein verhältnismäßig einheitliches Bild der Ortschaften.

Die Wehranlagen erfuhren augenfällige Veränderungen. Nach der bitteren Erfahrung von 1241/42 befestigte man die Pfarrkirchen der meisten Orte. Die größten Arbeiten dieser Art kennen wir in Hermannstadt, wo auch der als Marktplatz dienende Kleine Ring in eine mit zwei Mauern umzogene Burg einbezogen wurde;[85] in Kronstadt befand sich dagegen ein Kloster im geschützten Bereich.[86] Manchmal waren klösterliche Niederlassungen auch separat befestigt – so die Bauten der Dominikaner in Hermannstadt und Bistritz.[87] Außer der Verstärkung von Wehranlagen älterer Burgen (Schäßburg, Klausenburg) begrenzte man einigerorts auch die gesamte damalige Stadtfläche mit Holz-Erde-Befestigungen (Mühlbach um 1250, Klausenburg 1316, Kronstadt 1300 und 1325 usw.);[88] ein Privileg für Verteidigungsvorrichtungen dieser Art stammt in Frauenbach aus dem Jahr 1347.[89] Manchmal gehörten auch gemauerte Tortürme dazu (Klausenburg, Mühlbach),[90] und in Hermannstadt schritt man um 1326 sogar zum Bau einer Mauer um die ganze Oberstadt.[91]

In ihrer Gesamtheit betonten die Bauten den „architektonischen Charakter" der Städte immer mehr; die Befestigungsanlagen trennten nun die Ortschaft oder wenigstens die Ortsmitte von der umgebenden Landschaft, und das Häusermeer wurde von einigen großen Gebäuden überragt und durch sie gegliedert.

In der folgenden Zeitspanne (1348–1541) stieg die Zahl der Städte nur zeitweise an. Als „civitas" wurden noch die Handwerks- und Kaufmannsorte Bistritz, Schäßburg und viel später Mediasch erwähnt, zeitweise die anspruchsloseren Bergwerksorte Großschlatten/Abrud und Altenberg/Baia de Criş sowie einige andere Ortschaften.[92] Viele einstige „Städte" konnten aber mit

---

[85] Ders., *Die städtebauliche Entwicklung*, S. 208f.
[86] Ebenda, S. 171.
[87] B. Ivanyi, *Geschichte des Dominikanerordens in Siebenbürgen und der Moldau*, in: „Siebenbürgische Vierteljahrsschrift", Bd. XXIII, 1940, S. 29; M. Visconti, *Mappa della Transilvania*, Hermannstadt 1699, Grundriß von Bistritz.
[88] P. Niedermaier, *Siebenbürgische Städte*, S. 118, 193f.; ders., *Geneza centrului istoric clujean în lumina planimetriei sale*, in: „Acta musei napocensis", Bd. XVI, 1979, S. 210–213; ders., *Die städtebauliche Entwicklung*, S. 174f, 153.
[89] *Documente* ..., C, 14. Jh., Bd. IV, S. 404.
[90] P. Niedermaier, *Geneza centrului istoric* ..., S. 211; ders., *Siebenbürgische Städte*, S. 194, 226.
[91] M. v. Kimakowicz, *Alt-Hermannstadt*, S. 255f.; P. Niedermaier, *Die städtebauliche...*, S. 144, 173, 209f.
[92] F. Zimmermann, C. Werner, G. Müller, *Urkundenbuch* ..., Bd. II, Hermannstadt 1897, S. 63, 166, 223, 283; G. Gündisch, *Urkundenbuch* ..., Bd. IV, Hermannstadt 1937, S. 279; A. Gräser, *Umrissese zur Geschichte der Stadt Mediasch*, in: „Festgabe zur Erinnerung an die Jahres-Versammlung ...", Hermannstadt 1862, S. 8, 19.

der schnellen Entfaltung – zumal von Orten mit vielen Handwerkern – nicht Schritt halten und sanken folglich zu Marktflecken oder sogar Dörfern herab; es handelt sich etwa um die einst sehr wichtigen Bergwerksorte Rodenau, Salzdorf, Deesch, Thorenburg und Offenburg; das gleiche Schicksal erfuhr Unterwinz.[93]

Für die bauliche Entwicklung und das Spezifikum der Städte wurden die Stadtmauern ausschlaggebend. Viele Urkunden und Rechnungen berichten in Hermannstadt, Kronstadt, Bistritz, Klausenburg, Mühlbach, Schäßburg, Weißenburg, Mediasch und Frauenbach von ihrer Errichtung. Die Bauzeit der einzelnen Etappen, in denen die Arbeiten durchgeführt wurden, betrug viele Jahre und Jahrzehnte – manchmal fast ein ganzes Jh. Dabei wurden die eigentlichen Stadtmauern gebaut (in einigen Fällen handelt es sich um zwei oder sogar drei Mauerkränze) mit den dazugehörigen Türmen und Basteien, wobei die allgemeinen Formen und Verteidigungsvorrichtungen stark von der konkreten Bauzeit abhängig waren. Die Ergebnisse des bedeutenden Kraft- und Geldaufwandes sind nennenswert: Die Stadtmauern Hermannstadts hatten eine Gesamtlänge von 8 km, die Bistritzer anscheinend fast 6 km und die Kronstädter beiläufig 5 km. In Hermannstadt gehörten über 60 Türme zu diesen Mauern (die der Kirchenburg nicht eingerechnet), ebenso einige Rondelle, in Kronstadt wurden über 40 Türme, Basteien und Vorwerke errichtet.[94] Es gab aber auch weiterhin Holz-Erde-Befestigungen (Thorenburg, Deesch),[95] Erdställe (Rodenau)[96] und Fluchtburgen in der Ortsmitte (Broos, Deesch) oder an einer vorteilhaften Stelle der Gemarkung (Unterwinz-Burgberg/Vurpăr);[97] diese dürfen nicht mit königlichen oder Adelsburgen verwechselt werden – beispielsweise mit jenen in Fogarasch/Făgăraș oder Diemrich/Deva. Obwohl die Wehranlagen schon von ihrem Wesen her verhält-

---

[93] G. Gündisch, *Urkundenbuch ...*, Bd. V, Bukarest 1975, S. 49, 398; F. Teutsch, *Zur ältesten sächsischen Baukunst*, in: „Korrespondenzblatt des Vereins für siebenbürgische Landeskunde", Bd. IX, 1886, S. 80; G. Gündisch, *Urkundenbuch ...*, Bd. IV, S. 181, 273, 278, 319, 382; D. Csánki, *Magyarország történelmi földrajza* [Geschichtliche Geographie Ungarns], Bd. V, Budapest, S. 684f., 679f.; F. Zimmermann, C. Werner, G. Müller, *Urkundenbuch ...*, Bd. III, Hermannstadt 1902, S. 56, 507.

[94] P. Niedermaier, *Siebenbürgische Städte*, S. 277.

[95] In Thorenburg ist 1448 ein Tor erwähnt (B. Orbán, *Torda város és környéke* [Die Stadt Thorenburg und ihre Umgebung], Budapest 1889, S. 105); da es jedoch keine Stadtmauer gab (*Călători străini despre țările române* [Ausländische Reisende über die rumänischen Länder], Bd. I, hrsg. M. Holban, București 1968, S. 212, Bd. II, hrsg. M. Holban, București 1970, S. 345, 551), dürfte die zum Tor gehörige Begrenzung aus Palisaden und einem Graben bestanden haben (B. Orbán, *a.a.O.*, S. 106). Ähnlich war die Sachlage in Deesch: Dort heißt es in einem Magistratsprotokoll, dass alle, die auf einem anderen Weg als durch ein Stadttor in die Ortschaft gelangen, als Räuber der Todesstrafe verfallen sein sollen (G. Mânzat, *Monografia orașului Dej* [Monographie der Stadt Deesch], Bistrița 1926, S. 40).

[96] *Die österreichisch-ungarische Monarchie in Wort und Bild*, Bd. VI, Wien 1902, S. 262.

[97] In Broos sind bedeutende Reste der alten Kirchenburg erhalten, in Deesch erscheinen sie auf alten Fotografien; für die Burg bei Winz–Burgberg, s.: Gh. Anghel, *Cetatea feudală de la Vurpăr* [Die mittelalterliche Burg von Burgberg], in: „Apulum", Bd. XI, 1973, S. 293-299.

nismäßig einfache Bauten waren, trachtete man doch öfters, sie sorgfältig auszuschmücken; zumal im Bereich der Tore gab es Wandmalereien, Bildhauerarbeiten u. a.[98]

Überaus wichtig waren auch die Veränderungen im Bestand der Wohnhäuser. 1367 sind Steinbauten in der Schäßburger Burg belegt, und nach Urkunden gab es solche um 1400 auch in Kronstadt, Bistritz, Klausenburg und Hermannstadt.[99] Vom hohen Wert einiger Häuser her lässt sich dabei auf einstöckige Häuser schließen, die allerdings selten waren. Die Zahl der „Steinhäuser" begann in Bistritz schon seit der ersten Hälfte des 15. Jhs. wesentlich zu steigen, in Schäßburg und Hermannstadt um 1450, in Klausenburg zunächst in der zweiten Hälfte des 15. Jhs. und stärker ungefähr seit 1500. Gleichzeitig begannen sich auch in Kronstadt und Mühlbach die Baugewohnheiten zu ändern. Am Ende der Zeitspanne bildeten die gemauerten Häuser in Schäßburg, Hermannstadt und Bistritz beiläufig ein Drittel des Baubestandes, in den anderen Städten war ihr Anteil aber geringer.[100] Bezeichnend ist die Lage von 1541 in Kronstadt: Nahezu sämtliche gemauerten Wohnungen befanden sich in der Inneren Stadt, und hier bildeten sie 40 % des Bestandes; stellt man jedoch auch die Vorstädte in Rechnung, so belief sich ihr Anteil am Gesamtbestand nur auf ungefähr 20 %.[101] Teure Häuser standen natürlicherweise längs der Plätze und Hauptstraßen.

Die Typologie der „Steinbauten" umfasst niedere Bauten mit kompakt geschlossenem Grundriss und Häuser, deren Räume hintereinander, in einer einzigen Flucht, meist an der Längsseite des Hofes angeordnet waren. Zahlreiche Erweiterungen führten schon im 15. Jh. zu Grundrissen mit L- und U-Form (Bistritz), mitunter auch zu weitläufigen Patrizierhäusern mit Wohntürmen (Hermannstadt).[102] Nur 15 % der gemauerten Bauten Kronstadts (also 3 % der Häuserzahl) hatten jedoch 1541 ein Stockwerk aus dem gleichen Material wie das Erdgeschoss.[103] Die Häuser waren für gewöhnlich giebelständig, zunächst meist mit einem Staffelgiebel und später mit einem Spitzgiebel; diese schlossen das für gewöhnlich schindelgedeckte Satteldach.[104] In einigen Städten (zumal in Hermannstadt) gab es jedoch schon früh auch einige traufenständige Häuser. Wenngleich die Fassaden verhältnismäßig einfach gestaltet waren, so gab es doch an reicheren Häusern gemalte Verzierungen.

---

[98] S. z. B.: G. Treiber, *Die Befestigungswerke in Kronstadt*, S. 75, 82, 84; L. Reissenberger, *Über die ehemaligen Befestigungen von Hermannstadt*, in: „Archiv der Vereins für siebenbürgische Landeskunde", Bd. XXXIX, 1899, S. 336–341.
[99] G. Entz, *Die Baukunst*, S. 171; V. Vătășianu, *a. a. O.*, S. 262; F. Zimmermann, C. Werner, G. Müller, *Urkundenbuch ...*, Bd. III, S. 296f., 460, 501; S. Goldenberg, *Clujul în sec. XVI* [Klausenburg im 16. Jh.], București 1958, S. 24.
[100] P. Niedermaier, *Siebenbürgische Städte*, S. 222–223, 259–262.
[101] Ders., *Die städtebauliche Entwicklung*, S. 185–189.
[102] Ebenda, S. 192–194, 199f; H. Fabini, *a. a. O.*, S. 90–93.
[103] P. Niedermaier, *Die städtebauliche Entwicklung*, S. 188f.
[104] H. Fabini, *a. a. O.*, S. 82–86, 90–93.

Nur manchmal gab es hölzerne oder steinerne Fenster- und Türeinfassungen. Nach der Herstellungszeit von diesen wies ihre Gesamtform und Profilatur gotische oder Renaissance-Merkmale auf (so in Bistritz, Hermannstadt und Klausenburg).[105]

Bei den Holzhäusern handelte es sich um Block- oder Fachwerkbauten. Sie dürften meist ein hohes, stroh- oder schindelgedecktes Walm- bzw. Satteldach gehabt haben.[106] In Bergwerksorten bildeten Wohnungen dieser Art nahezu den gesamten Baubestand, in Handwerks- und Kaufmannsorten mehr als die Hälfte; dementsprechend kam ihnen eine große Bedeutung im Gepräge der Städte zu. Seltener waren Hütten bzw. Erdhütten, aber ihr Vorhandensein ist unbestreitbar. Die Anzahl von diesen wird in weniger blühenden Orten größer gewesen sein, aber selbst in Kronstadt bildeten sie 7 % des Wohnungsbestandes.[107]

Recht häufig sind die Belege für bürgerliche Gemeinschaftsbauten – beispielsweise für Rathäuser (Klausenburg, Kronstadt, Bistritz usw.). Da diese jedoch nicht besonders groß waren, unterschieden sie sich von den umstehenden Bürgerbauten nur durch ihren Standort bzw. ihre meist gemalte Dekoration. Erwähnt werden auch Zunftlauben und „Gewölbe" – so, neben anderen, 1370 die Fleischerlauben in Hermannstadt,[108] die sich mit gewissen Änderungen bis heute erhalten haben, oder 1420 die Kürschnerlauben in Kronstadt.[109] Besonders einfach waren Schulen (Hermannstadt, Kronstadt, Frauenbach),[110] viel größer und vielfältiger hingegen die Gebäude und Wehranlagen der königlichen Kammer und Münze in Frauenbach.[111]

Als architektonische Dominanten der Städte hatten die kirchlichen Gemeinschaftsbauten weiterhin eine große Bedeutung im Baubestand der Ortschaften. Einige zusätzliche Klöster wurden gegründet – dieses zumal in Orten, wo Bettelmönchsniederlassungen vorher fehlten (Klausenburg, Medi-

---

[105] O. Dahinten, *Beiträge zur Baugeschichte von Bistritz*, in: „Archiv des Vereins für Siebenbürgische Landeskunde", Bd. L, 1944, S. 379–389; L. Reissenberger, *Überreste der Gothik und Renaissance an Profanbauten in Hermannstadt*, in: „Archiv des Vereins für siebenbürgische Landeskunde", Bd. XXI, 1888, S. 462–507; Şt. Pascu, V. Marica, *Clujul medieval* [Das mittelalterliche Klauenburg], Bucureşti 1969, S. 43f., 67–77; Gh. Sebestyen, V. Sebestyen, *Arhitectura renaşterii în Transilvania* [Die Renaissance-Baukunst in Siebenbürgen], Bucureşti 1963, S. 22f.

[106] Ebenda, S. 24; H. Fabini, *a. a. O.*, S. 85; *Quellen zur Geschichte der Stadt Brassó. Chroniken und Tagebücher*, Bd. 1, Brassó 1903, S. 521.

[107] P. Niedermaier, *Die städtebauliche Entwicklung*, S. 188f.

[108] G. Seivert, *a. a. O.*, S. 328, 339f.

[109] G. Gündisch, *Urkundenbuch*, Bd. IV, S. 131.

[110] *Geschichte der Deutschen auf dem Gebiete Rumäniens*, Bd. I, Bukarest 1979, hrsg. C. Göllner, S. 146; F. Zimmermann, C. Werner, *Urkundenbuch ...*, Bd. II, S. 627.

[111] *Călători străini...*, Bd. II, S. 65; D. Prodan, S. Goldenberg, *Inventarele din 1553 şi 1556 ale minelor şi monetăriei din Baia Mare* [Die Inventare von 1553 und 1556 der Bergwerke und der Münze in Frauenbach], in: „Anuarul Institutului de istorie şi arheologie din Cluj", Jg. VII, 1964, S. 131–137.

asch, Frauenbach u.a.)[112] –, ebenso einige Hospitäler (Kronstadt, Frauenbach, Mediasch usw.).[113] Gleichbedeutend war auch die Erweiterung schon bestehender Anlagen, deren gemauerte Gebäude immer stattlichere Ausmaße hatten. In den neueren Bergstädten baute man an den Pfarrkirchen (Frauenbach,[114] Großschlatten), in den älteren Handwerksorten wurde zur Erneuerung der vorhandenen Sakralbauten geschritten.[115] Durch die damit verbundene Vergrößerung ihrer Nutzfläche waren sie, wenigstens zum Teil den Bedürfnissen der wachsenden Bevölkerung angepasst, und durch die Hallen- oder Saalform (beispielsweise in Klausenburg, Kronstadt, Schäßburg bzw. Deesch) hoben sie sich von den damals etwas größeren Häusern ihrer Umgebung stärker ab.

Im Allgemeinen verliehen nun die Bauten den Ortschaften in größerem Maße ein Gepräge, das für spätmittelalterliche Städte schlechthin als charakteristisch gilt: Die Befestigungsanlagen begrenzten wenigstens die Innenstadt, in der die teilweise unvollendeten Gemeinschaftsbauten die dennoch verhältnismäßig niedrigen Häuser überragten.

Nach 1541 änderte sich das Verhältnis zwischen den Orten nur in geringem Maß. Als zeitweilige Hauptstadt Siebenbürgens gewann Weißenburg wieder etwas mehr Bedeutung, Neumarkt/Târgu Mureș stieg zu Beginn des 17. Jhs. in die Reihe der Freistädte auf,[116] hingegen wurde zumal Broos zeitweise nur als Marktflecken bezeichnet.

An den kirchlichen Gemeinschaftsbauten sind damals – mit Ausnahme von Bistritz[117] – die Arbeiten eingestellt gewesen. Die Rathäuser erweiterte man in mehreren Städten, ohne dass sie jedoch – außer in Kronstadt – in richtige Monumentalbauten umgestaltet wurden. Manchmal übersiedelte sogar der Stadtrat in Bauten, die vorher einem anderen Zweck dienten – in ein einstiges besonders großes Bürgerhaus (Hermannstadt) oder in ein aufgelassenes Kloster (Schäßburg).[118] Dokumentarische Hinweise sprechen für ein Steigen der Zahl und Größe von Zunftlauben, aber bei diesen handelte es sich ebenfalls nur ausnahmsweise um stattlichere Gebäude – wie das Kronstädter Kaufhaus –,

---

[112] G. Gündisch, *Urkundenbuch* ..., Bd. IV, S. 281; A. Gräser, *a. a. O.*, S. 42; *Călători străini* ..., Bd. II, S 66.
[113] F. Zimmermann, C. Werner, G. Müller, *Urkundenbuch* ..., Bd. III, S. 586; *Monografia municipiului Baia Mare*, Bd. I, Baia Mare 1972, S. 283; R. Theil, C. Werner, *Urkundenbuch zur Geschichte des Mediascher Kapitels bis zur Reformation*, Hermannstadt 1870, S. 44.
[114] V. Vătășianu, *a. a. O.*, S. 233f.
[115] P. Niedermaier, *Siebenbürgische Städte*, S. 265f.
[116] F. Schuler-Libloy, *Siebenbürgische Rechtsgeschichte*, Bd. I, Hermannstadt 1855, S. 449.
[117] *Die deutsche Kunst*..., S. 49; O. Dahinten, *a. a. O.*, S. 46–54.
[118] 70 E. Sigerus, *Chronik der Stadt Hermannstadt*, Hermannstadt 1930, S. 8; F. Müller, *a.a.O.*, S. 421.

meist um anspruchslose Zweckbauten, die manchmal auch an die Mauern der Kirchenburg angebaut wurden (Bistritz, Klausenburg, Mühlbach).[119] Auch die Ergänzungen an älteren Wehranlagen waren bescheiden. In Hermannstadt und Weißenburg wurden einige starke Bastionen aufgeführt, schwächere Basteien auch in Schäßburg, Mediasch, Kronstadt usw. Nennenswert sind schließlich auch neue Wälle mit gemauerten Kurtinen, in Hermannstadt, Kronstadt, Bistritz, oder Gräben mit ebensolchen Kontereskarpen (Kronstadt, Bistritz), aber selbst diese fielen im Baubestand der Städte nicht allzu sehr ins Gewicht. Eine Ausnahme bildet bloß Neumarkt: An Stelle älterer Befestigungen baute man dort eine viel größere Wehranlage um den Kirchenbereich, während die Ortschaft selbst durch Palisaden oder einen Bodenzaun geschützt wurde[120].

Bedeutend veränderte sich der Häuserbestand: In den wichtigsten Städten begannen allmählich die gemauerten Wohnbauten zu überwiegen. In Klausenburg und Schäßburg, wo die Innenstadt bzw. Burg verhältnismäßig klein waren, standen fast nur noch feuerfeste Häuser, in Hermannstadt und Mediasch, wo es kaum Vorstädte gab, war wenigstens der Baubestand der Plätze und wichtigeren Straßen erneuert.[121] Als Folge der häufigen Anbauten und Aufstockungen ist auch die Zahl von großen, teuren Häusern gestiegen – der Wert einiger überschritt 3.000 Gulden (beispielsweise in Hermannstadt und Klausenburg).[122] Der etappenweise Ausbau und die geringe Breite städtischer Parzellen machten aber selbst bei diesen großzügigen Anlagen weitläufige Innenhöfe nur in Sonderfällen möglich (Altembergerhaus in Hermannstadt). Eine Ausnahme bildet natürlich die fürstliche Residenz in Weißenburg, bei der es gleich drei eindrucksvolle Innenhöfe gab.[123] Die Größe und Merkmale der Häuser – und mithin auch das Stadtbild – waren von Ort zu Ort und von Viertel zu Viertel verschieden – dieses auch im Zusammenhang mit der durchschnittlichen Parzellenbreite. Im Zentrum Hermannstadts herrschten die geschlossene Bauweise und die Traufenstellung der Häuser vor,[124] in Randvier-

---

[119] F. Kramer, *Aus der Gegenwart und Vergangenheit der königlichen Freistadt Bistritz*, Hermannstadt 1868, S. 26; E. Jakab, *Kolozsvár története* [Geschichte Klausenburgs], Bildband II, Budapest 1888, Blatt 2; A. Heitz, *Alt-Mühlbach*, in: „Der Unterwald", 1905, S. 53.

[120] A. Bogdan, *Date noi privind ansamblul cetății din Târgu Mureș* [Neue Daten zur Burganlage in Neumarkt], in: „Studii și materiale", Bd. II, Târgu Mureș 1972, S. 84–86; Călători străini, Bd. VI, București 1976, S. 579.

[121] P. Niedermaier, *Siebenbürgische Städte*, S. 261f.

[122] L. Sievert, *Beiträge zur Geschichte der Häuser auf der Südseite des Großen Ringes in Hermannstadt*, Ms.; Zs. Jakó, *Az otthon művészete a XVI-XVIII. századi Kolozsváron* [Die heimische Kunst des 16.–17. Jhs. in Klausenburg], in: „Emlékkönyv. Kelemen Lajos", Bukarest, Kolozsvár 1957, S. 368.

[123] I. Berciu, A. Popa, H. Ursu, *Cetatea Alba Iulia* [Die Burg Karlsburg], București 1968, S. 46–48.

[124] H. Fabini, *a. a. O.*, S. 79, 83, 90; ders., *Valorificarea fondului de arhitectură gotică civilă din Sibiu* [Die Auswertung des Bestandes an gotischer Profanarchitektur in Hermannstadt], in: „Monumente istorice și de artă", Jg. XLIV/2, 1975, Abb. 5.

teln der Innenstadt hat sich hingegen stellenweise die offene Bauweise mit giebelständigen Häusern bis heute erhalten. In Bistritz kehrten die Wohnbauten überall große Giebel der Straße zu, und hölzerne Rinnen zwischen den Dächern reichten weit vor die Häuserfronten. Es gab meist ein einziges großes Tor, und die Fenster waren durch massive Steinkreuze gegliedert, im Erdgeschoss auch vergittert.[125] Viel einfacher waren die Bauten weniger bedeutender Orte – beispielsweise jene von Broos und, mit einigen Ausnahmen, die Weißenburgs.

Die Holzhäuser waren aber selbst in wichtigen Städten nicht zu übersehen. In Hermannstadt stand 1599 ein solcher Bau noch am Großen Ring; 1652 gab es Straßen mit vielen schindelgedeckten „Bohlenhäusern", und erst seit 1768 durften solche nicht mehr errichtet werden.[126] In Weißenburg wurden im 17. Jh. noch Erdhütten bewohnt,[127] und die bei archäologischen Grabungen darin gefundenen Kachelreste zeugen sogar von einem gewissen Komfort. Selbst 1750 waren in Frauenbach 507 von insgesamt 555 Häusern aus Holz (also 91 %), und 87 Häuser hatten kein Fundament.[128] Noch mehr Bauten dieser Art gab es in Neumarkt, und in Reen beherrschten sie sogar bis 1848 vollständig das Bild.[129]

In den wichtigsten Ortschaften kam es aber in der Zeitspanne nach 1541 doch zu wesentlichen Veränderungen des Baubestandes; dabei setzte sich eine ältere Entwicklung fort. Die Städte waren nun große architektonische Ensembles und hatten jede einen eigenen Charakter.

Bei einer Bilanz der aufgezeigten Entwicklung ist die Größe der Orte in Rechnung zu stellen – die Maximalzahl der Bewohner betrug, je nach Ort, zwischen 2.000 und 12.000 Menschen.[130] Wenn die Investitionen eine gewisse Grenze nicht überschreiten konnten, so ist dieses auf äußere Umstände zurückzuführen. Mongolen- und Türkeneinfälle sowie verschiedene Kriege machten aufwändige Befestigungsanlagen nötig, derenthalben anderwärts gespart werden musste. Sie erschwerten die wirtschaftliche Lage der Ortschaften und machten Investitionen riskant,[131] die unter normalen Umständen einen großen Gewinn abgeworfen hätten. Außerdem flossen finanzielle Mittel aus verschiedenen Abgaben zu einem großen Teil aus Siebenbürgen ab, wo-

---

[125] F. Kramer, *a. a. O.*, S. 25.
[126] E. Sigerus, *a. a. O.*, S. 11, 31.
[127] Gh. Anghel, *O locuință din secolul al XVII-lea descoperită la Alba Iulia* [Eine neuentdeckte Wohnung des 17. Jhs. in Karlsburg], in: „Apulum", Bd. VI, 1967, S. 361–363.
[128] *Monografia municipiului Baia Mare*, S. 234.
[129] A. Dankanits, *Începuturile urbanizării Târgu Mureșului* [Die Anfänge von Neumarkts Stadtwerdung], in: „Studii și materiale", Bd. II, S. 93–94; J. Haltrich, *Zur Geschichte von Sächsisch-Regen seit den letzten hundert Jahren*, in: „Archiv des Vereins für siebenbürgische Landeskunde", Bd. III (Alte Folge) 1858, S. 282.
[130] P. Niedermaier, *Siebenbürgische Städte*, S. 78–84.
[131] G. Gündisch, *Deutsche Bergwerksiedlungen in dem siebenbürgischen Erzgebirge*, in: „Deutsche Forschung im Südosten", Jg. I, 1942, S. 71f.

Abb. 78. Sächsisches Fachwerkhaus nach den Erkenntnissen von H. Phleps

durch Handwerkern und Kaufleuten günstige Verdienstmöglichkeiten verlorengingen.

Gleichgültig, ob die erwähnten Bauten größer oder kleiner, besser oder schlechter waren, entsprachen sie den Besonderheiten und Erfordernissen des Landes. Von unzähligen Meistern ausgeführt, spiegeln sie mit ihrem schlichten Gepräge die Gemütsart ihrer Erbauer wider und sind darum besonders ansprechend.

Bürgerhäuser

Frühe Wohnhäuser*. Obwohl aus dem 13. und 14. Jh. nur Reste schlichter Wohnbauten erhalten sind, verdient die einstige Form der Häuser dennoch einige Aufmerksamkeit. Sie bildete den Ausgangspunkt weiterer Entwicklungen, bestimmte weitgehend Maßstab und Gepräge der Siedlungen, zeigt aber auch die materiellen Möglichkeiten, die Intentionen und das Kunstverständnis ihrer Erbauer. Dabei wird – mehr als in Sakralbauten – ein Entfaltungsprozess deutlich.

Am Anfang dieser Entwicklung stehen bei uns Fachwerkhäuser (Abb. 78). Der älteste archäologisch erfasste Bau dieser Art entstand wenige Jahrzehnte nach der sächsischen Ansiedlung, in der zweiten Hälfte des 13. Jhs. Er befand sich in Schäßburg/Sighișoara auf einer Hofstelle des Pfarrergässchens (heute str. Cositorarilor) und war etwas über acht Meter lang (Abb. 79). In seinem Keller lagen zwei Lagerräume (der größere gegen die Gasse), denen im Erdgeschoss eine gleiche Aufteilung entsprochen haben muss. Ähnlich wie bei späteren Bauernhäusern handelte es sich vorne wohl um eine heizbare Wohn- „Stube", hinten um den Eingangs- und Wirtschaftsraum – ein gegen das Dach

---

* Erstdruck (teilweise) in „Die Woche", Nr. 937/29.11.1985, S. 6.

Bauten der Städte 203

Abb. 79. Schäßburg, Rekonstruktion eines
Fachwerkhauses nach Grabungsergebnissen

vermutlich offenes „Haus". Außer Ofen und Herd dürften zur Einrichtung ein Tisch, Bänke, Stühle, Truhen gehört haben.

Besser bekannt ist die Ausbildung des Kellers: Sein tragendes Gerüst bestand aus mächtigen Ständern und zwei ebenso massiven horizontalen Schwellenkränzen, die Ausfachung – also die Füllung zwischen den Gerüstteilen – aus senkrecht angeordneten balkenstarken Bohlen, die durch Nut und Feder miteinander verbunden waren. Für das obere, ebenfalls unverputzte Geschoss kann eine gleichartige Ausbildung vermutet werden, doch muss es dort zusätzlich, als Versteifung, Streben gegeben haben. Wegen der einst sehr kostspieligen Befestigung von Schindeln wird das Dach höchstwahrscheinlich strohgedeckt und mithin abgewalmt gewesen sein.

Die Archäologen (Radu Popa, Gheorghe Baltag) bescheinigen den Bauleuten eine technisch hochstehende, gediegene Arbeit, und nach den geradezu monumentalen Ausmaßen der einzelnen Holzteile sollte der Bau wohl Generationen überdauern. Wenngleich das Haus ordnungsgemäß an die Straße gestellt war, sind seine bautechnischen Qualitäten nicht in die Augen gesprungen, sondern sollten diskret, aber unmittelbar dem Wohle seiner Bewohner dienen. Durch die geneigten Walme des großen Daches wich der Oberteil des Baues etwas von der Straßenfront gegen den Hof zurück, auf den das Haus eigentlich ausgerichtet war. Die Längsseite gegen diesen wirkte vor allem durch den Kontrast zwischen den großen, ruhigen Gesamtformen und dem vorgelagerten Kellereingang. Gleichzeitig wurde die Schmalseite, der Straße zu, durch den Unterschied zwischen der strohgedeckten, geraden Dachfläche und der in Gerüst und Ausfachung gegliederten Wand belebt. Die vertikalen Fugen zwischen den einzelnen Bohlen werden dabei dem Ganzen das Gepräge vornehmer Regelmäßigkeit gegeben haben. Man geht nicht falsch, in diesem Zusammenhang von Volkskunst zu sprechen.

Ein ganz anderes Aussehen hatte das Haus eines reichen Bürgers, das rund hundert Jahre später – vielleicht vor 1400 – in der Hermannstädter Reispergasse (heute str. A. Iancu) errichtet wurde (Abb. 80). Obwohl seine Gesamtfläche doppelt so groß wie die des Schäßburger Hauses war, gab es auch hier eine ähnliche allgemeine Einteilung; ebenso dürfte die Verwendung und Möblierung der einzelnen Räume gleichartig, aber kunstvoller gewesen sein (auch ein Bett dürfte schon dazu gehört haben). Das Haus war gemauert, hatte ein Schindeldach und vermutlich eine seitliche, schmale Laube. Der Verputz trug – nach Hermann Fabini – Fugenbemalung, am Staffelgiebel haben sich bis heute Ziernischen erhalten, und entsprechend dieser reichen Ausbildung werden auch die Parterrefenster nicht einfach rechteckig gewesen sein.

Die althergebrachte Stellung mit der Schmalseite gegen die Straße (giebelständige Anordnung) ist beibehalten worden, und dadurch fügte sich der „Steinbau" in die Häuserzeile maßstäblich gut ein. Er war aber absichtlich nach der Straße ausgerichtet: Während seine Längsseite gegen den Hof nur von der Laube belebt wurde, ist die Stirnseite sorgfältiger gestaltet gewesen. Sie zeugte von einem gewissen Selbstbewusstsein des Besitzers: Der Giebel sollte mit seinen dekorativen Nischen und Treppen Aufmerksamkeit erregen, sollte gefallen. Die geometrischen Formen von Staffelgiebel und Fugenbemalung gaben dem Haus eine strenge Note – alles erschien geordnet, nichts dem Zufall überlassen. In klarem Kontrast dazu waren die Spitzbogen und Rundungen der Nischen und Fenster gedacht; in der Gesamtkomposition sind sie nicht nur Dekorationsteile gewesen, sondern durch ihr zierliches Aussehen wurde eine Starrheit der geometrischen Formen vermieden. Darüber hinaus glichen die schlanken Proportionen der Dachfenster die Horizontalität der Fugenbemalung etwas aus. Wenngleich bei diesem Wohnbau die Raumgestaltung keine Fragen aufwarf, ist doch von einer „Komposition" der kleinen Fassade zu sprechen. Dank ihres wohlbedachten Aufbaus kann sie, und damit das gesamte Haus, als Leistung unserer Baukunst bezeichnet werden.

Durch gründliche Untersuchungen konnte bei diesen beiden Wohnbauten ihr einstiges Gepräge wenigstens teilweise wieder bestimmt werden. Jenseits der grundlegenden Unterschiede ist beiden eine sorgsame Ausbildung eigen, und eine solche können wir auch bei anderen, zumal größeren Bauten vermuten. Wenn sich dort auch viel geringere Reste ihrer früheren Form erhalten haben, ist doch eine anspruchsvolle Gestaltung anzunehmen. So werden z. B. auch Siegfriedturm und Palas der Kellinger Gräfenburg dank ihrer Bemalung früher ganz anders als heute ausgesehen haben.

Abb. 80. Hermannstadt, Böbelhaus in der Reispergasse

Das alte Rathaus in Hermannstadt* entwickelte sich vom Bürgerhaus zum Gemeinschaftsbau: Dabei handelte es sich um den anspruchvollsten Profanbau einer siebenbürgischen Stadt, dem in der Architekturgeschichte Siebenbürgens eine besondere Bedeutung zukommt.[132] Für dessen Entwicklung sprechen Merkmale des Baues, schriftliche Anhaltspunkte sowie Parallelen zu anderen Bauten, die teilweise schon in der existenten Literatur hervorgehoben wurden (wir verweisen hier im Besonderen auf die Abhandlungen von L. Reissenberger[133] und H. Fabini[134]).

Das Grundstück des Baues besteht aus wenigstens drei ursprünglich gesonderten Teilen. Ein Gässchen entlang der Oberstadtmauer muss städtischer Besitz gewesen sein; es begann bei der heutigen Einfahrt in den Rathaushof und setzte sich in der Gasse auf dem Hundsrücken (heute str. Centumvirilor) fort. (Die Verbindung dieser Gasse mit jener Unter dem Hundsrücken aus der Unterstadt/str. A. Odobescu stammt erst aus dem 17. Jh.) Entsprechend den frühen städtebaulichen Prinzipien waren die angrenzenden Privatgrundstücke aus einer Hauptstraße, nämlich aus der wichtigen Fleischergasse (str. Mitropoliei) zugänglich; darauf deutet auch die senkrecht zu dieser Straße gewählte Anordnung des sehr alten Wohnhauses neben der Rathauseinfahrt hin. Nach den Grundstücksbreiten und -flächen an der Nordwestseite der Fleischergas-

---

* Erstdruck in „Buletinul Comisiei Naționale a Monumentelor, Ansamblurilor și Siturilor Istorice", [Mitteilungen der Nationalen Kommission für historische Denkmäler, Anlagen und Stätten], 1997/1–4, S. 17–21.
[132] Der Beitrag wurde ursprünglich in der Hermannstädter Zeitung „Die Woche" Nr. 1058/25. März 1988, Nr. 1062/22. April 1988 und Nr. 1067/27. Mai 1988 veröffentlicht.
[133] Ludwig Reissenberger, *Überreste der Gotik und Renaissance an Privatbauten in Hermannstadt*, in: „Archiv des Vereins für siebenbürgische Landeskunde", Bd. XXI, 1888, S. 461–514.
[134] Hermann Fabini, *Gotik in Hermannstadt*, Bukarest 1989, S. 131–137.

se zu urteilen, wird es ursprünglich auf dem Grund des Alten Rathauses und des davor liegenden Baues (heute Altenheim) zwei oder drei Privatparzellen gegeben haben; nach einem Steuerverzeichnis von 1473/77 dürften es damals zwei gewesen sein und auch die Anordnung der erhaltenen Bauten weist auf eine frühe Zweiteilung hin. Es wird also anfangs gegen die Straße je ein giebelständiges Haus gegeben haben und dahinter verschiedene Wirtschaftsbauten.

Es kann heute als gesichert gelten, dass die älteren Teile des Rathauses auf Thomas Altemberger zurückgehen. Als Pächter verschiedener Zölle sowie der Hermannstädter Berg- und Münzkammer benötigte er geräumige Warenlager und vor allem die zu einer Kammer gehörigen Räumlichkeiten. (In dem wehrmauerumzogenen Hof der ungefähr gleichwichtigen Münze in Frauenbach/Neustadt/Baia Mare – gab es damals neun „Häuser" und noch einige Kammern – wie Aula, Schatzkammer u. a. m.)

Der Bedarf und die Möglichkeiten des Patriziers machen die Entstehung des Gebäudekomplexes verständlich. Da die ältesten Teile der Anlage auf der Westseite des heutigen Besitzes liegen, befand sich wohl zunächst der zweite Hof der Fleischergasse in Altembergers Besitz, und mit diesem dürfte er auch die ältesten Baulichkeiten geerbt oder gekauft haben. Schließen wir nach dem etwas älteren, ähnlich gestalteten Hallerhaus am Großen Ring, so wird an der Straße ein ziemlich großes, einstöckiges Haus gestanden haben, das – wie das Nachbarhaus der evangelischen Kirche zu – recht alt gewesen sein könnte; über sein späteres Schicksal ist nichts bekannt. Die restlichen Gebäude sind von Altemberger durch Neubauten ersetzt worden.

Die Bauarbeiten haben wohl zwischen 1464 und den frühen siebziger Jahren des gleichen Jh. angefangen. Dabei wurde vermutlich hinter dem älteren Haus, längs des Hofes, ein einstöckiges Gebäude errichtet – dessen Vordergiebel, mit einer Kreuzblume versehen, H. Fabini entdeckt hat. Sicher hat Altemberger damals den anschließenden monumentalen Wohnturm gebaut, und um diesem große Ausmaße zu geben, kaufte er wahrscheinlich einen Streifen des dahinterliegenden Nachbargartens an.

Der an den Turm grenzende quergestellte, den Hof gegen die Fleischergasse vom Gärtchen gegen den Hundsrücken scheidende Wohntrakt ist vermutlich erst später entstanden – und zwar nachdem der Besitzer, in den frühen siebziger Jahren, Afra von Salzburg geheiratet hatte, aber bevor er, um 1473/77, den Nachbarhof dazukaufte. (Die Parallele mit dem Hallerhaus spricht gleichfalls für eine solche Datierung.) Vor diesem Trakt gab es – nach der großen Steinkonsole unter dem Treppentürmchen zu schließen – eine hölzerne Freitreppe, hinter dem Gebäudeflügel jedoch nur ein sehr kleines Gärtchen, denn entlang der zinnengekrönten Oberstadtmauer dürfte es damals noch das alte Gässchen gegeben haben. (Einzelheiten dieses Gebäudekomplexes wurden in akribischer Weise von E. M. Thalgott festgehalten.)

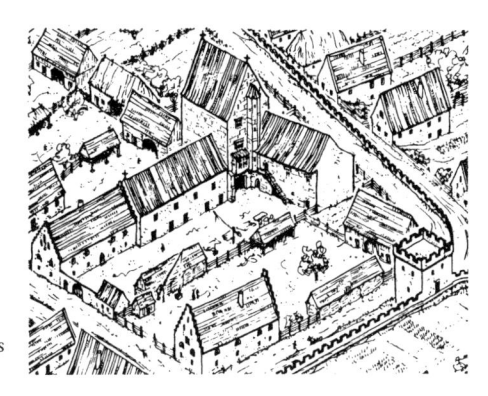

Abb. 81. Hermannstadt, Altembergerhaus um 1473

An der dem Turm gegenüberliegenden Längsseite des Hofes sind keine wertvollen Bauten zu vermuten, denn solche hätte man nach der Vereinigung des Hofes mit der angrenzenden Parzelle wohl beibehalten.

In dieser frühen Zeit handelte es sich um einen sehr großen Bürgerbau, bei dem das allgemeine, asymmetrische Kompositionsschema solcher Bauten verwendet wurde. Selbst der beeindruckende Patrizierturm stand nicht – wie etwa beim Nassauer Haus in Nürnberg oder dem Baumberger Turm in Regensburg – gut sichtbar an der Vorderfront des Besitzes. Obwohl ihm als Statussymbol eine besondere Rolle zufiel, befand er sich dennoch, unaufdringlich, hinten im Hof, so dass die Einheitlichkeit des Straßenbildes durch ihn nicht gestört wurde. Selbst hinten im Hof war seine Hauptfassade nicht vor die des angrenzenden, ziemlich schmalen Gebäudes gerückt – der Bau also möglichst organisch in die Gesamtanlage eingefügt. Einerseits zeugt diese Anordnung von der Achtung der geschlossenen Bürgergemeinde, andererseits auch von einer gewissen Selbstdisziplin.

Aber der Ausdruck einer „spartanischen" Haltung war es nicht. Die reiche wohnliche Ausgestaltung des Patrizierturmes (bei welchem man Reste eines Kamins fand) und die Ergänzung des Gärtchens durch zwei sorgsam ausgeführte Lauben machen ganz im Gegenteil die hohe Wohnkultur und zugleich die Wertschätzung des Lebens augenfällig. Zwar deuten die hohe Turmform und das steile Dach ein Streben nach oben, himmelwärts an, aber in durchaus pragmatischer Art konzentrieren sich die aufwendigsten Formen des Baues doch in seinem unteren Teil, während der obere von geradezu monumentaler Schlichtheit ist. Unten waren die Einzelheiten gewiss zweckgebunden, aber man hielt es eben nicht für nötig, in Entsprechung dazu auch den oberen Abschluss ähnlich reich auszubilden. Mit solchen Merkmalen dürfte der Bau weitgehend die Einstellung der spätmittelalterlichen Patrizier unserer Städte widerspiegeln.

Erst in einer zweiten wichtigen Etappe wurde der gegen die Kirche hin gelegene Nachbarhof mit neuen Baulichkeiten der Anlage angeschlossen. Dieses geschah vermutlich zwischen den Jahren 1473 und 1477, denn aus dieser Zeit hat sich ein Steuerverzeichnis erhalten, in dem Altemberger als Besitzer von zwei nebeneinanderliegenden Höfen erscheint (Abb. 81); da dieses in den späteren Verzeichnissen nicht mehr der Fall ist, sondern beide Besitze zusammengefasst wurden, dürfte der Kauf nur kurz vorher, um 1475, erfolgt sein. (Wären die Parzellen schon früher zu einem großen Besitz vereint worden, so hätte man wohl auch Bauten darauf errichtet, die seinen Ausmaßen entsprachen, was aber nicht der Fall war.) Ungefähr gleichzeitig wird Altemberger, seinen bedeutenden Einfluss als Bürgermeister nutzend, unter Verweis auf die Sicherheitserfordernisse der Münzkammer (die zwischendurch auch von der Stadt gepachtet war), die Auflassung des Gässchens entlang der Oberstadtmauer beim Stadtrat durchgesetzt haben.

Jedenfalls reicht das von Ludwig Reissenberger erwähnte „zweite Haus" bis an die Oberstadtmauer; es wird ebenfalls Altemberger zugeschrieben, muss aber wegen einiger Renaissanceeinzelheiten (den ältesten Siebenbürgens) später als der Turm und der Quertrakt datiert werden. Es schließt einstöckig an den erwähnten Quertrakt an und ist ähnlich größeren Bürgerhäusern in zwei Raumfluchten gegliedert. Da es im Erdgeschoss vom Hof her eine Einfahrt besaß, wird es wenigstens teilweise zu Wirtschaftszwecken gedient haben. Nach H. Fabini ist beiläufig zeitgleich ein gesonderter Bau neben dem nahen Oberstadt-Torturm errichtet worden, und zwar in Verlängerung der Vorderfront des „zweiten Hauses", aber vor dieser Front; der kleine Hof dahinter ist, wie das Gebäude selbst, gewiss zu Wirtschaftszwecken verwendet worden. Schließlich entstammt möglicherweise auch der lange schmale Flügel gegen die Fleischergasse der gleichen Etappe. Weil anzunehmen ist, dass Altemberger den zweiten Hof erwarb, um darauf dringend notwendige Bauten zu errichten, werden die Arbeiten bald nach dem Ankauf, also um 1475 begonnen haben; sie dürften vor 1485 beendet gewesen sein, als er andernorts noch ein weiteres ansehnliches Steinhaus kaufte.

Durch die Vereinigung der beiden Parzellen entstand ein neuartiger Hofraum. Dessen unbebaute Fläche hatte nun nicht mehr – wie allgemein üblich – ein städtebaulich bedingtes, mehr oder weniger gangartiges Gepräge, sondern eine geschlossene Form von größerem ästhetischen Wert. Diesem trug auch die Gestaltung der Anbauten Rechnung. Deutlich wird solches vor allem im Falle des „zweiten Hauses", dessen Giebel ungewöhnlicherweise über seinen Längsseiten standen; dadurch befindet sich die Traufenseite gegen den Hof, so dass die Wirkung der architektonischen Dominante – also des Patrizierturmes mit seinem Giebel – weniger beeinträchtigt wurde. Dabei zeugen aber auch die Bauten dieser Etappe von einem gewissen Selbstbewusstsein des Besitzers, denn gegen den Hundsrücken hin hat das „zweite Haus" einen

Bauten der Städte 209

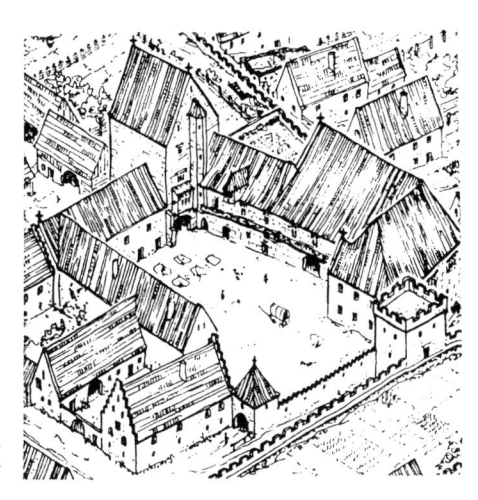

Abb. 82. Hermannstadt, Ausbau des einstigen Altembergerhauses durch Johann Lulay

mehrgeschossigen Erker, welcher der Blickfang der gesamten Straße war; Harald Roth spricht geradezu von einem „Stadtpalast".

Obwohl anscheinend der alte Hof gegen die Fleischergasse von dem Besitz abgetrennt worden ist, handelte es sich seinerzeit doch um das größte städtische Anwesen Siebenbürgens.

Nach Altembergers Tod wechselte der große, zwischen 1467 und 1485 in zwei wichtigen Etappen ausgeführte Gebäudekomplex mehrmals den Besitzer. Zunächst ging es auf Nikolaus Proll über, danach fiel es Johann Lulay zu, einem sehr reichen Bürger, der 1507–1521 Königsrichter und auch langjähriger Pächter der Berg- und Münzkammer war.

Wie Ludwig Reissenberger hervorhebt, ist – nach einem Türsturz mit Lulays Wappen zu schließen – diesem die Verbreiterung des „zweiten Hauses" über die Rundung der Stadtmauer hinaus bis zum Oberstadttor hin zu verdanken. Sie verband dieses Haus mit dem beiläufig gleich alten Bau neben dem erwähnten Stadttor zu einem mächtigen, geschlossenen Körper, der im Stockwerk durch einen offenen Gang mit dem alten Quertrakt zusammengefasst wurde. Bezeichnenderweise mischen sich dabei gotische und Renaissanceformen in einem bedeutenden Maße. Spätestens damals wird auch der lange, schmale Gebäudekörper gegen die Fleischergasse hin errichtet worden sein. An den unbebauten Seiten des Hofes dürfte es schließlich eine Mauer und über dem Einfahrtstor einen kleinen Turm gegeben haben (Abb. 82).

Wie die Existenz des Gebäudekörpers gegen die Fleischergasse andeutet, befand sich die Zufahrt in dieser Etappe schon an der Stelle des jetzigen Eingangs. Trat man in den Hof ein – der hauptsächlich Wirtschaftszwecken diente –, so erschien dieser ringsum von Gebäuden umschlossen, denn das unbebaute Eck befand sich im Rücken des Betrachters. Eindeutig war eine mög-

Abb. 83. Hermannstadt, Altes Rathaus um 1600

lichst organische Gestaltung beabsichtigt, denn die einzelnen Baukörper wurden nach Möglichkeit einander angeglichen. Auch der offene Gang an der Seite gegen die Unterstadt wurde auf halber Länge etwas verbreitert, wodurch die Mitte des ansonsten asymmetrischen Flügels eine Betonung erfuhr. Bestrebungen dieser Art hielten sich jedoch in engen Grenzen, denn mit einem geringen Mehraufwand wäre der gesamte Hof mit verhältnismäßig einheitlichen Gebäuden zu umschließen gewesen, aus denen nur der Wohnturm und das Dach des „zweiten Hauses" herausgeragt hätten. Die rhythmisch freie, wohl etwas zweckmäßigere Anordnung wurde einer gewollt geschlossenen, monumentalen Gestaltung vorgezogen. So tritt uns hier einerseits die pragmatische Einstellung der Erbauer, andererseits aber auch ihr Selbstverständnis entgegen: Besitzer und Besitz waren zwar sehr bedeutend (in Hermannstadt und den anderen siebenbürgischen Städten hatten sie damals nicht ihresgleichen), doch stellten sie sich nicht in steif monumentaler Art zur Schau – z. B. mit betonten Symmetrien und harten rechten Winkeln. So wie die ganze Anlage das Ergebnis eines Entwicklungsprozesses war und keiner konsequent in die Tat umgesetzten Gesamtplanung, dürften die Erbauer auch ihr Leben als eine Reihenfolge von schicksalhaften Geschehnissen betrachtet haben, und nicht als Ausbauetappe eines auf sich selbst bezogenen, nach Unvergänglichkeit strebenden Images. Mit einer solchen Einstellung erscheinen Altemberger und Lulay gewissermaßen noch als Persönlichkeiten des Mittelalters – selbst wenn sie seiner letzten Phase angehörten.

Laut einem Bericht von Paul Bornemisza und Georg Werner wurde der Gebäudekomplex um die Mitte des 16. Jhs. als „Kammer" schlechthin bezeichnet. Als er nach dem Tode seines letzten Privatbesitzers – Markus Pempflinger – verkauft werden musste, trachtete der Fiskus des Fürstentums danach, ihn zu erwerben. Um dieses zu verhindern, erstand ihn 1549 die Stadt, indem sie vom Näherrecht Gebrauch machte, obwohl ihr die Anlage eigentlich zu teuer war. Durch Jhh. diente der Komplex nun als Rathaus, ohne stark verändert zu werden (in chronologischer Folge war es das dritte Rathaus der Stadt). Es wurde eine monumentale Freitreppe in den ersten Stock angelegt, wo sich der Ratssaal befand. Möglicherweise damit im Zusammenhang errichtete man neben dem Oberstadt-Torturm noch einen Anbau an den großen Gebäudekörper, und schließlich ist der Hof völlig von Bauten umschlossen worden (Abb. 83).

In größerem Maße wirkte sich vor allem der Anbau auf das allgemeine Gepräge aus, denn durch diesen wurde ein in den Hof einspringendes Eck wesentlich vergrößert. Vorher hatte dieses Eck die Geschlossenheit der Raumwirkung nicht gestört, so dass der Hof als großes, etwas unregelmäßiges Viereck erschienen war, nun aber wirkte die freie Hoffläche gegliedert: Bei der Einfahrt entstand ein etwas abgesonderter kleiner Raum, und erst jenseits von diesem öffnete sich der Hauptraum.

Die Treppe kam an der Grenze zwischen die beiden Teile zu stehen. Durch ihre Monumentalität wertet sie nicht nur das erste Stockwerk im Vergleich zum Erdgeschoss auf, sondern verlieh der Anlage auch den Charakter eines öffentlichen Gebäudes. Aber nur hier, in seinem Innern, kam die neue Funktion zur Geltung. Da seine Außenansichten kaum verändert wurden, blieb letztlich der alte, gegen den Hof, also in sich gekehrte Charakter des einstigen Privatbesitzes erhalten; der Bau drückte also seine Bedeutung im Stadtbild nur in geringem Maße aus. Durch das zurückhaltende Äußere ist er aber für unsere städtischen Bauten bezeichnend. In einem verhältnismäßig stabilen städtischen Gefüge aufgebaut, in dem den Städten eine angemessene Stellung zukam, mussten diese – zur Absicherung eines bestehenden oder angestrebten Status – nicht Monumentalität zur Schau stellen.

Unabhängig davon handelt es sich bei dem Bau doch um den wertvollsten gotischen städtischen Profanbau Siebenbürgens. Wie Harald Roth hervor-

Abb. 84. Bistritz, Goldschmiedehaus

hebt, konnten mit dem Gebäudekomplex der „*Pempfflingersche Glanz wie auch das Andenkten an Altemberger und Lulay* [...] *auf das Gemeinwesen übergehen*"; die Stadt hatte nun „*erstmals ein deutlich über die Wohnhäuser der Patrizier hinausragendes öffentliches Gebäude*".

Bistritzer Goldschmiedehaus[*] (Abb. 84). Je nach den funktionellen Erfordernissen, materiellen Möglichkeiten und allgemeinen Gepflogenheiten sind in unseren Städten unterschiedliche Haustypen verwendet worden. Die ältesten ansehnlichen Bauten bestanden, wie bei den beschriebenen Häusern in der Schäßburger Burg und in der Hermannstädter Reispergasse, aus zwei hintereinander liegenden Räumen. Dank seiner großen Vorzüge ist dieser Archetyp auch heute noch, zumal in Dörfern, weitverbreitet, und unsere mittelalterlichen Haustypen haben sich weitgehend aus diesem entwickelt.

An die vorderen Räume konnten hinten weitere angefügt werden, doch da eine solche Reihung bei einer größeren Länge funktionelle Nachteile hatte, war es angebrachter, das Haus aufzustocken. Die Verteilung der Räumlichkeiten auf zwei Geschosse war ziemlich aufwendig und für eine einzige Raumflucht nicht gerechtfertigt. Auf den verhältnismäßig schmalen städtischen Parzellen überwölbte man deswegen die Hofeinfahrt und konnte dann darüber eine zweite Raumflucht anordnen. Genau dieses typologische Entwicklungsstadium des Bürgerhauses widerspiegelt das hier besprochene Haus in der Bistritzer Beutlergasse (heute str. Dornei).

Nach zwei Kelchen, die als Dekorationselemente in eine Fenstereinfassung eingegliedert sind, vermutet man, dass es von einem Goldschmied errichtet wurde, und diese Annahme findet in seinen Merkmalen eine Bestätigung: Mit den vielen Steinteilen geht es gewiss auf einen reichen Bürger zurück, der aber für sein Gewerbe nicht viele Räumlichkeiten benötigte. Man weiß auch über den Baumeister Bescheid: Nach G. Mândrescu war es Petrus Italus de Lugano, der, aus Polen kommend, in den Jahren 1560 bis 1563 an der Bistritzer Stadtpfarrkirche arbeitete. Ungefähr in diese Jahre ist auch das Goldschmiedhaus zu datieren.

Das hervorragende Können seines Baumeisters kommt schon in dem klar gefügten Grundriss zur Geltung. Das Kompositionsschema hat eine L-Form, die im Erdgeschoss besonders deutlich sichtbar ist (siehe Grundrisszeichnungen). Das L wird von dem langen Gang der Durchfahrt (1) und dem etwa in ihrer Mitte beginnenden Treppenlauf in den ersten Stock (2) gebildet. Damit der Treppenlauf im Grundrissgefüge entsprechend zur Geltung komme, erhielt er eine ganz ungewöhnliche, nämlich der Durchfahrt gleichwertige Breite. (Durch seine Monumentalität bildete der Aufgang ein Statussymbol. Der zweite Teil der Treppe ist jedoch schmal; hier wurde auf das Repräsentations-

---

[*] Erstdruck in: „Die Woche", Nr. 1001/20.02.1987, S. 6.

bedürfnis verzichtet.) Neben diesen, dem Durchschreiten bestimmten Räumen des Erdgeschosses, liegen zwei schmale Räume gegen die Straße (die einstmals wohl als Gewölbe und Werkstatt dienten – 3 und 4) und ein Lagerraum gegen den Hof (5).

Im ersten Stock gibt es, am Ende der hier nun schmalen Treppe, eine dunkle, quadratische Diele (6); sie lässt an eine Drehscheibe denken. Durch zwei große Bögen ist sie von der über der Treppe befindlichen Kochnische (8) und von einem zweiten, erleuchteten Dielenraum (7), gegen die Hinterseite des Hauses gelegen, getrennt. Auf ihrer dritten Seite, zur Straße hin, befindet sich die Türe zu einem Saal (9), der als größter Raum des Hauses dessen eigentliches Herzstück bildet: Mit einer reichen Balkendecke und drei Fenstern wirkt er geradezu monumental. Auch im ersten Stock gibt es seitlich noch zwei Zimmer, die jedoch für die Grundrisskomposition eine geringe Bedeutung haben (10, 11).

Besonders interessant ist die Straßenfassade. Bei einer Restaurierung vom Anfang der 1960-er Jahre ist der Unterteil des Hauses in seinen ursprünglichen Formen wiederhergestellt worden; das Dach stammt aus dem 19. Jh. und blieb unverändert. Früher waren jedoch die Häuser *„mit hohem Giebeldache, das zur Straße hinsieht, versehen"* (F. Kramer). Auf Stadtansichten von 1735 und 1736 erscheint beiläufig an der Stelle des Goldschmiedehauses ein Bau mit einem sorgsam ausgebildeten, in drei Register gegliederten Giebel. Da Petrus Italus auch an der Stadtpfarrkirche einen solchen errichtete, können wir auch an diesem Haus einen ähnlichen Giebel vermuten.

Obwohl die Anordnung der Einfahrt und der Fensteröffnungen durch den Gebäudegrundriss vorgegeben war, ist es dennoch wichtig, der Komposition der Hauptfassade nachzugehen. Selbstverständlich bildet das große Portal den dominierenden Teil der Fassade (er weist übrigens sehr ähnliche Formen wie das Kirchen-Westportal auf). Damit es jedoch durch seine asymmetrische Anordnung nicht ein fremdartiger Bestandteil des Ganzen bleibt, wurden die dicht gereihten Fenster des ersten Stockwerkes durch ein durchlaufendes Kranzgesimse zu einem geschlossenen Register zusammengefasst, das in seinen Ausmaßen jenen der Einfahrt entspricht. So ergibt sich eine L-förmige Kompositionslinie der Fassade. Als Gegengewicht zu ihr wurde im rechten unteren Eck eine dem Portal nachgebildete, zwar kleine, aber besonders zierliche Fenstereinfassung angeordnet. Das funktionell nötige Fenster in der Mitte des Erdgeschosses ist wie die Stockfenster ausgebildet und stellt somit eine optische Verbindung zwischen den beiden Stockwerken her. Ebenso leitet das ruhig geschlossene obere Fensterregister von dem asymmetrischen Unterteil zum symmetrischen Giebel über. Gleichzeitig kontrastiert es aber auch zu beiden: Im Gegensatz zu den geschwungenen Formen des Giebels und den rundbogig geschlossenen Öffnungen des Erdgeschosses, dominieren im Stockwerk die weitgehend geraden Linien.

Mit seiner einheitlich geschlossenen, aber gleichzeitig spannungsgeladenen Komposition kann man dieses verhältnismäßig kleine Haus den architektonisch bedeutenden Bauten Mitteleuropas aus jener Zeit ohne weiteres gleichstellen. Obwohl einzelne Details, die wir hier beobachtet haben, in Siebenbürgen sonst nicht anzutreffen sind, fügt es sich nahtlos in unsere mittelalterliche Baukunst ein.

Bürgerliche Gemeinschaftsbauten

Fleischerlauben in Hermannstadt*. Es ist urkundlich erwiesen, dass in den Städten des östlichen Mitteleuropa von Anbeginn Fleischerlauben vorgesehen waren – z. B. in Brieg bei Breslau oder in Miechow bei Krakau. Ebenso sind im Jahre 1298 in Rodenau/Rodna Verkaufsstände erwähnt und in Hermannstadt, das schon zur Zeit des ersten Mongoleneinfalls als „Stadt" betrachtet wurde, haben sie gewiss nicht gefehlt. Wir kennen jedoch weder ihren Standort noch ihr Aussehen.

Da die späteren Fleischerlauben am Kleinen Ring in Hermannstadt/Sibiu (bekannt unter dem Namen Schatzkästlein/Casa artelor) gleich dem ersten Rathaus, aber anders als die übrigen dortigen Gebäude in einem gewissen Abstand von der Burgmauer errichtet wurden, sind sie zweifelsohne in einer Zeit entstanden, als die Mauer noch voll funktionsfähig war, wohl als die ersten Bauwerke dieses Platzes. Möglicherweise befand sich dort zunächst ein Holzbau, der später durch ein gemauertes Gebäude ersetzt wurde; nach abgeschrägten gotischen Fensterlaibungen, die es an der Hinterseite des heutigen Baues bis zu der Renovierung in den 1960-er Jahren gab, stammt der heutige Bau frühestens aus der zweiten Hälfte des 13. Jhs. und spätestens aus dem 15. Jh. Da sich ein Pfeiler des Laubenganges über einer älteren Kornkaule befindet, ist dieser Laubengang möglicherweise etwas nach den Verkaufsräumen errichtet worden. Die erste urkundliche Erwähnung der Fleischerlauben stammt aus dem Jahr 1370.

Funktion und Form des Gebäudes sind denkbar einfach gewesen. Im Erdgeschoss gab es elf kleine Räume, die für je einen Fleischhauer bestimmt waren. Jeder Raum hatte gegen den davorliegenden Laubengang eine zweiflügelige Türe. Die Außenmauern, ausgenommen die Seitenteile, verjüngen sich nach oben, ähnlich wie bei besonders alten Häusern der Burg in Schäßburger/Sighișoara, und die Laibungen von Fenstern und Türen waren, wie erwähnt, typisch gotisch abgeschrägt. Das erste Stockwerk umfasste zwei große Räume, die wohl für Versammlungszwecke, aber auch als Warenlager dienten. Der erste Stock war – wie damals üblich – über eine äußere Holztreppe zugäng-

---

* Erstdruck in: „Die Woche", Nr. 988/21.11.1986, S. 6.

Bauten der Städte 215

Abb. 85. Hermannstadt, Fleischerlauben

lich, die sich auf der Seite gegen die Fingerlingsstiege befand. Auch oben gab es ursprünglich Fensterschrägen, nach denen das Geschoss mit Sicherheit dem gotischen Stil zuzuordnen ist, doch kann es etwas neueren Datums als das Parterre sein. Das nicht übermäßig spitze Satteldach dürfte – nach der Dachneigung zu urteilen – dem 14. oder 15. Jh. entstammen. Wie auf einem Kupferstich von 1690 ersichtlich, dürfte es vielleicht einst von Treppengiebeln begrenzt gewesen sein (Abb. 85).

In seiner Gesamtheit lehnt sich die Gestaltung des Baues an die der Bürgerhäuser an. Seine große Länge kennzeichnet ihn jedoch als Gemeinschaftsbau: Sie macht sinnfällig, dass er von vielen und für viele gebaut wurde. Das Gebäude wendet sich dabei gerade mit dieser seiner charakteristischen Längsseite gegen den einstigen Burghof, den späteren Platz und tritt damit dem Bürger gewissermaßen entgegen. Seine wichtigsten Merkmale erinnern an solche der Gemeinschaft, welcher es entstammt: Geschlossene Formen mit klaren Proportionen können als eine Widerspiegelung der geschlossenen, klar strukturierten Gemeinschaft aufgefasst werden. Das einfache Gepräge ist gleichzeitig ein Ausdruck von Eindeutigkeit, wie sie uns in der alten Empfehlung entgegentritt: „*Eure Rede aber sei: Ja, ja; nein, nein. Was drüber ist, das ist vom Übel.*"

Diese Einfachheit wird jedoch nicht zur Armut, denn sie ist mit einer zweckgebundenen, differenzierten Gestaltung gepaart. Während sich die Mauern des Obergeschosses schützend um die Räume schließen und nur verhältnismäßig kleine Fenster Licht und Luft einlassen, öffnet sich das Untergeschoss mit seinem großen Laubengang zum Platz hin. Es lädt zum Betreten ein und bietet dem Besucher Schutz vor Regen und Sonne. Ähnlich wie beim Dogenpalast in Venedig wird das Gepräge der Hauptfassade weitgehend vom spannungsgeladenen Kontrast zwischen den beiden Geschossen bestimmt: unten das klar strukturierte tragende Gerüst mit seinen körperhaften Pfeilern und großen, dunklen, nahezu runden Bögen, oben die ruhenden, im Licht hell leuchtenden Mauern, deren flächige Wirkung durch die kleinen viereckigen Öffnungen nicht gestört wird.

Während die Lauben durch viele Jhh. immer den Fleischhauern dienten, verwendete man das obere Geschoss später zu verschiedenen öffentlichen Zwecken – so zum Beispiel im 18. Jh. gelegentlich für Theateraufführungen. Die Änderungen aus dieser Zeit sind von geringer Bedeutung gewesen. Bei einer Reparatur wurden 1787 an der Hauptfassade und an den beiden Seitenfassaden das gotische Traufengesimse und die Fensterschrägen durch eine zeitgemäße Barockprofilatur ersetzt, welche auch im Obergeschoss die einzelnen Teile in etwas größerem Maße voneinander abhebt und mithin ihren körperlichen Charakter unterstreicht. Gleichzeitig wurde in die Mitte der Fassade ein runder Zierrahmen mit dem Hermannstädter Wappen und einer Jahreszahl gesetzt. Da dieser Zierteil jedoch nur aus Mörtel geformt ist und wenig vorspringt, gliedert er sich in die glatte Fläche gut ein und fällt nur bei näherer Betrachtung auf.

Ende des 19. Jhs. ist schließlich der Laubengang vermauert und das „Schatzkästlein" mit einer inneren Treppe in den ersten Stock versehen worden. Vor beiläufig vierzig Jahren öffnete man dann den Laubengang wieder, verlegte die Treppe in das dahinterliegende Haus und schuf im Obergeschoss einen großen Ausstellungssaal; gleichzeitig kam es auch zu einer Generalüberholung, ebenso in den letzten Jahren.

Die wesentlichen Merkmale des alten Baues haben sich im Allgemeinen gut erhalten. So sind die einstigen Hermannstädter Fleischerlauben nicht nur ein gutes Beispiel eines bürgerlichen Gemeinschaftsbaues des mittelalterlichen Siebenbürgen, sondern gleichzeitig ein überaus wertvolles Zeugnis sächsischer Baukunst.

Das Rathaus in Kronstadt[*]. In einer frühen Zeit wurde Kronstadt vom Martinsberg aus verwaltet. Auf dem Marktplatz der Inneren Stadt, wo heute das einstige Rathaus steht, baute man jedoch schon im 13. Jh. einen Turm, der vermutlich als Bergfried diente; er befand sich im Nordostteil eines Angers. Bald darauf errichteten die Kürschner vor ihm eine schmale, ziemlich lange, unterkellerte Zunftlaube. Sie war anscheinend recht einfach ausgebildet, aber doch gemauert. Von diesen zwei Bauteilen geht die Entstehungsgeschichte des Rathauses aus, die vor allem von Gustav Treiber geklärt wurde (Abb. 86, oben).

---

[*] Erstdruck in: „Die Woche", Nr. 916/05.07.1985, S. 6.

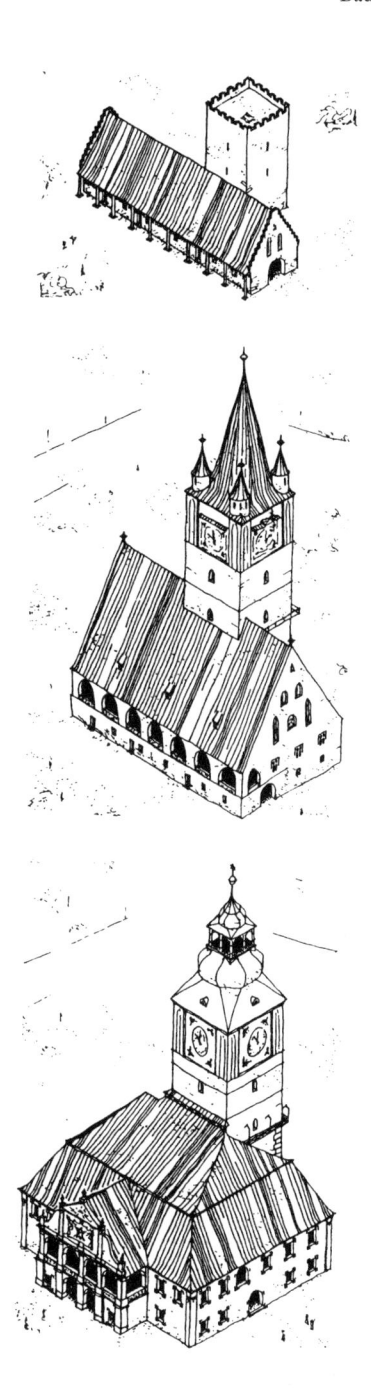

Abb. 86. Kronstadt, Entwicklungsetappen des Rathauses

Entscheidend für den Umbau wurde das Jahr 1420. Damals kam es zu einer Übereinkunft zwischen Stadt und Kürschnerzunft, derentsprechend die alte Zunftlaube aufgestockt wurde; gleichzeitig ummauerte und erhöhte man den Turm, fasste ihn aber auch auf zwei Seiten von neuen, einstöckigen Gebäudeflügeln ein. Zwei große Räume lagen nun im ersten Stock, auf der Südseite wohl der Ratssaal. Davor, auf der Westseite, gab es auf der ganzen Länge des Gebäudes einen Gang, der in solcher Länge eigentlich unnötig war; seine Anlage dürfte demnach auf kommpositionelle Gesichtspunkte zurückgehen. Damaligen Gepflogenheiten nach könnte es sich um eine offene Laube gehandelt haben, auf die es heute jedoch keine Hinweise mehr gibt. Ob es auch sonst offene Verkaufslauben im Erdgeschoss gab, ist ungewiss.

Neue Arbeiten wurden zwischen 1515 und 1528 unter Anleitung des Magisters Antonius durchgeführt. Es handelte sich vermutlich um Änderungen im Innern des Rathauses, dann aber auch um eine neuerliche Erhöhung des Turmes, wobei sein oberster Teil mit der Uhr aufgeführt wurde. Späte gotische Fenstereinfassungen am Turm entstammen ebenso dieser Periode, wie ein spitzer Helm, der von vier kleinen Türmchen flankiert war (Abb. 86, Mitte). Schon 1573 kam es zum Anbau eines Baukörpers vor der Mitte der Hauptfassade und 1646 zu dessen Aufstockung. Auch die Schauseite des Turmes (auf der Rückseite des Rathauses) gestaltete man um – und zwar im Geiste der Renaissance (Abb. 87; ob es im Erdgeschoss offene Bogen gab, ist ungewiss).

Die letzten wesentlichen Änderungen erfolgten 1770–1774. Damals entstanden die Räume im Südwest- und im Nordwesteck, der heutige Eingangsvorbau mit neuen Stiegen und der Laube im Stockwerk, ein Mansarddach und eine barocke Turmhaube (Abb. 88). 1910 ersetzte man diese durch den heutigen Helm.

Über den frühen Bau können wir uns nur eine ungefähre Vorstellung machen. Der Turm am Nordostteil des zentralen Freiraumes sollte in der städtebaulichen Komposition des frühen „Corona" wohl ein Gegengewicht zum Bau der Pfarrkirche im Südwestteil der Siedlung bilden, und bis heute bestimmt diese polare Entsprechung das Gepräge des Stadtzentrums. Die Anordnung der Zunftlaube war durch den älteren Turm vorgegeben, aber ihre Stellung westlich von diesem ist nur im Zusammenhang mit der ursprünglichen, dreieckigen Form des Angers zu verstehen: Da dieser anfangs bis jenseits der Böttcherzeile und der Westfassade der Pfarrkirche (Schwarze Kirche) reichte, sein Zentrum also weiter westlich als heute lag, war die Zunftlaube dort in größerem Maße dem Platz zugewendet. Die Wirkung des gemauerten Baus beruhte damals – im Vergleich zu den umliegenden Holzhäusern – auf seinem dauerhaften Charakter, gleichzeitig aber auch auf der Bindung an den städtischen Turm. Selbst wenn das Dach der Verkaufshalle auf einer Seite etwas tiefer hinuntergezogen war und einen feinen, laubenarti-

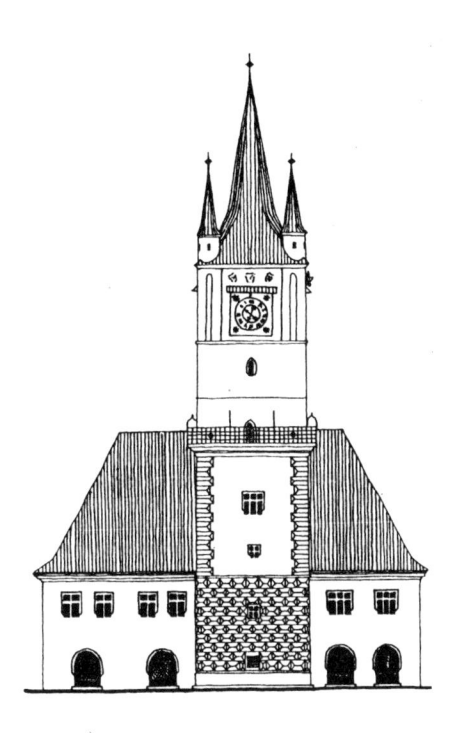

Abb. 87. Kronstadt, Rathaus, Hinterseite
um 1600

gen Raum vor dem Gebäude schützte, wird die Zunfthalle doch ein geschlossenes, strenges Gepräge besessen haben.

Durch die Arbeiten vom Beginn des 15. Jhs. wurde diese Halle mit dem Stadtturm zu einem einheitlichen, organisch geschlossenen Bau zusammengefasst. Da sich im Erdgeschoss kein Laubengang einfügen ließ, sollten wohl die Arkaden des Stockwerkes, die sich an der Hauptfassade ruhig dahingezogen haben dürften, den offenen, stadtzugewandten Charakter des Rathauses hervorheben. Es ergab sich dadurch aber auch eine betonte Gliederung in horizontale Register, die für einen gotischen Bau nicht das natürlichste war und die zur Vertikalen des monumentalen Turmes stark kontrastierte.

In der folgenden Zeit setzten sich die Renaissancebaumeister gerade mit dieser Vertikalen auseinander – und zwar mit geradezu klassischen Mitteln. Um sie zu dämpfen, wurde auch der Turm in mehrere Bereiche gegliedert, und zwar durch einen stufenweisen Übergang von den schwer wirkenden Diamantquadern des Mauerwerkes am unteren Turmteil zu viel leichter wirkenden glatten, teilweise bemalten Mauerflächen oben und dem sich in mehrere Spitzen auflösenden Dach. Dadurch wurde das auf den Untergeschossen lastende Gewicht des Oberteiles angedeutet, so dass die Turmfassade einen spannungsgeladenen Charakter erhielt. In architekturgeschichtlicher Sicht

220   Städtebau

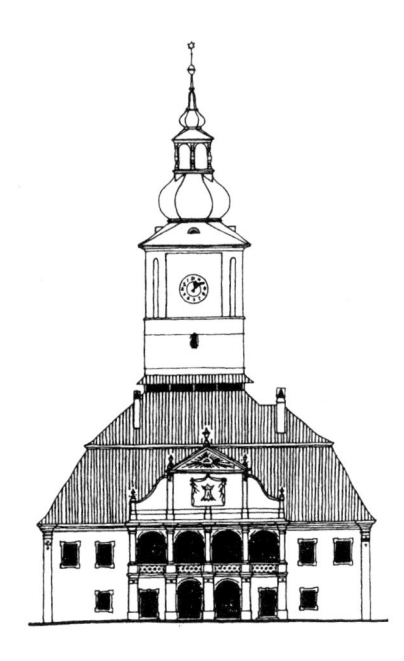

Abb. 88. Kronstadt, Rathaus, Vorderseite
um 1800

hatten, im Vergleich dazu, die Änderungen an der Hauptfront eine geringe Bedeutung.
Diese baulichen Veränderungen wurden in der Barockzeit vorgenommen. Wieder sollten Bogen und Eingänge im Erdgeschoss und die Arkaden des Stockwerkes den offenen, stadtzugewandten Charakter des Rathauses andeuten, aber mit dem prächtigen, mit einem Gottesauge gestalteten Frontispiz darüber, war der Mittelrisalit gleichzeitig dazu bestimmt, Würde und Erhabenheit, ja Unverbrüchlichkeit des Gesetzes auszudrücken. Durch die Folgerichtigkeit von vertikalen, sich nach oben verjüngenden Bändern von Pilastern und Lisenen sowie von horizontalen, über den Pilastern gekröpften (vorspringenden) Gesimsen kommt eine strenge Ordnung in den Bau. Dass dabei die Profilatur des Kranzgesimses und anderer Einzelteile etwas von der klassischen Norm abweichen und teilweise etwas schwerer wirken, stört nicht, gibt aber der Eingangshalle eine typisch siebenbürgische Note, die durch die Paarung massiver Teile und zarter Dekorationen noch betont wirkt. Bei der eleganten, barock geschwungenen, oben durchbrochenen und dadurch leicht wirkenden Turmhaube waren diese Gegensätze nicht zu spüren; aber die Haube schwebte schon über den Häusern der Stadt, gewissermaßen einer höheren Sphäre zugehörig.

Das Rathaus ist der einzige Bau dieser Art im Südosten Mitteleuropas, der frei auf einem Platz steht. In seinen Formen finden sich Zeugen eines halben

Jahrtausends siebenbürgischer Baugeschichte. Sie spiegeln nicht nur unterschiedliche stilistische Bestrebungen wider, sondern auch die Beziehungen zwischen Rat und Stadtbürgern und sogar eine Einstellung zu letzten Dingen.

Befestigungstürme verschiedener Zeiten

Gotische Türme

Kellinger Siegfriedturm*. Anfangs war das Bild der sächsisch besiedelten Ortschaften von einfachen, strohgedeckten Fachwerkbauten geprägt. Doch schon 1268 berichtet eine Urkunde von einem Steinturm, der in Rodenau/ Rodna neben einem Holzhaus in einem ringsum befestigten Hof stand; in den folgenden dreißig Jahren ist vermutlich das Holzhaus durch einen gemauerten Palas (Saal- bzw. Wohnbau) ersetzt worden. Dass Wohntürme dieser Zeit sorgsam ausgeführt sein konnten, beweist der einstige Binderturm in Schäßburger/Sighişoara mit zweilichtigen Rundbogenfenstern und einem spätromanischen Kreuzgewölbe auf Gewölberippen.

Zwar steht der Kellinger Siegfriedturm nicht in einer Stadt, aber er entspricht den Merkmalen und der geschichtlichen Entwicklung des Rodenauer Turmes und diente dem gleichen Zweck. So widerspiegelt er frühe Stadttürme und ist eine der bedeutendsten erhaltenen Profanbauten Siebenbürgens dieser Zeit.

Der mächtige Wohnturm mit frühgotischen Fenstereinfassungen steht neben einem niedrigen Steinbau, der einst aus einer Art Keller und Hochparterre bestand, einfachere Fenster besaß und anscheinend als Palas diente. Der Burghof um diese Bauten war mit einer zinnengekrönten Ringmauer und einem Wassergraben befestigt. Wie archäologische Grabungen gezeigt haben, entstand die ganze Anlage in der zweiten Hälfte des 13. Jhs. Sie ist von der Kellinger Gräfenfamilie errichtet worden, nachdem König Stefan V. diese 1269 für besondere Verdienste reich begabt hatte (Abb. 89).

1430 wurde die Burg von einem Nachkommen des Geschlechts – Johann von Weingartskirchen – der Gemeinde verkauft. Ein wesentlicher Grund dafür wird die mittelalterliche Agrarkrise gewesen sein, durch die Bodenbesitzer große Einnahmen einbüßten und in wirtschaftliche Not gerieten.

Das Dorf erhöhte die Ringmauer und vielleicht auch den Wohnturm (der letztere diente hinfort nur noch als Bergfried), wandelte aber auch den Palas in eine Kapelle um. Später kam ein zweiter Mauerring hinzu, gleichzeitig verstärkte man die Toranlage und schließlich entstanden im 17. Jh. mehrgeschossige Fruchtkammern entlang der inneren Mauer.

Architekturgeschichtlich bedeutsam ist die ursprüngliche Form des Turmes, denn die reichen Gräfen konnten ihren Familiensitz mit einem im Ver-

---
* Erstdruck in: „Die Woche", Nr. 9767/26.08.1986, S. 6.

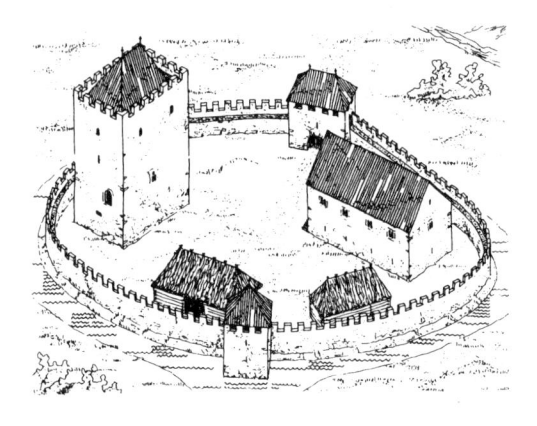

Abb. 89. Kelling, Siegfriedturm mit Burg um 1350

gleich zu Dorfwohnungen ganz ungewöhnlichen Aufwand gestalten. Dabei widerspiegelt diese Ausbildung erstrecht nur allgemein Übliches, das wir in Ansätzen auch beim einfachen Bauernhaus wiederfinden können.

Zum einen ist eine deutliche Tendenz zur wohnlichen Ausformung des Turmes festzustellen. Beim eigentlichen Wohnraum, im mittleren Geschoss, haben sich Reste eines Tonnengewölbes erhalten, das dem Raum ein würdiges, geschlossenes Gepräge gab. Ein offener Kamin sorgte für Wärme und Gemütlichkeit, während drei zweilichtige, mit einem Dreipass ergänzte Fenster das nötige Licht gaben. So wie diese mit ihrem Maßwerk und den Butzenscheiben sorgfältig ausgeführt waren, wird auch die Inneneinrichtung kunstvoll gewesen sein. Es gab wohl einen Tisch mit Bank und Stühlen, Stollentruhen und vielleicht einen Schrank; auch eine Wanddekoration wird nicht gefehlt haben. (Im Palas hat man Reste von Wandmalereien gefunden.) Im Vergleich dazu wird die Einrichtung normaler Bauernhäuser viel einfacher, aber doch nicht wesentlich anders gewesen sein.

Zum anderen sind zahlreiche Vorrichtungen festzustellen, die der persönlichen Sicherheit dienen sollten; diese waren lebenswichtig in einer unruhigen Zeit, in der man sich weitgehend selbst Recht schaffte (wie Gaan von Salzburg mit seinen Genossen, die 1277 den Weißenburger Dom mitsamt seinen Prälaten verbrannten). Bei den Kellinger Befestigungen handelt es sich nicht nur um die Ringmauer mit einem Torturm, sondern auch um die Ausbildung des Wohnturmes selbst. Er besaß einzig im Mittelgeschoss Außentüren, die leicht zu verrammeln waren und zu denen man nur über nachziehbare Leitern gelangen konnte; dabei handelt es sich um zwei Türen an gegenüberliegenden Seiten, so dass es für den Notfall einen Fluchtweg gab. Über dem Gewölbe des Untergeschosses wird ein Versteck vermutet, und beim Palas stieß man sogar auf Reste eines unteririschen Ganges. Gewiss, ähnliche Vorrichtungen konnten bei einem Bauernbesitz nur in begrenztem Maße vorhanden sein (in der Walachei fand man noch selbst bei Häusern des 19. Jhs. Notausgänge durch den Keller), aber althergebrachten Rechtsbräuchen entsprechend wird es Immunitätsbereiche gegeben haben, innerhalb derer dem Besitzer besondere Rechte zustanden.

Schließlich verdeutlicht der Standort der Burg ein Streben nach Freiheit und Ungebundenheit. Dass es ein solches gab, ist nicht verwunderlich, denn es handelt sich um einen Zug der Zeit, und die Siedler hatten für Freiheit und größere Entfaltungsmöglichkeiten das Wagnis einer Reise ins Ungewisse auf sich genommen. So wie sich seinerzeit Niederlassungen auch in Mitteleuropa nicht eng aneinander schlossen, sondern lose im Gelände verteilt waren, gehörte auch die Kellinger Burg zwar zum Dorf, ordnete sich jedoch anfangs nicht in dieses ein. Sie stand zunächst abgesondert jenseits eines Baches, also in unmittelbarer Beziehung zu der umgebenden Landschaft. Eine Parallele dazu können wir in unseren frühen Dorfformen sehen: In den Zeilendörfern fügten sich zwar die Höfe ordnungsgemäß zwischen die danebenliegenden Besitze ein, aber von jedem hatte man – über einen Anger und den Bodenzaun hinweg – den offenen Blick auf das freie Land.

Der Kellinger Siegfriedturm ist jedoch nicht nur für unsere Baukunst im Allgemeinen aufschlussreich, sondern er besitzt auch einen hohen Eigenwert; dieser ist in Verbindung mit dem Bestreben des Gräfengeschlechts nach einer entsprechenden Selbstdarstellung im Bauwerk zu sehen. Da die Bevölkerung im Rahmen des Möglichen nicht hintan stehen wollte, trugen Wohntürme dieser Art zur allmählichen Verbreitung von Steinhäusern, zunächst vor allem in den Städten, bei.

Stundturm in Schäßburg*. Obwohl er nicht an höchster Stelle steht, sondern mitten aus dem Häusermeer aufragt, beherrscht der Stundturm das gesamt Stadtbild Schäßburgs. Er hat bedeutende Ausmaße – z. B. eine Höhe von 64 m –, aber sein besonderer Wert ist ästhetischer Art. Dabei geht die vollendete Form nicht auf einen einzigen Künstler zurück, sondern ist vielmehr ein Ergebnis mehrerer Bauetappen.

Auf einen frühen Baubeginn des „inneren Turmes" (also eines Turmes, der hinter der Mauerflucht lag) weisen vor allem Einzelformen hin. Wie beim „Hintersten Tor", dem Schneiderturm, waren die Basis- und Kämpferprofile der mit Rundbogen geschlossenen Durchfahrten sowie die einfachen, massiven Rippen der vierteiligen Kreuzgewölbe teils romanisch, teils gotisch. Dieses spricht für eine Datierung in das dritte Viertel des 13. Jhs. – also in die Zeit bald nach dem ersten Mongoleneinfall. Aus der bedeutend größeren Mauerdicke ist gleichzeitig zu ersehen, dass dieser Etappe nur das unterste Geschoss angehört. Es ist aus Steinmauerwerk errichtet, welches jedoch um die Öffnungen mit Hausteinen verstärkt wurde. Eine Besonderheit bildeten die ursprüng-

---

* Erstdruck in: „Die Woche", Nr. 1078/12.08.1988, S.6.

lich zwei Durchfahrten – die bei römischen Toren zwar gebräuchlich waren (und sich von dort her auch bei den zwei Haupttoren Weißenburgs erhalten hatten), aber bei mittelalterlichen Toren Siebenbürgens später nicht mehr üblich gewesen sind. Wie die erste, niedrige Burgmauer wird auch der Torturm ursprünglich mit Zinnen versehen gewesen sein. Ob es jedoch zwischen diesen und den Durchfahrten noch ein Geschoss gegeben hat, ist unbekannt.

Einen Eindruck vom Gepräge des frühen Turmes vermittelt uns das schon erwähnte „Hinterste Tor". Mit den großen Durchfahrten, deren Höhe anfänglich die der angrenzenden Mauerabschnitte überstieg, bildete der Turm in erster Linie einen monumentalen Zugang zur Burg, die dadurch in ihrer Gesamtheit aufgewertet wurde. Sein wehrtechnischer Zweck trat dadurch zurück, doch war diesem Umstand von Anbeginn vollauf Rechnung getragen worden.

Ist die erste Etappe mit dem Ausbau der Burg in Zusammenhang zu bringen, so steht die zweite Etappe im Zeichen der Stadtwerdung Schäßburgs, die ungefähr ein Jh. später weit fortgeschritten war (von 1367 stammt die erste Erwähnung der Ortschaft als „*civitas*"). Für eine solche Verbindung spricht seine Erweiterung als Rathaus mit mehreren Stuben. Man folgte dabei allgemeinem Gebrauch, denn in Siebenbürgen sind die Ratsstuben anfangs öfters in einem Turm untergebracht gewesen, und gerade hier bot sich diese Kombination von Funktionen als Ideallösung an: Der Stundturm verband nämlich Burg und Unterstadt und machte so seine Zugehörigkeit zu beiden ursprünglich gesonderten Ortsteilen und damit deren Verbindung zu einer einzigen Stadt augenfällig (eine Lösung, die später, in anderer Art und unter Opfern, z. B. auch in Bamberg angewendet wurde).

Aus dieser Zeit stammen zwei Stockwerke und wesentliche Teile eines dritten. Sie waren mit Fenstern versehen – also als Amtsstuben gut zu gebrauchen –, die Mauern jedoch verhältnismäßig schmucklos. Allein gegen die Burg haben sich über den Durchfahrten angeblendete, mit hohen Spitzbögen geschlossene Vorsprünge erhalten, die wohl den romanischen Charakter der darunterliegenden Rundbogen etwas ausgleichen sollten. Das Gesamtgepräge des Torturmes in dieser Zeit dürfte jedoch weniger markant gewesen sein und sich von dem vieler anderer Türme nicht wesentlich unterschieden haben.

Wehrtechnische Erwägungen bedingten wohl die nächsten Ergänzungen: Es handelte sich um Teile des dritten Stockwerkes mit den Konsolen, auf denen die vorgekragten Mauern des vierten ruhen, sowie um einen neuen Helm, der – nach dem Stich Schollenbergs – hoch und von vier Türmchen flankiert war (wie jener der Hermannstädter Stadtpfarrkirche). Nach der unprofilierten Form der Konsolen und dem darüber durchlaufenden Gesimse zu urteilen, dürften die Arbeiten bald nach 1500 ausgeführt worden sein – wahrscheinlich gleichzeitig mit dem davor liegenden großen Vorwerk des „*Vordersten Tores*".

Bauten der Städte 225

Abb. 90. Schäßburg, Entwicklung des Stundturmes

Die langgezogene Form der Konsolen, die bautechnisch nicht zu begründen ist, beweist die besondere Sorgfalt, die für die Gestaltung des Turmes aufgewendet wurde. Ihr Register gliederte den ganzen Bau und setzte den sich leicht nach oben auflösenden Oberteil vom schweren, klotzig geschlossenen Unterbau ab. Dabei war die Größe des „Tores" gewiss schon auf die Stadtsilhouette abgestimmt und seine Ausbildung dem Charakter der anderen Bauten angepasst.

Der Stundturm behielt die Rolle eines monumentalen Stadtbaues auch nach der Reformation bei, als 1556 die Ratsstuben in das nun aufgelassene Dominikanerkloster übersiedelten. Dieser Bedeutung entsprechend vervollständigte Johann Kirchel 1648 das Uhrwerk und ergänzte es mit Standbildern, die die Wochentage anzeigten. Nachdem das Tor 1676 dem großen Stadtbrand zum Opfer gefallen war, wurde es schon ein Jahr später erneuert – und zwar vom Tiroler Veit Gruber, dem Salzburger Filip Bonge und dem Zimmermann Valentin. Aus jener Zeit stammen – außer kleinen Änderungen – das oberste Stockwerk mit seinem offenen Umgang und der barocke Helm; diese bestimmen bis heute in entscheidendem Maße das Gepräge des gesamten Baues.

Durch ein betontes Gesimse und vor allem durch die offenen, zarten Arkaden ist der Bau ein übriges Mal gegliedert und der kostbar gestaltete Helm vom einfachen Unterteil getrennt; es kommt dadurch zu einer Kontrastwirkung, die die unterschiedlichen Bauetappen voll zur Geltung kommen lässt. Der im Großen dreigeteilte Helm – mit seiner lebendigen Abfolge von einfach

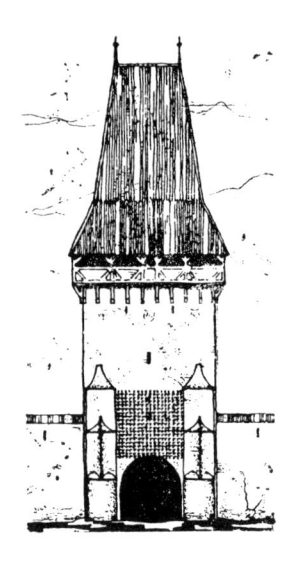

Abb. 91. Mediasch, Forkeschgässer Tor

pyramidenförmigen und zwiebelförmigen Teilen, von geschlossenen Dachflächen und offenen Bogenstellungen – bildet die sinngebende Krönung des gesamten Baues. Gesteigert wird seine Wirkung durch die vier kleinen Türmchen, die in komnpositioneller Beziehung keine Eigenbedeutung haben – aber den großen Helm umstehen und seinen einfachen, pyramidenförmigen Basisteil unterstreichen.

Heute als Stadtmuseum benutzt, ist der Stundturm vor allem für zwei Perioden unserer Architekturgeschichte – aus denen es in Siebenbürgen nur ganz wenige Denkmäler gibt – von großer Bedeutung: für den sogenannten Übergangsstil (von der Romanik zur Gotik) und für den frühen Barock. Darüber hinaus ist er dem Stadtcharakter in solchem Maße ergänzend angepasst, dass er wie selbstverständlich das Wahrzeichen Schäßburgs wurde.

Forkeschgässer Tor in Mediasch*. Durch den Weinbau begünstigt, brachten es viele Dörfer der Zwei Stühle seit der Mitte des 14. Jhs. zu Wohlstand; er findet einen beredten Ausdruck in den gotischen Kirchen und Kirchenburgen. Unter den mächtigen Gemeinden des Weinlandes war Mediasch lange Zeit höchstens ein „primus inter pares". Handwerker bildeten lediglich einen Teil seiner Bevölkerung – wie auch in Meschen oder Hetzeldorf –, Birthälm war

---

* Erstdruck: *Das Forkeschgässer Tor in Mediasch. Schlicht aber nicht ärmlich: ein Wehrturm der Kokelstadt*, in „Die Woche", Nr. 1020/03.06.1987, S. 6.

bevölkerungsreicher, und anfangs war die künftige Stadt auch noch nicht der ständige Sitz der Stuhlsbehörden. So begnügten sich die Mediascher denn auch längere Zeit mit einer mächtigen Kirchenburg und errichteten keine starken Wehranlagen rings um die Ortschaft.

Da Mediasch jedoch gerne zum uneingeschränkten Vorort des Gebietes aufrücken wollte, war dessen Wehrbarmachung geboten. So trieb man gegen Ende des 15. Jhs. die Arbeiten voran, und nach wenigen Jahrzehnten stand die Stadtmauer mit einigen Türmen fertig da. Später wurden nicht nur Reparaturen an den älteren Teilen vorgenommen, sondern diese ergänzte man auch durch neue Bauten – und zwar zumal durch zusätzliche Türme und Basteien. So stammen die Befestigungsanlagen auch dieser Stadt aus verschiedenen Etappen und weisen dementsprechend in wehrtechnischer und stilistischer Beziehung unterschiedliche Merkmale auf, was bei den noch erhaltenen Tortürmen besonders einprägsam hervortritt.

Das Forkeschgässer Tor gehört der ersten großen Bauetappe an und ist also im Vergleich zu anderen Türmen der Stadtmauer verhältnismäßig alt. Es wurde um 1500 an einer Hauptstraße des damaligen Marktfleckens errichtet und hat, wehrtechnischen Erfordernissen der Erbauungszeit entsprechend, eine ziemlich große Höhe und oben einen offenen Wehrgang (Abb. 91).

Seine Formen sind schlicht, ohne jedoch ärmlich zu wirken. Unten befindet sich die große Durchfahrt, darüber war die Außenseite des Torturmes von dem Fallgitter belebt und seitlich ist die Öffnung auch heute von zweimal abgetreppten Stützpfeilern mit wechselseitigem Querschnitt eingerahmt. Im Kontrast dazu erscheinen die darüber liegenden Mauern völlig glatt; außer den – wohl aus kompositionellen Gründen – in ihrer Größe sorgsam abgestuften Schießscharten könnte es einmal in diesem Bereich höchstens eine aufgemalte Dekoration gegeben haben (z. B. Wappen), aber die war wohl nicht unbedingt von Anbeginn geplant. Der vorgekragte, offene Wehrgang bildet eine Bekrönung des unteren Teiles und setzt ihn vom mächtigen, völlig geschlossenen Walmdach ab, dessen First senkrecht zur Durchfahrt angeordnet ist.

Im Ganzen verhindern die schlanken Proportionen der einzelnen Teile den Eindruck der Schwerfälligkeit, und die Teilung in Register führt zu vielfältigen, das Bild belebenden Kontrasten. Diese sind auch an die Materialwirkung gebunden (verputzte Mauern, Fachwerkwehrgang, Ziegeldach), gleichzeitig aber an die Strukturierung. Im unteren Teil des Turmes ist diese wesentlich betonter, und zwar auch in Querrichtung, im oberen Teil, hingegen geringer und nur in Vertikalrichtung auffällig.

Die einfache Gestaltung hat eine monumentale Wirkung zur Folge. Durch seine geschlossene Form stellt sich der Turm, von weither gesehen, sperrend dem Ankömmling entgegen. Tritt dieser jedoch nahe heran, so lädt ihn die reiche Einrahmung der Durchfahrt zum Besuch der Stadt ein. Dabei verlieh und verleiht die einfache, ungekünstelte, an Kirchenburgen gemahnende Form des Turmes diesem etwas bauernhaft Aufrechtes.

Gewiss gibt es ähnlich geformte Tore, die mit einem unvergleichlich größeren materiellen Aufwand errichtet wurden und dementsprechend sehr viel reicher dekoriert waren – etwa in Prag. Die monumentale Wucht des Mediascher Turms, im südöstlichen Randgebiet Mitteleuropas, übertreffen sie jedoch nicht.

Die Entstehung eines solchen Gepräges war weitgehend auch zeitgebunden. Beim Ausbau der Stadtmauern im 16. und 17. Jh. wurden neuartige Formen bevorzugt, deren Werte anderer Art sind. Dieses soll in der folgenden Artikelfolge anhand des Schmiedgässer Tores der gleichen Stadt gezeigt werden.

Renaissance-Türme

Katharinentor in Kronstadt*. Durch Jhh. haben die Kronstädter an ihren Stadtmauern gearbeitet. Mit dem steigenden Wohlstand, der in der Zeit nach dem Schwarzen Tod (1348) in den Handwerksorten einsetzte, konnte um 1365 mit dem Mauerbau begonnen werden. Im Großen setzten sich die Arbeiten bis gegen 1500 fort, und auch in den beiden folgenden Jhh. wurden die Wehranlagen noch wesentlich ergänzt. Sieht man von älteren und neueren Holz-Erde-Befestigungen ab, so war zunächst eine fast drei Kilometer lange Ringmauer mit wenigen Türmen errichtet worden. Später wurde die Mauer erhöht, verstärkt und mit zusätzlichen Türmen versehen. Außer auf der Seite gegen die Zinne kamen noch andere Mauern hinzu, ebenso ausgemauerte Gräben, weitere Türme, etliche Basteien, und vor den drei wichtigsten Toren große Vorwerke (Barbakanen).

Der Bau der letzteren erfolgte gleichfalls etappenweise. Beim Oberen Tor – auch Katharinen- oder Heiligleichnahmstor genannt – wird dieses besonders deutlich. Anders als bei den an Fernstraßen befindlichen Toren – wie dem Purzengässer und dem Klostergässer Tor –, deren Anlagen seit der ersten Hälfte des 16. Jhs. weitgehend von halbovalen Barbakanen gebildet wurden, wurde beim Oberen Tor das rechteckige Vorwerk vom Ende des 15. Jhs. beibehalten, aber unterteilt und verstärkt (Abb. 92). Dieses machte seine weniger exponierte Lage möglich: Es sicherte nur die Verbindung zwischen der Inneren Stadt und der Oberen Vorstadt, beziehungsweise dem Gelände rundherum. Die mit einem Turm an der Stadtmauer und zwei Türmen an der Außenseite versehene Anlage umfasste eine Durchfahrt und einen kleinen Durchgang, vor denen jeweils eine Zugbrücke den wassergefüllten Graben überspannte.

An der Außenseite des Vorwerkes wurde 1559 für die Durchfahrt ein neuer Turm errichtet, der, als einzig erhaltener Teil, heute schlechthin als Kathari-

---

* Erstdruck in: „Die Woche", Nr. 1020/03.06.1987, S. 6.

Bauten der Städte 229

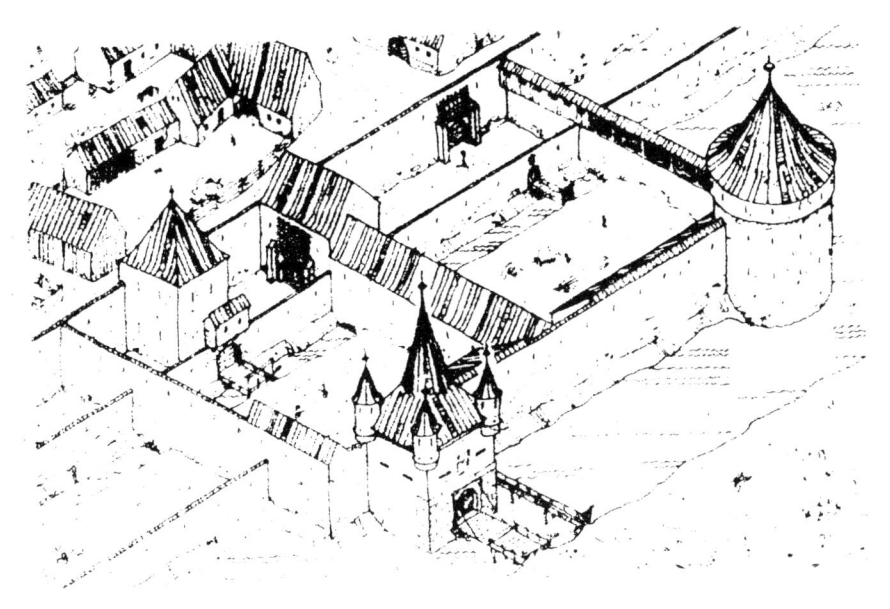

Abb. 92. Kronstadt, Anlage des Katharinentores um 1600

nentor bezeichnet wird (Abb. 93). Der Bauzeit entsprechend ist er verhältnismäßig niedrig und im Renaissancestil errichtet; nur das Gewölbe des unteren Geschosses ist noch der gotischen Tradition verpflichtet. Da seine architektonische Gestaltung nicht hinter wehrtechnische Gesichtspunkte zurücktritt, sondern ein wichtiges Anliegen seiner Erbauer war, bekommt dieser Umstand ein besonderes Gewicht. Jenseits der Dekoration widerspiegeln seine gut durchdachten Formen in ganz ungewöhnlichem Maße Merkmale einer Gemeinschaft und des Lebens ihrer Erbauer.

Dieses trifft zunächst auf die Gesamtform zu. Das in fünf Helme aufgelöste Dach erinnert daran, dass eine Gemeinschaft aus Individuen besteht. So sind denn auch die Helme nicht alle gleich hoch, gleich bedeutend, obgleich es letztlich keinen wesentlichen Höhenunterschied zwischen ihnen gibt. Bei aller Freiheit der Einzelteile, das heißt trotz des verhältnismäßig großen Abstandes zwischen den Helmen, ist durch die feine Abstufung doch eine organisch geschlossene Durchbildung erzielt. Sie ist wichtig, weil alle Helme einem einzigen Bau angehören – eine Tatsache, die der geschlossene Unterbau verdeutlicht: Auch in der Gemeinschaft hatten letztlich alle wie ein Mann zusammenzustehen.

Wie eine Gemeinde erst durch die Verschiedenartigkeit der Einzelnen lebensfähig wird, so ist auch hier das lebendig-einheitliche Gepräge durch die Formenvielfalt gesichert. Die nahezu kubische Form des eigentlichen Turmes hebt sich deutlich von der zylindrischen Form der vier Türmchen und der py-

Abb. 93. Kronstadt, Katharinentor

ramidalen Form der Dächer ab. Dabei sichern gerade die Türmchen – durch ihre Eingliederung zwischen Unterbau und Dach – einen stufenweisen, organischen Übergang vom einen zum anderen. Sie unterbrechen auch das reich profilierte Kranzgesimse, das die Turmmauern abschließt und von dem sich nur ein einziger kräftiger Rundstab auch um diese legt und so den ganzen Bau in der Horizontalen zusammenfasst.

Am Unterbau des Turmes macht die Anordnung der Zierteile die geistige Einstellung der Erbauer deutlich. Bei den eindreiviertel Jhh. früher entstandenen Hermannstädter Hartenecktürmen konzentriert sich noch alles dekorativ Wesentliche oben, ist also himmelwärts gerückt, und dem großen unteren Teil der Türme kommt nur funktionelle Bedeutung zu. Auch beim Kronstädter Katharinentor – das aus der Zeit von Reformation und Humanismus stammt – streben die zugespitzten Helme nach oben und leiten den Blick himmelwärts. Aber der Unterbau ist in seiner gesamten Höhe mit der gleichen Sorgfalt gestaltet. Dadurch erscheint der Turm in dieser Erde fest verwurzelt; mithin verdeutlicht er auch, dass um 1560 diesem irdischen Leben – mit Schönheit, Fährnis und Leid – ein Wert für sich beigemessen wurde.

Gleich dem wechselvoll durchkämpften Leben wird der vom Da-Sein zeugende Turmunterbau von vielfältigen Kontrasten beherrscht. An seiner besonders sorgfältig ausgeführten Vorderwand ist das weit geöffnete Erdgeschoss mit Rustika verkleidet, welche die tragende Funktion der Mauern andeutet; die Rustika fehlt nur um die rundbogige Türöffnung, in dem Feld, das beim Hochheben der Zugbrücke von dieser verdeckt wurde. Die weniger tragende Mauer des Obergeschosses ist dagegen glatt und weitgehend geschlossen. Sie wird nur von zwei Maulscharten mit abgetreppten Leibungen durchbrochen und vor allem durch einen zentralen Zierrahmen mit dem Kronstädter Wappen und einer Inschrift belebt.

Die vielfältigen Kontraste bestimmen das Gepräge des Baues, ohne seine Einheitlichkeit zu beeinträchtigen. Trotz wohlausgewogener Proportionen und einer nahezu klassischen Gestaltung ist ein volkstümlich-gelockerter Charakter gewahrt, so dass wir den Turm nicht nur als eine hervorragende Leistung unserer Baukunst, sondern auch der mitteleuropäischen Renaissance betrachten dürfen.

Schmiedgässer Tor in Mediasch*. In dem Konzept eines Briefes, den die Birthälmer vor 1540 an König Johann I. Zápolya richteten, ist von der Fertigstellung der Mediascher Wehrmauern die Rede, und zu diesen gehörten auch einige Türme. Der wachsende Wohlstand der Stadt, die zum Stuhlsvorort aufgerückt war, ermöglichte im Laufe des 16. und 17. Jhs. die Anlage zusätzlicher Befestigungswerke, die in jenen unruhigen Zeiten lebenswichtige Bedeutung hatten. Es handelte sich zunächst vor allem um zusätzliche Türme, nachher aber um stärkere, niedrige Bollwerke, „Bastionen" genannt, die den immer durchschlagkräftigeren Feuerwaffen angepasst waren. So entstand 1621 die Schusterbastei, 1632 die Fassbinderbastei, 1633 eine Neue Bastei, 1645 die Schneiderbastei und 1691 die Wagnerbastei. In der gleichen Zeitspanne, um 1641, wurde auch das Schmiedgässer Tor mit den angrenzenden Mauerabschnitten neu aufgebaut (Abb. 94).

Da sich die Schmiedgasse außerhalb der Stadt nicht in einer Landstraße fortsetzte, handelt es sich dabei eigentlich nur um einen Durchgang in der Stadtmauer, welcher gegen die Stadt einen größeren Bogen hatte, nach außen aber nur eine Türe – allerdings von beträchtlichen Ausmaßen. Über dem unteren Geschoss liegen nur zwei Stockwerke – ein Raum mit einem vergitterten Fenster (das ursprünglich vielleicht eine Schießscharte war, die später für Kanonen vergrößert wurde), und darüber, oberhalb der Stadtmauerkrone, der Wehrtechnik jener Zeit entsprechend, ein vorgekragtes Wehrgeschoß mit einem Pechnasenkranz und kleinen Schießscharten. Den Helm bildete ein spitzes Zeltdach.

Das Äußere des Turmes ist durch etliche Zierteile sorgsam gestaltet. Anders als beim Forkeschgässer Tor, wo ein ruhiges Register zwischen zwei reicher gegliederte eingeschoben war, befindet sich hier der stärker dekorierte Bereich in halber Höhe. Er ist unten durch ein zartes Gesimse vom Erdgeschoss abgesetzt, das sockelähnlich wirkt; an den Ecken befinden sich Bossen,

---

* Erstdruck in: „Die Woche", Nr. 947/07.02.1986, S. 6.

232　　　　　　　　　　　　　　Städtebau

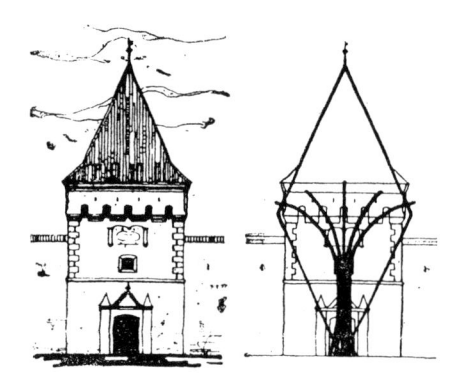

Abb. 94. Mediasch, Schmiedgässer Tor

die eine seitliche Begrenzung bilden, und darüber erscheint das vorgekragte Obergeschoss wie ein sehr starkes Kranzgesimse des gesamten Baues. Im Zentrum des mittleren Registers befinden sich eine Doppelnische mit einer Inschrift und darunter das schon erwähnte Fenster. Im Gegensatz dazu konzentriert sich die Dekoration des Erdgeschosses einzig auf die Türeinfassung, die seitlich von zwei Pilastern und oben von einem zarten Gesimse gebildet wird; eine verhältnismäßig steile Verdachung des Portals, die von zwei Obelisken flankiert und von einem dritten, kleineren bekrönt wird, schließen die Einfassung ab.

Stellt man die heute umgestaltete große, dunkle Öffnung der Türe mit in Rechnung, so sind für die Gestaltung des Baues zwei Kompositionsschemata zu unterscheiden. Die Dekorationsteile sind einem mit der Spitze nach oben gerichteten Dreieck gemäß verteilt; diesem Dreieck entspricht oben das zweite Dreieck des Turmdaches, so dass sich eine rhombische Gesamtform ergibt. Die von Flachbogen überspannten Öffnungen gehören einem zweiten, gesonderten Schema an. Es entspricht einem Linienbündel, das sich, vom Portal ausgehend, nach oben zuerst verjüngt, dann aber breit auffächert.

Die Überlagerung dieser beiden Kompositionsschemata führt zu einem feinen Kontrast. Er ist an den Unterschied zwischen dem einfacheren Erdgeschoss (mit seiner größeren Öffnung) und dem reicher dekorierten Mittelgeschoss gebunden. Hinzu kommt der materialgegebene Gegensatz zwischen Wand- und Dachflächen. Im Ganzen aber sind die gestalteten Teile recht gleichmäßig verteilt und harte Übergänge und Kanten nach Möglichkeit bewusst abgemildert worden (z. B. durch die kleingliedrige Profilatur von Konsolen und Kranzgesimse oder die abgekanteten Ecken des vorgekragten Obergeschosses). Dadurch hat der Bau ein selten ebenmassiges Gepräge und lässt sich ohne weiteres erstklassigen Kunstwerken Europas an die Seite stellen.

Abb. 95. Mediasch, neues Schmiedgässer Tor

Im Vergleich zu dem hohen Forkeschgässer Torturm stellt der gedrungene Schmiedgässer Turm in wehrtechnischer und stilistischer Hinsicht einen viel fortgeschritteneren Bau dar. Es war jedoch nicht das letzte Entwicklungsstadium der Stadttore. Die rund hundert Jahre jüngeren Tore der Karlsburger Festung zeigen, dass man später von der turmförmigen Ausbildung dieser Anlagen ganz abkam: So konnte einem Beschuss durch die verbesserten Geschütze des 18. Jhs. eher standgehalten werden. Es entstanden niedere Durchgangsbauten mit vorgelagerten Bollwerken. Da aber auch die Stadtmauern der neuzeitlichen Militärtechnik nicht mehr in dem alten Maße Widerstand leisten konnten, hatten auch die neuen Stadttore nicht mehr ihre ursprüngliche wehrtechnische Bedeutung; sie sollten nur noch eine würdige Stadteinfahrt bilden und dienten ansonsten höchstens der Kontrolle der Passanten.

Dieses späte Stadium der Torentwicklung wird von dem neueren, mittlerweile abgetragenen Bau des Schmiedgässer Tores verdeutlicht (Abb. 95). In der Nähe des alten Turmes wurde in die Stadtmauer ein größerer Durchlass gebrochen, an den sich ein geschlossener, in ein Gebäude einbezogener Gang anfügte. Wichtig war den Mediaschern von Anbeginn die Gestaltung des Tores, das sich, dem Brauche der Zeit entsprechend, in die Mauerfläche eingliedert. Seitlich der rundbogig geschlossenen Öffnung setzte man zwei Pilaster, die oben durch ein Kranzgesimse zusammengefasst waren. Darüber befand sich ein geschwungener Giebel, der von einem türmchenartigen Akroterion gekrönt wurde und in der Mitte eine Inschrift hatte, die seitlich wieder von kleinen Pilastern und oben von einem Gesimse eingeschlossen war.

Die große Toreinfassung erhielt durch den barocken Giebel ein lieblich einladendes Gepräge. Dabei betonten die kräftig hervortretenden Horizontalgesimse den erdgebundenen Charakter dieser baulichen Schöpfung des Weinlandes. Er war nicht epochengebunden, denn die ungefähr zur selben Zeit errichteten Kronstädter Tore hatten ein ausgeglicheneres und streng zurückhaltendes Gepräge.

* * *

SAKRALBAUTEN ALS BEDEUTUNGSTRÄGER

Vielfalt der Kirchen

2000 Jahre christliche Baukunst *

Tageslosung: *Und als ich ihn sah, fiel ich zu seinen Füßen wie tot; und er legte seine rechte Hand auf mich und sprach zu mir: Fürchte dich nicht! Ich bin der Erste und der Letzte und der Lebendige. Ich war tot, und siehe, ich bin lebendig von Ewigkeit zu Ewigkeit und habe die Schlüssel des Todes und der Hölle.*

Offenbarung des Johannes, 1, 17–18

Bekennen heißt, von etwas zeugen, das man kennt oder an das man glaubt. Dieses Kennen ist jedoch nicht leicht, wenn es in unserem Text heißt: „ich sah einen, der war dem Menschensohn gleich [...] *und als ich ihn sah, fiel ich zu seinen Füßen wie tot*". Da wir seinen Anblick kaum ertragen, ist es für uns Menschen seit jeher schwer gewesen, das Wesentliche zu erkennen. Wenn in der Baukunst die Akzente entsprechend den äußeren Bedingungen und dem Kulturniveau der Bauherren nur etwas anders gesetzt worden sind, so war die zentrale Aussage des Bekenntnisses unterschiedlich. Trotzdem stehen aber all diese unterschiedlichen Sichtweisen unter dem gleichen Zeichen des Christentums, mehr noch: Sie bilden erst zusammen ein gesamtes Bild der „Offenbarung" – gerade wie es weitgehend auch in unserem heutigen Textwort enthalten ist. Deswegen wollen wir im Blick auf diese Lesung 2000 Jahre christliche Baukunst kurz betrachten.

Am Beginn dieser Baukunst stehen die Katakomben Roms – Grabstätten, die zu Lebensräumen wurden – nicht, weil sich die frühen Christen zeitweilig irgendwo verstecken mussten, sondern weil der Tod seinen Stachel verloren hatte; in unserem Textwort heißt es: „*Ich war tot, und siehe, ich bin lebendig von Ewigkeit zu Ewigkeit.*" Wenig später, in einer Zeit des Umbruchs, wurden die frühen christlichen Kirchen gebaut. Diese waren relativ einfache, aber trotzdem sorgfältig gestaltete Versammlungsräume. Das Wesentliche an diesen Kirchen waren dabei die herrlichen farbigen Mosaiken, die immer wieder

---

* Vortrag in einer Ökumenischen Andacht. Erstdruck: *Bekenntnis von 2000 Jahren Christlicher Baukunst*, in: „Hermannstädter Gemeindebrief", Passionszeit 2000, S. 2–3.

eine Prozession auch von Heiligen und Kaisern zum „Hirten" in der Chorapsis darstellen. Dieses Drängen zu Christus hin hat seine Rechtfertigung in dem Wunsch, sich diesem guten Hirten anzuvertrauen, denn „er *legte seine rechte Hand auf mich und sprach zu mir: Fürchte dich nicht!*"

Wieder vergingen Jhh., die Macht der christlichen byzantinischen Kaiser war nun fest gefügt und für ein großes Reich bestimmend; sie konnte die antike Tradition auch mit Hilfe von Abstraktionen und Symbolen am unmittelbarsten bewahren. In der Ostkirche entstanden damals statt der basilikalen Prozessionsräume vor allem zentrale Kuppelbauten. Ihr wichtigster Teil war ein gegen den Kirchenraum offener Turm, in dem hoch oben das Bild des „Christus als Allherrscher" erscheint. Unter diesem Allherrscher gliedern sich die Räume oft symmetrisch, und in diese fest gefügte räumliche Ordnung ist auch der Gläubige eingeordnet. An ihn erinnern in unserem heutigen Text die Worte: *„Ich bin der Erste und der Letzte."* Diese Ordnung erlebte in der Ostkirche keine wesentliche Veränderung – 1000 Jahre lang, bis heute. Fasst man diese organische Entwicklungslinie zusammen, so steht an deren Anfang das Erleben des Menschen Jesus neben uns, der den Tod überwunden hat. Später wird er zum Ziel der Prozession, aber dabei trägt der gute Hirte das Lamm, die Gemeinde, auf seinen Armen. Schließlich wird Christus zum Allherrscher, der von oben die Gläubigen segnet, aber diese müssen nun auf ihren eigenen Füßen stehen.

Von einer solchen Entwicklung ist der Weg der Kirche im Westen Europas abgesetzt. Dort erwuchsen erst allmählich ähnlich starke staatliche Strukturen wie in Byzanz. Dabei konnten sich die erst allmählich christianisierten Völkerschaften nicht im gleichen Maß die antike Tradition aneignen, sondern waren in größerem Maße von eigenen Wurzeln bestimmt. Nach einer Übergangsphase steht am Anfang der neuen Entwicklung die romanische Basilika. Diese ist ein abgedunkelter Andachtsraum der Frommen. Er ist auf die Chorapsis mit ihrem Altar ausgerichtet, einem Chor, welcher wie ein immenser Reliquienschrein aufzufassen ist. Er bildet das Herzstück der Anlage, die letztlich ein Bekenntnis zum Mysterium ist: *„Ich war tot, und siehe, ich bin lebendig."* Es folgte die Gotik mit ihren himmelwärts strebenden Schiffen, die zusammen mit dem Chor oberhalb der Sphäre der Gläubigen – wohl in Angleichung an die Weltordnung – einen einheitlichen Gesamtraum bilden. Diese Kirchen sind als irdisches Symbol des himmlischen Jerusalem mit seiner Gemeinschaft der Heiligen zu verstehen, von dem es in der Offenbarung (21, 22) heißt, dass *„der Herr, der allmächtige Gott [...], er und das Lamm"* sein Tempel sei. Entsprechend dieser Akzentsetzung ist es kein Zufall, dass diese Kirchen *Gotteshäuser* und nicht *Christushäuser* genannt werden.

Nach einem weiteren Umbruch folgt im Barock eine Kombination aus monumental aufrechten und geschwungenen Architekturformen, die durch Malereien ergänzt werden, in denen nicht selten schwebende und tanzende Engel zu sehen sind. Der gesamte Reichtum der Formen, Dekorationen und Materialien erscheint als ein Bekenntnis zum Triumph der Ekklesia, in ihrer gesamten Komplexität: *„Ich habe die Schlüssel des Todes und der Hölle."* Im Westen Europas zeigt sich eine allgemeine Entwicklungslinie, die allerdings von der antiken Tradition stärker abgesetzt ist. An ihrem Beginn steht, gewissermaßen als „Kyrie", das Gebet um den Beistand der Heiligen. Es folgt, als „Credo", eine transzendentale Abstraktion der Weltordnung mit unserer Eingliederung in diese, damit die Entwicklung mit dem „Gloria" exuberanter Formen weitergeführt wird. Dabei steht der Vater direkt oder indirekt im Mittelpunkt des komplexen Bezugssystems der Gläubigen.

Schließlich entspricht heute dem vielfältigen Suchen der modernen westlichen Welt eine große Verschiedenartigkeit der Formen; nur sehr zögerlich schließt sich diesen Tendenzen die Ostkirche an. Aber nach verschiedenartigen Enttäuschungen und Ernüchterungen, nach dem Ausgrenzen der Todeserfahrung aus dem Alltagsleben ist gerade dieses Suchen mitbestimmt von einem Streben nach dem, der die rechte Hand auf uns legt und spricht: *„Fürchte dich nicht! [...] Ich war tot, und siehe, ich bin lebendig [...] und habe die Schlüssel des Todes."*

In 2000 Jahren ist die christliche Baukunst verschiedenartige Wege gegangen. Dementsprechend sind die Aussagen der Steine nicht die gleichen. Aber all die Bekenntnisse sind in den Worten der Offenbarung vorweg genommen. Bei dem Gang durch die Kirchen der Jahrtausende können wir diese verschiedenen Zeugnisse menschlichen Geistes und menschlicher Kunst bestaunen; aber in vollem Umfang kommen sie erst im gelebten Bezug zum Gegenstand ihrer Aussage zum Tragen.

Multikonfessionalität in der Raumkonzeption*

Im Lichte der kirchlichen Architektur ist Rumänien eine der interessantesten Gegenden Europas: Hier begegnen und überschneiden sich zwei große Kultursphären – die byzantinische und die westeuropäische. In der Walachei, in der Moldau und in Siebenbürgen weisen diese Sphären unterschiedliche Züge auf: Jenseits ihrer Anfänge gliedert sich die Walachei in das Umfeld der byzantinischen Architektur ein, in der Moldau gibt es eine eigenartige Synthese zwischen byzantinischer und gotischer Architektur; die siebenbürgische mittelalterliche Architektur ist eng an die westeuropäische gebunden, weist aber auch zahlreiche Verbindungen zur Architektur der Balkanhalbinsel auf.

---

* Erstdruck: *Multiculturalitatea în concepția spațială a bisericilor medievale din Transilvania*, in: „Altera", Târgu Mureș 1996/5, S. 122–125.

Um das multikulturelle Spezifikum der Architektur dieses Raumes zu verstehen, sollten wir von den Grundmustern ausgehen. Nach Richard Hamann wurzeln die Unterschiede zwischen ihnen in der Konfrontation zwischen der entwickelten Kultur der Spätantike und der primitiven, aber kräftigen Welt der Barbaren vor anderthalb Jahrtausenden. In dieser Konfrontation hatte die Kirche zwei Alternativen, und zwar:
- sie konnte das hohes Entwicklungsniveau der antiken Kultur beibehalten und sich von der archaischen, neuen Welt hermetisch absondern;
- sie konnte sich aber auch dieser neuen, jungen Welt öffnen, was aber das Herabsinken auf das niedrige Entwicklungsniveau der Barbaren bedeutet.

In Konstantinopel wurde unter dem kaiserlichen Schutz die erste Lösung gewählt, was in der Orthodoxie zu einer elitären Kirche führte, zu Formen, die sich relevanten Entwicklungen gegenüber ablehnend verhielten und implizite zu relativer Einheitlichkeit führte. Im Gegenzug dazu hatte die Kirche in Westeuropa einen volkstümlicheren Charakter und kannte eine vielfältigere Entwicklung; dementsprechend waren ihre Formen uneinheitlicher.

Kirchen griechisch-orientalischer Art

In der rumänischen Architektur Siebenbürgens weichen die Formen vieler Kirchen von den klassischen Modellen byzantinischer Art weit ab; trotzdem wurden aber Kennzeichen dieser Modelle beibehalten. In dieser Lage ist die Vielfalt der Kirchen eine Frage des Verhältnisses zwischen der Annahme der für das allgemeine siebenbürgische Milieu kennzeichnenden Formen und der Übernahme der Einflüsse byzantinischer Herkunft. Die rumänische sakrale Architektur Siebenbürgens hat auf dieser Grundlage eine eigene Tradition gefunden – zum Beispiel in der Form der Holzkirchen Marmatiens/Maramureş.

Jenseits von Grablegen besonderer Persönlichkeiten widerspiegeln die orthodoxen Kirchen Siebenbürgens keine sozialen Verhältnisse. Jedoch waren bestimmte Räumlichkeiten nur gewissen Bevölkerungsteilen, etwa Männern, vorbehalten. Da es sich oft um Stiftungen von Personen mit beschränkten Möglichkeiten handelte, hatten die Kirchen nur selten größere Ausmaße. Bei späteren, seltenen Veränderungen wurde je ein Raum hinzugefügt, ohne dass dieser die alte Substanz des Baues verändert hätte.

Entsprechend der allgegenwärtigen Existenz des Himmelsgewölbes wurde selbst bei kleinen Bauwerken der Wölbung eine besondere Aufmerksamkeit gewidmet. Bedeutsam ist in diesem Sinne die kleine Kirche von Gurasada: Ihre Grundfläche entspricht nur einem Dreißigstel jener des Weißenburger Doms, sie ist aber völlig eingewölbt und hat einen Kuppelturm/Turlă. Sogar die Holzkirchen haben Pseudogewölbe.

Entsprechend der Bedeutung der Wölbung ist die räumliche Struktur dieser rumänischen Denkmäler sehr expressiv. Der Gläubige aus dem Hauptraum/Naos wird mit zwei Elementen konfrontiert:

- Auf seiner unteren, ziemlich dunklen Ebene befindet sich die strahlende Ikonenwand/Iconostaz und hinter ihr, den Blicken verborgen, der Altar/Pristol; beide sind eng mit den von den Geistlichen vorgenommenen liturgischen Vorgängen des Gottesdienstes der kirchlichen Institution verbunden;
- Auf einer ganz anderen, für die Menschen unzugänglichen Ebene, jenseits der dunklen Zone, in dem hell erleuchteten Kuppelturm/turlă erscheint Jesus der Pantokrator als ein Zentralelement des Glaubens.

Diese beiden wichtigen Elemente des Kirchenraumes, die mit dem konfessionell gebundenen Vollzug des Gottesdienstes bzw. mit der Glaubenssphäre verbunden sind, können in ihrer Anordnung zueinander einen mehr oder weniger konvergenten bzw. divergenten Charakter haben. Das Fehlen des Kuppelturmes/Turlă bedeutet bei den kleineren Kirchen implizite auch ein Fehlen des Lichtes, das auf die Erlösung in Jesus Christus deutet. Eine dunkle Kuppel kann dieses Verkündigungselement nur in sehr begrenztem Maß ersetzen.

Kirchen westeuropäischer Art
Mittelalterliche Sakralbauten dieser Art weisen eine sehr breite Skala von Lösungen auf. Aber im Unterschied zu den rumänischen Kirchen, bei denen die Existenz des Kuppelturmes entscheidend ist, stellt sich bei den sächsischen, ungarischen und Szekler Kirchen nicht die Frage nach dem Maß, in dem klassische mitteleuropäische Muster übernommen wurden; wichtiger ist, ob dogmatischen, stilistischen und sozialen Kompositionsmustern Vorrang gewährt wurde.

In diesem Kontext haben die von einer Gemeinde errichteten Pfarrkirchen eine besondere Bedeutung. Sie mussten vor allem geräumig sein (zum Beispiel die sächsischen Pfarrkirchen von Großschenk und Heltau sind nicht wesentlich kleiner als der Weißenburger Dom), was selbstverständlich auch vom Wohlstand der Gemeinde während der Bauzeit abhing. Gleichzeitig spielte auch die ständige Anpassung der Kirche an die Bedürfnisse der Gemeinde eine wesentliche Rolle – z. B. beim Umbau der Kirchen zu Kirchburgen.

Insbesondere in der ersten Etappe widerspiegeln die kirchlichen Denkmäler eine große Vielfalt sozialer Aspekte (das Verhältnis zwischen dem Klerus, der Gemeinde und dem Adel oder Gräf, bzw. zwischen den letzteren und der Gemeinde); all diese Verhältnisse wurden durch die Existenz oder durch das Fehlen, bzw. durch die Dimensionierung einiger Räume sowie durch deren Eingliederung in die Gesamtraumstruktur hervorgehoben: In einer früheren, romanischen Etappe ist vor allem bei den ungarischen/Szekler Kirchen die Eingliederung von Herrschaftsemporen in den Kirchenraum sprechend. In einer späteren Etappe, zuerst in sächsischen Kirchen, dann aber in der Gotik allgemein, ist die Ausgliederung eines großen Raumes für den Klerus von besonderer Bedeutung. Für das Verhältnis zwischen den Räumen als Ergebnis der allgemeinen Gliederung ist die Kirche von Mönchsdorf ein sprechendes Beispiel: Im Vergleich zum Hauptschiff als Gemeinderaum befindet sich der Chor in einer stark erhöhten Position, aber die westliche Herrschaftsempore wurde noch höher angelegt.

Die großen Unterschiede zwischen den Kirchen ergeben sich aber vor allem aus der räumlichen Auffassung, die eine klare Unterscheidung zwischen drei Bautenkategorien ermöglicht.

1. Die romanische Kirche besteht aus verschiedenen Baukörpern, die additiv aneinandergefügt wurden. Ihr Kompositionszentrum stellt das Hauptschiff oder der Saal dar, der Chor ist eigentlich ein großes Reliquiar, das das Schiff ergänzt. So widerspiegelt die Struktur die Anbetung der Heiligen, die in den Reliquienschreinen der Altäre anwesend sind, und gleichzeitig auch den vorherrschenden Glauben des mittelalterlichen Menschen an Wundertaten, die an diese Reliquien gebunden sind, was ein kennzeichnendes Merkmal, jener Zeit war. Die große Vielfalt der Räume mit besonderer Bestimmung, die sich um verschiedene Altäre bilden, zieht die konkreten Wünsche der Gläubigen in Betracht.
2. Bei den monumentalen gotischen Kirchen handelt es sich um einen einheitlichen Raum, das Haus des Herrn, welches in seinem unteren, den Menschen zugänglichen Teil, vor allem in Schiffe und Chor gegliedert ist. Wie das G. Bandmann in seiner Arbeit über die Bedeutung der mittelalterlichen Architektur betont, wurde dieses Haus des Herrn als die irdische Verkörperung des neuen Jerusalem aufgefasst: *„und ich sah die heilige Stadt, das neue Jerusalem, von Gott aus dem Himmel herabkommen, bereitet wie eine geschmückte Braut [...] und ihr Mauerwerk war aus Jaspis und die Stadt aus reinem Gold, gleich reinem Glas [...]. Und ich sah keinen Tempel darin, denn der Herr, der allmächtige Gott, ist ihr Tempel, er und das Lamm"* (Offenbarung 21). In diesem Kontext sollten die Kirchenfenster auf die Mauern aus Edelsteinen und die Wandmalerei auf die Gemeinschaft der Heiligen hinweisen; gleichzeitig führte die Verbreitung von einschiffigen Kirchen an Stelle der Basiliken zur Verminderung der Bedeutung von Altären.
3. Die protestantische Kirche wurde selbstverständlich prosaischer aufgefasst, und zwar als ein Haus des Gottesdienstes – und dieses in der einheitlich abgerundeten Form vom Haus des Herrn, in dem die Gliederung in Einzelteile allmählich verschwand.

Beachtlich ist der bedeutende Unterschied zwischen den Gebäudetypen. Im Vergleich zu den Basiliken und Hallenkirchen, die eng mit der klassischen Tradition Mitteleuropas verbunden sind, weisen die bescheidenen Saalkirchen einige komppositionelle Besonderheiten auf: Es fehlte hier die Möglichkeit einer Beiordnung gesonderter Räume für zahlreiche Altäre. Später erhielt die Ausrichtung auf den Hauptaltar zusammen mit einer ausgeprägteren Gliederung in Raumsegmente eine besondere Bedeutung, die erst später verringert oder vermieden wurde.

Für die Entwicklung von Raumkonzeptionen war der Beitrag der verschiedenen Bevölkerungsgruppen und Bevölkerungsschichten Siebenbürgens unterschiedlich. In der Zeit des romanischen Stils waren die ungarischen Kirchen (Kokelburg, Mönchsdorf) besonders reichlich dekoriert. Die sächsischen Kirchen – obwohl sie oft geräumige Basiliken waren – boten ursprünglich ein streng zurückhaltendes Bild; eine reichere Gestaltung ist erst später aufgetreten, was wahrscheinlich mit der religiösen Einstellung der Siedler in Zusammenhang gebracht werden muss. Die meist kleinen Szekler Kirchen waren im Allgemeinen auch einfach, wofür vor allem wirtschaftliche Gründe entscheidend waren. Solche Gründe bestimmten auch in der Zeit der Gotik den Beitrag verschiedener Bevölkerungsgruppen, wobei Basiliken und Hallenkirchen aus Städten und Weinbaugebieten, also aus sächsischen Gegenden tonangebend wurden. Später fand in diesem Sinne eine gewisse Vereinheitlichung statt; größere Unterschiede bedingten konfessionelle Einordnung, die mit sozialen und nationalen Kriterien nicht unmittelbar verbunden waren.

Ausgehend von den großen kulturellen Einflusssphären und den wirtschaftlichen, sozialen und nationalen Bedingtheiten kann die kirchliche Architektur Siebenbürgens in ein komplexes multikulturelles und multinationales Allgemeingepräge eingegliedert werden. Sie hat sich im Spannungsfeld zwischen der klassischen, anspruchsvollen Architektur und den begrenzten Möglichkeiten der Gemeinden entfaltet.

Wenn klassische Ausbildungen anspruchsvoller Bauten die Multikulturalität des siebenbürgischen Raums mit ihren großen Unterschieden zwischen den Gemeinden besonders betonen, wird bei einfachen Saalkirchen der Dörfer die Verbindung zwischen diesen Kulturen verwirklicht. Ohne dass sie ihre Persönlichkeit verlieren, wird unter dem Druck der beschränkten Möglichkeiten der Spannungsbogen zwischen den Konzeptionsschemata vermindert, wobei es zu einer gegenseitigen Beeinflussung kam.

Mitteleuropäische Baukunst

Die Konzeption romanischer Kirchen Siebenbürgens*

Die romanische Baukunst Siebenbürgens ist vor dem Hintergrund des geistlichen Lebens des 12. und 13. Jhs. zu sehen. Dieses stand in Europa im Spannungsfeld zwischen Machtstreben und Weltentsagung – mit all ihren Aus-

---

* Erstdruck: *Die Konzeption der romanischen Kirchen Siebenbürgens. Ein Beitrag zu unserer Kunstgeschichte*, in: „Ordnung und Verantwortung. Festschrift zum 80. Geburtstag von Bischof D. Albert Klein", Hrsg. Christoph Klein, Hermann Pitters, Hermannstadt 1996, S. 30–52.

wüchsen[1] – zwischen ersten Anfängen weltlicher Kultur und betonter, von Heiligenverehrung geprägter, mystischer Frömmigkeit. Selbst wenn man für unser Gebiet die Auswirkung solcher Tendenzen eher vermuten als erfassen kann,[2] so müssen sie bei der Erörterung der Konzeption von romanischen Sakralbauten doch in Rechnung gestellt werden und können für deren Verständnis ausschlaggebend sein.

Eine Übereinstimmung mit mittel- und westeuropäischen Anliegen ist wohl bei allgemeinen Gepflogenheiten anzunehmen. So hatten einerseits die Kirchen und ihre einzelnen Teile symbolische Bedeutung: Auch bei uns wird die Zahlensymbolik – etwa von Türmen, Pfeilern, Säulchen u. ä.[3] – eine Rolle gespielt haben, ebenso die Konzeption des Kirchenraumes als zeitliche Verkörperung des Neuen Jerusalem.[4]

Hier wie dort waren andererseits bei Neubauten – jenseits von abstrakten Erwägungen und Assoziationen – sehr konkrete Entscheidungen zu fällen. Sie wurden durch den seinerzeitigen technischen und stilistischen Entwicklungsstand bedingt,[5] weiterehin von den verschiedenen Interessen der Kirche, der Geistlichen und der Gemeinde bzw. des Feudalherrn[6] u. a. m. Wichtig war dabei die tatsächliche Ausformung des Raumes, der Rückgriff auf bestimmte Lösungen und Proportionen. Sie entsprangen einer teils bewussten, teils unbewussten Einstellung zu einschlägigen Balancen – geistlicher, metaphysischer und funktioneller Natur. Diese sind als solche bedeutungsvoll und in kunstgeschichtlicher Hinsicht entscheidend. Anhand einer ver-

---

[1] S. dazu: K. Heussi, *Kompendium der Kirchengeschichte*, Tübingen 1981, S. 195–232. Es sei hier an die politischen Bestrebungen von Papsttum und Kirche erinnert, die einerseits zu ihrem Aufstieg zur Weltherrschaft führten und andererseits ein Streben nach extremer Armut und Askese zur Folge hatten – welche ihrerseits in der Entstehung der großen Sekten des 12. Jhs. und des Minoritenordens einen Ausdruck fanden, aber auch in der vom Dominikanerorden getragenen Inquisition.

[2] Es sei hier z. B. auf die Differenzen zwischen dem siebenbürgischen Bischof und der Abtei in Appesdorf/Mănăştur zu verweisen (F. Zimmermann, C. Werner, *Urkundenbuch zur Geschichte der Deutschen in Siebenbürgen*, Bd. I, Hermannstadt 1892, S. 21f., 42, 57), aber auch auf spätere Ereignisse, die teilweise mit älteren Gepflogenheiten zusammenhängen – etwa auf den Aufstand von 1277 gegen den siebenbürgischen Bischof oder den großen Zehntprozeß von 1309 (O. Velescu, *Der Aufstand der Sachsen aus dem Jahre 1277*, in: „Forschungen zur Volks- und Landeskunde", Bd. 17/1, S. 41ff.; G. D. Teutsch, *Das Zehntrecht der evangelischen Landeskirche A.B. in Siebenbürgen*, Schäßburg 1858, S. 32–35; *Geschichte der Deutschen auf dem Gebiete Rumäniens*, Bd. I, Bukarest 1979, S. 61f). Gleichzeitig sei erwähnt, dass ein Dominikanerkloster in Hermannstadt vor 1241 und ein Minoritenkloster in Bistritz vor 1268 gegründet worden ist (G. Entz, *Die Baukunst Transsilvaniens im 11.–13. Jh.*, in: „Acta historiae artium", Bd. 14/3–4, S. 140, 131).

[3] G. Bandmann, *Mittelalterliche Architektur als Bedeutungsträger*, Berlin 1951, S. 45ff.

[4] *Offenbarung des Johannes* 21,2–4;9–27. Es sei hier an die bekannten Assoziationen von farbigen Glasfenstern mit Edelsteinmauern und von Heiligendarstellungen der Wandmalereien mit dem Volk Gottes erinnert.

[5] In diesem Zusammenhang sind zumal die bedeutenden Fortschritte bei der Einwölbung größerer Räume zu erwähnen.

[6] Siehe dazu: K. Heussi, a.a.O., S. 228–233. Es ist hier zumal auf den Unterschied zwischen Literatur und bildender Kunst zu verweisen.

Mitteleuropäische Baukunst 243

Abb. 96. Aneinandergereihte Räume
(Längsschnitt durch die Kirche in
Michelsberg)

gleichenden Untersuchung soll im Folgenden diesen Dingen und charakteristischen Lösungen in Siebenbürgen nachgegangen werden.

Dabei ist zunächst das Gesamtgefüge des Innenraumes wichtig, und zwar die meist betonte Gliederung in Chor und Langhaus bzw. Saal (Abb. 96). Es handelt sich um gesonderte Räume, die durch ihre Größe und Form klar voneinander abgesetzt sind: Additiv fügen sie sich zum Gesamtbau zusammen.[7] Selbst wenn das Größen- und Bedeutungsverhältnis zwischen den Räumen von Fall zu Fall verschieden ist, handelt es sich letztlich um eine funktionelle, also pragmatische Konzeption. Dabei ergibt sich aber der Charakter des Baues aus dem Verständnis seiner einzelnen Teile.

Soweit wir heute die romanische Baukunst Siebenbürgens überblicken können,[8] gab es einen einzigen bedeutenden andersartigen Bau – den spät errichteten zweiten Dom in Weißenburg (heute Karlsburg/Alba Iulia; Abb. 97).[9] Bei diesem waren die Breite und die Höhe von Mittelschiff, Querschiff und ursprünglichem Chor weitgehend aneinander angeglichen und ihre unterschiedliche Länge durch die betonte Jochteilung in annähernd gleichgroße Raumabschnitte gegliedert. Diese fügen sich auch heute organisch zum Gesamtraum zusammen. Der letztere steht also im Vordergrund und damit ein allein überragender Sinn, dem sich die funktionellen Belange unterordnen.

Da die Weißenburger Lösung in der Gotik weite Verbreitung fand, haben die beiden Konzeptionen, wenigstens teilweise, ihre Wurzeln in einer zeitlichen Entwicklung. Jenseits von dieser – und die Evolution wohl mitbedin-

---

[7] Vgl. auch: W. Müller, G. Vogel, *Atlas zur Baukunst*, Bd. 2, München 1981, S. 375.
[8] Eine Einschränkung ist bezüglich des ersten Weißenburger Domes angebracht: Da wir nur seinen Grundriß kennen (R. Heitel, *Archäologische Beiträge zu den romanischen Baudenkmälern in Südsiebenbürgen*, in: *Revue d'histoire de l'art, série beaux-arts*, Bd. 9/2, S. 150f.), nicht aber die Höhe der einzelnen Räume, ist das Raumgefüge schwer zu beurteilen. Für ähnliche Bauten siehe auch: V. Vătășianu, *Arhitectura și sculptura romanică în Panonia medievală* [Baukunst und und Bildhauerei im mittelalterlichen Panonien], București 1966, S. 10ff.
[9] Für Bauetappen und Raumgefüge des Domes siehe: V. Vătășianu, *Istoria artei feudale în țările romîne*, Bd. 1, București 1959, S. 46–48.

Abb. 97. Geschlossener Großraum (Längsschnitt durch den Dom in Weißenburg)

gend – widerspiegeln sie wohl den Unterschied zwischen einem einfacheren, wie wir sehen werden weitgehend an die Reliquienverehrung gebundenen Kultus und einer von der Scholastik getragenen Theologie.

In diesem Zusammenhang ist die Ausbildung des Chores, und dabei zunächst seine Größe, von besonderem Belang. Geht man vom Grundriss aus, so ist vornehmlich zwischen einfachen Apsiden, rechteckigen Chören und rechteckigen oder quadratischen Chören mit Apsiden zu unterscheiden (Abb. 98). Einfache Apsiden wurden bei besonders frühen bzw. kleinen Kirchen verwendet, quadratische und seltener rechteckige Chöre ebenfalls bei kleinen Bauten – alle diese vornehmlich auf Komitatsboden –, während quadratische Chöre mit Apsiden vor allem auf dem Königsboden – also erst seit dem Ende des 12. Jhs. in Verwendung kamen. Da die Apsis prinzipiell für den Altar nötig war, fehlte also bei vielen frühen und kleinen Kirchen ein gesonderter geschlossener Raum für den die Messe zelebrierenden Geistlichen; dieser Platz war anscheinend in den Gemeinderaum hineingerückt. Erst in einem fortgeschritteneren Stadium gab es demnach, vor allem in den kirchenrechtlich privilegierten Ortschaften, für die Geistlichen einen gesonderten Bereich. Bezeichnenderweise sind seine Ausmaße unabhängig von jenen der Kirche im Allgemeinen ziemlich ähnlich.[10] Sieht man vom Weißenburger Dom ab – wo auch nicht zelebrierende Geistliche im Chor Platz finden mussten –, so widerspiegelt der Unterschied zwischen den Lösungen bis zu einem gewissen Grad einen unterschiedlichen Aufwand für Meßamt und Predigt (die erst im 13. Jh. üblich wurde[11]).

---

[10] Dementsprechend wirkt das Größenverhältnis von Chor und Langhaus bzw. Saal ganz verschieden.
[11] K. Heussi, a.a.O., S. 224. Die Kanzel ist aus Vorformen von Ambo bzw. Lettner hervorgegangen und beginnt erst seit dem 13. Jh. in Verwendung zu kommen (H. Koepf, *Bildwörterbuch der Architektur*, Stuttgart 1974, S. 216).

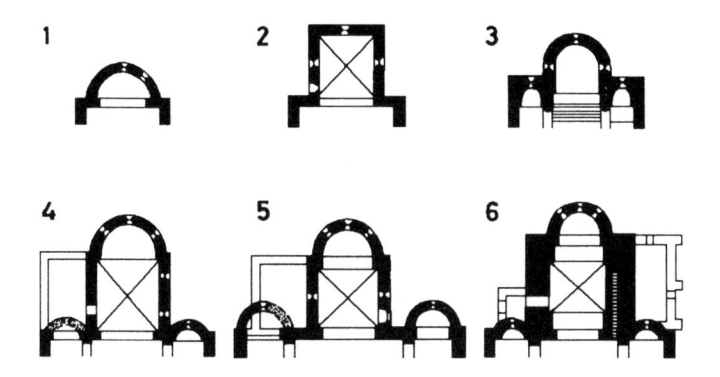

Abb. 98. Chorformen (1 – Rădeşti, 2 – Sîntamăria-Orlea, 3 – Mönchsdorf, 4 – Hammersdorf, 5 – Heltau, 6 – Salzburg; schwarze Mauern sind romanisch und erhalten, mit Punkten ausgefüllte Mauern sind romanisch, aber abgetragen, nicht ausgefüllte Mauern sind neueren Datums)

Vor allem weisen sie jedoch auf den unterschiedlichen Rang von Geistlichen des Komitats- und des Königsbodens hin (den *sacerdotes* bzw. *plebani*) und gleichzeitig auf ein ungleiches Verhältnis zwischen diesen Geistlichen und den Gemeinden. In den neueren, gehobeneren Ortschaften des Königsbodens war die Trennung zwischen ihnen ausgeprägter. Bezeichnend für den Unterschied ist die Trennungsart der Räume (Abb. 99). War lediglich der Altar in seiner Apsis von dem Gemeinderaum abgesondert, so konnte die Abgrenzung eher aus Altarschranken bestehen, da eine betontere Teilung den Altar in einer kleinen Apsis eingeengt hätte. Eine komplexere Lösung finden wir in einer großen Kirche auf Komitatsboden, in Mönchsdorf/Harina.[12] Da dort der Chor oberhalb der Krypta ziemlich hoch über dem Mittelschiffsniveau angeordnet ist, konnte man beim Zelebrieren der Messe nicht den Vorderteil des Langhauses benutzen; es wurde darum vor der Altarapsis ein kleiner, rechteckiger Raum eingeplant. Obwohl der erhöhte Chor den Laien gegenüber auf eine andere Ebene entrückt war, öffnete sich dieser Raum völlig gegen das Langhaus. Treppen und Altarschranken bildeten die einzige Trennung, und dementsprechend war der rechteckige Chorraum nicht nur mit der Apsis, sondern auch mit dem Gemeinderaum organisch verbunden.

Im Unterschied dazu ist der Chor vieler Kirchen, zumal des Königsbodens, vor allem durch den Triumphbogen vom Mittelschiff getrennt. Als scheidende Elemente kamen einst die Altarschranken hinzu, aber auch anderes – etwa in Michelsberg/Cisnădioara – in der Kämpferhöhe des Triumphbogens ein Zuganker mit einer Kreuzigungsgruppe,[13] und durch solche Begren-

---

[12] Für die Entstehung des Bauwerkes siehe: K. K. Klein, *Transsylvanica*, München 1963, S. 189f. Vgl. auch G. Entz, a.a.O., S. 9.
[13] Von den irgendwann verschwundenen Skulpturen haben sich die Einschnitte im offenbar noch romanischen Ankerbalken erhalten.

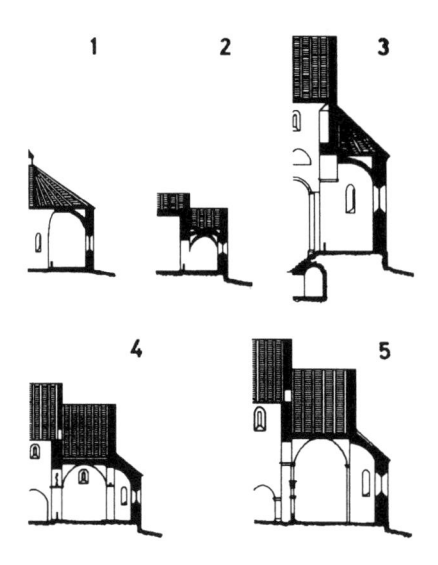

Abb. 99. Westbegrenzung im Längsschnitt von Choranlagen (1 – Geoagiu de Jos, 2 – Strei, 3 – Mönchsdorf, 4 – Michelsberg, 5 – Alzen)

zungen erhielt der Chor eine aufwertende Eigenbedeutung. Schließlich haben sich in Alzen/Alţina Spuren eines romanischen Lettners erhalten,[14] und einen solchen wird es wohl auch an anderen Orten, sicher etwa im Weißenburger Dom, gegeben haben. Dabei wurde der Chor noch betonter aus dem Raumgefüge ausgesondert und weitgehend zu einer Kapelle umfunktioniert – ähnlich der *Capilla Mayor* spanischer Kirchen.

Innerhalb dieser Kapelle war die Apsis von besonderer Bedeutung. Durch ihre spezifische, nach Osten halbrund geschlossene Form und die Einwölbung mit einer Halbkuppel legten sich die Begrenzungen bergend um den Hochaltar mit seiner Reliquie. So wurde die niedrige Apsis, und in erweitertem Sinn der gesamte Chor, letztlich zum überdimensionalen Reliquienschrein, der durch die weite Öffnung an der Westseite auf den Gemeinderaum bezogen war. (Dieses spricht für die besondere Bedeutung der Reliquienverehrung, die eingangs erwähnt wurde.)

Das Chorquadrat bildete eine Pufferzone zwischen dem Gemeinderaum und der Apsis: Dank seiner war der Hochalter mit der Reliquie vornehm zurückgezogen (am meisten in Salzburg/Ocna Sibiului[15]), und der Laie bekam

---

[14] In den Ecken östlich des Triumphbogens gibt es noch die romanischen Basen seiner Säulen. Entsprechend den allgemein sehr schlanken Proportionen dieser Kirche werden in dieser Flucht vier Säulen zum Lettner gehört haben.

[15] Die Grundrißform steht in unmittelbarem Zusammenhang mit der Anordnung des mächtigen Turmes über dem Chor, doch hätte man diesen nicht dort errichtet, wenn die starke Distanzierung des Hochaltars vom Gemeinderaum als unzulässig empfunden worden wäre.

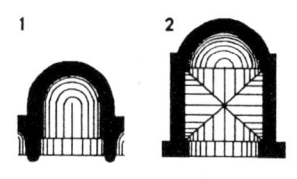

Abb. 100. Gewölbeformen
(1 – Mönchsdorf, 2 – Kirchberg)

ihn nur von ferne und frontal zu sehen. Das Chorquadrat bildete aber nicht nur ein einfaches Verbindungsglied: Einem solchen hätte ein längsgerichtetes Tonnengewölbe entsprochen, fast immer gibt es jedoch darüber ein Kreuzgewölbe, dessen Querachse dem Raum eine Eigenbedeutung gibt (Abb. 100). Da er für die Priester und deren Handlung bestimmt war, wird dadurch die Bedeutung ihrer verbindenden Mittlerrolle unterstrichen. Diese Lösung, die nur in den bedeutenderen bzw. freien Gemeinden des Königsbodens anzutreffen ist, entsprach nicht nur einem gesteigerten Selbstbewusstsein des gehobenen Klerus,[16] sondern stand auch mit einer machtpolitischen Aufwertung im Zusammenhang.

In den Orten, wo es für die Heiligenverehrung nicht nur *eine* Apsis mit *einem* Altar gab, schließen die Seitenapsiden für gewöhnlich direkt an die Seitenschiffe oder das Querschiff an (Abb. 101). Für die Gläubigen war also hier die Möglichkeit eines unmittelbaren Kontaktes mit einem Altar (bzw. dessen Reliquie) gegeben. Eine gewisse Verschiedenartigkeit der Formen war also hier gesichert, und diese entsprach nicht nur den unterschiedlichen Tendenzen innerhalb der Kirche (d. h. dem Machtstreben der Geistlichkeit einerseits und der Neigung breiter Volksschichten zur Einfachheit andererseits), sondern sie kam bei den Seitenaltären gerade durch die Unmittelbarkeit des Kontaktes auch dem weitverbreiteten Wunderglauben entgegen.[17]

Nur in sehr wenigen Fällen sind auch Nebenaltäre von den Gläubigen stärker abgesetzt, also distanziert worden: In Großschenk befanden sich am Ostende der Seitenschiffe quadratische Räume für solche, und in Mühlbach hat es, in Übereinstimmung mit der Chorentfaltung, sogar längliche Kapellen gegeben.[18] Da die letzterwähnte Lösung in der Frühgotik oft verwendet wurde, deutet sich hier ein Entwicklungstrend an.

---

[16] Es sei in diesem Zusammenhang erwähnt, dass in den päpstlichen Sondersteuerlisten aus der ersten Hälfte des 14. Jhs. die Plebane der meist freien Ortschaften – im Unterschied zu den zahlreichen einfachen, den Archidiakonen unterstellten Geistlichen (*sacerdotes*) – immer wieder als „Herren" bezeichnet werden.
[17] Vgl. dazu auch: K. Heussi, *a.a.O.*, S. 225.
[18] Siehe dafür: P. Niedermaier, *Siebenbürgische Städte*, Bukarest, Köln, Wien 1979, S. 185f.

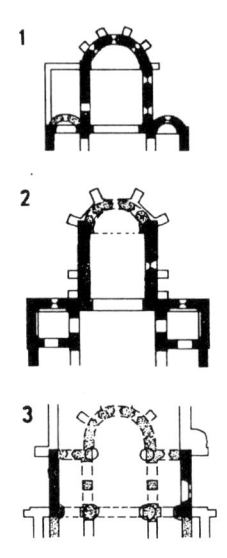

Abb. 101. Seitenapsiden und Seitenkapellen
(1 – Hammersdorf, 2 – Großschenk, 3 – Mühlbach; schwarze Mauern sind romanisch und erhalten, mit Punkten ausgefüllte Mauern sind romanisch, aber abgetragen, nicht ausgefüllte Mauern sind neueren Datums)

Weil Chor und Apsiden im Vergleich zum Gemeinderaum verhältnismäßig klein waren und nur in Mönchsdorf wesentlich höher als der letztere lagen (Abb. 109), mussten sie besonders gestaltet werden, um als Dominante des Raumgefüges zur Geltung zu kommen. Die allgemein übliche Ausstattung und Einwölbung sowie manchmal eine vergleichsweise reichere Gestaltung durch architektonische Glieder (wie Eckpfeiler mit Kämpferprofilen in Rothberg/Roşia) oder Wandmalereien (an den Bögen in Michelsberg) sind Mittel zu diesem Zweck gewesen.

Von größerer Bedeutung waren in diesem Kontext jedoch die angestrebten Lichtverhältnisse (Abb. 102). Durch zahlreiche Fenster ist der Chor und zumal dessen Apsis mit dem Hauptaltar (der in der Romanik noch verhältnismäßig niedrig war[19]) heller als der Rest der Kirche erleuchtet gewesen; sie zogen dementsprechend den Blick unwillkürlich auf sich. Dieses Heiligste war also von Licht durchflutet und warf es auf den Gemeinderaum weiter – von wo aus das Heiligste demnach als Lichtspender wahrgenommen wurde. Bemerkenswert ist gleichzeitig, dass die kleinen Apsiden am Ende der Seitenschiffe nicht hell erleuchtet, sondern ziemlich dunkel waren. So rivalisierten diese nicht mit dem Chor, und das Halbdunkel kam der Mystik des Wunderglaubens entgegen, der gerade bei der Heiligenverehrung besonders zum Tragen kam.

---

[19] Siehe dazu: H. Koepf, a.a.O., S. 11.

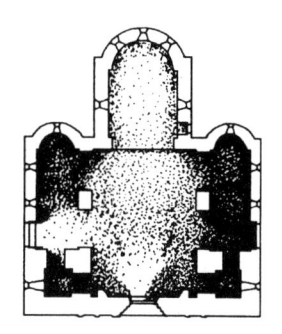

Abb. 102. Ausleuchtung eines romanischen Kirchenraumes (Burgkirche Michelsberg; in der linken Hälfte der Zeichnung ist die Ausleuchtung bei offenen Türen, in der rechten Hälfte bei geschlossenen Türen dargestellt)

Schon aus dem oben Gesagten ist zu entnehmen, dass auch der Gemeinderaum als Versammlungs- und Andachtsraum eigenständige Werte funktioneller und gestalterischer Art hatte. Obwohl er nicht so wichtig wie der Chor war, sind die Ausmaße dieses Versammlungsraumes für gewöhnlich wesentlich größer gewesen, was ihn zum Hauptraum der gesamten Anlage aufwertete.

Selbstverständlich konnte auch der Gemeinderaum verschiedenartig geformt sein – was einem zumal in Anbetracht einzelner Sonderlösungen bewusst wird (Abb. 103). So kennen wir mehrere runde Friedhofskapellen (z. B. in Gergersdorf/Geoagiu und Magarei/Pelişor);[20] ebenfalls rund war die Taufkapelle neben dem Weißenburger Dom,[21] und eine Kapelle nördlich der Klosterkirche in Apesdorf/Mănăştur ist auch ein runder Zentralbau gewesen, der innen mit mehreren Konchen versehen war.[22] Schließlich sind alte Rundkapellen in letzter Zeit auch in Broos/Orăştie und Hermannstadt/Sibiu ergraben worden. An anderen Orten sind besondere Grundrisse entwicklungsgeschichtlich zu erklären: In Bruck/Bonţida wurde z. B. an eine Saalkirche, noch in romanischem Stil, ein zweites Schiff angebaut.[23] Schließlich muss gegen Ende der untersuchten Zeitspanne auch mit Einflüssen aus dem byzantini-

---

[20] G. Entz, a.a.O., S. 42; Gh. Curinschi-Vorona, *Istoria arhitecturii în România*, [Geschichte der Baukunst in Rumänien], Bucureşti 1981, S. 85. Nach Grabungen in Oderhellen/Odorheiu Secuiesc soll die dortige Kapelle mit vier Konchen neueren Datums versehen sein.
[21] R. Heitel, *a.a.O.*, S. 151.
[22] K. Horedt, *Siebenbürgen im Frühmittelalter*, Bonn 1986, S. 137, 138.
[23] G. Entz, *a.a.O.*, S. 32.

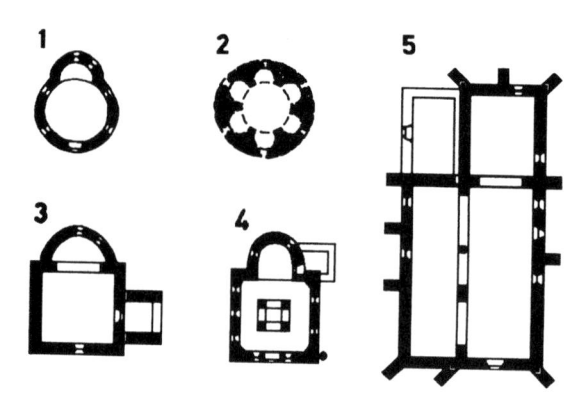

Abb. 103. Besondere Formen des Gemeinderaumes (1 – Geoagiu de Jos, 2 – Mănăştur/archäologisch erschlossen, 3 – Hărţău, 4 – Densuş, 5 – Bontida)

schen Kulturraum gerechnet werden, und zwar bei Kirchen mit Kuppeltürmen in Demsdorf/Densuş und Gurasaden/Gurasada.[24]

Geht man jedoch von der Verbreitung einzelner Grundrisse aus, so sind nur zwei Typen für die siebenbürgische Romanik wirklich wichtig. Den ersten bilden die rechteckigen Säle – manchmal mit einer Herrschaftsempore an ihrem Westende –, die bei kleinen Kirchen anzutreffen sind;[25] in ihrem Fall erlaubten wohl die Mittel der Gemeinde bzw. ihres Besitzers keinen größeren Bau oder ließ auch die Seelenzahl der Gemeinde einen solchen nicht als zweckmäßig erscheinen. Da sich ihre Breite – eben der kleinen Ausmaße wegen – im Allgemeinen nicht der Maximallänge der Balken näherte,[26] wurden die Proportionen nicht von dieser, also von technischen Gesichtspunkten bestimmt, sondern nur von gestalterischen. Dabei ist auf die Vielfalt der Abstufung zu verweisen. Bei einem Verhältnis der Ausmaße von 1:2 und maximal 1:2,7 (bei dem ursprünglichen Bau in Bruck), war für die meisten Gläubigen nur eine verhältnismäßig frontale Sicht des Altars, meist von weither, möglich. Eine solche verstärkte den offiziellen, autoritären Charakter der liturgischen Handlungen. War indes der Raum kürzer oder sogar völlig quadratisch (also mit einem Verhältnis der Ausmaße von 1:1, wie in Hărţău), so gewannen

---

[24] G. Ionescu, *Arhitectura pe teritoriul României de-a lungul veacurilor* [Die Baukunst auf dem Gebiet Rumäniens im Laufe der Jahrhunderte], Bucureşti 1982, S. 121–124, 126. gegen eine sehr frühe Datierung dieser Bauten sprechen z. B. mit Spitzbogen geschlossene Fenster in Demsdorf/Densuş (siehe auch G. Entz, *a.a.O.*, S. 22, 31f).

[25] Die älteste bis heute erhaltene große Saalkirche Siebenbürgens wurde erst später in frühgotischem Stil errichtet. Bezeichnenderweise geht dieser *Bistritzer* Bau auf die Minoriten zurück, die als Bettelmönchsorden weite, für die Predigt geeignete Säle bevorzugten (siehe auch W. Müller, G. Vogel, *a.a.O.*, S. 413).

[26] Eine solche Maximallänge beträgt beiläufig 13 m, während die meisten Saalkirchen nur eine Breite von 5–8 m haben.

Mitteleuropäische Baukunst 251

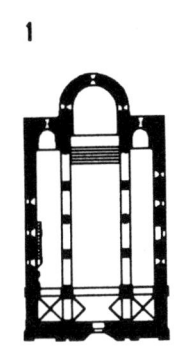

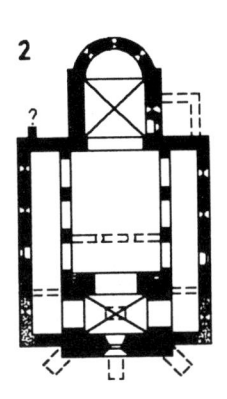

Abb. 104. Langhäuser von Basiliken
(1 – Mönchsdorf, 2 – Kirchberg)

die liturgischen Handlungen an Unmittelbarkeit. Auch hier dürften sich unterschiedliche Bestrebungen äußern.
Die größeren Bauten waren jedoch Basiliken. Gemäß der allgemeinen romanischen Tradition wurde bei diesen die Gesamtbreite des Gemeinderaumes unterteilt und dadurch die Spannweite der Balken reduziert, wobei es aber mehrere Ausführungsarten gab (Abb. 104). Als ein Extrem ist die verhältnismäßig früh auf Komitatsboden erbaute Kirche in Mönchsdorf zu erwähnen (Abb. 109). Dort ist die Gliederung in Schiffe durch schlanke Stützen durchgeführt, von denen nur je zwei paarweise gegenüberliegende gleich sind. Sie stehen als belebende – also weltverbundene – Zierteile im Raum und ziehen das Interesse auf sich. Gerade dadurch verbinden sie die Schiffe mehr als sie diese trennen. In diesem Sinn wirkt sich auch ihre große Höhe aus, durch die die Hochschiffwände weit weg, gewissermaßen aus dem Blickfeld gerückt sind. Da unter diesen Umständen auch die Ausleuchtung recht gleichmäßig ist, bleibt – wie bei einer Halle – die Einheit des Raumes und vor allem sein einheitlicher Charakter, gleichzeitig auch eine gewisse Bewegungsfreiheit in seinem Rahmen weitgehend gewahrt.

Ganz anders ist das Gepräge der Basiliken auf dem südsiebenbürgischen Königsboden. Dort sind die einzelnen Schiffe durch niedrige Pfeiler getrennt, deren Länge mitunter die Mauerstärke beträchtlich übersteigt (wie in Kirchberg/Chirpăr oder Hammersdorf/Gușterița). Fehlen dazu noch Sockel- und Kämpferprofile, so entsteht weitgehend der Eindruck einer hohen Mauer, mit Öffnungen in ihrem unteren Teil (so in Michelsberg, Abb. 96, 110). Es versteht sich von selbst, dass unter diesen Umständen die drei Schiffe gesonderte Räume bildeten; auch wenn sie durch die Bogenstellungen miteinander verbunden sind, so behalten sie doch ihre Eigenständigkeit. Da außerdem die Seitenschiffe meist merklich dunkler als das Mittelschiff sind, haben sie bis zu einem gewissen Grad auch einen unterschiedlichen Charakter. Während das Mittelschiff vorrangig ein auf den Chor ausgerichteter Versammlungsraum

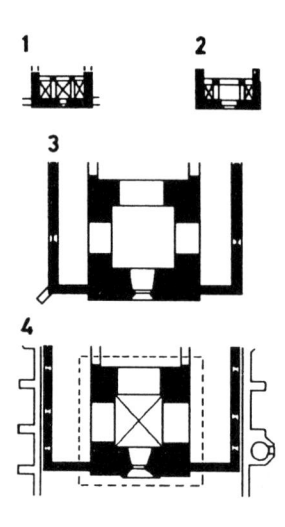

Abb. 105. Eingangshallen
(1 – Kokelburg, 2 – Rădeşti, 3 – Heltau, 4 – Hermannstadt)

ist, eigneten sich die Seitenschiffe vornehmlich für die auf Nebenaltäre bezogene Meditation. Einen gewissen Ausgleich brachte die Einwölbung dieser Seitenschiffe in einer späterer Phase der Romanik: Einerseits betonten die querliegenden Gewölbekappen auch eine Ausrichtung auf die Bogen und mithin die Beziehung zum Mittelschiff, und andererseits warfen die verputzten Gewölbeflächen das Licht zurück, hellten den Raum auf und glichen ihn dadurch dem Mittelschiff stärker an.

Eine reichere Gestaltung der Pfeiler durch vorgelagerte Halbsäulen in dem völlig eingewölbten Weißenburger Dom führte zu einem ähnlichen Gepräge (Abb. 97), nur dass hier durch die Gliederung auch im Mittelschiff ein Querbezug zu den Seitenschiffen hin anklingt. Vor dem Chor wird dieser durch das eingegliederte Querschiff zusätzlich betont.

Zu dem Raumgefüge der Basiliken gehört manchmal noch eine Eingangshalle unter dem Turm (Abb. 105), die, zumal in Heltau/Cisnădie, wegen der kleinen Ausmaße der Bögen in den Turmmauern besonders geschlossen wirkt. Dazu kommt dann meist auch eine Empore im ersten Stock des Turmes, die häufig ebenfalls ein geschlossenes, kapellenartiges Gepräge besaß, ohne dass ihre Funktion jedoch in allen Fällen klar ist.[27]

Durch andere Emporen über den Gewölben von Seitenschiffen sollte bei Emporenbasiliken vermutlich der Versammlungsraum vergrößert werden.[28] Da

---

[27] Siehe auch: W. Horwath, *Der Emporenbau der romanischen und frühgotischen Kirchen in Siebenbürgen*, in: „Siebenbürgische Vierteljahresschrift", 1935, S. 69ff.

[28] In Falle der Kirche mit Zwillingsfenstern im Obergaden sind normalerweise die Seitenschiffe eingewölbt und die Zugänge zu ihren Dachböden mit sorgsam ausgeführten steinernen Tür-

Abb. 106. Emporen in Großschenk (die niedrigen Räume unter der Dachschräge sind durch verschieden lange Schraffurstriche angedeutet, die Hohlräume von Mittelschiff und Chor durch Punktierung)

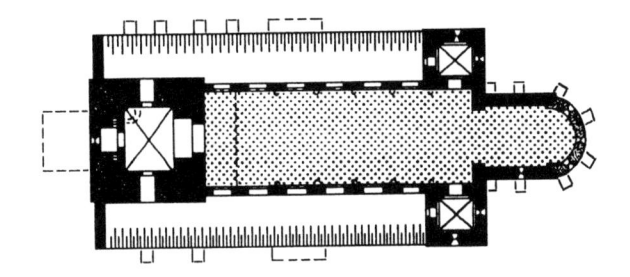

diese jedoch in dem Dachstuhl der Abseiten eingeklemmt waren, hatten sie keine räumliche Eigenbedeutung, sondern stellten nur eine Ergänzung des Mittelschiffs dar, gegen das sie durch Zwillingsfenster geöffnet waren. Nur in Großschenk/Cincu, wo sie gleichzeitig den Zugang zu Kapellen im Stockwerk von Osttürmen bildeten, kam ihnen eine gewisse Eigenbedeutung zu (Abb. 106). Da dort auch im Westturm mit einer solchen Kapelle zu rechnen ist,[29] entstand eine Raumfolge, die kranzartig das Mittelschiff umschloss und es dadurch aufwertete.

Stärker als durch solche Nebenräumlichkeiten wurde das allgemeine Gepräge der Basiliken durch deren Proportionen bestimmt – vor allem durch das Verhältnis zwischen Länge und Breite des Mittelschiffes (Abb. 107). Dabei gilt prinzipiell das für die Saalkirchen Gesagte, dass kurze Schiffe bei Messen einen unmittelbaren Kontakt der Gläubigen zum Altar erlaubten, lange hingegen den offiziellen Charakter betonten. Zugleich zwang die klare West-Ost-Ausrichtung der längeren Räume den Gläubigen eine ebensolche Ausrichtung auf.

Interessant ist, dass besonders alte Basiliken bzw. Mittelschiffe der Hermannstädter Gegend verhältnismäßig kurz sind,[30] neuere Bauten jedoch, vor allem Emporenbasiliken, merklich länger ausgebildet wurden. Ist einerseits die Michelsberger Burg-Kirche als ein Extrem anzusprechen (zwischen der Herrschaftsempore und dem Chor hatte das zweijochige Schiff einen ungefähr quadratischen Grundriss[31]), so bildete die Großschenker Emporenbasili-

---

einfassungen versehen, was für eine reelle Verwendung dieser Dachböden als Emporen spricht. Siehe auch P. Niedermaier, *a.a.O.*, S. 188.
[29] Für die Verwendung des Raumes als Kapelle sprechen die kleinen Ausmaße des Fensters gegen das Mittelschiff.
[30] Siehe dazu: A. Avram, *Betrachtungen über die kurzen romanischen Basiliken im Hermannstädter Kreis*, in: „Zeitschrift für siebenbürgische Landeskunde", 1981/2, S. 113f; W. Horwath, *Die Landnahme des Altlandes im Lichte der Kirchenbauten*, in: „Siebenbürgische Vierteljahresschrift", 1934, S. 169ff.
[31] Für die Empore siehe: G. Entz, *a.a.O.*, S. 22f.

254　　　　　　　Sakralbauten als Bedeutungsträger

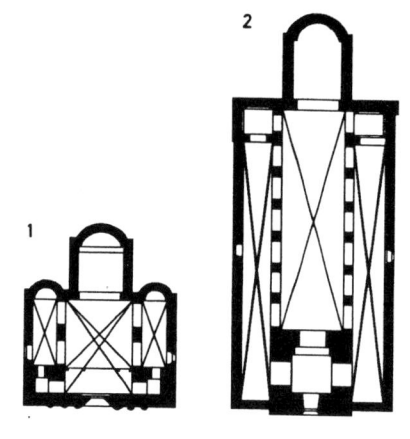

Abb. 107. Verhältnis zwischen Länge und
Breite romanischer Kirchen
(1 – Michelsberg, 2 – Großschenk)

ka das andere: Dort ist nämlich nicht nur das Mittelschiff ziemlich lang, sondern an seinem Ostende, zwischen den Kapellen der Seitenschiffe – einst mit Türmen darüber –, gab es noch ein besonders geformtes Joch, das den Eindruck der Distanzierung der Gemeinde vom Chor verstärkte.[32] Das sehr betonte Richtungsmoment wurde allerdings durch die Zwillingsfenster der Mittelschiff-Obergaden etwas abgemildert, die dem Blick seitwärts Anhaltspunkte boten. Eine solche Milderung ergab sich beim Weißenburger Dom durch die Querkappen der Gewölbe und Halbsäulen, die die Jochteilung des Mittelschiffes betonten (Abb. 97); sie bewirkten die schon erwähnte Gliederung in Einzelräume, die zum Verweilen einluden.

Bei den Seitenschiffen war die Längsentfaltung natürlich viel betonter, doch spielte sie dort keine solche Rolle. Durch den Bezug zum Mittelschiff ergab sich eine betonte Querrichtung, die die Komposition ausglich.

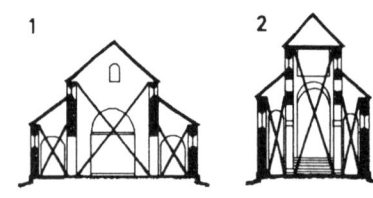

Abb. 108. Verhältnis zwischen Breite und
Höhe romanischer Kirchen
(1 – Michelsberg, 2 – Mönchsdorf)

---

[32] Es ist denkbar, dass sich schon von Anbeginn in diesem Joch ein breiterer Lettner befand – zumindest bot es sich für einen solchen an.

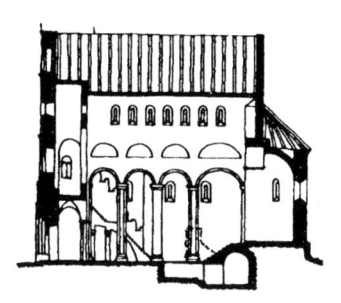

Abb. 109. Niveauunterschied zwischen einzelnen
Räumen (Mönchsdorf)

Neben dem Verhältnis zwischen Breite und Länge war auch die relative Höhe von entscheidender Bedeutung (Abb. 108). Dabei ist eine breitgefächerte Abstufung der Lösungen festzustellen: In der Regel schwankte das Verhältnis von Breite und Höhe der Schiffe zwischen 1:1,4 und 1:1,7, doch es gab auch Proportionen, die von diesen Werten stark abwichen. Wenn Verhältniszahlen von 1:1 noch eher bei Saalkirchen angetroffen werden können (Rădeşti), so finden wir bei Mittelschiffen von Basiliken doch auch Werte von 1:1,2 (Michelsberg und, ursprünglich, Hermannstadt) oder Werte von 1:2,0 (Weißenburg) und sogar 1:2,9 (Mönchsdorf).[33] Das Gepräge, das solche Proportionen bewirken, ist allgemein bekannt: Weil die Höhe eine dem Menschen unzugängliche Dimension ist, besitzt sie für ihn einen transzendentalen Charakter. Bei gesteigerter Höhe erscheint also das Unfassbare in betonterem Maße im Raum gegenwärtig; da der Betrachter gleichzeitig diesen Raum wenigstens im Geist durchmessen möchte, wirkt er auf ihn erhebend. Andererseits machen weniger hohe Mittelschiffe einen betont erdgebundenen Eindruck. Nun lässt sich feststellen, dass die mitunter recht großen Pfarrkirchen einzelner Ortschaften nur in begrenztem Maß schlanke, aufstrebende Proportionen besaßen. Die Verwurzelung im Dasein – mit dem sich das Volk auf die eine oder andere Art zurechtfinden musste – ist zu Zeiten des romanischen Stils wichtiger gewesen. Dagegen trat bei dem Weißenburger Dom, aber auch bei der Mönchsdorfer Herrschaftskirche ein weniger erdgebundener Zug gehobener Geistlichkeit stärker in den Vordergrund.

Die Vertikale bekam jedoch auch in anderem Sinn Bedeutung, und zwar durch die Anordnungsmöglichkeiten einzelner Räume auf verschiedenen Niveaus. Im Allgemeinen war der Chor nur unwesentlich über den Gemeinderaum erhoben, anders jedoch die Herrschaftsempore – wo es eine solche gab. Da sie über dem Eingang ziemlich hoch lag, kam ihr eine beherrschende Rolle zu. Die weitaus differenzierteste Anordnung finden wir in Mönchsdorf (Abb. 109). Dort wurde die Bedeutung des Chors durch seine hochgelegene Anord-

---

[33] Die Werte wurden berechnet nach: G. Treiber, *Mittelalterliche Kirchen in Siebenbürgen*, München 1971.

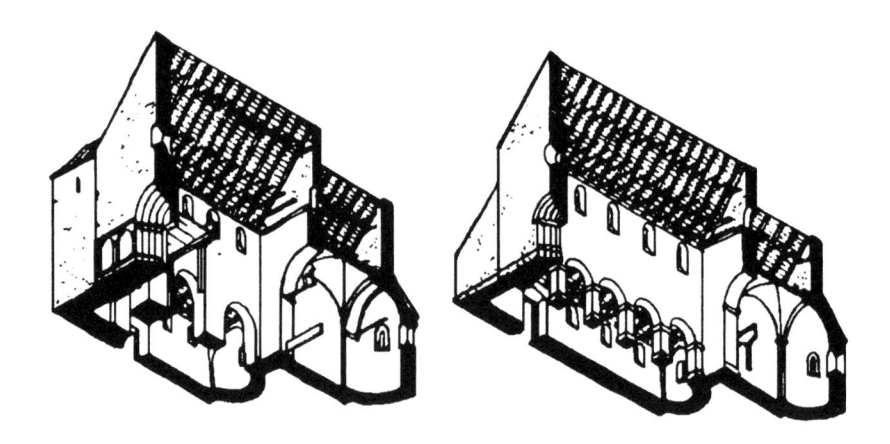

Abb. 110. Ausformung des Raumes kleiner Basiliken
(links Michelsberg, rechts Alzen; die Bauten sind an der Basis horizontal geschnitten und in der Längsrichtung vertikal; die Blickrichtung ist von Südwesten unten nach Nordosten oben)

nung (über einer Krypta) hervorgehoben – der Raum wurde gewissermaßen vom Niveau der Gemeinde abgesetzt; die Herrschaftsempore befand sich jedoch noch viel höher, so dass von ihr auch der Chor beherrscht wurde. Offenbar kam da ein ausgeprägtes Geltungsbewusstsein des Besitzers zum Ausdruck.

Jenseits der allgemeinen Raumformen waren jedoch auch für den Gemeinderaum die Lichtverhältnisse von vorrangiger Bedeutung (Abb. 102). Schon aus dem bisher Gesagten geht hervor, dass er im Allgemeinen merklich dunkler als der Chor war (eine Ausnahme bildete Mönchsdorf). Durch den Mangel an Licht – zumal in den Seitenschiffen der Basiliken – eigneten sich diese Räume, wie schon erwähnt, vornehmlich für eine mystische Versenkung und entsprachen dadurch einem Zug der Zeit.

Einem solchen Gepräge kam auch die Gestaltung von Wänden und Baugliedern entgegen. Nicht nur bei kleineren Kirchen, sondern auch bei größeren Basiliken des Königsbodens ist in einer frühen Zeit auf jeden Schmuck verzichtet worden (Abb. 110); häufig besaßen selbst die Pfeiler keine Kämpferprofile. Ein extremes Beispiel ist in dieser Beziehung die Michelsberger Kirche, an deren Langhaus jedes irgendwie entbehrliche Beiwerk fehlt; wie jedoch das überaus sorgsam ausgeführte Westportal beweist,[34] handelte es sich dabei nicht um künstlerisches Unvermögen, sondern um ganz bewussten

---

[34] Aus stilistischen Überlegungen – die allerdings zu ganz verschiedenen Schlüssen führten – wurde mitunter das Westportal einer späteren Bauphase zugeschrieben. Bei seinem flächigen Charakter würde dies bedeuten, dass der ursprünglichen Westfassade eine nur 10 cm dicke Bruchsteinmauer von über 15 m Höhe vorgeblendet wurde, was – unabhängig vom Mangel konkreter Spuren am Bau – aus statistischen Gründen undenkbar ist.

Verzicht, um ein eindeutiges Streben nach äußerster Einfachheit, die Askese gleichkommt – welche gerade im 12. und 13. Jh. immer wieder gesucht wurde.[35] Durch die geschlossenen, glatt verputzten Mauerflächen – die anscheinend, abgesehen von einigen Weihekreuzen, nicht einmal durch Wandmalereien gestaltet waren – hatten gleichzeitig die Raumbegrenzungen ein unkörperhaftes, abstraktes Gepräge. Der offene Dachstuhl[36] mit seinen dünnen Balken und der zarten, im Dunkel verschwindenden Lattung, betonte diesen Charakter in merklichem Maße und vermied nach oben hin einen körperhaftstarren Abschluss.

Wie die Mönchsdorfer Kirche beweist, ist die Gestaltung des Raumes bei einigen Bauten auf Komitatsboden schon recht früh anders gewesen (Abb. 109); Säulen und Pfeiler, aber auch die falschen Seitenemporen waren in größerem Maße als belebende Zierglieder gestaltet. Auf dem Königsboden können wir Konzeptionen dieser Art erst später feststellen. Zunächst wurden richtige Pfeiler mit Basen und Kämpferprofilen verwendet (so in Alzen), dann aber sind auch durch die Zwillingsfenster der Seitenemporen Dekorationsteile in die Wandflächen eingefügt worden, so dass diese ein materiell fassbares Gepräge erhalten haben – etwa in Großschenk (Abb. 111). Da es bei solchen Bauten – entsprechend den Gewölben zwischen Seitenschiffen und Emporen – auch eine geschlossene Decke über dem Mittelschiff gegeben haben könnte, dürfte auch der Raum in seiner Gesamtheit durch seine kubisch geschlossene Form als reelles Gebilde gewirkt haben. Viel ausgeprägter war dieser Charakter allerdings in Weißenburg, wo in den kräftigen Bündelpfeilern und den kunstvoll geschwungenen Gewölbekappen das Materiell-Körperhafte und zugleich Diesseitige stärker in den Vordergrund rückte (Abb. 97).

Vergleicht man die Merkmale der Gestaltung der Bauelemente mit der allgemeinen Raumentfaltung, Raumgliederung und Ausleuchtung, so wird dennoch ein wesentlicher Unterschied zwischen den Bauten dieser Gruppe augenscheinlich. Während die Emporenbasiliken des Königsbodens den auf äußerste Einfachheit abzielenden, verhältnismäßig düsteren Basiliken recht nahe stehen, aber auch eine gewisse Freude in den irdischen Bezügen anklingen lassen, unterstreicht bei der Mönchsdorfer Kirche die zierliche Ausbildung einzelner Teile, zusammen mit dem hellen, nicht einengenden Raum, den vergeistigt-offenen Charakter dieses Baues. In Weißenburg waren hingegen der einheitlich geschlossene Gesamtraum mit der strengen Raumteilung

---

[35] In diesem Zusammenhang ist es erwähnenswert, dass der Besitzer von Dorf und Kirche (der gewiß auch der Erbauer der letzteren war) diese 1223 der Kerzer Zisterzienserabtei geschenkt hat, also einem Orden, der ebenfalls nach äußerster Einfachheit und strenger Askese strebte (K. Heussi, a.a.O., S. 196).

[36] Gerade in der Michelsberger Kirche, die seit Jh. nicht mehr benutzt wird, hat sich dieser offene Dachstuhl bis heute erhalten, und es gibt keinerlei Anzeichen, dass es je eine Decke gegeben hätte (durch das unverputzte Mauerwerk des Chorgiebels wollte man vermutlich das Aufhellen des Dachraumes vermeiden). Da die anderen Kirchen ständig benutzt wurden, dürften dort die Decken nachträglich, und zwar ziemlich mühelos, eingeschoben worden sein.

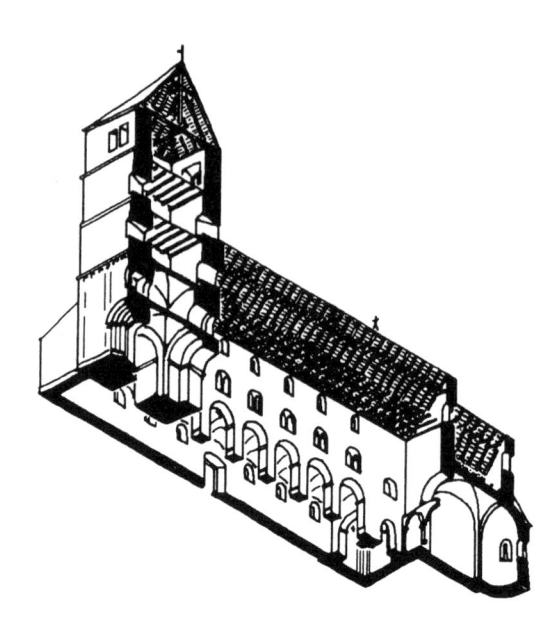

Abb. 111. Ausformung des Raumes der Emporenbasilika in Großschenk (Darstellung entspricht Abb. 110)

südsiebenbürgischer Basiliken und eine aufstrebende Vergeistigung schlanker Proportionen mit materiell-körperhaften Bezügen in der Raumgestaltung verbunden, und zwar zu einem kraftvoll beherrschten Raumgefüge. Es scheint sich hier weitgehend um ein Spannungsfeld zwischen mystisch getragener Frömmigkeit einfacher Menschen, kultiviert ausgefeilter Scholastik besonderer Persönlichkeiten und hierarchiebewußtem Empfinden des hohen Klerus gehandelt zu haben.

Am Äußeren der Bauten sind weitgehend die gleichen Merkmale wie bei der Gestaltung des Innenraumes wiederzufinden. Selbst kleinere Kirchen, die der Tradition des Komitatsbodens verhaftet waren, sind manchmal mit Lisenen und Rundbogenfriesen reicher ausgestattet worden – so der alte Teil der Kirche in Klein-Kopisch (Abb. 112) –, auch gab es häufig einen Westturm über der Herrschaftsempore, selbst wenn seine Ausmaße sehr klein waren. Dagegen konzentrierte sich der Schmuck früher Kirchen des Königsbodens allein auf die Portale, wo er als Ankündigung des belangvollen Inneren funktionelle Bedeutung besaß. Der mächtige Turm fehlte in einer frühen Zeit sehr oft (so in Alzen, Abb. 113); wir kennen heute schon zahlreiche Fälle, bei denen er nach dem ersten Mongoleneinfall, als Verteidigungswerk, in den bestehenden Bau eingefügt wurde (etwa in Hammersdorf). Gab es ihn von Anbeginn – in Heltau oder Salzburg –, so trug er ebenfalls eindeutige Merkmale eines Bergfrieds, also eines zweckbedingten Bauteiles. Bei späteren Kirchen des Königsbodens wurde auf die ursprüngliche Strenge öfters verzichtet, so

Abb. 112. Ursprüngliche Westfassade der Kirche in Klein-Kopisch

finden wir an solchen Türmen mitunter Rundbogenfriese (etwa in Neudorf), und in Extremfällen gab es sogar Konzepte mit drei oder vier Türmen (so in Großschenk – Abb. 114 – und, lediglich geplant, vermutlich in Mühlbach/Sebeş).[37] Reich war natürlich auch der Weißenburger Dom konzipiert: Abgesehen von den verschiedenen Zierteilen (wie Gesimsen und angeblendeten Halbsäulen) sollte dort außer den beiden Westtürmen auch ein mächtiger Vierungsturm errichtet werden; es handelte sich also um eine höchst aufwendige Gestaltung, die wieder mit einem gehobenen Selbstbewusstsein der Kleriker im Einklang stand.

Schließlich ist nochmals auf den allgemeinen Aufbau der Bauten zurückzukommen. Dabei ist wieder der additive Charakter ihrer Komposition auffallend: Es handelte sich um einzelne Baukörper, die man sich zum Teil (mit Ausnahme der asymmetrischen Apsiden und Seitenschiffe) auch gesondert vorstellen kann. Dabei erschien der Gemeinderaum als größter und damit

Abb. 113. Einfache Baukörper (Alzen)

---

[37] W. Horwath, *Siebenbürgisch-sächsische Kirchenburgen*, Hermannstadt 1931, S. 38–41; P. Niedermaier, *a.a.O.*, S. 186–188.

Abb. 114. Baukörper einer komplexen Komposition (ursprüngliche Konzeption der Kirche in Großschenk)

auch bedeutendster Gebäudeteil, manchmal, aus wehrtechnischen Gründen, sogar der Turm. Die Möglichkeit, mit ihm die Westfassade samt dem Hauptportal im Gesamtgefüge anzukündigen, bedingte für gewöhnlich nicht die Ausführung des Turmes, sondern nur seine Anordnung (Abb. 115). Gab es mehr als zwei Türme, so konnte damit ein ausgewogener Allgemeinaufbau erzielt werden, doch eine weitgehende Geschlossenheit der Kirchen wurde nur bei kleinen Zentralbauten erreicht – am vollkommensten, soweit wir die Dinge heute beurteilen können, unter byzantinischem Einfluss in Demsdorf/ Densuş. Der Sinn der verschiedenen Lösungen deutet im Grunde genommen auf das gleiche Spannungsfeld, das oben umrissen worden ist.

Gewiss bedingten verschiedenste Faktoren die Bauprogramme, Bauformen und Baudimensionen – so die Größe, soziale Gliederung und wirtschaftliche Kraft der Gemeinden, vorgefundene ältere Bauten (z. B. in Deutsch-Weißkirch; Abb. 116)[38] oder die technischen und stilistischen Kenntnisse von Bauherren und Baumeistern. Gewiss sind alle Kirchen „*zur größeren Ehre Gottes*" zu Andachtszwecken errichtet worden. Aber jenseits davon ist das Zurückgreifen auf ganz bestimmte Lösungen ein Zeugnis des geistlichen Lebens Siebenbürgens im 12. und 13. Jh. Dabei finden sich die Charakteristika wieder, die die Kirchengeschichte für das sinerzeitige Europa herausgearbeitet hat.

Wenn wir die Bedeutung des Auftraggebers im Baugeschehen in Rechnung stellen,[39] so zeichnet sich zugleich das geistige und geistliche Profil einiger Persönlichkeiten der Zeit ab – das des Simon de genere Kacsis (des ver-

---

[38] Siehe dazu: M. Dumitrache, *Archäologische und baugeschichtliche Forschungen in der Repser Gegend (Viscri–Deutschweißkirch)*, In: „Forschungen zur Volks- und Landeskunde", Bd. 21/ 2, S. 35ff.
[39] Siehe dazu: G. Bandmann, *a.a.O.*, S. 9.

Abb. 115. Betonung des Westportals
(ursprüngliche Konzeption der Burg-
kirche in Michelsberg)

mutlichen Bauherrn der Mönchsdorfer Kirche)[40] und jenes des Magister Gocelinus (des vermutlichen Bauherrn der Michelsberger Kirche).[41] Aber auch für die geistliche Ausrichtung einer ganzen Volksgruppe – der Siebenbürger Sachsen des Königsbodens – sind die Feststellungen belangvoll. Wenn wir die allmählich abklingende Tendenz zu extremer Einfachheit, ja Askese berücksichtigen, gleichzeitig auch die Errichtung der Kirchen erst Jahrzehnte nach der Einwanderung, so stellt sich unwillkürlich die Frage, ob diese Neigung zu extremer Einfachheit bei ihrer Ankunft nicht noch ausgeprägter war. Da die asketische Bewegung in West- und Mitteleuropa schon seit dem 10. und 11. Jh. eine große Rolle spielte und es im 12. Jh. im Auswanderungsgebiet sogar Häretikerverfolgungen gab,[42] wäre zu untersuchen, ob nicht auch geistige Erwägungen die Auswanderung in den weiten Osten gefördert haben.

Frühgotik im Spannungsfeld zwischen Absichten, Möglichkeiten und Notwendigkeiten

Gegen Ende der Romanik bildete sich ein neuartiger Bautyp heraus. Es war dieses eine Basilika mit romanischen Stilelementen, die zunächst noch einen halbrunden, dann einen polygonalen Chorabschluss hatte. Der Chor war

---

[40] K. K. Klein, *Transsylvanica*, S. 193f.
[41] F. Zimmermann, C. Werner, a.a.O., S. 27f. Das zweitürmige Kirchenlanghaus wird nicht vom ersten Besitzer des Dorfes, der Hermannstädter Propstei, errichtet worden sein und kann – der Türme wegen – noch weniger auf den späteren Besitzer, die *Kerzer* Zisterzienserabtei zurückgehen.
[42] G. Ficker, H. Hermelink, *Handbuch der Kirchengeschichte*, 2. Teil: *Das Mittelalter*, Tübingen 1929, S. 58–61, 96–100, 120–123.

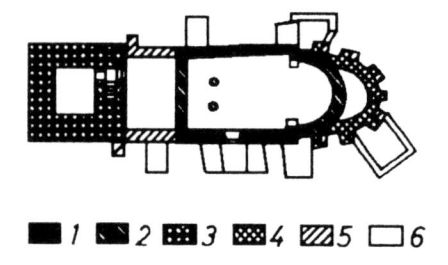

Abb. 116. Deutsch-Weißkirch, Bauetappen der Kirche
(1 – erste Hälfte des 12. Jh., 2 – zweite Hälfte des 12. Jh., 3 – erste Hälfte des 13. Jh., 4 – um 1300, 5 – erste Hälfte des 16. Jh., 6 – spätere Änderungen)

beidseitig von Kappellen ergänzt, die gegen die Schiffe offen oder geschlossen sein konnten. An der Westseite des Baues sollte es normalerweise zwei Türme geben, deren Flucht vor die Mauern der Seitenschiffe vorsprangen – Türme, die jedoch oftmals nicht mehr zur Ausführung kamen. Grundrissgefüge dieser Art gibt oder gab es in Halmagen/Hălmeag, Seck/Sic, Mühlbach/Sebeș. Dazu gehören zum Teil romanische, zum Teil frühgotische Gewölbeformen, Fenster und Türen u. a. m.

Die Formenvielfalt frühgotischer Bauten ist größer als die der romanischen Kirchen. Bei der Zisterzienser-Abtei in Kerz/Cârța, einem großen Bau mit Querschiff, gibt es den Ordensregeln entsprechend vier Kapellen östlich des Querschiffes, hingegen waren keine Westtürme eingeplant. Bei der Pfarrkirche in Rodenau/Rodna gab es zwar Chor, Querschiff und Westtürme, dazwischen jedoch nur ein kurzes Langhaus. Die Pfarrkirche in Rosenau/Râșnov besitzt einen siebenseitigen frühgotischen Chorabschluss, an den sich ein dreischiffiges, möglicherweise turmlos geplantes Langhaus anschloss und beim Minoritenkloster in Bistritz/Bistrița wird der normal ausgebildete Chor durch einen Saal ergänzt. Unter diesen Umständen ist ein gründlicheres Eingehen auf die Konzeption von zwei verschiedenartigen Bauten lohnend.

Die Pfeilerbasilika in Bartholomae/Bartolomeu[*]. Die Bartholomäuskirche der Kronstädter Vorstadt ist ein erstrangiges Zeugnis der voll entfalteten Frühgotik. In Anbetracht dessen, dass von Anbeginn zwei Westtürme geplant waren, kann sie nicht einem Zisterzienser- oder Bettelmönchskloster zugehört haben, sondern war die Pfarrkirche einer Ortschaft, und mit dem Schicksal der Gemeinde hängt ihre Entstehungsgeschichte eng zusammen.

Verhältnismäßig weit gestreute Siedlungsreste, aber auch die Größe des Burghofes sprechen dafür, dass Bartholomae in einer frühen Zeit sehr groß war, späteren Anhaltspunkten zufolge war die Bevölkerung jedoch recht klein. Ein solcher Sachverhalt wird durch die Merkmale des Baus bestätigt.

---

[*] Erstdruck in „Die Woche", Nr. 931/18.10.1985, S. 6.

Mitteleuropäische Baukunst 263

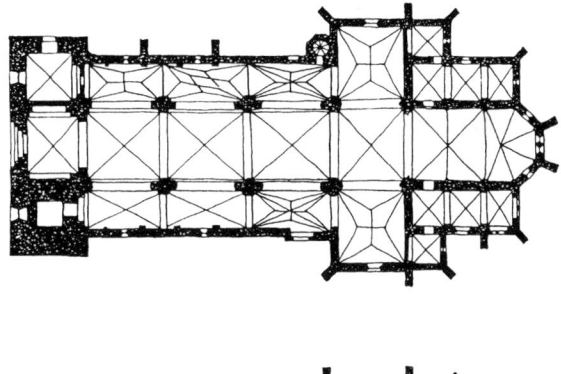

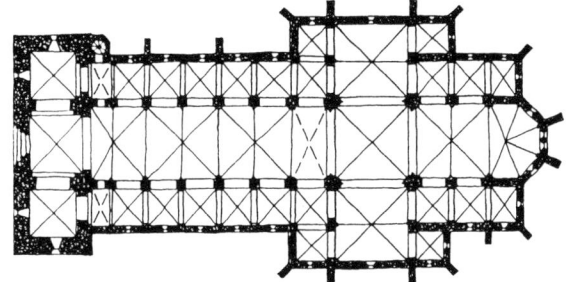

Abb. 117. Bartholomae, heutiger und ursprünglich geplanter Grundriss

Der Sakralbau war als eine der größten Kirchen Siebenbürgens geplant: Mit einer Nutzfläche des Gemeinderaums von 760 Quadratmetern sollte sie zwar etwas kleiner als der Weißenburger Dom und die Großschenker Emporenbasilika sein, aber größer als die Pfeilerbasiliken in Heltau und Hermannstadt; auch die Kerzer frühgotische Klosterkirche besitzt etwas kleinere Ausmaße.

Zuerst wurde ein Staffelchor ausgeführt (seine Staffelung ist im Grundriss deutlich zu erkennen) und gleichzeitig – nicht in voller Höhe – der Ostteil eines Querhauses. Die Arbeiten wurden am Westteil des Baues fortgesetzt, und zwar an zwei Türmen mit der dazwischenliegenden Eingangshalle (Abb. 117), dann an der Mauer des südlichen Seitenschiffes und schließlich – wohl nach einer kleinen Planänderung (die an der Anordnung der Stützpfeiler zu erkennen ist) – an der nördlichen Seitenschiffmauer; diese Teile kamen jedoch nicht über eine Höhe von zwei Metern hinaus. Nach der Stellung der Stützpfeiler der Nordseite und einer Verwerfung in der Mauerflucht der Südseite zu urteilen war – einmalig für Siebenbürgen – ein mehrschiffiges Querhaus geplant (Abb. 118), dessen Westteil jedoch nicht begonnen wurde. Dann wurden die Arbeiten jedoch unterbrochen und bis 1450 wurde am Bau nur wenig weitergearbeitet. (Weil der Chor tadellos erhalten ist, kann das Langhaus

Abb. 118. Bartholomae, ursprünglich geplantes Gepräge der Basilika

nicht völlig einem Türkeneinfall zum Opfer gefallen sein.) Demnach muss vorher die Entwicklung der Gemeinde eine entscheidende Wende erfahren haben, so dass sie den großen Bau nicht mehr hat weiterführen können. Zeitlich kommt dafür die Mitte des 13. Jhs. in Frage: Damals, 1241, hat der erste Mongolensturm stattgefunden und wenig später wurde die nebenliegende Kronstädter Altstadt als groß angelegte Siedlung forciert ausgebaut, wobei möglicherweise viele Bewohner von Bartholomae hin übersiedelt wurden. Demnach dürfte die besprochene Bauetappe noch vor der Mitte des 13. Jhs. anzusetzen sein. (Archäologische Grabungen müssten den Sachverhalt endgültig klären.)

Wie frühe gotische Fenster am jetzigen Eingangsraum südlich des Chores zeigen, sind die beiden großen Seitenkapellen vor 1300 in geschlossene Räume umgewandelt wurde, das Querhaus führte man frühestens um 1350 einschiffig aus – dieses vielleicht unter Hermannstädter Einfluss. Eingewölbt wurde jedoch nur die Vierung.

Die benachbarte Altstadt war im 13. bis 15. Jh. stark angewachsen und mit Bartholomae verschmolzen. Die ursprünglich selbständigen Orte waren beide allmählich ländliche Vorstädte der Inneren Stadt geworden, und dieses führte wohl zu einer Identifikation beider Vorstädte mit dem alten Bau, der ihre einstige Unabhängigkeit augenscheinlich machte. Infolgedessen wurden die Bauarbeiten wieder aufgenommen und in der zweiten Hälfte des 15. Jhs. das dreischiffige Langhaus vollendet und der Südturm erhöht (Abb. 119). Vor beiläufig 150 Jahren wurden schließlich ein Teil der Schiffsgewölbe und der Turm erneuert.

Mitteleuropäische Baukunst 265

Abb. 119. Bartholomae, Gepräge der heutigen Kirche

Architekturgeschichtlich bedeutungsvoll ist zweifellos die erste frühgotische Bauetappe. Nach der ursprünglichen Planung sollten zwei wichtige Elemente das Gepräge des Innenraumes bestimmen. Zum einen war es die konsequente Ausrichtung des Langhauses auf den Staffelchor, gepaart mit einer rhythmischen Gliederung des Raumes (in den Abseiten durch Gurtbögen und vierteilige Kreuzgewölbe, im Mittelschiff mit Hilfe des Wechsels von sogenannten Alten und Jungen Diensten, die den sechsteiligen Kreuzgewölben zugehörten); eine hellere Beleuchtung der querliegenden Gewölbekappen hätte diese Gliederung noch betont.

Zum anderen ist bei der Planung die einheitliche Gestaltung von Chor und Langhaus hervorzuheben. Wohl bedingte ihre unterschiedliche Funktion eine unterschiedliche Länge der Teile und auch eine abweichende Ausbildung des Ost- beziehungsweise Westabschlusses, aber Querschnitt und Gestaltung sollten die gleichen sein. Anders als bei unseren romanischen Kirchen, in denen ein verhältnismäßig kleines und niedriges, ausschließlich dem Hochaltar vorbehaltenes Sanktuarium vor einem größeren und höheren Mittelschiff lag, sollten sich hier beide in einen einzigen Raum mit allumfassendem Charakter einordnen. Dieses gab dem gesamten darin stattfindenden Geschehen etwas Unmittelbares.

Freilich sollte das Langhaus nicht nahtlos in den Chor übergehen – was den Hochaltar als Ziel der West-Ostbewegung stärker hervorgehoben hätte. Das der symbolischen Kreuzform entsprechende, zwischen ihnen geplante Querhaus wies gleichzeitig – auch durch seine Mehrschiffigkeit – auf die große Vierung als Zentrum des Baues hin. Letzteres wurde von einem leeren Raum gebildet und dementsprechend nicht unmittelbar kultisch gebunden, sondern war abstrakter Natur. Es gibt keinen Anhaltspunkt, der auf einen einst vorgesehenen Vierungsturm hinweist, und ein solcher erscheint im Lichte der allgemeinen Baukonzeption auch nicht nötig, da hier das wesentliche der allumfassende Raum selber war.

Die Ausscheidung der großen Seitenkapellen aus dem Gesamtgefüge war der erste Schritt zu einer betonteren Absonderung des Chores und bewirkte dadurch einen Bruch mit dem ursprünglichen Konzept. Dieser Bruch wurde später durch die einschiffige Ausbildung des Querhauses und die geringere Gliederung des Langhauses noch augenfälliger, da sie die Teilung des Baues in Chor und Gemeinderaum verstärkte.

Außen änderte sich im Prinzip weniger an dem Gepräge der Kirche: Die Kreuzform sollte von Anbeginn klar hervortreten, und dabei blieb es auch später. Ein Dachreiter zeigte den Schnittpunkt der Kreuzarme als Zentrum des Baues an, aber die Wandflächen sind wesentlich sparsamer gestaltet worden. Von den zwei Westtürmen am Fuße des lateinischen Kreuzes, die die Hauptfassade mit ihrem Portal betonen sollten, kam nur einer zur Ausführung, was selbstverständlich zu einer deutlichen Asymmetrie führte.

Im Vergleich zur frühgotischen Kerzer Abtei weist die Kirche in Bartholomae einerseits stärker an die Romanik gebundene Formen und Züge auf, so einen Rundbogenfries und eine sparsamere Verwendung von Stützpfeilern, die zunächst nur bei den Gurtbögen zwischen den sechsteiligen Kreuzgewölben geplant waren; ebenso sollte es anders als beim Kerzer Chor kein vierteiliges Kreuzgewölbe geben. Andererseits war für die große Kirche in Bartholomae ein komplizierter Grundriss geplant, schlankere Proportionen und auch einige reicher ausgebildete Einzelformen – wie die lilienförmigen Nasen der Rundfenster. Dass der Bau jedoch nur zu einem kleinen Teil in der Frühgotik ausgeführt wurde, zeigt die Diskrepanz zwischen Absichten und Möglichkeiten der Gemeinde.

Die Kirche in Tartlau/Prejmer* dürfte nach neueren Forschungen das erste frühgotische Bauwerk Siebenbürgens sein. Als Kreuzkirche gebaut, wirft sie ein entscheidendes Licht auf unsere Baukunst des 13. Jhs., auf das Nebeneinander von Romanik und Gotik und die Entwicklung jedes dieser Stile.

Wie archäologische Grabungen zeigten, wurden die Arbeiten daran vor dem Mongoleneinfall von 1241 begonnen, vermutlich noch vor 1225, in der Wirkungszeit des Deutschen Ordens im Burzenland – denn eine ähnliche, viel größere Kreuzkirche, die der Heiligen Elisabeth geweiht war, bauten die Ritter etwas später in Marburg an der Lahn.

---

* Erstdruck *Die Tartlauer Kirchenburg*, in: „Die Woche", Nr. 927/20.09.1985, S. 6.

Mitteleuropäische Baukunst 267

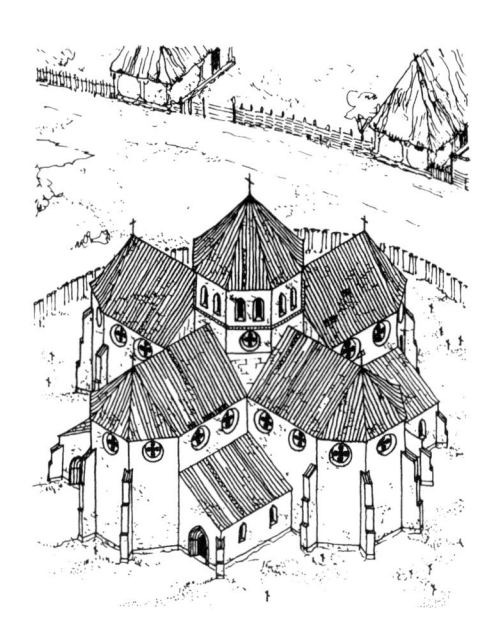

Abb. 120. Tartlau, Kirche im 13. Jh.

Die als Zentralbau konzipierte Kreuzkirche – die in ihren Ausmaßen auf die anfangs geringe Bevölkerung des Ortes abgestimmt war – weist einheitliche Formen auf, die einer Frühzeit des neuen, gotischen Stils entsprechen: Im Grundriss handelt es sich um polygonale, stützpfeilerversehene Abschlüsse sämtlicher Schiffe, die durch kleine Seitenräume zwischen den Kreuzarmen ergänzt wurden (Abb. 120). An den Wänden gibt es Rundfenster, die am östlichen Kreuzarm mit Lazettfestern kombiniert sind. Dazu verweisen im Oberteil des Baues die konsequent verwendeten sechsteiligen Kreuzgewölbe mit Rippen ohne Schlusssteine auf eine frühe Entstehungszeit. Da der Vierungsturm ursprünglich wohl niedrig war, dürfte über diesem zum Bau bald ein schlanker Wachtturm hinzugefügt worden sein.

Nach der Überlieferung gab es zu Beginn keine Wehranlagen um die Kirche, eine Inschrift an der Ringmauer weist auf das Jahr 1343 hin; die runde Form des Burghofes und seine Größe sprechen für eine solche Datierung, doch dürfte es sich damals nur um eine dünne, nicht sehr hohe zinnengekrönte Mauer mit einem inneren Torturm gehandelt haben. Der spätere Bering ist durch eine Erhöhung und Verdoppelung dieser Mauer entstanden. Zusammen mit vier äußeren Türmen und einer Zwingermauer stammt er aus dem 15. Jh. Dann entstanden nach und nach die Gaden mit nahezu 300 Kammern, der „Rathaushof" – eine Barbakane vor der Torwehr –und erst im 17. Jh. der sogenannte „Bäckerhof" (Abb. 121).

An der Kirche wurden gleichzeitig wesentliche Änderungen vorgenommen. Nach einer Inschrift arbeitete man 1461 am Turm: Vermutlich wurde er damals mit einem Gewölbe über der Vierung versehen und als Wachtturm er-

Abb. 121. Tartlau, Kirchenburg im 18. Jh.

höht. 1512–1515 verlängerte man das Langhaus und überdeckte es mit einem Sterngewölbe; die große Renaissanceempore vom Westende des Anbaus stammt jedoch erst aus der zweiten Hälfte des 16. Jhs. 1588 wurden die Vierungspfeiler umgeformt, und schließlich entstand im 18. Jh. ein neuartiger Turmhelm (Abb. 122). Bei großzügigen Restaurierungsarbeiten wurden vor zwanzig Jahren spätere Ergänzungen beseitigt und der ganze Bau entsprechend verfestigt. Wie schon anfangs hervorgehoben wurde, kommt der Kirche eine besondere architekturgeschichtliche Bedeutung zu. Sie beweist nicht nur, dass die Gotik früher als häufig angenommen – vermutlich durch Vermittlung der Deutschordensritter – in Siebenbürgen Eingang fand, sondern vor allem, dass Bauten diesen Stils nicht samt und sonders auf das Konto der Zisterzienser gehen, die für Arbeiten an der Kerzer Abtei ins Land kamen. Der dortige Neubau entstand erst später und weist fortgeschrittenere Formen auf – z. B. ein vierteiliges Kreuzgewölbe über einem rechteckigen Feld. Wie gerade die Dörfer des Burzenlandes zeigen, konnten die Gemeinden offenbar nach eigenem Ermessen verschiedene, romanische oder frühgotische Bauhütten für ihre Arbeiten verpflichten.

Bei der Gesamtanlage des Baus wurde der Symbolik funktionellen Belangen gegenüber der Vorrang gegeben. Dem Heiligen Kreuz geweiht, hatte die Kirche in ihren Hauptteilen die Form eines griechischen Kreuzes – also mit vier gleichlangen Armen, die sich um die Vierung lagerten; die konsequent symmetrische Ausbildung reichte bis zu dem einheitlichen, dreiseitigen Abschluss der Schiffe. Da die großen romanischen und frühgotischen Vierungstürme selbst bei Basiliken häufig gegen die Schiffe offen waren (also eine Art überhöhte Kuppel bildeten), dürfte das gleiche, der Idee des Zentralbaus ent-

Mitteleuropäische Baukunst 269

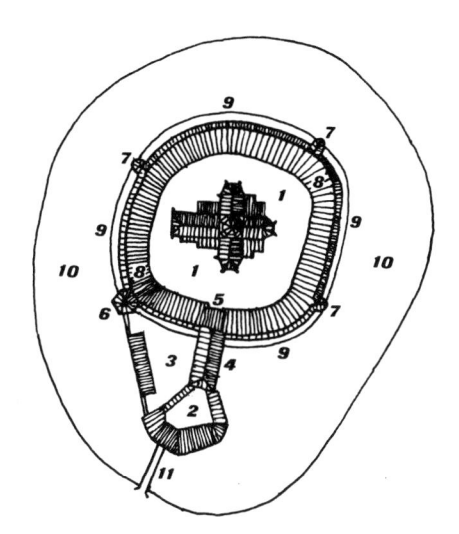

Abb. 122. Tartlau, Grundriss der Kirchenburg im 20. Jh.
(1 – Burghof, 2 – Rathaushof / Barbakane, 3 – Bäckerhof, 4 – Torwehr, 5 – alter Torturm, 6 – Bannturm, 7 – Ringmauertürme, 8 – Wohn- und Vorratskammern / Gaden, 9 – Zwinger, 10 – Graben, 11 – Brücke)

sprechend, auch in Tartlau der Fall gewesen sein. Durch den Turm hatte der Kirchenraum eine zusätzliche, himmelwärts weisende Entfaltungsrichtung. Somit kam in ihm eine abstrakte Dimension hinzu, die zwischen den Kreuzarmen mit ihren Altären den Bau dominierte. Der hohe, in der oberen Zone mit Fenstern versehene und darum etwas hellere Zentralraum dürfte die Raumkomposition zusammengehalten haben.

Als der Vierungsturm 1461 unten eingewölbt wurde, hat das Zentrum des Innenraumes seinen dominanten Charakter verloren. Von vier mächtigen Pfeilern und Bögen begrenzt, aber einfach ausgebildet, war die Vierung nur noch ein Verbindungsglied zwischen den Kreuzarmen, die nun, vier Kapellen gleich, die wesentlichen Teile der Komposition bildeten. Da sich der Ostchor mit dem Hochaltar nur durch zahlreichere Fenster, also durch eine bessere Beleuchtung von den anderen Armen mit den Nebenaltären unterschied, kam es dabei zu keiner betonten Differenzierung der Räume; der Raum war nur ein „erster unter Gleichen".

Die Umwandlung des altärebezogenen Raumes in einen Versammlungsraum begann mit der Verlängerung des Westarmes. Diese brachte ein stärkeres Richtungsmoment in das Raumgefüge, durch das die Ost-Westachse und damit der Chor betont wurde. Die Änderung erfolgte jedoch mit merklicher Zurückhaltung: Da man – abgesehen von zwei kleinen, alten „Seitenschiffen" – die Saalform beibehielt und nicht eine geräumigere Halle errichtete, wirkte das Langhaus, trotz seiner reichen Gewölbeformen, lediglich wie eine Ergänzung der älteren Bauteile.

Als zur Zeit der Reformation die Nebenaltäre beseitigt wurden, ergaben sich gewisse Schwierigkeiten: Die in Form von Kapellen ausgebildeten Querschiffarme hatten ihre Funktion verloren. Um ihrer besonderen Ausbildung einen neuen Sinn zu geben, wurde in jeden Arm ein Portal gebrochen; sie sollten jetzt Zugänge zu dem Versammlungsraum bilden. Damit dieser einheitlicher und größer wirkte, gestaltete man gleichzeitig auch die Vierungspfeiler um, und zwar verbreitete man die Öffnungen unterhalb der Kämpfer.

Letztlich wollten sich aber die Tartlauer von der alten Kreuzkirche nicht trennen, und diese Tatsache macht letztendlich das Spezifikum der gesamten Anlage aus, welches sie von anderen Kirchenburgen Siebenbürgens unterscheidet: Statt von einer Kirche mit Burg, wie allgemein üblich, könnte man im Falle Tartlaus treffender von einer Burg mir Kirche sprechen. Die (frühe) Kirche ist nämlich klein, die (spätere) Burg groß, denn Tartlau war mittlerweile der volkreichste Marktflecken des Burzenlandes. Der Sakralbau steht zwar im Zentrum des Burghofes und ist monumental, aber das zierliche Holzwerk der umliegenden Gänge und Treppen, über die man zu den einzelnen Kammern gelangt, ziehen – durch ihre malerische Wirkung und das Spiel von Licht und Schatten – den Blick immer wieder auf sich. Durch ihre Vielzahl und Ausmaße begünstigt, erscheinen diese Gaden in ihrer volkstümlichen Art als gleichwertige Teile der Gesamtanlage. Da innerhalb der schützenden Wehrmauern, in Wohnkammern, Schule, Rathaus und Kirche, auch zu Zeiten von Belagerungen das Leben ziemlich normal weitergehen konnte, erscheint die Anlage wie das Spiegelbild des dörflichen Mikrokosmos.

Im Unterschied zur Kirche von Bartholomae zeigt die Kirche in Tartlau wie Notwendigkeiten zu einer Umformung ursprünglich geplanter und ausgeführter Formen führte.

Spätgotische Kirchen – das Ergebnis vielschichtiger Entwicklungsvorgänge

Während die romanischen und frühgotischen Kirchen meist am Anfang einer Entwicklung standen, hatte der Bau spätgotischer Kirchen auf verschiedenartige Vorgängerbauten Rücksicht zu nehmen. Zwar sind die aufeinanderfolgenden Idealformen relativ klar: Basilika und Saalkirche als Ausgangsformen, dann die Hallenkirche und schließlich unter dem Zwang der Bevölkerungszunahme die Emporenhallenkirche.

Aber kaum irgendwo kam es zu solchen Bauten, ohne dass Reste von Vorgängerbauten in die Neubauten eingegliedert oder diese später weitgehend umgeformt wurden. Dafür gibt es viele Beispiele, von denen hier nur drei erwähnt werden sollen. Im Falle der Bergkirche in Schäßburg/Sighişoara gab es zunächst eine romanische Kapelle mit einer Krypta; dann wurde in einigem Abstand ein Bergfried gebaut (Abb. 123). Nach einer Baunaht nördlich des Triumphbogens entstand zwischen beiden zunächst eine Saalkirche, die später durch eine Basilika und zuletzt durch die heutige Hallenkirche ersetzt wurde

Mitteleuropäische Baukunst 271

Abb. 123. Schäßburg, Vorgängerbauten
der Bergkirche um 1280

(Abb. 124). Die Kronstädter hatten viel Geld. So konnten sie es sich leisten, auf die erste Kirche zu verzichten, von der anscheinend nur die neu verkleideten Westtürme übrig blieben. In zwei großen Bauetappen entstanden Chor und Halle, aber nach dem großen Brand vom Ende des 17. Jhs. wurde der Bau entscheidend verändert. Auch der Winzerort Birthälm/Biertan war sehr reich und konnte eine neue Hallenkirche bauen. Wie noch vor der letzten Restaurierung ein großer Bogen an der Nordseite zeigte, sollte die Kirche anscheinend jedoch durch große Seitenkapellen ergänzt werden, zu deren Bau es nicht mehr kam.

Die Marienkirche in Hermannstadt/Sibiu ist möglicherweise der Bau mit den meisten Entwicklungsphasen in Siebenbürgen. Im Unterschied zu Sakralbauten kleinerer Ortschaften, bei denen es meistens nur ein bis zwei oder drei wichtige Bauperioden gab, erfuhren die Hauptkirchen mancher Städte häufiger Ergänzungen und Veränderungen. Dieses ist bei der Hermannstädter Stadtpfarrkirche im Besonderen der Fall gewesen.

Ihre ältesten Teile sind romanisch, die weitaus meisten gotisch, doch wurde auch später, bis ins 20. Jh. hinein, daran weitergearbeitet. Dabei können die Formen beziehungsweise deren Merkmale nur aus dieser Entwicklung heraus verstanden werden.

Die romanische Kirche* (Abb. 125). Lange Zeit war der Standort der ursprünglichen, romanischen Basilika umstritten. Als erster betrachtete Ludwig

---

* Erstdruck *Die romanische Marienkirche in Hermannstadt*, in: „Die Woche" Nr. 947/7.2.1986, S. 6.

272   Sakralbauten als Bedeutungsträger

Abb. 124. Schäßburg, Bergkirche um 1700

Reissenberger den Unterteil des heutigen Turmes als einen Rest der romanischen Basilika. Das heute nicht mehr zugängliche Erdgeschoss gemahnte an frühe Formen: Es war sehr niedrig, von einem Kreuzgewölbe ohne Rippen überspannt und auch von einem romanischen Profil ist die Rede. Das ungewöhnliche rundbogige Westportal (heute nur zum Teil in die Westmauer der

Abb. 125. Hermannstadt, Marienkirche um 1250

Ferula eingelassen) entstand vielleicht auch durch eine Umarbeitung des ursprünglichen Portals aus dem 13. Jh.

Neuerdings konnte auch die Höhe der ersten, mit dem Turm verbundenen Mittelschiffmauer festgestellt werden: Nach Resten auf dem Dachboden des nördlichen Seitenschiffes hatte das Mittelschiff einen beiläufig quadratischen Querschnitt, und gehörte demnach eindeutig zu einem verhältnismäßig frühen romanischen Bau, der jenen in Heltau und Michelsberg geähnelt haben muss. Das Mittelschiff der romanischen Marienkirche und wahrscheinlich auch dessen Pfeiler befanden sich genau auf der Stelle der heutigen Kirche; die jetzige Vierung deckt sich hingegen – nach Gustav Treiber – in etwa mit dem ursprünglichen Chorquadrat. Eindeutige Spuren am Turm zeigen außerdem, dass dieser zwischen die Seitenschiffe eingliedert war und nicht vor der Westfassade stand.

Das Fehlen von Spuren romanischer Emporen über den Seitenschiffen spricht für ein relativ hohes Alter der Kirche, hingegen weisen die weit gespannten Bogen unter dem Hermannstädter Turm verglichen mit den engen Bogen unter dem Heltauer Turm auf eine etwas neuere Bauzeit hin. Eindeutig handelt es sich um eine anspruchsvolle Ausführung, wobei der Turm nicht als Bergfried gedacht war. Die romanischen, einstmals sechs Stockwerke des Turmes sind weitgehend umgestaltet worden (sogar die Gesimse hat man durch gotische ersetzt), doch waren zwischen den zwei Weltkriegen die Schallfenster des ursprünglichen Obergeschosses unter der heutigen Uhr noch kenntlich.

Das Gepräge des Baues wird mit dem anderer romanischer Kirchen weitgehend übereingestimmt haben. Dieses gilt zumal für den Innenraum, bei welchem der verhältnismäßig kleine Chor und die Seitenapsiden das Langhaus eher ergänzten: Gewiss sorgfältig ausgeführt, wird der Chor, wie bei anderen romanischen Kirchen, im Vergleich zu dem viel größeren Mittelschiff, wie ein mächtiger Reliquien-Schrein gewirkt haben. Diese beiden Räume waren die wichtigsten Teile der Kirche, deren Zentrum jedoch das Mittelschiff bildete.

Von außen gesehen erweckten Chor und Langhaus den Anschein weitgehender Einheitlichkeit. Der Turm jedoch erschien als ein gesonderter Teil der einfachen, klar gegliederten Basilika und diese Eigenbedeutung kam im allgemeinen Gepräge zum Ausdruck. Neben der Kirche gab es sehr früh eine Rundkapelle und einfache Befestigungswerke. Um die Mitte des 13. Jhs. dürfte der Baukomplex fertig gewesen sein, doch sollte er nur wenige Jahrzehnte in seiner ursprünglichen Form bestehen bleiben.

Weil es im 14. Jh. zwischen der Propstei und der Pfarrei Auseinandersetzungen wegen des Kirchenpatronats gegeben hat, dürfte der Sakralbau von beiden gemeinsam errichtet worden sein – vermutlich bald nach der Gründung der Propstei, zu Beginn des 13. Jhs.

Abb. 126. Hermannstadt, Marienkirche um 1350

Erste Arbeiten im gotischen Stil* (Abb. 126). Dem Ansehen der Propstei, der wachsenden Bedeutung von Hermannstadt und seiner stetig steigenden Bevölkerungszahl konnte die alte Kirche nach etlichen Jahrzehnten nicht mehr entsprechen, und so entschloss man sich bald zu einem größeren Neubau. Dabei dürfte man von der Überlegung ausgegangen sein, dass die bestehenden Bauten so lange wir möglich ungestört weiter verwendet werden sollten.

Da zu jener Zeit Querschiffe weit verbreitet waren, konnte der Gemeinderaum vorteilhaft durch ein solches vergrößert werden. Man begann es an die Ostseite des Langhauses anzufügen, wobei vermutlich der alte Chorraum zunächst weiter benutzt wurde. Am Dachboden der Stadtpfarrerloge, in der Mauer des nördlichen Querschiffarmes, befindet sich der Rest eines Sechspass-Rundfensters mit lilienförmigen Nasen – gleich jenen der Basilika in Bartholomae –, und danach ist der Baubeginn in die Zeit der Frühgotik um 1300 anzusetzen.

Einen nächsten Hinweis auf die Baugeschichte bildet der runde Pfeiler nordwestlich der Vierung, welcher der Hochgotik zuzuordnen ist.

Die Arbeiten gingen am Chor weiter und dieser wird um 1350 bereits vollendet und eingewölbt gewesen sein. Außer aus den zeitlich genauer zu bestimmenden späteren Etappen geht die Bauzeit auch aus stilistischen Merkmalen hervor: Einerseits gibt es ungewöhnlich lange Joche, die noch einen

---

* Erstdruck *Die Entfaltung der Spätgotik. Warum die Hochgotik fehlt/Baubeginn an der Hermannstädter gotischen Pfeilerbasilika*, in: „Die Woche", Nr. 951/7.3.1986, S. 6.

nahezu quadratischen Grundriss haben, weiterhin einfache, gebündelte Dienste mit Kapitellen sowie einlichtige hochgotische Fenster (die erst im 19. Jh. in zweilichtige Fenster umgewandelt wurden), andererseits jedoch auch Maßwerke, die sich trotz ihrer einfachen Formen schon der Spätgotik zuordnen lassen.

Nach der Fertigstellung des Chores wurde an der Südseite des Querschiffes weitergearbeitet, dessen schlichte Formen auch noch dem Anfang der Spätgotik zuzuordnen sind. Der südwestliche Vierungspfeiler ist nicht mehr rund, sondern achteckig und unterhalb der Vierungsbögen fehlen jegliche Dienste. (Bei anderen Chören des gleichen Werkmeisters gibt es solche.)

Besonders wichtig ist das reiche Maßwerk des Südfensters, das schon eindeutig einer frühen Phase der Spätgotik angehört. Unter diesem befand sich bis ins 19. Jh. ein starker Horizontalbalken aus Stein, der den Übergang vom Maßwerk, dem ein dreilichtiges Fenster entsprochen hätte, zu einem einzigen starken Steinpfosten eines zweilichtigen Fensters bildete. (Es ist dieses eine archaische Lösung, die auch bei anderen Kirchen des gleichen Werkmeisters anzutreffen ist – etwa in Sächsisch-Eibesdorf/Ighişu Nou oder Scharosch/Şaroş pe Târnavă). Nach stilistischen Gesichtspunkten ist auch ein wertvolles Rundfenster der gleichen Bauphase zuzuordnen. Es befand sich wohl an der Westwand des südlichen Querschiffarmes, wurde aber beim Bau der Empore an die Westwand der Ferula versetzt.

Am Ende dieser Bauphase – die mit dem Beginn der nächsten Etappe zusammenfällt – wurde selbstverständlich der alte Ostabschluss der romanischen Basilika abgetragen und der neue Raum geschlossen. Dann unterbrach man die Arbeiten am Querschiff, ohne die Felder zwischen den Wänden und den Vierungsbögen einzuwölben. Da die Sakristeimauer neben einem Chorstützpfeiler ansetzt, ist auch dieser Raum in seiner späteren Größe erst nachher entstanden, doch kann es seitlich des Chores kleinere Kapellen gegeben haben.

Als Ergebnis dieser wichtigen Bauetappe gab es einen verhältnismäßig langen Chor. Dieser bot nicht nur einer zahlreicheren Priesterschaft Raum, sondern entrückte auch den Hochaltar der Gemeinde. Rundherum, von Mauern umschlossen und nur durch die Triumphbogenöffnung über dem Lettner mit den Schiffen verbunden, hatte der Chor eine gewisse Eigenbedeutung: Er bildete eine Kapelle der Geistlichen in der Kirche.

Durch die viel einfacheren Formen des Querschiffes wurde dieser Eindruck noch verstärkt – zumal an den reich ausgebildeten Triumphbogen seitlich nur glatte Mauern angrenzten und die Vierungsbögen nicht durch Dienste gestützt wurden. Im Bereich der Gewölbe sind die erwähnten Bögen allerdings verhältnismäßig weit unter die Stirnbögen der vorgesehenen Gewölbe heruntergezogen – sogar etwas tiefer als der Triumphbogen. Dadurch war die Raumgliederung von Anbeginn betont. Die Querschiffarme lagerten sich um die Vierung, und diese erschien als ein Verbindungsglied zum Chor.

Abb. 127. Hermannstadt, Marienkirche um 1370

Durch die annähernd gleich geplante Höhe der Räume (nur der Chor musste etwas höher aufragen – ganz anders als bei der romanischen Basilika) sollte die Einheitlichkeit des Baues betont werden.

Freilich kam in dieser Zeit – in der das romanische Mittelschiff fortbestand – das Allumfassende des Baues in seiner Macht noch nicht zur Geltung. Außen trat die Kreuzform hart hervor. Aber da in dieser Bauetappe Langhaus und Turm des romanischen Baues noch unverändert waren, wirkten die neuen Teile um so höher, so dass selbst der Turm als Gegengewicht nur in begrenztem Maße wirkte. Zugleich erschien die Basilika unfertig, was jedoch zur Zeit der Gotik durchaus normal war.

Das Langhaus des 14. Jahrhunderts* (Abb. 127). Der südwestliche Vierungspfeiler – der gleichzeitig der südöstliche Mittelschiffpfeiler war – gehört stilistisch schon ganz dem Mittelschiff an. Es gab also eine nahtlose Fortsetzung der Bauarbeiten; dabei wurde der Umbau des romanischen Langhauses in Angriff genommen.

Wie am Südwesteck der Vierung, wurden zwischen den Schiffen achteckige Pfeiler und darüber spitze Scheidbögen aufgeführt. Die Hochschiffwände dürften durch junge (d. h. zarte) Dienste gegliedert gewesen sein – sonst hätte man später nicht die heutigen massiven Dienstbündel eingebaut; auch dürften diese eher nur bis zu den Pfeilern hinunter gereicht haben.

---

* Erstdruck *Die weitere Entfaltung der Spätgotik. Das Konzept des 14. Jhs. für das Hermannstädter Langhaus*, in: „Die Woche", Nr. 955/4.4.1986, S. 6.

Der hohe Obergaden war nur mit vier großen Fenstern versehen (sichtbar, wie andere alte Bauzeugen, auf dem Dachboden des nördlichen Seitenschiffes); die Maßwerke dieser Fenster haben sich alle erhalten. Zu einer Einwölbung des Raumes kam es nicht, aber einige Vorarbeiten dafür wurden geleistet: Im Nordosteck des Mittelschiffes gibt es eine Konsole und den Ansatz einer Rippe für das geplante Gewölbe und auch Schlusssteine könnten dieser Etappe entstammen.

Da die Scheidbögen zwischen dem Querschiff und den Seitenschiffen aus einer besonderen Steinart bestehen, der bei älteren Bauteilen verwendet wurde, später aber kaum mehr, und da die Spannweiten der Scheidbögen den heutigen Seitenschiffen entsprechen, liegt der Schluss nahe, dass schon beim Bau des Querschiffes eine größere Breite der Seitenschiffe geplant war. Da um jene Zeit intensiv an der Oberstadtmauer gearbeitet wurde, zögerte man jedoch mit der Verbreiterung der Seitenschiffe und behielt zunächst die schmaleren, niedrigeren romanischen Seitenschiffe bei.

Nach dem Konzept des 14. Jhs. sollte über den Scheidbögen zwischen Mittelschiff und Seitenschiffen und bis zu den Hochschifffenstern nur ein Abstand von etwas über zwei Metern sein; bei der verhältnismäßig großen Breite, die für die Seitenschiffe geplant war, ergab sich demnach eine kleine Dachneigung. Eine solche erforderte eine Eindeckung mit Paralleldächern – dazwischen mit Gräben, die schwer instand zu halten waren – oder eine Abdeckung mit sehr teuren Metallplatten.

Die hohen, schmalen Mauerabschnitte zwischen den Hochschifffenstern hätten den Schub der Mittelschiffgewölbe wohl schwer aufnehmen können. So könnten in dieser Etappe unter Umständen Strebepfeiler geplant gewesen sein, doch gibt es dafür keine konkreten Beweise. Strebepfeiler konnten jedoch nur zusammen mit den neuen Seitenschiffmauern errichtet werden – also mithin erst später, weswegen man vorerst auch von Mittelschiffgewölben absehen musste: Vermutlich gab es zunächst einen offenen Dachstuhl. Weil die Außenseite der Mittelschiffmauern von unten bis zu den Firsten der Pultdächer sorgsam verputzt worden ist, oberhalb jedoch nicht, dürften sie im Inneren der Kirche sichtbar gewesen sein – d. h. die Seitenschiffe blieben vorerst ebenfalls ungewölbt und hatten einen offenen Dachstuhl.

Ebenfalls unausgeführt blieben zunächst höhere Portalvorhallen; diese waren jedoch eingeplant, denn auf der Nordseite haben sich für den organischen Anschluss von deren Mauern Schmatzen erhalten – also Steine, die aus der Mauerflucht des Mittelschiffes vorspringen.

In einem alten Kirchenbuch sind Ausgaben dieser Bauetappe verzeichnet, die sich auf Glasfenster und den Turm beziehen und die aus der Zeit kurz nach der Mitte des 14. Jhs. stammen. Nach diesen Daten waren die Arbeiten damals sehr weit fortgeschritten, aber wenig später müssen sie eingestellt worden sein, ohne dass die neue Kirche fertiggestellt war.

Unter diesem Vorzeichen ist auch das damalige Gepräge des Innenraumes zu sehen. Die Vierung war nicht ausgeschieden konzipiert (die Schiffe sollten also ohne betonte Begrenzung dort durchgehen); da aber die Gewölbe fehlten, die einen Teil der Vierungsbögen verdeckt hätten, erschienen diese stark betont. Sie trennten quaderförmig wirkende, weitgehend ungegliederte Räume, wobei zumal die Querschiffarme – mit ihren großen geschlossenen Wandflächen – der romanischen Bautradition nahe standen. Parallelen zu dieser Konzeption finden sich selbstredend auch im Gepräge der Seitenschiffe: Mit ihren niederen, alten Außenmauern und hohen neuen Scheidbögen waren sie ganz auf das Mittelschiff ausgerichtet – ähnlich wie in der Romanik die Apsis auf den Chor und das Langhaus bezogen war –, wobei allerdings die Dunkelheit der Seitenschiffe den darin stehenden Nebenaltären etwas Geheimnisvolles gab. Das Mittelschiff hingegen hatte für siebenbürgische Verhältnisse große Fenster, also in gotischem Sinn weitgehend aufgelöste Mauern.

Dank dieser ausgedehnten Fensterfläche wirkte das Mittelschiff verhältnismäßig hell und gewiss prachtvoll. Im Raumgefüge kam es dadurch als Versammlungsraum und wichtiger Bauteil zur Geltung. Der Chor, mit seinen schmalen Fenstern, erschien hingegen dunkler. Seine ungefähr gleiche Höhe mit der des Mittelschiffes zeigte wohl die Zugehörigkeit zum selben Bau an, aber wegen eines 1372 erwähnten Lettners konnte es aus dem Gemeinderaum doch nur begrenzt eingesehen werden. So wirkte das Sanktuarium als Ort mystischen Geschehens – ein Geschehen, auf dessen Bedeutung die sorgsame Ausfertigung und Einwölbung hinwiesen.

Außen war der Bau klar gegliedert. Das Schwergewicht fiel nicht mehr – wie bei der romanischen Kirche – allein auf die Westseite mit dem Hauptportal, sondern das Querschiff bildete einen zusätzlichen, ausgleichenden Akzent, durch den die Bedeutung des Ostteiles der Kirche deutlich zum Ausdruck kam; das unfertige Aussehen der unverputzten Hochschiffmauer betonte es ein übriges Mal.

Da das neue Mittelschiff jedoch merklich höher als das romanische Schiff war, musste der Turm erhöht werden: Nach den vorhandenen Spuren ist auf ein einziges, nicht sehr hohes zusätzliches Geschoss mit Rundfenstern zu schließen. Gleichzeitig formte man die romanischen Schallfenster um und errichtete einen neuen Helm – wohl mit einem Pyramiden- oder Rautendach (mit vier Giebeln über den Turmseiten, wie einst in Hetzeldorf).

Da die Basilika in dieser Phase voll verwendungsfähig war, stellte man die Bautätigkeit für mehrere Jahrzehnte ein; bei der wachsenden Türkengefahr scheint die Befestigung der Stadt wichtiger gewesen zu sein.

Abb. 128. Hermannstadt, Marienkirche
um 1450

Die Arbeiten der Jahre 1424–1460* (Abb. 128). Nach dem Beginn des 15. Jhs., als die Ringmauer um Ober- und Unterstadt in ihrer ersten Form fertig war, nahm man die Bauarbeiten wieder auf. Im Allgemeinen wird der Anfang der neuen Etappe mit dem Jahr 1424 in Zusammenhang gebracht: Damals löste man die mittlerweile nahezu bedeutungslos gewordene Propstei auf, und der von dieser bezogene Zehnte fiel der Pfarrei zu, so dass es nun größere finanzielle Möglichkeiten gab. Nun wurde die Kirche nach einem neuen Konzept umgestaltet und vollendet und eine Jahreszahl – 1431 – am Unterteil des Westturmes dürfte schon die Beendigung gewisser Bauvorhaben anzeigen.

In der neuen Bauetappe wurden die romanischen Seitenschiffe durch breitere, gotische ersetzt. (Die durchgeführte Verbreiterung ist 1460 erwähnt, und Moritz von Kimakowicz fand davon auch Spuren an dem Bau.) Da die Abdeckung der Seitenschiffe – anders als ursprünglich vorgesehen – mit normal geneigten Pultdächern erfolgte, reichten sie an den Hochschiffwänden weiter hinauf als anfangs geplant: Es mussten also die Obergadenfenster versetzt werden, wobei man die alten Maßwerke – mit Drei- und Vierblättern bzw. Drei- und Vierpässen – wieder verwendete. Da an der Nordseite neben dem Turm zugleich ein neues Fenster gebrochen wurde, fertigte man auch ein zu-sätzliches Maßwerk an. Es besteht aus Fischblasen, welche auf die spätere Phase der Gotik hinweisen. Eingesetzt wurde es aber bezeichnenderweise nicht an der Stelle des neu gebrochenen Fensters, sondern in der Mitte der Fassade, als zeitgemäßes zentralisierendes Element.

---

* Erstdruck *Spätgotische Erweiterungen an der Hermannstädter Stadtpfarrkirche. Die Arbeiten von 1424 bis 1469*, in: „Die Woche", Nr. 965/13.6.1986, S. 6.

Damit die Fenster nicht zu klein blieben, wurde das ganze Schiff etwas erhöht – wohl zusammen mit den Querschiff- und Chorwänden. Neue Dienstbündel verstärkten die Obergadenmauern zwischen den Fenstern sowie die Pfeiler und verringerten auch die Spannweite der Gewölbe, so dass auf Strebebogen verzichtet werden konnte. Wie an dem alten Rippenansatz neben dem Vierungsbogen des Mittelschiffes zu sehen ist, beträgt die Höhendifferenz über zwei Meter, und ähnliches ist auch für die Gewölbe des Querschiffes gültig.

Da 1445 im Chor die große Rosenauersche Wandmalerei ausgeführt wurde, dachte man damals nicht daran, den Chor zu ersetzen. Die Absichten scheinen sich jedoch geändert zu haben; nach Daniela Marcu Istrate ist dieser Bauperiode – eher deren Ende – auch der Beginn von Arbeiten an einem großen Hallenchor zuzuordnen (?), das in etwa jenem Mühlbachs entsprochen hätte, welches jedoch hundert Jahre vorher gebaut worden war. Wäre der Hallenchor in Hermannstadt ausgeführt worden, so hätte sich der gesamte Charakter der Kirche verändert, doch wurden die Bauarbeiten bald eingestellt. Ob dabei der große, nicht unbedenkliche Abstand zwischen den Stützpfeilern eine Rolle spielte, ist heute nicht mehr zu ermitteln, denn es blieben nur die Fundamente dieses großen Hallenchores erhalten. Vermutlich wurde einer Verstärkung der Stadtbefestigungen Vorrang gegeben.

Außer diesen großen Arbeiten sind auch kleine zu erwähnen. Wegen der Erhöhung des Langhauses empfand man auch eine solche des Turmes als nötig. So wurde vermutlich ein zusätzliches Geschoss aufgeführt, das mit schießschartenähnlichen Öffnungen versehen war (durch diese queren heute die Uhrzeigerachsen die Turmmauer). Ob und wie man den Turmhelm veränderte, ist unbekannt. Die konkave Rundung in der Steinmauer des südlichen Seitenschiffes zeigt die anfängliche Planung der Wendeltreppe an ihrer heutigen Stelle, und vermutlich kam eine solche dort schon in dieser Bauetappe zur Ausführung. Sie sicherte den Zugang zur schmalen Westempore, die höher als die heutige lag. Schließlich ist 1457 auch ein schon bestehender Vorbau des Südportals erwähnt, doch handelte es sich dabei eindeutig nicht um den heutigen, der im Obergeschoss in stilistischer Hinsicht schon einige Merkmale der Renaissance aufweist.

Durch die Veränderung des Langhauskonzeptes wurde der Bau in mehreren Hinsichten vereinheitlicht. Die Dienstbündel und Gurtbögen betonten die Gliederung des Mittelschiffes in Joche und glichen so seine Ausmaße weitgehend denen von Chor und Querschiff an; durch die kleineren Fenster wurde der Raum etwas abgedunkelt und dadurch besser an die spärliche Beleuchtung der anderen Räume angepasst. Auch die größeren Mauerflächen zwischen Scheidbögen und Obergaden sind als eine Entsprechung zu den geschlossenen Wandflächen der älteren Bauteile zu verstehen. Als gliedernde Elemente traten außer dem Lettner vor allem die alten Vierungsbögen hervor, die verhältnismäßig tief unter den Gewölbescheiteln stehen blieben; immer-

Abb. 129. Hermannstadt, Marienkirche um 1460

hin war die Höhendifferenz nicht so groß, dass sie nicht in Kauf genommen wurde.

Außen wurde das Gepräge des Baues weiterhin vornehmlich durch das Zusammenspiel der beiden markant betonten Bauteile geprägt: durch den Turm und das Querschiff. Zumindest auf der Südseite kam jedoch als zusätzliches, zwar kleines, doch zentrales und den Blick auf sich ziehendes Element der Portalvorbau hinzu. Durch den Verzicht auf einen neuen Hallenchor wurde gewiss das einheitliche Gepräge der Kirche bewahrt.

Ferula und Querschiffemporen. Wandmalereien, die 1445 ausgeführt wurden, deuten eine Vollendung des gotischen Baues an. Doch schon bald wurden wieder Bauarbeiten in Angriff genommen. An der Westseite des Turmes entstand 1448 eine zunächst einschiffige, verhältnismäßig niedrige Totenkapelle, die „Ferula" (nach Anneliese Thudt geht der Name auf den Verwendungszweck des Raumes zurück – lateinisch *feralis*: ‚zu Leichen gehörig'), doch hat sich von dieser Kapelle nur die Westmauer erhalten. Spätestens damals (aber eher zugleich mit dem Chor) errichtete man den ältesten Teil der heutigen Sakristei und wenig später trat ein basilikaler Baukörper mit einem neuen Westportal an die Stelle der einschiffigen Westkapelle (Abb. 129). Seine Seitenschiffe waren von Anbeginn mit jenen der Kirche verbunden, und so ist ein Vermerk von 1460 zutreffend, dass „die Parochialkirche der ruhmwürdigen Jungfrau Maria in Hermannstadt in die Länge und Breite vergrößert worden sei".

Abb. 130. Hermannstadt, Stadtpfarrkirche um 1830

In die Querschiffarme wurden Emporen eingebaut, auf die man ursprünglich über die Dachböden der Seitenschiffe gelangte (erhalten ist die vermauerte Zugangstüre über dem nördlichen Seitenschiff). Unbekannt ist ihre Größe: Vielleicht zogen sie sich – gegenüber der Lettnerverlängerung – nur an den Westmauern des Querschiffes hin, vielleicht nahmen sie eine größere Fläche der Arme ein; nur archäologische Untersuchungen werden dieses klären können.

Am Gepräge des Innenraumes führten nur diese Emporen zu einer gewissen Änderung. Das Langhaus wurde durch den Unterbau des Turmes weiter in die „Alte" und die „Neue Kirche" geteilt, so dass – trotz der mittlerweile durchlaufenden Seitenschiffe – keine einheitliche Raumwirkung zustande kam. Anders bei der äußeren Erscheinung: Dort kam die Verlängerung des Baues voll zum Ausdruck, wodurch einem wachsenden Geltungsbewusstsein von Stadt und Bürgern Genüge getan wurde. Zwar wirkte seine basilikale Form (wie heute an der Nordseite) damals schon althergebracht, aber gerade darin könnten die Hermannstädter eine Verkörperung alter Vorortansprüche gesehen haben.

Beendigung der Arbeiten[*] (Abb. 130). Im Laufe des 14. und 15. Jhs. waren in Kronstadt und Klausenburg/Cluj große monumentale Hallenkirchen errichtet worden. Diesen gegenüber fiel die Hermannstädter Basilika trotz ihrer großen Länge etwas ab, und auch zwischen den allmählich immer ansehnli-

---

[*] Erstdruck *Der gotische Bau. Die Hermannstädter Stadtpfarrkirche nimmt endgültige Gestalt an*, in: Die Woche, Nr. 969/11.7.1986, S. 6.

cheren Bürgerhäusern kam sie nicht mehr voll zur Geltung. Zu einem Neubau konnte man sich jedoch nicht entschließen und so blieb die Umgestaltung der vorhandenen Kirche ein Wunsch.

Zuerst führte man kleinere Arbeiten durch (1471 die Vergrößerung der Sakristei, 1484 die Erhöhung der Chorstützpfeiler und 1487 den Bau einer Aufgangsstiege zur südlichen Querschiffempore), aber kurz vor dem Ende des 15. Jhs. wurden wieder größere Vorhaben in Angriff genommen. Es entstand ein Teil der Empore über dem südlichen Seitenschiff, und zwar, wie Moritz von Kimakowicz zeigte, zunächst nur über vier Jochen; die alten Maßwerke der Obergadenfenster wurden nun an die neue Außenmauer gesetzt, die westlich des Querschiffes zunächst zwei neue Giebel krönten. 1494 erhielt der Turm seine spätere Form, d. h. gotische Gesimse, ein zusätzliches Stockwerk sowie den hohen Helm mit den vier flankierenden Türmchen. Nachdem 1501 der nördliche Querschiffarm verlängert und eine Treppe angebaut worden war, errichtete man 1509 die nördliche Vorhalle und bis 1520 die letzten spätgotischen Teile: Vor allem die Südempore wurde bis ans Westende der Kirche verlängert, wohin ein schönes Rundfenster von 1350 versetzt wurde, bei dessen Maßwerk die Nasen teilweise noch lilienförmig ausgebildet sind.

Dann entstand die stöckige Südhalle mit einer Kapelle im Obergeschoss und schließlich erhöhte man auch die Wendeltreppe. Neben späte gotische Rankenverzierungen unter dem Chorerker der erwähnten Kapelle und einem Schlingengewöbe über der Kapelle wurden bei diesen letzten Bauteilen auch schon Renaissanceformen verwendet, so eine muschelförmige Dekoration des Gewölbes über dem Chorerker der Kapelle, Baluster und eine neuartige Türeinfassung bei der Wendeltreppe.

Das Langhaus wurde nun wieder – wie um 1350 – hell erleuchtet, so dass Querschiff und Chor düsterer wirkten. Der Unterschied zwischen den Teilen ist zusätzlich durch die Raumbildung betont. Im Langhaus gab es komplexere Raumformen; diese waren etwas weniger auf den Chor ausgerichtet und wirkten dadurch unverbindlicher. Eine Aufwertung der Schiffe ergab sich auch durch die Vielzahl der Altäre, die dort standen. Der Überlieferung nach sollen es 24 gewesen sein, und zwar befanden sich diese nicht nur an den Außenmauern, sondern auch neben einigen der Pfeiler. Durch den Lettner und einen darauf stehenden Altar (vermutlich stammen die heute erhaltenen Retabelteile von diesem) wirkte der Chor mit dem (Marien-)Hochaltar nun wieder stärker als abgesonderte sakrosankte Kapelle.

Bei der Gestaltung der Fassaden schreckte man nicht vor aufwendigen Veränderungen zurück, die nicht bloß ein ausgewogenes Verhältnis zwischen den einzelnen Teilen, sondern auch Monumentalität anstrebten. Deutlich wird dieses bei der freistehenden, monumentalen Südfassade, die nun das Gepräge einer großen Emporenhallenkirche hatte, das der politischen und wirtschaftlichen Bedeutung der Stadt Genüge tat.

Entsprechend einer Vorliebe der damaligen Zeit für Symbolik einerseits und dem allmählichen Vordringen des Gedankengutes von Reformation und Humanismus andererseits, könnten die sieben Giebel der Südfassade möglicherweise für die Sieben Stühle stehen; trifft dieses zu, so dürften weiter der Giebel des nördlichen Querschiffarmes, der Westgiebel der Kirche und der Giebel der nördlichen Vorhalle auf das Burzenland, den Nösnergau und die Zwei Stühle hinweisen. Jeder Giebel betont sich in erster Linie selbst, aber dadurch wurde zugleich das Gesamtgepräge des Baues gesteigert. Folgerichtig dürfte der mächtige Turm in der Mitte der Kirche, der den gesamten Bau zusammenfasste, in einer neuen Zeit nicht mehr so sehr ein Symbol für die Heilige Jungfrau Maria gewesen sein, sondern für die Nationsuniversität und die „Kirche Gottes der sächsischen Nation".

Die hohen Giebel brachten in die Fassade eine triumphale Note. Durch ihre Form waren sie jedoch zugleich mit den Giebeln der Bürgerhäuser einer Straßenfront verwandt und damit bürgernah. Anders war das Gepräge der Kirchennordseite. Diese war gegen den ärmeren Teil der Stadt ausgerichtet und hier wurde die ehrfurchtgebietende, weniger offene basilikale Gestaltung beibehalten. Außerdem fiel dort das Gelände steil ab, so dass die Kirche schon durch den Niveauunterschied zwischen Oberstadt und Unterstadt monumental zur Geltung kam.

Im 16. Jahrhundert ging nicht nur die Zeit der großen Kirchenbauten zu Ende, sondern auch die wirtschaftlichen Schwierigkeiten der Städte wuchsen stark an. Zwar fehlte es nicht an großen Vorhaben, doch wurden diese nicht mehr zu Ende geführt. So plante man um 1675 eine Empore auch über dem nördlichen Seitenschiff und für diese wurde eine beträchtliche Spende gemacht, aber die Nordempore kam nicht mehr zur Ausführung.

Nach Jahre 1527 erfolgten lediglich kleine Veränderungen. Als Folge der Reformation wurden zunächst die Altäre, der Lettner und fast alle Wandmalereien beseitigt. Einem neuen Geist entsprechend sind dafür im 18. Jh. an verschiedenen Wandflächen barocke Epitaphen angebracht worden, welche die jeweiligen Mauern gestalteten; lediglich an der Nordseite des Mittelschiffes und der Ostseite des Querschiffes sind diese bis heute erhalten. Um Platz für eine große Orgel zu schaffen, wurde um 1670 die alte Westempore durch eine neue, tiefer gelegene Empore ersetzt. Schließlich war ein kleiner Eingangsraum im Eck zwischen dem südlichen Seitenschiff und dem Querschiff vermutlich etwas jüngeren Datums (1910 abgetragen).

Nachdem man schon 1850 das Dach neu eingedeckt hatte, kam es danach zur ersten großen Renovierung. Dabei wurden die Emporen an der Ostseite des Querschiffes abgetragen, und da über diese der Zugang zu den Logen erfolgte, musste man auch diese ändern; mit einigen der überflüssig gewordenen Pfeiler erneuerte man die Orgelempore. Die Grabplatten wurden aus dem Kirchenfußboden herausgehoben und in die Ferula verlegt, die dadurch einen musealen Charakter erhielt und deshalb auch von der Kirche abgetrennt wurde. Die alten, farbigen Glasfenster wurden – mit Ausnahme kleiner Teile in den Maßwerken – herausgebrochen und weitgehend durch helle Butzenscheiben ersetzt. Diese Umgestaltung, die noch als eine Nachwirkung der Aufklärung zu betrachten ist, führte zu einer wesentlichen Änderung im Gepräge des Innenraumes: Das mittelalterlich-mystische Halbdunkel musste einem klar konturierenden Lichteinfall weichen. Dieser machte auch eine neue Innenausstattung sinnvoll.

Bei einer zweiten großen Reparatur zu Beginn unseres Jhs. wurden dann die Emporenbrüstungen und Fenstergestänge umgestaltet, Maßwerke in die Seitenschiff-, Logen- und Turmfenster montiert, und bei einer Vergrößerung des Fensters über dem Südportal wurde die alte Dekoration der Mauerfläche – mit Stadtwappen und Sonnenuhr – beseitigt. Die größten Veränderungen erfolgten jedoch am Turm: Sein unteres Geschoss wurde ausbetoniert und rundum von einem Betonmantel umfangen, in dem Turm ein Eisengerüst errichtet, das die Glocken trägt, sowie oben die meisten Schalen eines alten Glockenspiels beseitigt. Nach Reparaturen Mitte des 20. Jhs. betrafen Restaurierungsarbeiten die Fassaden und das Dach, wobei an Stelle des zarten Musters von glasierten Ziegeln am First des Daches eine vollständige neue Eindeckung des Kirchendaches, mit glasierten, hart gegeneinander stehenden Farben in neugotischem Sinn erfolgte.

Im Laufe der Jhh. kam es an ein und demselben Bauwerk immer wieder zu Veränderungen und Ergänzungen. Jenseits ihres architektonischen Wertes widerspiegeln sie nicht nur die Entwicklung einer Ortschaft, sondern diese sind letztlich ein gemauertes Zeugnis unserer Geistes- und Kulturgeschichte.

Die Basilika in Reichesdorf/Richiş*. In den Mediascher Stuhl, zu dem auch Reichesdorf gehörte, kamen Siebenbürger Sachsen erst im 13. Jh., etwas später als in den Gebietsstreifen zwischen Broos und Draas. Als sie etwa ab 1350 mit dem Bau der Kirchen beginnen konnten, waren Romanik, Frühgotik und Hochgotik schon vorbei. So entstanden in den meisten der großen Dörfer ursprünglich Basiliken, die einer frühen Phase der Spätgotik angehörten. Weil aber die Orte der Gegend dank des Weinbaues besonders reich waren, wurden aufwendige Bauten errichtet. Die im Laufe der Zeit wenig veränderte Kirche in Reichesdorf gehört zu den wertvollsten und ist gemäß Victor Roth eine Dorfkirche von beispielloser „Einheitlichkeit und Folgerichtigkeit".

Die Arbeiten daran wurden vor der Mitte des 14. Jhs. in Angriff genommen, und zwar betraute man die Bauhütte der Hermannstädter Marienkirche damit. Nach Einzelheiten und vor allem nach Fensterformen zu urteilen, vollendete wahrscheinlich der gleiche Werkmeister das Querschiff in Hermann-

---

* Erstdruck *Die Reichesdorfer Basilika*, in: „Die Woche", Nr. 948/24.10.1986, S. 6.

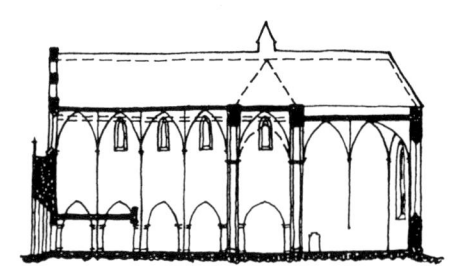

Abb. 131. Reichersdorf, Längsschnitt durch die Basilika (unterbrochene Linien zeigen die ursprünglich geplanten Höhen)

stadt und begann die Arbeiten am Langhaus, in Scharosch an der Kokel/Șaroș pe Târnavă, Sächsisch Eibesdorf/Ighișu Nou, Kirtsch/Curciu und Bogeschdorf/Băgaciu errichtete er die Chöre, und auch in Reichesdorf geht der Chor auf ihn zurück. Geplant waren ursprünglich auch ein schmaleres Querschiff und ein dreischiffiges Langhaus, doch entstanden vom Querschiff nicht viel mehr als ein großer Teil der Ostmauer sowie die Vierungspfeiler und Vierungsbögen, vom Langhaus vermutlich das erste Joch des Mittelschiffes.

Nach einer kurzen Unterbrechung der Bautätigkeit fügte man – unter dem Einfluss der frühen Formen der Klausenburger Michaelskirche – nördlich und südlich des Chores je eine niedrige, dreiseitig geschlossene Kapelle an den Chor an.

In den folgenden Bauetappen wurde auf das ursprünglich vorgesehene Querschiff verzichtet, das Langhaus aber Ende des 14. und in der ersten Hälfte des 15. Jhs. – nun wieder unter dem Einfluss Hermannstadts – zuerst auf der Süd-, dann auf der Nordseite fertiggestellt und nach und nach eingewölbt. Dabei erhielt das Mittelschiff eine größere Höhe als anfangs geplant und der alte Vierungsbogen kam dementsprechend verhältnismäßig tief unter dem neuen Gewölbe zu stehen (Abb. 131). Die Chormauern mussten – damit der Bau mit einem durchgehenden Dach eingedeckt werden konnte – etwas erhöht werden. Laut einer Inschrift soll die Kirche 1451 fertiggestellt worden sein, doch sind nachher je eine Portalvorhalle auf der Süd- und Nordseite, eine Wendeltreppe, ein Dachreiter und schließlich eine neue Orgelempore hinzugekommen (Abb. 132).

In der Konzeption des Innenraumes sind die Ähnlichkeiten mit Hermannstadt offensichtlich. Eine Ausbildung als Basilika bedeutete die Widerspiegelung klarer Strukturen mit hohen und niedrigen Räumen, mit breiten und schmalen Schiffen. Eine solche strenge Gliederung steht für eine strenge Lebensauffassung, die im Zusammenhang mit gesellschaftlichen und politischen Strukturen zu sehen ist. Innerhalb der einzelnen Schiffe war zuerst ein einheitlicher Gesamtraum vorgesehen. Die Raumentfaltung im Mittelschiff und weiter im Chor, zum Hochaltar hin, wurde durch den Lettner gegliedert, der eine Kapelle der Geistlichkeit aussonderte. Dagegen sollten die nur wenig

Abb. 132. Reichersdorf, Gepräge der Basilika um 1800

vorstehend geplanten Vierungsbögen die Gliederung nur diskret in der Langhausgestaltung widerspiegeln.

Eine nennenswerte Änderung brachten die beiden Seitenchöre in dieses Konzept. Da sie merklich höher als die Seitenschiffe sind, war eindeutig daran gedacht worden, die Chöre, d. h. die kultisch am meisten gebundenen Bauteile besonders zu betonen.

Bis zum Schluss wurde jedoch dieses Vorhaben wieder fallen gelassen. Da man vom Querschiff absah, fehlte jetzt der trennende, transversal ausgerichtete Raum zwischen Ostwerk und Langhaus. Die Schiffe wurden ostwärts verlängert und stießen nun direkt und damit härter an die Choranlage; nur der tiefer heruntergezogene Vierungsbogen bildete vor dem Triumphbogen ein überleitendes Element. In Ermangelung des Querschiffes konnten die relativ hohen Seitenchöre nicht mehr organisch in das Raumgefüge eingegliedert werden und blieben eigenständige Räume. Die etwas geringere Höhe des Hauptchores im Vergleich zum Mittelschiff betonte – wie in Hermannstadt – den abgeschlossenen, kapellenartigen Charakter des Raumes. So kam dem Hauptschiff – zwischen den Nebenaltären der Seitenschiffe, zwischen dem Westportal und dem Triumphbogen mit Lettner – eine besondere Bedeutung in der Raumausbildung zu. Dieser Bedeutung trägt seine sorgsame Gestaltung Rechnung. Die Gliederung der Hochschiffwände durch schlanke Halbsäulen, die gleiche Anordnung und ähnliche Ausbildung der Kämpfer und vieles andere gaben dem Raum ein ruhiges, geradezu ebenmäßiges Gepräge.

Die neueren Eingriffe haben dieses Raumgefüge verändert. Als im Zusammenhang mit der Reformation der Lettner fiel, wurden das Mittelschiff und der Chor zwar organisch verbunden, aber die starken Bögen gliedern ihn auch weiterhin. Da ein bedeutender Teil des Hauptschiffes durch die Orgelempore

verbaut wurde, befinden sich nun die erwähnten Bögen in der Mitte der Kirche, welche durch diese Strukturierung etwas unruhiger wirkt.
Einprägsam ist auch das Äußere des Baues. Zwar ist in den Seitenansichten die Diskrepanz zwischen Seitenchören und -schiffen ausgeprägt, aber die geschlossen konzipierten Ost- und Westansichten wirken als Ausdruck des basilikalen Aufbaus umso organischer gestaltet. Zumal die Westseite, mit ihrem etwas vortretenden, besonders reich ausgebildeten Portal und dem darüber angeordneten großen Fenster, wirkt sehr klar.
Nur wenige gotische Basiliken sind später nicht in Hallenkirchen umgestaltet worden. So kommt dem Reichesdorfer Bau eine besondere Bedeutung zu: Seine Konzeption, in der Auswirkungen verschiedener Bauhütten innig verflochten sind, zeugt für eine wichtige Phase unserer Bau- und Kulturgeschichte.

Basilikales Langhaus und Hallenkirchenchor in Mühlbach/Sebeş*. In kleineren Ortschaften wurden einmal errichtete große Kirchen in späterer Zeit zwar verändert, aber im Wesentlichen beibehalten. Nur wirtschaftlich gut gestellte Ortschaften (Städte und Winzerdörfer) konnten es sich leisten, Neubauten zu errichten. Das ist in Mühlbach zum Teil geschehen. Die dortige Kirche, ursprünglich eine Basilika, steht schon seit langem im Mittelpunkt der Forschung und seit ihrer Restaurierung zu Beginn der 1960er Jahre, ist ihre Baugeschichte in vier Arbeiten behandelt worden – zuletzt in dem Buch „Siebenbürgische Städte". So können wir uns hier auf das kunst- und geistesgeschichtlich aufschlussreiche Gepräge der Kirche und in erster Linie auf deren Innenraum konzentrieren, wobei Schemata in diesem Fall besonders hilfreich sind.
In den ersten beiden Bauetappen vor dem Mongoleneinfall von 1241/42 wurde das Ostwerk fertiggestellt; das Langhaus und der Unterbau der Türme aber wurden nur bis zu einer gewissen Höhe aufgemauert. Geplant war vermutlich eine spätromanische Emporenbasilika, deren reich ausgebildete Schiffe der ausgedehnteste Teil des Baues werden sollten (Abb. 133/a). In ihrer betont linearen Entfaltung hatten aber die Schiffe des Langhauses nicht so sehr eine eigenständige Bedeutung, sondern waren eher als eine monumentale Verbindung zwischen dem zweitürmig geplanten Westwerk und Chor mit den flankierenden Seitenkapellen konzipiert, wie ein Prozessionsweg vom Eingang zum Altar. Nach dem archäologischen Befund war das Ostwerk inniger mit dem Langhaus verbunden als damals üblich, und auch ein Lettner war in der ersten Etappe anscheinend noch nicht geplant. Diese Lösungen, die einen Schritt zum einheitlich geschlossenen Bau darstellten, weisen schon – wie auch verschiedene Einzelformen – auf die Frühgotik hin.
Eine Vereinheitlichung des frühen Baues wurde bei seiner Vollendung um 1260 angestrebt. Man ergänzte die Apsis durch Stützpfeiler, was auf eine Er-

---

* Erstdruck *Ein Ableger der Parler-Bauhütte*, in: „Die Woche", Nr. 1112/7.4.1989, S. 6.

Mitteleuropäische Baukunst 289

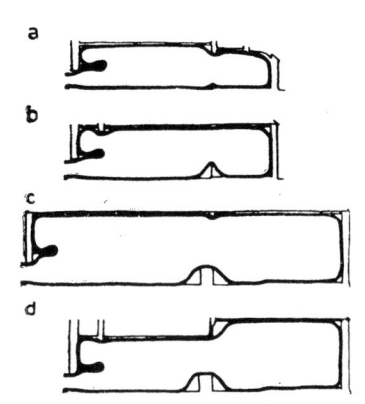

Abb. 133. Mühlbach, Raumformen der Marienkirche (a – ursprünglich geplanter romanischer Bau mit zwei Türmen, b – ausgeführter romanischer Bau mit einem Turm, c – geplante gotische Hallenkirche, d – heutige Kirche; links Westempore, Mitte Lettner, rechts Chor)

höhung, also eine Angleichung der Chorhöhe an die des Mittelschiffes hinweist. Dadurch verlor der Chor zum Teil den für die Romanik typischen Charakter eines überdimensionalen Reliquienschreins und wurde Zielpunkt des abstrakter aufgefassten Einheitsraumes (Abb. 133/b). Eine besonders deutliche Sprache spricht die Einwölbungsart des Mittelschiffes: Für die schmalen Joche zwischen den einzelnen Pfeilern hätten sich, statt der ursprünglich vermutlich vorgesehenen romanischen Gestaltung (Abb. 134/a), frühgotische sechsteilige Kreuzgewölbe angeboten, die jedoch mit ihren vielen Rippen und Gurtbögen den Raum stark zerstückelt hätten (Abb. 134/b). Statt dieser wurden, ohne dem Rhythmus der Pfeiler und Scheidbögen Rechnung zu tragen, hochgotische vierteilige Kreuzgewölbe ohne Gurtbögen aufgeführt (Abb. 134/c), und dabei verzichtete man auch auf die Emporen. So entstand ein einheitlicher, ruhiger Raum, dessentwegen man auch die Dissonanz in Kauf nahm, die sich aus dem unterschiedlichen Rhythmus von Scheidbögen und Gewölbejochen ergab. Um in diesem Einheitsraum jedoch eine Trennung zwischen Langhaus und Chor zu bewahren, wurde in dieser Etappe ein Lettner errichtet, der die einzelnen Bereiche schied, die Gleichartigkeit des Raumes jedoch nicht wesentlich störte.

Um 1300 wurde eine kleine Änderung vorgenommen, die jedoch große Auswirkungen hatte: Über den Seitenschiffen wurden Emporen errichtet und

Abb. 134. Mühlbach, Mögliche Ausbildung der Mittelschiffjoche (a – romanische Gliederung, b – frühgotische Gliederung, c – hochgotische Gliederung)

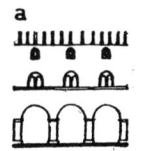

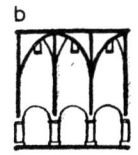

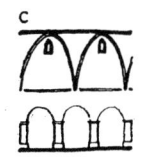

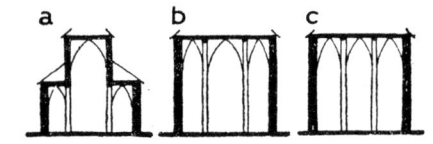

Abb. 135. Schematische Querschnitte (a – Basilika, b – Mühlbacher Chor, c – Hallenkirche mit gleichbreiten Schiffen)

dadurch die alten Mittelschifffenster von den nun erhöhten Seitenschiffdächern verdeckt. Das hatte eine Abdunkelung des Mittelschiffes – zumal in seinem oberen Bereich – zur Folge, wodurch der sowieso etwas gedrungene Raum ein düsteres, mystisches Gepräge erhielt.

Störte um 1300 die Dunkelheit des Mittelschiffes die Benutzer noch nicht sonderlich, so dürfte sich das mit dem Aufschwung des Bürgertums im 14. Jh. geändert haben. Gewiss werden auch andere Überlegungen eine Rolle gespielt haben, als sich die Mühlbacher um 1360 entschlossen, einen Neubau aufzuführen. Dafür holten sie sich, wie schon H. Rosemann und C. Th. Müller nachgewiesen haben, einen Werkmeister der Prager Parler-Bauhütte. Dieser sollte eine querschifflose Hallenkirche errichten, deren Chor und Langhaus mit der gleichen Breite und auch einer ähnlichen Länge geplant waren (Abb. 133/c – etwa wie bei der Heiligenkreuzkirche in Schwäbisch Gmünd, ebenfalls ein Parler-Bau). Als der Chor um 1382 fertiggestellt war, stellte man die Arbeiten jedoch ein. Obwohl Fragment geblieben, ist das Ergebnis überwältigend: Der *„Eindruck, den der lichtdurchflutete Innenraum [...] auf den Besucher macht"*, schreibt Albert Klein, ist *„mit dem keines anderen Bauwerkes in Südosteuropa zu vergleichen"*.

Spürt man der Besonderheit dieses ausdrucksvollen Baues nach, so ist zunächst festzuhalten, dass es sich im Detail um eine sorgfältige, gediegene Ausführung handelt: *„da ist nichts übertrieben [...] und nichts ist überladen"* (A. Klein). Für den Gesamteindruck, den der Innenraum macht, scheint die Verbindung von Merkmalen zeitlich und stilistisch unterschiedlicher Kirchentypen ausschlaggebend zu sein: Die Schiffe der Mühlbacher Kirche sind unterschiedlich breit, aber gleich hoch. Die unterschiedliche Breite ist vornehmlich für Basiliken, die gleiche Höhe für Hallenkirchen charakteristisch (Abb. 135). Dabei kommt, wegen seiner größeren Breite, das Mittelschiff als Dominante des gesamten Raumgefüges zur Geltung. Im Chor wird es nicht von Obergadenmauern der Seitenschiffe hart abgegrenzt, vielmehr deuten die Pfeiler bloß symbolisch die Raumteilung an. So fügt sich das Mittelschiff organisch in den befreiend geräumigen Chor ein, der trotz seiner breiten Lagerung (die zumal in der Ostansicht deutlich wird) schlank und aufstrebend wirkt.

Die klassische Ausgewogenheit des Baues verbindet sich aber mit zwei nahezu „barock" anmutenden Effekten. Einerseits erweckt der Chor, vom Gemeinderaum her gesehen, durch die Verringerung der Jochbreite von West nach Ost hin den Eindruck, es sei viel größer als es tatsächlich ist. Andererseits ist durch das Fehlen von Fenstern in den ersten beiden Jochen und die Eingliederung großer Öffnungen in die folgenden Wandfelder der Vorderteil des Chores – gegen den Gemeinderaum hin – verhältnismäßig dunkel, der Hauptaltar hingegen in gleißendes Licht getaucht.

Die widrigen Zeitläufte haben einen Neubau auch des Langhauses unmöglich gemacht. Da dieses nach dem Türkeneinfall von 1438 eindeutig war, versuchte man im 15. Jh. eine Angleichung des alten Langhauses an den neuen Chor: Gelegentlich einer Verbreiterung und Erhöhung der Seitenschiffe wurden diese Schiffe mit großen Fenstern versehen. Das einfallende Licht dringt nun bis ins Mittelschiff. Schließlich bot eine betonte Gliederung durch den Ausbau des Lettners, nach A. Klein, eine zusätzliche Möglichkeit, *„die beim Zusammenbau des Chores mit dem alten Langhaus entstandene Nahtstelle einigermaßen befriedigend zu gestalten"* (Abb. 137). Die Diskrepanz zwischen Chor und Langhaus – die im starken Übergewicht des Chores im Raumgefüge wurzelt (Abb. 133/d) – blieb jedoch erhalten. Möglicherweise empfanden die Menschen damals das niedrige und relativ enge Langhaus und den hohen, weiten und hellen Chor als Sinnbilder für das Diesseits und Jenseits.

Weitere Veränderungen in späterer Zeit sind nur von geringer Bedeutung gewesen. So ist ein eindrucksvolles, überaus kompliziertes Bauwerk erhalten geblieben, mit zahlreichen Spuren verschwundener Teile und Hinweisen auf große Vorhaben, die der Unbill der Zeiten zum Opfer gefallen sind. Dabei ist dieses *„wertvollste Denkmal der gotischen Architektur Siebenbürgens"* (Vasile Drăguţ) ein Zeuge des spätmittelalterlichen Menschen und seiner Geschichte schlechthin. Es beweist den vielschichtigen Wandel seiner Einstellungen, der mit der allgemeinen Entwicklung einherging.

Die Hallenkirche in Klausenburg/Cluj*. Da diese Kirche der älteste, sehr sorgfältig und aufwendig ausgeführte Hallenbau Siebenbürgens ist, kommt ihr eine ganz besondere kunst- und architekturgeschichtliche Bedeutung zu. So haben sich die Kunsthistoriker immer wieder mit diesem Bau beschäftigt (so G. A. Entz, der auch auf das ältere Schrifttum hinweist). Es erübrigt sich also, auf die Entstehungsgeschichte des Baues ausführlich einzugehen, so dass hier nur die größeren Bauetappen kurz umrissen werden.

Die erste Michaelskirche stammte aus dem 13. Jh. Es war eine Basilika mit zwei Westtürmen (Abb. 138/a), die in romanischem Stil begonnen und in frühgotischem Stil vollendet wurde. Von diesem Bau hat sich nur der Unterbau des Südwestturmes erhalten (Abb. 138/b), und da man diesen später an der Außenseite mit behauenen Steinen verkleidete, wird er, wie die ganze Ba-

---

* Erstdruck *Ein Klausenburger Baudenkmal*, in: „Die Woche", Nr. 1128/28.7.1989, S. 6.

Abb. 136. Mühlbacher Stadtpfarrkirche, Sicht gegen den Chor

Mitteleuropäische Baukunst 293

Abb. 137. Mühlbacher Kirche Nordseite

silika, ursprünglich aus verputztem Bruchsteinmauerwerk errichtet gewesen sein.
Vermutlich um 1340 begann man mit dem Neubau des Ostwerkes (Abb. 138/c), das den frühen Kompositionsprinzipien einer Hallenkirche entsprach:

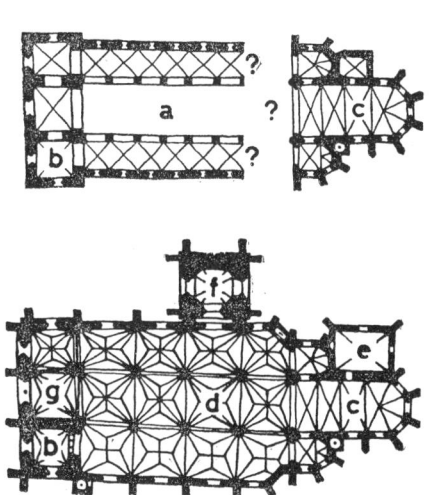

Abb. 138. Klausenburg, ursprünglich begonnene und ausgeführte Michaelskirche (Grundriss oben: Ende des 14. Jh., Verbindung zwischen Langhaus und Ostwerk unklar; Grundriss unten: 19. Jh.)

Abb. 139. Klausenburg, Michaelskirche

Es handelt sich um einen einschiffigen Chor, der von zwei Kapellen kleinerer Breite, aber ungefähr gleicher Höhe flankiert wird. Der aus behauenen Steinen errichtete Teil wurde in zwei Etappen bis gegen 1400 aufgeführt. Nachher setzte man (und es dauerte bis zur Mitte des 15. Jhs.) die Arbeiten am Gemeinderaum, der Halle, fort. Einer neuen Konzeption entsprechend wurde der Raum im Vergleich zum Chor verbreitert, wodurch die Breite der Schiffe weitgehend einander angeglichen werden konnte. In vielen kleinen Etappen wurden die Bauarbeiten – auf der Nord-, Süd- und Westseite sowie im Inneren – sorgsam weitergeführt und mit dem Bau des Nordwestturmes beendigt.

Vor 1480 richtete man noch eine Kapelle im unvollendeten Südwestturm her (Abb. 139/b), irgendwann wurde die Sakristei an den Chor angefügt (Abb. 139/e), und erst im 19. Jh. ist der auch heute stehende große Nordturm (Abb. 139/f) gebaut worden.

Zunächst einiges über das Ostwerk der Kirche. Der von zwei Kapellen flankierte Chor ist, im Grunde genommen, mit einer schon viel früher in Siebenbürgen anzutreffenden Lösung verwandt (mit den Seitenapsiden und quadratischen bzw. länglichen Seitenkapellen in Michelsberg, Alzen, Großschenk, Tartlau und Bartholomae). Die Klausenburger bauliche Lösung entspricht auch einem weitverbreiteten gotischen Bauplan, bei dem die Seitenkapellen, wie der Chor, ostwärts dreiseitig abgeschlossen sind; Parallelen finden wir in Siebenbürgen in der Reichesdorfer Kirche, aber auch in der Großauer

Mitteleuropäische Baukunst 295

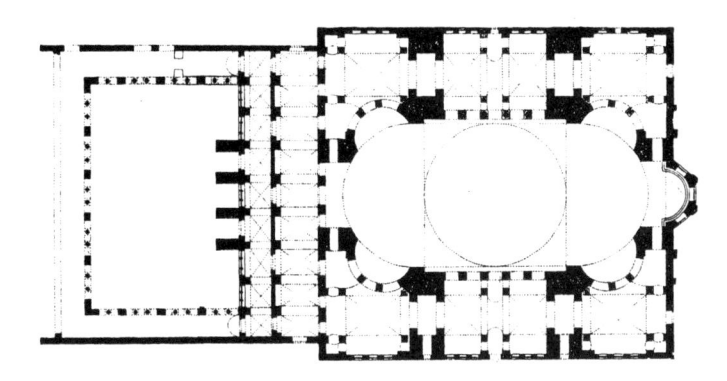

Abb. 140. Konstantinopel/Istanbul, Hagia Sophia

und Brooser Kirche (bei letzterer kamen allerdings die Seitenkapellen nicht mehr zur Ausführung). Der Tradition alter Basiliken entspricht in Klausenburg die geringe Breite der Kapellen und ihre räumliche Trennung vom Chor, die von den verhältnismäßig niedrigen Verbindungsbögen nicht aufgehoben wird.

Das Neuartige und Besondere am Klausenburger Bau ist jedoch, dass diese Seitenkapellen etwa gleich hoch wie der Chor sind, was einen ersten Schritt zur Ausbildung eines Hallenchors darstellt, und dabei muss darauf verwiesen werden, dass sie, wie auch im Falle der Brooser reformierten Kirche, von Anbeginn in dieser Höhe geplant waren. Die schlanken Proportionen, die sich ergaben, haben die ideelle Bedeutung der Kapellen wesentlich aufgewertet: In viel stärkerem Maße als bei dem vergleichsweise breit gelagerten Chor ist hier die Vertikale, die gewissermaßen transzendentale Dimension betont. Die Kapellen sind also keineswegs verkleinerte Kopien des mittleren Raumes, der seinerseits als Raum für den Klerus konzipiert war.

Selbstverständlich dominiert der Chor auch durch seine zentrale Lage innerhalb des Ostwerkes. Sein Gepräge wird – jenseits der Proportionen – weitgehend von zwei Elementen bedingt: von der Gliederung in vier Joche und von der Abfolge verschieden heller Zonen – einer dunkleren hinter dem Lettner und einer viel helleren im Bereich des Altars.

Da sich westwärts des Chores einst ein Lettner befand, waren im Mittelalter Ostwerk und Halle viel eindeutiger als heute voneinander abgesetzt und als verschiedenartige Räume gekennzeichnet. Durch diese Scheidung machte der Gemeinderaum einen weitgehend geschlossenen Eindruck. Im Unterschied zu anderen, zumal basilikalen Langhäusern wurde hier der Blick des Besuchers nicht zwingend auf den Chor ausgerichtet; den Andachtsuchenden war es vielmehr in gewissem Sinne freigestellt, sich statt dem Hauptaltar einem der Nebenaltäre an den Seitenschiffmauern zuzuwenden. Dadurch ging von dem Raum etwas Befreiendes aus. Der Durchblick zum Chor, die konisch auf das Ostwerk führenden Anschlussmauern der Halle, die im Vergleich zur Breite etwas größere

Länge des Gemeinderaumes und die geringfügige Überhöhung des Mittelschiffes brachten zwar ein gewisses Richtungs-moment ins Raumgefüge, doch war dieses, bei der annähernd gleichen Breite und Höhe der Schiffe, nicht von ausschlaggebender Bedeutung. Wesentlich war und ist eher der in sich ruhende, ausgeglichene Charakter der Halle.

Seine Einheitlichkeit verdankt der Gemeinderaum auch den für die damalige Zeit neuartigen Sterngewölben: Bei diesen gibt es keine scharfen Verschneidungen zwischen den einzelnen Gewölbekappen, sondern stufenweise Überleitungen aus einer Richtung in die andere. Die kämpferlosen Dienste der Bündelpfeiler, die sich nahtlos in den Gewölberippen fortsetzen (durch welche die Gewölbefelder gewissermaßen in die Pfeiler einfließen), bringen zudem eine feierliche Vertikale in das Gesamtgefüge des weitläufigen, breit gelagerten Raumes. Aber nicht das transzendental Aufstrebende – wie bei den Seitenkapellen – bestimmt seinen Charakter, sondern die Halle will vornehmlich ein geschlossener Andachtsraum sein.

Als solcher ist er in seiner Ausdruckskraft in Siebenbürgen einmalig und damit in architekturgeschichtlicher Sicht der wichtigste Teil des Baues. Auch das einspringende Eck des Südwestturmes (Abb. 138/b) stört dabei nicht, denn in seiner Fortsetzung ist das gesamte letzte Joch der Halle durch eine Empore (Abb. 138/g) aus dem Raumgefüge ausgegliedert.

Kirchen byzantinischer Prägung*

Allgemeine Konzeption

Das Wesentliche einer Kirche stellen die Gestaltung des Innenraums, die spezifischen Größenverhältnisse sowie die Intensität und Richtung des einfallenden Lichtes dar. Nur ein Teil ihrer kennzeichnenden Merkmale sind das Ergebnis eines bewussten Konzeptes. Gleichzeitig spielen unbewusste, auch an die Tradition gebundene Vorstellungen eine Rolle. Äußere, finanzielle oder politische Faktoren tragen zu den Ausmaßen und den allgemeinen Formen des Bauwerks ebenfalls bei. Die Erkenntnis seines Wesens kann jedoch nicht ausschließlich das Ergebnis nüchterner Forschung sein; die Wahrnehmung von dessen Aussage ist gleichzeitig an Meditation gebunden.

Dafür muss man sich die zeitliche und räumliche Vielfalt der Baukunst byzantinischer Prägung bewusst machen. Zwei wichtige Veränderungsprozesse sind von Bedeutung.

Der erste ist an die allgemeine Auffassung des Hauptraumes (Naos) gebunden: Bei der Hagia Sofia in Konstantinopel/Istanbul deutet der zentrale Raum

---

* Erstdruck *Catedrala „Sfânta Treime" din Sibiu în contextul arhitecturii de filiație bizantină*, in: „revista Teologică", Nr. 2/2006, S. 47–55.

– ergänzt von zwei hellen Seitenschiffen, mit gewissen weltlichen Konnotationen (das Vorbild könnte die Raumflucht eines Kaiserpalastes sein) – auf das Himmlische Jerusalem und versucht auf diese Weise eine Verbindung zu Gott zu verwirklichen (Abb. 140). Bei den späteren Kirchen wird die Kuppel durch den Kuppelturm des Pantokrators, des Allherrschers ersetzt, der die wichtigste Beleuchtungsquelle des ziemlich dunklen Hauptraumes ist. Im Falle solch eines Hauptraums handelt es sich nicht mehr um die Andeutung des Himmlischen Jerusalem, sondern um eine Widerspiegelung des düsteren irdischen Lebens, in dem die Erlösung nur von oben, vom Pantokrator kommen kann, wobei die Turmkuppel selbst den Himmel symbolisiert.

Die zweite Veränderung ist an die allmähliche Trennung des Altarraums vom Hauptraum gebunden. Wir kennen die ursprüngliche Lösung in der Kathedrale in Konstantinopel nicht, ebensowenig den Zeitraum, in dem ein kostbarer Vorhang dafür verwendet wurde. Bei der sehr alten Sophien-Kathedrale in Kiew ist die heutige Ikonenwand noch ziemlich niedrig, so dass die Halbkuppel des Altarraums mit der Darstellung der Muttergottes noch unmittelbar im Gepräge des Hauptraumes eine entscheidende Rolle spielt. Später führte die hohe Ikonenwand zur Ausgrenzung des Altarraums aus dem Raumgefüge des Naos und zugleich zu einer gewissen Diskrepanz zwischen der einheitlichen Ausbildung des Grundrisses und der räumlichen Gliederung des Baues.

Gleichzeitig müssen auch die wesentlichen Unterschiede zwischen der Architektur aus Süd- und Nordeuropa hervorgehoben werden. Wenn die frühen Kirchen des Byzantinischen Reichs, die noch keinen dem Pantokrator vorbehaltenen „Turm" hatten, außer Betracht gelassen werden, sind die griechischen Kirchen – inklusive jene des Heiligen Berges Athos oder der Meteora-Klöster – ziemlich niedrig. Andererseits hat der ältere Teil der Sophien-Kathedrale in Kiew, deren Kern noch aus dem ersten Jahrtausend stammt, sehr schlanke Proportionen. Weiter nördlich, bei der Basilius-Kathedrale in Moskau besteht die ganze Kirche aus einer Gruppierung von hohlen, also im Inneren vertikal nicht gegliederten „Türmen", die untereinander durch Gänge verbunden sind. Dort kommt das Licht in die mystische Finsternis des Raumes nahezu ausschließlich aus den „Türmen" von oben, wobei die Ausrichtung gegen den Himmel als die einzige Möglichkeit der Existenz erscheint. Es ist ein großer Unterschied zwischen der weit geöffneten Kuppel der Hagia Sophia in Konstantinopel und dieser Lösung in Moskau, wo nur eine einzige, unzugängliche Richtung nach einem entfernten „Himmel" existiert.

In diese Vielfalt von Auffassungen und Formen gliedert sich die kirchliche Architektur der Walachei und der Moldau ein. Ihr Hauptelement ist in der Regel der Kuppelturm des Pantokrators. Dabei ist die Wechselbeziehung zwischen dem Hauptraum und dem Kuppelturm, zwischen der Sphäre irdischen und himmlischen Lebens bestimmend, einem Himmel, in den man nur

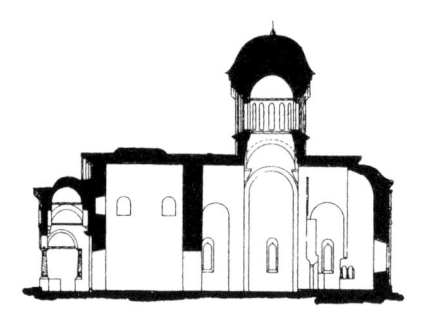

Abb. 141. Kloster Cozia, Hauptkirche, Längsschnitt

durch die Erlösung durch den Pantokrator gelangen kann. Je nach Helligkeit oder Dunkelheit des Hauptraumes wird auf ein mehr oder weniger düsteres irdisches Dasein hingewiesen.

Die Nebenräume des Naos können gegen das zentrale Geviert des Kuppelturmes keine räumliche Abgrenzung haben, so dass sie mit diesem Turm ungehindert verbunden sind; eine solche Raumausbildung deutet auf die Erlösung als einziges entscheidendes Element hin (Kloster Cozia, Abb. 141). Es gibt aber auch Kirchen, in denen Nebenräume vom Hauptraum klarer getrennt sind: So wurde zum Beispiel bei der Kirche des Klosters Neamţ die Grablege mit einem eigenen Turm vom Hauptraum durch einen sehr starken Gurtbogen getrennt (Abb. 142) und bei dem ehemaligen Kloster Argeş, der heutigen Kathedrale, werden die Raumsegmente vor und hinter dem zentralen Geviert ebenfalls durch Gurtbögen begrenzt, die sich von den Gewölben deutlich abheben. Bei all diesen Bauwerken wird die Existenz verschiedener, von der Erlösung unabhängiger Sphären angedeutet – so begrenzt und düster diese auch sein mögen.

Abb. 142. Kloster Neamţ, Hauptkirche, Isometrische Darstellung des Innenraums

Kirchen byzantinischer Prägung 299

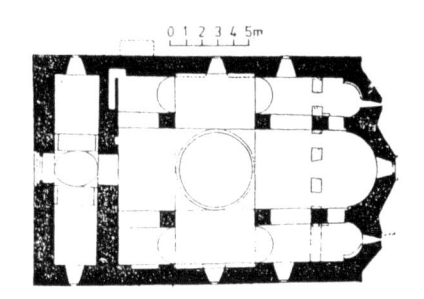

Abb. 143. Curtea de Argeș, Fürstenkirche des
Heiligen Nikolaus

Der Kuppelturm als Dominante des Raumes kann verschiedenartige Auffassungen andeuten. In der Architektur der Walachei kann ein gleicher Durchmesser des Kuppelturmes und des zentralen Gevierts die Verbindung zwischen der weltlichen und der überirdischen Existenz als etwas Natürliches und Bedingungsloses andeuten; andererseits zeigt in der Architektur der Moldau ein geringer Durchmesser des Kuppelturmes im Vergleich zur Öffnung des zentralen Gevierts keine unmittelbare Verbindung der weltlichen und überirdischen Existenz an, sondern eröffnet dies nur als eine Möglichkeit.

Die im Vergleich zur Beleuchtung des Hauptraums mehr oder weniger betonte Helligkeit des Pantokratorturmes verleiht der Erlösung ebenfalls einen unterschiedlichen Charakter – sie kann leichter oder schwieriger erreicht werden, sie ist mehr oder weniger anziehend. Auch die Höhe des wenig beleuchteten Tambours des Kuppelturms, der sich unter dem Register der Fenster befindet, unterstreicht das mehr oder weniger mühsame Emporsteigen zum Licht der Erlösung.

Ein anderes entscheidendes Element im Gepräge des Hauptraumes und implizite der von ihm vermittelten Botschaft stellt das Verhältnis zwischen seiner Länge und Höhe dar. Der perfekte Zentralraum ist Ausdruck der göttlichen Vollkommenheit im Glauben; die Raumentfaltung entlang der Kirchenachse deutet auf eine Bewegung zum Altarraum hin, jenen Raum, der für das kultische Element des Gottesdienstes steht.

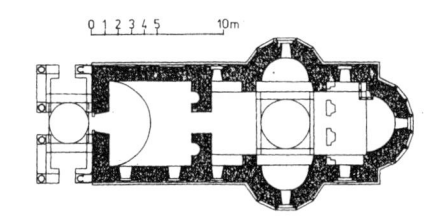

Abb. 144. Kloster Cozia, Hauptkirche, Grundriss

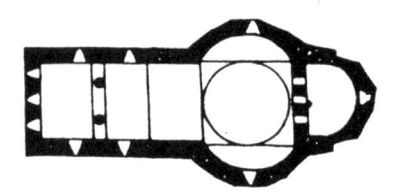

Abb. 145. Kloster Plumbuița

In der Walachei wurde der für die griechischen Kirchen auf dem Berg Athos gebräuchliche Grundriss (das in ein Quadrat eingeschriebene griechische Kreuz) selten verwendet (etwa bei der Fürstenkirche des Hl. Nikolaus in Curtea de Argeș, Abb. 143). Stärker verbreitet ist der sogenannte serbische Grundriss mit Seitenapsiden, die von Nischen flankiert sind, z. B. bei der Kirche des Klosters Cozia (Abb. 144); oft wird auch auf die flankierenden Nischen verzichtet. Durch diese Eigentümlichkeit der rumänischen Architektur – und nicht nur dieser – wird die Längsachse des Bauwerks, die Ausrichtung zum Altarraum als dem Hauptort der vom Klerus vollzogenen liturgischen Vorgänge hervorgehoben. Diese Ausrichtung wird, neben der Anziehung, die von dem Kuppelturm des Pantokrators als Verkörperung des Glaubens ausgeübt wird, zum zweiten Orientierungselement im Inneren der Kirche. Abhängig von der Breite der Joche vor und nach dem zentralen Geviert sowie vom genauen Platz, an der sich die Ikonenwand, also von der Grenze zwischen Naos und Altarraum befindet, kann sich der Kuppelturm in unmittelbarer Nähe des Kultraumes stehen, so dass sich die beiden Hauptelemente der Kirche gegenseitig betonen (Abb. 145). Aber der Kuppelturm kann sich auch weiter weg von der Ikonenwand befinden, so dass die perfekte Symmetrie des Hauptraumes (als Ausdruck göttlicher Vollkommenheit) bewahrt wird; befindet sich dagegen der Kuppelturm in der Nähe des Raumeingangs, also noch weiter von der Ikonenwand entfernt, kommt es zu einer gewissen räumlichen Spannung zwischen Kuppelturm und Altarraum, zwischen Glauben und Kultus (Abb. 146).

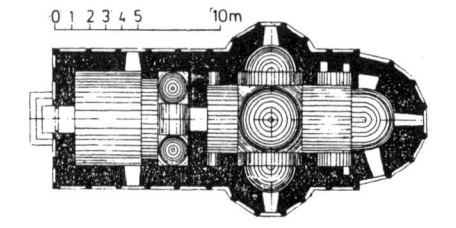

Abb. 146. Târgoviște, Kloster Dealu

Kirchen byzantinischer Prägung 301

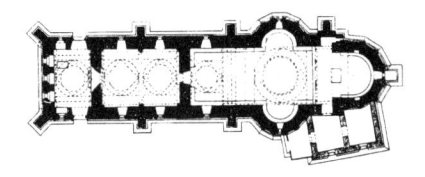

Abb. 147. Kloster Neamț, Hauptkirche

Bei den Kirchen der Moldau kommt bei der von mehreren Kuppeln überdeckten Raumfolge noch ein besonderes Merkmal hinzu: Bei der Kirche des Klosters Neamț (Abb. 147) ist der Vorraum (Pronaos) in einen vorderen und einen hinteren Teil gegliedert (Esonartex bzw. Exonartex), wobei der hintere Teil sogar von zwei hintereinander angeordneten Kuppeln bedeckt ist; es folgt ein Raum für Grablegen und dann erst der Hauptraum und der Altarraum. Die Ausbildung entlang der Längsachse der Kirche vermindert das Gewicht des zentralen Raumes mit seinem Kuppelturm und deutet auf eine Verwandtschaft mit abendländischen Kirchen hin; dafür spricht auch der im Vergleich zur Naosbreite reduzierte Durchmesser der Kuppeltürme. Nur der seitliche Eingang in die Kirche mildert die rhythmische Aufeinanderfolge der Räume zum Altar hin.

Die siebenbürgische Tradition bringt in diese Vielfalt der Formen ein zusätzliches Merkmal ein. Der Mangel einer zentralen oder lokalen Macht, wel-

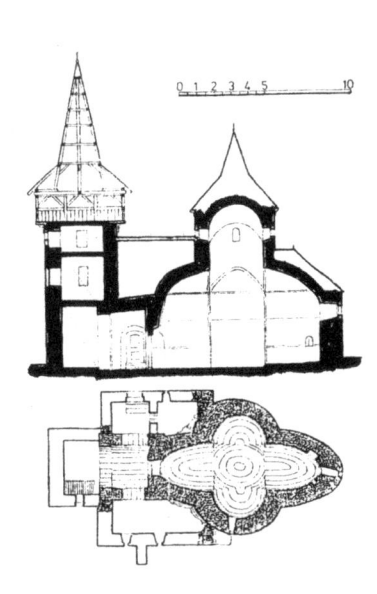

Abb. 148. Kirche in Gurasada

Abb. 149. Kirche in Rășinari

che die Bestrebungen der orthodoxen Gemeinden gefördert hätte – oft verbunden mit einer unvorteilhaften wirtschaftlichen Lage dieser Gemeinden –, hat zur Reduzierung des Bauprogramms und der Ausmaße der Kirchen geführt, wobei meist auf einen Kuppelturm verzichtet wurde. Dieses Spezifikum der orthodoxen Kirche Siebenbürgens kann aber nicht nur durch deren Ausmaße erklärt werden: Manchmal wurde ein Kuppelturm auch bei sehr kleinen Kirchen gebaut (Gurasada, Abb. 148), manchmal gibt es auch bei großen Kirchen über dem Hauptraum keinen Kuppelturm, sondern nur eine Kuppel (z. B. bei der alten Kirche in Rășinari, bei welcher auch die Trennung zwischen Hauptraum und Vorraum nur durch einen Gurtbogen angedeutet ist, Abb. 149). Allgemein verbreitet sind Kuppeln unmittelbar über dem Naos und bei den Holzkirchen ist der Hauptraum sogar mit einem falschen Holzgewölbe überdeckt. Durch das Fehlen eines Kuppelturmes fehlt die Botschaft der Erlösung durch den Pantokrator. Dabei handelt es sich aber nicht um die göttliche Monumentalität der Hagia Sophia in Konstantinopel, sondern um die Umfassung der gesamten Gemeinde in einem geschlossenen Gemeinschaftsraum, der die Einheit der Gemeinde ausdrückt. Als ein Symbol für die Existenz, mit einer Andeutung des Himmlischen Jerusalems, kann der Raum unterschiedlich ausgebildet sein: niedriger, also stärker an die Erde gebunden, oder schlanker, erhebender. Die ziemlich gedämpfte Beleuchtung verleiht ihm dabei immer ein mystisches Gepräge.

Das zentralisierende Element der Kuppel des Pantokrators ist gleichzeitig mit der Ausbildung einer Längsachse kombiniert, der die Richtung zu dem Altarraum, und implizite die Bedeutung der liturgischen Komponente in der Kirche hervorhebt. Im Vergleich zum Gewicht dieser Komponente stellte die zentrale Kuppel nicht in demselben Maße ein selbstständiges Element wie bei den Kirchen der Walachei dar. Der Verzicht auf die traditionelle Trennung zwischen Vorraum und Hauptraum betont diese Richtung. Das Ergebnis ist eine Raumflucht wie in der Architektur der Moldau, nur dass sich der Eingang oft in der Längsachse der Kirche befindet, was die Ausrichtung auf die Ikonenwand und den Altarraum betont.

Einem Einfluss der abendländischen Baukunst entspricht auch die Eingliedert einer Westempore in das Gefüge des Innenraums sowie die Errichtung

Kirchen byzantinischer Prägung 303

eines Glockenturms, der im Kontext örtlicher Multikonfessionalität die Existenz der Kirche betont. Das Ergebnis ist oft eine Ähnlichkeit in der äußeren Form der Kirchen verschiedener Konfessionen; so kann z. B. in Freck/Avrig ein Ortsfremder die orthodoxe Kirche von der evangelischen auf den ersten Blick nicht unterscheiden.

Die orthodoxe Kathedrale der Heiligen Dreieinigkeit in Hermannstadt

Die Kirche wurde am Anfang des 20. Jhs. errichtet. Sie entstand im Spannungsfeld zwischen den allgemein üblichen, bewussten oder unbewussten Traditionen und unbegrenzten Möglichkeiten des Zurückgreifens auf byzantinisch geprägte Vorbilder (Abb. 150). Dementsprechend muss das Bauwerk sowohl im Kontext byzantinisch geprägter Baukunst schlechthin als auch in der Tradition rumänischer und vor allem siebenbürgischer Kirchen beurteilt werden.

Schon auf den ersten Blick fällt der Einfluss der Hagia-Sophia-Kathedrale in Konstantinopel/Istanbul (Abb. 140) auf. Bei der Heiligen Dreieinigkeitskathedrale in Hermannstadt finden wir die gleiche Einwölbung des Raumes mit einer großen Kuppel; gleichzeitig wird die Bindung Hermannstadts an Konstantinopel durch das zusätzliche Patrozinium der Heiligen Konstantin und Helena aus Byzanz hervorgehoben.

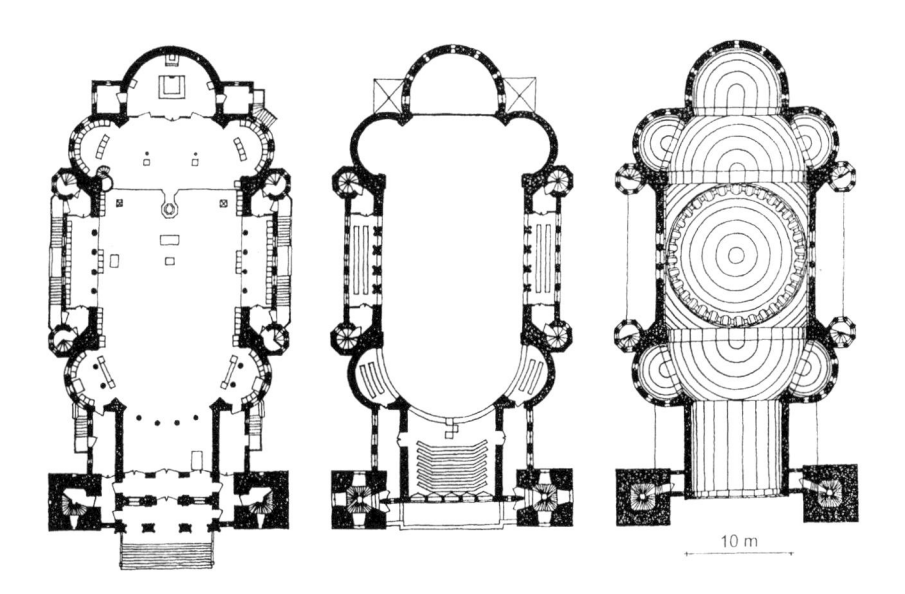

Abb. 150. Hermannstadt, Orthodoxe Kathedrale, Grundriss

Abb. 151. Hermannstadt, Orthodoxe Kathedrale, Hauptkuppel

Bei der Kathedrale in Konstantinopel verbindet sich die zentrale Kuppel als Ausdruck des göttlichen mit einem Richtungsmoment, das bei altchristlichen Basiliken auftaucht. Die Verbindung des zentralen und des längsgerichteten Raumes erfolgt durch die Ergänzung der zentralen Kuppel durch zwei Halbkuppeln, die zusammen den Himmel andeuten. Wir wissen nicht, ob die ursprüngliche, erste Kuppel in Konstantinopel schon mit dem Bild des Pantokrators in Verbindung gebracht wurde, aber die Ergänzung mit zwei Halbkuppeln erinnert an die Heilige Dreieinigkeit, der auch die Hermannstädter Kathedrale geweiht ist. (Bei den später nach dem Vorbild der Hagia Sophia gebauten Moscheen in Istanbul ist die Hauptkuppel selten von zwei Halbkuppeln gestützt.)

Bei der Hermannstädter Dreieinigkeitskathedrale stellt die große Kuppel (Abb. 151) die Dominante der räumlichen Komposition dar; sie umgrenzt einen sehr großen, aber nicht inkommensurablen Raum. (Der unter ihr befindliche Zentralraum hat die Proportion einer Kugel.) Die Hauptbotschaft dieses zentralen Raumes ist die Widerspiegelung der einheitlichen, alles umfassenden Existenz des Weltalls in seiner geistigen Dimension – eine Existenz, zu der auch die Gläubigen mit gehören. Diesem Weltall ist auch das Transzendentale eigen, so dass es weit mehr als die materielle Existenz umfasst (Abb. 152).

Abb. 152. Hermannstadt, Orthodoxe Kathedrale, Naos

Die diffuse und gedämpfte Beleuchtung dieses Zentralraumes deutet auf das Geheimnis der Existenz jenseits dessen, was mit unseren Augen wahrgenommen werden kann. Folglich ist er die Quelle der Verbreitung der göttlichen Gnade. Diese Gnade gehört zum geschlossenen Universum und kommt nicht von außerhalb; hier liegt ein wesentlicher Unterschied, vor allem zu manchen russischen, aber auch anderen hohen Kirchen byzantinischen Gepräges: Im Vordergrund steht nicht die schwer zu erlangende Erlösung aus der irdischen Existenz, die von einem unzugänglichen Kuppelturm angedeutet wird.

Details und die Wandmalereien bilden eine Brücke zwischen dem Gläubigen und dem vom Zentralraum angedeuteten Universum, das dadurch eine gewisse Intimität bewahrt. Trotz der großen Ausmaße des Raumes fühlt sich der Mensch darin nicht fremd und eingeschüchtert.

Mit diesen Formen muss die Kathedrale auch in der Nachfolge siebenbürgischer orthodoxer Kirchen gesehen werden. Jenseits der Andeutung des Weltalls widerspiegelt der einheitliche Raum die Geschlossenheit der Gemeinde in der multikonfessionellen Umwelt Hermannstadts. Diese Einheit wird auch durch den einzigen großen Kandelaber angedeutet, dem größtenteils das Licht des Innenraumes zu verdanken ist – eine Beleuchtung, die als ein Reflex des Lichtes von oben, aus dem Fensterregister am Ansatz der Kuppel erscheint.

Trotz der großen Anzahl dieser Fenster wird der Raum wegen ihrer breiten Laibungen – vor allem an dem oberen Teil der Öffnungen – ziemlich gleichmäßig erhellt (Abb. 151, 152). Obwohl das Licht vor allem von oben kommt, ist die Kuppel selbst nicht übermäßig hell. Mit dem Bild des Pantokrators gliedert sie sich in das geschlossene Weltall ein. Eine zusätzliche Besonderheit erlangt diese Kuppel durch ihre Ausmalung. Gemäß der gegebenen Bedingungen und der kirchlichen Regeln ist das Bild des Pantokrators in der Mitte von jenen der Engel umgeben. Diese scheinen den Pantokrator in der „Burg" des Himmels, im Neuen Jerusalem zu verteidigen. Dadurch unterscheidet sich das Bild wesentlich von jenen aus traditionellen Kuppeltürmen, in denen sich die Engel im Licht der Fenster unter dem Pantokrator befinden, den sie nach außerhalb des Raumes erheben.

Die Gurtbögen am Rande der Kuppel und des Zentraltraumes heben sich nur wenig ab; durch ihre Dekoration treten sie stärker hervor. Folglich führen sie nicht zu einer Gliederung des Raumes, sondern sie fügen sich in dessen Einheit ein. Wie auch bei der Hagia Sophia in Konstantinopel setzen sie sich in der Längsrichtung der Kirche in den zwei Halbkuppeln fort, welche die zentrale Kuppel stützen und ihrerseits von den Halbkuppeln kleiner Apsidiolen gestützt werden. Aber in Hermannstadt haben die kleinen Halbkuppeln der umgebenden Apsidiolen ihren Scheitelpunkt nicht unter dem Ansatz der großen Halbkuppeln, sondern auf dem gleichen Niveau. Demnach gibt es betonte Verschneidungen mit den Flächen der großen Halbkuppeln. So bleiben von diesen nur Gewölbesegmente, die eher aufsteigenden böhmischen Kappen ähneln. Die großen Halbkuppeln zwischen der zentralen Kuppel und dem Altarraum bzw. der Empore am anderen Ende der Kirche bilden gewissermaßen Verlängerungen der Pendentive der großen Kuppel; im Unterschied zur Kathedrale in Konstantinopel erscheinen sie weniger als gesonderte, klar umrissene Raumelemente. Hinter dem Triumphbogen wird dieser Eindruck auch von der Wandmalerei betont, bei der sich das heilige Abendmahl wie ein längliches Medaillon der zentralen Fläche des Gewölbes anschmiegt, ohne die Ränder der Halbkuppel zu bedecken.

Die beiden Halbkuppeln, welche im Grundriss großen Apsiden entsprechen (Abb. 150), sind von je drei großen Bögen begrenzt, welche seitlich die Apsidiolen und in der Mitte je ein größeres Tonnengewölbe begrenzen. Auf einer Seite des Altarraumes bildet ein solches die Verbindung mit dessen Apsidiole und auf der anderen Seite bedeckt es eine Empore. Dabei haben diese Tonnengewölbe eine viel größere Spannweite als die Halbkuppeln der seitlichen Apsidiolen. So hat die hohe Ikonenwand vor dem Altarraum eine dominante Rolle innerhalb des Raumgefüges (Abb. 152), während die seitlichen Apsidiolen lediglich Nebenräume sind, die den Altarraum an das zentrale Geviert anschließen sollen.

Abb. 153. Hermannstadt, Orthodoxe Kathedrale, Pronaos und Emporen

In gleicher Art gibt es auf der gegenüberliegenden Seite der Kathedrale, in der Zone des Vorraums dieselbe bedeutende Differenzierung zwischen den seitlichen Apsidiolen und dem Gewölbe der Empore über dem Vorraum (Abb. 153). Auch dort handelt es sich um einen Anschluss der Empore an den zentralen Raum der Kathedrale; diese führt zu der organischen Eingliederung der großen Empore in die Gesamtkomposition des Baues. (Die nützliche Empore kann wiederum als ein für Siebenbürgen spezifisches Element betrachtet werden, das für den Gottesdienst besondere Möglichkeiten schafft.)
   Die beachtliche Größe des Altarraums und der Hauptempore hebt die Längsachse des Bauwerks hervor, eine Tatsache, die bei vielen Kirchen der Gegend anzutreffen ist. Dass es keine Dissonanz zwischen der Längsrichtung und dem zentralen Raum gibt, ist ein Merkmal der Hermannstädter Kathedrale. Im Unterschied zu vielen Kirchen, zum Beispiel der Moldau, wird die Erweiterung der Nutzfläche nicht durch eine Aneinanderreihung ähnlicher Räume erreicht, sondern durch die Erweiterung des zentralen Raumes, der seine Bedeutung als Zentralraum voll bewahrt.

Der Altarraum und die kleinen Apsidiolen an seiner Seite sind in der Höhe ungegliedert und kaum beleuchtet, was ihnen einen besonderen Charakter verleiht. Der durch eine hohe Ikonenwand vom Rest der Kirche getrennte, für die Gläubigen unzugängliche Altarraum ist dementsprechend als ein besonderer Bereich kenntlich (Abb. 150). Die Fläche zwischen den beiden kleinen

Abb. 154. Hermannstadt, Orthodoxe Kathedrale, Seitenschiff

Apsidiolen bildet gleichzeitig einen Durchgangsraum und eine Verbindungszone zwischen dem Altarraum und dem großen Geviert mit der Kuppel (Abb. 152). Im Kontext der Harmonisierung des Altarraums und der davor befindlichen Ikonenwand – mit ihrer liturgischen Bedeutung – einerseits, mit dem Zentralraum und seiner transzendentalen Aussage andererseits, kommt dieser Verbindungszone eine große Bedeutung zu.

Die Verbindungszone ist für die Gläubigen zugänglich, bildet aber gleichzeitig einen liturgischen Raum – eine Tatsache, die nicht nur durch seine Einrichtung, sondern auch durch die dortige Anordnung der Kanzel deutlich wird. Gegen den Zentralraum hin gibt es eine sehr diskrete Abgrenzung durch den Gurtbogen und eine Stufe. Aber der liturgisch genutzte Raum erstreckt sich bis unter die Mitte der Kuppel, so dass von einer Abstufung dieser liturgischen Bedeutung vom Altarraum bis zur Kirchenmitte gesprochen werden kann.

Auf der entgegengesetzten Seite der Kathedrale, auf der unteren Ebene, stellt die lose Begrenzung durch Säulen zugleich eine Verbindung zwischen Hauptraum, Vorraum, seitlichen Apsidiolen und Seitenschiffen her (Abb. 154). Gleichzeitig sichert sie eine organische Abgrenzung des dominanten Zentralraumes gegen die Nebenräume sowie deren Ausrichtung auf den liturgischen Raum. Auf der oberen Ebene der Emporen wird die Begrenzung der Apsidiolen gegen den Zentralraum nur durch die Krümmung der Brüstung angedeutet (Abb. 153). Da der Raum über der Brüstung nicht gegliedert wur-

Abb. 155. Hermannstadt, Orthodoxe Kathedrale, Hauptfassade

de, kommt eine Übeinstimmung dieses Kirchenteiles mit den kleinen Apsidiolen seitlich des Altarraumes zustande.

Die Zone zwischen den Apsidiolenpaaren auf beiden Seiten der Kathedrale, in der sich die Seitenschiffe befinden, weist auch auf der oberen Ebene eine Begrenzung durch Säulenbündel auf. Da die Größe der zwischenliegenden Öffnungen (Abb. 154) eher auf die Größe der Menschen abgestimmt ist, wird eine innige Verbindung der Gläubigen zu dem zentralen Raum geschaffen. Gleichzeitig deuten diese kleineren Öffnungen die großen Ausmaße des zentralen Raumes an. Im Vergleich zu dieser ästhetischen Wirkung der Seitenschiffe hat ihre statische und funktionelle Rolle eine untergeordnete Bedeutung.

Die Asymmetrie zwischen der Eingangsseite der Kirche und der Seite gegen den Altarraum ist besonders komplex (Abb. 150). Sie erreicht ihren Höhepunkt in der golden leuchtenden Ikonenwand. Diese Ikonenwand mit ihrer liturgischen Bedeutung ist in den Zentralraum integriert – als deren Hauptteil, aber trotzdem nur als einer seiner Teile. Durch das Fehlen eines Kuppelturmes wird zugleich eine Spannung zwischen einer Ausrichtung auf den Pantokrator und einer solchen auf die Ikonenwand vermieden – letztendlich die Spannung zwischen Glauben und Kultus.

An der gegenüberliegenden Seite der Kirche, über der Hauptempore, befindet sich ein sehr großes Fenster, das kaum gegliedert ist und den gesamten Oberteil der Hauptfassade einnimmt (Abb. 155). Es ist denkbar, dass es außen

Abb. 156. Hermannstadt, Orthodoxe Kathedrale, Rückseite

die Bedeutung und das Spezifikum der Kathedrale hervorheben sollte. Im Gefüge des Innenraums wurde dieses Fenster wahrscheinlich nicht nur für die Sicherstellung einer entsprechenden natürlichen Beleuchtung gedacht, sondern für eine Ausrichtung des Lichtes speziell auf die Ikonenwand. Unter den Bedingungen einer elektrischen Beleuchtung wurde nachträglich diese Beleuchtung durch das Anbringen von zusammenklappbaren Wandschirmen an der Unterseite des Fensters vermindert. Dadurch erzielte man einen besseren Ausgleich der Helligkeit und brachte so den zentralen Raum mit der Kuppel des Pantokrators stärker zur Geltung.

Der Zentralraum, die Apsis des Altarraums und die seitlichen Apsidiolen haben durch ihre Formen, die Wölbung und Dekoration ein typisch byzantinisches Gepräge. Anderseits deuten der Unterschied in der Lösung des Eingangsbereiches, des zentralen Gevierts und des Bereichs des Altarraums auf barocke, also westeuropäische Kompositionsprinzipien hin. Diese sehr diskrete Kombination unterschiedlicher stilistischer Verfahren, die sich sowohl in den Grundrissfromen als auch in der räumlichen Gestaltung widerspiegeln, stellt eine Besonderheit der Hermannstädter Kathedrale dar.

Die Verbindung dieser stilistischen Tendenzen erscheint an den Außenseiten des Baudenkmals noch ausgeprägter. Die obsessive Abwechslung der beigen und rotbraunen Ziegelreihen, die mit neuen Materialien den traditionellen Wechsel der Ziegel- und Steinreihen in der Architektur byzantinischer Prägung wieder aufnimmt, die Andeutung der Gewölbe in den Außenansichten und vor allem die äußere Form der zentralen Kuppel, die einem niedrigen griechischen Kuppelturm ähnelt (Abb. 156), hebt die Zugehörigkeit der Kathedrale zur orthodoxen Architektur im weiteren Sinne hervor.

Auch islamische Züge fehlen nicht vollständig; so erinnert die Aneinanderreihung immer höherer Baukörper – vor allem im Bereich des Altarraums – von den relativ niedrigen Baukörpern der Absidiolen zur Eindeckung der Halbkuppel und zum zentralen Kuppelturm zum Beispiel an die Blaue Moschee in Istanbul. Diese aufsteigenden Baukörper sind gleichzeitig eine Besonderheit, die dem ruhig geschlossenen Baukörper der Hagia Sophia fremd ist.

Andererseits verfügt die aufgelockerte Gesamtform des Hermannstädter Baues über eine Reihe von Einzelkörpern, die sich vom zentralen Gesamtkörper abheben: Die Apsiden und Apsidiolen (bei denen sich die Abdeckung nicht unmittelbar dem Gewölbe anschmiegt, sondern unterschiedliche Akzente bildet), die kleinen Treppentürme, die großen Türme der Hauptfassade, die Terrassen und die Treppenanlagen sowie eine Reihe von Details (insbesondere die Turmhelme der Hauptfassade) tragen ein barockes Gepräge. Wie bei der Asymmetrie des Innenraumes in Bezug auf die Querachse bildet diese barocke Note eine Komponente der Schauseiten.

Dazu gibt es einige neoromanische Details, wie Zwillingsfenster oder Halbsäulen mit Würfelkapitellen. Die Verbindung all dieser Elemente an einem einzigen Bauwerk setzen dieses in den breiteren Kontext der eklektischen Architektur aus der zweiten Hälfte des 19. und dem Anfang des 20. Jhs. Für dieses 20. Jh. ist vor allem die Hauptfassade mit der großen Glaswand ein typisches Element moderner Architektur.

In der Gestaltung der Hermannstädter Kathedrale werden auf diese Weise sehr unterschiedliche Elemente miteinander verbunden. Im Vordergrund steht aber eine Symbiose zwischen der Auffassung der Hagia Sophia in Konstantinopel und der für Siebenbürgen typischen Tradition. Da das Bauwerk byzantinisch geprägt ist, aber in Mitteleuropa steht, kennzeichnet es sich durch ein Gleichgewicht zwischen Formen und Kompositionsprinzipien des Morgenlandes und Abendlandes: Keine dieser Formen wird jedoch einfach übernommen. So kann die Hermannstädter orthodoxe Kathedrale als der Höhepunkt der siebenbürgischen Architektur byzantinischer Prägung betrachtet werden.

Eine gotische Synagoge in Hermannstadt?*

Laut einem Textes, der von der Jüdischen Gemeinde in Hermannstadt/Sibiu verfasst wurde, gibt es Urkunden aus dem Jahr 1837, die belegen, dass in Her-

---

* Erstdruck *The Old Synagogue from Sibiu*, in: „Studia Judaica", Cluj-Napoca, 1996/5, S. 77–82.

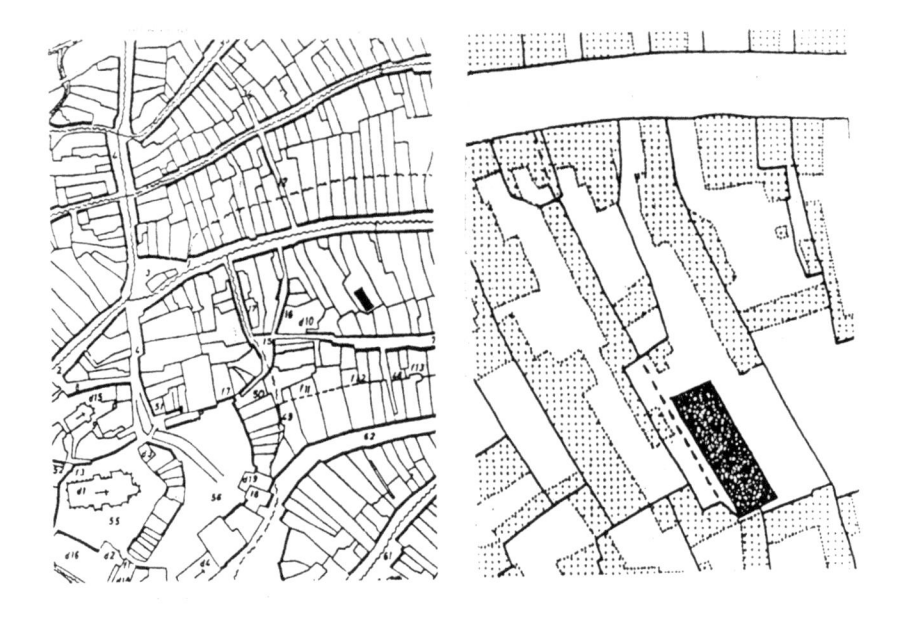

Abb. 157. Hermannstadt, Mutmaßlicher Standort der alten Synagoge

mannstadt Juden lebten und dass 1838 der Oberrabbiner von Karlsburg/Alba Iulia eine Predigt vor der Stadtgemeinde gehalten hat. Um die Mitte des 19. Jhs., gerade *„als schon ein Minian existierte, wurden die Gottesdienste heimlich gehalten, im Dachboden des Hauses vom Goldschmied-Platz (Piața Aurarilor) [...] Nr. 9."* Aber *„1876 wurde das erste Haus für die Wohnungen der Beamten der Gemeinde erworben und die Mikva errichtet. Es wurde das erste Gebetshaus nach aschkenasischem Ritus im Hof eines Hauses in der Elisabethgasse [9 Mai-Straße] gegründet".* Es wird zuletzt noch gesagt, dass *„die erste Synagoge (der große Tempel) 1888 gebaut wurde"*[43] – es handelt sich um das gegenwärtige Gebäude in der Salzgasse (Str. Constituției).

Die Identifizierung des *„Gebetshauses"* ist dank einer Arbeit von Johann Böbel möglich.[44] Seine Aquarelle wurden mit alten, besonders genauen Entwürfen einiger Stadtteile ergänzt und die Genauigkeit ihrer Durchführung spricht für die Authentizität der von ihnen enthaltenen Informationen.

---

[43] Nach: Ferdinand Klepner, *Scurtă privire asupra istoriei evreilor din Sibiu* [Kurzer Blick auf die Geschichte der Hermannstädter Juden], Mss. in der jüdischen Gemeinde in Hermannstadt.
[44] Johann Böbel, *Die Stadttore von Hermannstadt*, Mss. in der Brukenthal-Bibliothek Hermannstadt.

Eine gotische Synagoge in Hermannstadt? 313

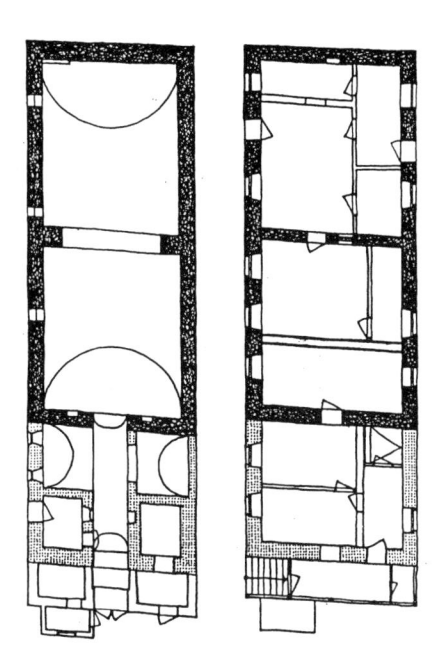

Abb. 158. Hermannstadt, Grundriss des Gebäudes

Böbel ist schon 1887, vor dem Bau oder der Fertigstellung der Synagoge gestorben,[45] aber auf einem seiner Pläne erscheint sowohl die neue als auch eine „alte Synagoge", die seiner Meinung nach seit den 50er Jahren benutzt wurde. Letztere befand sich im Hof des Hauses Elisabethgasse Nr. 28[46] (Abb. 157); höchstwahrscheinlich handelt es sich um das Gebäude, das der Historiker der Hermannstädter Gemeinde erwähnt.

Die Unterstadt, in der sich das Gebäude befindet, gehört zum alten Stadtteil und die Elisabethgasse war einst die wichtigste Straße der Stadt, doch hat sie ihre einstige Bedeutung etwa seit 1300 allmählich verloren; trotzdem wurden auch später die älteren Klöster in dieser Straße errichtet.

Der Hof, in dem sich die Synagoge befindet, wie auch die benachbarten Parzellen haben eine unregelmäßige Form, was auf mehrere Veränderungen hinweist, die in der Gegend durchgeführt wurden. Sie erlauben trotzdem die Rekonstruierung des alten Parzellengefüges. Nach diesem befand sich die Synagoge im erhöhten, hinteren Teil des Hofes, etwa 1 m vom Zaun entfernt. Sie war an kein anderes Gebäude gebunden, sondern stand völlig isoliert. Das

---

[45] Karin Bertalan, *Memoria arhitecturii sibiene în lucrările lui Johann Böbel* [Das Gedächtnis der Hermannstädter Architektur in den Arbeiten von Johann Böbel], in: „Revista muzeelor și monumentelor", Nr. 7/1978.
[46] Für ihre Lage siehe: Paul Niedermaier, *Siebenbürgische Städte*, Bukarest, Köln, Wien 1979, Abb. 2 (d8).

Abb. 159. Hermannstadt, heutiges Gepräge des Gebäudes

vordere Haus befindet sich auf der anderen Seite des Hofes und wurde im gotischen Stil wahrscheinlich im 15. Jh. errichtet.

Das hintere Gebäude wurde in zwei aufeinanderfolgenden wichtigen Bauetappen errichtet. Wahrscheinlich im 15. Jh. wurde ein riesiger Keller von etwa 7 × 17 m gebaut, der mit einem Tonnengewölbe abgedeckt wurde, in den vermutlich auch die Überreste eines älteren Gebäudes eingegliedert wurden. Über dem Keller gab es einmal zwei Räume von je 7 × 8 m (Abb. 158); beide waren gut beleuchtet und vermutlich von draußen betretbar. Der hintere Raum hat in der Längsachse eine Art schräger Nische mit einer unregelmäßigen Form; es könnten die Überreste eines Schornsteins sein. Vor einigen Jahren gab es im Gebäude noch einige Einwohner, die sich daran erinnerten, dass es unter dem heutigen Fußboden einen anderen aus Ziegeln gab. Das Gebäude hatte ursprünglich ein ziemlich steiles Satteldach, von dem ein Giebel und das alte Gebälk erhalten sind.

In einer zweiten Etappe, wahrscheinlich im 17. Jh., wurde das Gebäude nach vorne mit einem Raum von 7 × 6 m und einem Feuerherd in der Ecke erweitert; das Hinzugebaute hatte ein komplizierteres Untergeschoss und ein abgewalmtes Dach in der Verlängerung des alten (Abb. 159). Später wurden noch eine gedeckte Laube und eine Reihe von inneren Trennwänden hinzugefügt – die letzteren im 19. Jh. nach der Übersiedlung der Synagoge in den neuen Tempel. Archäologische Probegrabungen, die zusätzliche Informationen bieten könnten, wurden nicht durchgeführt.

Das Form des Gebäudes könnte einer mittelalterlichen Synagoge entsprochen haben: Im alten Teil des Baues gab es zwei große Räume (möglicherweise für Männer und Frauen) und darunter einen riesigen Keller.

Beachtenswert ist die Lage des Gebäudes. Die Anzahl der fest gemauerten Bauten so hohen Alters, die sich in einem Hinterhof befinden, ist überaus gering[47] (selbst die hinteren Gebäudekörper des Hallerhauses wirken im Vergleich dazu improvisiert); dazu kommt, dass sich Erweiterungen von Gebäuden an der Straße in Verlängerung dieser Gebäude befinden. Es handelt sich also sicherlich um eine besondere Anordnung und implizite um ein Gebäude, das von Anfang an eine spezielle Funktion hatte. Der Standort innerhalb der Stadt befindet sich in relativer Nähe zu den alten Klöstern, wo meist die mittelalterliche Synagogen standen,[48] und wie in vielen ähnlichen Fällen im hinteren Teil der Parzelle. Es ist kein anderes Gebäude in der Stadt bekannt, das den Anforderungen für den Standort einer Synagoge in gleichem Maße entsprochen hätte, jedoch gibt es gegenwärtig keinen direkten Beweis für ihre Errichtung und Benutzung mit diesem Zweck. Detaillierte Untersuchungen könnten vermutlich die Existenz oder das Fehlen einer Mikva, des Almemor oder der Nische für die Bundeslade klären.

Die Frage einer Synagoge in Hermannstadt ist vor allem mit jener der Präsenz von Juden in der Stadt verbunden. Eine Urkunde aus dem Jahr 1357 erwähnt einen Petrus Judeus in Heltau/Cisnădie,[49] also kurz nachdem in Mitteleuropa im Gefolge des Schwarzen Todes die Judenverfolgungen begannen, aber bevor diese aus Frankreich und Spanien endgültig vertrieben wurden. Der Vermerk stammt aus einer Zeit der wirtschaftlichen Blüte, als der besondere Aufschwung der künftigen Städte kaum begonnen hatte.[50] Da Petrus Judeus in der betreffenden Urkunde über ein Abkommen zwischen Heltau und Michelsberg/Cisnădioara gleich nach dem Komes und dem Stadtrichter erwähnt wird, musste er einen großen Einfluss gehabt haben; ob er vielleicht zum christlichen Glauben übergetreten war, ist in diesem Kontext von geringer Bedeutung. Wichtiger ist die Tatsache, dass Heltau damals etwa so groß wie Hermannstadt war.[51] Der Ritter Johannes Latinus aus Heltau erhielt schon 1206 eine Zollfreiheit „für jeden Ort, wohin er oder seine Leute für den Han-

---

[47] Hermann Fabini, *Sibiul gotic* [Das gotische Hermannstdat], București 1982.
[48] Literatur und eine Reihe von Informationen über die mittelalterlichen Synagogen verdanke ich dem verstorbenen Architekt Otto Czekelius, der während mehrerer Jahre in Spanien und in Deutschland lebte.
[49] *Documenta Romaniae Historica*, Serie C Transilvania, Bd. XI, București 1981, S. 169.
[50] Paul Niedermaier, *Raportul între sat și oraș în lumina crizei agrare medievale* [Das Verhältnis zwischen Dorf und Stadt im Lichte der mittelalterlichen Agrarkrise], in: „Anuarul Institutului de Istorie Cluj-Napoca", Bd. XXXI, 1992, S. 154.
[51] Ders., *Zur Bevölkerungsdichte und -bewegung im mittelalterlichen Siebenbürgen*, in: „Forschungen zur Volks- und Landeskunde", Nr. 29/1, S. 20.

del kommen"⁵² – dieses schon lange vor der Bestätigung des Hermannstädter Handels (und gemäß einer alten Überlieferung soll Hermannstadt das Marktrecht von Heltau erworben haben). All dieses bestätigt die besondere Bedeutung dieser Ortschaft, in der Petrus Judeus eine beachtliche Persönlichkeit war. Unter diesen Bedingungen spricht seine Erwähnung für die Präsenz einiger Juden im 15. Jh. auch in Hermannstadt, wo damals wohlhabende Fremde verhältnismäßig leicht ansässig werden konnten. Für ihre Anwesenheit hier spricht auch der Sitz einer Propstei in der Stadt, da es bekannt ist, dass sich Juden vor allem in den Zentren der Diözesen niedergelassen haben (und zwischen einem Bistum und einer exemten Propstei gab es gewisse Parallelen). Die Tatsache, dass die Juden in frühen Urkunden nicht erwähnt werden, ist nicht überraschend: In dem Zeitraum zwischen 1191–1342 sind in Hermannstadt nur 40 Namen bekannt (inklusive Komes, Stadtrichter, Stadtpfarrer u.s.w., und bei diesen Namen sind auch Personen eingerechnet, die mehrfach erwähnt sind).

Es gibt Hinweise auf Hermannstädter Juden auch nach den Vertreibungen aus Westeuropa. Es müsste noch untersucht werden, ob es in den Registern aus der zweiten Hälfte des 15. Jhs. zwischen den sächsischen Namen auch die von einigen Juden gibt. So erscheint in einer Rechnung aus den Jahren 1478–1479 eine Bemerkung „*Der alt Moyses*",⁵³ bei dem es sich um einen jüdischen Namen oder um einen Spitznamen handeln könnte. 1499 verlangt Wladislaw II. vom Hermannstädter Richter, dass er in Prozessen von Juden für Gerechtigkeit sorgen soll, und Radu Paisie wendet sich 1535 an die Bewohner von Hermannstadt im Interesse eines seiner Untertanen, der Schuldner eines Juden aus Hermannstadt war.⁵⁴ Die Anwesenheit der Juden im Jahr 1685 in Hermannstadt wird auch erwähnt.⁵⁵ Die urkundlichen Belege sprechen für eine wenigstens zeitweise Existenz von Juden in der Stadt, sowohl vor als auch nach deren Vertreibung aus Westeuropa. Es kann aber ihnen gegenüber ein unterschiedliches Verhalten vermutet werden und implizite auch ihre Anwesenheit in einer größeren oder kleineren Zahl vor und nach ihrer Verfolgung in Westeuropa im 16. Jh., vor und nach dem Beginn der wirtschaftlichen Schwierigkeiten der Städte um die Mitte des 16. Jhs.: Für eine frühe Zeit ist ihre Präsenz wahrscheinlicher.

Hermannstadt war vor allem im 14.–16. Jh. eine wichtige Stadt mit bedeutenden Handelsverbindungen⁵⁶ und dementsprechend ist zu vermuten dass

---

⁵² *Documente privind istoria României, veacul XI, XII și XIII* [Urkunden zur Geschichte Rumäniens, 11., 12. und 13. Jh.], Serie C, Transilvania, Bd. I, București 1951.
⁵³ *Rechnungen aus dem Archiv der Stadt Hermannstadt und der Sächsischen Nation*, Hermannstadt 1880, S. 51. Die Register müßten von Fachleuten ausführlich untersucht werden.
⁵⁴ Moshe Carmilly-Weinberger, *Istoria evreilor din Transilvania* (1623–1944) [Die Geschichte der Juden in Siebenbürgen (1623–1944)], București 1994, S. 16.
⁵⁵ Ebenda, S. 22.
⁵⁶ Gustav Gündisch, *Die Oberschicht Hermannstadts im Mittelalter*, in: „Zeitschrift für Siebenbürgische Landeskunde", 1981/1, S. 6.

es, entsprechend den allgemeinen Umständen Zeiten gegeben hat, in denen es Juden gab, und andere, in denen es keine gab.

Unter diesen Umständen wäre es bedeutsam, wenn eine frühe Hermannstädter Synagoge mit Sicherheit identifiziert werden könnte. Möglicherweise griff man im 19. Jahrhundert bei der Einrichtung des Tempels auf eine alte Tradition zurück.

***

BERGBAU UND BERGWERKSORTE

Salzbergbau

Die einstige Rolle des Bergbaus in Siebenbürgen kann wohl kaum überschätzt werden. Im Falle des Salzes bedingte die Nachfrage in weiten Teilen Mitteleuropas seit dem Beginn des Mittelalters eine Steigerung der Förderung. Seit dem 14. Jh. kam es jedoch zu einem allmählichen Niedergang des Salzbergbaus. Obwohl es in Siebenbürgen wenigstens zeitweise eine gewisse Kontrolle der Förderung gab, wurden an anderen Orten immer mehr relativ leicht zugängliche Gruben erschlossen, so dass Ende des 14. Jhs. sogar ein Einfuhrverbot von Salz nach Siebenbürgen erlassen werden musste. Eine eindeutige Überproduktion führte zu einem bedeutenden Wertverlust des Salzes. Mit dem Vordringen der Türken wurde dazu Siebenbürgen schwerer zugänglich, was den Niedergang des Salzbergbaus beschleunigte.

Zeugnisse des frühen und hohen Mittelalters*

Die Entwicklung vom Anbeginn bis zum 12. Jh. Salz war von jeher lebenswichtig. Seine Förderung im Tagebau hatte in Siebenbürgen eine alte Tradition,[1] die sich in einigen frühen Termini und Ortsnamen widerspiegelt, ebenso in der Häufung archäologischer Funde des 4.–9. Jhs. bei Salzburg/Ocna Sibiului, Kloosmarkt/Cojocna, Ocnița, Salzdorf/Ocna Dejului, Miereschhall/Ocna Mureș und Thorenburg/Turda.[2] Für das 7. und 8. Jh. gibt es nicht nur Hinweise auf eine intensive Förderung in den beiden letztgenannten Orten,

---

* Erstdruck *Ortschaften des Salzbergbaus im Mittelalter (1. Teil)*, in: „Forschungen zur Volks- und Landeskunde", Nr. 40/1–2, 1997, S. 117–145.
[1] P. Mureșan, *Aspecte etnografice din exploatarea sării în trecut la Ocna-Dej* [Ethologische Aspekte der Salzgewinnung in Salzdorf], in: „Anuarul Muzeului etnografic al Transilvaniei pe anii 1962–1964", S. 394; K. Horedt, *Siebenbürgen in spätrömischer Zeit*, Bukarest 1982, S. 16–18.
[2] A. Doboși, *Exploatarea ocnelor de sare din Transilvania în evul mediu* [Die Förderung in den Salzbergwerken Siebenbürgens im Mittelalter], in: „Studii și cercetări de istorie medie", Jg. II/1, 1951, S. 127, 139; P. Mureșan, *Aspecte etnografice* ..., S. 413; bzw. K. Horedt, *Siebenbürgen...*, S. 16f.

sondern auch für die Verschiffung des Salzes auf dem Mieresch.[3] Damals waren in weiten Gebieten des östlichen Mitteleuropa abbauwürdige Lagerstätten unbekannt, und mithin kam den siebenbürgischen Vorkommen überregionale Bedeutung zu. So ist eine baldige Verflechtung der althergebrachten Salzgewinnung mit dem frühmittelalterlichen Gesellschaftsgefüge verständlich.

Schon der erste schriftliche Beleg spricht nicht nur für eine rege Förderung, sondern gleichzeitig für ihre Handhabe als politisches Druckmittel: Nach den „Annales Fuldenses" verlangte König Arnulf von Kärnten im Jahre 892, dass hinfort kein Salz nach Mähren verkauft werden solle; wahrscheinlich handelte es sich dabei um solches aus Siebenbürgen.[4]

Diese Nachricht kann mit einer zweiten in Verbindung gebracht werden, die eine kurz darauffolgende Zeit betrifft, und zwar nach dem Eindringen der Ungarn in das Karpatenbecken (895). Gemäß den „Gesta Hungarorum" des Anonymus ist „castrum Zotmar" damals, zu Zeiten Menumoruts, eine wichtige Burg gewesen.[5] Da diese von der Hauptburg (Biharea) sehr weit ablag, dürfte sie einen besonderen Zweck erfüllt haben. Die spätere Bedeutung von Sathmar/Satu Mare war weitgehend an den Handel mit Salz aus den Gruben bei Salzdorf gebunden;[6] nachdem diese Bergwerke ein außergewöhnlich hohes Alter haben sollen,[7] ist es nicht ausgeschlossen, dass die Burg schon um das Jahr 900 den Weg für den Fernhandel absicherte.

---

[3] K. Horedt, *Das Awarenproblem in Rumänien*, in: Studijné zvesti, Bd. XVI, 1968, S. 108 f; Ders., *Beiträge zur archäologischen Forschung*, in: „Epoche der Entscheidungen. Die Siebenbürger Sachsen im 20. Jh.", Hrsg. O. Schuster, Köln, Wien 1983, S. 282.

[4] In einem Verzeichnis des 18. Jhs. (J. E. v. Fichtel, *Beytrag zur Mineralgeschichte von Siebenbürgen – zweyter Theil, welcher die Geschichte des Steinsalzes enthält. Geschichte des Steinsalzes und der Steinsalzgruben im Großfürstenthum Siebenbürgen ...*, Nürnberg, 1780, S. 129) sind für den Karpatenbereich folgende Zahlen damals bekannter Salzvorkommen angegeben:

	Gruben	Spurien	Quellen
Walachei	3	2	-
Moldau und Buchenland	1	6	5
Siebenbürgen	6	30	120
Marmatien	4	5	4
Polen	2	-	39
Zusammen	16	43	168

[5] A. Decei, *Românii din veacul al IX-lea până în al XIII-lea, în lumina izvoarelor istorice armenești* [Die Rumänen im 9. bis 13. Jh. im Lichte der armenischen geschichtlichen Quellen], in: „Anuarul Institutului de istorie națională", Bd. VII, 1936-1938, S. 475–477; K. Horedt, *Untersuchungen zur Frühgeschichte Siebenbürgens*, Bukarest 1958, S. 130.

[6] Șt. Pascu, *Voievodatul Transilvaniei*, Cluj 1972–1979, Bd. I, S. 28, 40.

[7] Für Sathmar, siehe: *Documente privind istoria României*, seria C, Bukarest 1951–1955, sec. XI-XIII/I, S. 239, 388f., sec. XIV/I, S. 180; *Urkundenbuch zur Geschichte der Deutschen in Siebenbürgen*, Hrsg. F. Zimmermann, C. Werner, G. Müller, G. Gündisch, Hermannstadt 1892–1937, Bd. III, S. 414, 537; O. Mittelstrass, *Beiträge zur Siedlungsgeschichte Siebenbürgens*, München 1961, S. 37 (S. Borovszky, *Szatmár-Némethi sz. kir. város* [Die königliche Freistadt Sathmar-Nemeti], Budapest o.J., S. 161f., versuchte sogar den Namen „Sathmar" von „Salzmarkt" abzuleiten). Für das Alter der Gruben in Salzdorf siehe: A. Dobosi, *Exploatarea...*, S. 127.

Um das Jahr 1000 wurde auch an einer anderen Stelle Siebenbürgens Salz abgebaut: In Thorenburg fand man eine oder mehrere 938–947 geprägte baierische Münzen,[8] die für das frühe Bestehen dieses Bergwerksortes sprechen. Aus allen Quellen geht hervor, dass das Salz aus den dortigen Gruben auf dem Mieresch, der als Wasserstraße diente, verfrachtet wurde.[9] Chroniken des 12.–13. Jhs. – wie die Legende des St. Gerhard – berichten von der Verzollung der Salzschiffe Stephans I. durch Ahtum.[10] Dieses lässt schon für die Zeit um 1030 eine königliche Verwaltung zumindest eines Teiles des Salztransportes vermuten.[11]

Etwas neuere schriftliche Hinweise ergänzen das Bild. Thorenburg ist als erster Ort Siebenbürgens urkundlich erwähnt: Im Jahr 1075 erhielt die Abtei St. Benedikt im Grantal die Hälfte des königlichen Anteils am Zoll der Salzgruben bei der Burg Turda (*„in loco qui dictur hungarice Aranyas, latine autem Aureus"*).[12] Nach einer Urkunde von 1247[13] bestand auch Salzdorf in der Regierungszeit Bélas I. (1060–1063), was mit dem schon erwähnten frühen Bestehen Sathmars gut zu vereinbaren ist. Schließlich dürfte es in dieser Zeit auch einen dritten bedeutenderen Ort des Salzbergbaus gegeben haben: Kloosmarkt/Cojocna, das früh große Bedeutung erzielte.[14]

Am besten erhellt die Sonderstellung dieser Orte die Tatsache, dass sie durch 10–20 km weit gelegene Burgen abgesichert wurden.[15] Viel ist über das „*castrum*" genannt „*Turda*" bekannt; bei archäologischen Grabungen am zugehörigen Gräberfeld der Bielo-Brdo-Kultur wurden Münzbeigaben aus der Zeit von Stephan I. (1000–1038) gefunden[16] und von 1075 stammt der angeführte urkundliche Beleg. Auch wenn die Wehranlagen bei den zwei anderen Bergbauorten damals noch nicht urkundlich erwähnt wurden, so finden wir

---

[8] H. Czoppelt, *Eine bairische Münze aus Thorenburg*, in: „Korrespondenzblatt des Arbeitskreises für Siebenbürgische Landeskunde", Jg. IV, 1974, S. 78ff.
[9] In einer neueren Zeit wurde auf dem gleichen Fluß vor allem auch Salz aus Salzburg verfrachtet, dort ist jedoch erst später mit einem intensiveren Abbau zu rechnen (siehe: K. Horedt, *Contribuții la istoria Transilvaniei în secolele IV-XIII*, [Beiträge zur Geschichte Siebenbürgens im 4.–13. Jh.], Bukarest 1958, S. 113, 115–123).
[10] E. Glück, *Considerații privind izvoarele istorice scrise referitoare la ducatul lui Ahtum* [Betrachtungen über die geschriebenen geschichtlichen Quellen über das Herzogtum des Athum], in: „Ziridava", Bd. VI, 1976, S. 274.
[11] A. Doboși, *Exploatarea*..., S. 130.
[12] *Documente*..., C, sec. XI–XIII/I, S. 355.
[13] In der Sammlung von G. D. Teutsch, F. Firnhaber, *Urkundenbuch zur Geschichte Siebenbürgens*, Wien 1857, S. XXXIX, ist die Urkunde von G. Fejer, *Codex diplomaticus Hungariae ecclesiasticus ac civilis*, Bd. IV/1, Buda 1829, A. 392, übernommen. Dagegen ist in *Documente*..., C, sec. XI–XIII/I, weder in der Sammlung selbst noch bei den falsch datierten oder fraglichen Urkunden ein Hinweis darauf zu finden. E. Wagner, *Historisch-statistisches Ortsnamenbuch für Siebenbürgen*, Köln, Wien 1977, S. 276, führt die Schreibung der Ortsnamen in der Urkunde an, ebenso weist G. Entz, *Die Baukunst Transilvaniens im 11.–13. Jh.*, in: „Acta historiae artium", Jg. XIV, 1968, S. 46, darauf hin.
[14] S. dazu: Șt. Pascu, *Voievodatul Transilvaniei*, Bd. I, S. 133; G. Entz, *Die Baukunst* ..., S. 146.
[15] Siehe auch: G. Entz, *Die Baukunst* ..., S. 3, 5.
[16] K. Horedt, *Archäologische Beiträge* ..., S. 448.

doch bei allen drei – und nur bei diesen – eine Zusammengehörigkeit einer Förderstätte mit zugehöriger Siedlung und einer Burg, die auch in den Ortsnamen zum Ausdruck kommt („*Thorda Akna*" – „*Turdawar*", „*Deesakna*" – „*Desswar*", „*Kulusakna*" – „*Kuluswar*").[17]
Bezeichnend ist die geographische Lage der drei Förderstätten: Sie befanden sich am Westrand Siebenbürgens, der viel dichter besiedelt war[18] und von dem aus das Salz auf den großen Flüssen leichter westwärts verfrachtet werden konnte. Gleichzeitig lagen sie aber auch am Rande der siebenbürgischen Heide – einem waldsteppenähnlichen Gebiet, das selbst vor der Jahrtausendwende, als der anthropogene Einfluss auf die Landschaft minimal war, nur teilweise bewaldet gewesen sein dürfte,[19] also unter den damaligen Verhältnissen siedlungsfreundlich war.

Über den eigentlichen Bergbau dieser frühen Zeit lässt sich nur wenig sagen – und zwar nach den Feststellungen Fichtels v. Ehrenberg aus dem 18. Jh.[20] Er spricht von den „*Arbeiten der Alten [...] welche den Salzstock nur auf seiner Oberfläche, so wie es noch heut zu Tage zu Paraid geschiehet, benutzt haben, und [...] in die Tiefe desselben nicht eingedrungen sind*"; es handelt sich um „*flachen Salzbau, oder, wie man ihn allhier nennet, den Spurienhau*". Da die Gegend von Praid die einzige wichtigere Salzförderstätte war, in dem keine Hospites – also hochqualifizierte Bergleute – angesiedelt wurden, könnte es sich dort tatsächlich um „*ein noch übriggebliebenes Muster von jener Art und Weise, wie in uralten Zeiten das Salz in Siebenbürgen erzeuget worden ist*" gehandelt haben. „*Es besteht daselbst [im 18. Jh.] keine regelmäßige Salzgrube, kein Zug und kein Gapel; sondern die Salzhauer stehen kammeradschaftlich zusammen; suchen einen tauglichen Ort aus, zur Anlegung einer kleinen Grube, oder vielmehr einer Spurie, die nicht viel geräumiger, als der viereckige Schaft einer regulären Grube ausfällt; schaffen die etliche Spannen tiefe Erde hinweg, und hauen Salz. Mit dieser Arbeit gehen sie in eine Teufe von höchstens 5 Klaftern; und, wenn ihnen die Heraustragung des Salzes auf den Schultern, über die aufgestellten Fahrten [Leitern] allgemein beschwerlich zu werden beginnet, lassen sie den Platz fahren und suchen einen anderen*".

Bei der Bevölkerung dieser Orte dürfte es sich um relativ wenige Familien gehandelt haben, doch fehlen uns Anhaltspunkte für eine genauere Beurteilung des Sachverhaltes. Diese Familien werden im Falle Deeschs in einer Streusied-

---

[17] K. Horedt, *Contribuții...*, S. 133–135; *Urkundenbuch...*, Bd. I, S. 65 f., 182, 319, 404.
[18] P. Niedermaier, *Der mittelalterliche Städtebau in Siebenbürgen, im Banat und im Kreischgebiet*, Heidelberg 1996, Bd. I, S. 15–24, 47–58.
[19] P. Niedermaier, *Der mittelalterliche Städtebau ...*, S. 15–24; K. Niedermaier, *Zur Problematik der siebenbürgischen Waldsteppe*, in: „Tuexenia", 1983, S. 242–256.
[20] J. E. v. Fichtel, *Beytrag zur Mineralgeschichte ...*, S. 89f., 121.

lung gewohnt haben, deren Parzellengefüge sich allmählich verdichtete.[21] In anderen Bergwerksorten sind verdichtete Streusiedlungen oder verdichtete lockere Siedlungen nicht auszuschließen, doch fehlen uns hierfür eindeutigere Anhaltspunkte, da ihr Grundrissgefüge eher einer späteren Zeit entstammt.[22]

Veränderungen des 12. Jhs. Die überragende Bedeutung der Salzbergbauorte des 12. Jhs. zeigt ein Verzeichnis der jährlichen Bezüge König Bélas III. von 1186: Danach sollen nahezu 10 % der Gesamteinnahmen der Schatzkammer aus dem Abbau und Vertrieb des Salzes gestammt haben (!). Wenn die Höhe der Einzelbeträge auch nicht den Tatsachen entspricht, sondern wenigstens teilweise stark übertrieben scheint,[23] könnte das Verhältnis zwischen den Zahlen im Allgemeinen doch einigermaßen stimmen.

In den für eine frühe Zeit belegten Gruben, Thorenburg und Salzdorf, wurde die Arbeit gewiss fortgeführt, und Kloosmarkt/Cojocna wird als Sitz eines Archidiakons 1199 eine bedeutende Pfarre und dementsprechend auch ein wichtiger Bergbauort gewesen sein.[24] Gleichzeitig ist jedoch auch die Anzahl wichtiger Förderstätten gestiegen. Im 12. Jh. dürfte Salzburg größere Bedeutung erhalten haben, denn nach der Mitte des Jhs. wurden dort, wie in den anderen vorher erwähnten Ortschaften, Hospites angesiedelt. Die Niederlassung gehörte nämlich zur Hermannstädter Propstei (deren Dörfer im Allgemeinen zwischen 1150 und 1190 angelegt wurden) und hat – wie andere Siedlungen auf deren Gebiet – eine alte romanische Kirche; dazu lassen spätere Quellen schon auf eine dortige Ortschaft in der ersten Hälfte des Jhs. schließen.[25]

Wenn das Salz zu Beginn des Mittelalters tatsächlich in Spurien gefördert wurde, so ist der Abbau durch die Hospites im 12. Jh. in unterirdischen Hal-

---

[21] P. Niedermaier, *Der mittelalterliche Städtebau* ..., S. 97, 100f.
[22] P. Niedermaier, *Der mittelalterliche Städtebau* ..., S. 84, 87.
[23] Gy. Györffy, *Einwohnerzahl und Bevölkerungsdichte in Ungarn bis zum Anfang des XIV. Jhs.*, in: „Studia historica Academiae scientiarum Hungaricae", Jg. XLII, 1960, S. 15–19; siehe auch S. 20 f. Sprechend für die starke Überbewertung ist der Betrag von 15.000 Silbermark, der angeblich dem König von den siebenbürgischen Hospites zugestanden haben soll. Von den Hospites der Sieben Stühle, die einen beträchtlichen Teil aller Hospites bildeten, erhielt die Krone jedoch selbst 1224 – als ihre Zahl mittlerweile stark gestiegen war – nur 500 Mark (*Urkundenbuch* ..., Bd. I, S. 34).
[24] G. Entz, *Die Baukunst* ..., S. 146. Siehe auch: A. Doboşi, *Exploatarea*..., S. 130.
[25] Für die Gründungszeit der Dörfer, die zur Hermannstädter Probstei gehörten, siehe: K. K. Klein, *Transsylvanica*, München 1963, S. 199–219; Th. Nägler, *Die Ansiedlung der Siebenbürger Sachsen*, Bukarest 1979, S. 132–139. In Salzburg ist für die erste Hälfte des 16. Jhs. eine gemischte, ungarisch-deutsche Bevölkerung belegt (*Călători străini despre ţările române*, Bd. I, Bucureşti 1968–1980, S. 289; Bd. II, S. 31), und bis heute gibt es in Salzburg neben Rumänen auch Ungarn. Da letztere in der Umgebung völlig fehlen, ist es denkbar, dass es in diesem einstmals überaus wichtigen Ort eine vorsächsische Siedlung gegeben hat. Zur Problematik vgl.: E. Wagner, *Boralt und terra Daraus. Zur Ostgrenze des Andreanischen Rechtsgebietes*, in: „Zur Rechts- und Siedlungsgeschichte", Köln, Wien 1971, S. 83–86.

len eingeführt worden. Dafür gibt es zahlreiche Anzeichen,[26] doch zeigen diese zugleich, dass die Hallen zunächst nicht bis zu einer so großen Teufe wie später (_130 m) vorgetrieben wurden – vermutlich weil das Salz damals mit Haspeln und nicht mit Göpelwerken, also viel mühsamer gehoben wurde. Entsprechend den Merkmalen der wichtigen siebenbürgischen Salzvorkommen – die durch massives, reines Gut an oder nahe der Erdoberfläche gekennzeichnet sind –, wird das Salz für den weiten Transport schon seinerzeit in Blockform gebrochen worden sein.

Wenngleich die erwähnten Orte ihr Ansehen den Salzgruben verdankten, so spielte die Landwirtschaft im Leben ihrer Bewohner trotzdem eine große Rolle. Da es einen Zusammenhang zwischen Beschäftigungsarten und Parzellenflächen gab,[27] ist in Thorenburg und Salzburg die Größe der erhaltenen alten Parzellen bedeutungsvoll: Diese sind beiläufig so groß wie gewöhnliche Bauernparzellen.

Die den Gruben zugeordneten Burgen hatten weiterhin eine beträchtliche Bedeutung, und diese soll nicht unerwähnt bleiben. Neben den alten Wehranlagen zu Weißenburg/Alba Iulia und Doboka/Dăbâca waren gerade die Befestigungen in oder bei Thorenburg, Klausenburg und Deesch die politisch-

---

[26] Bei einer Teufe der Hallen von 100 m (ohne Schacht) und einem mittleren Durchmesser von 40 m (bestimmt nach: J. E. v. Fichtel, *Beytrag zur Mineralgeschichte* ..., S. 91) ergibt sich für eine Halle mit Gesamtinhalt von 300.000 t Salz. Dieser wurde, entsprechend der Häuerzahl/Grube, in verschiedenlangen Zeitspannen gefördert.
- Im 12. und 17. Jh. dürfte die Häuerzahl besonders klein gewesen sein. Für diese Jhh. können wir mit durchschnittlich 20 Häuern/Grube rechnen bzw. mit einer Jahresförderung von 2.000 t (J. E. v. Fichtel, *Beytrag zur Mineralgeschichte* ..., S.104f., 119; von der geförderten Menge dürften ungefähr drei Viertel auf Blöcke entfallen sein, der Rest auf Brösel-Minuzien).
- Im 13.–16. und in der ersten Hälfte des 18. Jhs. war die Häuerzahl merklich größer; für diese Zeiten kann mit 40 Mann/Grube bzw. einer Jahresförderung von 4.000 t gerechnet werden.
- Für die bevölkerungsreichste Periode – für die Zeit nach 1750 – muß mit noch größeren Häuerzahlen gerechnet werden (bis zu höchstens 90 Häuern/Grube). Einen günstigen Ansatz für überschlägige Rechnungen stellt für diese Zeitspanne der Salzabsatz von 1780 dar: In Siebenbürgen, Westrumänien und Ungarn machte dieser rund 50.000 t/Jahr aus (ebenda, S. 128). Rechnet man global mit 2–3 Gruben in den sechs wichtigen Salzbergbauorten, also mit 15 Gruben, so ergibt das eine mittlere Jahresproduktion von 3.300 t Salzblöcke/Grube, die einem Aushub von weniger als 5.000 t Salz/Jahr bzw. der Leistung von 55 Häuern entspricht.

Geht man von diesen Werten aus, so läßt sich schätzen, dass der Aushub von Gruben, die 1780 sehr groß waren, beiläufig um das Jahr 1600 mit annähernd voller Kapazität begonnen hat, während deren Vorgänger ungefähr seit 1500, 1400, 1300 und 1150 in vollem Betrieb gestanden haben könnten. Einer großen Grube zu Fichtels Zeiten dürften, der Rechnung nach, beiläufig vier aufgelassene entsprochen haben. In Salzburg gab es 1780 jedoch außer einer ganz kleinen Grube zwei sehr große und 15 aufgelassene (ebenda, S. 89–91). Aus diesem Verhältnis ist einerseits auf die frühe Einführungszeit großer Hallen zu schließen, und andererseits auf etwas geringere Ausmaße von Hallen aus weiter zurückliegenden Jhh.

[27] P. Niedermaier, *Siebenbürgische Städte. Forschungen zur städtebaulichen und architektonischen Entwicklung von Handwerksorten zwischen dem 12. und 16. Jh.*, Bukarest, Köln, Wien 1979, S. 76–77.

militärischen Zentren, um die sich das siebenbürgische Komitatsgefüge ausbildete. Nach der geographischen Lage ist es denkbar, dass auch im Zusammenhang mit Salzburg eine königliche Burg angelegt wurde – „*castrum Salgo*"[28] –, die jedoch die Bedeutung der älteren nicht mehr erreichen sollte. Der Salztransport spielte für die Bergwerksorte eine beträchtliche Rolle. Schon 1165 sind Fuhrleute erwähnt, die Salz durch das Mezeșer Tor nach Sălacea führten;[29] von Salzdorf oder Kloosmarkt bis dorthin legten sie beiläufig 175 bzw. 200 km zurück.

Zugleich führte der Salztransport auch zur Entfaltung anderer Ortschaften. Eindeutig erfolgte er vor allem auf dem Mieresch, denn auf diese Wasserstraße beziehen sich die meisten Urkunden, und auch die Bevölkerungsdichte war entlag dieses Flusses besonders groß. 1138 werden 25 Hörige in Scheitin/Șeitin neben Arad erwähnt, die mit zwei Schiffen sechsmal jährlich siebenbürgisches Salz zum Markt Sâmbăteni (*„forum Sumbuth")* führen sollten. Sowohl die Besatzung als auch die Zahl der jährlichen Transporte waren also recht bedeutend.[30] Im gleichen Jahr, 1193, erhielt die Neutraer Kirche das Recht, mit drei Schiffen Salz nach Arad oder Segedin/Szeged zu verfrachten; wie das Bisraer Stift durfte es dieses dreimal jährlich tun,[31] konnte aber die gleiche Fracht in zahlreicheren Schiffen auch auf einmal befördern.[32] Die beiden Hinweise sprechen für einen – mit Ausnahme des Winters – ganzjährigen Transport, und demnach unterschied er sich von dem späterer Jhh., der nur zu bestimmten Jahreszeiten möglich war, und zwar vermutlich dank der an die stärkere Bewaldung Siebenbürgens gebundenen konstantere Wasserführung der Flüsse. Die verhältnismäßig große Scheitiner Besatzung lässt zugleich für das 12. Jh. auf geräumige Schiffe schließen.

Für das 12. Jh. erlaubt das Parzellengefüge Rückschlüsse auf die Größe der Orte. In Alt-Thorenburg dürften vor 1150 beiläufig 10 Hofstellen angelegt worden sein, in Neu-Thorenburg um 1170 weitere 15 und in Egyházfalva (Kirchdorf) vor 1200 auch rund 10; stellen wir einen entsprechenden Bevölkerungszuwachs in Rechnung, so gelangt man für das Ende des 12. Jhs. zu einer Zahl von nahezu 70 Familien, zu denen vielleicht noch 10 einer älteren Siedlung zu rechnen sind.[33] Kleinere Zahlen ergeben sich für Deesch: Dort wurden vor 1200 ungefähr 15 Hofstellen angelegt, doch gab es gewiss eine größere Familienzahl in der Vorsiedlung.[34] Für die anderen Orte, in denen die

---

[28] A. Decei, *Cetatea Salgo de la Sibiel* [Die Burg Salgo bei Sibiel], in: „Anuarul Institutului de istorie națională", Jg. VIII, 1939–1942, S. 304–342.
[29] *Documente* ..., C, sec. XI-XIII/I, S. 4.
[30] *Documente* ..., C, sec. XI-XIII/I, S. 3. Nach J. E. v. Fichtel, *Beytrag zur Mineralgeschichte ...*, 125, wurde im 18. Jh. die Besatzung eines Schiffes von 7 Mann gebildet.
[31] K. Juhasz, *Die Stifte der Tschanader Diözese im Mittelalter*, Münster 1927, S. 41.
[32] *Documente* ..., C, sec. XI-XIII/I, S. 9.
[33] P. Niedermaier, *Der mittelalterliche Städtebau ...*, S. 189–191, 209ff.
[34] Ebenda, S. 208.

Lage unklarer ist, gibt es bislang keine Schätzungen, doch wird es dort höchstens je 50 Familien gegeben haben.

Mit der Ansiedlung der Hospites verbreiteten sich neue Siedlungsformen auch bei den Bergorten.[35] Sowohl in Thorenburg (in Alt-Thorenburg, Egyházfalva und Neu-Thorenburg) als auch in Deesch und Salzburg wurden in diesem Jh. geschlossene Parzellenreihen angelegt. Bei den beiden Siedlungen Thorenburgs, aber auch in Deesch handelte es sich dabei um je eine einzige Parzellenreihe, die entsprechend den Geländegegebenheiten gerade oder gekrümmt war. Vor dieser Zeile gab es in beiden Ortschaften einen geräumigen Anger, auf dem auch der Friedhof angelegt wurde, innerhalb dessen dann die Kirche errichtet werden sollte. Leicht abgerundete Formen, zumal im Fall Alt-Thorenburgs, sprechen für feste Begrenzungen der Siedlungen durch Verhaue. Außer gemauerten Wehranlagen von Burgen in oder bei wichtigeren Orten, werden die Bauten aus Holz errichtet worden sein und sich kaum von denen anderer Hospites-Siedlungen unterschieden haben.

Entfaltung der Salzförderung im 13. Jh. Im 13. Jh. wird die Entfaltung des Bergwesens immer deutlicher. Die ständig steigende Bevölkerungszahl und die damit verbundene Ausweitung der Viehzucht hatten eine große Salznachfrage zur Folge; sie ist z. B. durch die beeindruckende, sechsstellige Zahl von Blöcken belegt, die jährlich verschiedenen Klöstern und Kirchen zustanden[36] – eine Menge von weit über tausend Tonnen.

Die immer wesentlichere Entfaltung der älteren Bergbauorte und die Entstehung neuer ist demnach leicht verständlich. In Deesch/Dej wurden vermutlich um 1200 Hospites angesiedelt. Ihnen dürften neue Gruben zugeschrieben worden sein, die nicht weit von älteren lagen, die zum benachbarten Salzdorf gehörten (eine von diesen erhielt 1248 das Domkapitel von Erlau/Eger).[37] Dadurch wurde die alte Burgsiedlung „*Deeswar*" selber Bergbauort. Ungefähr gleichzeitig und unter ähnlichen Umständen entfalteten sich in derselben Gegend Seck/Sic[38] und das weniger bedeutende Deutschendorf/Mintiu Gherlii, Orte, in denen es, wie in Dörfern, die zu Beginn des 13. Jhs. gegründet wurden, Kirchen aus der Übergangszeit von der Romanik zur Frühgotik gibt.[39]

---

[35] Ebenda, S. 189–191, 208–212.
[36] *Documente* ..., C, sec. XI–XIII/I, S. 267f. Siehe auch P. Mureşan, *Exploatarea* ..., S. 401.
[37] *Urkundenbuch* ..., Bd. I, S. 76. Vgl. auch K. Steilner, *Deutsches Kolonistenrecht in Siebenbürgen im 12. und 13. Jh.*, in: „Programm des vierklassigen evangelischen Gymnasiums A.B. [...] in Sächsisch-Regen", 1888, S. 23.
[38] Von den wichtigsten Salzbergbauorten Siebenbürgens scheint Seck zuletzt entstanden zu sein. Siehe auch: A. Doboſi, *Exploatarea* ..., S. 133.
[39] Siehe auch: G. Entz, *Szolnok-Doboka müemlékei* [Baudenkmäler von Szolnok-Doboka], in: „Szolnokdoboka magyarsága", Dés, Kolozsvár 1944, S. 199ff., 203; ders., *Die Baukunst* ..., S. 21, 24, 160, 162; V. Vătăşianu, *Istoria artei în ţările romăne*, Bd. I, Bucureşti 1959, S. 114, 116, 123.

Bald nach 1271 erfolgte schließlich auch die Ansiedlung von Hospites außerhalb Siebenbürgens, im nachmaligen Revier der Salzgruben von Marmatien/Maramureș, in Langenfeld/Câmpulung, Teutschenau/Teceu, Wißk/Visc, Hust und vielleicht auch Sighet/Sighetul Marmației. Die spätere wirtschaftliche Ausrichtung dieser Orte sowie die abgeschiedene Lage des Siedlerhorstes deuten auch hier auf Bergbau hin, doch gibt es für diese Zeit noch keinen Hinweis auf eine intensivere königliche Salzförderung in jener Gegend, die darum mitunter angezweifelt wird.[40]

Am deutlichsten ist das Aufblühen des Bergbaus in Thorenburg ersichtlich, das damals besonders wichtig war. Nördlich der alten Gruben waren neue eröffnet worden, und in ihrer Nähe legte man, vermutlich in der ersten Hälfte des 13. Jhs., eine zusätzliche Siedlung an, und zwar Neu-Thorenburg. In und bei der frühen Ortschaft trafen gleichzeitig die verschiedensten Interessen zusammen: Neben dem königlichen Bergort gab es schon im 12. Jh. eine Besitzung des Arader Kollegiatskapitels (Egyházfalva) und in der zweiten Hälfte des folgenden Jhs. eine andere der Johanniter („*Villa cruciferorum de Thorda*"); 1270 wurde eine Grube des Graner Domkapitels erwähnt und 1271 eine des Weißenburger Domkapitels.[41]

Auf die Art des Bergbaus lassen vor allem verschiedene Hospitesprivilegien schließen. Gemäß den Salzburger Privilegien durfte für die Salzgruben überall Holz geschlagen werden.[42] Entsprechend einer Verfügung für Salzdorf hatten die Salzkammergrafen 1291 den Häuern für hundert Salzblöcke vier Pfund in Denaren zu zahlen und jährlich jede neu erschlossene Grube – um höchstens sieben Mark – für den König zurückzukaufen.[43] Um St. Martin durften die Bergleute von Salzdorf, Seck, Kloosmarkt und Thorenburg 6–8 Tage Salz für sich brechen, und ähnlich stand den Häuern aus Deesch solches für Winterarbeiten zu; sie konnten dieses zollfrei transportieren und verkaufen.[44]

Dementsprechend war die Erschließung neuer Gruben etwas nicht ganz Außergewöhnliches, aber sie war doch mit einem großen Aufwand verbunden: Die Vergütung dafür (168 Pfund bzw. 390 Groschen) kam dem Jahreseinkommen von vier Familien des Mediascher Dekanates gleich.[45] In den wichtigen Bergwerksorten wird es sich gewiss um einen Abbau in kleineren

---

[40] R. Popa, *Țara Maramureșului în veacul al XIV-lea*, București 1970, S. 48ff., 74, 86, 106, 113f., 129–132; D. Prodan, *Iobăgia în Transilvania în secolul al XVI-lea*, București 1967–1968, Bd. II, S. 751; N. Maghiar, Șt. Olteanu, *Din istoria mineritului în România*, București 1970, S. 130.
[41] G. D. Teutsch, F. Firnhaber, *Urkundenbuch* ..., S. 1ff.; G. Entz, *Die Baukunst* ..., S. 172; *Urkundenbuch* ..., Bd. I, S. 124, 129, 158, 198; *Documente* ..., C, sec. XIII/II, S. 142, 183, 193. Für Vergabungen vgl. auch P. Mureșan, *Aspecte etnografice* ..., S. 391.
[42] *Urkundenbuch* ..., Bd. VI, S. 300.
[43] *Urkundenbuch* ..., Bd. I, S. 307.
[44] *Urkundenbuch* ..., Bd. I, S. 66, 166, 170, 182.
[45] P. Niedermaier, *Zur Bevölkerungsdichte und -bewegung im mittelalterlichen Siebenbürgen*, in: „Forschungen zur Volks- und Landeskunde", Bd. 29/1, 1986, S. 19f.

Hallen gehandelt haben. Nach dem nennenswerten Holzverbrauch zu urteilen werden die Zugangsschächte gezimmert gewesen sein, und auch zugehörige Gebäude sind vorauszusetzen. Gleichzeitig hat es jedoch, zumal an unwichtigeren Fundorten – z. B. bei Praid – auch den Spurienhau gegeben.[46]
In einer Frühzeit soll die Salzverwaltung an die einzelnen Gebiete gebunden gewesen sein.[47] In der Goldenen Bulle sind jedoch schon 1222 Kammergrafen („*comites camere*"), Salzbeamte („*salinarii*") und selbstverständlich Zöllner erwähnt.[48] Sie werden auch in späteren Urkunden des 13. Jhs. genannt, so z. B. 1256 in dem Privilegium für Deesch,[49] und waren meist – wenigstens bis 1233, teilweise noch viel später – geschäftstüchtige Juden, Sarazenen und Ismaeliten.[50] Bedeutende Salzniederlagen befanden sich 1217, 1222 bzw. 1230 in Sălacea, Segedin und Sathmar, aber auch andere – zumal in der Nähe der wichtigsten Bergbauorte – waren wichtig. Sie sind Kammergrafen oder deren Beamten („*officialis comitum camerae*") unterstellt gewesen.[51]

Das Befördern der Blöcke spielte im Wirtschaftsleben der Bergorte eine wichtige Rolle – selbst wenn die eigentlichen Unternehmer der König, verschiedene Klöster, kirchliche Körperschaften, Ritterorden oder Adlige waren.[52] Nach der Anordnung der Zollstellen wurden die Blöcke zumal aus Salzdorf, Seck oder Kloosmarkt häufig mit Wagen durch das Mezeșer Tor bis Sălacea geführt. Aus Thorenburg oder Kloosmarkt erfolgte der Abtransport zu den Umschlagplätzen in Oberwinz/Unirea oder Burgberg/Vurpăr für gewöhnlich auch in Wägen, ebenso vermutlich aus Salzburg nach Unterwinz: Dabei erhielten 1291 die Fuhrleute aus Salzdorf für den Transport halb so viel wie die Häuer für das Brechen.[53]
Aus Urkunden von 1214, 1222, 1256 und 1289 ist jedoch ersichtlich, dass das Salz vor allem auf dem Wasserweg verfrachtet wurde.[54] Es wird meist in

---

[46] K. Steilner, *Beiträge*..., S. 9.
[47] A. Doboși, *Exploatarea*..., S. 130.
[48] *Documente*..., C, sec. XI-XIII/I, S. 377.
[49] Das im *Urkundenbuch* ... (Bd. I, S. 65f) 1236 datierte Dokument stammt nach J. Karácsonyi (*A hanus hibaskeltii és keltezezethen oklevelek jegyzéke 1400-ig*, Budapest 1902, S. 30) aus dem Jahre 1256; in *Documente* ..., C, sec. XI-XIII/I, S. 350, wird es als „fraglich" bewertet. Ein zweites Privileg fast gleichen Wortlautes von 1261 (*Urkundenbuch* ..., Bd. I, S. 84f.) ist in *Dokumente* ..., C, sec. XIII/II, S. 483, als „falsch" bezeichnet, aber in drei andere, als echt anerkannte Urkunden von 1279, 1291 und 1323 einbezogen (ebendort, S. 198, 376, sec. XIV/II, S. 71 f).
[50] *Urkundenbuch* ..., Bd. I, S. 66, 166, 170, 194; Bd. II, 247; *Documente* ..., C, sec. XI-XIII/I, S. 265, 377.
[51] *Documente* ..., C, sec. XI-XIII/I, S. 165, 239, 377; *Urkundenbuch* ..., Bd. I, S. 66, 166, 194.
[52] A. Doboși, *Exploatarea* ..., S. 126.
[53] *Documente* ..., C, sec. XI-XIII/I, S. 178, 263; *Urkundenbuch* ..., Bd. I, S. 170; O. Mittelstrass, *Beiträge*..., S. 48–50; P. Mureșan, *Aspecte etnografice*..., S. 411.
[54] G. Fejér, *Codex* ..., Bd. III/I, Ofen 1829, S. 160 (in: *Documente* ..., C, sec. XI-XIII/I, S. 350 als „fraglich" bezeichnet); *Urkundenbuch* ..., Bd. I, S. 19, 66, 161; G. Gündisch, *Winz und die sächsische Nationsuniversität*, in: „Emlékkönyv. Kelemen Lajos ...", Bukarest, Kolozsvár 1957, S. 312.

Deesch, Unterwinz und Burgberg, mitunter auch in Thorenburg eingeschifft worden sein. Erfolgte der Transport bei besserem Wasserstand des Ariesch schon aus Thorenburg auf dem Wasserweg, so lud man die Blöcke aus Thorenburg in Burgberg um,[55] wobei der Aufschwung von Unterwinz-Burgberg, ungefähr seit 1200 und nachweislich seit 1248,[56] die große Bedeutung der Salzbeförderung bezeugt.

Die Blöcke sind im jeweiligen „Hafen" verladen worden. Dann fuhren mehrere Schiffe gemeinsam hinunter, wobei dem ersten, „*Kurb*" genannten Schiff, eine besondere Rolle zukam. Wie früher schon, scheint der Transport das ganze Jahr über stattgefunden zu haben, doch werden Frühjahrstransporte auch gesondert erwähnt.[57]

Der Bau von Schiffen in Unterwinz-Burgberg[58] lässt einen solchen auch in Deesch vermuten und bildet mithin einen ersten Hinweis auf Handwerker dieser Orte; nötig waren auch Holzfäller und Fuhrleute, die die großen Mengen Holz aus dem Wald zum Verarbeitungsort brachten.

Klarer fassbar wird der von Bewohnern einiger Bergbauorte getriebene Handel. So wurde 1256 den Gastsiedlern von Deesch die Hälfte des Zolles erlassen, während 1291 die Hospites Thorenburgs überall und jene Salzdorfs einigerorts vom gesamten Zoll befreit worden sind.[59] Außerdem ist Thorenburg und zwei Jahre später Deesch ein zollfreier Wochenmarkt zugebilligt worden.[60] Auffallend ist, dass gerade diese Orte besonders günstig an Wegkreuzungen gelegen waren: Von Thorenburg gab es wichtige Straßen nach Oberwinz – Weißenburg, nach Klausenburg – Großwardein sowie nach Deesch – Sathmar und nach Neumarkt/Târgu Mureş; von Deesch gab es bedeutende Straßen nach Klausenburg – Thorenburg, Zillenmarkt/Zalău – Pest, Sathmar – Lemberg/Lwow sowie nach Nassod/Năsăud – Suceava beziehungsweise Bistritz.[61] Salzdorf, Seck, Kloosmarkt und Salzburg lagen nicht so vorteilhaft.

---

[55] G. Gündisch, *Winz* ..., S. 312; E. Wagner, H. Gunesch, *Zur Geschichte* ..., S. 82; A. Doboşi, *Exploatarea* ..., S. 134, 144; P. Mureşan, *Aspecte etnografice* ..., S. 411; *Documente* ..., C, sec. XI-XIII/I, S. 241. Siehe auch: *Urkundenbuch* ..., Bd. I, S. 161.
[56] *Urkundenbuch* ..., Bd. I, S. 77. Für eine frühere Entwicklung sprechen die frühgotischen Kirchen des Doppelortes. (E. Wagner, H. Gunesch, *Zur Geschichte des Winzer Distrikts*, in: „Zeitschrift für siebenbürgische Landeskunde", Bd. I/2, 1978, S. 105–108, 110–114). Auf die Zusammenhänge zwischen der Ansiedlungszeit der Hospites und dem Stil, in dem die Kirchen erbaut wurden, ist schon wiederholte Male hingewiesen worden. Siehe auch: P. Niedermaier, *Siebenbürgische Städte*, S. 264.
[57] Für die Beförderung siehe zumal: *Urkundenbuch* ..., Bd. I, S. 66. Zusätzliche Hinweise auf die allgemeine Organisation des Regals siehe in: K. Steilner, *Beiträge* ..., S. 7–27.
[58] G. Gündisch, *Winz* ..., S. 312; E. Wagner, H. Gunesch, *Zur Geschichte* ..., S. 82.
[59] *Urkundenbuch* ..., Bd. I, S. 66, 170, 182.
[60] *Urkundenbuch* ..., Bd. I, S. 182, 194.
[61] O. Mittelstrass, *Beiträge* ..., Karte IV, V.

An dem Umschlagplatz Unterwinz – wo 1283 ein Musterpfund belegt ist – wird es vorrangig einen Großhandel mit Salz gegeben haben.[62]
Im Leben der Bergleute spielte schließlich aber auch die Landwirtschaft eine nennenswerte Rolle. In Deesch sind die ersten Hospitesparzellen um nichts kleiner als die Besitze normaler Bauern.[63] Thorenburg wurde 1291 zusätzlicher Boden überlassen – damit die Bevölkerung weiter anwachsen konnte.[64] In noch größerem Maße scheinen verständlicherweise die Bewohner von Unterwinz-Burgberg auf die Landwirtschaft angewiesen gewesen zu sein. 1248 gestand man ihnen ausdrücklich das freie Nutzungsrecht der Wälder, Weiden und Gewässer als Lebensnotwendigkeit zu; 1265 erhielten die Hospites zusätzliche Flächen, „damit sie länger beieinander bleiben und sich behaupten können", und bei ihrer Besteuerung spielte der Viehbestand eine große Rolle.[65]

Da die Salzförderung sehr wichtig war und dementsprechend auch durch Hospites, die im Bergbau erfahren waren, betrieben wurde, erteilte man diesen eine Reihe von Privilegien. Die Hospites in Deesch wurden 1256 von der Gerichtsbarkeit des Komitates und der dortigen Burg enthoben; sämtliche Rechtsfälle sollten von „ihrem Hannen und ihren Richtern gelöst werden".[66] Nach den Privilegien von 1291 für Salzdorf und Thorenburg ist für die Gastsiedler dieser Orte sowie für die in Seck und Kloosmarkt die königsunmittelbare Gerichtsbarkeit belegt;[67] sie hatten alle einen selbstgewählten Richter, der nur dem König Rechenschaft schuldig war: Dadurch waren die Bergleute weniger der Willkür des Wojewoden und der Komitatsführung ausgesetzt. Nach den Privilegien für Salzburg, die ebenfalls auf Stefan V. zurückgehen sollen, durften auch die dortigen Hospites einen Hannen aus ihrer Mitte wählen, der sämtliche Rechtsfälle zwischen ihnen zu schlichten hatte; dabei heißt es hier ausdrücklich, dass Wojewoden und Vizewojewoden die Salzburger wegen ihrer Freiheiten nicht belästigen dürfen.[68] Im Unterschied zu den Hospites von Unterwinz-Burgberg mussten jene aus Salzdorf, Thorenburg, Seck, Kloosmarkt und Deesch diese Würdenträger auch nicht beherbergen,[69] die letzteren, die ja neben einer Burg lebten, waren indes zu einer begrenzten Heeresfolge verpflichtet. Eine bestimmte, verhältnismäßig hohe Besteuerung war nur für den Doppelort Unterwinz-Burgberg festgesetzt, während im Privileg für Salzburg ausdrücklich festgehalten wurde, dass der Ort normaler-

---

[62] *Urkundenbuch* ..., Bd. I, S. 145. Siehe auch: E. Wagner, H. Gunesch, *Zur Geschichte* ..., S. 82.
[63] Siehe dazu: P. Niedermaier, *Dorfkerne* ..., S. 76f.
[64] *Urkundenbuch* ..., Bd. I, S. 182.
[65] *Urkundenbuch* ..., Bd. I, S. 77, 95f.; E. Wagner, H. Gunesch, *Zur Geschichte* ..., S. 84.
[66] *Urkundenbuch* ..., Bd. I, S. 65f.
[67] *Urkundenbuch* ..., Bd. I, S. 169f., 182.
[68] *Urkundenbuch* ..., Bd. VI, S. 300.
[69] *Urkundenbuch* ..., Bd. I, S. 66, 77, 170, 182.

weise zinsfrei sei und seine Vollbürger („*cives*"), falls sie ohne Erben sterben sollten, ihr Vermögen wem immer überlassen dürften.[70] Das Recht der freien Pfarrerwahl können wir schließlich für Salzburg – entsprechend seiner Zugehörigkeit zur Hermannstädter Propstei – annehmen, Salzdorf aber besaß es nicht. Obwohl die Rechtslage dieser Bergwerksorte ungünstiger war als jene der Sieben Stühle[71] – damals aber dennoch besser als jene von Unterwinz-Burgberg –, sicherten die Könige ihnen doch günstige Bedingungen: Sie waren am Anwachsen der Orte interessiert und rechneten mit dem Zuzug weiterer Hospites.[72]

Zusätzlich muss im Falle einiger Siedlungen auch ihre immer größere politische Bedeutung erwähnt werden. Die Kraft Salzburgs wird durch das Eingreifen seiner Gräfen in die Geschichte Siebenbürgens augenscheinlich,[73] für den Rang Deeschs spricht das Beieinanderliegen des Bergortes mit seinen Hospites beziehungsweise der Komitatsresidenz mit ihren Burgsassen (ungefähr seit 1260 war zusätzlich das Amt des siebenbürgischen Wojwoden mit dem des dortigen Komitatsgrafen gekoppelt).[74] Eine unmittelbare Zuordnung verschiedenartiger Niederlassungen und Einrichtungen kam jedoch auch in Thorenburg zustande: Der Sitz des 1256 urkundlich belegten Komitates[75] wurde spätestens 1289 in die Stadt oder deren nächste Umgebung verlegt;[76] vor ihren Toren, auf dem Kreuzerfeld, südlich des Ariesch, ist 1288 auch der erste schriftlich erwähnte siebenbürgische Landtag abgehalten worden,[77] und in der Folge versammelten die Wojwoden immer wieder die Stände hier.[78] In kirchlicher Hinsicht erwähnen Urkunden 1274 – nach dem Kloosmarker – erstmals den Thorenburger Archidiakon, gleichzeitig aber auch eine dortige Niederlassung der Kreuzritter.[79]

All diesem müssen die Bevölkerungszahlen der Orte gegenübergestellt werden. Um diese zu bestimmen sind wir auch weiterhin auf indirekte Hinweise angewiesen, vor allem auf Rückschlüsse aus den Zahlen aus der ersten Hälfte

---

[70] *Urkundenbuch* ..., Bd. VI, S. 300.
[71] Siehe: *Urkundenbuch* ..., Bd. I, S. 34f.
[72] *Urkundenbuch* ..., Bd. I, S. 182, Siehe auch: K. Steilner, *Deutsches Kolonistenrecht* ..., S. 26.
[73] O. Velescu, *Der Aufstand der Sachsen aus dem Jahr 1277*, in: „Forschungen zur Volks- und Landeskunde", Bd. XVII/1, S. 41–52.
[74] G. D. Teutsch, F. Firnhaber, *Urkundenbuch* ..., S. 71; *Urkundenbuch* ..., Bd. I, S. 170; K. Steilner, *Beiträge* ..., S. 37f.
[75] Siehe auch:*Urkundenbuch* ..., Bd. I, S. 86.
[76] K. Horedt, *Contribuții* ..., S. 134 ff. Siehe auch: Șt. Pascu, *Voievodatul Transilvaniei*, Bd. I, S. 171.
[77] G. D. Teutsch, F. Firnhaber, *Urkundenbuch* ..., S. 144f.
[78] C. Mureșan, *Monmumentele istorice din Turda*, București 1968, S. 12f. Siehe auch: *Urkundenbuch* ..., Bd. I, S. 361, 363.
[79] *Urkundenbuch* ..., Bd. I, S. 124.

des 14. Jhs. Nach jenen Werten war eindeutig Thorenburg mit seinen zahlreichen Einzelsiedlungen der weitaus größte Bergort; dort könnte die Bevölkerung bis gegen 1300 auf 400 Familien angewachsen sein. Rund 300 Familien gab es zur gleichen Zeit in Salzburg[80] und nur wenig kleiner war der Doppelort Winz-Burgberg. Auch Kloosmarkt dürfte schon von 200 Familien bewohnt gewesen sein und Salzdorf bzw. Deesch von je 150. Beiläufig je 100 Familien dürfte es schließlich in Seck und in den neuen Orten des Marmatier Bergrevieres gegeben haben.

Diesen Zahlen entsprach die Größe und Form der Siedlungen. Bei Thorenburg waren die Einzelsiedlungen noch mehr oder weniger von einander abgesondert gelegen. Dieses gilt vor allem für Neu-Thorenburg, während die Entfernung zwischen Alt-Thorenburg, Egyházfalva und dem Kreuzritterdorf („*villa Cruciferorum prope Tordensem civitatem*")[81] merklich geschrumpft war. Ein ähnlicher Vorgang kann für die beiden Einzelsiedlungen Deeschs angenommen werden, während wir im Falle der anderen Orte kein konkretes Wissen von räumlich getrennten Einzelsiedlungen besitzen.

Zu Beginn des 13. Jhs. gab es in einigen Bergorten möglicherweise ältere unregelmäßige Siedlungsgebilde, also in Verdichtung begriffene Streusiedlungen oder lockere Siedlungen, bei den neuartigen, systematisch angelegten Hospites-Siedlungen hingegen vereinzelte Parzellenreihen. Nun kam es jedoch bei diesen zur Entstehung geschlossener Kompositionen. So bildete sich in Alt-Thorenburg ein beidseitig bebauter Anger mit einer Straße in dessen Verlängerung heraus, und im nebenliegenden Egyházfalva ein Anger mit einer Straße senkrecht zu diesem. In Salzburg entstand ein dreieckiger Platz mit anschließenden Straßen und in Neu-Thorenburg und Deesch zeichneten sich allmählich viereckige Marktplätze ab. Bei neueren, kleineren Niederlassungen gab es hingegen weiterhin einfache Parzellenreihen – etwa im Kreuzritterdorf neben Thorenburg oder in Sighet.

Wenngleich es in dem Gebiet einiger Bergorte schon seit langem Burgen gegeben hatte (zugehörig zu Thorenburg, Kloosmarkt, Salzdorf und Salz-

---

[80] P. Niedermaier, *Zur Bevölkerungsdichte* ..., S. 20. Die Größenordnung dieses Wertes findet in der Fläche der Salzburger Kirchenschiffe eine Bestätigung. Sie betrug 276 m² (berechnet nach G. Treiber, *Die mittelalterlichen Kirchen in Siebenbürgen*, München 1971, S. 52) und da es sich um eine besonders alte romanische Kirche Siebenbürgens handelt, wird sie noch im ersten Viertel des 13. Jhs. entstanden sein (nach V. Vătăşianu, *Istoria artei* ..., S. 27, stammt sie erst aus dem zweiten Viertel des 13. Jhs.). Die Größe entspricht wenigstens 55 Familien (P. Niedermaier, *Siebenbürgische Kirchenburgen als Teil von Siedlungsstrukturen. Widerspiegelung der Bevölkerungsentwicklung in der Größe von Bauten*, in: „Landesgeschichte als Herausforderung und Programm. Karlheinz Blaschke zum 70. Geburtstag", Leipzig, Stuttgart 1997, S. 189–203. *Siebenbürgische Wehranlagen*, Nr. 456, 1976; ders., *Siebenbürgische Städte*, S. 264). Setzt man einen normalen Wachstumsrhythmus voraus (ders., *Zur Bevölkerungsdichte* ..., S. 25, 26) so dürfte die Zahl der Haushalte von 1220 bis 1330 auf wenigstens 300 Familien gestiegen sein.

[81] Für die Lage von diesem siehe: P. Niedermaier, *Turda. Dezvoltarea urbanistică a unui centru minier până în secolul al XVII-lea*, in: „Acta Musei Napocensis", Bd. XIV, 1977, S. 321f.

burg) so erwiesen sich diese bei den Mongoleneinfällen im Allgemeinen von begrenztem Wert für den Schutz der Ortschaften. Eindeutig ist der Fall Thorenburgs: Beim ersten Mongoleneinfall wurde die Komitatsburg bei Tordavár zerstört und nachher nicht mehr erneuert; beim zweiten Mongoleneinfall bewahrten die Thorenburger ihre Privilegien in einer anderen Burg des Bans Mikud auf,[82] die jedoch auch zerstört, nachher aber wieder aufgebaut wurde.[83] Allem Anschein nach befand sich diese Burg viel näher vom Bergort, und zwar im Dorf Szentmiklos (Sankt-Nikolaus) am Rande der heutigen Stadt.[84] Ähnlich könnten sich die Dinge im Fall von Deesch-Salzdorf entwickelt haben, wo jedoch die Distanz zu den Wehranlagen von Anbeginn merklich kleiner war: In der Literatur wird von älteren Burgen in der Nähe von Deesch gesprochen, die später nicht mehr existierten,[85] und zusätzlich wird der Platz um die ursprüngliche Kirche der Stadt „Ovár" (Alte Burg) genannt, wobei die dortigen Wehranlagen eher nach dem Auflassen der Komitatsburg an Bedeutung gewonnen haben dürften.[86]

Wie im Fall der Burg von Deesch kann für die gleiche Zeit auch andernorts mit ersten Befestigungen der Bewohner selbst gerechnet werden. Klar ist der Fall in Salzburg: Dort steht über dem Chorquadrat der romanischen Kirche ein Bergfried, der wohl auf das bedeutende Gräfengeschlecht zurückgeht; er wurde bald nach 1200 zusammen mit der Kirche gebaut,[87] und relativ alt wird auch die Ringmauer um den ovalen Kirchhof sein.[88] Möglicherweise entstanden auch in anderen Orten Wehranlagen rund um Kirchen, z. B. in Alt-Thorenburg und Neu-Thorenburg, doch sind diesbezüglich zusätzliche Untersuchungen nötig.

Der Fall Salzburg beweist, dass nach 1200 in den Bergorten mit dem Bau großer romanischer Pfarrkirchen begonnen wurde; selbst in dem kleineren, etwas neueren Seck stammt die spätromanische Basilika noch aus dem 13. Jh. Selbst wenn diese Bauten später verändert wurden oder verschwunden sind, können wir für Alt- und Neu-Thorenburg, Kloosmarkt und Salzdorf die Existenz von Basiliken voraussetzen, die Kirche von Egyházfalva ist 1230 ur-

---

[82] *Documente* ..., C, sec. XIII/II, S. 376.
[83] D. Csánki, *Magyarország történelmi földrajza*, Budapest 1890–1913, Bd. V, S. 684 erwähnt für 1441 eine königliche Burg „Zenthmikloswar".
[84] Zu Szentmiklós siehe: G. D. Teutsch, F. Firnhaber, *Urkundenbuch* ..., S. 142–145, 173–174.
[85] Siehe dazu: *Urkundenbuch* ..., Bd. I, S. 85 und J. Kádár, *Szolnok-Dobokavármegye monographiája* [Monographie des Komitates Szolnok-Doboka], Bd. III, Dés 1900, S. 80 bzw. R. Csallner, *Alte deutsche Bergwerkskolonien im Norden Siebenbürgens*, in: „Studium Lipsiense. Ehrengabe Karl Lamprecht", Berlin 1909, S. 58, J. Kádár, *Szolnok-Dobokavármegye* ..., S. 78, G. Mânzat, *Monografia orașului Dej* [Monographie der Stadt Deesch], Bistrița 1926, S. 23, 245–246.
[86] Es sei hier nochmals an die begrenzte Heerespflicht der Hospites in Deesch erinnert.
[87] G. Treiber, *Die mittelalterlichen Kirchen* ..., S. 52 f.
[88] Für eine ähnliche, archäologisch festgestellte Entwicklung siehe: M. Dumitrache, *Archäologische und baugeschichtliche Forschungen in der Repser Gegend (Viscri – Deutsch-Weißkirch)*, in: „Forschungen zur Volks- und Landeskunde", Bd. 21/2.

kundlich erwähnt[89] und auch die frühgotischen Sakralbauten von Burgberg und Unterwinz stammen von vor 1300.

Alle diese Pfarrkirchen befanden sich an einem günstigen, zentralen Standort, in Alt-Thorenburg und Egyházfalva z. B. auf dem Anger, in Salzburg auf dem dreieckigen Platz und in Neu-Thorenburg auf dem allmählich entstehenden viereckigen Platz.

Dazu kommen in dieser Zeit die ersten klösterlichen Niederlassungen, die nicht immer weit ablagen. Neben dem Anger von Alt-Thorenburg entstand seit der Mitte des 13. Jhs. die Johanniterkirche, wobei jedoch der eigentliche Wohnbau („*domus Cruciferorum de Thurda*") im Kreuzritterdorf jenseits eines Baches stand.[90] In Unterwinz gab es 1300 in einem Randbereich des Ortes ein Dominikanerkloster[91] und in Deesch ist um die gleiche Zeit, aus Platzmangel relativ zentral, eine Niederlassung der Augustinereremiten entstanden;[92] auch im Fall der anderen größeren Bergorte ist die Existenz von Klöstern nicht auszuschließen.

Selbst wenn die normalen Häuser weiterhin sehr einfach waren, aus Holz und zum Teil auch in die Erde eingetieft, so gaben die ansehnlichen Gemeinschaftsbauten den Ortschaften doch ein neuartiges Gepräge. Eine Begrenzung des bewohnten Gebietes durch feste Zäune oder Verhaue ist nicht auszuschließen und könnte den städtischen Charakter einzelner Orte noch gesteigert haben – vor allem im Falle Thorenburgs.

Die überragende Bedeutung Thorenburgs erklärt, weshalb es vor anderen Orten Siebenbürgens als „*civitas*" bezeichnet wurde. Dieses geschah zunächst in einem Verzeichnis von Besitzungen des Arader Kollegiatkapitels aus dem Jahre 1230,[93] 1297 aber auch in einer offiziellen Urkunde des Wojewoden[94] – allerdings nach der erstmaligen amtlichen Erwähnung von Weißenburg und Rodenau als „Stadt".[95]

Der Beginn des Umschwungs im 14. Jh. Seit Anfang des Mittelalters entfaltete sich die siebenbürgische Salzförderung stetig und das gleiche lässt sich auch von der ersten Hälfte des 14. Jhs. sagen – nicht jedoch von der Zeit nach 1348. Dabei wurde das Schicksal der Ortschaften von zwei wesentlichen Faktoren bestimmt. Einerseits ließ Mitte des Jhs. das Bevölkerungswachstum

---

[89] G. D. Teutsch, F. Firnhaber, *Urkundenbuch* ..., S. 2.
[90] Siehe dazu: *Urkundenbuch* ..., Bd. I, S. 124, 129, 158, 205.
[91] *Urkundenbuch* ..., Bd. I, S. 215.
[92] Der erste urkundliche Hinweis stammt von 1310 (*Documente* ..., C, sec. XIV/II, S. 180). Da das Kloster in der folgenden Zeit relativ häufig erwähnt wird, dürfte es erst relativ kurz vor der ersten Nennung gegründet worden sein.
[93] G. D. Teutsch, F. Firnhaber, *Urkundenbuch* ..., S. XXX.
[94] *Urkundenbuch* ..., Bd. I, S. 205.
[95] *Urkundenbuch* ..., Bd. I, S. 143.

nach[96] und mithin dürfte auch die Salznachfrage nicht mehr gestiegen sein. Anderseits hat das siebenbürgische Salz jedoch seine einstige Bedeutung verloren und selbst in diesem Raum gab es ein Angebot von Salz aus anderen Gebieten.

Trotzdem wurde in den Gruben intensiv weitergearbeitet, denn als Förderstätten sind Deesch, Salzdorf, Seck, Kloosmarkt, Thorenburg und Salzburg erwähnt (das nun auch als Ort unter dem Namen „*Salisfodio*" erscheint);[97] es handelt sich also um die älteren, wichtigen Bergwerkssiedlungen. Im neueren Deutschendorf und in Miereschhall/Ocna Mureș hat es zwar vielleicht Abbaustätten gegeben, doch werden diese nicht genannt. Nach späteren Quellen wird auch in der für den großen Salzhandel abgelegenen Gegend des Seklerlandes – vermutlich bei Praid bzw. dem danebengelegenen Salzbergwerk/ Ocna de Sus, Ocna de Jos und vielleicht in Salzhau/Jabenița – Salz gefördert worden sein, dieses jedoch nur für den Ostteil Siebenbürgens.[98] Bei anderen Lagerstätten Siebenbürgens (wie Grubendorf/Ocnișoara, Ocnița usw.) wird schließlich der Abbau die Bedürfnisse des unmittelbar umliegenden Gebietes nicht überschritten haben.

Einen merklichen Aufschwung hat nur die Salzförderung Marmatiens gekannt. Gruben befanden sich dort bei mehreren älteren Ortschaften. 1355 sind die Bergwerke bei Altemwerk erwähnt (Ocna Șugatag – dort dürften vielleicht Rumänen gearbeitet haben[99]), dann auch andere bei Hust. Die besondere Bedeutung, welche schon 1329 Hust, Wißk, Teutschenau und Langenfeld beigemessen wurde, eine Verleihung von 1353 und die Existenz einer Salzkammer im Jahre 1397, sprechen im Fall dieser Orte für eine bedeutende Förderung mit gelernten Häuern, die Hospites gewesen sein werden.[100]

Wie in Siebenbürgen schwer von neuen wichtigen Bergbauorten gesprochen werden kann, scheint auch die Zahl der Häuer in den alten kaum gestiegen zu sein. Zwar wurde durch eine Verordnung von 1375 die Ansiedlung von Leibeigenen und anderen Leuten in Salzburg, Salzdorf, Seck, Thorenburg und Kloosmarkt gefördert,[101] im letzterwähnten Ort auch 1377 durch einen Schutzbrief für Neuansiedler.[102] Da die leibeigenen Häuer jedoch als erste,

---

[96] E. Wagner, *Wüstungen*, S. 46f.; P. Niedermaier, *Siebenbürgische Städte*, S. 34 (mit Literaturangaben), S. 77, 214.
[97] *Urkundenbuch* ..., Bd. I, S. 404, 419, 432; Bd. II, S. 35, 247, 439, 473; Bd. III, S. 310.
[98] B. Orbán, *A székelyföld leírása történelmi, régészeti, természetrajzi s népismei szempontból*, [Geschichtliche, archäologische, naturgeschichtliche und ethnographische Beschreibung des Szeklerlandes], Bd. I, S. 134; *Urkundenbuch* ..., Bd. V, S. 374; *Călători străini* ..., Bd. II, S. 36, 79; J. Fridvaldszky, *Minerologia magni principatus Transilvaniae seu metalla, semi-metalla, sulphura, salia, lapides & aque conscripta*, Claudiopolis 1767, S. 169.
[99] R. Popa, *Țara Maramureșului* ..., S. 130.
[100] A. Doboși, *Exploatarea* ..., S. 129, 134.
[101] *Urkundenbuch* ..., Bd. II, S. 439f.
[102] *Urkundenbuch* ..., Bd. II, S. 459f.

1375, das Recht auf Freizügigkeit verloren,[103] und 1397 für flüchtige Bergleute strenge Strafen verordnet wurden,[104] sollten die Bestimmungen eher einer Rückgangsgefahr steuern. Zugleich war die Krone an den hohen Einnahmen aus diesem Wirtschaftszweig sehr interessiert. Die meisten Gruben sind königlicher Besitz geblieben[105] und dazu kamen Zölle bzw. Mauten verschiedener Orte, von denen ein großer Gewinn abfiel.[106] Allerdings sind auch aus dem 14. Jh. andere Besitzer bzw. Nutznießer bekannt: In Salzburg gehörte z. B. ein Bergwerk von alters her der Hermannstädter Propstei und in Thorenburg eines dem Weißenburger Domkapitel; diesem standen auch 2/3 des Salzzolles in Unterwinz zu, dem siebenbürgischen Wojewoden 1/3 und dem siebenbürgischen Bischof der Salzzehnte in Seck, Kloosmarkt, Salzdorf und Thorenburg.[107]

Im Allgemeinen dürfte es einen technischen Fortschritt im Bergbau gegeben haben: Nach Fichtel wurde an einer *„1763 zu Thorda [...] aufgelassenen 78 Klafter tiefen Grube, an dem Knopfe des Gapeldaches die Jahreszahl 1364 ausgeschnitzt gefunden"*.[108] Sollte dieses stimmen, so waren in der zweiten Hälfte des 14. Jhs. in den wichtigen Bergbauorten Göpelwerke in Funktion, und dadurch konnte die Teufe der Hallen gesteigert werden.

Die Verwaltung des gesamten Regals erfolgte durch die königlichen Salzkammern. In einer früheren Zeit war von diesen nur allgemein die Rede, doch nun wurden jene zu Seck, Deesch-Salzdorf und Kloosmarkt konkret erwähnt;[109] in Siebenbürgen können andere Kammern in Thorenburg, Salzburg und Unterwinz-Burgberg vorausgesetzt werden, in Marmatien dagegen eine in Rona.[110]

Der Secker Kammer stand 1354 – wohl wie den anderen – ein Kämmerer (*„camerarius"*) vor, den Bergwerken in Salzdorf ein *„vicecomes"*. Dieser war 1366 dem Kammergrafen von Deesch-Salzdorf unterstellt, der auch für die Gruben der Krone verantwortete (*„comes camerarum et salifodinarum regalium in dicta Deesakna et Deesuara"*).[111] Im darauffolgenden Jahr wird – ebenfalls im Zusammenhang mit den beiden genannten Orten – ein Kammergraf Siebenbürgens und Lippas/Lipova erwähnt (*„comes camerarum regalium salifodinarum partis Transilvanae et de Lyppa"*),[112] und dem gleichen Grafen

---

[103] D. Prodan, *Iobăgia* ..., Bd. I, S. 764f.
[104] A. Doboși, *Exploatarea* ..., S. 160.
[105] *Urkundenbuch* ..., Bd. II, S. 247, 439.
[106] Siehe auch: A. Doboși, *Exploatarea* ..., S. 132.
[107] *Urkundenbuch* ..., Bd. I, S. 161, 377, 404, 419; vgl. auch Bd. II, S. 439.
[108] J. E. v. Fichtel, *Beytrag zur Mineralgeschichte* ..., S. 105.
[109] *Urkundenbuch* ..., Bd. I, S. 296, Bd. II, S. 103, 247.
[110] A. Doboși, *Exploatarea* ..., S. 133f.; G. Wenzel, *Magyarország bányászatának Kritikai története* [Kritische Geschichte des ungarischen Bergwesens], Budapest 1880, S. 438.
[111] *Urkundenbuch* ..., Bd. II, S. 247.
[112] *Urkundenbuch* ..., Bd. II, S. 305.

werden auch andere Kammern unterstellt gewesen sein, was für eine einheitliche Organisation des Regals spricht.

Eine Neuregelung der Kammern von 1397 enthält genauere Bestimmungen für den Salzhandel – unter anderem auch ein Einfuhrverbot (das siebenbürgische Salz hatte also selbst in diesem Raum die einstige Monopolstellung eingebüßt). Die Ausfuhr war dem König vorbehalten; selbst innerhalb der Landesgrenzen durften Privatleute nur mit begrenzten Mengen Handel treiben.[113]

Die Lage der wichtigsten Kammern außerhalb Siebenbürgens (Sathmar, Solnok/Szolnok, Lippa, Segedin usw.) an Miersch, Theiß und Somesch[114] und die direkte Koppelung Siebenbürgens mit der Salzniederlage in Lippa (1367)[115] beweist, dass das Salz auch weiterhin vor allem auf dem Wasserweg verfrachtet wurde. Nach älteren und neueren Belegen war Unterwinz für Salzburg der Umschlaghafen schlechthin, Burgberg jener für Thorenburg, Deesch für Deesch-Salzdorf und Seck; Langenfeld war der Umschlaghafen für die Salzbergwerksorte Marmatiens.

Teilweise erfolgte der Transport aber auch weiterhin auf Wagen und Schlitten; belegt ist 1312 der Verkehr in Richtung Großwardein, 1379 nach Şimleul Silvaniei – Sălacea[116] und 1310 von den Gruben in Salzdorf nach Deesch.[117]

Die Bewohner der Bergbauorte beschäftigten sich aber nicht ausschließlich mit der Förderung und dem Transport des Salzes. Aus dem Jahr 1354 stammt die erste Erwähnung eines Handwerkernamens, *„Benediktus textor"* aus Thorenburg, Bediensteter des Kämmerers in Seck.[118] Nach der Urkunde betrieb er nicht das Gewerbe, nach dem er benannt war; vermutlich hatte es einer seiner Vorfahren ausgeübt. Da Weber – im Unterschied zu Fleischhauern, Bäckern oder Zimmerleuten – nicht an das Gebiet der Verbraucher gebunden waren, bezeugt die Existenz dieses Handwerkes für die erste Hälfte des 14. Jhs. ein verhältnismäßig reges Gewerbeleben. Auch Schiffe für den Salztransport müssen weiter gebaut worden sein – vor allem in Deesch und Unterwinz-Burgberg.

Der Handel einiger Bergstädte ist im 14. Jh. durch drei Urkunden belegt. 1331 wurde untersagt, die Güter der Hospites aus Deesch zu beschlagnahmen – dieses vor allem in Sathmar und der Gegend von Zillenmarkt.[119] Rund 30 Jahre später (1366) schritt der König wieder ein und verbot, die Bürger und Kaufleute aus Deesch und Salzdorf zu schädigen, zu behindern bzw. gefangenzunehmen, und befreite sie von fremder Gerichtsbarkeit und ungebührli-

---

[113] A. Doboşi, *Exploatarea* ..., S. 129, 131f, 138.
[114] A. Doboşi, *Exploatarea* ..., S. 133.
[115] *Urkundenbuch* ..., Bd. II, S. 304.
[116] A. Doboşi, *Exploatarea* ..., S. 128.
[117] *Urkundenbuch* ..., Bd. I, S. 298.
[118] *Documenta Romaniae Historica*, C, Bukarest 1977–1985, Bd. X, S. 269.
[119] *Urkundenbuch* ..., Bd. II, S. 446f.

chen Abgaben.[120] Ein weiterer Schutzbrief für die Salzdorfer (von 1376) bezieht sich auf den Lebensmittelhandel mit südlicheren Teilen Siebenbürgens, und zwar über Bruck/Bonţida und Mickelsdorf/Sînnicoară. Nicht nur Kaufleute mit ihren Dienstleuten betrieben diesen Handel, sondern – bemerkenswerterweise – auch die königlichen Häuer und Salzarbeiter;[121] durch das Privileg begünstigt, sollten sie von intensiver Landwirtschaft enthoben werden. Eindeutig spielten Ackerbau und Viehzucht im Leben der Bergwerksorte trotzdem eine große Rolle. Dafür stehen die ungewöhnlich zahlreichen Urkunden, die auf Gemarkungsgrenzen Bezug nehmen – im Falle Deeschs von 1325 und 1367, in Salzdorf aus den Jahren 1349, 1353, 1367 und 1375, in Seck von 1326 und 1366 und in Salzburg von 1346.[122]

Die rechtliche Stellung der Bergbauorte änderte sich im Allgemeinen wenig. Für Deesch und Salzdorf gibt es Bestätigungen der älteren Privilegien, so von 1310, 1323 und 1351.[123] Wie in der Urkunde von 1366[124] ist dabei die Befreiung von fremder Gerichtsbarkeit besonders wichtig; als König Ludwig I. 1349 das Richteramt Deeschs einem Comes lebenslänglich vergab, kaufte es die Bürgerschaft zurück.[125] Eine Verbesserung seiner Rechtslage konnte 1393 der Doppelort Unterwinz-Burgberg erzielen.[126] Er wurde von der Machtbefugnis und Gerichtsbarkeit des Wojewoden befreit und erhielt auch das Recht, seine Richter selbst zu wählen oder abzusetzen; dabei wurden die beiden Orte den benachbarten, ähnlich privilegierten Sieben Stühlen angeschlossen. In Folge der neuen Regelung war der Salzumschlagplatz rechtlich etwas besser gestellt als die Bergbauorte selbst und auch in finanzieller Hinsicht änderte sich seine Lage. Die beiläufig 400 Familien[127] wurden von den Abgaben auf ihre Wirt-

---

[120] *Urkundenbuch* ..., Bd. II, S. 247.
[121] *Urkundenbuch* ..., Bd. II, S. 454.
[122] *Urkundenbuch* ..., Bd. I, S. 397f., 401ff., Bd. II, S. 35, 63, 91ff., 248, 251f., 289f., 291f., 304, 437f.
[123] *Urkundenbuch* ..., Bd. I, S. 299, 373, Bd. II, S. 81.
[124] *Urkundenbuch* ..., Bd. II, S. 247.
[125] *Documente* ..., C, sec. XIV/IV, S. 467 bzw. 686.
[126] *Urkundenbuch* ..., Bd. III, S. 56 f.
[127] Für 1350–1337 läßt sich die Bevölkerung von Burgberg auf allerhöchstens 320 Familien schätzen, die von Unterwinz hingegen auf wenigstens 160 (P. Niedermaier, *Zur Bevölkerungsdichte* ..., S. 20. Vgl. *Urkundenbuch* ..., Bd. I, S. 86, 329; *Documente* ..., C, sec. XIV/III, S. 184, 186f., 208). Die Differenzen dürften sich weitgehend ausgleichen, so dass der Doppelort zur Zeit seiner größten mittelalterlichen Ausdehnung 400–500 Familien umfaßt haben wird. 1488 sind jedoch nur noch 205 + 112 = 317 Familien erwähnt (A. Berger, *Volkszählung in den 7 und 2 Stühlen, im Bistritzer und Kronstädter Distrikte vom Ende des 15. und Anfang des 16. Jh.*, in: „Korrespondenzblatt des Vereins für siebenbürgische Landeskunde", Jg. XVII, 1894, S. 50), und demnach ist auch hier – im Bruos und Mühlbach (P. Niedermaier, *Dorfkerne* ..., S. 46ff., 57–61) – ein rund 30 % Bevölkerungsschwund festzustellen. Da 1430 die Abgabe des Doppelortes – gewiß entsprechend einem Bevölkerungsverlust – um 40 % heruntergesetzt wurde (*Urkundenbuch* ..., Bd. IV, S. 398), nachher jedoch noch mehr, und auch 1488 nur zwei verlassene Häuser im Doppelort verzeichnet wurden, dürfte die Bevölkerung vor allem zwischen 1393 und 1450 zurückgegangen sein und 1393 – als die Abgabe festgesetzt wurde – aus beiläufig 400 Familien bestanden haben.

schaften befreit (diese betrugen meist je 3 Pfund, also insgesamt etwas über 1000 Pfund), außerdem von dem Zoll für einen Teil der Salzschiffe (der je 3–6 Pfund ausmachte). Dagegen hatte der Doppelort jährlich 35 Mark Silber (also 840 Pfund) an den König zu entrichten. Um 1395, also in einer Zeit, in der die Bevölkerung im Allgemeinen zurückging, war der Übergang zu einem festen Zins jedoch nicht unproblematisch.

In kirchlicher Hinsicht dürfte es keine besonderen Veränderungen gegeben haben: In Salzdorf, Kloosmarkt und Seck waren die Geistlichen („*sacerdotes*") den entsprechenden Archidiakonen unterstellt,[128] was für eine unvorteilhaftere Lage spricht, die siedlungsgeschichtlich bedingt war. In Alt- und Neu-Thorenburg sind die Pfarrer hingegen manchmal als „*plebanus*" betitelt[129] (gleich vielen Geistlichen des Königsbodens, die keinem Archidiakon untergeordnet waren), ebenso in Deesch,[130] Sighet, Langenfeld, Teutschenau, Hust, Wißk[131] und in den Ortschaften, die quasi zu sächsischen Kapiteln gehörten: Unterwinz-Burgberg und Salzburg.[132] Zusätzlich werden Bettelmönchsklöster erwähnt, und zwar im Jahre 1300 eines der Dominikaner in Winz und 1310 eine Niederlassung der Augustiner in Deesch.[133]

Die Bewohnerschaft der Orte erscheint in den zahlreichen Urkunden des 14. Jhs. in mehrere Schichten gegliedert, die denen der Handwerkerorte entsprechen. Ein „*comes*" wird nur selten erwähnt, und dieses vor der Mitte des Jhs.: 1314 und 1349 in Deesch bzw. 1300, 1310 und 1342 in Unterwinz.[134] In zwei Fällen ist dabei auf ausgedehnten Grundbesitz der entsprechenden Familien zu schließen, in einem Fall hatte der „*comes*" auch das Richteramt inne, in einem anderen wurde es ihm vom König verliehen, von der Gemeinde aber zurückgekauft.[135] Richter werden 1315, 1325, 1342, 1353, 1359 und 1366 auch für Thorenburg, Deesch, Burgberg, Salzdorf und Winz erwähnt.[136] Ein Hann („*villicus*") ist schon 1279 und 1283 in Deesch bezeugt, dann 1315 in Thorenburg und schließlich 1349 in Salzdorf.[137] Anscheinend hat dieser jedoch zeit

---

[128] *Documente* ..., C, sec. XIV/III, S. 136, 148, 157, 167, 182; 129, 166, 181, 211; 122, 142, 160, 175, 208; sec. XIV/II, S. 181; XIV/III, S. 122, 160, 191. Für die Bedeutung des Ausdrucks siehe: E. Wagner, *Zur Siedlungsgeschichte Nordsiebenbürgens im Mittelalter*, in: „Korrespondenzblatt des Arbeitskreises für siebenbürgische Landeskunde", Jg. 6, 1976, S. 130f.
[129] *Documente* ..., C, sec. XIV/III, S. 142, 175; D. Csánki, *Magyarország* ..., Bd. V, S. 684.
[130] *Documente* ..., C, sec. XIV/IV, S. 467 bzw. 686.
[131] *Monumenta vaticana*, Bd. I/1, S. 330, 355f., 371.
[132] *Urkundenbuch* ..., Bd. I, S. 240, 251, 291, 433.
[133] *Urkundenbuch* ..., Bd. I, S. 215, 298.
[134] *Documente* ..., C, sec. XIV/I, S. 226 f, bzw. *Urkundenbuch* ..., Bd. I, S. 216, 296; Bd. II, S. 1.
[135] *Documente* ..., C, sec. XIV/I, S. 226f.; sec. IV, S. 467; *Urkundenbuch* ..., Bd. I, S. 216f. bzw. Bd. II, S. 1.
[136] D. Csánki, *Magyarország* ..., Bd. V, S. 683; *Urkundenbuch* ..., Bd. I, S. 397; Bd. II, S. 1, 91, 159.
[137] *Urkundenbuch* ..., Bd. I, S. 140, 146; D. Csánki, *Magyarország* ..., Bd. V, S. 683; *Urkundenbuch* ..., Bd. II, S. 62.

weilig auch die Funktion eines Richters ausgeübt,[138] denn 1315 wurde die Formulierung „*villicus seu iudex de Thorda Akna*" verwendet.[139] In Deesch wurden 1325, in Unterwinz 1342 und 1359 auch die Geschworenen erwähnt;[140] im letztgenannten Ort werden diese ausdrücklich als Vollbürger („*cives*") bezeichnet. Diese ratsfähigen Bürger sind zumal in Salzdorf, Deesch und Thorenburg verhältnismäßig häufig belegt;[141] dabei werden sie von den „*hospites*" bzw. dem Volk unterschieden („*cives et populi*"). Ebenfalls in Deesch, aber auch in Winz und Seck werden schließlich um die Mitte des Jhs. die Hospites von anderen, wohl einfacheren Leuten beziehungsweise Sedlern getrennt genannt („*hospites et homines*", „*hospites et incolae*").[142]

Für das 14. Jh. können wir die Bevölkerungszahl verschiedener Bergorte und der an diese gebundenen Verteilerstädte genauer schätzen. Dabei ergeben sich bedeutende Unterschiede zwischen den einzelnen Ortschaften. Alt-Thorenburg war damals von etwas über 300 Familien bewohnt, Neu-Thorenburg von beiläufig 100 und die anderen Siedlungen aus dem Weichbild des Ortes zusammen von über 200;[143] im Ganzen gab es dort über 600 Familien. Dieser weitaus bevölkerungsreichste Bergort ist gleichzeitig vielleicht die größte Stadt Siebenbürgens gewesen (möglicherweise größer als Weißenburg, Klausenburg und Kronstadt mit je 500–600 Familien).[144] Etwas kleiner war Salzburg und – wie schon erwähnt – der Doppelort Winz-Burgberg; sie hatten ungefähr gleichviele Einwohner wie Hermannstadt, Broos und Mühlbach zu Beginn des Schwarzen Todes. Die Bevölkerung von Lippa lässt sich für dieselbe Zeit auf 350 Familien schätzen, jene von Kloosmarkt auf 300[145] und die

---

[138] Siehe dazu: C. Müller, *Stühle und Distrikte als Unterteilung der siebenbürgisch-deutschen Nationsuniversität*, S. 39ff.
[139] D. Csánki, *Magyarország* ..., Bd. V, S. 683.
[140] *Documente* ..., C, sec. XIV/II, S. 162; *Urkundenbuch* ..., Bd. II, S. 1, 159.
[141] *Urkundenbuch* ..., Bd. II, S. 62, 91, 274, 289, 304, 642, 855; Bd. II, S. 247, 289, 304, 437, 855; Bd. II, S. 244, 473, Bd. II, S. 24; D. Csánki, *Magyarország* ..., Bd. V, S. 684.
[142] *Urkundenbuch* ..., Bd. II, S. 1; Bd. II, S. 665; Bd. III, S. 57; *Documente* ..., C, sec. XIV/IV, S. 528. Siehe auch: K. Steilner, *Beiträge* ..., S. 8.
[143] Der Pfarrer Alt-Thorenburgs zahlte in den Jahren 1332–1336 als Zehnten des Zehnten durchschnittlich 67 Groschen/Jahr, der Zehnte des Zehnten Neu-Thorenburgs betrug 20 Groschen/Jahr (*Documente* ..., C, sec. XIV/III, S. 122, 142, 160, 175, 191, 208). Entsprechend ihrer Bezeichnung als „*plebanus*" bzw. „*sacerdotes*" ist für die beiden Siedlungen ein unterschiedliches Zehntrecht anzunehmen – für die erste eine Abgabe von 0,25 Groschen/Hof, für die zweite eine von 0,08 Groschen/Hof (P. Niedermaier, *Zur Bevölkerungsdichte* ..., S. 17–19).
[144] Ders., *Siebenbürgische Städte*, S. 79.
[145] Als Zehnter des Zehnten entrichtete der Kloosmarkter „*sacerdos*" bei fünf oder sechs Zahlungen der Jahre 1332–1335 den Gegenwert von insgesamt 69 Groschen; es ist also auf eine jährliche Abgabe von 23–28 Groschen zu schließen. (*Documente* ..., C, sec. XIV/III, S. 129, 146, 166, 181, 211). Rechnet man – entsprechend dem schlechten Zehntrecht – mit einer durchschnittlichen Abgabe von 0,08 Groschen/Hof (P. Niedermaier, *Zur Bevölkerungsdichte* ..., S. 17f.) so ergibt sich daraus eine Zahl von beiläufig 300 Familien.

von Salzdorf und Deesch auf 250.[146] Fast 200 Wirte können wir in Seck vermuten[147] sowie in Sighet und den anderen Orten des Bergreviers Marmatiens; ihre Größe entsprach beiläufig jener von Bistritz und Schäßburg (260 bzw. 200 Familien).[148] Mit rund 100 Wirtschaften war schließlich Langenfeld[149] merklich kleiner; seine Bevölkerung stimmt mit jener bedeutender Marktorte überein.

Diese Bevölkerungszahlen sprechen für Siedlungsgebilde mit einem unterschiedlichen Komplexitätsgrad. Dort, wo es ursprünglich Einzelsiedlungen gegeben hatte, waren diese weitgehend zusammengewachsen, was zumal in Thorenburg deutlich wird: Nur noch Neu-Thorenburg lag etwas abgesondert, während aus Alt-Thorenburg, Egyházfalva und dem Kreuzritterdorf eine einheitlich geschlossene Ortschaft geworden war. Ähnliches geschah in Deesch und vielleicht auch andernorts.

Entsprechend den Bevölkerungszahlen waren einfache Kompositionen zumal für die Bergorte Marmatiens charakteristisch. So hat es in Sighet einen Anger gegeben, der relativ lang und an einem Ende merklich breiter als am anderen war. Aber auch Burgberg bestand z. B. aus einem einzigen Straßenzug. Etwas komplizierter war das Gefüge von Neu-Thorenburg: Von dem viereckigen Platz gingen drei Straßen aus, deren Anordnung von älteren Wegen vorgegeben war. Von einer merklich komplexeren Anlage wissen wir in Salzburg, wo neben dem dreieckigen Platz und den von diesem ausgehenden Straßen eine Parallelstraße angelegt worden war. Ähnlich gab es auch in Deesch neben der verdichteten Streusiedlung einen viereckigen Platz und parallel zu einer Platzwand noch eine Straße. Ein geschlosseneres Gefüge können wir in Lippa vermuten, aber gut bekannt ist nur die Anlage von Alt-Thorenburg, Egyházfalva und dem Kreuzritterdorf. Dort gab es einen dominanten Straßenzug, in den sich vor allem die Anger von Alt-Thorenburg und Egyházfalva

---

[146] Der Salzdorfer Geistliche („*sacerdos*") zahlte als sogenannten Zehnten 1332 den Gegenwert von 10 + 20 Groschen und bei der jeweils ersten Rate der folgenden zwei Jahre 14 und 6 Groschen. Setzt man dementsprechend den Zehnten des Zehnten mit 20 Groschen an, so ergibt sich daraus, entsprechend dem ungünstigen Zehntrecht des Ortes – bei einer Abgabe von 0,08 Groschen/Hof – eine Zahl von 250 Familien.

[147] Da Seck ein einziges Mal in den Verzeichnissen der päpstlichen Sondersteuer auftritt (1333 mit 14 Groschen; *Documente* ..., C, sec. XIV/III, S. 164), läßt sich daraus kaum auf die Größe des Ortes schließen. Der Gemeinderaum der Kirche besitzt eine Nutzfläche von rund 200 m² (G. Treiber, *Die mittelalterlichen Kirchen* ..., S. 160); da der Ort ein günstiges Zehntrecht besaß, dürfen wir beiläufig 0,5 m²/Person rechnen, und demnach könnte die Fläche zur Bauzeit 80 Familien entsprochen haben (P. Niedermaier, *Siebenbürgische Kirchenburgen als Teil von Siedlungsstrukturen. Widerspiegelung der Bevölkerungsentwicklung in der Größe von Bauten*, in: „Landesgeschichte als Herausforderung und Programm. Karlheinz Blaschke zum 70. Geburtstag", Leipzig, Stuttgart 1997, S. 189–203; ders., *Siebenbürgische Städte*, S. 264). Das Bauwerk entstand in der zweiten Hälfte, vielleicht erst gegen Ende des 13. Jhs. (V. Vătăşianu, *Istoria artei* ..., S. 114); die Familienzahl wird also bis 1330 auf rund 200 angewachsen sein.

[148] P. Niedermaier, *Siebenbürgische Städte*, S. 79.

[149] Vgl. *Documente* ..., C, sec. XIV/III, S. 248f.

eingliederten. Parallel dazu gab es eine zweite wichtige Längsstraße sowie eine dritte Nebenstraße. Die verbindenden Quergassen hatten in kompositioneller Hinsicht eine merklich kleinere Bedeutung und waren weniger regelmäßig angeordnet.

Die städtebauliche Gliederung wurde durch wichtige Bauten unterstrichen. Dieses gilt vor allem für Thorenburg, wo zwei Pfarrkirchen und die Johanniterkirche zu dem mittleren Straßenzug mit den Angern gehörten. Entsprechend der nun wenigstens zum Teil prägenden Gotik waren diese Sakralbauten zugleich höher und von weither sichtbar. Ähnlich dominante Bauten bestimmten das Gefüge von Deesch (neben der kleinen Kirche in der Alten Burg und dem Kloster war dort nach der Mitte des 14. Jhs. auch mit dem Bau der Kirche am Marktplatz begonnen worden), Winz-Burgberg oder Sighet. Nur in Lippa war außer einer wohl zentralen Pfarrkirche und einem am Stadtrand gelegenen Kloster auch eine mächtige Burg an einem anderen Rand der Stadt errichtet worden, wodurch die Gewichtungen stark exzentrisch gelagert waren.

Im Vergleich zu den weiterhin sehr einfachen und niedrigen Häusern kamen diese Dominanten selbst in den nun weiter abgelegenen Randgebieten gut zur Geltung. Stärkere Gesamtbefestigungen der Ortschaften gab es hingegen nur in Lippa, das eine kleinere Fläche belegte und dichter bebaut war; in den sehr ausgedehnten Bergorten waren solche Verteidigungsanlagen viel schwerer auszuführen, so dass wir dort nur einfachere Begrenzungen vermuten können.

Die Einstufung der einzelnen Ortschaften deckt sich kaum mit diesem Tatbestand und auch nur teilweise mit der Größe der einzelnen Orte. Thorenburg, das schon im 13. Jh. als „civitas" bezeichnet wurde, verfügte nun über ein eigenes Siegel[150] und wurde auch weiterhin „Stadt" genannt.[151] Deesch, das 1310 noch als „Dorf" angesehen wurde, erscheint zusammen mit Salzdorf 1320 als „civitas"[152] – also sehr früh, nach Weißenburg, Rodenau, Thorenburg und Klausenburg, vor Broos, Hermannstadt und Mühlbach. Auch 1367 bzw. 1353, 1367 und 1376 wurden die beiden Orte als „Stadt" bezeichnet[153] und für Deesch ist 1349 auch ein eigenes Siegel bezeugt.[154] Viel später, erst 1377 und dann 1393 ist die gleiche Benennung für Kloosmarkt belegt, doch scheint hier die Lage nicht so eindeutig gewesen zu sein, denn nicht nur 1310, sondern auch 1392–1393 ist der gleiche Ort als „villa" erwähnt.[155] Unterwinz wurde zwar schon 1309 in den Akten eines Prozesses – der allerdings von einem

---

[150] B. Orbán, *Torda város és környéke*, Budapest 1889, S. 167.
[151] *Urkundenbuch* ..., Bd. II, S. 108, 244, 261, 473, 492; D. Csánki, *Magyarország*, Bd. V, S. 683f.
[152] *Urkundenbuch* ..., Bd. I, S. 296, 298 bzw. Bd. I, S. 346.
[153] *Urkundenbuch* ..., Bd. II, S. 289, 291; Bd. II, S. 91, 289, 291, 454.
[154] *Documente* ..., C, sec. XIV/IV, S. 467.
[155] D. Csánki, *Magyarország* ..., Bd. V, S. 305.

Landfremden geleitet wurde – als „*civitas*" bezeichnet, nachher begegnen wir dieser Einstufung im 14. Jh. jedoch nicht mehr, dagegen 1393 jener als „*oppidum*",[156] wobei gleichzeitig auch Burgberg so genannt worden ist; als „Flecken" schätzte man 1392 und 1397 auch Sighet ein.[157] Kein einziger Beleg als „*civitas*" oder „*oppidum*" hat sich hingegen für Seck und den großen Ort Salzburg erhalten, ebenso für das relativ gut befestigte Lippa.

Im Allgemeinen ist die außerordentlich frühe Blüte der Salzbergwerksorte hervorzuheben. Aber schon im 14. Jh. sind erste Anzeichen eines Niedergangs festzustellen. Diese sind an die Konjunktur des Salzbergbaus der Region gebunden und äußern sich in der hier behandelten Zeit nur in der wirtschaftlichen Lage. Die Bevölkerungsentwicklung und das Gepräge der Siedlungen wurden von ihnen kaum beeinflusst.

Die Entwicklung im späten Mittelalter*

Schon nach 1350 können erste Anzeichen eines Rückgangs im Salzbergbau festgestellt werden und diese verstärken sich mit dem Beginn des 15. Jhs. Zwar beziehen sich auch in jener Zeit zahlreiche Urkunden direkt oder indirekt auf Dinge, die mit dem Regal in Zusammenhang stehen, doch ist die geförderte Salzmenge trotz eines Salzeinfuhrverbots[158] zeitweise merklich zurückgegangen.

Dieses geht am klarsten aus einem Vergleich zwischen dem 12. und dem 15. Jh. hervor. 1186 wurde der Gewinn der Krone aus diesem Wirtschaftszweig mit 16.000 Mark Silber angegeben;[159] wenn dieser Wert auch übertrieben scheint, so wird er durch die steigende Produktion der nächsten 150 Jahre sicher überschritten worden sein. Dagegen betrug der Reingewinn im 15. Jh., also während der Blütezeit unter König Matthias Corvinus, 25.0000–30.000 Mark Silber und unter dem schwachen Jagellonen Wladislaw II. angeblich nur 4.000 Mark[160] – also beiläufig ein Viertel des für 1186 angegebenen Wertes.

---

[156] *Urkundenbuch ...*, Bd. I, S. 241; Bd. III, S. 56.
[157] C. Suciu, *Dicţionar istoric al localităţilor din Transilvania* [Historisches Ortsnamenbuch für Transsylvanien], Bucureşti o.J., Bd. II, S. 119.
* Erstdruck: *Ortschaften des Salzbergbaus im Mittelalter (2. Teil)*, in: „Forschungen zur Volks- und Landeskunde", Nr. 41/1–2, 1998, S. 9–20.
[158] F. B. Fahlbusch, *Dekret von 1405 König Sigismunds ... April 15*, in: „Zeitschrift für Siebenbürgische Landeskunde", Jg. 4, 1981, S. 72. S. auch A. Doboşi, *Exploatarea ocnelor de sare din Transilvania în evul mediu*, in: „Studii şi cercetări de istorie medie", Jg. II/1, 1951, S. 138.
[159] Gy. Györffy, *Einwohnerzahl und Bevölkerungsdichte in Ungarn bis zum Anfang des IV. Jhs.*, in: „Studia historica Academiae scientiarum Hungaricae", Jg. XLII, 1960, S. 15–19; s. auch S. 20f.
[160] A. Doboşi, *Exploatarea ...*, S. 132. Die Umrechnung der Gulden in Mark erfolgte nach den Angaben von G. v. Probszt, *Die niederungarischen Bergstädte. Ihre Entwicklung und wirtschaftliche Bedeutung bis zum Übergang an das Haus Habsburg (1546)*, München 1966, S. 197f.

Unter diesen Umständen ist zu vermuten, dass keine neuen Bergbauorte Bedeutung erlangten. Bei verschiedenen Lagerstätten wird mit keinem Wort ein Abbau erwähnt – so z. B. in acht Urkunden für Ocniţa.[161] Nur eine wohl bescheidene Förderung im Szeklerland ist 1453 erstmals urkundlich belegt (König Ladislaus V. verbietet die Behinderung des Schäßburger Handels mit dortigem Salz),[162] doch wird es sich dabei gewiss um eine seit Langem sanktionierte Begünstigung gehandelt haben.

Vermutlich ist auch die Zahl der Häuer nicht gestiegen. Um die Mitte des 14. Jhs. waren die Salzbergwerksorte von über 2.000 Familien bewohnt; ein Großteil davon wird von der Salzförderung und -verfrachtung gelebt haben. 1448 gehörten hingegen zur großen Kammer Marmatiens rund 200 Häuer.[163] Rechnet man für fünf wichtige Kammern Siebenbürgens mit insgesamt 800 Häuer und, wie wir sehen werden, für alle Bergorte zusammen mit 1.600–1.700 Familien, so kann kaum von einer Steigerung ihres Anteils an der Gesamtbevölkerung gesprochen werden.

Auffälligerweise arbeiteten dabei die Häuer nur wenig in den Gruben. Besonders arg scheint die Lage in Salzburg gewesen zu sein. Schon 1418 weigerten sich die Bewohner des Ortes, bei der dortigen Salzkammer Dienste zu leisten.[164] 1491 hieß es dann, dass jeder Häuer wöchentlich hundert Salzblöcke brechen muss; wer es nicht tat, sollte vom Richter bestraft und dazu gezwungen werden. Die Bergleute waren jedoch nicht verpflichtet, mehr zu fördern oder für andere einzuspringen, die ihr wöchentliches Soll nicht erfüllt hatten.[165] Nach diesen Angaben und der wahrscheinlichen Produktivität arbeiteten die Häuer damals lediglich zwei Tage pro Woche in den Gruben. Wenn in anderen Jahren und an anderen Orten die Arbeitsleistung jedes einzelnen auch etwas größer war, so dürfte sie doch wesentlich hinter jener früherer Zeiten zurückgestanden haben.

Dank zahlreicher Quellen wissen wir über die Organisation des Regals dennoch besser Bescheid. In Siebenbürgen werden vier Kammern häufig erwähnt: *Im Urkundenbuch zur Geschichte der Deutschen in Siebenbürgen* werden z. B. die Vorgesetzten der Kammern von Deesch und Seck je elf Mal genannt, die der Salzburger neun Mal und die der Thorenburger sechs Mal. Hingegen gibt es hier einen einzigen Beleg für die Kloosmarkter Kammer, die

---

[161] *Urkundenbuch zur Geschichte der Deutschen in Siebenbürgen* (Hg. F. Zimmermann, C. Werner, G. Müller, G. Gündisch), Hermannstadt 1902–1937, Bukarest 1975–1991, Bd. IV, S. 159f., 361f., 364; Bd. V, S. 112, 117, 389, 495, 505.
[162] *Urkundenbuch* ..., Bd. V, S. 374.
[163] Nach einer Verordnung von Johannes Hunyadi sollten 1448 täglich 10.000 Blöcke in die Salzkammer Marmatiens eingehen (A. Doboşi, *Exploatarea* ..., 155). Da die Tagesproduktion eines Häuers 50 Blöcke betragen konnte (berechnet nach Daten des 16. und 17. Jhs.) waren für das Brechen der angegebenen Menge 200 Bergleute nötig.
[164] *Urkundenbuch* ..., Bd. IV, S. 81.
[165] A. Doboşi, *Exploatarea* ..., S. 149f.

allem Anschein nach – vielleicht wegen der geringeren Qualität des Salzes – viel von ihrer einstigen Bedeutung eingebüßt hatte, wofür 1470 auch die Verleihung der Ortschaft an Klausenburg[166] spricht. Die zu Salzburg bzw. Thorenburg gehörenden Kammern in Unterwinz und Burgberg[167] werden nicht erwähnt, und ebenso erfahren wir nichts über eine vermutlich viel unbedeutendere Kammer, die es in Praid im Szeklerland gegeben haben könnte. Dagegen werden aber andere in Weißkirch/Albeștii Bistriței und in Bistritz genannt[168] (die letztere wurde ausdrücklich als Filiale bezeichnet), und wie hier gab es vermutlich auch anderwärts kleine Niederlagen.

Den königlichen Salzkammern stand ein Graf vor. Dieser wird häufig als „comes" sämtlicher Kammern – zumindest Siebenbürgens – angesprochen (so 1400, 1408, 1410, 1412, 1413, 1429, 1439, 1458 und 1459),[169] manchmal scheint ein solcher aber auch mehreren Niederlagen unmittelbar vorgestanden zu haben (so 1423 jenen in Deesch, Kloosmarkt und Thorenburg, 1465 und 1466 jenen in Deesch und Seck und 1469 jenen in Thorenburg und Salzburg).[170] In einzelnen Fällen wird ein „Graf" im Zusammenhang mit einer einzigen Kammer genannt (1407 und vor 1451 für Thorenburg bzw. 1458 für Deesch; 1471 bezeichnen sich sogar zwei als „Grafen" der Niederlage in Deesch).[171]

Da sich zwei Verfügungen des Königs von 1453 an die Salzkammergrafen und ihre Kämmerer sowie Vizekämmerer wandten („*comitibus camararum salium nostrorum de Wyzakna ac eorum camarariis et vicecamarariis nunc constitutis et in futurum constituendis*",[172] „*comitibus camerarum salium nostrorum de Zeck et Dees ac eorum camerariis et vicecamerariis*"),[173] ist zu folgern, dass die Funktionen von Kammergraf und Kämmerer, wenn auch ranglich verschieden,[174] so doch ähnlich waren und nicht immer streng geschieden wurden.[175] Kämmerer standen aber nur ausnahmsweise mehreren Niederlagen gleichzeitig vor (belegt ist ein Fall von 1464 für Deesch und Seck).[176] In der Regel wurden sie nur im Zusammenhang mit einer einzigen Kammer genannt (und zwar in Deesch 1439 und 1453, in Seck 1431, 1439 und 1458, in

---

[166] *Urkundenbuch* ..., Bd. VI, S. 451f., 454, 541.
[167] A. Doboși, *Exploatarea* ..., S. 134, 144.
[168] *Urkundenbuch* ..., Bd. VI, S. 503.
[169] *Urkundenbuch* ..., Bd. III, S. 414, 460, 500, 565; Bd. IV, S. 382f.; Bd. V., S. 25f.; Bd. VI, S. 34, 40.
[170] *Urkundenbuch* ..., Bd. IV, S. 182; Bd VI, 225, 248; Bd. VI, S. 432. S. dazu auch A. Doboși, *Exploatarea* ..., S. 134f.; D. Prodan, *Iobăgia în Transilvania în secolul 16*, București 1967–1968, Bd. II. S. 763.
[171] *Urkundenbuch* ..., Bd. III, S. 425; Bd. V, S. 326; Bd. VI, S. 27, 503. S. auch A. Doboși, *Exploatarea* ..., S. 134f.; D. Prodan, *Iobăgia* ..., Bd. II, S. 763.
[172] *Urkundenbuch* ..., Bd. V, S. 371.
[173] *Urkundenbuch* ..., Bd. V, S. 374.
[174] S. auch B. Iványi, *Két középkori Sóbánya-statutum* [Zwei mittelalterliche Statuten der Salzbergwerke], in: „Századok", 1911, S. 25.
[175] B. Iványi, *Két középkori Sóbánya-statutum*, S. 10ff.
[176] *Urkundenbuch* ..., Bd. VI, S. 186.

Thorenburg 1412 und 1465, in Salzburg 1456, 1459 und 1464);[177] häufig gab es auch eine Doppelbesetzung der Funktion – so z. B. in Deesch 1439, 1441, 1458, 1471, 1478 oder in Rona 1498.[178] Einige Urkunden bezeichnen die Vorsteher der verschiedenen Niederlagen auch als „vicecomes",[179] wodurch ihre Stellung im Vergleich zu der von Grafen deutlicher umrissen wird.

In beide Ämter wurden meist bedeutende Persönlichkeiten ernannt; so hatten es der Temescher Graf Pipo von Ozora, die Szeklergrafen Johann und Michael Jakch oder der Ban von Severin Janko von Thallocz inne.[180] Wie schon diese Namen zeigen, handelte es sich nicht nur um siebenbürgische Adlige, wie Emmerich Zápolya oder Johannes Gereb von Weingartskirchen, sondern oft um Ausländer, die wohl über besonderes Wissen verfügten – so Angelloni Italico de Florincia oder Laurentius von Bayon.[181] In einem Verzeichnis der Kämmerer von Deesch erscheinen bis kurz nach der Mitte des 15. Jhs. sogar fast nur Italiener, nachher nicht mehr.[182] Die Namen zeigen auch die Verbindung zwischen den einzelnen Kammern an (1465 erscheint z. B. Laurentius von Bayon als Graf der Niederlagen in Deesch und Seck, 1469 von jenen in Thorenburg und Salzburg). 1430 ist Nicolaus von Salzburg Kämmerer in Seck und 1464 ist Emericus Zyndi von Thorenburg Kämmerer in Deesch und Seck.[183] Auch Beziehungen zu anderen Wirtschaftszweigen werden deutlich.[184]

Den Vorständen der Salzkammern, die für gewöhnlich vom König ernannt wurden, kam die Verwaltung der Niederlagen zu; sie verantworteten für die Finanzgebarung, die Aufbewahrung und den Verkauf des Salzes, sie hatten verschiedene Materialien zu beschaffen und aufzubewahren, die Arbeiten zu organisieren u. a. [185] Obwohl sie unmittelbar dem König und später dem Schatzmeister untergeordnet waren,[186] schuldeten die Verwalter unter Umständen auch anderen Instanzen Rechnung; so beauftragte z. B. der siebenbürgische Wojewode 1466 den Hermannstädter Rat, die Gebarung der Salzburger Kammer zu untersuchen.[187]

---

[177] *Urkundenbuch* ..., Bd. V, S. 25, S. 417; Bd. IV, S. 419; Bd. V, S. 25; Bd. VI, S. 27; Bd. III, S. 537; Bd. VI, S. 225; Bd. V, S. 528; Bd. VI, S. 40, 176.
[178] J. Kádár, *Szolnok-Doboka vármegye Monographiaja*, Dés 1900, Bd. III, S. 42; D. Prodan, *Iobăgia* ..., Bd. II, S. 765.
[179] *Urkundenbuch* ..., Bd. III, S. 493, 565; Bd. VI, S. 34, 40.
[180] *Urkundenbuch* ..., Bd. III, S. 414; Bd. IV, S. 382; Bd. V, S. 25.
[181] *Urkundenbuch* ..., Bd. VI, S. 34, 248; Bd. VI, S. 27, 225.
[182] J. Kádár, *Szolnok-Doboka* ..., Bd. III, S. 42–45. Vgl. auch B. Orbán, *Torda város és környeke*, Budapest 1889, S. 141f.
[183] *Urkundenbuch* ..., Bd. VI, S. 225, 432; Bd. IV, S. 419; Bd. VI, S. 186.
[184] G. Gündisch, *Die Oberschicht Hermannstadts im Mittelalter*, in: „Zeitschrift für Siebenbürgische Landeskunde", Jg. 4, 1981, S. 11f.
[185] A. Doboşi, *Exploatarea* ..., S. 135, 139.
[186] A. Doboşi, *Exploatarea* ..., S. 135.
[187] *Urkundenbuch* ..., Bd. VI, S. 253.

Die Vorstände der Niederlagen hatten richterliche. Gewalt in dem ihnen unterstellten Gebiet inne und vor allem in den Gruben; daneben gab es, wenigstens zeitweise auch ein Berggericht der Häuer, mit Richter und Geschworenen.[188]

Bei den Arbeiten standen den Kammergrafen und Kämmerern verschiedene Hilfskräfte zur Verfügung. So werden in den Urkunden oft ein Vizekämmerer (*„vicecamararius"*), ein Siegler (*„sigillator"*) bzw. Untersiegler (*„subsigillator"*) und ein Gehilfe (*„officialis"*) erwähnt.[189]

Besondere Aufmerksamkeit mussten die Verantwortlichen selbstverständlich der fachgerechten Förderung des Salzes schenken, ebenso der zeitgerechten Erschließung neuer Gruben.[190] Die Arbeiten selbst wurden vor allem von den Häuern durchgeführt. Nach einem Marmatier Statut von 1435[191] haben normalerweise wenigstens zehn gleichzeitig in einer Grube gearbeitet; zu dieser Belegschaft kamen zwei Arbeiter, die für den Abtransport des gebrochenen Salzes zu sorgen hatten. Außerdem gehörten zu den Kammern verschiedene Hilfskräfte – Schmiede sowie Wagner und Stallknechte, die für die Göpelwerke bzw. deren Pferde zuständig waren (sie sind in diesem Statut für das heutige Gebiet Rumäniens erstmals schriftlich bezeugt).[192] Die Entlohnung dieser Kräfte erfolgte vor allem mit Geld; dazu standen mancherorts verschiedenen Arbeitern und selbst den Pfarrern auch Salz und ein Pelzmantel zu,[193] den Häuern Tuch.[194]

Die Salzschiffer – die sich im Jahr 1500 in Deesch sogar in einer „Zunft" zusammenschlossen[195] – und die Salzfuhrleute wurden meist auch mit Geld bezahlt.[196] Man war sich ihrer Bedeutung wohl bewusst; so befreite König Matthias die Salzschiffer 1466 von der Heeresfolge in den Türkenkriegen.[197]

Auffällig ist die steigende Zahl von Urkunden, die eine zunehmende Bedeutung anderer Wirtschaftszweigen in den Bergbauorten anzeigen. Dieses gilt zunächst für Gewerbe. Der Schiffbau wird 1423 ausdrücklich erwähnt: König Sigismund verbietet, die Einwohner von Deesch zu hindern, sich das

---

[188] A. Doboşi, *Exploatarea* ..., S. 135f.
[189] *Urkundenbuch* ..., Bd. V, S. 371, 374; Bd. VI, S. 333, 511, 513, 524; Bd. VI, S. 510; Bd. VI, S. 378. Für ihre Pflichten s. auch A. Doboşi, *Exploatarea* ..., S. 139.
[190] A. Doboşi, *Exploatarea* ..., S. 152 f.
[191] B. Iványi, *Két középkori Sóbánya-statutum*, S. 27.
[192] A. Doboşi, *Exploatarea* ..., S. 140, 151f.; *Istoria gândirii şi creaţiei tehnice româneşti* [Die Geschichte des rumänischen technischen Denkens und Schaffens], Bd. I, Hg. Şt. Pascu, Bucureşti 1982, S. 291.
[193] B. Iványi, *Két középkori Sóbánya-statutum*, S. 25–29; A. Doboşi, *Exploatarea* ..., S. 151f; *Urkundenbuch* ..., Bd. VI, S. 176f.
[194] *Urkundenbuch* ..., Bd. VI, S. 176f. S. auch A. Doboşi, *Exploatarea* ..., S. 150–155.
[195] P. Mureşan, *Aspecte etnografice din exploatarea sării în trecut la Ocna-Dej*, in: „Anuarul Muzeului etnografic al Transilvaniei", 1962–1964, 1966, S. 412.
[196] S. z. B. *Urkundenbuch* ..., Bd. III, S. 414; Bd. V, S. 25 f., Bd. VI, S. 499, 552.
[197] *Urkundenbuch* ..., Bd. VI, S. 264.

348 Bergbau und Bergwerksorte

Holz für den Schiffbau in den Wäldern der Burg Csicsó/Ciceu zu schlagen.[198] Ein zweiter Beleg stammt aus dem Jahr 1464; er erwähnt Schiffe, die in Unterwinz gebaut wurden.[199] Auch Vertreter anderer Handwerke werden angeführt. So wird in Salzdorf und Salzburg je ein Fleischer genannt und in Deesch sind 1465 sogar Fleischerlauben erwähnt,[200] die gewiss von mehreren Meistern benutzt wurden. Im gleichen Jahr wies man den Schustern dieses Ortes einen Verkaufsplatz am Marktplatz zu,[201] in Kloosmarkt und Deesch wird je ein Schneider und in Thorenburg und Deesch werden ein bzw. zwei Kürschner genannt.[202] In Deesch ist außerdem von mehreren Schmieden die Rede; für Johannes Hunyadi sollten dort 1448 sogar 1.000 Hufeisen hergestellt werden.[203] Auch weniger verbreitete Gewerbe sind belegt: So gab es in Salzburg einen Glasmacher, in Deesch einen Töpfer und in Thorenburg einen Bogner sowie zwei Goldschmiede.[204] In den Ortschaften, die weniger verkehrsgünstig (Seck, Kloosmarkt) bzw. nahe von bedeutenden Städten gelegen waren (Salzburg bei Hermannstadt, Winz-Burgberg bei Mühlbach und Weißenburg, Salzdorf bei Deesch), konnten sich die Gewerbe jedoch nur in sehr begrenztem Maß entwickeln.[205] Selbst in Deesch und Thorenburg, wo zahlreiche Meister ansässig waren, ist keine einzige Handwerkerzunft urkundlich belegt.

Auf den Handel der Bergbauorte gibt es ebenfalls etliche Hinweise. Thorenburg, dessen Marktrecht schon 1291 urkundlich erwähnt wurde, wurde 1415 zusammen mit fünf anderen siebenbürgischen Ortschaften angeführt (Klausenburg, Bistritz, Weißenburg, Großenyed, Hermannstadt), in denen Kaufleute – zumal aus Temeswar – Handel trieben.[206] Entsprechend alten Privilegien wies man 1427 und 1471 auf die Zollfreiheit sämtlicher Bewohner von Deesch und Salzdorf hin; dabei werden Kaufleute dieser Ortschaften urkundlich genannt[207] sowie der Handel der Salzschiffer mit Salz u.a. [208] Für Salzburg wird die von alters her gültige Zollfreiheit der „Hospites und Bewohner und Salzhäuer" 1456 erwähnt, die sich jedoch auf Güter für den eigenen Gebrauch beschränkte.[209] Ein „Johannes Kofman" wird in zwei Schrift-

---

[198] *Urkundenbuch* ..., Bd. IV, S. 194f.
[199] *Urkundenbuch* ..., Bd. VI, S. 185.
[200] *Urkundenbuch* ..., Bd. V. S. 199; Bd. VI, S. 433, 225.
[201] *Urkundenbuch* ..., Bd. VI, S. 225.
[202] *Urkundenbuch* ..., Bd. VI, S. 522; Bd. III, S. 595; Bd. V, S. 428; J. Kádár, *Szolnok-Doboka* ..., Bd. III, S. 204.
[203] *Urkundenbuch* ..., Bd. V, S. 428, 260; J. Kádár, *Szolnok-Doboka* ..., Bd. III, S. 204.
[204] *Urkundenbuch* ..., Bd. V, S. 435; Bd. IV, S. 595; Bd. VI, S. 211, 516; J. Kádár, *Szolnok-Doboka* ..., Bd. III, S. 204.
[205] Für Winz-Burgberg s. G. Gündisch, *Winz und die sächsische Nationsuniversität*, in: „Emlékkönyv. Kelemen Lajos ...", Bukarest, Kolosvár 1957, S. 315.
[206] *Urkundenbuch* ..., Bd. III. S. 638.
[207] *Urkundenbuch* ..., Bd. IV, S. 277f., Bd. VI. S. 486.
[208] A. Doboşi, *Exploatarea* ..., S. 147. S. auch *Urkundenbuch* ..., Bd. VI, S. 257.
[209] *Urkundenbuch* ..., Bd. V, S. 526.

stücken genannt,²¹⁰ und da er Hann der Ortschaft war, dürfte er recht wohlhabend und angesehen gewesen sein.

Weniger wissen wir über die Landwirtschaft der Bergwerksorte. Sowohl Deesch als auch Salzburg hatten wegen einzelner Gebiete Schwierigkeiten. Dabei handelte es sich bei der erstgenannten Ortschaft um Besitz, der nicht zur ursprünglichen Gemarkung gehörte, den Bewohnern aber offiziell zugesprochen worden war²¹¹ – wohl weil sie ihn brauchten und gefördert werden sollten. Für den zweiten Ort sind Zehntstreitigkeiten belegt, die sich aus der Zugehörigkeit einzelner Flurteile ergaben,²¹² aber auch Vereinbarungen für Gebiete, deren Benutzung die Salzburger offenbar erst kurz vorher an eine Nachbargemeinde abgetreten hatten.²¹³ Dieses spricht für einen Rückgang der örtlichen Landwirtschaft, was auch mit einem verheerenden Bevölkerungsverlust im Zusammenhang stehen könnte. Außerdem ist noch die Heuernte der Bewohner von Deesch belegt und in Salzburg ein Hof mit Rindern, Schafen, Schweinen und Pferden.²¹⁴ Auf die Landwirtschaft der anderen Ortschaften (Salzdorf, Seck, Kloosmarkt, Thorenburg und Unterwinz-Burgberg) gibt es aus dieser Zeit überhaupt keine Hinweise, doch dürfte sie in ihrem Wirtschaftsleben eine verhältnismäßig große Rolle gespielt haben.

In politischer Hinsicht hat die Bedeutung der hier untersuchten Orte im Allgemeinen nicht zugenommen. Salzburg, Seck und Unterwinz-Burgberg waren für die Verwaltung der umliegenden Gebiete niemals sehr wichtig gewesen, da z. B. der Winzer Distrikt recht klein gewesen ist.²¹⁵ Kloosmarkt war längst hinter Klausenburg völlig zurückgetreten, Deesch und Thorenburg spielten hingegen auch weiterhin eine gewisse Rolle als Hauptorte des Innerszolnoker bzw. Thorenburger Komitates.²¹⁶ Die letzterwähnte Ortschaft galt auch als wichtige Zollstelle Siebenbürgens,²¹⁷ und zumal seit Mitte des 15. Jhs. war sie ein Versammlungsort von Landtagen.²¹⁸

In kirchlicher Hinsicht sind nur einige Klöster bemerkenswert: In Unterwinz gab es ein Dominikanerkloster²¹⁹ und in Deesch und Thorenburg wahrscheinlich Klöster der Augustiner.²²⁰

---

[210] *Urkundenbuch ...*, Bd. V, S. 54, 435.
[211] *Urkundenbuch ...*, Bd. V, S. 240; Bd. VI, S. 27f., 282, 320.
[212] *Urkundenbuch ...*, Bd. III, S. 482–486, 670–678; Bd. IV, S. 59f., 184f., 415–419; Bd. V. S. 83f.
[213] *Urkundenbuch ...*, Bd. VI, S. 54f., 396f.
[214] *Urkundenbuch ...*, Bd. V, S. 18, Bd. VI, S. 219.
[215] E. Wagner, H. Gunesch, *Zur Geschichte des Winzer Distrikts*, in: „Zeitschrift für Siebenbürgische Landeskunde", Jg. I, 1978, S. 81f., 88–95.
[216] S. z. B. *Urkundenbuch ...*, Bd. V, S. 260; Bd. VI. S. 348.
[217] B. Orbán, *Torda ...*, S. 168.
[218] S. z. B. *Urkundenbuch ...*, Bd. III, S. 449; Bd. V, S. 130, 324, 362, 461, 539, 572; Bd. VI, S. 55, 85, 120, 249, 410, 464.
[219] *Urkundenbuch ...*, Bd. V, S. 134.
[220] D. Csánki, *Magyarország történelmi földrajza a hunyadiak korában*, Budapest 1890–1913, Bd. V, S. 85.

Eine Verbesserung der Rechtslage ist für Winz-Burgberg festzustellen. Nachdem König Sigismund schon 1411 und 1421 das entscheidende Privileg von 1393 bestätigt hatte,[221] verlieh er 1430 dem Markt das gleiche Stadtrecht wie den Städten der Sieben Stühle.[222] Gleichzeitig wurden die Abgaben der Ortschaft von 35 auf 20 Mark Silber heruntergesetzt; diese letzte Bestimmung dürfte allerdings einem Rückgang der Bevölkerung Rechnung getragen haben und mithin getroffen worden sein, um eine merkliche Verschlechterung der finanziellen Lage seiner Bewohner zu verhindern. Gewisse Vorteile werden auch Deesch und Salzdorf erlangt haben: Nachdem schon König Sigismund 1429 die alten Rechte und Freiheiten der erstgenannten Stadt bestätigte, befreite Matthias Corvinus 1467 – als Zeichen besonderer Gunst – beide Orte von allen ordentlichen und außerordentlichen Steuern und Abgaben.[223] Eine Bestätigung und Erweiterung älterer Privilegien hat sich schließlich für Salzburg erhalten.[224] Dagegen verschlechterte sich jedoch die Lage von Kloosmarkt, das 1470 an Klausenburg vergeben wurde;[225] da sich daraus sehr bald Schwierigkeiten ergaben, befreite man den Flecken aber schon im folgenden Jahr wenigstens von der Gerichtsbarkeit der Stadt.[226]

In der Verwaltung und sozialen Gliederung der Bevölkerung sind nur geringfügige Änderungen festzustellen. 1432 ist erstmalig in einem der untersuchten Orte – in Winz, und zwar entsprechend seinem neuen Stadtrecht – sowohl ein Bürgermeister („*magister civium*") als auch ein Richter („*iudex*") urkundlich belegt;[227] es gab also sowohl einen Stadtrat als auch ein Gericht. In Salzburg sind dagegen außer einem Richter – wie in den umliegenden sächsischen Orten – ein Hann („*villicus*") und die Altschaft („*seniores*", „*iurati seniores*") erwähnt.[228] In den anderen Bergbauorten, in Thorenburg, Deesch, Salzdorf und Kloosmarkt sprechen die Urkunden nur von einem Richter[229] und den Geschworenen. In Thorenburg gab es der Regel entsprechend zwölf Geschworene[230] und im gleichen Ort ist auch ein Notar bezeugt.[231]

Von Gräfen erfahren wir nur noch zu Beginn des 15. Jhs. in Salzburg,[232] aber Adlige sind in dieser Zeit in mehreren Ortschaften belegt: 1448 lebte we-

---

[221] *Urkundenbuch* ..., Bd. III, S. 507ff., Bd. IV, S. 145.
[222] *Urkundenbuch* ..., Bd. IV, S. 398. S. dazu: G. Gündisch, *Winz* ..., S. 315f. Für die Rechte der Städte s. auch: F. B. Fahlbusch, *Dekret von 1405*, S. 61ff. Eine Bestätigung des Privilegs von 1435 (*Urkundenbuch* ..., Bd. IV, 552f.) brachte keine neuen Änderungen.
[223] *Urkundenbuch* ..., Bd. VI, S. 301.
[224] *Urkundenbuch* ..., Bd. VI, S. 300, 175f.
[225] *Urkundenbuch* ..., Bd. VI, S. 451, 452, 454.
[226] *Urkundenbuch* ..., Bd. VI, S. 509.
[227] *Urkundenbuch* ..., Bd. VI, S. 486.
[228] *Urkundenbuch* ..., Bd. III, S. 309; Bd. IV, S. 176, 252.
[229] *Urkundenbuch* ..., Bd. III, S. 449; Bd. V, S. 155; Bd. V. S. 428; Bd. VI, S. 486; Bd. VI, S. 486; Bd. VI, S. 522.
[230] *Urkundenbuch* ..., Bd. V, S. 155.
[231] *Urkundenbuch* ..., Bd. III, S. 422.
[232] *Urkundenbuch* ..., Bd. III, S. 293f.

nigstens einer in Deesch und 1472 gehörte der Witwe eines Magnaten ein Erbhaus in Thorenburg.[233] Außer den Vollbürgern („*cives*") sind in vielen Urkunden – für Thorenburg, Deesch, Salzburg und Winz – auch Hospites erwähnt; nach einem Verzeichnis von 1488 bestand die Bevölkerung von Unterwinz-Burgberg zu 89 % aus Hospites und Müllnern und zu 11 % aus Sedlern, Hirten und Armen.[234] In Deesch erscheinen neben „cives" und „*hospites*" noch „Einwohner", „Leibeigene des Königs" oder das „Volk"; erstere sind in Salzburg ebenfalls genannt, letzteres in Salzdorf.[235]

Für die demographische Entwicklung der Ortschaften gibt es aus dem 15. Jh. wenige sichere Anhaltspunkte. Da die Bevölkerung der Salzbergbauorte im Allgemeinen zurückging und konkret im Fall von Seck und Salzdorf kein Aufwärtstrend festzustellen ist, werden diese, wie vorher, von weniger als 200 Familien bewohnt gewesen sein; eine Verfügung, die König Sigismund 1427 erließ und die die Übersiedlung von Grundhörigen nach Salzdorf erleichterte,[236] sollte eher einem Rückgang steuern. Die Größe von Kloosmarkt wird auf ungefähr 150 Familien geschätzt[237] – die Bevölkerung der Ortschaft dürfte also seit dem 14. Jh. um die Hälfte zurückgegangen sein. Mit einem ähnlichen Bevölkerungsverlust ist in Salzburg zu rechnen, denn Dörfer der Hermannstädter Gegend, die vorher eine analoge Einwohnerzahl wie Salzburg hatten, gingen alle von nahezu 400 auf rund 200 Familien zurück.[238] Über genaue Ziffern verfügen wir nur für Unterwinz-Burgberg: 1488 war der erstgenannte Ort von 205 Familien bewohnt, der zweite von 112;[239] seit dem 14. Jh. hat sich ihre Größe also um beiläufig ein Drittel verringert. Anders entwickelte sich die Bewohnerzahl der Orte, in denen es mehr Handwerker gab. Während die Bevölkerung Thorenburgs wenig, etwa von über 600 Familien auf 700 anwuchs, ist jene von Deesch von 200 auf 400 Familien gestiegen;[240] dabei wird der Zuzug von Leibeigenen eine bedeutende Rolle gespielt haben.[241]

---

[233] *Urkundenbuch* ..., Bd. VI, S. 522.
[234] *Urkundenbuch* ..., Bd. IV, S. 280; Bd. V, S. 18; Bd. VI, S. 320, 328, 486; Bd. IV, S. 382f.; Bd. IV, S. 277; Bd. V, S. 526; Bd. IV, S. 277.
[235] A. Berger, *Volkszählung in den 7 und 2 Stühlen, im Bistritzer und Kronstädter Distrikte vom Ende des 15. und Anfang des 16. Jhs.*, in: „Korrespondenzblatt des Vereins für siebenbürgische Landeskunde", Jg. 17, 1894, S. 50.
[236] *Urkundenbuch* ..., Bd. IV, S. 273f.
[237] Şt. Pascu, *Voievodatul Transilvaniei*, Cluj-Napoca 1972–1986, Bd. II, S. 398.
[238] Großau war 1488 von 184 Familien bewohnt, Stolzenburg von 190 und Heltau von 241 (A. Berger, *Volkszählung* ..., S. 54f.). Für einen ebenso großen oder noch bedeutenderen Bevölkerungsverlust in Salzburg spricht die Tatsache, dass dieser Ort vermutlich mehrere Flurteile Stolzenburgern überlassen hat (s. dazu: *Urkundenbuch* ..., Bd. VI, S. 54f., 396f., aber auch Bd. III, S. 482–486, 670–678; Bd. IV, S. 59f., 184f., 415–419; Bd. V, S. 83f.).
[239] A. Berger, *Volkszählung* ..., S. 50.
[240] Anhaltspunkte dafür bietet die städtebauliche Entwicklung der beiden Ortschaften.
[241] S. z. B. D. Prodan, *Iobăgia* ..., Bd. I, S. 137.

Vergleicht man diese Werte mit der Größe anderer Ortschaften, so entsprach die Bewohnerzahl von Seck, Salzdorf und Kloosmarkt jener größerer Marktflecken, stimmte also beispielsweise mit der von Reps überein.[242] Salzburg hatte die gleiche Bevölkerung wie Agnetheln und Broos, aber weniger als Keisd, Heltau, Mühlbach und Tartlau. Der Doppelort Winz-Burgberg war hingegen größer als diese und beiläufig Mediasch gleichzusetzen, vielleicht auch Weißenburg. Deesch hatte weniger Einwohner als Bistritz und Schäßburg, Thorenburg jedoch mehr; von den siebenbürgischen Städten waren damals nur Kronstadt, Klausenburg und Hermannstadt stärker bevölkert als Thorenburg.[243]

Aus den demographischen Prozessen lässt sich auf die städtebaulichen Veränderungen der Bergwerksorte schließen. Dabei handelte es sich meist um eine Reduzierung der Zahl von Hofstellen. Aus Dörfern Südsiebenbürgens wissen wir, dass in diesen Fällen für gewöhnlich Hofstellen im Randbereich der Siedlungen aufgelassen wurden, während in der Mitte des Dorfes nur geringfügig interveniert wurde. Ein gewisser Vorbehalt muss dabei allerdings im Falle von sehr unregelmäßig parzellierten Orten geäußert werden: Wir wissen nicht, wann deren unregelmäßiges Grundrissgefüge entstanden ist,[244] und dementsprechend ist bei solchen Formen eine Auflockerung der alten Struktur schon für diese Zeit nicht ganz auszuschließen ist.

Nennenswerte Erweiterungen fanden nur in Thorenburg, Deesch und vielleicht Sigeth statt. In Thorenburg kam es zu einem weiteren Verschmelzen der Einzelsiedlungen, wobei vor allem Neu-Thorenburg anwuchs und unmittelbar mit Alt-Thorenburg und dem Kreuzritterdorf zusammenwuchs.[245] Dabei wurden Ansätze bestehender Straßen verlängert und ein zusätzlicher Straßenzug neben einer schon bestehenden Platzanlage geschaffen. In Sigeth könnte ein bestehender Anger verlängert worden sein und in Deesch wird es zur Verdichtung des Parzellengefüges einer einstigen Streusiedlung (auf dem „Mulatău") gekommen sein.

So verschieden wie die städtebaulichen Veränderungen werden auch jene im Baubestand einzelner Orte gewesen sein. Freilich, die einfachen Häuser waren wohl überall Holzhäuser oder Erdhütten, meist mit Strohdächern gedeckt; in Deesch wird selbst das Rathaus als „ein Häuschen mit Strohdach und einem von einer Hecke umgebenen Garten" bezeichnet.[246] Bei den Ge-

---

[242] Für die Mittelwerte s. Șt. Pascu, *Voievodatul Transilvaniei*, Bd. II, S. 403–417 bzw. S. 398–402, 413f.
[243] Für die Vergleiche wurden herangezogen: A. Berger, *Volkszählung ...*, S. 50–59, 65–72; P. Niedermaier, *Siebenbürgische Städte*, Bukarest, Köln, Wien 1979, S. 79.
[244] P. Niedermaier, *Überlagerung von verschiedenartigen Siedlungsformen bei siebenbürgischen Städten*, in: „Forschungen zur Volks- und Landeskunde", Jg. 27/2, 1984, S. 35–40.
[245] P. Niedermaier, *Turda. Dezvoltarea urbanistică a unui centru minier până în secolul al XVII-lea*, in: „Acta Musei Napocensis", Bd. XIV, 1977, S. 324–326, 334, 335.
[246] G. Mânzat, *Monografia orașului Dej*, Bistrița 1926, S. 240–242.

meinschaftsbauten gab es jedoch Unterschiede, zumal was deren Vielfalt anbelangt; so werden z. B. in Deesch 1465 bei der Herrichtung von Verkaufsständen für Schuster die Fleischerlauben erwähnt, und auch in Thorenburg wissen wir von verschiedenartigen Lauben. Die Unterschiede zwischen den Orten treten aber vor allem bei den Sakralbauten in den Vordergrund. Im Allgemeinen waren in den Bergbauorten die Kirchen schon vor dem 15. Jh. gebaut worden und erfuhren meist keine nennenswerten Veränderungen – etwa in Salzburg, Seck, Unterwinz, Burgberg. In Thorenburg und Deesch kam es jedoch zu solchen Umbauten, wobei an den alten Kirchen merkliche Veränderungen vorgenommen wurden.[247] Auch Wehranlagen kamen hinzu und selbst große Profanbauten wie das „Fürstenhaus" in Thorenburg nahmen Konturen an.

Wehranlagen um Kirchen oder etwas größere Bereiche hat es verschiedenerorts gegeben, etwa in Salzburg, Thorenburg oder Deesch. Dagegen waren die Orte in ihrer Gesamtheit höchstens von Palisaden und Gräben umgeben. Ein Stadttor, das 1448 in Thorenburg erwähnt wird,[248] wird auch zu solchen Wehranlagen gehört haben.

Auffällig ist, dass sich in der Einstufung der Bergwerksorte im Laufe des 15. Jhs. allmählich eine Vereinheitlichung durchsetzte. Seck und Salzburg, die vorher weder als Stadt noch als Dorf betitelt wurden, sowie Kloosmarkt, das unter beiden Bezeichnungen anzutreffen war, erscheinen nach 1400 ausschließlich als Marktflecken (*„oppidum"*).[249] Die anderen Ortschaften, die vorher allgemein als Städte angesehen worden sind, stufte man im 15. Jh. immer seltener als solche ein. Salzdorf erscheint mit Ausnahme eines einzigen Belegs von 1471 immer als Flecken;[250] Thorenburg wurde noch bis 1452 als „civitas" bezeichnet, nachher mit Ausnahme von drei Belegen jedoch als „oppidum".[251] Für Deesch halten sich die Erwähnungsarten zunächst noch die Waage,[252] doch wurde auch dieser Ort zuletzt häufig als Flecken eingeschätzt. Eine gleiche Entwicklung lässt sich bei den Bergbauorten Marmatiens,[253] aber auch beim Salzumschlagplatz Unterwinz-Burgberg feststellen.[254]

---

[247] V. Vătăşianu, *Istoria artei feudale în țările române*, Bucureşti 1959, S. 247; C. Mureşan, *Monumente istorice din Turda*, Bucureşti 1968, S. 13, 20.
[248] B. Orbán, *Torda ...*, S. 105.
[249] *Urkundenbuch ...*, Bd. IV, S. 419; Bd. IV, S. 60; Bd. V, S. 54, 526; Bd. VI, S. 300, 305, 423; Bd. VI, S. 427, 451, 509.
[250] *Urkundenbuch ...*, Bd. VI, S. 486; Bd. IV, S. 273, 277; Bd. V, S. 199; Bd. VI, S. 264, 301.
[251] *Urkundenbuch ...*, Bd. III, S. 638, 651; Bd. V, S. 155, 575; Bd. VI, S. 182; D. Csánki, *Magyarország ...*, Bd. V, S. 684.
[252] *Urkundenbuch ...*, Bd. III, S. 537; Bd. IV, S. 181, 194f., 273, 277, 280, 318, 319, 382; Bd. VI, S. 27, 225, 264, 282, 301, 320, 328, 486, 499.
[253] D.Csánki, *Magyarország ...*, Bd. I, S. 445; C. Suciu, *Dicționar istoric al localităților din Transilvania*, Bucureşti 1967–1968, Bd. II, S. 119; Şt. Pascu, *Voievodatul Transilvaniei*, Bd. II, S. 159.
[254] *Urkundenbuch ...*, Bd. IV, 145, 398, 552; Bd. VI, 2.

Bei den erheblichen Größenunterschieden zwischen den einzelnen Siedlungen ist die erwähnte Vereinheitlichung durch die ähnliche wirtschaftliche und rechtliche Lage zu erklären. Nicht nur die sinkende Bedeutung des Salzbergbaus wird zur allmählichen Ausklammerung dieser Ortschaften aus der Reihe der Städte geführt haben, sondern auch städtebauliche und architektonische Merkmale der Bergwerksorte und zumal das Fehlen von Stadtmauern dürften seit dem 15. Jh. eine Rolle gespielt haben.

Merkmale der frühen Neuzeit*

Einstmals hatte das Salzregal „zu den vornehmsten staatlichen Einnahmequellen Siebenbürgens" gehört,[255] doch im Laufe der Zeit war die Bedeutung dieses Wirtschaftszweiges zurückgegangen[256] und erreichte im 16., 17. Jh. einen Tiefpunkt. Da vorher ein Großteil der Förderung ins Banat nach Ungarn und darüber hinaus ausgeführt worden war, die Türken diese Gebiete aber fast vollständig besetzt hatten, verringerte sich der Markt für siebenbürgisches Salz ganz erheblich.[257] Dazu waren außerhalb Siebenbürgens immer mehr Salzgruben eröffnet worden, so dass es zu einer Überproduktion gekommen war und dadurch zu einem wesentlichen Wertverlust. Als auch in der Walachei und der Moldau Salzvorkommen ausgebeutet wurden, waren schließlich dem Salzhandel mit diesen Gebieten enge Grenzen gesetzt worden.[258] Im Karpatenbecken selbst war der Absatz sehr gering: Wie schon erwähnt hatten die Adligen Anrechte auf Freisalz und trieben damit auch Handel, ebenso besaßen die Bewohner der Sieben Stühle, seit 1504 auch jene der Zwei Stühle Anrecht auf solches, und die Szekler verfügten über eigene Fundstellen, deren Salz sie innerhalb gewisser Grenzen auch verkaufen durften.[259]

1528, als die Fugger das siebenbürgische Salzregal übernahmen, hofften sie noch – wahrscheinlich dank ihrer weltweiten Beziehungen – jährlich einen Gewinn von weit über 120.000 fl. (Gulden) zu erzielen, denn diese Summe sollten sie als Pachtzins König Ferdinand zahlen.[260] Im Laufe von zehn Monaten machten jedoch ihre Einnahmen nur annähernd 5.000 fl. aus, während

---

* Erstdruck: *Ortschaften des Salzbergbaus im Mittelalter und in der frühen Neuzeit (3. Teil)*, in „Forschungen zur Volks- und Landeskunde", Nr. 42–43, 1999–2000, S. 85–105.

[255] G. Gündisch, *Die siebenbürgischen Unternehmungen der Fugger*, in: „Omagiul lui I. Lupaș", București 1943, S. 12.

[256] *Călători străini despre țările române*, București 1970, Bd. II, S. 41.

[257] S. dazu: *Călători străini ...*, București 1968, Bd. I, S. 289, Bd. II, S. 35f.; auch Bd. I, 265; A. Doboși, *Exploatarea ocnelor de sare din Transilvania în evul mediu*, in: „Studii și cercetări de istorie medie", Jg. II/1, 1951, S. 132, 134.

[258] *Călători străini ...*, Bd. II, S. 36; s. auch 283.

[259] *Călători străini ...*, Bd. II, S. 35f., F. Schuler-Libloy, *Siebenbürgische Rechtsgeschichte*, Hermannstadt 1867, Bd. I, S. 274. S. auch: A. Doboși, *Exploatarea ...*, S. 146.

[260] G. Gündisch, *Die siebenbürgischen Unternehmungen der Fugger*, in: „Omagiul lui I. Lupaș", București 1943, S. 6, 12.

die Ausgaben 22.000 fl. überstiegen.²⁶¹ Zu Martinuzzis Zeiten, also vor der Mitte des 16. Jhs., soll der jährliche Ertrag des Salzregals 40.000 fl. betragen haben.²⁶² Nach Rechnungen belief sich der Gewinn der Marmatier Kammer 1551 und 1552 auf 11.178 bzw. 13.339 fl. und 1600/1601 auf 5.594 fl. Während die Förderung von 1551 bis 1552 um 6 % zurückging und bis 1600/1601 um weitere 59 %, waren die Geldeingänge um 55 % rückläufig.²⁶³ Schwer zu schätzen sind die gleichzeitigen Einnahmen aus den siebenbürgischen Bergwerken. 1602 waren die in Kloosmarkt, Seck und Deesch für 57.000 fl. verpfändet worden: In Thorenburg verzeichnete man zwischen dem 1. August und dem 31. Dezember einen Reingewinn von fast 2.000 fl. – in Salzburg hingegen einen Verlust von über 100 fl.²⁶⁴ Zeitweise scheint es zu einer Erholung gekommen zu sein, denn 1673, zur Zeit Michaels I. Apafi, hat der Pachtzins des Regals 35.000 Taler betragen – also 60.000 bis 70.000 fl. –, doch sank der Ertrag erneut und machte 1701 nur noch 5.519 Gulden aus.²⁶⁵ Im Verhältnis zum 15. Jh., und zunächst zur Hochkonjunktur in der Zeit von Matthias Corvinus, sind die großen Werte aus der Zeit von Martinuzzi und Michael Apafi um gut zwei Drittel bzw. die Hälfte kleiner gewesen; der Reingewinn des Jahres 1701 betrug sogar nur ein Viertel der niedrigen Einnahmen der Regierungszeit Wladislaws. Global dürfte die Förderung also nur noch 30–40 % von jener des 15. Jhs. und vielleicht 25 % von jener der Blütezeit in der ersten Hälfte des 14. Jhs. betragen haben.

Selbstverständlich entstanden unter diesen Umständen keine neuen Bergorte – in Miereschhall und später auch bei anderen Spurien und Salzbrunnen sind sogar Wächter erwähnt, die dafür zu sorgen hatten, dass niemand unbefugt Salz brechen oder Salzwasser nehmen könne, im Szeklerland gab es 1602 stillgelegte Bergwerke, und in Seck war der Bergbau lange Zeit eingestellt, nachdem im 16. Jh. die Gruben eingestürzt waren.²⁶⁶

Selbst wenn die Nennung einzelner Förderstätten in verschiedenen Arbeiten und Beschreibungen oft willkürlich erscheint (Agricola erwähnt z. B. Thorenburg, Salzburg und Oderhellen/Odorhei Secuiesc),²⁶⁷ ist aus den Quellen des 16. bis 17. Jhs. doch die unterschiedliche Bedeutung der Kam-

---

[261] G. Gündisch, *Fugger* ..., S. 20.
[262] G. Gündisch, *Fugger* ..., S. 12.
[263] D. Prodan, *Iobăgia în Transilvania în secolul al XVI-lea*, București 1967–1968, Bd. II, S. 775ff.
[264] F. Schuller, *Zur Finanz- und Steuergeschichte Siebenbürgens*, in: „Korrespondenzblatt des Vereins für siebenbürgische Landeskunde", Bd. IX, 1886, S. 104.
[265] F. Schuler-Libloy, *Rechtsgeschichte* ..., Bd. I, S. 273f.
[266] F. Schuller, *Zur Finanzgeschichte*, S. 104; *Călători străini* ..., Bd. II, S. 18, 21, 79; J. E. v. Fichtel, *Beytrag zur Mineralgeschichte von Siebenbürgen – zweyter Theil, welcher die Geschichte des Steinsalzes enthält. Geschichte des Steinsalzes und der Steinsalzgruben im Großfürstenthum Siebenbürgen* ..., Nürnberg 1780, S. 92. Im 16. Jh. waren die Secker Gruben dann wieder zeitweise in Betrieb (s. A. Doboși, *Exploatarea* ..., S. 156, 164).
[267] H. Wilsdorf, W. Quellmalz, *Bergwerke und Hüttenanlagen der Agricola-Zeit*, Berlin 1971, S. 275, 278.

mern und mithin auch der Bergwerke zu ersehen.[268] Nach den Bezügen des Personals bzw. der Kämmerer (Unterkammergrafen) stand 1528 die Thorenburger Salzniederlage an erster Stelle.[269] Die in Deesch war fast ebenso wichtig, die Ausgaben in Salzburg und Seck sind dagegen nicht einmal halb so hoch gewesen. Am unbedeutendsten war die Kloosmarkter Kammer, denn die Bezüge der dortigen Angestellten machten weniger als ein Drittel von jenen der beiden ersten Niederlagen aus (gelegentlich werden die Gruben in Kloosmarkt als nicht sehr rentabel bezeichnet).[270] Ebenso verloren die Beikammern in Unterwinz-Burgberg an Bedeutung und für eine Niederlage in Praid fehlen auch aus dieser Zeit jegliche Hinweise.

Der Aufwand dürfte im Großen und Ganzen auch die allgemeine Leistung der einzelnen Kammern und Gruben widerspiegeln, nicht aber Schwankungen der Tätigkeit und innere Zustände. So hieß es 1528, dass in Thorenburg wenig Salz gefördert werde und in der Salzkammer die ungeordnetsten Zustände herrschten; Salzburg wird dagegen besonders gelobt.[271]

Zu den einzelnen Niederlagen gehörten für gewöhnlich je zwei bis drei Gruben. Von der allgemeinen Regel gab es freilich auch Abweichungen: In Kloosmarkt, wo 1528 noch zwei Bergwerke in Betrieb waren, ist 1552 nur noch eines erwähnt.[272] Von den beiden Gruben der Deescher Niederlage gehörte 1552 eine zur Stadt selbst und eine zu Salzdorf, 1585 wird aber auch ein – vermutlich neues – „piemontesisches" Bergwerk genannt.[273] 1528 verfügte Thorenburg über drei Gruben, wovon zwei in Betrieb waren, und schließlich gehörten auch zur Marmatier Kammer im Jahre 1600 drei Salzbergwerke.[274]

Das Salz selbst wurde allgemein als gut eingeschätzt, wobei allerdings eine genauere Beurteilung zu verschiedenen Zeiten unterschiedlich ausfiel.[275] Im 16. Jh. galt das Deescher Salz als sehr rein, nur das Kloosmarkter als stärker verunreinigt – letzteres wurde aber von den Türken besonders geschätzt. Hingegen hieß es im 18. Jh., dass in den Gruben des letzterwähnten Ortes *„der Salzstock gänzlich rein und frei von aller Erde ist"*. In Salzburg soll es schlechteres, mürberes Salz gegeben haben; zwar war *„fast alles [...] erdig, doch meist nur mit sehr schmalen Streifen durchzogen, die der Brauchbarkeit noch nicht hinderlich gewesen sind"*. Ebenso wurde in Salzdorf *„die sehr wenige einbrechende Erde von der Hauerschaft nicht geachtet"*. Dagegen mussten in Thorenburg in allen Gruben verunreinigte Salzschichten ausgeschieden

---

[268] *Călători străini* ..., Bd. I, S. 292.
[269] S. auch: *Călători străini* ..., Bd. II, S. 18.
[270] *Călători străini* ..., Bd. II, S. 28, 80.
[271] *Călători străini* ..., Bd. I, S. 264, 287.
[272] *Călători străini* ..., Bd. I, S. 280, 284, Bd. II., S. 24.
[273] *Călători străini* ..., Bd. II, S. 27; *Jakob Bongars Reise durch Siebenbürgen 1585*, in: „Archiv des Vereins für siebenbürgische Landeskunde", Bd. XII, 1874, S. 362.
[274] *Călători străini* ..., Bd. I, S. 268f.; D. Prodan, *Iobăgia* ..., Bd. II, S. 761f.
[275] *Călători străini* ..., Bd. II, S. 18f., 25, 27, 32; J. E. v. Fichtel, *Geschichte* ..., S. 93, 105, 112.

werden, während bei den Marmatier Gruben der *„ungleich mehr mit Erde gemengte und versetzte Salzstock [...] eine sorgfältige Ausscheidung der reinen Stücke aus der Erde [...] veranlasst hat."*
Mit Ausnahme der Gruben in Praid hatten die Salzbergwerke auch weiterhin die Form teufer, runder Hallen. Diese wurden selbst im 18. Jh. als zweckdienlich empfunden: *„Der hierländische konische in die gerade Tiefe setzende Salzbau, ist schon von vielen, die ihn in Augenschein genommen haben, getadelt worden [...]. Allein wenn darüber [...] die Lage [...] genauer überdacht [...] wird/ so wird man finden, dass von der eingeführten Bauart nicht so leicht, als man es sich einbildet, abgegangen werden kann, und dass demnach unsere Alten nur die sicherste und fürträglichste, ja ich sage, die einzige thunliche Salzbauart gewählet haben. Doch nehme ich hievon die Salzberge aus."*[276]

Die Ausmaße der Hallen – und mithin auch die maximale Förderung – waren von der Betriebsdauer, d. h. von ihrem Alter abhängig. Im Jahre 1528 hatten die verschiedenen Thorenburger Gruben 35, nahezu 60 und 130 m Teufe.[277] Sehr ähnliche Werte sind aus dem 18. Jh. belegt,[278] und dementsprechend werden die Gruben auch in einer früheren Zeit ähnliche Ausmaße gehabt haben: Die Teufe der Schächte betrug 11–30 m, die der Hallen im Allgemeinen bis zu 106 m und der Durchmesser an der Sohle bis zu 72 m.

Die Hallen waren oben gewölbeartig abgerundet (*„Salzhimmel"*) und verbreiterten sich weiter unten ziemlich gleichmäßig.[279] Dank dieser geschlossenen Form bot die Wasserhaltung keine größeren Schwierigkeiten: Wasser konnte nur von oben, entlang der ausgezimmerten Schächte einbrechen. Solche gab es zwei oder drei, und zwar je einen für den Einstieg der Bergleute (*„Mannsfart"*), einen für die Förderung (*„Treibschacht"*), und manchmal einen zusätzlichen für die Bewetterung. Während für den Einstieg eine senkrechte Leiter diente, hatte die Förderkunst Lederbälge für das Heben von Salzbrösel (*„Minuzien"*) und Wasser bzw. gestrickte Taschen (*„Málha"*) für das Ziehen der ganzen Salzsteine. Sie wurde durch Göpelwerk mit zwei und seltener vier Pferden betrieben. Für diese gab es nur manchmal ein Treibhaus – oft befand sich das Göpelwerk auch unter freiem Himmel. Zur Bewetterung – die bei neuen, unteufen Gruben nötiger war – wurde ein Kupferkessel, in dem Feuer brannte, mit einer Haspel in die Grube herabgelassen (erst aus dem 18. Jh. hören wir auch vom einfachen, *„wiederholten Einwerfen einiger Büffelheute"*); Haspeln wurden, entsprechend ihrer Verwendung, von 1,

---

[276] J. E. v. Fichtel, *Geschichte* ..., S. 107f.
[277] *Călători străini* ..., Bd. I, S. 268f.
[278] J. Fridvaldszky, *Mineralogia magni principatus Transilvaniae seu metalla, semi-metalla, sulphura, salia, lapides & aque conscripta*, Claudiopolis 1767, S. 163; J. E. v. Fichtel, *Geschichte* ..., S. 91.
[279] Für die folgenden Beschreibungen und zusätzliche Daten s.: *Călători străini* ..., Bd. I, S. 268f.; J. E. v. Fichtel, *Geschichte* ..., S. 94–109; *Istoria gîndirii și creației științifice și tehnice românești*, Bd. I, Hrsg. Șt. Pascu, București 1982, S. 291.

2, 3 oder 4 Leuten gedreht. Bei den Bergwerken gab es Gebäude für verschiedene Zwecke und vor allem *„Salzscheuern oder Salzkammern".*

„Der nemliche Salzgrubenbau, der [...] von Siebenbürgen beschrieben worden, ist auch in der Wallachei, in der Moldau und in der [...] Marmarosch [Marmatien], bis auf einige sich unterscheidende Kleinigkeiten eingeführt. [... So geht man] in der Marmarosch [... mit der Abteufung der Schächte] bis in die dreisigste Klafter und ist zufrieden, wenn man nur bis dahin Salz findet. Eine gute Grube, die vieles reines Salz abgibt, wird dort auch viel schwerer als in Siebenbürgen verlassen; und überhaupt [... wird] der ganze Salzbau [dort] ungleich kostbarer geführt, welches dem dasigen Mangel des Ueberflusses am reinen Salze zugeschrieben werden muss."

Die Quellen geben für das 16. und 17. Jh. zusätzliche Aufschlüsse über die Art, in der das Salzregal organisiert war. Erstmalig wird ein Kammerrat erwähnt.[280] Einen Kammergrafen – nun auch Großkämmerer genannt –, dem die einzelnen Kämmerer untergeordnet waren, musste es nicht unbedingt geben;[281] manchmal gab es jedoch gleichzeitig auch zwei. In diesem Fall bestellten sich beide in den Kammern je einen „Vizekämmerer", so dass man praktisch von einer doppelten Verwaltung sprechen kann.[282]

Von den Angestellten der Salzkammern kam dem *„Magulator"* die größte Bedeutung zu. Wahrscheinlich entsprechend der Zahl der Bergwerke gab es bei den Niederlagen meist zwei solche. Sie hatten die ans Tageslicht geförderten Salzblöcke zu übernehmen und zu verwalten.[283] Außer diesen ist meist ein Buchhalter („*rationista*") erwähnt, ein Angestellter, der täglich das Geld auszahlte („*divisor pecuniarum*", „*dispensator*") und einer, der das Unschlitt verteilte („*Inschlytknecht*");[284] für die Kammer Marmatiens sind auch Bäcker, Köche, Wächter u.a. erwähnt.[285] Sie hatten alle ein festes Jahreseinkommen, das zwischen 12 und 60 Gulden betrug.

Im Unterschied zu diesen erhielt ein Schmied im Allgemeinen einen Wochenlohn von 50 Denar (den.) und einigerorts auch Salz.[286] Für einen Handwerker waren 50 den. wenig, doch möglicherweise waren die Schmiede der Kammern (nur in Marmatien gab es zwei) auch nicht voll ausgelastet. Dafür spricht u.a. die Vergütungsart anderer Angestellter, so der 2 bis 6 Männer, die die Göpelwerke bedienten: Wenn täglich 1.000–3.000 Salzblöcke gefördert wurden, so erhielten um 1600 in Marmatien die vier Wagner je 14 den., die zwei Pferdetreiber je 7 den.; wurden aber weniger als 1.000 Steine gehoben, so stand ihnen nur halb soviel zu. Unabhängig von der Förderung bekamen sie noch einen Salz-

---

[280] *Călători străini* ..., Bd. I, S. 276, 279.
[281] S. dazu: *Călători străini* ..., Bd. II, S. 38.
[282] *Călători străini* ..., Bd. II, S. 38, S. dazu auch: G. Gündisch, *Fugger* ..., S. 5f.
[283] S. dazu auch G. Gündisch, *Fugger*, S. 13.
[284] *Călători străini* ..., Bd. II, S. 21, 25; Bd. I, S. 278
[285] D. Prodan, *Iobăgia*, Bd. II, S. 769; J. E. v. Fichtel, *Geschichte* ..., S. 92f.
[286] S. z. B.: *Călători străini* ..., Bd. I, S. 274, Bd. II, S. 29; D. Prodan, *Iobăgia* ..., Bd. II, S. 763.

block pro Woche, volle Verpflegung und eine jährliche Unterstützung von 3 1/2 fl.[287] Andere Arbeiter waren die sogenannten „*Miliaristen*". Diese hatten – meist zu viert – das Salz in den Gruben und vom Göpelwerk in die Salzlager zu transportieren. Dafür standen ihnen im 16. Jh. täglich 10 den. zu (in Kloosmarkt nur sechs),[288] doch wissen wir auch hier nicht, ob sie voll ausgelastet waren. In der ersten Hälfte des 16. Jhs. wurde nämlich in größeren Gruben, wenn man viel Salz brach, dieses täglich, von mittags bis abends zu Tage gefördert, in kleineren Gruben jedoch nur einmal wöchentlich, samstags; dazu kam noch die Beförderung der Salzbrösel („*Minuzien*") und ihr Transport bis auf die Halde („*Gira*"), die in kleinen Gruben aus Platzmangel öfter erfolgte, insbesondere jedoch während der Sommer- und Herbstmonate.[289]

1528 heißt es, dass die Salzkammern mit der gleichen Autorität und Umsicht wie andere Bergwerke geleitet werden müssten.[290] Die Parallelität wird vor allem in der Leitung der Grubenarbeiten sichtbar. In der ersten Hälfte des 16. Jhs. ist erstmals ein „*Bergmayster*" erwähnt, gewiss gab es ihn aber von alters her; er war ein im Bergbau besonders erfahrener Häuer[291] (also ein schon im Frauenbacher Privileg von 1347 erwähnter „*Steiger*").[292] In einer Aufzählung der Bediensteten der Deescher Kammer wird 1660 wieder ein Bergmeister aus Salzburg erwähnt,[293] da es jedoch keinen zweiten gab, wird dieser für beide Gruben der Salzniederlage verantwortet haben. Häufiger hören wir, wie vorher, von den „*Richtern*" der Häuer – jetzt auch „*Obristen*" genannt.[294] Die Bergleute einer Kammer hatten ein bis drei solche (zwei sind z. B. für die Salzburger Kammer belegt, ebenso auch für die Deescher – wobei einer aus Deesch und einer aus Salzdorf stammte, der eine in der ersten und der andere in der zweiten Grube arbeitete. In Marmatien gab es drei Richter, und zwar je einen für Hust/Chust, Teutschenau/Teceu und Sigeth/Sighetul Marmaţiei; sie waren vor allem Fürsprecher der Arbeiter, hatten in den Gruben „*die Aufsicht* [...] *und mussten die Hauer, wenn sie sich dort wider die Grubengesetze vergehen*", richten und bestrafen.[295] Schließlich werden 1660 bei der Deescher Kammer vier Dekane erwähnt – zwei aus Salzdorf und zwei aus Deesch.[296] Da sie ungleichmäßig auf die Gruben aufgeteilt waren, war ihre Verteilung wohl auf die Häuerzahl abgestimmt. Nach einer späteren Quelle waren sie „Unterrichter" und mussten vor allem „*auf die Regelmäßigkeit des Salzhaues* [ach-

---

[287] D. Prodan, *Iobăgia* ..., Bd. II, S. 771.
[288] *Călători străini* ..., Bd. I, S. 280, Bd. II, S. 25, 29.
[289] *Călători străini* ..., Bd. I, S. 278; J. E. v. Fichtel, *Geschichte* ..., S. 117.
[290] *Călători străini* ..., Bd. I, S. 265.
[291] *Călători străini* ..., Bd. I, S. 273.
[292] *Documente privind istoria României, seria C – Transilvania*, București, Bd. XIV/IV, S. 675.
[293] J. Kádár, *Szolnok-Doboka vármegye Monographiája*, Dés 1900, Bd. III, S. 35f., 224.
[294] *Călători străini* ..., Bd. I, S. 273; A. Doboşi, *Exploatarea* ..., S. 164
[295] *Călători străini* ..., Bd. I, S. 273, Bd. II, S. 32; J. E. v. Fichtel, *Geschichte* ..., S. 92; J. Kádár, *Szolnok* ..., Bd. III, S. 35, 224; D. Prodan, *Iobăgia* ..., Bd. II, S. 766f.
[296] J. Kádár, *Szolnok* ..., Bd. III, S. 35f., 224.

ten] *damit der Grubenbau ordentlich geführet werde"*; außerdem hatten sie zusammen mit den Richtern auch die oftmals gefährlichen Reparaturen in den Bergwerken auszuführen.[297]

Bei den Bergleuten selbst unterscheiden die Quellen Gewandhäuer und fremde Häuer. Erstere wurden jährlich durch neun Ellen „Trautnergwandt" zu regelmäßiger Arbeit in der Grube verpflichtet, letztere waren Gelegenheitsarbeiter, die nur zeitweise zum Salzbrechen kamen, wenn sie sich nicht als Taglöhner verdingen konnten.[298] (Die Grubenarbeit wurde im Allgemeinen gemieden, dieses zumal im Sommer, wenn es anderweitig viele Verdienstmöglichkeiten und Verpflichtungen gab; in Seck hatten die Häuer im 17. Jh. sommers sogar zwei Wochen frei.)[299] Anscheinend gaben sich für Grubenarbeiten auch nicht die besten Männer her: 1528 wurden sämtliche Bergleute als widerspenstige, schlechte, völlig verarmte Trinker bezeichnet, die nichts Gutes tun und wegen ihrer Armut nicht einmal heiraten können, und 1552 sah man sie in Thorenburg/Turda als Schwächlinge an.[300]

Nach den Angaben von Zeitgenossen war die Zahl der Häuer außerordentlich klein. Wertmäßig sind folgende Zahlen belegt:[301]

	1527 Gewandhäuer	1552 Gewandhäuer	1552 Fremde Häuer	1600 Gewandhäuer	1660 Gewandhäuer
Deesch	100	30	10		15
Salzdorf		31	10		18
Seck		–	–		
Kloosmarkt	70		30		
Thorenburg		24	10		
Salzburg		40	25		
Langenfeld				3	
Sighet				19	
Teutschenau				26	

---

[297] J. E. v. Fichtel, *Geschichte*, S. 92
[298] *Călători străini* ..., Bd. I, S. 273.
[299] *Călători străini* ..., Bd. I, S. 263, 274; A. Doboşi, *Exploatarea* ..., S. 156. Auch im 18. Jh. stand der Salzbau zur Sommerzeit still (J. E. v. Fichtel, *Geschichte* ..., S. 93).
[300] *Călători străini* ..., Bd. I, S. 273.
[301] *Călători străini* ..., Bd. I, S. 273f.; Bd. II, 24, 26, 29, 32, 38; D. Prodan, *Iobăgia* ..., Bd. II, S. 753; J. Kádár, *Szolnok* ..., Bd. III, S. 35 f., 224. Im 18. Jh. begegnen wir dann wieder größeren Zahlen, u. zw. bei J. E. v. Fichtel, *Geschichte* ..., S. 93, 115.

Man war sich dessen bewusst, dass es früher mehr Bergleute gegeben hatte, suchte dabei auch eine Erklärung in vordergründigen Dingen.[302] Jedenfalls mussten sich die Kämmerer um Arbeitskräfte bemühen,[303] und die Lösung dieser Frage in Salzburg, wo der Richter die Häuer im Verhältnis zur Gesamtzahl der Bewohner verpflichtete, wurde als beispielhaft angesehen.[304]

Dort war auch die im 15. Jh. erwähnte Norm von 100 Salzsteinen, die jeder Bergmann wöchentlich zu brechen hatte, weiter beibehalten worden. Auf ähnliche Bestimmungen weist in Deesch und Thorenburg das Bad-Geld hin, welches den Häuern nur dann ausgezahlt wurde, wenn sie in der entsprechenden Woche 100, nach anderen Aussagen nur 50 Blöcke brachen.[305] Das ist eine geringe Zahl, denn nach verschiedenen Hinweisen betrug die Tagesleistung eines Arbeiters bis zu 50 Salzsteine.[306] Selbst die Gewandhäuer kamen aber nicht regelmäßig zur Arbeit. Es gab auch keine feste Arbeitszeit; manche Bergleute stiegen mitunter nur für zwei Stunden in die Grube ab und nachmittags lagen die Bergwerke immer still.[307]

Die Entlohnung der Häuer erfolgte nach der Zahl der gebrochenen Salzsteine: Für hundert angerechnete Stücke – die bis zu 118 Blöcke à rund 16 kg umfassten[308] – erhielt ein Bergmann 16–20 den. (für kleine Blöcke à 10 kg, wenigstens anfangs, nur 10 den.). Nur einigerorts wurden ihm noch etliche Salzblöcke als Draufgabe ausgefolgt.[309] Rechnet man diese ein und setzt den Wert des „Trautnergwands" mit dem Mehrverdienst der Gelegenheitshäuer gleich (um 1600 bezogen die fest verpflichteten Häuer Marmatiens statt Tuch oder Tuch-Salz jährlich 4 fl.), so konnte ein Arbeiter pro Tag bis zu 7,5 den. in Geld[310] und 7, später 10 den. in Salzsteinen[311] verdienen, also insgesamt rund

---

302 *Călători străini* ..., Bd. II, S. 38, 24.
303 A. Doboşi, *Exploatarea* ..., S. 154.
304 *Călători străini* ..., Bd. II, S. 75.
305 *Călători străini* ..., Bd. II, S. 75.
306 Auf die Tagesleistung weisen folgende Bemerkungen hin (*Călători străini* ...), Bd. I, S. 275, 277f., Bd. II. S. 24); „Einige brechen 25–50 Stück in einer Schicht"; „im Winter bricht ein Mensch bis zu 300 Salzsteinen pro Woche, im Sommer kaum 100"; oft ist einer nicht einmal zwei Stunden in der Grube und bricht kaum zehn Steine"; 1528 brachen 42 Häuer in einer Woche 5150 Salzsteine – pro Tag entfallen also auf einen Bergmann 20,4 Steine. 1552 brachen 19 Häuer an einem Tag 400 Steine – im Durchschnitt brach also jeder 21 Blöcke. (Die Blöcke des 16. Jhs. waren merklich kleiner als die des 18. Jhs.; nach J. E. v. Fichtel, *Geschichte*, S. 119f. betrug die Jahresproduktivität eines Häuers um 1780 im Durchschnitt 60.000 kg Salzblöcke – wobei die Entlohnung allerdings nur einen Nebenverdienst darstellte – bis allerhöchstens 160.000 kg Salzblöcke.
307 *Călători străini* ..., Bd. I, S. 275, 278, Bd. II, S. 24.
308 *Călători străini* ..., Bd. I, S. 276, Bd. II, S. 42; s. auch D. Prodan, *Iobăgia* ..., Bd. II, S. 767.
309 *Călători străini* ..., Bd. I, S. 274, 281, 286f., Bd. II, S.20, 26, 29, 33; D. Prodan, *Iobăgia* ..., Bd. II, S. 765.
310 Der Wert entspricht einer Tagesleistung von 50 gebrochenen Salzsteinen bzw. einem Lohn von 18 den. pro 115 Blöcken.
311 Der Wert entspricht der Tagesleistung von 50 gebrochenen Salzsteinen bzw. im Mittel einer Draufgabe von 80, später 160 Blöcken auf 1150 gebrochenen Salzsteinen (s. *Călători străini* ..., Bd.

16 den. Der Wert entspricht ungefähr dem Tagesverdienst eines Gesellen,[312] doch bedingten häufig geringere Leistungen merklich kleinere Einnahmen. Da die Entlehnung der Häuer über sehr lange Zeitspannen gleich blieb, die Preise von Lebensmitteln und Gewerbeerzeugnissen aber allmählich anstiegen,[313] fiel ihr Reallohn im Laufe der Zeit.[314] Übertriebene Forderungen und Ungerechtigkeiten bei der Entlohnung[315] führten unter diesen Umständen manchmal zu kollektiver Arbeitsverweigerung.[316]

Zu Beginn des 16. Jhs. wurde das Salz, wie früher, vor allem auf dem Wasserweg verfrachtet. Zusätzliche Hinweise gibt es aus dieser Zeit vor allem für den Transport des Thorenburger und Kloosmarkter Salzes auf dem Mieresch: Er erfolgte normalerweise von Decea neben Oberwinz, wohin man die Kähne den Ariesch hinunter meist unbeladen führte.[317] Die Salzschiffe fuhren nicht einzeln, sondern in Gruppen. Dabei wurden zuerst Kähne oder Flöße vorausgeschickt, die Baumstämme u.ä. aus dem Wege räumen sollten;[318] dann erst folgten bis zu 80 Schiffe, manchmal sogar in Begleitung eines Unterkammergrafen.[319] Die Transporte erfolgten nicht wie früher das ganze Jahr hindurch, sondern nur ein- oder zweimal jährlich, wenn die Flüsse viel Wasser führten – vor allem im Frühling zur Zeit der Schneeschmelze.[320] Bei der geringeren Salzmenge, die im 16. und 17. Jh. gefördert und verfrachtet wurde, erleichterte diese Beschränkung auf bestimmte Jahreszeiten den Transport; auf dem Mieresch konnte so z. B. Burgberg als Umschlaghafen für das Thorenburger Salz weitgehend ausgeschaltet werden.

Der Größe der Schiffszüge entsprechend gab es in Siebenbürgen verhältnismäßig viele Salzschiffer. Schon 1500 hatten sie sich in Deesch zu einer Zunft mit eigenen Statuten zusammengeschlossen,[321] und auch in Thorenburg zählte man 1528 rund hundert Schiffer mit zwei Dekanen.[322] Nach dem Vordringen der Türken im Raum westlich von Siebenbürgen und der geringeren Zahl an Salztransporten in jenes Gebiet, ist auch die Zahl der Salzschiffer gefallen; so wurden im Jahr 1600 bei der großen Kammer Marmatiens nur noch

---

II, 20, 26, 29, 33), mit einem Wert von je 2 den. (*Călători străini* ..., Bd. II, S. 26); die Kammern selbst verkauften 1552 je 1000 Salzblöcke um 3–5 Gulden (A. Doboși, *Exploatarea* ..., S. 144).

[312] Für diesen s.: P. Niedermaier, *Siebenbürgische Städte. Forschungen zur städtebaulichen und architektonischen Entwicklung von Handwerksorten zwischen dem 12. und 16. Jh.*, Bukarest, Köln, Wien 1979, S. 176.

[313] P. Niedermaier, *Siebenbürgische Städte*, S. 215f.

[314] D. Prodan, *Iobăgia* ..., Bd. II, S. 779.

[315] D. Prodan, *Iobăgia* ..., Bd. II, S. 779; *Călători străini* ..., Bd. II, S. 74.

[316] *Călători străini* ..., Bd. I, S. 274.

[317] *Călători străini* ..., Bd. I, S. 269f.; s. auch: Bd. II; S. 22; D. Prodan, *Iobăgia* ..., Bd. II, 772.

[318] D. Prodan, *Iobăgia* ..., Bd. II, S. 772.

[319] *Călători străini* ..., Bd. I, S. 272, 293.

[320] *Călători străini* ..., Bd. I, S. 270, 272. Im 18. Jh. verkehrten die damals ziemlich kleinen Schiffe wieder das ganze Jahr hindurch, doch konnte eine Mannschaft nicht mehr als drei Transporte/Jahr durchführen (J. E. v. Fichtel, *Geschichte* ..., S. 125).

[321] J. Kádár, *Szolnok* ..., Bd. III, S. 14f.; s. auch: S. 25, 31.

[322] *Călători străini* ..., Bd. I, S. 270, Bd. II, S. 22.

16 Schiffer verzeichnet (14 Schiffer in Sighet und 2 Steuermänner in Langenfeld/Câmpulung la Tisa)[323] und 1660 bei der Deescher Kammer sogar nur noch ein Schiffer in Deesch und drei in Salzdorf, doch ist es nicht ausgeschlossen, dass schon damals die spätere Gewohnheit aufgekommen war, das Salz zu flößen – aus Deesch z. B. auf Flößen des Rodenauer Tales.[324]

Die Schiffe selbst sind wahrscheinlich der Größe der Flüsse angepasst gewesen. Nach Angaben der Quellen waren sie in Deesch rund 40 m lang, 12 m breit und vorne mit einem Schnabel versehn; man konnte 10.000 große Blöcke darauf verladen.[325] Die großen Thorenburger Schiffe waren etwas kleiner; auf ihnen ließen sich nur 7.000–9.000 große oder 20.000 kleine Blöcke verfrachten.[326] Wesentlich geringere Ausmaße werden die mittelgroßen Schiffe gehabt haben, und zwar 10 × 4,5 m.[327] Diesen dürften auch die Langenfelder Schiffe entsprochen haben.[328] Sie waren aus zweizolligen, gut getrockneten Pfosten gebaut,[329] die gewiss von Spanten gestützt wurden. Schließlich sind für Unterwinz-Burgberg auch Kähne erwähnt, auf die man nur 500–600 Salzblöcke laden konnte.[330]

Für das Bauen der Boote erhielten Schiffer Siebenbürgens 25 fl. Vorschuss, für die kleineren Kähne Marmatiens jedoch nur 7 1/2 fl. und hundert Salzblöcke.[331] Der eigentliche Transport von Deesch bis Solnok oder von Thorenburg bis Segedin wurde in der ersten Hälfte des 16. Jhs. mit ungefähr 20 fl. vergütet; schaffte man aber das Salz auf dem Miereesch oder Somesch zu näher gelegenen Beikammern – nach Lippa, Tschanad bzw. Sathmar oder Tokaj –, so wurde der Transport trotzdem gleich bezahlt.[332] Weniger bekamen die Schiffer Marmatiens um 1600, die das dortige Salz auf noch kürzeren Distanzen verfrachteten; dabei musste der Lohn unter mehreren Menschen geteilt werden, die zusammen die Besatzung eines Schiffes bildeten.[333] Am Ziel blie-

---

[323] D. Prodan, *Iobăgia* ..., Bd. II, S. 753.
[324] J. Kádár, *Szolnok* ..., Bd. III, S. 35f., 224; J. E. v. Fichtel, *Geschichte* ..., S. 126. In der Nähe der Salzgruben war gewiß mit der Zeit das Holz immer teurer geworden, so dass man es von weither bringen mußte.
[325] *Călători străini* ..., Bd. II, S. 30, 44.
[326] *Călători străini* ..., Bd. I, S. 270, Bd. II, S. 23, 30, 43.
[327] *Călători străini* ..., Bd. I, S. 270, Bd. II, S. 44. Diesen dürften beiläufig auch die Schiffe des 18. Jhs. entsprochen haben, auf die man etwa 20–25 t Salz laden konnte – eine Menge, die 1600 alten großen Blöcken gleichkam (J. E. v. Fichtel, *Geschichte* ..., S. 125).
[328] Nach Quellen (D. Prodan, *Iobăgia* ..., Bd. II, S. 772) benötigte man für einen Kahn. Rechnet man bei der großen Breite von 45 cm für einen Pfosten, so maßen Boden und Seitenwände zusammen 6,3 m. Bei einem Tiefgang von 60 cm, bzw. einer Höhe der Seitenwand von 110 cm ergibt sich eine Kahnbreite von rund 4 m.
[329] D. Prodan, *Iobăgia* ..., Bd. II, S. 772; *Călători străini* ..., Bd. II, S. 22.
[330] *Călători străini* ..., Bd. II, S. 34. Vgl. K. Steilner, *Beiträge zur Geschichte der deutschen Ansiedlungen im Nordwesten Siebenbürgens aus der Arpadenzeit*, in: „Programm des evangelischen Gymnasiums in Schäßburg ...", 1862, S. 16f.
[331] *Călători străini* ..., Bd. I, S. 272, Bd. II, S. 22; D. Prodan, *Iobăgia* ..., Bd. II, S. 772.
[332] *Călători străini* ..., Bd. I, S. 271f., 281 f., 286, Bd. II, S. 30, 43.
[333] D. Prodan, *Iobăgia* ..., Bd. II, S. 772. Im 18. Jh. wurde die Besatzung jedes Schiffes aus sieben Mann gebildet, doch zogen diese die Schiffe nachher dem Fluss auch wieder hinauf.

ben die Kähne Besitz der jeweiligen Beikammer.³³⁴ Sollten die Schiffer zu gewissen Zeiten das Salz auf eigene Kosten verfrachten, so hatten sie es erst nach dem Verkauf am Absatzmarkt zu bezahlen.³³⁵

Die Fuhrleute dagegen mussten das Salz gleich bei der Übernahme in der Kammer vergüten und konnten bis zu 100 oder 150 große Blöcke auf einen Wagen laden.³³⁶ Für gewöhnlich fuhren dann 10, 20 und selbst 30 Wagen zusammen, beispielsweise auch bis Karansebesch oder Temeswar.³³⁷ Für den Transport auf kleineren Distanzen, von Kloosmarkt nach Thorenburg oder von Thorenburg nach Decea usw., wurden manchmal auch sämtliche Fuhrleute des Distrikts aufgeboten, die dann 25 den. pro Fuhre erhielten.³³⁸ Dabei kam es selbstverständlich zu einem regen Verkehr; im 18. Jh. hieß es z. B. *„Wenn der Transport zur Sommerszeit bei gutem Wege im stärksten Gange ist, werden zu Thorda bisweilen auch tausend Wagen in einem Tage bei den dortigen fünf Gruben abgefertigt."*³³⁹

Insgesamt ist bis gegen Ende der untersuchten Zeitspanne die Zahl der Arbeitskräfte der einzelnen Salzkammern stark zurückgegangen. Am besten lässt sich dieses aus Angaben des Jahres 1660 für die einst wichtige Niederlage in Deesch ersehen.³⁴⁰ Damals waren in der Gegend nur noch 56 Arbeiter im Bergwerksbetrieb tätig – und zwar:

	Große Grube		Kleine (neue) Grube	
	Salzdorf	Deesch	Salzdorf	Deesch
Bergmeister		1	1	
Richter der Häuer			1	
Dekane	2	1	8	1
Gewandhäuer	6	5		7
Schubkarrenschieber	4	5		4
Göpelwerkdiener	2			1
Zimmerleute			2	
Schmiede	1			
Schiffer	3	1		
Ingesamt	18	13	12	13

---

³³⁴ *Călători străini* ..., Bd. II, S. 22, 30. Nach diesen Hinweisen dürften die Schiffe im 16. Jh. – anders als 200 Jahre später – die Flüsse nicht wieder hinaufgezogen worden sein.
³³⁵ *Călători străini* ..., Bd. II, S. 23.
³³⁶ *Călători străini* ..., Bd. I, S. 280; Bd. II, S. 72.
³³⁷ *Călători străini* ..., Bd. I, S. 33.
³³⁸ *Călători străini* ..., Bd. I, S. 270, Bd. II, S. 27.
³³⁹ J. E. v. Fichtel, *Geschichte* ..., S. 127.
³⁴⁰ J. Kádár, *Szolnok*, Bd. III, S. 35 f., 224.

Auch für andere Wirtschaftszweige, die in einigen Bergwerksorten allmählich größere Bedeutung erhielten, verfügen wir über zahlreiche Angaben. Dieses ist zunächst für Handwerke gültig. Am weitaus besten sind sie in Deesch belegt, wo die Gewerbetätigkeit wahrscheinlich auch am umfangreichsten war. Selbst wenn, zumal im 17. Jh., von Gewerben abgeleitete Familiennamen nicht unbedingt mit einem tatsächlich ausgeübten Handwerk übereinstimmen, so ist es doch bezeichnend, dass von über 120 Namen von Ratsmitgliedern des 16. Jhs. rund 30 Handwerksnamen sind (also 25 %) und von rund 60 Namen des 17. Jhs. über 10 (also 17 %).[341] Ebenso hatten vor 1600 über 20 adlige Bürgerfamilien Handwerksnamen (es handelte sich auch hier um 20 % sämtlicher Namen) und nach 1600 begegnen wir bei diesen mehr als 40 Handwerksnamen.[342] Dann gab es in Deesch nach Gewerben benannte Straßen[343] und Zünfte.[344] Im 17. Jh. konnte Georg II. Rákóczi sogar sein Heer dort aufrüsten lassen.[345]

Viel spärlicher sind die Quellen über die Thorenburger Gewerbetätigkeit. Im 17. Jh. weisen von 56 urkundlich bezeugten Richter- und Stadtschreibernamen nur sieben auf Handwerke hin (also 12,5 %).[346] Eine Straße wurde nach einem Handwerk benannt, am Marktplatz gab es Verkaufsstände für gewisse Erzeugnisse, und selbst Zünfte sind belegt.[347] Alte Reisebeschreibungen erwähnen den Reichtum an Gewerben, doch werden sich Zerstörungen und Bevölkerungszuzug – zumal aus dem Banat und dem Kreischgebiet – ungünstig auf die Bevölkerungszusammensetzung ausgewirkt haben.[348] In einer Liste mit nahezu 350 Namen – es handelt sich um einstige Soldaten, die 1619 in Neu-Thorenburg angesiedelt wurden – erscheinen z. B. nur 17 Handwerksnamen (5 %);[349] die tatsächliche Zahl der Gewerbekundigen wird noch geringer gewesen sein. Zu Beginn des 18. Jhs. gab es im ganzen Komitat nur 53 Handwerker.[350]

Eine besondere Entwicklung ist in Unterwinz-Burgberg festzustellen. Nach dem dort im 16. Jh. das städtische Leben weitgehend aufgehört hatte,[351] wurden zu Beginn des 17. Jhs. mährische Wiedertäufer angesiedelt, von denen

---

[341] J. Kádár, *Szolnok* ..., Bd. III, S. 204–209.
[342] J. Kádár, *Szolnok* ..., Bd. III, S. 48–63. S. auch: Direcția Arhivelor Statului Cluj-Napoca, Fonds: *Primăria orașului Dej* [Rathaus der Stadt Deesch], Schachtel V, Nr. 506.
[343] J. Kádár, *Szolnok* ..., Bd. III, S. 214.
[344] Șt. Pascu, *Meșteșugurile din Transilvania pînă în secolul al XVI-lea*, București 1954, S. 214f., 314; J. Kádár, *Szolnok* ..., Bd. III, S. 39, 113.
[345] G. Mînzat, *Monografia orașului Dej*, Bistrița 1926, S. 37.
[346] B. Orbán, *Torda város és környeke*, Budapest 1889, S. 157–160.
[347] B. Orbán, *Torda* ..., S. 136, 318; Șt. Pascu, *Meșteșugurile* ..., S. 123, 161.
[348] J. A. Gromo, *Uebersicht des Ganzen im Besitz des Königs Johann von Siebenbürgen befindlichen Reiches*, in: „Archiv des Vereins für siebenbürgische Landeskunde", Hermannstadt 1855, Bd. II, S. 21; *Călători străini* ..., Bd. V, S. 560; B. Orbán, *Torda* ..., S. 146.
[349] B. Orbán, *Torda* ..., S. 143f.
[350] *Magyarország népessége a Programatica sanctio korában* [Ungarns Bevölkerung zur Zeit der Programmatischen Sanktion], in: „Magyar statisztikai közlemények", Bd. XII, 1896, S. 264f.
[351] *Călători străini* ..., Bd. II, S. 35; s. auch G. Gündisch, *Winz und die sächsische Nationsuniversität*, in: „Emlékkönyv Kelemen Lajos ...", Bukarest, Kolosvár 1957, S. 318–323; E. Wagner,

viele vortreffliche Handwerker waren, die weit über die Grenzen der Ortschaft hinaus einen guten Ruf hatten und ganz verschiedenartige Qualitätserzeugnisse herstellten;[352] sogar auf dem siebenbürgischen Landtag wurden sie erwähnt.[353]

In Sigeth, das von anderen Städten verhältnismäßig weit abgelegen war, hat es ebenfalls eine Reihe von Handwerkern gegeben: In verschiedenen Verzeichnissen aus der Zeit um 1600 sind häufig Namen von solchen angeführt. Sie boten ihre Waren auch auf den Neustädter [Frauenbacher] Märkten feil.[354] Etwas später – 1715 – sind sogar 40 Handwerker belegt – eine Zahl, die nahezu der halben Familienzahl gleichkommt.[355] Sehr wenige wird es allerdings in den anderen Bergbauorten gegeben haben; aus Salzdorf kennen wir nur zwei Handwerksnamen,[356] und auch in Seck, Kloosmarkt und Salzburg gab es gewiss nicht viele Gewerbetreibende – vermutlich weniger als im 15. Jh. Sicher waren für alle Kammern einzelne Meister nötig,[357] mit manchen Aufträgen mussten sich aber die Kämmerer doch an Handwerksorte wenden.[358]

Im Allgemeinen war das zahlenmäßige Verhältnis zwischen den Handwerkern einzelner Gewerbe ähnlich wie in andersartigen Ortschaften. Die verhältnismäßig zahlreichen Schuster[359] besaßen in Deesch und Thorenburg besondere Verkaufsstellen auf dem Marktplatz. Außerdem war dort auch je eine Straße nach ihnen benannt.[360] In Sigeth und Deesch bildeten sie zusammen mit den Tschismenmachern 1715 bzw. 1750 sogar über ein Drittel sämtlicher Handwerker.[361] In den Namenslisten der Adligen und vor allem des Stadtrates sind sie zwar seltener anzutreffen, dafür erscheinen sie aber auch in anderen Ortschaften wie Salzdorf.[362]

Gleichzeitig gab es verhältnismäßig viele Kürschner und Lederer: Erstere bildeten 1577 in Thorenburg eine Zunft mit eigenen Lauben, letztere hatten in Deesch 1509 eigene Statuten.[363] Sie erscheinen häufig in Namenslisten, be-

---

H. Gunesch, *Zur Geschichte des Winzer Distrikts*, in: „Zeitschrift für Siebenbürgische Landeskunde", Jg. I, 1978, S. 98
[352] E. Wagner, H. Gunesch, *Zur Geschichte ...*, S. 99; H. Klusch, *Die Habaner in Siebenbürgen*, in: „Forschungen zur Volks- und Landeskunde", Heft 11/1, 1968, S. 21–26, 29–32; Th. Streitfeld, *Schwesterorte im Miereschtal, Winz und Burgberg*, in: „Karpatenrundschau", Nr. 21/ 27.5. 1977, S. 6.
[353] H. Klusch, *Die Habaner ...*, S. 26.
[354] D. Prodan, *Iobăgia ...*, Bd. II, S. 753; *Monografia ...*, S. 345.
[355] *Magyarország népessége ...*, S. 240f.
[356] J. Kádár, *Szolnok ...*, Bd. III, S. 224.
[357] S. z. B.: D. Prodan, *Iobăgia ...*, Bd. II, S. 771.
[358] P. Mureşan, *Aspecte etnografice din exploatarea sării în trecut la Ocna-Dej*, in: „Anuarul Muzeului etnografic al Transilvaniei pe anii 1962–1964", 1966, S. 397, 407.
[359] J. Kádár, *Szolnok ...*, Bd. III, S. 22.
[360] J. Kádár, *Szolnok ...*, Bd. III, S. 214; B. Orbán, *Torda ...*, S. 136, 318.
[361] *Magyarország népessége ...*, S. 240 f.; J.Kádár, *Szolnok ...*, Bd. III, S. 214.
[362] J. Kádár, *Szolnok ...*, Bd. III, S. 48–63, 204–209, 224; B. Orbán, *Torda ...*, S. 157–160; D. Prodan, *Iobăgia ...*, Bd. II, S. 753; *Monografia ...*, S. 345.
[363] Şt. Pascu, *Meşteşugurile ...*, S. 123, 314; B. Orbán, *Torda ...*, S. 136.

sonders oft im Rat von Deesch – wo sie mit den Riemern 23 % der Handwerksnamen darstellen –[364], aber auch in Thorenburg, Sigeth, Salzdorf und Unterwinz.[365]

Die Fleischer, Goldschmiede und Töpfer waren in Deesch zeitweise in Zünften zusammengeschlossen, in den Namenslisten sind Vertreter der beiden ersten Gewerbe sehr häufig anzutreffen;[366] in Sigeth bildeten die Fleischhauer sogar ein Viertel sämtlicher Handwerker.[367] Nach Töpfern war dagegen in Thorenburg eine Straße benannt,[368] wir hören von ihnen auch in Sigeth;[369] die Habaner Keramik aus Unterwinz war in ganz Siebenbürgen berühmt,[370] und für eine spätere Zeit sind Töpfer auch in Salzburg bezeugt.[371] Gleichzeitig scheint die Zahl der Schneider beträchtlich gewesen zu sein. Obwohl keine Belege für eine solche Zunft existieren, kommen Vertreter dieses Handwerks in den Namenslisten von Deesch und Thorenburg häufig vor.[372] In dem erstgenannten Ort machen sie sogar über ein Viertel der Adligen mit Handwerksnamen aus und fast ein Viertel der Namen von Ratsmitgliedern.

Gut belegt sind dann die Binder (in Deesch, Thorenburg, Unterwinz) sowie die Schmiede. Mehrere wird es in Thorenburg, Deesch, Unterwinz und Sigeth gegeben haben (in der letztgenannten Ortschaft führte z. B. ein Verzeichnis von 1715 zwei an), aber auch bei den anderen Kammern muss je einer tätig gewesen sein. In den drei letztgenannten Orten werden zusätzlich Schlosser erwähnt, in Unterwinz auch Messerschmiede.[373]

Bei allen Gruben muss es für die Göpelwerke Wagner oder Zimmerleute gegeben haben.[374] In Deesch und Sigeth gab es noch Tischler, in Deesch auch Barbiere und Ziegelmacher, in Unterwinz dagegen Weber, Tuchscherer und Seiler;[375] je einen Weber gab es zu Beginn des 18. Jhs. auch in Sigeth und vermutlich in Thorenburg.

Ihrem Status als Flecken entsprechend, werden in allen untersuchten Ortschaften gewisse Märkte abgehalten worden sein – vermutlich Wochenmärk-

---

[364] J. Kádár, *Szolnok* ..., Bd. III, S. 204–209.
[365] B. Orbán, *Torda* ..., S. 157–160; D. Prodan, *Iobăgia* ..., Bd. II, S. 753; J. Kádár, *Szolnok* ..., Bd. III, S. 224.
[366] J. Kádár, *Szolnok* ..., Bd. III, S. 39, 48–63, 113, 204–209; Şt. Pascu, *Meşteşugurile* ..., S. 214 f.; G. Kovács, P. Binder, *A céhes élet Erdélben*, Bukarest 1981, S. 126.
[367] *Magyarország népessége* ..., S. 240 f.
[368] B. Orbán, *Torda* ..., S. 319.
[369] D. Prodan, *Iobăgia* ..., Bd. II, S. 753.
[370] H. Klusch, *Die Habaner* ..., S. 29–39.
[371] L. J. Marienburg, *Geographie des Großfürstentums Siebenbürgen*, Hermannstadt 1813, Bd. II, S. 254.
[372] J. Kádár, *Szolnok* ..., Bd. III, S. 48–63, 204–209; B. Orbán, *Torda* ..., S. 157–160.
[373] J. Kádár, *Szolnok* ..., Bd. III, S. 48–63, 204–209; B. Orbán, *Torda* ..., S. 157–160; D. Prodan, *Iobăgia* ..., Bd. II, S. 753; D. Prodan, *Iobăgia* ..., S. 26.
[374] J. Kádár, *Szolnok* ..., Bd. III, S. 224; D. Prodan, *Iobăgia* ..., Bd. II, S. 763.
[375] J. Kádár, *Szolnok* ..., Bd. III, S. 204–209; D. Prodan, *Iobăgia* ..., Bd. II, S. 753; H. Klusch, *Die Habaner* ..., S. 26; *Magyarország népessége* ..., S. 240f., 264f.

te. Jahrmärkte gab es nur in wenigen Orten; nach Kalendern des 17. Jhs.[376] gehörte Deesch zu den neun Orten, in denen die meisten (also je vier) Jahrmärkte stattfanden, und Thorenburg zu anderen 17 Orten, in denen es jährlich drei gegeben hat, während in Winz zwei veranstaltet wurden. (Um die gleiche Zeit gab es in Hermannstadt 4, in Broos, Mediasch, Schäßburg und Neumarkt je 3, in Kronstadt, Mühlbach und Weißenburg je 2 und in Klausenburg, Bistritz usw. je einen.) Später stieg die Zahl der Jahrmärkte: In Thorenburg sind vier und sogar fünf erwähnt, in Seck ebenfalls fünf.[377]

Thorenburg war für den siebenbürgischen Handel anscheinend besonders wichtig. C. Werner hebt seine günstige Lage an dem Weg hervor, über den sich fast der ganze Fernhandel abspielt, und G. Gromo berichtet vom regen Leben und Handel des Ortes.[378] Kaufleute sind in Deesch bezeugt. Diese besuchten z. B. die Klausenburger Märkte und ihre alte Zollfreiheit wurde von Wladislaw II. bestätigt.[379]

Für die Landwirtschaft der Bergbauorte gibt es aufschlussreiche Hinweise – die meisten für Thorenburg. Zu Beginn des 16. Jhs. berichtete H. Dernschwam, dass die dortigen Häuer es vorziehen würden, auf Feldern und Wiesen zu arbeiten, und G. Reicherstorffer erwähnt die sehr großen Herden der Einwohner, ihre ausgedehnten Weiden und Äcker sowie die guten, ertragreichen Weingärten der Gegend.[380] Nach C. Werner konnten die Thorenburger gut von ihren Weingärten, Äckern und Obstgärten leben – die Bewohner der zugehörigen Siedlung Egyházfalva bezeichnete er sogar rundweg als Bauern.[381] Schließlich stellte auch A. Pixner 1693 fest, dass sich die Einwohner Thorenburgs mehr mit Ackerbau befassen.[382]

Da es 1591 in Deesch eine Fischergasse gab,[383] wird dort die Fischerei ein nennenswerter Erwerbszweig der Bevölkerung gewesen sein; nach einem späteren Beleg spielten auch Feld- und Weinbau eine große Rolle.[384]

Wie bedeutend Landwirtschaft und Viehzucht für Sigeth, Langenfeld und Rona war, ist aus statistischen Daten des Jahres 1600 ersichtlich.[385] Von 397

---

[376] *Allmanach/Deß Jahrs nach Zukunfft Christi ins Fleisch 1638...*, Hrsg. D. Fröhlich, Hermannstadt, Bl. 233f.; *New und Alt Allmanach 1644 ...*, Hrsg. D. Fröhlich, Hermannstadt, Bl. 34ff.; *Der Newe und Alte Allmanach/Auffs 1652 nach Christi Geburt ...*, 1687, Hrsg. Ch. Newbarth, J. Neibarth, Hermannstadt, Bl. 25–28; ebenso 1675, Bl. 33–35, 1684, Bl. 31–34, 1685, Bl. 33–36, 1986, Bl. 33–34.
[377] L. J. Marienburg, *Geographie*, Bd. II, S. 89, 117; B. Orbán, *Torda ...*, S. 164f.
[378] *Călători străini ...*, Bd. II, S. 78, 345.
[379] G. Mînzat, *Monografia ...*, S. 27; Şt. Pascu, *Meşteşugurile ...*, S. 251.
[380] *Călători străini ...*, Bd. I, S. 212, 263.
[381] *Călători străini ...*, Bd. II, S. 78, 80.
[382] C. Petreanu, *Die Kunst der Renaissance in Siebenbürgen*, in: „Südostdeutsche Forschungen", Bd. IV, 1939, S. 16.
[383] J. Kádár, *Szolnok ...*, Bd. III, S. 214.
[384] L. J. Marienburg, *Geographie ...*, Bd. II, S. 123.
[385] D. Prodan, *Iobăgia ...*, Bd. I, S. 221; Bd. II, S. 752–755.

nichtadligen Familien besaßen damals 290 Familien, also 73 %, eine ganze Hufe und 33, also 8 %, eine halbe. Im Durchschnitt fielen auf jede der 372 Familien, für die der Viehbestand angegeben ist, 2,7 Rinder, 0,8 Pferde, 5,2 Schweine und 5,1 Schafe. Bei den meisten Bewohnern, die nicht für die Salzkammer arbeiteten, waren diese Werte noch größer und in Sigeth ähnlich wie in den beiden anderen Orten.

Wenn die Landwirtschaft selbst für Deesch und Thorenburg eine große Bedeutung hatte, ist das gleiche auch für die kleineren Bergbauorte – Seck, Kloosmarkt und Salzburg – mit großer Sicherheit anzunehmen. So schrieb C. Werner 1552, dass ihre Bewohner Feld- und Weinbau betrieben.[386]

Jenseits von wirtschaftlichen Belangen blieben Thorenburg und Deesch weiterhin Vororte großer Komitate Siebenbürgens. Aber auch sonst kam dem erstgenannten Ort zunächst noch eine gewisse Bedeutung im politischen Leben zu. Schon früher hatten in Thorenburg viele Landtage stattgefunden – im 15. Jh. waren es 25 –, und ihre Zahl stieg im 16. Jh. auf 41 merklich an.[387] Gleichzeitig wurde das siebenbürgische Heer meist neben der Stadt versammelt und innerhalb des Ortes gab es zeitweise einen Fürstensitz.[388] Im 17. Jh. trat dieser jedoch ganz hinter jenen von Weißenburg zurück, und Landtage wurden auch nur noch ausnahmsweise – acht Mal – dort abgehalten.[389] Zeitweise entsandte aber nicht nur die Kammer, sondern auch die Ortschaft ihre Vertreter zu den Tagungen.[390] Zollstellen, die bei Sigeth und Thorenburg bezeugt sind,[391] waren dagegen für die Bergbauorte weniger wichtig.[392]

Von einer kirchlichen Bedeutung besonderer Orte lässt sich nach der Reformation schon gar nicht sprechen; gewissermaßen als eine Erinnerung an eine ältere Zeit blieb lediglich das Hospital in Thorenburg bestehen.[393]

Mit der sinkenden Bedeutung des Salzbergbaus verschlechterte sich die rechtliche Stellung der zugehörigen Orte. Am meisten war dabei Unterwinz-Burgberg betroffen: Nachdem Wladislaw II. 1515 noch einmal die alten Privilegien des Doppelortes bestätigte, löste ihn Ludwig II. aus dem Verband der Sieben Stühle und vergab ihn an Radu de la Afumați; nachher wechselte er mehrmals den Besitzer.[394] Im 17. Jh. hatten nur die mährischen Wiedertäufer und zuletzt neu angesiedelte Südslawen einige Vorrechte.[395] Seck wurde von

---

[386] *Călători străini* ..., Bd. II, S. 74.
[387] B. Orbán, *Torda* ..., S. 233–240.
[388] D. Prodan, *Iobăgia* ..., Bd. I, S. 398f.; C. Mureșan, *Monumente istorice din Turda*, București 1968, S. 15.
[389] B. Orbán, *Torda* ..., S. 241.
[390] B. Orbán, *Torda* ..., S. 168.
[391] D. Prodan, *Iobăgia* ..., Bd. I, S. 356; B. Orbán, *Torda* ..., S. 321.
[392] D. Prodan, *Iobăgia* ..., Bd. II, S. 759.
[393] B. Orbán, *Torda* ..., S. 157.
[394] G. Gündisch, *Winz* ..., S. 318–323.
[395] H. Klusch, *Die Habaner* ..., S. 22, 25; E. Wagner, H. Gunesch, *Zur Geschichte* ..., S. 99f.

Johann Zápolya verpfändet, und Martinuzzi entzog Kloosmarkt die Besitzung Cara; gleichzeitig eignete sich ein Adliger einen Wald des Ortes an.[396] Eine allgemeine Verfügung Ferdinands I. von 1552 zur Wahrung der alten Freiheiten der Bergorte wird keine besonderen Folgen gezeitigt haben.[397]

Ein etwas besseres Los hatten die beiden wichtigeren Orte Deesch und Thorenburg. Dem erstgenannten wurden 1540 und 1613 die alten Privilegien bestätigt; die zahlreich zugezogenen Adligen konnten aber nur zeitweise verpflichtet werden, Lasten der Gemeinschaft mit zu übernehmen, während der Kastellan der Burg Csicsó/Ciceu die Bewohner daran hinderte, sie wie seit jeher üblich Holz in einem Wald der Burg zu schlagen.[398] Den Thorenburgern wurden sogar einige neue Rechte zugebilligt – zumal die Befreiung von verschiedenen Abgaben –, doch dieses geschah vornehmlich im Zuge der Ansiedlung neuer Bewohner in der weitgehend verwüsteten Ortschaft.[399]

Die alten Privilegien brachte man in dieser Zeit viel direkter mit dem Bergbau in Verbindung, als das früher üblich war. So heißt es 1552, dass sie eigentlich nur für die im Salzabbau und -transport Tätigen gültig sein sollten, nicht aber für die anderen Bewohner der Ortschaften,[400] und um 1600 waren in Marmatien nur Häuer und deren Wirtschaften von solchen Abgaben befreit.[401]

In der gesellschaftlichen Gliederung der Bevölkerung stellte der zahlenmäßig immer mehr im Vordergrund stehende Adel eine charakteristische Erscheinung der Zeit dar. So sind in Deesch im Laufe des 16. Jhs. rund 100 Namen adliger Familien bekannt; um 1600 gab es 24 solcher Namen und 1676 mindestens 123.[402] Auch in kleineren Orten fehlten sie nicht: In Salzdorf erwähnte man 1676 18 Edelhöfe und in Sigeth um 1600 dann 32.[403] Zu Beginn des 18. Jhs. sind im letztgenannten Ort wieder 22 Adlige angeführt,[404] die rund 20 % der Bevölkerung bildeten, in Unterwinz-Burgberg machten die 42 Familien dieser Kategorie sogar 27 % der Gesamtzahl aus, aber auch in Wißk/Visc, heute Viskove) und Hust fielen sie mit 11 % bzw. 5 % dieser Zahl erheblich

---

[396] *Călători străini* ..., Bd. II, S. 18, 27, 79f.
[397] A. Doboşi, *Exploatarea* ..., S. 165f.
[398] D. Prodan, *Iobăgia* ..., Bd. II, S. 141.
[399] B. Orbán, *Torda* ..., S. 146, 168; *Die österreichisch-ungarische Monarchie in Wort und Bild*, Bd. VI, Wien 1902, S. 205.
[400] *Călători străini* ..., Bd. II, S. 74.
[401] D. Prodan, *Iobăgia* ..., Bd. II, S. 765, 770.
[402] J. Kádár, *Szolnok* ..., Bd. III, S. 27, 48–52, 61f. (in dem Verzeichnis der Adligen von 1676 sind nur die verschiedenen Familiennamen angeführt; es könnten aber mitunter mehrere Familien den gleichen Namen getragen haben – z. B. sind im 17. Jh. 13 Adlige namens „Szabo" erwähnt).
[403] J. Kádár, *Szolnok* ..., Bd. III, S. 224; D. Prodan, *Iobăgia* ..., Bd. II, S. 752.
[404] Direcţia Arhivelor Statului Sighetu Marmaţiei, Fonds: *Primăria oraşului Sighet. Seria actelor nobilimii* [Rathaus der Stadt Sighet. Urkundenreihe betreffend die Adligen], Faszikel 3, Nr. 19.

ins Gewicht.[405] Wie in Thorenburg werden die Adligen zunächst aus der Umgebung zugezogen sein – in der zweiten Hälfte des 17. Jhs. vor allem aus Karansebesch, Lugosch und Großwardein;[406] gleichzeitig wurden aber auch Bürgerfamilien geadelt. Da sie gewisse Vorrechte hatten, kam es verständlicherweise zu Spannungen zwischen ihnen und den Bürgern der Ortschaften – so z. B. 1550 und 1589 in Deesch.

Über die Mehrzahl der Bevölkerung gibt es aus dem 16. und 17. Jh. nur wenige Angaben. Wie die schlechte Lage der Häuer beweist,[407] lebte ein Teil von ihr in nicht entsprechenden Verhältnissen; auch der ständige Zuzug von flüchtigen Leibeigenen, die kaum ein Vermögen besaßen, hat z. B. in Thorenburg und Deesch[408] zur Vergrößerung der unteren Bevölkerungsschichten beigetragen.

Genauere Daten haben sich vom Beginn des 18. Jhs. erhalten,[409] doch ist aus diesen auch auf die vorherige Zeit zu schließen. Damals bildeten die Wirte einen erheblichen Prozentsatz der Familienzahl vieler Orte, und zwar in Teutschenau, Hust, Seck, Salzburg, Sigeth,[410] Thorenburg, Kloosmarkt und Unterwinz-Burgberg. Wesentlich kleiner war der Anteil der Sedler: In Sigeth, Seck, Teutschenau und Salzburg betrug er weniger als 10 %, in Wißk, Kloosmarkt, Rona und Unterwinz-Burgberg etwas mehr. Taxalisten, Freigelassene und „Andere" (vermutlich Häuer) fielen einigerorts stärker ins Gewicht, und zwar in Wißk, Thorenburg, Kloosmarkt, Seck, Hust und Sigeth. Außer in der letztgenannten Ortschaft und Unterwinz-Burgberg waren dagegen Hörige nur in unbedeutenderen Bergwerksorten Marmatiens anzutreffen, in Grubendorf, Rona und Salzbergwerk.

Wie in früheren Jhh. war auch jetzt die Leitung der einzelnen Ortschaften verschieden zusammengesetzt und gewählt bzw. ernannt. In Thorenburg hören wir bis zum Ende des 16. Jhs. von einem Richter oder Oberrichter, nachher auch von einem Notar, acht Geschworenen, der Altschaft (*„cives majores sive seniores"*) und Assessoren; ebenso sind je zwei Verantwortliche für städtische Belange (*„aediles"*), Hospital- und Marktrichter, Mühlenrichter, Wasserrichter (*„provizores stagnorum"*), Waldrichter, Weinrichter, acht Steuereinnehmer und 26 Senatoren erwähnt.[411] In Deesch setzte sich der Rat aus einem Richter (später *Hauptmann*) und 12 Geschworenen zusammen.[412] Die

---

[405] *Magyarország népessége* ..., S. 73f., 202.
[406] B. Orbán, *Torda* ..., S. 146.
[407] S. z. B.: A. Doboşi, *Exploatarea* ..., S. 163ff.
[408] D. Prodan, *Iobăgia* ..., Bd. I, S. 458 f., 472f.
[409] *Magyarország népessége* ..., S. 72ff., 201f., 204, 210, 216, 227.
[410] Zu Beginn des 18. Jhs. erscheinen in den Steuerlisten der Stadt – wie erwähnt – 22 Adlige; in einem allgemeinen Verzeichnis jedoch 87 (*Magyarország népessége* ..., S. 74). Es ist zu vermuten, dass der kleinere Wert den Tatsachen entspricht und die Differenz Bürgerfamilien darstellen, die in Sigeth, im Unterschied zu Teutschenau und Hust, nicht als solche angegeben sind. (In Wißk überwiegt im gleichen Verzeichnis dagegen die Zahl „anderer".)
[411] B. Orbán, *Torda* ..., S. 156–160.
[412] J. Kádár, *Szolnok* ..., Bd. III, S. 204–208.

372   Bergbau und Bergwerksorte

Bevölkerung machte für den Richter drei Vorschläge, von denen die Komitatsvertretung einen auswählte. Schließlich ist auch in Sigeth ein Richter als erster Mann der Ortschaft erwähnt.[413]

Die Bevölkerungsbewegung war im 16. und 17. Jh. in den einzelnen Bergbauorten erheblich. Dabei hat die Familienzahl in einigen kleineren Ortschaften nur vorübergehend wesentlich abgenommen. In Kloosmarkt dürfte sie in der ersten Hälfte des 16. Jhs. allmählich von 150 auf 50 gefallen sein,[414] aber im Jahr 1713 gab es wieder 148 Wirtschaften.[415] Ebenso hatten Salzburg und Seck zu Beginn des 18. Jhs. eine ähnliche Bevölkerung wie 200 Jahre vorher, und zwar wurden sie von rund 250 bzw. l00 Familien bewohnt.[416] Viele Bergbauorte – zumal in Marmatien und dem Szeklerland – waren damals aber noch kleiner; so sind für den Beginn des 18. Jhs. folgende Familienzahlen belegt: Wißk 139, Teutschenau 70, Hust 65, Rona (insgesamt) 46, Praid 44, Salzbergwerk 12, Grubendorf 8.[417]

Die größeren Ortschaften, aber auch einige kleinere sind stärker geschrumpft. So ist in Thorenburg die Bewohnerzahl in der ersten Hälfte des 16. Jhs. noch etwas angewachsen, und zwar von rund 700 auf 750 besteuerte Wirtschaften;[418] trotz starken Zuzugs in den wiederholt verwüsteten Ort[419] waren im Jahre 1724[420] nur noch 507 Familien vorhanden. Zahlreiche Daten belegen für Deesch noch stärkere Schwankungen: In der ersten Hälfte des 16. Jhs. soll es dort 332 besteuerbare Tore gegeben haben, aber um 1550 sank ihre Anzahl angeblich auf 170 und zuletzt auf 100,[421] um gegen 1600 wieder wie im 15. Jh. ungefähr 400 zu betragen. Eine Verwüstung der Stadt (1602) sollen verhältnismäßig wenige Bewohner überlebt haben, doch nach neuem Zuzug[422] gab es um 1700 immerhin rund 200 Familien,[423] also ungefähr halb so viele wie

---

[413] D. Prodan, *Iobăgia* ..., Bd. II, S. 753.
[414] *Călători străini* ..., Bd. II, S. 24. Vor allem nach der Formulierung der Textstelle, aber auch nach der Größenordnung der Werte wird es sich bei den angegebenen Ziffern um Besteuerungseinheiten („*Porten*") gehandelt haben. Für deren Größe s. Şt. Pascu, *Voievodatul Transilvaniei*, Cluj-Napoca 1972–1986, Bd. II, S. 433f.
[415] *Magyarország népessége* ..., S. 210.
[416] *Magyarország népessége* ..., S. 201, 227.
[417] *Magyarország népessége* ..., S. 72ff., 204, 222.
[418] *Călători străini* ..., Bd. II, S. 24.
[419] B. Orbán, *Torda* ..., S. 143f., 146, 268.
[420] *Magyarország népessége* ..., S. 216.
[421] *Călători străini* ..., Bd. II, S. 10, 31. (Die Größenordnung der Werte und die Formulierung der Textstelle lässt schließen, dass es sich – wie im Falle Thorenburgs – um die Zahl von Höfen und nicht um Steuereinheiten, also „*Porten*" handelt). Vgl. auch: Şt. Pascu, *Voievodatul Transilvaniei*, Bd. II, S. 428.
[422] G. Mînzat, *Monografia* ..., S. 31, 33ff., 38.
[423] Steuerlisten, 1713, 1714, 1717 (Staatsarchiv Cluj-Napoca, Fonds: *Primăria oraşului Dej*, Schachtel V, Nr. 493, 496, 506). Das Verzeichnis von 1717 zeigt einen neuen Trend zum Anwachsen der Bevölkerung, der bis nach der Mitte des 18. Jhs. anhielt (s. dafür: E. Wagner, *Historisch-statistisches Ortsnamenbuch für Siebenbürgen*, Köln, Wien 1977, S. 396).

ein Jh. vorher. Etwas früher fand ein Bevölkerungsrückgang in Unterwinz-Burgberg statt, doch war er prozentuell mit dem in Deesch gleichwertig; dort lebte schon 1552 nur noch ein Bruchteil der 317 Familien von 1488,[424] aber nach der Ansiedlung von Wiedertäufern auf ungefähr 180 Höfen[425] gab es auch 1721 187 Familien.[426] Der größte Bevölkerungsverlust, und zwar in einer späteren Zeit, lässt sich für Sigeth fassen: Im Jahr 1600 wohnten dort 294 Familien,[427] 1715 waren es jedoch nur noch 170[428] – also etwas mehr als ein Drittel der alten Zahl –, und ein ähnlich bedeutender Rückgang könnte schließlich in Salzdorf stattgefunden haben.[429]

Auch im Vergleich zu anderen Ortschaften Siebenbürgens ging die Bevölkerung dieser Bergbauorte zurück. Bis zum Beginn des 18. Jhs. war Thorenburg hinter Schäßburg, Bistritz und Mediasch zurückgeblieben, jedoch ungefähr so groß wie Neumarkt; Deesch war kleiner als Tartlau oder Rosenau, aber zeitweise größer als Mühlbach und Broos, Salzburg hatte beiläufig die gleiche Bewohnerzahl wie Weißenburg, Enyed oder Heltau, während Unterwinz-Burgberg mit Regen und Birthälm zu vergleichen war. Die Bevölkerungszahl der anderen Bergbauorte entsprach nur noch der kleiner Marktflecken oder größerer Dörfer.[430]

Die Einstufung der untersuchten Ortschaften, die sich schon im 15. Jh. weitgehend vereinheitlicht hatte, änderte sich zwischen 1500 und 1700 kaum: Sie wurden für gewöhnlich als Flecken bezeichnet; dabei sah man Thorenburg und Deesch als *„oppida nobilium"* an, die anderen als einfache Taxalortschaften.[431] Es war aber bekannt, dass die Orte einst eine größere Bedeutung hat-

---

[424] *Călători străini* ..., Bd. II, S. 35.
[425] H. Klusch, *Die Habaner* ..., S. 24, schätzt die Zahl der Wiedertäufer, die nach Winz kamen, auf 900–1000. Genauere Zahlen gibt E. Wagner, H. Gunesch, *Zur Geschichte* ..., S. 99: 1621 kamen 185 Gemeindemitglieder nach Siebenbürgen – davon aber nur ein Teil nach Winz-Burgberg, 1622 zogen 695 Personen in den Doppelort; schließlich ist noch ein Zuzug um 1660 erwähnt. Rechnet man insgesamt mit rund 800 Menschen, so ergibt sich die angeführte Familienzahl.
[426] E. Wagner, H. Gunesch, *Zur Geschichte* ..., S. 101. S. auch: *Magyarország népessége* ..., S. 202.
[427] D. Prodan, *Iobăgia* ..., Bd. I, S. 192, Bd. II, 752. Auch im 16. Jh. wird die Bevölkerung ziemlich groß gewesen sein: Nach Șt. Pascu, *Voievodatul Transilvaniei*, Bd. II, S. 430, entfielen von 1036 steuerzahlenden Porten 362 auf die fünf Flecken (Sighet, Langenfeld, Teutschenau, Wißk und Hust); von 829 nicht steuerzahlenden könnten vielleicht 300 zu diesen Ortschaften gehört haben (Häuer, Schiffer, Handwerker, Adlige usw.). Rechnet man 2 Familien je Porte, so ergibt das über 1300 Familien, von denen gewiss mehr als ein Fünftel in Sighet lebte; dabei wird es sich in den Flecken nicht um Großfamilien gehandelt haben.
[428] *Magyarország népessége* ..., S. 74. Ungefähr gleiche Werte zeigen die Steuerlisten von 1728, 1757 und 1758 (Direcția Arhivelor Statului Sighetu Marmației, Fonds: *Primăria orașului Sighet. Seria actelor nobilimii*, Faszikel 3, Nr. 19, 34, 35).
[429] Für den Beginn des 18. Jhs. kennen wir keine Werte, später war aber Salzdorf bedeutend kleiner als Kloosmarkt und Seck (s. E. Wagner, *Ortsnamenbuch* ..., S. 223, 241, 277).
[430] *Magyarország népessége* ..., S. 198–227.
[431] F. Schuler-Libloy, *Rechtsgeschichte* ..., Bd. I, S. 473f. S. auch: *Magyarország népessége* ..., S. 74, 201f., 210, 216, 227; J. Kádár, *Szolnok* ..., Bd. III, S. 219.

ten. So schreibt z. B. G. Gromo, Thorenburg sei *"ehemals eine beträchtliche Stadt* [gewesen]*, nunmehr ein großer offener Flecken"*, und nach C. Werner war Kloosmarkt 1552 nur noch einem Dorf ähnlich.[432]

So änderten sich Bedeutung des Salzbergbaus und Merkmale der zugehörigen Orte des untersuchten Gebietes im Laufe der Zeit ganz wesentlich. Nach der großen Rolle, die ihnen um die Jahrtausenwende zukam, und einem starken Aufschwung zu Beginn des 2. Jahrtausends kam es seit der Mitte des 14. Jhs. und in noch größerem Maße ab dem 16. Jh. zu einem deutlichen Niedergang, fast bis hin zur Bedeutungslosigkeit. Erst das 18. Jh. brachte eine neue Erholung.

Montanwesen

Entwicklung im Mittelalter*

Im Folgenden soll die Entwicklung des mittelalterlichen und frühneuzeitlichen Montanwesens Siebenbürgens im Lichte der Bergorte dargestellt werden. Da die Bergreviere in oder bei Gebirgen am Rand Siebenbürgens liegen, wird dabei auch über die Grenzen des Landes etwas hinausgegriffen[433] und sämtlichen Ortschaften die gleiche Aufmerksamkeit gewidmet.

Erste Hinweise. Aus dem ersten Jahrtausend n. Chr. haben sich über die Metallförderung keine schriftlichen Quellen erhalten; dass sie jedoch üblich war, beweisen die Reste mehrerer Wolfsöfen sowie die verhältnismäßig häufigen Metallfunde des 8.–11. Jahrhunderts.[434] Aus der Zeit um 900 gibt es in London einen Ofen aus Ghelari, der für die Verhüttung von Eisenerz nach dem Rennfeuerverfahren diente: Er mißt 0,6 m im Durchmesser und 1,5 m in der Höhe, war in einen Bergabhang eingebaut und mit einem Gebläse und einem ziemlich langen Rauchabzug versehen.[435] Es handelt sich dabei nicht um den

---

[432] J. A. Gromo, *Uebersicht...*, S. 21; *Călători străini* ..., Bd. II, S. 24.
* Erstdruck: *Siebenbürgische Ortschaften des Montanwesens im Mittelalter*, in: „Revue roumain d'histoire", XXXIX/1–4, 2000, S. 3–38.
[433] Im Revier des Westsiebenbürgischen Gebirges (Munții Apuseni) kann von den Förderstätten des einstigen Zarander Komitates (wie Altenberg), die zu den sogenannten „Partes" gehörten, nicht abgesehen werden, und im Laposcher Bergrevier liegen sogar nur unbedeutendere Bergorte in Siebenbürgen selbst, andere (wie Kapnik) im Kővarer Distrikt, d. h. in den „Partes", und die wichtigsten – vor allem Frauenbach-Neustadt und Mittelberg sogar außerhalb dieser, im einstigen Sathmarer Komitat.
[434] I. Tripșa, A. Alexandrescu, I. Barbu, O. Hătărescu, Șt. Olteanu, N. Pilly, *Din istoria metalurgiei românești* [Aus der Geschichte der rumänischen Eisenverarbeitung], București 1981, S. 13f., 48–62; *Istoria gîndirii și creației științifice și tehnice românești*, Bd. 1, Hrsg. Șt. Pascu, București 1982, S. 294.
[435] *Istoria gîndirii* ..., S. 95, 252f. Nach I. Tripșa u. a. , *a.a.O.*, S. 12, stammt der Ofen aus dem ersten Jh.

einzigen Ofen dieser Zeit in Siebenbürgen, da ein anderer mit einer Schmiede in der Burg von Doboka/Dăbâca ausgegraben wurde.[436]

Ein Fund aus Apahida beweist gleichzeitig die Verarbeitung von siebenbürgischem Edelmetall.[437] Nach der Aussage des Anonymus wurde das Gold aus dem Sand der Flüsse gewaschen – vermutlich zumal aus dem 1075 urkundlich erwähnten Ariesch/Arieș („*Aranyas*" – „*Aureus*"),[438] aber auch aus anderen Wasserläufen.[439]

Mit der allmählichen Ablösung der Naturalwirtschaft durch die Geldwirtschaft, der wachsenden Bevölkerungszahl und der immer vollständigeren Eingliederung Siebenbürgens in das Arpadenreich, ist im 12. Jh. auch das Interesse an den dessen Edelmetallvorkommen gestiegen. Entsprechend dem großen Silberbedarf innerhalb und außerhalb des Landes – für ungeprägte Zahlungsmittel und die damals üblichen Denare – galt das Interesse zunächst Rodenau/Rodna, wo vornehmlich Silber gefördert wurde. Als erster wichtiger Schritt in Richtung auf eine intensivere Schürfung wurden vermutlich um 1200 neben der schütteren bodenständigen Bevölkerung[440] des Gebietes Hospites angesiedelt.[441] Die abgeschiedene Lage des Siedlerhorstes deutet darauf hin, dass es sich dabei von Anbeginn um Bergleute handelte – also um eine Bevölkerung mit einem besonderen Auftrag.[442]

Im *13. Jh.* kann im Edelmetallbergbau eine ähnliche Entwicklung verfolgt werden wie im 11.–12. Jh. bei den Salzgruben:[443] An den einzelnen Fundorten wurde nicht gleichzeitig, sondern sukzessive mit dem massiven Abbau begonnen.

---

[436] Șt. Pascu u. a., *Cetatea Dăbâca* [Die Burg Doboka], in: „Acta Musei Napocensis", Bd. V, 1968, S. 160.
[437] K. Horedt, *Siebenbürgen in spätrömischer Zeit*, Bukarest 1982, S. 16.
[438] G. Popa-Lisseanu, *Românii în izvoarele istorice medievale* [Die Rumänen in den mittelalterlichen geschichtlichen Quellen], București 1939, S. 229; *Documente privind istoria României*, seria C – Transilvania, București 1951, 11.–13. Jhs., Bd. I, S. 355. Siehe auch: R. Popa, *Țara Maramureșului în veacul al XIV-lea* [Marmatien im 14. Jh.], București 1970, S. 129.
[439] Siehe dazu: *Istoria gîndirii* ..., S. 250, 283.
[440] G. Müller, *Das Deutschtum und die sekundären Siedlungen in Siebenbürgen*, in: „Korrespondenzblatt des Vereins für siebenbürgische Landeskunde", 1929, Bd. LII, S. 203f., 196.
[441] Außer den urkundlichen Belegen spricht für die Ansiedlungszeit der Hospites der frühgotische Baustil der Kirche: Es handelt sich um eine etwas jüngere Bauzeit als im Falle der Kirchen in Mühlbach und Bistritz, also um Ortschaften, deren systematisch parzellierte Kerne gegen Ende des 12. Jhs. angelegt worden sind.
[442] Șt. Pascu, *Voievodatul Transilvaniei*, Bd. I, Cluj 1972, S. 152; Th. Nägler, *Die Ansiedlung der Siebenbürger Sachsen*, Bukarest 1979, S. 162. Das älteste Sprachdenkmal aus Rodenau, das Bergrecht, besitzt weitgehend oberdeutsche, bairische Merkmale (für diesbezügliche Hinweise danke ich Herrn Dr. H. Protze); mit diesen weist die Ortschaft Paralelen zu einer größeren Gruppe von Bergstädten der Westkarpaten auf (*Bergstädte der Unterzips*, Hrsg. L. Guzsak, Stuttgart 1983, S. 12f.), doch wurde in der Mundart des nahegelegenen Nösnergaues auch ein bairischer Anteil festgestellt (K. Rein, *Der bairische Anteil am Siebenbürgisch-sächsischen nach den Karten des Siebenbürgisch-sächsischen Sprachatlases*, in: „Südostdeutsches Archiv", Bd. VI, 1963).
[443] P. Niedermaier, *Ortschaften des siebenbürgischen Salzbergbaus im Mittelalter. 1. Teil*, in: „Forschungen zur Volks- und Landeskunde", Bd. XL/1-2, 1997, S. 122–135.

Zunächst stand Rodenau allein im Vordergrund.[444] Im Jahre 1241 sind dort die königlichen Silbergruben erwähnt, 1264 heißt es, dass der Ort „seit einer Zeit, an die jede Erinnerung fehlt", der Königin zustehe,[445] und 1292 werden Gold- und Silberbergwerke als Privatbesitz genannt.[446] In dieser abgelegenen Gegend haben sie die wirtschaftliche Grundlage zur Entfaltung der Siedlung gebildet. Die Ortschaft besaß sogar ein eigenes Bergrecht, das *„durch allez recht dez perchwerchs ond der stat gemacht"* war.[447] Nach der *„hantfeste"* ist es *„eyn gemachtez ding* [...] *mit dez hohen choenich stephans gewalt"* – es dürfte also spätestens aus den Jahren 1270–1272 stammen und ist die älteste Regelung dieser Art des östlichen Mitteleuropa.[448] Seine Bedeutung erhellt zusätzlich die Tatsache, dass die Regelung von Karpfen/Krupina weiterver-

---

[444] R. Csallner, *Alte deutsche Bergwerkskolonien im Norden Siebenbürgens*, in: „Studium Lipsiense. Ehrengabe Karl Lamprecht", Berlin 1909, S. 65–70.
[445] R. Csallner, *Quellenbuch zur vaterländischen Geschichte*, Hermannstadt 1905, S. 45; F. Zimmermann, C. Werner, G. Müller, G. Gündisch, H. Gündisch, K. Gündisch, G. Nussbächer, *Urkundenbuch zur Geschichte der Deutschen in Siebenbürgen*, Bd. I–IV, Hermannstadt 1892–1937, Bd. V–VII, Bukarest 1975–1981, Bd. I, S. 92f.; R. Csallner, *Alte deutsche Bergwerkskolonien* ..., S. 66.
[446] *Urkundenbuch*, Bd. I, S. 203f.; *Documente* ..., C, București 1952, 13. Jh., Bd. II, S. 382f.
[447] Für den Hinweis darauf danke ich Herrn Dr. Konrad Gündisch. Die Veröffentlichung des Bergrechtes in tschechischer Sprache erfolgte durch V. Chaloupecký, *Kniha Žilinská*, Bratislava 1934, S. 197–202, in deutscher Sprache durch I. T. Piirainen, *Das Stadtrechtsbuch von Sillein*, Berlin, New York 1972, S. 155–160. „Rodenawo", „Rodena" wird ganz allgemein mit dem siebenbürgischen Bergbauort Rodenau identifiziert (V. Chaloupecký, *Kniha Žilinská*, S. LXIII–LXIV; I. T. Piirainen, *Das Stadtrechtsbuch von Sillein*, S. 14; J. Sopko, *Pisári a vznik Žilinskej knihy*, in: „Národnostný vývoj miest na Slovensku do roku 1918", Hrsg. Z. R. Marsina, 1984, S. 70f.). Ein anderer gleichnamiger Ort innerhalb des Arpadenreiches ist nicht bekannt. Zwar soll „Rodna" von „Ruda" – Erz abgeleitet sein (G. Kisch, *Siebenbürgen im Lichte der Sprache*, in: „Archiv des Vereins für siebenbürgische Landeskunde", Hermannstadt 1929, Bd. XLV, S. 49; I. Iordan, *Toponimia romînească*, București 1963, S. 99) und Ortschaften dieses Namens gibt es mehrere – auch in der Slowakei (s. z. B. *Bergstädte der Unterzips*, S. 16), wo das Rodenauer Bergrecht 1378 in das Stadtrecht von Silleins/Žilina aufgenommen wurde – doch keines dieser Dörfer hatte jemals als Bergstadt eine ähnliche Bedeutung wie das siebenbürgische Rodenau. Auch J. Kachelmann, *Geschichte der ungarischen Bergstädte und ihrer Umgebung*, Schemnitz 1853–1855, Bd II, S. 53, 96, 102, unterscheidet anscheinend das siebenbürgische Rodenau von dem slowakischen Rudno an der Gran. In letzterem kam der Bergbau erst seit der Mitte des 13. Jhs. in Schwung, aber 1324 wurde der Ort den Bergleuten streitig gemacht und entwickelte sich darum nicht zur freien Bergstadt (H. Wilsdorf, W. Quellmalz, *Bergwerke und Hüttenanlagen der Agricola-Zeit*, Berlin 1971, S. 266); in den hier behandelten Satzungen ist jedoch ausdrücklich auch vom Recht der *„stat"* die Rede. Bei den engen Beziehungen zwischen den Bergorten ist die weite Wanderung der Rechtssatzungen einer damals „weltbekannten Bergstadt" (V. Chaloupecký, *Kniha Žilinská* [Das Silleiner Buch], S. LXIV) nicht verwunderlich.
[448] Prinzipiell könnte das Bergrecht der Regierungszeit Stephans III. (1162–1172) oder Stephans V. (1270–1272) angehören. Vergleicht man diese Jahreszahlen mit der Datierung anderer Rechtssatzungen des östlichen Mitteleuropa, so mutet die erstgenannte Zeitspanne als unwahrscheinlich früh an; der älteste Bestandteil des Magdeburger Rechtes stammt nämlich von 1188, die Stadt- und Bergrechte von Breslau/Wrocław, Teschen/Český Těšín, Karpfen, Iglau/Jihlava und Altsohl/Zvolen gehen auf das 13. Jh. zurück, während die Regelungen von Schemnitz und Kremnitz/Kremnica erst dem 14. Jh. angehören (I. T. Piirainen, *Das Stadtrechts-*

mittelt wurde, einer Ortschaft, die zum Magdeburger Rechtskreis gehörig, das wichtigste Zentrum für Stadtrechte im mittleren Oberungarn (heute Mittelslowakei) war;[449] vermutlich wurde es von dort auch an andere Ortschaften und zumal an Bergstädte weitergegeben – so z. B. möglicherweise an Dobschau/Dobsiná.[450]

Während in Rodenau schon intensiv geschürft wurde, erwähnt eine königliche Verleihungsurkunde aus der ersten Hälfte des 13. Jhs. Bergbau oder Edelmetallfunde in der Gegend von Frauenbach/Baia Mare überhaupt nicht;[451] auch die Veräußerung als solche spricht gegen eine besondere Bedeutung des Landstrichs. Es ist lediglich von zwei bewaldeten Gebieten, *„Keykus"* und *„Fenteus"*, die Rede, die eine riesige Fläche belegten,[452] ähnlich den nahegelegenen Wäldern Oberungarns (heute Slowakei) und Polens. Die genaue Grenzbeschreibung – die eine gute Kenntnis des Geländes bezeugt – spricht jedoch von Wegen, Wiesen und einer ansässigen Bevölkerung, den *„Keykusend"*.[453] In bescheidenem Maße könnte diese Erze geschürft beziehungsweise Gold aus dem Sand der Flüsse gewaschen haben.[454]

---

buch von Sillein, S. 17; Ders., *Iglauer Bergrecht nach einer Handschrift aus Schemnitz*, Heidelberg 1980, S. 11, 89; H. Stoob, *Forschungen zum Städtewesen in Europa*, Köln, Wien 1970, Bd. I, S. 97ff.). Die Gründung von Rodenau könnte zwar in die Zeit Stephans III. fallen, doch war der Bergort damals gewiss klein, der Vorspann der Rechtssatzung weist jedoch auf eine größere Gemeinschaft hin (I. T. Piirainen, *Das Stadtrechtsbuch von Sillein*, S. 155, 157f.). Sillein erhielt das Rodenauer Bergrecht von Karpfen, dem 1244 sein ältestes Recht bestätigt wurde (I. T. Piirainen, *Iglauer Bergrecht*, S. 11) doch könnte die siebenbürgische Regelung auch nach diesem Zeitpunkt hingelangt sein. Eine Datierung ins 13. Jh. ist demnach wahrscheinlicher. Siehe auch: V. Chaloupecky, a.a.O.; H. Kunnert, *Neue slowakische und ungarische Literatur zur Geschichte des Berg- und Hüttenwesens in der Mittelslowakei (II)*, in: „Südost-Forschungen", Bd. XXVII, 1968, S. 367.

[449] I. T. Piirainen, *Das Stadtrechtsbuch von Sillein*, S. 17f.; Ders., *Iglauer Bergrecht*, S. 11f., 89; R. Marsina, *Výsady pre Z ilinských slovákov z roku 1381*, in: „Národnostný vzvoj miest na Slovensku do roku 1918", Hrsg. Z. R. Marsina, 1984, S. 39 f.

[450] *Bergstädte der Unterzips*, S. 34, 318, 323–325.

[451] *Documente ...*, C, 11.–13. Jh., Bd. I, S. 251–153.

[452] Der Wald *„Keykus"*, in den sich auch die Gegend *Frauenbachs* eingliederte, war vom Laposch-Fluß und den Kämmen des Codrului- und Gutâigebirges begrenzt. Die angegebenen Ortsnamen sind: das Gebirge *„Gothonchousa"* (Gutâi), die Quelle *„Maramors"* (Mara), die Quelle des *„Nogy zozor"* (Firicel), der Wald *„Hygus"* (Heghiu), die Quellen der zwei Bäche *„Mysuch"* (Nistru), das Gebirge *„Bik"* (Codrului); hinzu kommen die Namen des Samosch und Laposch). Das bewaldete Gebiet umfasste eine Fläche von ungefähr 800 km².

[453] Die *„Keykusend"*, denen vor der Verleihung der *„Wald"* gehört hatte, werden in diesem gewohnt haben. Nicht nur die Gleichnamigkeit der Bevölkerung, der Gegend und eines Baches spricht dafür, sondern vor allem die Unwahrscheinlichkeit ihres Wohnsitzes in einem angrenzenden Gebiet. Südwärts, im Wald *„Fenteus"* sind sie nicht erwähnt, die Gegend ostwärts, nordwärts und westwärts des Tibleş-, Gutâi- und Codruluigebirges sind wohl zu weit abgelegen und in der Ebene nordwestlich des Waldes, gegen Sathmar zu, lebten die *„Cuplon"*.

[454] Siehe dazu: R. Popa, *Ţara Maramureşului*, S. 129; *Monografia municipiului Baia Mare*, Bd. I, 1972, S. 244; G. v. Probszt, *Die niederungarischen Bergstädte. Ihre Entwicklung und wirtschaftliche Bedeutung bis zum Übergang an das Haus Habsburg (1546)*, München 1966, S. 36, 137.

Zu einer wesentlichen Steigerung der Edelmetallförderung wird es am Fuße des Gutâigebirges gegen Ende des 13. Jhs.[455] gekommen sein. Damals dürften in Mittelberg/Baia Sprie, †Sachsenberg/Săsar und Frauenbach Hospites angesiedelt worden sein, die nach späteren Quellen Bergleute gewesen sind.[456] Ihre Ansiedlung ist wohl durch den steigenden Bedarf an Edelmetallen und im besonderen durch die allmählich wachsende Goldnachfrage[457] zu erklären; am königlichen Hof versprach man sich gewiss bedeutende Einnahmen aus einem intensiven Abbau der dortigen Funde.[458] Entsprechend der verhältnismäßig kleinen Zahl der Bergleute war der Gewinn trotzdem zunächst begrenzt.[459]

Sehr gering war damals auch der Metallertrag in de Siebenbürgischen Westgebirgen/Munții Apuseni.[460] Die Namen „*Abrud*", „*Criș*", „*Zlatna*", „*Aranyos*" gehen alle auf das Wort „Gold" zurück und stammen aus den verschiedensten Zeiten: das erste soll thrakischen, das letzte ungarischen Ursprungs sein.[461] Sie zeigen, dass man den Goldreichtum der Gegend immer gekannt hat; in irgendeiner Form wird die ansässige Bevölkerung – welche die Erinnerung an die alten Namen bewahrte – diese Vorkommen auch verwertet haben.

Zusätzliche Rückschlüsse auf das Wirtschaftsleben jener Bewohner sind im Falle von Großschlatten möglich, woher angeblich auch ein Fund aus der Völkerwanderungszeit stammen soll.[462] Dort muss ein Dorf („*Abrud-Sat*", „*Abrudfalva*") von einem Bergwerksort („*Abrud*", „*Abrudbánya*") unterschieden werden. Das Dorf (die Flurnamen seiner Gemarkung sind vor allem

---

[455] G. v. Probszt, *Die niederungarische Bergstädte*, S. 120; H. Stoob, *Die mittelalterliche Städtebildung im Karpatenbogen*, in: Die mittelalterliche Städtebildung, S. 200.
[456] *Călători străini despre țările romăne*, București 1970, Bd. II, S. 67. Siehe auch: *Monografia ...*, S. 127, 129, 244. Mittelberg soll nach G. Werner (*Călători străini ...*, Bd. II, S. 66f.) etwas älter als Frauenbach sein. Da sich 1347 im Mittelpunkt der Gemarkung von Frauenbach und Sachsenberg der letztgenannte Ort befand (*Documente ...*, C, București 1955, 14. Jh., Bd. IV, S. 401; für die nicht ganz sichere Identifizierung des Ortes s.: C. Suciu, *Dicționar istoric al localităților din Transilvania*, Bd. II, S. 108; C. Stephani, *Hospites de Maramorusio, I*, in: „Neuer Weg", Nr. 9008/04.05.1978), dürfte er auch in etwas größeres Alter gehabt haben.
[457] G. v. Probszt, *Die niederungarische Bergstädte*, S. 282f.
[458] Siehe in diesem Sinn: *Szatmár vármegye*, Budapest 1910, S. 195; *Monografia ...*, S. 127, 129, 244.
[459] 1468 verpachtete Matthias Corvinus sämtliche Gruben aus der Gegend von Frauenbach für ein Jahr um 13.000 fl. (*Monografia ...*, S. 249). Damals lebten in Frauenbach und Mittelberg ungefähr 350 Familien. Gegen Ende des 13. Jhs. kann es im Bergbezirk beiläufig 70 Familien gegeben haben (für das Bevölkerungswachstum s. P. Niedermaier, *Zur Bevölkerungsdichte und -bewegung im mittelalterlichen Siebenbürgen*, in: „Forschungen zur Volks- und Landeskunde", Bd. XXIX/1, 1986. Wenn man annimmt, dass die steigende Arbeitsproduktivität den späteren Abbau von etwas minderwertigerem Erz ausglich, ergibt sich für eine frühe Zeit ein Gewinn von 2000-3000 fl. pro Jahr. Vgl. auch G. v. Probszt, *Die niederungarische Bergstädte*, S. 27 f.
[460] G. Gündisch, *Deutsche Bergwerkssiedlungen in dem siebenbürgischen Erzgebirge*, in: „Deutsche Forschung im Südosten", Bd. I, 1942, S. 59ff.
[461] G. Kisch, *Siebenbürgen im Lichte der Sprache*, S. 82ff.
[462] K. Horedt, *Siebenbürgen ...*, S.16.

rumänischen beziehungsweise slawischen Ursprungs)⁴⁶³ wird die ältere Siedlung sein und 1271 bestanden haben, als Stefan V. die „*terra Obruth*" dem Domkapitel in Weißenburg/Alba Iulia vergab.⁴⁶⁴ Da es später hier zur Gründung eines völlig abgesonderten Bergortes kam und bei der Gemarkungsteilung dem Dorf ein dreimal so großes Gebiet verblieb,⁴⁶⁵ ist zu vermuten, dass die Siedlungen in wirtschaftlicher Hinsicht ein stark unterschiedliches Profil hatten und die Dorfbewohner vor allem von Landwirtschaft lebten.

Ähnlich dürfte die Wirtschaft der Vorsiedlung von Eisenburg/Rimetea⁴⁶⁶ ausgerichtet gewesen sein; zu diesem Ort gehörte in der zweiten Hälfte des 13. Jhs. sogar eine Burg, die erblicher Besitz des dortigen Comes („*nobilis vir comes Ehelleus filius Ehellews de Torozko*") war.⁴⁶⁷

Aufgrund von Bodenfunden ist schließlich vielerorts mit einer Verhüttung von Eisenerz zu rechnen. Als Fundorte dieser Zeit werden Ghelari und Teliuc bezeichnet, aber kleine Öfen soll es auch an vielen anderen Orten gegeben haben.⁴⁶⁸

Sieht man von der Eisenerzförderung in Pingen⁴⁶⁹ ab, so wies der Bergbau des 13. Jhs. schon sehr entwickelte Züge auf. Wie aus dem Schemnitzer Bergrecht zu ersehen ist, das damals auch für die „*anderen unsern* [königlichen] *Perkleuten in unsern land*" gültig war und als Hilfsbergrecht „weitgehende Bedeutung im gesamten Südosten", selbst in Freiberg, Kuttenberg/Kutná Hora und

---

463 Nach dem Grundbuch gab es folgende Flurnamen (Schreibung des 19. Jhs.): *Draas, Saliste, Fratesa, Garbunariu, Luncile lungi, Valea abrudului, Cristea, Deroiu, Lazuri, Serbina, Suharu, Veraticu, Bradetii, Dosu, Poiena, Petrariu, Capraretiu, Budesitia, Rudena, Caprafoia, Pe frasinu micu, Supt frasinu micu, Fatia ciuriulesei. Dosu cicerei, Pariu borzesciloru, Pariu mănesciloru, Dosu ciuriulesei, Fatia valea carutiloru, Dosu carutiloru, La isvoru, Frasinu mare, Buninginea, Valea matesiesciloru, Delu sudorei, Valea lupiloru, Dosu, La petriceua, Pariu gaurei, Mecia, Luncile podului et cetati.*
464 Urkundenbuch ..., Bd. I, S. 111f.
465 Die Trennung ist viel eindeutiger als in anderen Fällen, z. B. unterscheidet das Grundbuch auch in Kleinschlatten die Stadt vom Dorf („Zlatna Veche"); im Unterschied zu Großschlatten findet sich diese Trennung aber in der Josephinischen Landesaufnahme nicht wieder. Für die Größe der Gemarkungen siehe: E. Wagner, *Historisch-statistisches Ortsnamenbuch für Siebenbürgen*, Köln, Wien, 1977, S. 162f. Urteilt man nach der Josephinischen Landesaufnahme, so hat sich das Verhältnis zwischen den beiden Gemarkungen seit dem 18. Jh. nicht geändert.
466 Im Unterschied zu Offenburg, Großschlatten, Altenberg und Pernseifen, für die in Urkunden häufig der von Hospites gebrauchte Namen vorkommt, erscheint Eisenburg im Mittelalter praktisch nur unter dem Namen slawischen Ursprungs (G. Kisch, *Siebenbürgen im Lichte der Sprache*, S. 127; I. Iordan, *Toponimia românească*, S. 103), „Torozko". Dieses läßt vermuten, dass es hier zur Ansiedlungszeit der Bergleute schon eine bekanntere Ortschaft gab. Siehe auch G. Müller, *Das Deutschtum ...*, S. 204.
467 Urkundenbuch, Bd. I, S. 88, 163; G. Entz, *Die Baukunst Transilvaniens im 11.–13. Jh.*, in: „Acta historiae artium", Bd. XIV, 1968, S. 172. Eine neue Datierung der ersten Urkunde siehe: *Documente ...*, C, Bucureşti 1952, 13. Jh., Bd. II, S. 325.
468 Istoria gîndirii ..., S. 276f.
469 Istoria gîndirii ..., S. 277.

Iglau/Jihlava hatte,[470] gab es schon im 13. Jh. eine Bergfreiheit: „*Ist das iemant [Schmelz-]hütten oder [Stein-]mülen pawet auff eines herrn aigen, so das pergkwerch aufleyt, es seyen halt geistlich oder weltliche herrn, so ist das pergkwerchs freiheit, das er keinen zins davon nemben sol; auch auff welches herrn aigen pergkwerch funden wirt und gemessen, derselb herr nymbt davon das dritte tail der urbar* [Bergzins]*, und was dasselbig pergkwerch holcz pedarf in die grueben und zu allerley notturft, das sol und mag Im derselbige herr mit nichte nit wehren.*"

Für das siebenbürgische Montanwesen des 13. Jhs. ist das Bergrecht von Rodenau[471] besonders aufschlussreich. Drei Abschnitte befassen sich darin mit dem eigentlichen Bergbau. Der erste („*Dy czu wider streitarbeiten*") regelte die Nutzungsrechte der Fundgruben. Wer zuerst eine Erzader („*gank*") fand und Erz förderte, dem wies die Stadt dort ein „*lehen*" zu. Dabei entsprach immer der über der Erde abgemessene Bereich mit den daran haftenden Befugnissen einem gleichen unter der Erde. Der Lehensträger war verpflichtet, seine Rechte anzuzeigen. Anderen konnte nur außerhalb jenes Gebietes eine Fundgrube zugesprochen werden, wobei auch auf gewisse Persönlichkeiten der Ortschaft Rücksicht zu nehmen war („*dez graven lehen ond der purger lehen dy czwei lehen*").

Ein zweiter Abschnitt, „*Von stollen bauewen*", betraf zumal die Anrechte von Erbstollenbesitzern; „*ist daz er mit seinem stollen also nahen choemt czu einer anderen gruben do wazzer ond damphe irret ond schaft iener grueben muzze an wazzer lazzen oder mit wint brengen mit dem teyl der grueben muez man mit recht dem stollen dynen*". Kreuzten sich dagegen zwei gewöhnliche Stollen, so war der neuere nicht zu einer Abgabe an den älteren verpflichtet.

Eine weitere Regelung bezog sich schließlich auf den Bergzins, die Urbura. Diese war ein Teil des geförderten Erzes, der beim Bergwerk unter Aufsicht des „*urberers*" für den König abgesondert wurde. Wenn „*ein man ongeteilet ercze fuert von dem perge an wizzen dez orbererz ond also daz der orberer teil nicht wirt do von*" zurückgelassen, so verfielen das gesamte Erz und unter Umständen auch die Pferde.

Die Bestimmungen für den Bergbau waren knapp, aber bezeichnenderweise von Waldnutzungsrechten ergänzt. „*Alle dy welde dy umb dy stat ligen*" mussten durch Wege erschlossen werden; baute ein Köhler einen solchen, so durfte er dort beliebig lange Kohlen brennen. Ließ er die Arbeit jedoch auf, so verfiel sein Anrecht – frühestens ein Jahr nach dem Bau des Weges. Das Holz für Bergwerke und Treibehütten konnte jedoch frei aus dem Wald gebracht werden.

---

[470] G. v. Probszt, *Die niederungarische Bergstädte*, S. 317, 323–326; H. Wilsdorf, W. Quellmalz, *Bergwerke ...*, S. 267.
[471] I. T. Piirainen, *Das Stadtrechtsbuch von Sillein*, S. 158–160.

Da große Mengen an Kohle und Treibeholz nötig waren, muss es in Rodenau Schmelz- und Treibeöfen gegeben haben, d. h. das Erz wurde nicht nur verarbeitet, sondern man trennte auch die Metalle voneinander.

Ein erster Hinweis auf die Vermünzung des geförderten Silbers stammt in Siebenbürgen aus dem Jahre 1222: Damals verbot Andreas II. dem Deutschen Orden, ohne königliche Genehmigung Geld zu prägen.[472] Zu Zeiten von Andreas III. soll es in Hermannstadt/Sibiu eine Münze gegeben haben,[473] doch besitzen wir darüber keine näheren Angaben.

Zu erwähnen sind schließlich noch Fortschritte, die es angeblich in der Eisenverhüttung gab. Es wurden vor allem kleine Öfen benutzt, die mit natürlichem Zug oder einem handbetriebenen Blasebalg funktionierten;[474] denkbar ist aber auch das Aufkommen viel größerer Schachtöfen, die durch die Verwendung von Wasserrädern als Antriebskraft für die Blasebälge möglich wurden.[475] (Für das Einsetzen von solchen Schachtöfen spricht ihr Gebrauch im Edelmetallbergbau, dagegen jedoch ein gewisses Gefälle zwischen dem siebenbürgischen Edelmetall- und Eisenbergbau.)

Obwohl die Erzförderung und Verhüttung die Hauptbeschäftigung der Bewohner bildete, gab es in Rodenau, nach einer Urkunde vom Ende des 13. Jhs., auch verschiedene Handwerker – und zwar Fleischhauer, Schuster, Bäcker und vielleicht Müller;[476] nach dem gut organisierten Markt[477] und einem 1268 erwähnten Musterpfund[478] lässt sich gleichzeitig auf einen lebhaften Handel schließen. Da es aber wenige Siedlungen in der Gegend gegeben hat, kann die Bedeutung dieser Wirtschaftszweige gewisse Grenzen nicht überschritten haben. Für Frauenbach, den wichtigsten Ort des Laposcher Bergreviers am Nordrand Siebenbürgens, gibt es aus dem 13. Jh. überhaupt keinen Hinweis auf Handwerker oder Händler; die spätere Entwicklung des Ortes lässt allerdings auch hier ihr Vorhandensein – in bescheidener Anzahl – möglich erscheinen.

Mit größerer Sicherheit ist die Rolle der Landwirtschaft im Leben der Bevölkerung einzuschätzen. Die durchschnittliche Fläche der alten Parzellen in der Innenstadt von Frauenbach ist kleiner als 1500 m² und liegt demnach unter

---

[472] *Urkundenbuch* ..., Bd. I, S. 23.
[473] F. Schuler-Libloy, *Siebenbürgische Rechtsgeschichte*, Hermannstadt 1867, Bd. I, S. 267; G. Seivert, *Beiträge zu einer Geschichte der Hermannstädter Münzkammer*, in: „Archiv des Vereins für siebenbürgische Landeskunde", Bd. VI, 1864, S. 158f.
[474] *Istoria gîndirii* ..., S. 276f.
[475] *Istoria gîndirii* ..., S. 95f., 268, 275, siehe auch S. 111; I. Tripşa u.a., *Din istoria* ..., S. 60f.
[476] *Urkundenbuch* ..., Bd. I, S. 204.
[477] *Urkundenbuch* ..., Bd. I, S. 204.
[478] *Urkundenbuch* ..., Bd. I, S. 100.

der üblichen Minimalgrenze früher Bauernparzellen;[479] ebenso waren auch die ursprünglichen Parzellen in Rodenau und anderen gleichartigen Bergbauorten verhältnismäßig klein.[480] Dieses beweist, dass – im Unterschied zu den alten Salzbergwerksorten – die Landwirtschaft im Leben der Siedlungen eine geringe Rolle gespielt hat;[481] ihre Bewohner widmeten sich in größerem Maße dem Bergbau. Dagegen lässt das Rodenauer Bergrecht auf eine gewisse Viehzucht schließen: es erwähnt Zugpferde, Ochsen *„oder sust cheinerley vich"* sowie Heu.[482]

Gemäß verschiedenen Quellen war die Bevölkerung des letztgenannten bedeutenden Ortes schon gut organisiert. 1268 sind die Richter, die Geschworenen und die Gesamtheit der Waldbürger (*„comunitas civium"*) von Rodenau erwähnt, welche sogar über ein eigenes Siegel verfügten.[483] Gleichzeitig und 1274, 1279 und 1292 werden Gräfen genannt, die wenigstens teilweise königliche Ämter innehatten.[484] Diese Angaben werden durch die Satzungen bestätigt, in denen vom *„pharrer"*, *„grof"*, *„richter"*, *„czwelf gesworen"*, der *„gemoyn"* und von *„gesezzen leueten"* die Rede ist.

Auf die rechtliche Lage der Bergleute dieser Zeit lässt sich nur aus dem Privilegium Bélas IV. für Schemnitz/Banská Stiavnica schließen, das damals auch für die *„anderen unsern [königlichen] Perkleuten in unsern land"* gültig war.[485] Nach diesem durfte *„kein Landherr, noch kein Edelman, noch kein Ritter, noch kein Landrichter, noch kein gehochter man, geistlich noch weltlich, die zu unsern Reich gehören, keinen Frevel noch gewalt begeen, in keyner unsrer pergkstetten keinen menschen anlauffn noch vahen, noch an keynen gescheft hyndern, on desselben statrichter's urlab und seiner geswornen, – und auch ob ein Pergkman oder Burger gesessen sey oder erb hab auserhalben oder inderhalb der stat, uber die soll kein Landrichter noch kein Amptman gerichtspflegen und gewalt haben, sunder ob ein Burger gegen dem anderen icht zu klagen hat, für dem Richter und für dem gericht soll das geschehen und seyn recht suchen als andre lewt. [...] So wolln wir auch mit gepieten vestiglich zu behalten: ob ein man einen todslag beging oder also grosse missetat, so soll kein*

---

[479] P. Niedermaier, *Dorfkerne auf dem Gebiet der Sieben Stühle*, in: „Forschungen zur Volks- und Landeskunde", 1973, Bd. XVI/1, S. 62f.; Ders., *Siebenbürgische Städte. Forschungen zur städtebaulichen und architektonischen Entwicklung von Handwerksorten zwischen dem 12. und 16. Jh.*, Bukarest, Köln, Wien 1979, S. 76f.
[480] Die Parzellen haben sich zwar nicht erhalten, aber ihre Lage und Größe ist durch den Standort der Kirche und die Geländegestalt angedeutet.
[481] Siehe auch: *Monografia ...*, S. 281.
[482] I. T. Piirainen, *Das Stadtrechtsbuch von Sillein*, S. 158f.
[483] Siehe dazu: M. Philippi, *Cives Civitatis Brasoviensis*, in: „Revue roumaine d'histoire", 1976, Bd. XV/1, S. 11ff.; *Urkundenbuch ...*, Bd. I, S. 99f.
[484] R. Csallner, *Alte deutsche Bergwerkskolonien*, S. 69.
[485] G. v. Probszt, *Die niederungarischen Bergstädte*, S. 317.

Landrichter, noch keiner unsrer amptlewt keinen gewalt an seinen guet farund oder unfarund begeeen, noch der richter noch die gesworen von der stat, wiwol er doch schuldig und verpflicht worden sey, sundern sein hewsfraw und ire erben sollen es besitzen mit frid und gemach."[486] Das Straf- und Eigentumsrecht innerhalb der Ortschaften ist im Rodenauer Bergrecht überliefert.

Die erwähnten Tatsachen erklären das hohe Ansehen der Bergbauorte. Obwohl erst 1235 urkundlich belegt,[487] wurde Rodenau schon vier Jahre später, 1239, als Stadt (*„civitas"*) betrachtet und anscheinend durch eine königliche Burg abgesichert.[488] Im Zusammenhang mit dem Mongoleneinfall – der sich nicht als Zäsur erfassen lässt – ist der Ort abwechselnd als „Stadt" und „Flecken" bezeichnet,[489] 1292 erscheint er aber auch in einer Urkunde des Wojewoden als *„civitas"*[490] – dieses nach einer solchen amtlichen Nennung von Weißenburg.

Das 14. Jh. brachte für das Montanwesen bedeutende Veränderungen. Die Förderung und Verhüttung von Edelmetallen stand bis dahin merklich hinter der Salzgewinnung zurück. Dieses änderte sich jedoch als Folge der immer stärkeren Verwendung von Gold im europäischen Münzwesen. Sie führte noch vor dem Jahr 1300 zu einer Edelmetallkrise und diese verstärkte sich nach dem Konzil von Vienne (1312), das den Handel mit den Heiden, also mit dem Orient und Afrika verbot und mithin auch die Edelmetalleinfuhr von dort zum Erliegen brachte. Da der Goldpreis wesentlich anstieg und im mittelalterlichen Ungarn 80 % des europäischen Goldes und 25 % des Silbers gefördert wurde[491] – ein bedeutender Teil von diesem wiederum im Laposcher Bergbaubezirk und im Westsiebenbürgischen Gebirge[492] –, konnte die Krone durch eine Entwicklung des Montanwesens wesentliche Gewinne erzielen.

Durch eine Reihe von Maßnahmen nahm Karl Robert die Chance wahr. 1325 erließ er ein Ausfuhrverbot für Edelmetalle und führte ein stattliches Monopol ein. Königliche Bergleute und Bürger der Bergstädte durften (wie schon im Privilegium von Béla IV. für Schemnitz/Banská Stiavnica vorgesehen war) auf jedermanns Gut frei nach Erz schürfen, hatten nun aber den gesamten Bergzins – die Urbura – der Krone zu entrichten. Auf Wunsch des Königs mussten die Besitzer Schürfgebiete gegen eine Entschädigung dem

---

[486] G. v. Probszt, *Die niederungarischen Bergstädte*, S. 317. Siehe auch S. 317–323.
[487] G. Entz, *Die Baukunst* ..., S. 158.
[488] G. Entz, *Die Baukunst* ..., S. 158 beziehungsweise R. Csallner, *Alte deutsche Bergwerkskolonien*, S. 65.
[489] Şt. Pascu, *Voievodatul Transilvaniei*, Bd. I, S. 151; R. Csallner, *Quellenbuch* ..., S. 45; E. Wagner, *Quellen zur Geschichte der Siebenbürger Sachsen*, Köln, Wien 1976, S. 20.
[490] *Documente* ..., C, 13. Jh., Bd. II, S. 382f.
[491] Für die Daten dieses Abschnittes siehe G. v. Probszt, *Die niederungarischen Bergstädte*, S. 35, 283f., 291f.
[492] G. Gündisch, *Deutsche Bergwerkssiedlungen* ..., S. 54.

Ärar überlassen.[493] Damit die Grundherren nicht den Abbau störten und neue Fundstätten verheimlichten, erfolgte schon nach zwei Jahren, 1327, eine Abänderung des ursprünglichen Gesetzes, wonach – wie vor 1325 – die Eigentümer ihren Boden behalten konnten; bei Abbauarbeiten fiel ihnen gleichzeitig ein Drittel des Bergzinses zu.[494] Die Verfügungen waren auch zu Zeiten von Ludwig I. gültig[495] und wurden 1351 bei der Bestätigung der „Goldenen Bulle" in diese aufgenommen: Der Besitz konnte nur gegen gleichwertige Liegenschaften auf Wunsch des Königs eingetauscht werden; andernfalls sollte man den Bergzins weiterhin in der gleichen Art aufteilen. Bemerkenswert ist dabei, dass die Bestimmungen von Edelmetallvorkommen auch auf Kupfer-, Eisen- und andere Bergwerke ausgeweitet wurden.[496]

Als Folge von Nachfrage und Förderungsmaßnahmen weitete sich das Montanwesen stark aus. An den verschiedenen Fundstätten wurde intensiv geschürft – nur Rodenau bildete in gewissem Maße eine Ausnahme. Da die Bedeutung des Silbers stark hinter die des Goldes zurückgetreten war und es an anderen Orten bei der Goldförderung automatisch mit abfiel, hatten die Silberbergwerke dieser Stadt viel von ihrer einstigen Bedeutung verloren. 1350 heißt es zwar in einer Urkunde, dass die Gruben von dem Wojewoden Siebenbürgens, der sie usurpiert hatte, Karl I. Robert rückerstattet wurden,[497] aber nachher fehlen längere Zeit Hinweise auf die Förderung, die, nach der sinkenden Bevölkerung zu schließen,[498] stark zurückgegangen sein muss.

Um so stärker entwickelte sich der Laposcher Bergbezirk. Als erster Ort des Gebietes ist 1308 †Sachsenberg[499] erwähnt; der Beleg bildet einen „*terminus ante quem*" für den Ausbau des Montanwesens der Gegend und zeigt, dass er nicht erst Karl I. Robert zugeschrieben werden kann. Die Siedlung war Besitz der Krone beziehungsweise der Königin[500] und verdankte – wie der Name „Zazar Banya" beweist – Gruben ihr Entstehen. Noch augenscheinlicher wird die enge Verbindung mit dem Bergbau in einem Privilegium von 1347, das die Siedlung zusammen mit Frauenbach erhielt.

Der letztgenannte Ort erscheint erstmals 1329 in einer Lokationsurkunde für Geroldsdorf/Tăuţii de Sus.[501] Der Name der Bergstadt („*Rivulus domina-*

---

[493] G. v. Probszt, *Die niederungarischen Bergstädte*, S. 41, 46.
[494] *Documente* ..., C, 14. Jh., Bd. II, S. 219f.
[495] *Documente* ..., C, 14. Jh., Bd. IV, S. 203f.
[496] *Documenta Romaniae* ..., C, Bucureşti 1977, Bd. X, S. 92.
[497] *Urkundenbuch* ..., Bd. I, S. 296.
[498] *Urkundenbuch* ..., Bd. III, S. 475, 487, 527f.; R. Csallner, *Alte deutsche Bergwerkskolonien*, S. 70f.
[499] Der Name „*Sachsenburg*" ist wohl von „*Sachsenberg*" abgeleitet. Dabei ist unbekannt, ob es sich bei „*Săsar*", „*Szászár Bánia*" um ein späteres Stadtviertel von Frauenbach/Neustadt oder um eine Wüstung handelt.
[500] K. Palmer, *Nagybánya és környéke*, Nagybánya 1894, S. 82; *Monografia* ..., S. 129, 245.
[501] *Documente* ..., C, 14. Jh., Bd. II, S. 289f.

rum") und ein Beleg von 1347[502] zeigen, dass auch diese Ortschaft zum Witwengut der Königin gehörten, also zusammen mit dem umliegenden Gebiet[503] königlicher Besitz war. Die überragende Rolle des Bergbaus im Wirtschaftsleben der Ortschaft lässt sich vor allem aus dem schon erwähnten Privileg von 1347 ersehen, das ein älteres ersetzte[504] und ausführlich auf Belange des Bergbaus eingeht. Die günstige Lage des Ortes förderte gleichzeitig seinen frühen Aufstieg zum organisatorischen Mittelpunkt des ganzen Reviers, was ihm zusätzliche Bedeutung sicherte.

Von den anderen Orten des Laposcher Bergbezirkes war Mittelberg der weitaus wichtigste. Zusammen mit Frauenbach wurde die Stadt erstmals in der Lokationsurkunde von 1329 erwähnt.[505] Auch hier geht die Bedeutung des Bergbaus im Wirtschaftsleben des Ortes schon aus seinem Namen („Felsö'banya", „Baia Sprie") hervor, und 1360 heißt es in einer Urkunde „*montana nostra regali Mithelperg dicta*".[506] Schließlich sind im 14. Jh. in der gleichen Gegend noch andere Siedlungen erwähnt, in denen es auch Bergleute gegeben haben könnte, so in Elisabethburg/Băiuț und Friesendorf/Firiza; vor allem aber spricht eine Urkunde des Jahres 1315 von Goldbergwerken bei Laposch/Lăpuș.[507]

Besonders wichtig war in dieser Zeit die Entstehung eines Bergreviers im Westsiebenbürgischen Gebirge, wobei seine Entwicklung fast sprunghaft anmutet.[508] Der erste sichere Beleg für einen dortigen Bergwerksort – für Großschlatten/Abrud – stammt von 1320,[509] und da Schlatten anschließend oft erwähnt ist[510] wird der Ort erst verhältnismäßig kurze Zeit vorher entstanden

---

[502] *Documente* ..., C, 14. Jh., Bd. IV, S. 674.
[503] Für die Zugehörigkeit zur Krone spricht die Lokationsurkunde von 1329 (*Documente* ..., C, 14. Jh., Bd. II, S. 289f.)
[504] *Documente* ..., C, 14. Jh., Bd. IV, S. 673–676.
[505] *Documente* ..., C, 14. Jh., Bd. II, S. 289f.
[506] *Documenta Romaniae* ..., C, București 1981, Bd. XI, S. 518.
[507] C. Stephani, *Hospites de Maramorusio, I* (siehe dazu: R. Popa, E. Kovacs, *În legătura cu extragerea metalelor prețioase la Baia Mare în secolul al XVI-lea* [Über die Förderung von Edelmetallen in Neustadt im 16. Jh.], in: „Studii și cercetări de istorie veche", 1965, Bd. XVI/1, S. 114, 118); *Documente* ..., C, 14. Jh., Bd. I, S. 234, K. Steilner, *Beiträge zur Geschichte der deutschen Ansiedlungen im Nordwesten Siebenbürgens aus der Arpadenzeit*, in: „Programm des evangelischen Gymnasiums in Schäßburg...", 1862, S. 43.
[508] G. Gündisch, *Deutsche Bergwerkssiedlungen* ..., S. 59.
[509] *Urkundenbuch* ..., Bd. I, S. 347.
[510] *Urkundenbuch* ..., Bd. I, S. 493; Bd. II, S. 41, 148, 172, 223, 263, 341, 393; Bd. III, S. 1. Die Ortschaft erscheint 1320 unter dem Namen „Obrudbania" (ung. Abrudbánia); zwei Belege von 1318 und spätere Erwähnungen als „Zalathna" oder „Zalathnabania" gehen, jenseits der slawischen Etymologie, auf den von Hospites benutzten Namen („Schlatten") zurück (für deren Anwesenheit s. z. B.: N. Maghiar, Șt. Olteanu, *Din istoria mineritului în România* [Aus der Geschichte des Bergbaus in Rumänien], București 1970, S. 103). Es gibt zahlreiche Argumente, die gegen eine Identifikation von „Zalathna" mit Kleinschlatten und für eine solche mit Großschlatten sprechen; sie wurden von G. Gündisch dargelegt (*Deutsche Bergwerkssiedlungen* ..., S. 66f.). Die Feststellung lässt sich noch durch Folgendes ergänzen:
1. Im Zusammenhang mit der Gemarkung von Krakau und Kapundorf wurden 1347 „Zalathna et Chernech" genannt (*Urkundenbuch* ..., Bd. II, S. 41). Schon von 1320 kennt man den An-

sein – wahrscheinlich im zweiten Jahrzehnt des 14. Jhs., um 1318[511] – und zwar dank der Förderung des Bergbaus durch Karl I. Robert.[512] Weil die Gemarkung des Bergfleckens Großschlatten („*Abrudbánya*") wie erwähnt von der des älteren Dorfes („*Abrud-Sat*", „*Abrudfalva*") abgetrennt wurde,[513] ist mit einer planmäßigen Gründung zu rechnen. Dass dabei die Gruben ausschlaggebend waren, erhellt schon 1320 der Name „*Abrudbánia*",[514] und in den späteren Urkunden werden die Bergwerke immer wieder erwähnt – 1366 z. B. solche für „Gold, Silber und andere Metalle".[515] Wie im Falle von Thorenburg/Turda laufen aber auch hier anfangs viele Interessen zusammen: Die Ortschaft war Besitz des Weißenburger Kapitels;[516] Krakau/Cricău und Krapundorf/Ighiu, deren Gemarkung bis Sohodol reichte, hatten ein Anrecht auf einen Teil des Gebietes, und nach den Regelungen von 1325 und 1327 besaß die Krone Ansprüche auf die Gruben selbst, welche sie sich 1347 überschreiben ließ; der König griff dementsprechend des Öfteren ins Leben des Ortes ein.[517]

Gleich Frauenbach dürfte es sich um mehrere Siedlungen gehandelt haben. Kirnik/Cârnic auf der Gemarkung von Großschlatten ist schon 1347 urkundlich belegt,[518] und da beide („*montanas Zalathna et Chernach*") als gleichwertig genannt werden, könnte es sich nicht nur um Gruben, sondern auch um

---

spruch Krakaus und Krapundorfs auf „*Obrudbania*" (*Urkundenbuch* ..., Bd. I, S. 347), auf dessen Gemarkung sich auch der Ort Kirnik befand (siehe: E. Wagner, *Historisch-statistisches Ortsnamenbuch*, S. 166 und Fußnote 78).
2. 1357 wird der Pleban von „*Zalathna*" erwähnt (*Urkundenbuch* ..., Bd. II, S. 148). Da die gotische Pfarrkirche in Kleinschlatten erst aus dem Jahr 1421 stammt und sehr klein ist (V. Vătășianu, *Istoria artei feudale în țările române*, București 1959, Bd. I, S. 256; V. Drăguț, *Arta gotică în România*, București 1979, S. 72f.), wird es dort Mitte des 14. Jhs. noch keinen Pfarrer gegeben haben. Obwohl die Gleichsetzung „*Zalathna*" – Großschlatten meist gültig sein dürfte, kann im Einzelfall eine Identifikation mit Kleinschlatten nicht ausgeschlossen werden.
511 Für die Datierung ins 14. Jh. s. G. Gündisch, *Deutsche Bergwerkssiedlungen* ..., S. 54ff., 65; K. K. Klein, *Luxemburg und Siebenbürgen*, Köln, Graz 1966, S. 53. 1318 sprach Karl Robert die Besitzung „*Zalathna*" dem Weißenburger Kapitel zu und bestätigte im gleichen Jahr die Urkunde (*Urkundenbuch* ..., Bd. I, S. 330f., 332f.); 1320 ließ sich das Kapitel nochmals einen älteren Verleihungsbrief – diesmal ausdrücklich für Großschlatten – bekräftigen (*Urkundenbuch* ..., Bd. I, S. 348). Da die „*terra Obruth*", schon seit 1271 im Besitz von Weißenburg war (*Urkundenbuch* ..., Bd. I, S. 111f.), dürften die Bestätigungen von 1318 mit der Lokation in Zusammenhang zu bringen sein.
512 G. Gündisch, *Deutsche Bergwerkssiedlungen* ..., S. 59.
513 Der Unterschied zwischen den beiden Gemarkungen spiegelt sich deutlich in den Flurnamen wider. Vgl. dazu die Flurnamen der Dorfgemarkung Abrud-Sat mit jenen der Gemarkung des Bergbauortes (Abrud/Abrudbánya; nach dem Grundbuch – Schreibung des 19. Jh.): *Stareroldal, Styurczoldal, Bugyivölgye, Csutavölgye, Csutatorka, Korna* (mit: *Bolfuhegye, Oarsena, Buntha, Gergelőalya, Nagy Kirnyik, Kis Kirnyik, Korna, Bredoe, Styolna, Habad, Szurupoztu*), *Czarina* (mit: *Lunka, Czarina*), *Banyaszok hegye*.
514 *Urkundenbuch* ..., Bd. I, S. 347.
515 *Urkundenbuch* ..., Bd. II, S. 263.
516 *Urkundenbuch* ..., Bd. I, S. 347f., Bd. II, S. 263.
517 *Urkundenbuch* ..., Bd. II, S. 41f., 148, 223, Bd. III, S. 1.
518 *Urkundenbuch* ..., Bd. II, S. 41.

eine Niederlassung von Bergleuten gehandelt haben. Bei der großen Ausdehnung der Goldvorkommen sind gleichzeitig Gehöfte bei Goldbach/Roşia Montana, Bucium oder Vulcoi (zu Kleinschlatten/Zlatna gehörig) nicht auszuschließen.[519]

In Kleinschlatten wird ebenfalls eine frühe rumänische Bevölkerung vermutet,[520] für deren Existenz auch archäologische, an den Bergbau gebundene Funde sprechen. Neben diesen Bewohnern könnten sich hier in der zweiten Hälfte des 14. Jhs. einige gut ausgebildete Bergleute niedergelassen haben.

Als wichtige Bergstadt dieser Zeit ist aber vor allem Offenburg/Baia de Arieş zu nennen. Wie Großschlatten dürfte sie im zweiten Jahrzehnt des 14. Jhs. entstanden sein, denn 1325 ist die Ortschaft erstmals urkundlich erwähnt[521] – dann wieder 1337, 1359, 1364 und 1391.[522] Aus den schriftlichen Zeugnissen ist eindeutig die Ausrichtung ihrer Wirtschaft auf Bergbau zu ersehen, wobei die Goldgruben Erwähnung finden. Als ursprünglich einziger königlicher Besitz im gesamten Bergbezirk wurde Offenburg sein organisatorischer Mittelpunkt[523] und erhielt dadurch etwas größere Bedeutung.

Schließlich gab es auch in Eisenburg Silberbergwerke.[524] Da ein 1291 datiertes Privileg für die Bergleute dieses Ortes[525] als Fälschung des 18. Jhs. zu betrachten ist,[526] dürfte hier eine bedeutende Förderung ebenfalls erst zu Beginn des 14. Jhs. eingesetzt haben,[527] als der Aufschwung des Edelmetallbergbaus im Westsiebenbürgischen Gebirge begann. Sie wird mit einer Ansiedlung von neuen Arbeitskräften durch die Adligen von „Torozko" in Zusammenhang stehen. Den bescheideneren Mitteln der Gutsbesitzer entsprechend dürften die Siedler allerdings nur teilweise auswärtige Facharbeiter gewesen sein und, nach ihrer späteren Tracht zu urteilen,[528] auch aus siebenbürgisch-sächsischen Dörfern gestammt haben. Ebenso dürften in kleinen Goldgruben, wie jenen bei Păuliş,[529] Bewohner der umliegenden Gebiete gearbeitet haben.

Wie wir in Eisenburg keinen sicheren Hinweis auf eine Eisenerzförderung des 14. Jhs. besitzen, fehlen auch Angaben über einen solchen Abbau in anderen Ortschaften. Er wurde vermutlich meist durch bodenständige Männer durchgeführt (so in der Gegend von Hunyad/Hunedoara oder im Kreischge-

---

[519] G. Gündisch, *Deutsche Bergwerkssiedlungen* ..., S. 67.
[520] G. Müller, *Das Deutschtum* ..., S. 201.
[521] *Urkundenbuch* ..., Bd. I, S. 395f.
[522] *Urkundenbuch* ..., Bd. I, S. 487, Bd. II, S. 171, 222, Bd. III, S. 13.
[523] G. Gündisch, *Deutsche Bergwerkssiedlungen* ..., S. 60.
[524] E. Wagner, *Historisch-statistisches Ortsnamenbuch* ..., S. 196.
[525] *Urkundenbuch* ..., Bd. I, S. 182ff.
[526] Th. Nägler, *Die Ansiedlung* ..., S. 77, 221.
[527] Eine Datierung dieser Ansiedlung zu Beginn des 14. Jhs. stimmt mit deren städtebaulichen Merkmalen überein.
[528] B.Orbán, *A székelyföld leírása* ..., Bd. V, Budapest, S. 216a, 220–223.
[529] *Istoria gîndirii* ..., S. 284.

biet in Birtin und Beiuș),[530] die keine besonderen Privilegien besaßen und darum in Urkunden nur selten genannt sind. Die siebenbürgische Förderung war jedenfalls an den wichtigsten Lagerstätten konzentriert und dadurch unterschied sie sich von jener der Walachei und Moldau, wo auch völlig unbedeutende Funde verwertet wurden.[531]

Die Urkunden dieser Zeit – und zumal das Privileg von 1347 für Frauenbach – geben uns wichtige Aufschlüsse über die „alte, gebräuchliche Bergwerksregelung, die ewig bewahrt" werden sollte.[532] Nach dieser hatten alle, die in „Gruben und Bergwerken" arbeiteten, nur den Bergzins (Urbura) abzugeben. Nach den Bestimmungen von 1325 für Offenburg bildete dieser – wie bei den Meistern und Arbeitern (*„magistri et operarii"*) der anderen königlichen Goldgruben – ein Achtel der Förderung.[533]

Für den Bergzins verantworteten die Urburer, die in dieser Zeit auch als Meister bezeichnet werden und im Grunde genommen mit Waldbürgern gleichzusetzen sind. In Offenburg sind sie 1325 und 1391 erwähnt (*„magistri scilicet urburarii aurifodinae"*, *„magistri seu urburarii"*, *„univeristas urburiorum ac hospitum"*), in Frauenbach und †Sachsenberg 1347 (*„nullus urbariorum presentium et futurorum"*) und in Großschlatten 1359 (*„urbararii de Zalathna"*).[534] Die Pflichten der Urburer waren genau umrissen:[535] Sie hatten dafür zu sorgen, dass die Abgaben erstattet wurden, durften diese nicht veruntreuen, nicht Bergknappen belästigen, die Förderung hemmen oder in die Stadtverwaltung eingreifen. Ein Urburgraf[536] ist nirgends bezeugt.

Auf die bedeutende Rolle, die private Großunternehmer schon im Bergbau des 14. Jhs. spielten, lässt ein Hinweis aus der Zeit um 1390 schließen: Damals setzte der Hermannstädter Hanus Csop die Kupfererzgruben von Bratilovu neben Baia de Aramă (Kleine Walachei) in Betrieb und nahm sie sodann gegen Abgabe des zehnten Teiles der Ausbeute von dem Wojewoden Mircea dem Alten in Pacht.[537]

Der Richter, die Geschworenen und die Gemeinschaft hatten einen entsprechenden Probierer (*„auritactorus"*) zu wählen, mit dem sowohl „die Gemeinschaft" als auch „die anderen Hospites" zufrieden waren – ohne jedoch

---

[530] D. Csánki, *Magyarország történelmi földrajza*, Bd. V, Budapest 1913, S. 60; *Istoria gîndirii* ..., S. 277.
[531] N. Maghiar, Șt. Olteanu, *Din istoria mineritului*, S. 109f.
[532] *Documente* ..., C, 14. Jh., Bd. IV, S. 675.
[533] *Documente* ..., C, 14. Jh., Bd. IV, S. 675; *Urkundenbuch* ..., Bd. I, S. 396.
[534] *Urkundenbuch* ..., Bd. I, S. 395f., Bd. III, S. 13; *Documente* ..., C, 14. Jh., Bd. IV, S. 675; *Urkundenbuch* ..., Bd. II, S. 172, siehe auch G. v. Probszt, *Die niederungarischen Bergstädte*, S. 45.
[535] *Documente* ..., C, 14. Jh., Bd. IV, S. 675.
[536] G. v. Probszt, *Die niederungarischen Bergstädte*, S. 45.
[537] G. Gündisch, *Die Oberschicht Hermannstadts im Mittelalter*, in: „Zeitschrift für Siebenbürgische Landeskunde", 1981, Nr. 4, S. 15.

dabei die Rechte des Kammergrafen zu verletzen. Die gleichen sollten sich auch an der jährlichen Wahl eines Bergmeisters („*magistrum montis*") beteiligen, der mit dem städtischen Gericht alle Zwischenfälle zu schlichten hatte und die Grubenarbeiter vor unnötigen Abgaben bewahren musste. Richter und Geschworene allein konnten schließlich die Steiger bestimmen, die „ständig und gewissenhaft sämtliche Gruben und Bergbauarbeiten zu untersuchen hatten" und zum Wachsen des Bergzinses beitragen sollten.[538]

Nach dem Bergrecht von Rodenau erfolgte die Bearbeitung des geförderten Erzes in jenem Ort ziemlich weit von den Gruben – es musste mit Pferdewagen „*von dem perge*" geführt werden. Dagegen sollen sich in Offenburg Schmelzöfen des 14. Jhs. in einem nahe der Gruben gelegenen Tal befunden haben; Goldmühlen oder Trockenpochwerke waren dabei gewiss an Wasserläufe gebunden.[539] Für die Verhüttung von Eisenerz hat es angeblich schon größere Öfen mit starken wasserbetriebenen Gebläsen gegeben, und im Schrifttum wird auch von Hammerwerken gesprochen, ebenso von Anlagen zum Härten von Stahl.[540]

Aufschlussreich sind die Bestimmungen für Frauenbach und †Sachsenberg (1347) zur Verwertung des Anteiles, der den Bergleuten von den geförderten Edelmetallen zustand:[541] Zwischenhändler kauften diesen im Bergrevier auf und verkauften das Metall dann an die königliche Kammer in Sathmar/Satu Mare. Der Kammergraf durfte diesen Handel nicht verhindern, doch konnte Gold und Silber nur mit seiner ausdrücklichen Bewilligung über den genannten Ort hinaus getragen werden; Zuwiderhandelnden drohten hohe Strafen.

Bei der verhältnismäßig großen Produktion des wichtigen Bergreviers wurden die Zwischenhändler jedoch bald ausgeschaltet, und schon im 14. Jh. entstand in Frauenbach selbst statt einer königlichen Sammelstelle der Urbura eine Bergkammer mit einer Münzstätte; dort wurden zwischen 1387 und 1401 zumindest drei verschiedene Guldentypen geprägt.[542]

Ähnlich dürfte die Entwicklung auch im Revier des Westsiebenbürgischen Gebirges/Munţii Apuseni verlaufen sein. Nach der Neuordnung und Begrenzung der Gebiete einzelner Kammern durch Karl I. Robert dürfte die 1325 gegründete sogenannte „Siebenbürgische Kammer" (zu ihr gehörte der gesamte Komitatsboden) ihren Sitz zunächst in Klausenburg/Cluj gehabt haben – dafür spricht die urkundliche Erwähnung der „*banales de Cluswar*".[543] Bald

---

[538] *Documente* ..., C, 14. Jh., Bd. IV, S. 675.
[539] M. Ilie, *Alcătuirea geologică a pămîntului romînesc* [Die geologische Zusammensetzung des rumänischen Bodens], Bucureşti 1956, S. 29f.; *Istoria gîndirii* ..., S. 109.
[540] *Istoria gîndirii* ..., S. 109, 111, 275, 281, 196.
[541] *Documente* ..., C, 14. Jh., Bd. IV, S. 675.
[542] K. Palmer, *Nagybánya* ..., S. 82; A. Pohl, *Ungarische Goldgulden des Mittelalters*, Graz 1974, S. 23, Tabelle 6.
[543] A. Pohl, *Ungarische Goldgulden* ..., S. 24, 27; O. Iliescu, *Moneda în România*, Bucureşti 1970, S. 40. Siehe auch G. v. Probszt, *Die niederungarischen Bergstädte*, S. 290.

rückte jedoch Offenburg an dessen Stelle, und spätestens Ende des Jhs. wurden dort auch Gulden geprägt.[544]

Ebenso wie das östliche Ungarn zum Wirkungskreis der Münzkammern in Großwardein/Oradea und Lippa/Lipova gehörte, war auch für den sächsischen Königsboden eine gesonderte Kammer zuständig, die in Hermannstadt ihren Sitz hatte. Sie soll um 1325 gegründet worden sein, und aus ihrer Produktion hat sich je ein Denartyp aus der Regierungszeit von Ludwig I. (1342–1382) und Maria (1382–1395) erhalten.[545]

Der besonderen Bedeutung des Montanwesens verdanken wir die vielen urkundlichen Angaben, die uns darüber Aufschluss geben. Dagegen fließen die Quellen über andere Wirtschaftszweige der Bergbauorte äußerst spärlich – über Handwerker fehlen sie sogar gänzlich. Im Hinblick auf die Belege des 13. Jhs. für Rodenau können wir solche trotzdem in sehr begrenzter Anzahl auch in Offenburg und Großschlatten vermuten. Mit ihren Erzeugnissen werden sie jedoch nicht viel mehr als die Bedürfnisse der entsprechenden Orte befriedigt haben, und die siebenbürgischen Goldschmiede, deren Arbeiten teilweise von überragender Qualität waren, hatten ihren Sitz in anderen Ortschaften. Etwas anders wird die Lage in Frauenbach gewesen sein: Da dort im folgenden Jh. mehrere Zünfte entstanden, gab es höchstwahrscheinlich auch vor 1400 zahlreiche Handwerker.

Handel ist nur für den letztgenannten Ort und für †Sachsenberg bezeugt.[546] Im Privileg von 1347 sind Kaufleute erwähnt und als übliche Waren Gold, Wein, Fleisch, Speck und Brot; Lebensmittel waren dabei an einer einzigen Stelle zollpflichtig. Den beiden Orten ist ein abgabenfreier Wochenmarkt zugebilligt gewesen; nur für Maße und Gewichte sollte dort, zu Gunsten von Gemeinschaftszwecken, eine Abgabe erhoben werden. Schließlich durfte – wahrscheinlich in Frauenbach – ein 15-tägiger Jahrmarkt abgehalten werden; es ist das erste Jahrmarktsprivileg, das einer Ortschaft unseres Raumes zugesprochen wurde, denn Bistritz/Bistriţa erhielt das Jahrmarktsrecht erst 1353 und Kronstadt/Braşov 1364.[547] Dadurch sollte Frauenbach gefördert werden („*propter augmentationem populi et regie civitatis ampliationem*") und wohl als ein vielseitig entwickeltes Zentrum des Bergbezirks erblühen.

---

[544] A. Pohl, *Ungarische Goldgulden* ..., S. 24, Tabelle 6. Schon zur Zeit Karl Roberts, 1336, soll in der Siebenbürgischen Kammer Gold geprägt worden sein.
[545] S. Seivert, *Beiträge* ..., S. 165, 174; A. Dumitrescu-Jippa, N. Nistor, *Sibiul şi ţinutul în lumina istoriei* [Hermannstadt und sein Gebiet im Lichte der Geschichte], Cluj-Napoca 1976, S. 40; G. Hochstrasser, *Münzen sagen aus*, in: „Karpatenrundschau", Jg. XIX, Nr. 2/10.01.1986. S. 6.
[546] *Documente* ..., C, 14. Jh., Bd. IV, S. 675f.
[547] G. Müller, *Stühle und Distrikte als Unterteilung der Siebenbürgisch-Deutschen Nationsuniversität*, Hermannstadt 1941, S. 22.

Landwirtschaft beziehungsweise Viehzucht wurde in beschränktem Maße überall betrieben. Frauenbach und †Sachsenberg[548] billigte man das Gebiet auf drei Meilen (beiläufig 25 km) rundum zu – dieses mit Ausnahme schon bestehender Dörfer und Privatbesitze; Holz für Stollen („*stolonum*"), Schächte („*fovearum*") und Hochbauten sowie Kalk durften sie sich sogar von weiter abgelegenem königlichen Besitz bringen. Bei der Verwertung der großen Gemarkung scheinen Getreide- und Weinbau eine etwas größere Rolle gespielt zu haben, denn von diesen sollte der Zehnte gegeben werden. Schließt man nach dem regen Handel mit Lebensmitteln aller Art, so haben die Bewohner trotzdem nur einen verhältnismäßig kleinen Teil der nötigen Lebensmittel selbst erzeugt[549] – dieses, obwohl vermutlich der Anteil der Waldungen an der Gesamtfläche der Gemarkungen wegen des Verbrauchs von Holzkohle für die Erzverhütung im Laufe des 14. Jhs. stark zurückging.[550]

Durch den gebirgigen Charakter der Gegend bedingt, wird die Lage in Offenburg sehr ähnlich gewesen sein. Im Privileg von 1325 wurde den Bewohnern auch hier der Boden mit allen dazugehörigen Rechten und Freiheiten nach dem herkömmlichen Verfahren bei anderen königlichen Goldgruben in einem Umkreis von drei Ofener Meilen zugesprochen („*ad quantitatem unius et dimidiae rastae*");[551] in das große Gebiet sind jedoch sicher ältere Privatbesitze nicht mit einbezogen worden – so z. B. Großschlatten und Eisenburg, die in Luftlinie näher beziehungsweise wenig weiter als 25 km von Offenburg liegen.

Im Fall von Großschlatten wurde schon auf den bedeutenden Größenunterschied zwischen der Gemarkung des Dorfes und jener des Bergfleckens hingewiesen; er kann nur durch die nebensächliche Rolle der Landwirtschaft und Viehzucht im Wirtschaftsleben des letztgenannten Ortes erklärt werden. Größere Bedeutung hatte sie dagegen in Eisenburg beziehungsweise in dessen Vorsiedlung; hier ist auch für 1377 der bedeutende Umfang des „Besitzes" belegt.[552]

Da die hier untersuchten Bergstädte in ihrer Mehrzahl verhältnismäßig neue Ortschaften sind, also erst entstanden, nachdem die jeweiligen Gebiete militärisch abgesichert und kirchlich gegliedert waren, kam ihnen in letztgenannten Hinsichten keine besondere Bedeutung zu. Nur neben Rodenau und Eisenburg gab es je eine ältere Burg, die zeitweise eine gewisse Rolle spielte. Dagegen wurde in Frauenbach die allmählich ausgebaute Kammer gesondert

---

[548] *Documente* ..., C, 14. Jh., Bd. IV, S. 674f.
[549] *Monografia* ..., S. 281, 290.
[550] Nach der Lokationsurkunde von 1329 wurde Geroldsdorf zwischen Frauenbach und Mittelberg in einem Wald gegründet; 1347 musste man jedoch den Bewohnern von Frauenbach zubilligen, dass sich ihr Bauholz auch von außerhalb der Ortsgemarkung holen dürfen.
[551] *Urkundenbuch* ..., Bd. I, S. 396.
[552] *Urkundenbuch* ..., Bd. II, S. 474ff.

befestigt und die Kammer in der befestigten Stadt Hermannstadt bekam zunehmend Gewicht.

Über die rechtliche Lage der Bergleute wissen wir aus Frauenbach und †Sachsenberg am besten Bescheid. Waldbürger („*cives*") durften von Fremden nur bei bewiesenem Totschlag auf- und zurückgehalten werden. Zusammen mit den Hospites und allen anderen Bewohnern waren sie von auswärtiger Gerichtsbarkeit befreit. Der schon 1329 urkundlich belegte Richter[553] sollte jährlich gewählt werden und war dem König Rechenschaft schuldig. Er hatte alle Rechtsfälle – einschließlich Totschlag – zu richten. Dabei wirkten die Geschworenen mit, die auch von der Gemeinschaft und dem Richter gewählt wurden; einer von diesen ist 1347 auch als Notar erwähnt.[554]

Da das Privileg für Frauenbach auf eine ältere Rechtsetzung verweist und 1329 der dortige Richter gleichzeitig für Mittelberg zuständig war,[555] lässt sich auch im Fall des letztgenannten Bergwerksortes eine gleichartige Regelung vermuten.[556] Grundsätzlich stimmt diese auch mit der von Offenburg überein, die 1325 festgelegt und 1365 bestätigt worden war.[557] Die dortigen Hospites sollten ewig dieselben Rechte wie die Meister und Arbeiter der anderen königlichen Goldgruben genießen; dabei wurde die königsunmittelbare Gerichtsbarkeit hervorgehoben.[558] Auf die Freiheiten der anderen Bergleute wird schließlich auch im Privileg Ludwigs I. von 1357 für Großschlatten verwiesen, dessen Bestätigungen von 1365 und 1391 vom Richter der Ortschaft erwirkt wurden.[559]

Die vorteilhafte Rechtslage dieser Bergorte geht schließlich aus dem Pfarrerwahlrecht hervor, das für Frauenbach und †Sachsenberg 1347 bestätigt ist; durch ein Übereinkommen zwischen dem Richter, den Geschworenen und dem Stadtpfarrer wurde 1387 dazu Genaueres festgelegt.[560] Großschlatten und Offenburg besaßen vermutlich die gleiche Freiheit, denn wie in Frauenbach 1332[561] und 1347 ist auch dort, 1357 beziehungsweise 1391,[562] von einem „*plebanus*" und nicht von einem „*sacerdos*" die Rede – also von einem frei gewählten Geistlichen und nicht von einem, der dem Archidiakon unterstand.[563] Schließlich gab es in Frauenbach 1388 auch einen Rektor und später ein Hospital.[564]

---

[553] *Documente* ..., C, 14. Jh., Bd. II, S. 289f.
[554] *Documente* ..., C, 14. Jh., Bd. IV, S. 674f.
[555] *Documente* ..., C, 14. Jh., Bd. II, S. 289f.
[556] Siehe dazu: S. Borovszky, *Szatmár vármegye*, Budapest o. J, S. 242.
[557] Siehe dazu: G. Gündisch, *Deutsche Bergwerkssiedlungen* ..., S. 59f.
[558] *Urkundenbuch* ..., Bd. I, S. 396.
[559] *Urkundenbuch* ..., Bd. II, S. 148, 223, Bd. III, S. 1.
[560] *Documente* ..., C, 14. Jh., Bd. IV, S. 674; *Monografia* ..., S. 213.
[561] *Monumenta vaticana historiam regni Hungariae illustrantia*, Budapest 1887–1889, Bd. I/1, S. 215. Siehe auch S. 355, 371.
[562] *Urkundenbuch* ..., Bd. II, S. 148, Bd. III, S. 13.
[563] E. Wagner, *Zur Siedlungsgeschichte Nordsiebenbürgens im Mittelalter*, in: „Korrespondenzblatt des Arbeitskreises für Siebenbürgische Landeskunde", 1976, Bd. 6, S. 130f.
[564] *Urkundenbuch* ..., Bd. II, S. 627.

Wesentlich ungünstiger war die Bevölkerung von Eisenburg gestellt. 1373 erhielten die dortigen Adligen uneingeschränkte richterliche Gewalt auf ihren Besitzungen,[565] zu denen auch der Bergort gehörte;[566] seine Bewohner konnten außerdem ihren Geistlichen nicht selber wählen,[567] und die Rechtslage der Bergleute anderer Eisengruben war auch nicht besser.

Gemäß den schriftlichen Quellen der Zeit ist die gesellschaftliche Gliederung der Bevölkerung der Bergstädte ähnlich jener anderer bedeutender Ortschaften gewesen. In Offenburg, Großschlatten und Frauenbach werden „cives" und „hospites" erwähnt,[568] nicht jedoch eine dritte, untere Volksschicht. Erstere dürften als Wald- beziehungsweise Ringbürger anzusprechen sein;[569] nach dem Hinweis von 1391 sind sie außerdem vermutlich mit den Urburariern gleichzusetzen („*Michael filius Hermani civis de eadem suis et universorum urburariorum ac hospitum*").[570] Die Hospites erscheinen gelegentlich auch als Bergleute;[571] bei diesen wird es sich um Besitzer kleiner Fundgruben oder um Bergknappen gehandelt haben. Wie schon im 13. Jh. werden dagegen Gräfen nur in Rodenau erwähnt und Adlige nur in Eisenburg.[572]

Nennenswert sind die Bevölkerungszahlen der Orte, die merklich kleiner waren als in den Städten und Dörfern, die an Salzgruben gebunden gewesen sind. In der ersten Hälfte des 14. Jhs.[573] war Rodenau mit beiläufig 260 Familien der größte Bergwerksort dieser Kategorie. Gegen Mitte des gleichen Jhs. wird Eisenburg von rund 200 Familien und Frauenbach von 150 bewohnt gewesen sein; zählt man zum letztgenannten Ort auch †Sachsenberg hinzu,[574] so wird es sich auch dort um über 200 Wirte gehandelt haben. Für die Bergstadt Großschlatten ist die Quellenlage besonders schlecht, doch weisen die Anzeichen auf eine kleinere Bevölkerung hin: Um die Mitte des Jhs. können wir mit über

---

[565] D. Prodan, *Iobăgia în Transilvania în secolul XVI-lea*, București 1967, Bd. I, S. 113.
[566] G. Gündisch, *Deutsche Bergwerkssiedlungen* ..., S. 58.
[567] 1332 und 1334 ist der Geistliche als „sacerdos" und nicht als „plebanus" angeführt (*Monumenta vaticana* ..., Bd. I/1, S. 91, 102, 123).
[568] *Urkundenbuch* ..., Bd. II, S. 148, 223, Bd. III, S. 13; *Documente*, C, 14. Jh., Bd. IV, S. 674f.
[569] Für diese siehe auch: E. Fügedi, *Das mittelalterliche Königreich Ungarn als Gastland*, in: „Die deutsche Ostsiedlung des Mittelalters als Problem der europäischen Geschichte", Hrsg. W. Schlesinger, Sigmaringen 1974, S. 500.
[570] *Urkundenbuch* ..., Bd. III, S. 13.
[571] *Urkundenbuch* ..., Bd. II, S. 148.
[572] *Urkundenbuch* ..., Bd. II, S. 150 beziehungsweise Bd. I, S. 88, Bd. II, S. 474, Bd. III, S. 13.
[573] Die Bevölkerungszahl ergibt sich aus der geplanten Größe von Basilika und Kirchhof nach P. Niedermaier, *Siebenbürgische Kirchenburgen als Teil von Siedlungsstrukturen. Widerspiegelung der Bevölkerungsentwicklung in der Größe von Bauten*, in: „Landesgeschichte als Herausforderung und Programm. Karlheinz Blaschke zum 70. Geburtstag", Hg. U. John, J. Matzenrath, Leipzig, Stuttgart 1997.
[574] Für die Größenordnung von Sachsenberg gibt es keinerlei Anhaltspunkte; der Ort stand jedoch stark hinter Frauenbach zurück und wurde z. B. 1329 in der Lokationsurkunde für Geroldsdorf überhaupt nicht genannt.

50 Familien rechnen, zu denen die mindestens gleichgroße Bevölkerung des danebenliegenden Dorfes hinzuzuschlagen ist, so dass von insgesamt 100–200 Wirten die Rede sein kann. Offenburg war etwas kleiner, vermutlich von ungefähr hundert Familien bewohnt.[575] Mit der Größenordnung der letzterwähnten Ortschaft dürfte schließlich die Größe von Mittelberg übereinstimmen, auf die keinerlei Anhaltspunkte hinweisen.[576] Bis gegen 1400 ist dann die Bewohnerzahl von Rodenau stark zurückgegangen, während sie in den anderen Bergbauorten angewachsen sein dürfte.

Vergleichen wir die genannten Werte mit der Größe anderer Städte und Marktflecken Siebenbürgens,[577] so ergibt sich, dass Rodenau, Frauenbach-†Sachsenberg und Eisenburg im zweiten Viertel des 14. Jhs. eine ähnliche Bevölkerung wie Bistritz und Salzdorf/Ocna Dej bzw. Schäßburg/Sighișoara und Deesch/Dej hatten, die jedoch viel kleiner waren als Weißenburg, Klausenburg oder Mühlbach/Sebeș. Die Bewohnerzahl von Großschlatten, Offenburg, und vielleicht Mittelberg stimmte ihrer Größe nach beiläufig mit der von Mediasch/Mediaș, Birthälm/Biertan oder Reußmarkt/Miercurea Sibiului überein. Wenn wir hier die bedeutenderen Bergbauorte mit Städten, die kleineren mit Marktflecken vergleichen, ist jedoch zu unterstreichen, dass es gleichzeitig auch einfache Dörfer gab, deren Bevölkerung der großer Städte kaum nachstand; auf dem Gebiet der Sieben Stühle waren dies z.B. Großscheuern/Șura Mare oder Kelling/Câlnic.[578]

Die Bedeutung der Bergorte war vornehmlich wirtschaftlicher Natur. Sie muss ausschlaggebend gewesen sein, da die meisten Ortschaften, die an den Abbau von edelmetallhaltigen Erzen gebunden waren, sozusagen von Anbeginn als „civitas" bezeichnet worden sind. Für Offenburg stammt der erste Beleg von 1325, für Frauenbach und Mittelberg von 1329 und für Großschlatten von 1365.[579] Rodenau wurde nur im 13. und 15. Jh. ausdrücklich als Stadt bezeichnet, und auch für †Sachsenberg und Eisenburg fehlen solche Bezeichnungen aus dem 14. Jh.

---

[575] Bei der ersten Zahlung des dritten Jahres (1334) entrichtete der Pleban von Offenburg als Zehnten des Zehnten den Gegenwart von 14 Groschen (*Documente ...*, 14. Jh., C, Bd. III, S. 183) und im fünften Jahr den Gegenwert von 10,5 Groschen (*Documente ...*, C, 14. Jh., Bd. III, S. 218); die gesamte päpstliche Sondersteuer lässt sich dementsprechend auf rund 20–30 Groschen pro Jahr schätzen. Da von einem Pleban im Allgemeinen bis zu 0,25 Groschen/Herdstelle entrichtet wurden (P. Niedermaier, *Zur Bevölkerungsdichte ...*) lässt sich die Bevölkerung von Offenburg auf beiläufig 100 Familien schätzen.
[576] Die Gleichsetzung mit der Größe von Offenburg erfolgte, weil es sich bei Mittelberg um einen wichtigen Bergflecken handelte, der ungefähr das gleiche Alter hatte, jedoch nicht die allgemeine Bedeutung von Frauenbach.
[577] Für diese siehe: P. Niedermaier, *Siebenbürgische Städte ...*, S. 79; ders., *Städtebau im Mittelalter ...*
[578] P. Niedermaier, *Zur Bevölkerungsdichte ...*
[579] *Urkundenbuch ...*, Bd. I, S. 395, Bd. II, S. 223; *Documente ...*, C, 14. Jh., Bd. II, S. 290, Bd. IV, S. 674; D. Csánki, *Magyarország ...*, Bd. I, S. 467f., Bd. V, S. 679, 690.

Im *15. Jh.* war das Regal durch eine ähnliche Gesetzgebung wie vorher geregelt: Nach dem Städtegesetz von König Sigismund aus dem Jahr 1405, das unter anderem auch Bestimmungen für Bergbau und Münzwesen enthielt,[580] gab es weiterhin ein Edelmetallmonopol des Staates. Sämtliches im Lande gewonnene Gold und Silber war ohne Abzug an die königlichen Kammern abzuliefern, und da der Ankaufspreis niedrig festgesetzt war, erzielten diese Kammern bei der Silbereinlösung einen Gewinn von ungefähr 35 % und bei der Goldeinlösung von 40 %.[581] Gleichzeitig wurde das Exportverbot auf andere Metalle ausgedehnt.[582] Trotz einer Förderung des Bergbaus durch die Krone[583] kündeten sich jedoch gegen Ende des 15. Jhs. auch im Montanwesen Zeichen eines Abstieges an.[584] Damals begannen sich auch die Gepflogenheiten des Regals zu ändern: 1496 erteilte Wladislaw II. Johann und Georg Thurzo unter anderem die Erlaubnis, ihr Silber, das bei der Kupfergewinnung abfiel, nicht an die Kammer zu liefern – was einem Bruch mit dem alten Verbot der Edelmetallausfuhr gleichkam.[585]

Die Produktion von Edelmetallen war aber damals noch recht erheblich:[586] Im Jahresdurchschnitt wurden bei den zwei Hauptkammern unseres Gebietes über 3.600 Mark Feingold eingelöst (also rund 1 t); daraus konnten über 300.000 Gulden geprägt werden.[587] Mit diesen Werten standen die Bergreviere vom Nord- und Westrand Siebenbürgens noch ganz vorne in der europäischen Goldförderung.[588]

Mehr als zwei Drittel der erwähnten Produktion (im Durchschnitt 2.500 Mark Feingold pro Jahr)[589] stammte dabei aus dem Laposcher Bezirk, dem dadurch eine besondere Bedeutung zukam. Zwar schwankten die Erträge von Jahr zu Jahr recht erheblich (der Graner Erzbischof, dem einigerorts von jeder Mark Edelmetall ein Quäntchen zustand, erhielt aus der Kammer in Frauen-

---

[580] F. B. Fahlbusch, *Dekret von 1405 König Sigismunds ... April 15*, in: „Zeitschrift für Siebenbürgische Landeskunde", IV, 1981, S. 70–72.
[581] G. v. Probszt, *Die niederungarischen Bergstädte*, S. 48, 56.
[582] F. B. Fahlbusch, *Dekret von 1405* ..., S. 70.
[583] Siehe z. B. *Monografia* ..., S. 249.
[584] G. v. Probszt, *Die niederungarischen Bergstädte*, S. 54, 62.
[585] G. v. Probszt, *Die niederungarischen Bergstädte*, S. 67.
[586] Siehe auch: H. Theil, *Die Ansiedlung von Siebenbürgen*, in: „Archiv des Vereins für siebenbürgische Landeskunde", Bd. XLIII, 1926, S. 216; G. Gündisch, *Deutsche Bergwerkssiedlungen*, S. 64f.; N. Maghiar, Șt. Olteanu, *Din istoria mineritului în România*, S. 119.
[587] O. Paulinyi, *Magyarország aranytermelése a XV. század végén és a XVI század derekán*, [Die Goldförderung Ungarns am Ende des 15. und Mitte des 16. Jhs.], in: „A gróf Klebelsberg Kuno magyar történetkutató intézet évkönyve", Bd. VI, Budapest 1936, S. 34f.; G. v. Probszt, *Die niederungarischen Bergstädte*, S. 62.
[588] G. v. Probszt, *Die niederungarischen Bergstädte*, S. 292.
[589] O. Paulinyi, *Magyarország aranytermelése* ..., S. 34f., 71; G. v. Probszt, *Die niederungarischen Bergstädte*, S. 62.

bach z. B. 1488 626 fl., 1489 1.132 fl.),[590] doch änderte dieses nichts an der allgemeinen Lage. In dem Gebiet fiel das Schwergewicht weiterhin auf die alten Bergstädte Frauenbach (jetzt auch *„Newstatt"* genannt)[591] und Mittelberg; dabei blieb der ersterwähnte Ort jedoch der organisatorische Mittelpunkt des Revieres. Gleichzeitig sind aber auch andere Ortschaften mit Bergwerken belegt: 1455 und 1465 versprachen Johannes Hunyadi und Matthias Corvinus den Bürgern von Mittelberg, die sich als Bergleute in Kapnik/Cavnic niederlassen, volle Bergfreiheit, und 1490 ist eine Förderung auch für Trestenburg/Băiţa urkundlich belegt (*„Totfalu cum fodinis et mineris auri et argenti Laposbanya appellatis"*).[592]

Der Bergbezirk des Westsiebenbürgischen Gebirges brachte einen merklich kleineren Erlös: Die 1123 Mark Feingold[593] bildeten nur ein Drittel des oben angeführten Ertrages. An diesem waren sicher in beachtlichem Maß die alten Bergstädte Offenburg und Großschlatten beteiligt, deren Förderung weiterhin gut belegt ist.[594] Gleichzeitig fand aber eine wesentliche Ausweitung des Revieres statt, und zwar vor allem am Oberlauf der Weißen Kreisch. Dort ist 1427 Altenberg/Baia de Criş urkundlich belegt, und da die Ortschaft in den folgenden Jahren öfters erwähnt wird (wieder 1427, 1438, 1445, 1446, 1451),[595] dürfte sie erst kurz vorher, also im 15. Jh. entstanden sein, sie besaß aber auch um 1451 noch keine allzu große Förderung.[596] Ebenfalls 1427 wird der Bergort Pernseifen/Băiţa erstmals genannt, und dann wieder 1441, 1444 sowie 1445, so dass er auch um die gleiche Zeit entstanden sein könnte.[597] 1438 erscheint auch die dazwischenliegende Siedlung Kreischquell/Criştior mit der gleichen Funktion,[598] und ein Jahr später Ruda bei Tannenhof/Brad[599] (in dem letztgenannten Ort ist allerdings eine Wiederaufnahme des schon in römischer Zeit betriebenen Bergbaus[600] nicht belegt). Ein solches Wiederaufleben des Montanwesens hatte noch im 14. Jh. auch im Ampoital stattgefunden; in Kleinschlatten errichteten sich die Bergleute 1424 eine kleine gotische Kirche, und in der unmittelbaren Umgebung ist 1407 auch der spätere Bergbauort

---

[590] G. v. Probszt, *Die niederungarischen Bergstädte*, S. 314f. Siehe auch G. Gündisch, *Deutsche Bergwerkssiedlungen* ..., S. 64; *Monografia* ..., S. 250.
[591] *Urkundenbuch*, Bd. VI, S. 70, 507.
[592] D. Csánki, *Magyarország* ..., Bd. I, S. 477; C. Suciu, *Dicţionar istoric al localităţilor* ..., Bd. I, S. 62; C. Stephani, *Hospites de Maramorusio*, I.
[593] O. Paulinyi, *Magyarország aranytermelése* ..., S. 34f., 71; G. v. Probszt, *Die niederungarischen Bergstädte*, S. 62.
[594] Sie z. B. D. Csánki, *Magyarország* ..., Bd. V, S. 679.
[595] *Urkundenbuch* ..., Bd. IV, S. 279f., 316f., Bd. V, S. 13, 158, 174, 315.
[596] Da der Bergzins 1451 für 4 Goldmark verpachtet wurde (*Urkundenbuch* ..., Bd. V, S. 315), könnten damals 50–100 Mark gefördert worden sein.
[597] *Urkundenbuch* ..., Bd. IV, S. 279f.; D. Csánki, *Magyarország* ..., Bd. I, S. 723; G. Gündisch, *Deutsche Bergwerkssiedlungen* ..., S. 60.
[598] *Urkundenbuch* ..., Bd. V, S. 13.
[599] D. Csánki, *Magyarország* ..., Bd. I, S. 643; C. Suciu, *Dicţionar istoric al localităţilor* ..., Bd. II, S. 86.
[600] N. Maghiar, St. Olteanu, *Din istoria mineritului în România*, S. 52–55.

Großalmasch/Almașu Mare erstmals urkundlich belegt.[601] Im gleichen Revier, aber in der Gegend von Offenburg, nördlich des Ariesch, wird seit 1426 viermal Kleingrub/Băișoara erwähnt, wobei sich aus einem Dokument von 1464 auf intensiven Bergbau schließen lässt.[602]

Letztlich dürfte an vielen Orten Gold aus dem Sand der Flüsse gewaschen worden sein. Laut einer Urkunde von 1471 durften die Bewohner der Sieben Stühle dieses in ganz Siebenbürgen tun, nach anderen Hinweisen war es auf Besitzungen des Weißenburger Kapitels und der Burg Hunyad üblich.[603]

Im Unterschied zum Laposcher Bezirk, wo Frauenbach ganz eindeutig den Schwerpunkt bildete, fehlte damals im Westsiebenbürgischen Gebirge eine Ortschaft mit eindeutiger Vorrangstellung: Das Format der älteren Bergstätte, Offenburg und Großschlatten, überragte nur wenig jenes der neueren. Dafür entstand hier gegen die Mitte des Jhs. ein Bund von vier Bergstädten (Offenburg – Altenberg – Großschlatten – Kreischquell, später statt des letzteren Pernseifen).[604]

Geringer war die Bedeutung vereinzelter Bergorte: Rodenau hatte sein einstiges Gewicht verloren[605] und Waschwerk/Băița de Sub Codru wird ein einziges Mal, 1475, erwähnt.[606]

Etwas größer wurde die Nachfrage nach Industriemetallen.[607] So ist Eisenburg – wo nach einer Urkunde von 1492 Eisenerz gefördert und verhüttet wurde – im 15. Jh. häufig erwähnt,[608] und 1493 sind erstmals auch die gewiss alten Eisenbergwerke der rumänischen Dörfer in der Gegend von Hunyad genannt („*ville volahales et montane ferri de Hwnyad*").[609]

Über das eigentliche Montanwesen besitzen wir weniger Nachrichten als aus der vorhergehenden Periode. In den verschiedenen Orten gab es ein wech-

---

[601] E. Wagner, *Historisch-statistisches Ortsnamenbuch* ..., S. 172 betrachtet einen Hinweis von 1338 (*Urkundenbuch* ..., Bd. I, S. 493) als erste Erwähnung von Kleinschlatten. Sollte diese Vermutung zutreffen, so dürfte es sich um eine Siedlung der bodenständigen Bevölkerung handeln. Da die dortige Kirche klein ist und erst um 1424 entstand (V. Vătășianu, *Istoria feudale în țările romăne*, Bd. I, București 1959, S. 256; V. Drăguț, *Arta* ..., S. 72f.) dürften sich hochqualifizierte Bergleute – nach dem Namen des Stifters vielleicht aus der Slowakei – erst später angesiedelt haben. Um 1518 heißt es, dass der Flecken einst wegen seiner Goldgruben sehr berühmt war, doch könnte sich diese Bemerkung, nach dem Kontext zu schließen, auf die Antike beziehen (*Călători străini*, Bd. I, București 1968, S. 161). Diese Vermutung wird durch die alten Siebenbürgenkarten bestätigt, in denen Kleinschlatten als Ruinenstätte verzeichnet ist (siehe: *Călători străini*, Bd. II, S. 100; E. Wagner, *Quellen* ..., S. 153). Für Großalmasch siehe: C. Suciu, *Dicționar istoric al localităților* ..., Bd. I, S. 32.
[602] C. Suciu, *Dicționar istoric al localităților* ..., Bd. I, S. 62; *Urkundenbuch* ..., Bd. VI, S. 187.
[603] *Urkundenbuch* ..., Bd. V, S. 161; G. Seivert, *Beiträge* ..., S. 168, 188f.
[604] G. Gündisch, *Deutsche Bergwerkssiedlungen* ..., S. 61–65.
[605] *Urkundenbuch* ..., Bd. III, S. 475, 487, Bd. V, S. 49.
[606] C. Suciu, *Dicționar istoric al localităților* ..., Bd. I, S. 62.
[607] G. v. Probszt, *Die niederungarischen Bergstädte*, S. 65.
[608] D. Csánki, *Magyarország* ..., Bd. V, S. 690.
[609] N. Maghiar, Șt. Olteanu, *Din istoria mineritului în România*, S. 109.

selndes Auf und Ab. So wissen wir z. B., dass man in Frauenbach in der zweiten Hälfte des 15. Jhs. neue Gruben eröffnete und auch fortgeschrittenere Verfahren anwendete.[610] Trotzdem wurden gegen 1500 einzelne Werke wassernötig, konnten mit den damaligen technischen Hilfsmitteln nicht mehr bewältigt werden und ersoffen.[611] 1448 gab es in der Moldau, in Moldenmarkt/Baia Pochwerke und dementsprechend sind sie sicher auch im Laposcher Bergrevier beziehungsweise im Westsiebenbürgischen Gebirge gebräuchlich gewesen.[612] Eine Goldwäscherei, und zwar in Altenberg, ist urkundlich erwähnt,[613] aber vor allem werden gewiss auch Schmelzhütten für edelmetallhaltiges Erz verwendet worden sein. Da 1456 das private Scheiden von Gold und Silber verboten wurde,[614] dürfte es vorher in einigen Bergbauorten üblich gewesen sein. Für die Eisenerzverhüttung wurden vermutlich Schachtöfen benutzt;[615] ein Beleg spricht von Blasebälgen, Schmelzöfen und Mühlen (*„folles in eadem et conflatoria ferri molendina ibi constituta"*), die es 1492 in Eisenburg gab.[616]

Die Bergleute – die auch auf den Siegeln von Bergwerksorten dargestellt sind – werden in mehreren Urkunden genannt und zwar meist als *„montanistas"* (1428 Großschlatten, 1438 Offenburg, 1456 wieder in Offenburg und Großschlatten). Einmal werden die Bezeichnungen Bergleute und Knappen (*„montanistas et laboratores montanarum"*) im gleichen Dokument benutzt (Offenburg – 1449),[617] ein Beleg, der auf verschiedene Kategorien von Bergarbeitern hinweist. Auch die Bezeichnung *„laboratores montanarum"* oder kurz *„laboratores"* (1487 Offenburg)[618] kommt gesondert vor.

Gewerke gab es gewiss auch weiterhin, aber wie in anderen Gegenden wird ihnen nicht mehr sehr große Bedeutung zugekommen sein; ihre Betätigung im Montanwesen warf oft keine allzu großen Gewinne ab, und dementsprechend fehlten ihnen die Mittel für großangelegte Arbeiten.[619]

Dagegen erscheinen im 15. Jh. eine Reihe von finanzkräftigen Unternehmern, zumal aus Hermannstadt, denen sich durch ihr Kapital neue Geschäftsaussichten boten.[620] Die meisten Belege besitzen wir für die Tätigkeit von Simon Guldenmünzer: Zeitweise war er nicht nur Inhaber der Hermannstädter Münze, sondern auch Pächter des königlichen Bergzinses in Altenberg und

---

[610] *Monografia ...*, S. 249f.
[611] G. Gündisch, *Geschichte der Münzstätte Nagybánya in habsburgischer Zeit*, in: „Numismatische Zeitschrift", 25, 1933, S. 81.
[612] *Istoria gîndirii ...*, S. 284.
[613] *Urkundenbuch ...*, Bd. V, S. 174.
[614] F. Schuler-Libloy, *Siebenbürgische Rechtsgeschichte*, Bd. I, S. 272.
[615] *Istoria gîndirii ...*, S. 275
[616] D. Csánki, *Magyarország ...*, Bd. V, S. 690.
[617] *Urkundenbuch ...*, Bd. V, S. 273.
[618] *Urkundenbuch ...*, Bd. IV, S. 351, Bd. V, S. 549; D. Csánki, *Magyarország ...*, Bd. V, S. 679.
[619] Siehe dazu: G. v. Probszt, *Die niederungarischen Bergstädte*, S. 49.
[620] G. Gündisch, *Deutsche Bergwerkssiedlungen ...*, S. 69.

Offenburg, er besaß Liegenschaften, z. B. eine Goldwäscherei in Altenberg, und handelte mit Metallen wie Blei in Offenburg, Kleingrub/Băişoara, wahrscheinlich Großschlatten usw.[621] Ebenso war Thomas Altemberger nicht nur einer der wichtigsten Kammergrafen in Offenburg und vor allem in Hermannstadt, sondern auch Besitzer von Edelmetallgruben in Großschlatten und Rodenau oder Georg Hecht Pächter der Kammern in Offenburg und Hermannstadt.[622] Auch der Hermannstädter Patrizier Mathias Baldi besaß je ein Haus in Großschlatten und Enyed/Aiud (neben Eisenburg), was auf eine aktive Betätigung im Bergbau des Erzgebirges schließen lässt; sein Sohn Nicolaus de Wagio, der Bürgermeister Oswald Wenzel und ein Italiener, die die Kammer in Hermannstadt gepachtet hatten, ließen sich vermutlich sogar das Recht auf alle im siebenbürgischen Bergbau erschürften Edelmetalle sowie auf das Scheiden von Gold und Silber aus dem gewonnenen Erz zusprechen.[623] Bis Rodenau reichte der Einfluss mehrerer Unternehmer aus Hermannstadt, doch waren dort vor allem Bistritzer wie Peter Kretschmer und Georg Eiben tätig; aber auch anderweitige Besitzer erscheinen in den Urkunden, so 1450 ein Nikolaus Kémeri, dem ein bedeutender Teil der Goldgruben gehörte.[624]

Rodenau selbst, mit dem zugehörigen Tal, wechselte etliche Male den Besitzer und wurde um 1470 Bistritz verliehen.[625] Ebenso waren andere Bergorte (wie Großschlatten, Kleingrub und Eisenburg) Eigentum von Privatpersonen oder Körperschaften, und Frauenbach beziehungsweise Mittelberg gelangten zu Beginn des 15. Jhs. an den serbischen Despoten Georg Brankovics und später an Johannes Hunyadi; Frauenbach pachtete aber auch selbst die Kammern des Raumes mit allen zugehörigen Rechten und Einrichtungen.[626]

In den Jahren 1427–1428 sind erstmals Urburgrafen in Altenberg, Pernseifen und Großschlatten bezeugt[627] – also in Ortschaften, in denen es damals wahrscheinlich keine Kammern gab. Dieser Umstand lässt vermuten, dass der Urburgraf („*comes urburae*") eine vom König erwählte Vertrauensperson war, die vor allem den Bergzins einzunehmen und abzugeben hatte;[628] darü-

---

[621] G. Gündisch, *Die Oberschicht Hermannstadts im Mittelalter*, in: „Zeitschrift für Siebenbürgische Landeskunde" 4, 1981, S. 18; ders., *Deutsche Bergwerkssiedlungen* ..., S. 62, 69; *Urkundenbuch* ..., Bd. V, S. 174, 315, Bd. VI, S. 187.
[622] G. Gündisch, *Die Oberschicht* ..., S. 14, 17, 20.
[623] G. Gündisch, *Die Oberschicht* ..., S. 10f.
[624] K. Gündisch, *Patriciatul orăşenesc medieval al Bistriţei până la începutul secolului al XVI-lea* [Das Bistritzer mittelalterliche Patriziat bis zum Beginn des 16. Jhs.], in: „File de istorie", Bd. IV, Bistriţa 1976, S. 161–167; G. Entz, *Die Baukunst* ..., S. 158, 170.
[625] A. Berger, *Urkunden-Regesten aus dem alten Bistritzer Archiv*, I, in: „Programm des evangelischen Obergymnasiums ... Bistritz", 1893, S. 48, II, ebendort, 1894, S. 366, 379; K. Gündisch, *Patriciatul* ..., S. 162ff.
[626] D. Csánki, *Magyarország* ..., Bd. I, S. 467, Bd. V, S. 690, 715; *Urkundenbuch* ..., Bd. IV, S. 229f., Bd. VI, S. 351; S. Borowszky, *Szatmár vármegye*, Budapest o. J., S. 224.
[627] *Urkundenbuch* ..., Bd. IV, S. 279f., 350f.
[628] Vgl. G. v. Probszt, *Die niederungarischen Bergstädte*, S. 45f.

ber hinaus sollte er anscheinend, wenigstens in Großschlatten, die Bergleute der königlichen Gruben besolden, während für Altenberg und Pernseifen seine richterliche Funktion erwähnt wird, die auch sonst üblich war. Gleichzeitig ist für diese Ortschaften aber ein Berggericht belegt und ein solches gab es auch in Großschlatten: Laut Urkunden von 1425 war dort der Grundherr, das Weißenburger Kapitel, nur für Prozesse um Liegenschaften und ähnliches, nicht aber für Berggerechtsame Berufungsinstanz.[629]

Gleich dem Bergbau kam auch den Kammern des Raumes eine besondere Bedeutung zu. Sie sind im 15. Jh. vornehmlich mit Münzstätten verbunden gewesen und durch diese wird ihr Rang besonders augenscheinlich: Von hier stammen über zwei Drittel der von A. Pohl erwähnten 262 Goldguldentypen des Jhs.[630] An erster Stelle ist die Niederlassung in Frauenbach zu nennen, die häufig erwähnt ist und wo damals wenigstens 107 verschiedene Guldentypen geprägt wurden. Die Kammer in Offenburg verlor im Laufe des Jhs. viel von ihrer Bedeutung. Nur bis 1427 wurden dort Goldgulden, und zwar mindestens acht Typen geprägt; später scheint zeitweise auch der Betrieb der Einlösestelle stark eingeschränkt worden zu sein.[631] Statt dieser bekam die Kammer in Hermannstadt viel Gewicht. Dort prägte man zunächst nur Silbermünzen, und 1408 ist auch ein Münzmeister belegt.[632] Als 1427 König Sigismund zur Organisierung der Landesverteidigung in Siebenbürgen weilte, verlegte er die Goldprägeanstalt aus Offenburg nach Hermannstadt und möglicherweise hatte die Stadt auch Anteil an dem Gewinn. Bis Ende des Jhs. wurden dann wenigstens 57 Guldentypen in dieser Münzstätte geprägt.[633] Nur kurze Zeit prägte man Gold in anderen Städten Siebenbürgens – und zwar 1446 in Klausenburg beziehungsweise 1463 in Kronstadt und 1433–1443 in Schäßburg[634] (dort ausschließlich für die Walachei). Außerdem sind je einmal Kammern in Großschlatten (1458) und Kleingrub/Băişoara (1464) erwähnt.[635]

Den Münzkammern stand ein Kammergraf vor („*comes cusiones monetarum camerae*"). Für die wichtigen Niederlassungen in Frauenbach und Hermannstadt wird er oft genannt,[636] und mitunter, selbst gegen Ende des 15. Jhs., auch für Offenburg.[637] Da die Kammern jährlich neu verpachtet wurden,

---

[629] *Urkundenbuch* ..., Bd. IV, S. 229f., 234–137.
[630] Für diese und die folgenden Werte s. A. Pohl, *Ungarische Goldgulden* ..., Tabelle 6–48 und S. 11–15, 23–25.
[631] Siehe z. B. *Urkundenbuch* ..., Bd. V, S. 549.
[632] A. Pohl, *Ungarische Goldgulden* ..., Tabelle 9/D2–D12; G. Seivert, *Beiträge* ..., S. 165, 174; *Urkundenbuch* ..., Bd. III, S. 460. Siehe auch: G. Gündisch, *Hermannstädter Messestiftungen im 15. Jh.*, in: „Siebenbürgische Vierteljahrsschrift", Bd. LXIV, 1941, S. 37.
[633] A. Pohl, *Ungarische Goldgulden* ..., S. 24; Tabelle 10–48; G. Seivert, *Beiträge* ..., S. 164.
[634] A. Pohl, *Ungarische Goldgulden* ..., S. 24f.; *Urkundenbuch* ..., Bd. V, S. 175.
[635] *Urkundenbuch* ..., Bd. VI, S. 1, 187.
[636] Siehe z. B. *Urkundenbuch* ..., Bd. VI, S. 137, 145, 182, 186, 187, 199.
[637] D. Csánki, *Magyarország* ..., Bd. V, S. 679.

wechselten die Kammergrafen – zumal in Frauenbach – häufig;[638] nur in Ausnahmefällen unterstanden einzelne Kammern zeitweise gleichzeitig zwei Verantwortlichen.[639] Im Unterschied zu den Salzkammern, bei denen häufig Bürger aus Ofen/Buda und Adlige als Grafen erscheinen, spielten diese im 15. Jh. im Montanwesen unseres Raumes eine untergeordnete Rolle – wobei manche Münzkammergrafen zeitweise auch Salzkammern vorstanden. In der langen Liste der Inhaber von einzelnen Kammern[640] erscheinen nur sieben Namen von Fremden – dabei vier von Bürgern italienischer Herkunft. Einer von diesen, Christophorus de Florentia, hat allerdings die weitaus meisten, und zwar wenigstens 17 Guldentypen in Frauenbach und Hermannstadt geprägt. Mitunter erscheint, zumal in der erstgenannten Ortschaft, die Stadt selbst als Pächter und dort gab es auch Adlige als Inhaber der Münze – so Emerich und Nicolaus Zápolya oder Bartholomäus Drágfy. Am weitaus häufigsten waren jedoch Patrizier die Pächter der Niederlassungen; in Frauenbach stammt fast die Hälfte der Guldentypen von solchen (dabei wurden wenigstens 7 von Albert Kakonyi, 4 von Christian Hening und 5 von beiden gemeinsam geprägt). In Hermannstadt sind solchen Pächtern sogar drei Viertel der Typen zuzuschreiben (wenigstens 9 Thomas Altemberger und 6 Melchior Aurifaber); dabei stand meist der Bürgermeister der Münzkammer vor.[641]

Wie im Falle der Salzniederlagen werden manchmal die Vorsteher einzelner Kammern „Kämmerer" genannt. Dieser Ausdruck begegnet uns in Urkunden von 1446 bzw. 1456 für die Münzstätten in Klausenburg und Hermannstadt.[642] Häufiger wird jedoch von einem *„camerarius"* oder einem *„vicecamerarius"* bei kleinen Niederlagen gesprochen – so 1458 in Großschlatten und Offenburg sowie 1464 in Offenburg und Kleingrub; im unbedeutenderen Ort Altenberg ist 1446 nur ein „Offizial" erwähnt.[643]

Das Personal[644] der einzelnen Kammern entsprach gewiss ihrer Größe. Schon 1408 wird in Hermannstadt ein Münzmeister erwähnt und 1430 musste ein Probierer gewählt werden. 1459 forderte Matthias Corvinus dort zwei Goldmünzmeister für Frauenbach an,[645] und in den Hermannstädter Steuerlisten und Torhutrechnungen aus der Zeit vor bzw. um 1480 erscheinen acht Münzer, zwei Goldmünzer, zwei Schneider und ein Zementer.[646] Laut einer Inschrift ist ein Zementer auch am Bau der Hallenkirche in Birthälm/Biertan beteiligt gewesen.

---

[638] A. Pohl, *Ungarische Goldgulden* ..., S. 24.
[639] Siehe: A. Pohl, *Ungarische Goldgulden* ..., Tabelle 16, 18–21, 28, 35f., 39–41, 44f., 47.
[640] A. Pohl, *Ungarische Goldgulden* ..., Tabelle 6–48.
[641] G. Seivert, *Beiträge* ..., S. 166, 169.
[642] *Urkundenbuch* ..., Bd. V, S. 175, 549. Siehe auch: G. Seivert, *Beiträge* ..., S. 168.
[643] *Urkundenbuch* ..., Bd. V, S. 174, Bd. VI, S. 1, 187f.
[644] Siehe dazu: G. v. Probszt, *Die niederungarischen Bergstädte*, S. 145–150.
[645] G. Seivert, *Beiträge* ..., S. 164; *Urkundenbuch* ..., Bd. III, S. 460, Bd. VI, S. 48.
[646] *Quellen zur Geschichte Siebenbürgens aus sächsischen Archiven*, Bd. I, Hermannstadt 1880, S. 28–58.

Außer den Münzstätten dürfte es in den großen Kammern auch Treiböfen gegeben haben[647] und verschiedentlich wird auch die dortige Zementierung, d. h. Verfeinerung der Edelmetalle erwähnt,[648] für die der dreißigste Teil von diesen zu entrichten war.[649] Auch bei kleineren Niederlassungen gab es wohl Bedienstete, denn z. B. in der Kammer in Offenburg ist mit der Scheidung beziehungsweise Zementierung von Gold und Silber zu rechnen.[650] Der Ankauf von Blei durch Bergleute und der Verkauf von größeren Mengen an verschiedene Kammern – z. B. an jene in Kleingrub[651] – lässt gleichzeitig auf die Verwendung von Blei in oder bei Schmelzöfen schließen.[652]

Auf Handwerker der Bergstädte gibt es aus 15. Jh. deutlich mehr Hinweise als aus der vorherigen Zeit. Sehen wir von Hermannstadt als Handwerks- und Handelszentrum ab, so stammen sie jedoch bezeichnenderweise fast ausschließlich aus Frauenbach, das gleichzeitig organisatorischer Mittelpunkt eines größeren Gebietes war, dadurch eine breitere wohlhabende Bewohnerschicht hatte und teilweise wohl auch umliegende Orte mit gewissen Erzeugnissen versorgte. Dort gab es schon 1412 eine Schneiderzunft, die im 15. Jh. viel gegen Störer anzukämpfen hatte, bis sie 1469 durch ein Privileg von Matthias Corvinus vor diesen geschützt wurde.[653] Der gleiche König sicherte 1459 die Rechte der Kürschner,[654] und zwanzig Jahre später durften sich diese auch in einer Zunft zusammenschließen. In ihren Statuten, die 1580 vom Stadtrichter genehmigt wurden, sind dann fünf Kürschner im Namen sämtlicher Meister genannt,[655] was auf die verhältnismäßig große Handwerkerzahl hinweist. In der zweiten Hälfte des 15. Jhs. konnten die Fleischhauer eine eigene Zunft gründen,[656] aber möglicherweise gab es damals auch eine Schlosserzunft, denn 1488/89 wurden in Frauenbach für mehrere tausend Gulden Pferdegeschirre bestellt, was auf zahlreiche Handwerker schließen lässt.[657] Wie in anderen bedeutenden Bergstädten sind schließlich auch hier Gold- und Silberschmiede erwähnt. Schon 1408 stammte der Richter und einer der Geschworenen aus deren Reihen.[658] Obwohl das Gewerbe ohne Un-

---

[647] Siehe dazu: G. Gündisch, *Deutsche Bergwerkssiedlungen* ..., S. 68.
[648] G. v. Probszt, *Die niederungarischen Bergstädte*, S. 147.
[649] *Urkundenbuch* ..., Bd. V, S. 175, Bd. VI, S. 351; D. Csánki, *Magyarország* ..., Bd. V, S. 679; *călători străini* ..., Bd. II, S. 47.
[650] *Urkundenbuch* ..., Bd. VI, S. 351.
[651] *Urkundenbuch* ..., Bd. IV, S. 279f., Bd. VI, S. 186f.
[652] Siehe dazu: G. Agricola, *De re metallica*, Basel 1556 (verwendet nach der Neuausgabe, Berlin 1974), Bd. IX.
[653] Șt. Pascu, *Meșteșugurile* ..., S. 155f., *Monografia* ..., S. 315.
[654] L. Szadeczky, *Nagybánya régi iparáról és céheiről* [Über die alten Gewerbe und Zünfte in Neustadt], in: „Századok", 1889, S. 682.
[655] *Monografia* ..., S. 319.
[656] *Monografia* ..., S. 320.
[657] L. Szadeczky, *Nagybánya* ..., S. 688; Șt. Pascu, *Meșteșugurile* ..., S. 167.
[658] L. Szadeczky, *Nagybánya* ..., S. 674.

terbrechung betrieben wurde, und dortige Erzeugnisse weithin einen guten Ruf besaßen (1488/89 liefen z. B. Aufträge aus Gran/Esztergom ein),[659] wird es aber nicht viele Meister gleichzeitig gegeben haben, denn wir verfügen über keinerlei Hinweise auf das Bestehen einer Zunft.

In den entlegeneren Bergstädten arbeiteten die Handwerker vermutlich fast ausschließlich für die jeweiligen Orte, und da diese wesentlich kleiner als Frauenbach waren, ist mit einer verhältnismäßig geringen Meisterzahl zu rechnen. Urkundlich erwähnt ist lediglich ein Jacobus Fleischer als Vollbürger in Offenburg,[660] aber wie schon im 13. Jh. in Rodenau werden doch in den meisten Orten gewisse Gewerbe vertreten gewesen sein.

Verständlicherweise besitzen wir für den Handel der Bergstädte die meisten Belege ebenfalls aus Frauenbach: Auf ihn beziehen sich Privilegien und Regelungen von Matthias Corvinus und Wladislaw II. aus den Jahren 1454, 1472, 1484, 1485 und 1496; dank dieser war vor allem die Lebensmittelzufuhr weitgehend zollfrei.[661] Der Handel spielte jedoch auch im Leben der kleineren Orte eine große Rolle. So verbot König Sigismund 1427 den königlichen Zolleinnehmern in Falkendorf/Șoimoș, von den Bergleuten in Altenberg und Pernseifen Abgaben einzuheben. Als Handelswaren werden dabei Eisen und Blei, dann aber vor allem Brot, Wein, Getreide, Mehl, Speck, Fisch u. a. Lebensmittel genannt – also Dinge, die für den normalen Lebensablauf der Bergstädte unumgänglich nötig waren.[662] Schließlich scheinen in Rodenau gemäß einer Urkunde von 1473 Fische aus Szutschawa/Suceava gekauft worden zu sein.[663]

Die Landwirtschaft dürfte für das Leben der Bergorte im Allgemeinen nicht von großer Bedeutung gewesen sein, denn nur so lässt sich die Versorgung der Bergleute in Frauenbach, Altenberg oder Pernseifen mit Lebensmitteln weitgehend von außerhalb der Bergreviere erklären.[664] Für Frauenbach wird auf eine geringe Getreideproduktion, aber auf ausgedehnte Weinberge (die größtenteils mit auswärtigen Arbeitskräften bearbeitet wurden) und Wiesen geschlossen;[665] in den beiden anderen Ortschaften dürfte nur die Viehzucht eine Rolle gespielt haben. Für die Schafzucht der Rumänen in und bei Rodenau spricht eine Verfügung von König Wladislaw II.[666], und auch der Schaffünfzigste der Adligen von Eisenburg ist belegt.[667] Für eine extensive Verwertung

---

[659] *Monografia* ..., S. 312.
[660] D. Csánki, *Magyarország* ..., Bd. V, S. 679.
[661] *Monografia* ..., S. 342f.
[662] *Urkundenbuch* ..., Bd. IV, S. 279f.
[663] *Urkundenbuch* ..., Bd. VI, S. 550.
[664] *Monografia* ..., S. 342f., *Urkundenbuch* ..., Bd. IV, S. 279f.
[665] *Monografia* ..., S. 281, 290f., 300.
[666] D. Prodan. *Iobăgia* ..., Bd. I, S. 72.
[667] C. Suciu, *Dicționar istoric al localităților* ..., Bd. II, S. 79.

der teilweise großen Gemarkungen von Bergstädten spricht auch die dortige Existenz von anderen Siedlungen; so scheint Wolfsdorf/Lupşa auf dem Hattert von Großschlatten[668] und Offenburg[669] angelegt worden zu sein.

Eine politische oder kirchliche Bedeutung besaßen die Stätten des Montanwesens kaum. Rodenau diente zwar weiterhin als Zollstation am Handelsweg in die Moldau,[670] aber die dortige Burg war zeitweise verlassen und befand sich, wie die bei Eisenburg, mitunter in Privatbesitz.[671] Eine weniger starke Wehranlage in Frauenbach stand hingegen mit der Münzkammer in Zusammenhang.[672]

Da die Bergbauorte von ganz besonderer wirtschaftlicher Bedeutung waren,[673] bemühte sich die Krone, deren Rechtsverhältnisse günstig zu regeln. Global geschah dieses – nicht das erste Mal – 1405 durch das Städtegesetz König Sigismunds.[674] Demgemäß waren den Städten, Marktflecken und freien Dörfern beziehungsweise deren Bürgern, Hospites und Bewohnern weitgehende Rechte zugesichert, die im Grunde genommen mit älteren Vorrechten bestimmter Bergorte wie Frauenbach oder Offenburg übereinstimmten.

Neben dieser allgemeinen Regelung stehen verschiedene Bestimmungen für einzelne Orte oder Gruppen von Bergstädten. Frauenbach, dessen Privilegien 1347 genau festgelegt worden waren, erhielt mehrere zusätzliche Begünstigungen: 1469 erteilte Matthias Corvinus den Bewohnern das Recht, die Stadt mit einer Ringmauer zu befestigen, 1484 erhielten sie die Blutgerichtsbarkeit; 1492 wurde schließlich dem Ort von Wladislaw II. das Schankrecht verliehen sowie ein Einfuhrverbot für fremde Weine und Biere.[675] Ebenso gab es für Mittelberg verschiedene Sonderbestimmungen.[676]

Die Bergstädte des Westsiebenbürgischen Gebirges wurden als zusammengehörig anerkannt. Aus einer Urkunde von 1438 ist zu schließen, dass sie gemeinsame Freiheiten besaßen, denn der Wojewode sollte diese in Offenburg, Altenberg, Großschlatten und Kreischquell/Crişcior (*„universis eorum libertatibus et praerogativis iustis utputa et legitimis"*) schützen.[677] 1441 scheinen

---

[668] *Urkundenbuch* ..., Bd. VI, S. 56.
[669] *Urkundenbuch* ..., Bd. IV, S. 634, 644.
[670] *Urkundenbuch* ..., Bd. III, S. 527ff., 617ff.; R. Csallner, *Alte deutsche Bergwerkskolonien* ..., S. 71.
[671] *Urkundenbuch* ..., Bd. III, S. 487, Bd. V, S. 49, Bd. VI, S. 71; D. Csánki, *Magyarország* ..., Bd. V, S. 676ff.; G. Entz, *Die Baukunst* ..., S. 170.
[672] *Urkundenbuch* ..., Bd. III, S. 425; D. Csánki, *Magyarország* ..., Bd. I, S. 466. Auch in der Slowakei gehörten kleine Burgen zu wichtigen Bergstädten, wie Schemnitz, Altsohl und Göllnitz.
[673] Şt. Pascu, S. Goldenberg, *Oraşele medievale în unele ţări Dunărene* [Die mittelalterlichen Städte in einigen Donauländern], in: „Anuarul Institutului de istorie şi arheologie Cluj", Bd. XIV, 1971, S. 37.
[674] F. B. Fahlbusch, *Dekret von 1405* ..., S. 65–69.
[675] *Monografia* ..., S. 133–136, 212.
[676] S. Borowszky, *Szatmár vármegye*, S. 242.
[677] *Urkundenbuch* ..., Bd. V, S. 13.

die vier Orte einen Abgabenverband gebildet zu haben und 1445 ist ihr Gerichtsverband bezeugt.[678]
Darüber hinaus gab es aber auch dort für die einzelnen Ortschaften bestimmte Regelungen. Offenburg erhielt seine alten Privilegien 1457 bestätigt.[679] Für Großschlatten ist 1425 eine feststehende jährliche Abgabe von 60 fl. an den Grundherrn – das Weißenburger Kapitel – festgelegt worden,[680] und gleichzeitig beschränkte man, wie schon erwähnt, die Zuständigkeit dieses Grundherrn als oberste Gerichtsinstanz auf gewisse Verfahren; drei Jahre später wurde schließlich ganz allgemein von den Freiheiten der dortigen Bürger gesprochen.[681] Nach einer anderen Urkunde besaßen Altenberg und Pernseifen 1427 eine Reihe von Vorrechten[682] und im gleichen Jahr sind dem erstgenannten Ort noch die benachbarten Dörfer Reißdorf/Râşca und Țebea zugesprochen werden.[683] Dabei gehörte er doch zu einer Burg und war also, gleich Kleingrub/Băişoara,[684] ein „Besitz". Für das abgesondert gelegene Rodenau heißt es schließlich 1475, dass der Ort zwar Bistritz untergeordnet sei, aber bezeichnenderweise alle Rechte und Freiheiten dieser Stadt selbst auch genieße.[685] Dagegen waren die Bergbauorte, in denen Eisenerz gefördert und verhüttet wurde, auch weiterhin nicht besonders begünstigt.[686]

In keiner der hier untersuchten Ortschaften wird im 15. Jh. ein Graf genannt, dafür gab es aber Adlige von Eisenburg und Rodenau.[687] Den Bergstädten stand im Allgemeinen ein Richter vor – er ist z. B. für Frauenbach, Offenburg, Großschlatten und Altenberg belegt – während nur einmal, in Offenburg, ein Bürgermeister (*„magister civium"*) erwähnt wird.[688] Gleichzeitig mit dem Richter sind meist auch die Geschworenen Waldbürger sowie die Hospites vieler Orte bezeugt, und letztere werden in einem einzigen Fall auch als Volk (*„populos"*) bezeichnet.[689] Nur zweimal erscheinen die Bergleute neben diesem als gesonderte Kategorie und zwar 1428 in Großschlatten und 1437 in Offenburg[690] – normalerweise dürften sie den Hospites zugerechnet worden

---

[678] G. Gündisch, *Deutsche Bergwerkssiedlungen* ..., S. 61f.; *Urkundenbuch* ..., Bd. V, S. 158.
[679] *Offenbánya in Unteralba*, in: „Blätter für Geist, Gemüth und Vaterlandskunde", Bd. XLII, 1838, S. 356.
[680] Bezüglich der Größe der Abgabe ist zu berücksichtigen, dass die Bergleute vor allem den Bergzins an den König entrichten mußten.
[681] *Urkundenbuch* ..., Bd. IV, S. 229f., 234–237, Bd. V, S. 161.
[682] *Urkundenbuch* ..., Bd. IV, S. 279f. Siehe auch: G. Gündisch: *Deutsche Bergwerkssiedlungen* ..., S. 60f.
[683] *Urkundenbuch* ..., Bd. IV, S. 316f., 321f.
[684] D. Csánki, *Magyarország* ..., Bd. V, S. 715.
[685] A. Berger, *Urkunden-Regesten* ..., Bd. I, S. 48.
[686] Siehe auch: B. Orbán, *A székelyföld leirása* ..., Bd. V, S. 201, 208f.
[687] D. Csánki, *Magyarország* ..., Bd. V, S. 690; *Urkundenbuch* ..., Bd. III, S. 487.
[688] D. Csánki, *Magyarország* ..., Bd. V, S. 680.
[689] *Urkundenbuch* ..., Bd. IV, S. 351.
[690] *Urkundenbuch* ..., Bd. IV, S. 351; D. Csánki, *Magyarország* ..., Bd. V, S. 679.

sein. Ein Beleg von 1446, für die Waldbürger, Hospites und Bewohner („*cives, hospites et incolae*") von Offenburg und Großschlatten dürfte auch Sedler eingeschlossen haben.[691] Schließlich sind in Eisenburg und Rodenau Leibeigene belegt.[692]

Für die Bevölkerungsbewegung der besprochenen Bergstädte haben sich nur wenige sichere Hinweise aus dem 15. Jh. erhalten und diese weisen auf verschiedenartige Entwicklungen hin. Die weitaus größte Ortschaft dieser Gruppe war Frauenbach, das um 1470 von über 300 Familien bewohnt war;[693] setzt man †Sachsenberg mit weniger als hundert Wirten an, so ergibt sich für die Gesamtbevölkerung ein Zuwachs auf nahezu das Doppelte in etwas mehr als einem Jh. Mit einem ähnlichen Wachstum ist im Bergflecken Großschlatten zu rechnen, wo bald nach 1400 – der Kirchengröße entsprechend – weniger als hundert Familien lebten; zählt man die Bewohner des nebenliegenden Dorfes hinzu, so ergibt sich eine Gesamtzahl von ungefähr 200 Wirten, und um 1500 werden es noch mehr gewesen sein. Setzt man in Offenburg einen ähnlichen Zuwachs voraus, so dürften in diesem Ort weit über hundert Familien gewohnt haben. Etwas kleiner wird Mittelberg gewesen sein, und auch für Eisenburg wird die Gesamtbevölkerung von 1473 auf über 100 Familien geschätzt,[694] was allerdings einen nennenswerten Rückgang bedeutet. Verhältnismäßig eindeutig ist die Lage in Altenberg: Dort stieg die Einwohnerschaft im Laufe des 15. Jhs. von beiläufig 20 auf 60 bis 70 Familien. Rechnet man mit einem Mittelwert von nahezu 40–50, so könnte dieser wohl auch für Kleingrub, Pernseifen (im Bergrevier des Siebenbürgischen Westgebirges) und Kreischquell stimmen, während vor allem Kapnik, Trestenburg/Băița (im Laposcher Bergrevier), Ruda, Ghelari und Teliuc kleiner gewesen sein werden. Rodenau, das schon um 1400 viel Bevölkerung verloren hatte, war, trotz Wiederbevölkerungsversuchen vom Beginn des Jhs., auch 1440 zu einem Großteil unbewohnt;[695] nach 1500 gab es dann im ganzen Distrikt mit seinen wenigstens elf bis dahin erwähnten Ortschaften nur 202 Familien,[696] von denen wohl nicht mehr als ein Viertel auf den Bergort entfielen.

Die an das Montanwesen gebundenen Förderstätten sind angewachsen, doch gehörten sie auch weiterhin nicht zu den besonders großen Ortschaften. Ihrer Bevölkerungszahl nach sind †Sachsenberg, Rodenau, Altenberg, Kleingrub, Kapnik, Trestenburg, Pernseifen, Kreischquell, Ghelari, Teliuc und Ruda mit einfachen Dörfern oder kleinen Flecken zu vergleichen. Eisenburg

---

[691] *Urkundenbuch* ..., Bd. V, S. 175.
[692] D. Csánki, *Magyarország* ..., Bd. V, S. 690; K. Gündisch, *Patriciatul* ..., S. 162.
[693] Den Hinweis darauf gibt die Parzellenzahl innerhalb der damals erbauten Stadtmauer.
[694] Șt. Pascu, *Voievodatul Transilvaniei*, Bd. II, S. 399.
[695] *Urkundenbuch*, Bd. III, S. 475, 487, Bd. V, S. 49. Siehe auch R. Csallner, *Alte deutsche Bergwerkskolonien*, S. 71.
[696] A. Berger, *Volkszählung*, S. 74.

und Mittelberg lassen sich mit überdurchschnittlich großen Dörfern oder normalen Marktflecken gleichstellen, etwa mit Alzen/Alţâna oder Salzdorf/Ocna Dejului, während Großschlatten und Offenburg überdurchschnittlich großen Flecken an die Seite zu stellen sind (z. B. Zeiden/Codlea oder Kloosmarkt/Cojocna). Frauenbach war größer als Mediasch und vielleicht Weißenburg, aber kleiner als Schäßburg oder Bistritz.

Vergleicht man die obigen Werte mit der Größe von Bergstädten anderer Gegenden, so müssen diese Ortschaften als verhältnismäßig klein bezeichnet werden. In sämtlichen Bergbauorten vom Rande Siebenbürgens gab es z. B. nur halb so viele Bewohner wie bei den Förderstätten des Bergreviers Kremnitz.[697] Frauenbach war wesentlich kleiner als Schemnitz und Neusohl/Banská Bistrica und ungefähr gleich groß wie Kremnitz (die von beiläufig 750, 500 beziehungsweise 390 Familien bewohnt waren). Großschlatten und Offenburg könnten in dem gleichen Bergbezirk mit Pukkanz/Pukanec verglichen werden. Wenn der Edelmetallerlös in der Frauenbacher und Hermannstädter Münzkammer doch wesentlich größer als in Kremnitz war,[698] so ist dieses durch das Schwergewicht der Kupferförderung und -verhüttung im Kremnitzer Bergrevier zu erklären.

Fasst man alle erwähnten Elemente zusammen, so wird die Einschätzung verschiedener Ortschaften als *„civitas"* oder *„oppidum"* verständlich. Als Stadt bezeichnete man Frauenbach und Mittelberg,[699] mitunter auch Offenburg[700] und Rodenau,[701] aber nur ausnahmsweise Eisenburg und Altenberg;[702] von einem eigenen Siegel wissen wir jedoch nur in den beiden erstgenannten Orten.[703] Als Flecken wurden öfters Eisenburg, Altenberg, Offenburg[704] und Rodenau[705] eingestuft; für Pernseifen gibt es nur solche Bezeichnungen,[706] und nach einem indirekten Hinweis dürfte der Begriff auch auf Großschlatten anzuwenden gewesen sein.[707] Ruda war ein Dorf[708] während Kleingrub und Teliuc, manchmal aber auch Eisenburg als Besitz gekennzeichnet wurden.[709]

---

[697] Für die folgenden Vergleiche liegen die Werte von G. v. Probszt, *Die niederungarischen Bergstädte*, S. 116 zugrunde. Da jedoch dort bei den Steuerpflichtigen auch Diener und Mägde eingerechnet wurden, die keine eigene Familien besaßen, sind für die Ermittlung der normalen Familienzahl die Werte um 10 % reduziert worden.
[698] G. v. Probszt, *Die niederungarischen Bergstädte*, S. 62.
[699] D. Csánki, *Magyarország ...*, Bd. I, S. 467f: *Urkundenbuch ...*, Bd. VI, S. 341, 507.
[700] D. Csánki, *Magyarország ...*, Bd. V, S. 679.
[701] *Urkundenbuch ...*, Bd. III, S. 538. D. Prodan, *Iobăgia ...*, Bd. I, S. 72.
[702] D. Csánki, *Magyarország ...*, Bd. I, S. 723, Bd. V, S. 690.
[703] *Urkundenbuch ...*, Bd., S. 341; *Monografia ...*, S. 512f., S. Borovszky, *Szatmár vármegye*, S. 220, 243.
[704] D. Csánki, *Magyarország ...*, Bd. I, S. 723, Bd. V, S. 679, 690.
[705] D. Prodan, *Iobăgia ...*, Bd. I, S. 72.
[706] D. Csánki, *Magyarország ...*, Bd. I, S. 723.
[707] G. Gündisch, *Deutsche Bergwerkssiedlungen ...*, S. 62.
[708] D. Csánki, *Magyarország ...*, Bd. I, S. 743.
[709] D. Csánki, *Magyarország ...*, Bd. V, S. 142, 690, 715.

Diese Bezeichnungen stammen aus der Zeit maximaler Blüte der Bergorte. Später, im 16. und 17. Jh., kam es zu deren Verfall.

Montanwesen im 16. und 17. Jh.*

Bei den technologischen Veränderungen im Bergbau und in der Aufbereitung des Erzes benötigte das Montanwesen im 16. und 17. Jh. ein verhältnismäßig großes Kapital. Dieses war nur in begrenztem Maße, und zwar bei einigen Kaufleuten und Magnaten vorhanden.[710] Die verbauten Geldmittel amortisierten sich nur langsam, so dass die unsicheren Verhältnisse Siebenbürgens die Investitionsbereitschaft hemmten.[711]

Leicht gingen die Früchte mühsamer Arbeit verloren, wurden Ortschaften und Bergwerke zerstört.[712] Ungünstig wirkte sich dabei die exponierte Lage sämtlicher Bergreviere am Rande Siebenbürgens aus. Für die zeitweiligen Zustände im Gebiet des Siebenbürgischen Westgebirges spricht ein Bericht von Giovandrea Gromo von 1566 über Altenberg:[713] Es war „ehemals ein bedeutender Flecken, [ist aber] gegenwärtig zerstreut und wenig bewohnt, wegen der häufigen Einfälle, welche bald die Türken von Lippa [Lipova] aus, bald die haiduckischen Landsleute, und früher die kaiserlichen Bewohner von Gyula [Ineu] unternahmen." Andererseits war die Gegend um Neustadt (Frauenbach wurde in neuerer Zeit so genannt) besonders stark von den Auseinandersetzungen zwischen den Habsburgern und den siebenbürgischen Fürsten betroffen.[714] (Dabei kam es z. B. 1567 zu bedeutenden Zerstörungen, denen auch ein Teil der Bergwerke mit den zugehörigen Anlagen und Gebäuden zum Opfer fiel;[715] ebenso heißt es 1569 vom benachbarten Mittelberg, dass der siebenbürgische Fürst keine Arbeit in den kaiserlichen Bergwerken zu

---

* Erstdruck: *Siebenbürgische Ortschaften des Montanwesens im 16. und 17. Jh.*, in „Revue roumaine d'histoire", XD-XDI, 2001–2002, S. 47–66.

[710] S. auch G. v. Probszt, *Die niederungarischen Bergstädte. Ihre Entwicklung und wirtschaftliche Bedeutung bis zum Übergang an das Haus Habsburg* (1546), München 1966, S. 36, 73. 1569 hieß es, dass für den Bergbau Ruhe und Geld nötig ist, welches nachher jedoch die Gruben hundertfach wieder einbringen würden (D. Prodan, *Iobăgia în Transilvania în secolul XVI-lea*, Bucureşti 1967, Bd. II, S. 245).

[711] G. Gündisch, *Deutsche Bergwerkssiedlungen in dem siebenbürgischen Erzgebirge*, in „Deutsche Forschung im Südosten", Bd. I, 1942, S. 71f.

[712] S. dazu: G. Gündisch, *Deutsche Bergwerkssiedlungen*, S. 71f.

[713] J. A. Gromo, *Uebersicht des Ganzen im Besitz des Königs Johann von Siebenbürgen befindlichen Reiches ...*, in: „Archiv des Vereins für siebenbürgische Landeskunde", Hermannstadt 1855, Bd. II, S. 20f.

[714] G. Gündisch, *Geschichte der Münzstätte Nagybánya in habsburgischer Zeit*, in: „Numismatische Zeitschrift", Bd. XXV, 1933, S. 67; *Monografia municipiului Baia Mare*, Hg. N. Boca, Bd. I, Baia Mare 1972, S. 137–154.

[715] *Monografia ...*, S. 142. Für Verwüstungen von 1566 in den umliegenden Dörfern s. auch: D. Prodan, *Iobăgia în sec. XVI*, Bd. II, S. 241.

lässt.⁷¹⁶) Durch seine Lage am Ostrand Siebenbürgens hatte Rodenau hingegen bei Auseinandersetzungen mit den Moldauer Fürsten stark zu leiden; so wurde es 1529 verwüstet und hatte sich bis 1552 noch immer nicht vollständig erholt.⁷¹⁷

Die Bevölkerung selbst war auch verschiedentlich in Mitleidenschaft gezogen. Einerseits musste sie manchmal fliehen, und es kam sogar vor, dass sie verschleppt oder dezimiert wurde. Weil z. B. die Bewohner von Großschlatten nicht zeitgerecht ihre Abgaben geleistet hatten, metzelten die Wallonen Castaldos viele Bergleute nieder; angeblich konnten sich nur einige in Gruben verstecken.⁷¹⁸

Andererseits führte der schlechtere Zustand der Bergwerke zu häufigeren Unfällen untertags. Bezeichnend ist der Fall von Offenburg: Mitte des 16. Jhs. wurde dort mit starkem Verlust gearbeitet,⁷¹⁹ und dabei kam es wohl auch zur Vernachlässigung des Tiefbaus; schließlich stürzte der Hauptschacht ein, wobei „fast alle", nach einer genaueren Quelle 60 Bergleute (sie werden als *„urburaris"* und *„metallurgis"* bezeichnet) den Tod fanden.⁷²⁰ Einen Unfall von noch größerem Ausmaß, bei dem 300 Arbeiter umgekommen sein sollen, gab es 1648 in der Kreuzberg-Zeche in Neustadt.⁷²¹

Darüber hinaus waren aber auch die Verwertungsmöglichkeiten für verschiedene Metalle nicht mehr so günstig. In Europa hatten allgemein die Industriemetalle, zumal Kupfer und Blei an Bedeutung gewonnen; eine Ausfuhr von solchen kam jedoch nicht nur wegen der größeren Entfernungen, sondern auch wegen der türkischen Umklammerung Siebenbürgens kaum in Frage.⁷²² Dagegen wurde zumal hochwertiger Stahl schon vor 1600 eingeführt, und nachher ging die siebenbürgische Eisen- und Stahlproduktion erstrecht stark zurück; genaue Vergleiche sind nicht zu machen, aber um 1680 sind bei Ghelari beiläufig 60 Tonnen Eisen/Jahr erzeugt worden, in ganz Siebenbürgen wohl etwas mehr als die doppelte Menge.⁷²³

Obwohl es bedeutende Fundstätten gab, war die siebenbürgische Silberförderung seit dem 14. Jh. stark zurückgegangen. Im 16. Jh. deckte sie zeitweise nicht einmal den Bedarf der Münzkammern in Hermannstadt und Neu-

---

[716] D. Prodan, *Iobăgia în sec. XVI*, Bd. II, S. 245.
[717] *Călători străini despre țările române*, Bd. II, București 1970, S. 51.
[718] S. de Köleséri, *Auraria Romano-Dacica*, Hermannstadt 1717, S. 51.
[719] G. Gündisch, *Deutsche Bergwerkssiedlungen ...*, S. 70f.
[720] S. de Köleséri, *Auraria Romano-Dacica*, S. 49; J. Fridvaldszky, *Minero-logia magni principatas Transilvaniae seu metalla, semi-metalla, sulphura, salia, lapides & aque conscripta*, Klausenburg 1767, S. 55. Neuerdings sind viele neue Quellen in: *Silber und Salz in Siebenbürgen*, Bd. IV und V, Hg. R. Slotta, V. Wollmann, I. Dordea, Bochum 2002, veröffentlicht worden.
[721] K. Palmer, *Nagybánya és környéke* [Neustadt und Umgebung], Nagybánya 1894, S. 82.
[722] G. v. Probszt, *Die niederungarischen Bergstädte ...*, S. 63, 65. S. auch: G. Gündisch, *Deutsche Bergwerkssiedlungen ...*, S. 71.
[723] I. Tripșa, A. Alexandrescu, I. Barbu, O. Hătărescu, Șt. Olteanu, N. Pilly, *Din istoria metalurgiei românești*, București 1981, S. 72.

stadt,[724] und im 17. Jh. wird die Lage im Allgemeinen kaum anders gewesen sein. Von Rodenau heißt es z. B. 1552, dass es besonders gute Silberbergwerke besitze, die einstmals viel Edelmetall lieferten, sich aber niemand erinnern könne, dass die Gruben jemals entsprechend ausgebeutet wurden.[725] Mengenmäßig liefen in die Kammer in Neustadt 1559, 1574, 1599, 1601, 1612–14 und 1687–93 im Durchschnitt jährlich 1.895 Mark ein, wobei jedoch bedeutende Schwankungen zu verzeichnen sind. So wurden 1599 insgesamt 3.109 Mark Silber bei der Kammer eingelöst und 1612–14 im Jahresmittel 2.780 Mark; dagegen betrug der Durchschnittswert der Jahre 1687–93 nur 1.200 Mark.[726]

Gold war auf dem europäischen Markt seit der Verbreitung des amerikanischen Edelmetalls nicht mehr so gefragt, aber trotzdem lag in Siebenbürgen das Schwergewicht des Montanwesens weiter auf diesem. Dabei wurde bezeichnenderweise das meiste jedoch nicht in Bergwerken gefördert, sondern – viel weniger aufwendig – aus dem Sand der Bäche und Flüsse gewaschen.[727]

Trotz der intensiven Suche nach Gold ist die in den Kammern eingelöste Menge sehr stark zurückgegangen. In Hermannstadt wurde z. B. Ende des 15. Jhs. jährlich eine fast ebenso große Menge Feingold eingelöst und vermünzt wie in Kremnitz, in Neustadt sogar doppelt so viel. Zu Beginn des folgenden Jhs. betrug der jährliche Erlös in Hermannstadt nur noch knapp 2/3 und in Neustadt weniger als die Hälfte der ebenfalls gefallenen Menge in Kremnitz. Wertmäßig ist in Hermannstadt ein Rückgang von 1.123 auf 470 Mark/Jahr zu verzeichnen und in Neustadt sogar von 2.500 auf 354 Mark/Jahr.[728] Dieser Rückgang setzte sich auch weiterhin fort: In dem letzterwähnten Revier kamen 1574, 1599, 1601, 1612–14 und 1687–93 im Durchschnitt nur noch 76 Mark zur Einlösung; dabei ist eine fallende Tendenz nicht zu übersehen, denn 1574 und 1599 handelte es sich noch um 181 bzw. 211 Mark, 1687–93 jedoch nur noch um 34 Mark/Jahr.[729] Vom Ende des 15. bis zum Ende des 16. Jhs. ist also die in Neustadt eingelöste Goldmenge auf weniger als den zehnten Teil zurückgegangen, vom Ende des 16. bis zum Ende des 17. Jhs. anscheinend wieder auf ein Fünftel. Für einen gleichartigen Rückgang der Tätigkeit der Kammer in Hermannstadt spricht die immer seltenere Zementierung – also die letzte Verfeinerung des Edelmetalls: Zu Zeiten von Matthias Corvinus und Wladislaw II. fand diese zweimal monatlich statt (in Neustadt sogar wöchentlich), während der Regierung Ludwigs II. siebenmal im Jahr und Mitte des 16. Jhs. nur noch einmal jährlich (in Neustadt zweimal).[730]

---

[724] Călători străini ..., Bd. II, S. 51, 83.
[725] Călători străini ..., Bd. II, S. 50f.
[726] G. Gündisch, *Geschichte der Münzstätte* ..., S. 84; *Monografia* ..., S. 258.
[727] Călători străini ..., Bd. II, S. 47, 49ff.
[728] G. Paulinyi, *Magyarország aranytermelése a XV. század végén es a XVI század derekán*, (Aranytermelése), in: „A gróf Klebelsberg Kuno magyar történetkutató intezet évkönyve", Bd. VI, Budapest 1936, S. 34f., 71. G. v. Probszt, *Die niederungarischen Bergstädte* ..., S. 62.
[729] G. Gündisch, *Geschichte der Münzstätte* ..., S. 84.
[730] Călători străini ..., Bd. II, S. 47, 50, 65.

Der Goldbergbau ging jedoch nicht im gleichen Maß wie die Tätigkeit der Kammern zurück. Auf einen vergleichsweise intensiven Bergbau, der sich jedoch nicht in dem urkundlich belegten Erlös widerspiegelt, weist im Laposcher Bergrevier die Bevölkerungsbewegung von Neustadt hin. Dort kam es im 17. Jh. zu einem bedeutenden Anstieg der Familienzahl; da jedoch nur ein begrenzter Teil der Arbeitskräfte in Gewerben, Handel und Landwirtschaft tätig war, dürften die meisten – viele hundert – in Zechen gearbeitet haben. Ebenso werden in Altenberg, 1525, fast alle der damals zahlreichen Familien Grubenarbeitern zugehört haben.

Nur ein kleiner Teil des geförderten Metalles wurde jedoch in der zuständigen Kammer des Fiskus eingelöst: Um 1550 soll es sich in dem Siebenbürgischen Westgebirge nicht einmal um ein Viertel der gesamten Goldmenge gehandelt haben.[731] Im Zusammenhang mit den reichen Goldfunden auf dem Gebiet der Burg Şiria (dort befanden sich Altenberg und Kleingrub) heißt es um die gleiche Zeit, dass der Besitzer, Báthory, den Ertrag der Gruben zu seinen Gunsten einlöste, und nach seinem Vorbild täten auch die anderen Adligen das gleiche; aus der Slowakei wissen wir sogar von Kammern und Kammergrafen der Adligen.[732] Die allgemeinen Gepflogenheiten der Zeit lassen eine Ausfuhr der Edelmetalle bzw. seine Vermünzung zu Falschgeld vermuten.[733]

Das Bergrecht selbst[734] änderte sich zu Ungunsten einer staatlichen Förderung. Durfte einst auf jedermanns Boden geschürft werden, so heißt es in den Kompilaten der siebenbürgischen Landtagsgesetze von 1669 ausdrücklich, dass der Bergbau nur auf eigenem Boden frei ist (bei Salz auch dort nicht).[735]

Es gab aber auch weiterhin Fürsten, die das Montanwesen staatlicherseits förderten – wie Johann Zápolya oder Gabriel Bethlen – und die Bestimmungen zur Intensivierung des Abbaus erließen. Von weniger wertvollen Metallen war z. B. kein Bergzins abzugeben, und für die Wiedereröffnung alter Gruben erhielten Ortschaften ein Jahr oder sogar mehrere Jahre Steuerfreiheit.[736]

Nach zwei Berichten – die allerdings aus der unruhigen Zeit um 1600 stammen – lagen trotzdem die Eisen-, Blei-, Kupfer-, Quecksilber-, Silber- und Goldgruben „*alle darnieder und sind eingegangen da das Volk sehr darnieder gehauen, gestorben und verdorben, die Dörfer verbrannt, auch viele früher den Bergwerken gehörige Dörfer von Sigmund verschenkt worden*" sind.[737]

---

[731] *Călători străini ...*, Bd. II, S. 47.
[732] *Călători străini ...*, Bd. II, S. 82; G. v. Probszt, *Die niederungarischen Bergstädte ...*, S. 17.
[733] G. Seivert, *Hermannstädter Lokal-Statuten*, Hermannstadt 1869, S. 57; G. v. Probszt, *Die niederungarischen Bergstädte*, S. 304. S. dazu: *Călători străini ...*, Bd. II, S. 47, 68, 81f.
[734] Für diese s. ausführlich: S. de Köleséri, *Auraria Romano-Dacica*, S. 156–162.
[735] S. de Köleséri, *Auraria Romano-Dacica*, S. 159; vgl. S. 160f. S. auch: F. Schuler-Libloy, *Siebenbürgische Rechtsgeschichte*, Hermannstadt 1867, Bd. I, S. 271.
[736] G. Gündisch, *Deutsche Bergwerkssiedlungen ...*, S. 72–75; *Monografia ...*, S. 251, 162.
[737] F. Schuller, *Zur Finanz- und Steuergeschichte Siebenbürgens*, in: „Korrespondenzblatt des Vereins für Siebenbürgische Landekunde", Bd. IX, 1886, S. 104.

Wie im Salzbergbau mussten auch im Montanwesen die Bewohner verschiedener Orte zum Bergbau gezwungen werden – z. B. drohte in Neustadt der Fiskus zu diesem Zweck im 17. Jh. wiederholt mit einer Aufhebung der Privilegien.[738] Um 1700 heißt es jedenfalls, dass nur noch ein *"geringfügiger Schatten"* von der einstigen Stellung vieler Bergstädte geblieben sei.[739] Das Montanwesen befand sich vor allem in der Hand weniger Besitzer und Unternehmer. Während die Einnahmen des Fiskus daraus stark zurückgingen, verbesserte sich die wirtschaftliche Lage der Unternehmer. Gleichzeitig änderte sich dadurch teilweise auch die Art des Bergbaus selbst.

Unter den Bergbauorten ist Neustadt auch weiterhin als besonders wichtig hervorzuheben. Verschiedene Quellen des 16. und 17. Jhs. bezeichnen die dortigen Gold- und Silbervorkommen als besonders reich;[740] der Kammer brachten die Gruben 1559 einen Reingewinn von 30.000 fl. und der Stadt 1630 einen von über 41.000 fl. (bei 108.000 fl. Einnahmen und 67.000 fl. Ausgaben).[741] Von besonderer Bedeutung war im Laposcher Bergrevier seit alters her auch das nahegelegene Mittelberg.[742] Nachdem der Ertrag seiner Gruben im 16. Jh. etwas zurückging, steigerte er sich um 1590 wesentlich. Seit dem Beginn des 17. Jhs. trat dieser Ort in den Vordergrund und wurde bald für die Edelmetallversorgung der Münzstätte bzw. zeitweilig der Zipser Kammer (Slowakei) ausschlaggebend.[743] In der gleichen Gegend war Kapnik eine dritte wichtige Förderstätte geworden; die Zechen von dort wurden z. B. um 1585 vom Fürsten verpachtet und durch die Ansiedlung zusätzlicher Grubenarbeiter soll sogar ein neuer Ortsteil, Kapnik-Oberstadt, entstanden sein.[744] Als Bergwerksorte sind noch Waschwerk, Elisabethburg, Friesendorf und Fernesee zu nennen (letztere sollen zumal im 16. Jh. Bedeutung erlangt haben, als die Förderung in der unmittelbaren Nähe Neustadts schwieriger wurde),[745] aber Bergleute – die vermutlich weniger gut ausgebildet waren – könnte es unter Umständen auch in anderen Ortschaften gegeben haben, in Eberfeld/Târgu Lăpuș, Kleindebrezen/Dumbrava, Kochbach/Cufoaia, Kaltbrunn/Borcuț, Schweinsbach/Fântânele, Grap-

---

[738] G. Gündisch, *Geschichte der Münzstätte* ..., S. 82.
[739] S. de Köleséri, *Auraria Romano-Dacica*, S. 50.
[740] *Călători străini* ..., Bd. II, S. 64, 85, 332, Bd. V, S. 46, Bd. VI, S. 560.
[741] D. Prodan, *Iobăgia în sec. XVI*, Bd. II, S. 237; *Monografia* ..., S. 266.
[742] S. auch: *Călători străini* ..., Bd. II, S. 667.
[743] G. Gündisch, *Geschichte der Münzstätte*, S. 20, 82.
[744] *Călători străini* ..., Bd. III, S. 186f.; C. Stephani, *Hospites de Maramorusio, II*, in „Neuer Weg", Nr. 9012/9.5.1978.
[745] Außer älteren Quellen s. *Monografia* ..., S. 161; R. Popa, E. Kovács, *În legătură cu extragerea metalelor prețioase la Baia Mare în secolul al XVI-lea* [Zur Edelmetallförderung in Neustadt im 16. Jh.], in: „Studii și cercetări de istorie veche", 1965, Bd. XVI/I, S. 118.

pendorf/Groape, Eunebach/Inău, Debrek/Dobricu Lăpușului und Bayerndorf/Dumbrava Nouă.[746] Im Siebenbürgischen Westgebirge ist der Gold- und Silberbergbau in Offenburg stark zurückgegangen: Nach dem erwähnten Grubenunglück sollen die Zechen stillgelegt worden sein.[747] Auch in Kleingrub dürfte es zu einem merklichen Verfall des Bergbaus gekommen sein, denn 1525 wurde der Bergzins nur auf 20–70 fl. geschätzt,[748] was einer jährlichen Förderung im Werte von etlichen hundert Gulden gleichkommt. Die wichtigste Bergstadt des Reviers war eindeutig Großschlatten,[749] dessen Goldreichtum in zeitgenössischen Berichten besonders hervorgehoben wird;[750] zu Zeiten Ludwigs II. erbrachten die Gruben der Ortschaft und deren Umgebung jährlich über 700 kg Gold.[751] Von den nächstgelegenen Bergbauorten sind vor bzw. um 1600 Goldbach/Roșia Montana, Bucium und Cărpiniș erwähnt, von denen anscheinend zumal der erste Ort besondere Bedeutung hatte, aber nennenswerte Spuren von Zechen gab es nach 1700 auch in Vulcan.[752] Man wusste schließlich von Erzvorkommen im Ariescher Stuhl, die jedoch wegen des Widerstandes der Szekler nicht näher untersucht werden konnten.[753]

Als reich betrachtete man weiterhin die Edelmetallvorkommen von Altenberg;[754] Agricola erwähnte z. B. das dortige Seifengold. Der Bergzins dieser Ortschaft wurde 1525 auf 100–400 fl. eingeschätzt,[755] was ungefähr auf eine durchschnittliche jährliche Förderung im Wert von einigen tausend Gulden schließen lässt. Geringer wird sie in Pernseifen gewesen sein, das 1525 noch zu den vier wichtigsten Bergstädten des Reviers zählte, dann aber nur noch wenig erwähnt wurde.[756] Belegt ist noch eine Zeche in Ruda,[757] aber Spuren alter Gruben fanden sich um 1700 auch bei Kreischquell, Brăzești, Rohrbach,

---

[746] C. Stephani, *Hospites de Maramorusio, II* und *III*. Die untergeordnete Bedeutung von diesen wird z. B. im Fall von Waschwerk/Băița de Sub Codru greifbar, das im 16. Jh. nur als normales, kleines Dorf belegt ist (D. Prodan, *Iobăgia în sec. XVI*, Bd. II, S. 195f.).
[747] *Offenbánya in Unteralba*, in: „Blätter für Geist, Gemüth und Vaterlandskunde", Nr. XLII, 1838, S. 356. Siehe auch: S. de Köleséri, *Auraria Romano-Dacica*, S. 49.
[748] D. Prodan, *Iobăgia în sec. XVI*, Bd. II, S. 75.
[749] S. Köleséri, *Auraria Romano-Dacica*, S. 50.
[750] Für den Goldreichtum s. *Călători străini* ..., Bd. I, S. 158, 222, Bd. II, S. 50, Bd. III, S. 193, Bd. V, S. 53 und vielleicht Bd. V, S. 46; vgl. auch: H. Wilsdorf, W. Quellmalz, *Bergwerke und Hüttenanlagen der Agricola-Zeit*, Berlin 1971, S. 277. Für die Rolle eines Vorortes s.: *Călători străini* ..., Bd. I, S. 222, Bd. II, S. 50; G. Gündisch, *Deutsche Bergwerkssiedlungen* ..., S. 73; N. Maghiar, Șt. Olteanu, *Din istoria mineritului în România*, București 1970, S. 162.
[751] *Călători străini* ..., Bd. II, S. 50.
[752] G. Gündisch, *Deutsche Bergwerkssiedlungen* ..., S. 70, 73; S. de Köleséri, *Auraria* ..., S. 93. Vgl. auch J. Pridvaldszky, *Minero-logia* ..., S. 52f., 65.
[753] *Călători străini* ..., Bd. II, S. 51.
[754] *Călători străini* ..., Bd. II, S. 50, 82, Bd. V, S. 53; H. Wilsdorf, W. Quellmalz, *Bergwerke und Hüttenanlagen* ..., S. 276.
[755] D. Prodan, *Iobăgia în sec. XVI*, Bd. II, S. 75.
[756] S. de Köleséri, *Auraria Romano-Dacica*, S. 47; J. Kemény, *Deutsche Fundgruben zur Geschichte Siebenbürgens*, Bd. I, Klausenburg 1839, S. 90.
[757] *Călători străini* ..., Bd. III, S. 192.

Țebea, Căraci, Herzogdorf/Hărțăgani und Săliște;[758] in der zweiten Hälfte des 18. Jhs. gab es dann auch andere, wenigstens teilweise viel ältere Bergwerke, und zwar in Schweinsdorf/Vălișoara, Nasdorf/Stănija und Kainsdorf/Căinel.[759]

Erstmals besitzen wir aus dieser Zeit direkte Hinweise auch auf Gruben im Gebiet des Ampoitales: Erst 1518 heißt es, dass Kleinschlatten einstmals durch seine Goldvorkommen berühmt war,[760] obwohl es dort eine gotische Kirche, vermutlich aus dem 15. Jh. gibt. 1585 sind dann auch die Bergwerke erwähnt[761] und durch das Überwechseln zahlreicher Bergleute aus den Quecksilber- in die Edelmetallzechen wurde im 17. Jh. der Betrieb wesentlich belebt.[762] Sehr bedeutend waren aber vor allem die Erzaufarbeitungsanlagen, die allmählich hier entstanden und nicht nur örtliche Bedeutung hatten.[763] Ob sie auch für die Zechen um Großschlatten, Altenberg und Pernseifen arbeiteten, ist ungewiss, wohl aber für die in unmittelbarer Nähe des Ampoitales gelegenen: 1585 sind erstmals Bergwerke in Großalmesch/Almașu Mare erwähnt und im 18. Jh. auch in Pohlendorf/Poiana.[764]

Obwohl die reichen Erzvorkommen in Rodenau bekannt waren,[765] konnte dort der weitere Rückgang des Edelmetallbergbaus nicht verhindert werden.

Wie ein Entscheid des Berggerichtes für den Roten Seifen bei Goldbach beweist, war man bestrebt, dem Gruben- und Pochwerkbetrieb das Vorrecht gegenüber der Goldwäscherei einzuräumen. Leute, die sich mit der letzteren beschäftigten, waren stellenweise für die Benutzung der Gewässer von der Einwilligung der Waldbürger abhängig.[766] Trotzdem hatte dieses Gewerbe, wie schon erwähnt, für die seinerzeitige Goldproduktion Siebenbürgens überragende Bedeutung, und zu Beginn des 18. Jhs. hieß es selbst von Großschlatten, dass der Ort vor allem dank der Goldwäscher blühe.[767] Als ein Zentrum von diesen wird später Topesdorf/Câmpeni erwähnt, aber Edelmetall wurde nicht nur aus dem Sand des Ariesch, sondern auch aus dem vieler an-

---

[758] S. de Köleséri, *Auraria Romano-Dacica*, S. 38f., 93, 95.
[759] J. Fridvaldsky, *Minero-logia* ..., S. 76–79.
[760] *Călători străini* ..., Bd. I, S. 161. Der Hinweis dürfte sich auf die Antike beziehen, denn auf alten Siebenbürgenkarten (*Călători străini* ..., Bd. II, S. 10a; *Quellen zur Geschichte der Siebenbürger Sachsen*, Hg. E. Wagner, Köln, Wien 1976, S. 153) wird Kleinschlatten noch als Ruinenstätte bezeichnet.
[761] A. Veress, *Documente privitoare la istoria Ardealului, Moldovei și Țării Românești*, [Urkunden zur Geschichte Siebenbürgens, der Moldau und der Walachei], Bd. III, București 1931, S. 58f.
[762] G. Gündisch, *Deutsche Bergwerkssiedlungen* ..., S. 75.
[763] S. de Köleséri, *Auraria Romano-Dacica*, S. 51.
[764] A. Veress, *Documente privitoare la istoria Ardealului* ..., Bd. III, S. 60; J. Fridvaldszky, *Minero-logia* ..., S. 75.
[765] *Călători străini* ..., Bd. I, S. 218, Bd. II, S. 50f., Bd. V., S. 46.
[766] S. de Köleséri, *Auraria Romano-Dacica*, S. 47–49.
[767] S. de Köleséri, *Auraria Romano-Dacica*, S. 50.

derer Bäche und Flüsse gewaschen wie z. B. aus dem des Großen und Kleinen Somesch, der Bistritz, der Schnellen und der Weißen Kreisch, des Ampoi, ebenso aus dem Geoagiul, Strell, Mieresch, Schiel oder dem Piener Bach.[768] Zahlreichere Hinweise gibt es aus dieser Zeit auch für die Förderung von Industriemetallen. Von besonderer Bedeutung scheinen die fürs Amalgamationsverfahren wichtigen Quecksilbergruben in Kleinschlatten gewesen zu sein.[769] Vor allem für diese siedelte Gabriel Bethlen Anfang des 17. Jhs. Bergleute aus der Gegend von Schemnitz/Banská Stiavnica (Slowakei) an;[770] damals dürfte auch neben dem alten Dorf („*Zlatna Sat*", „*Zlatna Veche*") die neue Stadt („*Zlatna Oraş*") bestanden haben.[771]

Für das Schmelzen der Edelmetalle wurde das silberhaltige Blei aus den Gruben von Großalmasch benutzt[772] und wohl für Gebrauchsgegenstände das Kupfer aus den Zechen von Tannenhof und Baizen/Băiţa.[773]

Dem gleichen Zweck diente das siebenbürgische Eisen. Erwähnt sind Gruben in Eisenburg[774] (einem Ort, der auch auf der Siebenbürgenkarte von Honterus erscheint) und in der Gegend von Hunyad („*ferrifodina penes castrum Hunyad*", „*oppidum Hwnyad, necnon [...] volachales et montana ferrea*").[775] Sie werden auch in Quellen des 18. Jhs. genannt, und dort erscheint Hunyad an erster Stelle. Namentlich ist noch Ghelari erwähnt, gleichzeitig ist genauer von Öfen im Govăjdia- und im Cerna-Tal die Rede.[776] Sehr alte Stollen gehörten etwas später zu den Eisenbergwerken neben Mehadia, aber eine gewisse Förderung gab es auch an anderen Orten, wie Birtin und Vaţa de Jos bei Altenberg.[777] Trotzdem konnte die hiesige Förderung den Bedarf nur teilweise decken, so dass z. B. Zipser Eisen eingeführt wurde sowie Stahl aus den deutschen Ländern, etwa der Steiermark.[778]

Die Zahl und Art der Zechen verschiedener Bergstädte wird sehr unterschiedlich gewesen sein. In bedeutenden Orten gab es viele Gruben: Auf einer Zeichnung des 18. Jhs., die den Kirnik-Berg neben Großschlatten darstellt, er-

---

[768] S. de Köleséri, *Auraria Romano-Dacica*, S. 37, 72; G. Gündisch, *Die Oberschicht Hermannstadts im Mittelalter*, in: „Zeitschrift für Siebenbürgische Landeskunde", Jg. 4, 1981, S. 11.
[769] S. auch: A. Veress, *Documente privitoare la istoria Ardealului ...*, Bd. III, S. 59f.
[770] G. Gündisch, *Deutsche Bergwerkssiedlungen ...*, S, 73ff.
[771] Die Trennung der beiden Siedlungen erscheint auch im Grundbuch der Ortschaft.
[772] A. Veress, *Documente privitoare la istoria Ardealului*, Bd. III, S. 60.
[773] A. Veress, *Documente privitoare la istoria Ardealului*, Bd. III, S. 60, 62.
[774] *Călători străini ...*, Bd. V, S. 46. Allem Anscheine nach war ihre Existenz auch Agricola bekannt (s.: H. Wilsdorf, W. Quellmalz, *Bergwerke und Hüttenanlagen ...*, S. 503).
[775] D. Csánki, *Magyarország történelmi földrajza*, Bd. V, Budapest 1913, S. 47, 60.
[776] J. Fridvaldszky, *Minero-logia ...*, S. 93 f.
[777] S. de Köleséri, *Auraria Romano-Dacica*, S. 92. Wie in anderen Fällen betrachtete Köleséri diese Stellen als römisch. Da die gleichen Formen jedoch auch für Rodenau erwähnt werden, erscheint diese Zuordnung fraglich. Für die Eisenförderung bei Altenberg s. *Istoria gîndirii şi creaţiei ştiinţifice şi tehnice româneşti*, Bd. I, Hg. Şt. Pascu, Bucureşti 1982, S. 334.
[778] *Călători străini ...*, Bd. I, S. 287; D. Prodan, S. Goldenberg, *Inventarele din 1553 şi 1556 ale minelor şi monetăriei din Baia Mare*, in: „Anuarul Institutului de istorie şi arheologie din Cluj", Bd. VII, 1964, S. 125.

scheinen z. B. über dreißig Stollenmundlöcher, die teilweise gewiss zu aufgelassenen Gruben gehörten; auch Pingen dürften angedeutet sein.[779] Aufschlussreich ist eine Beschreibung des 19. Jhs. von Orlea bei Goldbach: Dort gehört alles *„einer Unmenge kleiner Privatgewerkschaften und Eigenlöhnern. Die verliehenen Bergwerksrechte dieser Privatgruben besitzen kugelige, prismatische oder zylindrische Gestalt. Dabei sind diese Felder ganz klein. [...] Vielfach durchsetzen sich diese Grubenfelder, so dass der sich überschneidende Teil als gemeinsamer Besitz gilt."*[780]

Dabei gab es in der Nähe von Großschlatten mehrere Abbaugebiete – Fridvaldszky erwähnt z. B. die Berge „*Igrie, Csetate Boylor, Korna, Orla, Kirnizel etc.*", die zum Teil bei Goldbach lagen. Ebenso erwähnt er für das nahegelegene Bucium viele alte Goldbergwerke.[781] In Eisenburg sind zahlreiche Zechen namentlich belegt, und zwar „*Fogol*", „*Terö*", „*Györgyes*" und „*Seyda*".[782] Ebenso werden einige auch in Mittelberg genannt, 1556 „*Pelseocz*" und „*Mihalwc*", 1569 „*Gheonchwaar, Wykerek*" und „*Parlosatt*" (insgesamt gab es damals sechs Zechen, die in Betrieb standen, vierzehn waren außer Betrieb)[783] und 1690 andere Bergwerke, „*Fudor, Thomas, Leves, Wandt*" und „*Farkas*", in denen gearbeitet wurde.[784] Ähnlich wie in Großschlatten gab es bei Neustadt mehrere Abbaugebiete, wie den „*Kreuzberg*" und das „*Rothwasser-Tal*".[785] Um die Mitte des 16. Jhs. sind in der Nähe des Ortes mehrere große Bergwerke belegt – „*Putens Novens, Ablatonis Temparis, Cerasi Steindrut*" und „*Kind Valvo*"[786] sowie „*Naghwerem, Gewzwad, Gepel Schacht, Regio Schacht, Chereznye Regia*";[787] die Namenaufzählung ließe sich noch weiter ergänzen.

Nach zahlreichen Quellen des 16. und 17. Jhs. sowie nach verschiedenen Geländebefunden sind einige Merkmale der Zechen zu erfassen. Bei der jahrhundertlangen Förderung an günstigen Fundorten waren die Bergwerke zum Teil wesentlich angewachsen. In Neustadt hatten die großen Zechen um 1550 mehrere Schächte für Förderung, Wasserhaltung und Wetterführung.[788] Eines der Bergwerke besaß schon damals eine Teufe von 300 m.[789] Die Inventare erwähnen bei mehreren Gruben Fördermaschinen – teilweise sogar zwei, eine alte und eine neue (*Naghwerem, Gewzwad*); bei kleinen Zechen (z. B. in der

---

[779] Für Tagebau s. auch: S. de Köléseri, *Auraria Romano-Dacica*, S. 86; *Monografia* ..., S. 254.
[780] Ch. Bartels, *Zum Bergrecht in Siebenbürgen*, in: „Silber und Salz in Siebenbürgen", Katalog, Hg. R. Slotta, V. Wollmann, I. Dordea, Bd. I, Bochum 1999, S. 63.
[781] J. Fridvaldszky, *Minero-logia* ..., S. 49, 52f.
[782] J. Fridvaldszky, *Minero-logia* ..., S. 100f.
[783] D. Prodan, *Iobăgia în sec. XVI*, Bd. II, S. 236, 245, 247.
[784] G. Gündisch, *Geschichte der Münzstätte* ..., S. 83.
[785] *Monografia* ..., S. 274 f., 277.
[786] *Monografia* ..., S. 254.
[787] D. Prodan, S. Goldenberg, *Inventarele* ..., S. 122.
[788] *Monografia* ..., S. 254.
[789] K. Palmer, *Nagybánya* ..., S. 82.

Nähe Großschlattens) handelte es sich meist um Haspeln mit ein oder zwei Kurbeln, bei großen Bergwerken, z. B. in Neustadt, um Göpelwerke, für die in den Inventaren zahlreiche Pferde angeführt sind.[790]

Zu einen Bergwerk gehörten häufig mehrere Stollen, deren Strecken in einer früheren Zeit mit unregelmäßigem Verlauf den Erz- bzw. Metalladern nachkrochen, später aber vornehmlich mit Richtstrecken nach gewissen Regeln angelegt wurden.[791] Sie hatten manchmal eine beträchtliche Länge: Bei Neustadt fand man z. B. im Rothwasser-Tal einen Stollen von über 2000 m, im Kreuzberg kam es 1571–1573 zur Wiedereröffnung eines Stollens von 1400 m Länge, und um 1550 gab es dort auf der unteren Sohle einer anderen Grube eine über 1000 m lange Strecke.[792] Nach der Art des Gesteins, in dem sie vorangetrieben worden waren, sind Wände und Decke der Gänge manchmal unverschalt geblieben oder mit einer Türstockzimmerung versehen worden; auch ausgemauerte, d. h. gewölbte Strecken sind öfters erwähnt – so z. B. 1569 in Mittelberg oder in Großschlatten.[793] Eine Besonderheit waren Stollen mit Treppen, so in Rohrbach.[794]

Der Abbau erfolgte größtenteils mit Schlägel und Eisen. Um das Jahr 1700 lockerte man das Gestein noch oftmals mit Essig und Feuer. Von letzterem wird berichtet, dass es vor allem bei großen Teufen gefährlich sei, da Dämpfe und Rauch die Kumpel ersticken, im Tagebau jedoch werde es z. B. in Großschlatten verwendet. Damals war auch das Sprengen bekannt, und zwar wurde Schießpulver in vorher gebohrte, tiefe Löcher eingeführt – so in den Gruben bei Hunyad.[795] Taubes Gestein und Erz wurden auf ebenso vielfältige Art gefördert – in Eisenburg z. B. in getragenen Körben und Schubkarren, in Neustadt auch mit Hunden; in einer aufgelassenen Zeche in Tannenhof hat man sogar Holzschienen mit Weichen gefunden.[796]

Von besonderer Bedeutung war selbstverständlich die Wasserhaltung und Wetterführung. 1585 heißt es von den älteren Goldgruben in Kleinschlatten, dass der Abbau wegen der schlechten Luft in ihnen eingestellt werden müsse; nur durch einen seit lange geplanten Erbstollen (der einfach Stollen – „cuniculus" – genannt wird) lasse sich der Zustand ändern, d. h. frische Luft zuführen und das Wasser ableiten, und das gleiche müsse für das neuere, obere Bergwerk – wohl durch die Anlage eines Blindschachtes – vom älteren unte-

---

[790] D. Prodan, S. Goldenberg, *Inventarele* ..., S. 122 f.
[791] S. de Köleséri, *Auraria Romano-Dacica*, S. 87f.
[792] *Monografia* ..., S. 254, 258, 275.
[793] D. Prodan, *Iobăgia în sec. XVI*, Bd. II, S. 247; N. Maghiar, Șt. Olteanu, *Din istoria mineritului* ..., S. 162.
[794] S. de Köleséri, *Auraria Romano-Dacica*, S. 92.
[795] S. de Köleséri, *Auraria Romano-Dacica*, S. 80 f. *Istoria gîndirii* ..., S. 335.
[796] S. de Köleséri, *Auraria Romano-Dacica*, S. 81; N. Maghiar, St. Olteanu, *Din istoria mineritului* ..., S. 151; *Istoria gîndirii* ..., S. 288. S. dazu auch: D. Prodan, S. Goldenberg, *Inventarele* ..., S. 122f.; *Monografia* ..., S. 256.

ren Bergwerk aus erfolgen, die Arbeiten würden jedoch drei Jahre dauern.[797] Ein sehr langer Erbstollen befand sich im Kirnik-Berg bei Großschlatten,[798] an einem anderen („*cuniculi seu stolae*") wurde zu Zápolyas Zeiten bei der Zeche in Offenburg gearbeitet, doch da man nachher, unter Martinuzzi, den Vortrieb einstellte, wurden die Gruben wassernötig. Ebenso ist auch in Neustadt ein Erbstollen erwähnt, der für die Arbeit in mehreren Bergwerken entscheidend war; bei der Teufe verschiedener Gruben konnte trotzdem der Betrieb einigerorts nur mit besonderen Wasserkünsten aufrecht erhalten werden.[799]

Die verschiedenen Teile der Zechen mussten ständig instandgehalten werden – geschah dieses nicht, so verfielen sie; 1552 waren z. B. Bergwerke in Goldbach in verwüstetem Zustand oder 1690 die in Neustadt stark heruntergekommen, so dass einige geschlossen wurden.[800] Dabei konnten gewiss alle Teile leiden: 1585 war an den Silbergruben in Großalmasch sowohl der Schacht als auch der Stollen in schlechtem Zustand, in der ersten Hälfte des 16. Jhs. stürzte in Neustadt ein Erbstollen ein; selbst gemauerte Gewölbe wurden schadhaft.[801]

Instandhaltungsarbeiten und gewisse Reparaturen konnten unter Umständen von der Bevölkerung der Bergstädte getragen werden, die – wie erwähnt – manchmal dafür Begünstigungen erhielt. So gewährte Ludwig II. 1520 den Leuten in Rodenau für sechs Jahre Steuernachlass, um den Bergbau zu heben, und die in Neustadt wurden 1525 für zwei Jahre von Pachtzahlungen sowie allen ordentlichen und außerordentlichen Steuern befreit, da sie ohne Unterstützung des Fiskus verschiedene Gruben wiedereröffnet hatten.[802] Schließlich gewährte der siebenbürgische Landtag 1618 all denen, die alte Gruben wiedereröffneten, ein Jahr völlige Steuerfreiheit.[803] Für größere Reparaturen sind Summen von 1.000 fl. (Offenburg), 2.000 fl. (Mittelberg) und über 5.000 fl. (Neustadt) belegt;[804] zieht man in Betracht, dass seinerzeit die teuersten Stadthäuser Siebenbürgens einen Wert von 2.000–3.000 fl. besaßen und dieses das gesamte Jahreseinkommen von über fünfzig Kumpeln war, so wird der Aufwand für Reparaturen anschaulich. Zumal dann, wenn Ausgaben für eine aufwändige Erschließung neuer Lagerstätten oder für Erbstollen und Blindschächte hinzukamen, waren diese von gewöhnlichen Gewerken („*habitato-*

---

[797] A. Veress, *Documente privitoare la istoria Ardealului*, Bd. II, S. 58.
[798] J. Fridvaldsky, *Minero-logia* ..., S. 52.
[799] *Călători străini* ..., Bd. II, 64.
[800] G. Gündisch, *Deutsche Bergwerkssiedlungen* ..., S. 70; *Monografia* ..., S. 268.
[801] A. Veress, *Documente privitoare la istoria Ardealului*, Bd. III, S. 58; *Călători străini* ..., Bd. II, S. 64; D. Prodan, *Iobăgia în sec. XVI*, Bd. I, S. 247.
[802] A. Berger, *Urkunden-Regesten aus dem alten Bistritzer Archive*, in: „Programm des evangelischen Obergymnasiums [...] Bistritz", Bd. III, Bistritz 1895, S. 13, 18; *Monografia* ..., S. 251.
[803] *Monografia* ..., S. 262.
[804] G. Gündisch, *Deutsche Bergwerkssiedlungen* ..., S. 70; D. Prodan, *Iobăgia în sec. XVI*, Bd. II, S. 233, 247.

ribus urburaris")⁸⁰⁵ nicht zu tragen. Nur große Unternehmer oder der Fiskus konnten da einspringen – 1505 wurde z. B. ein Teil der siebenbürgischen *Trigesima* dafür aufgewendet.⁸⁰⁶

Wie erwähnt, erfolgte der Bergbau nach bestimmten Regeln, die entsprechend den engen Beziehungen zu Revieren in Mitteleuropa den seinerzeitigen Erkenntnissen entsprachen.⁸⁰⁷ Dieses beweisen zunächst verschiedene Gutachten des 16. und 17. Jhs.; Herbersteins Ausführungen über die baumartige Anordnung der Goldadern in Kleinschlatten⁸⁰⁸ werden z. B. durch unser heutiges Wissen über die Erzführung im Revier bestätigt (*"Die Gangsysteme sind oft sehr regelmäßig um die Vulkanschlote angeordnet. Auf erzleere Wurzeln folgen reiche Vererzungen im Mitteltail der Gänge, nach oben erfolgt wieder eine Vertaubung, wobei die Gänge sich meist zerschlagen"*).⁸⁰⁹ Ebenso spricht aber auch die in Siebenbürgen übliche Fachterminologie dafür.⁸¹⁰ Die Besitzrechte der Einzelnen mussten geregelt werden: Um „*das Gebäu führen*" zu können war das „*Feldmessen*" der „*Fund-Gruben*" nötig – d. h. es war zu „*vermessen, versteinen, marckscheiden*"; auch eine „*Iconographia et Geometria subteranae*" wird erwähnt. Beim Anlegen „*steigender und fallender Gänge*" waren diese nach dem „*Gebürgs-Geschicke*" auszurichten – es mussten „*die Gänge nach ihren Streichen oder Stunde hangen und liegen*"; dabei war „*die Gewaltigung der Wasser*" zu berücksichtigen, d. h. man sollte das „*Wasser leiten*", „*durch Stollen einbringen*". Selbst beim Goldwaschen unterschied man zwischen „*schlemmen und Schlicht ziehen*".

Das geförderte Erz musste zunächst von taubem Gestein und Erde gesondert werden. War es sehr hart, so wurde es erhitzt und dann mit Wasser abgeschreckt. Erst in halbwegs mürbem Zustand konnte seine Zerkleinerung erfolgen.⁸¹¹

Für diese benutzte man Goldmühlen oder Pochwerke. Erstere eigneten sich anscheinend zumal für die Pulverisierung von vorbehandeltem Erz.⁸¹² Sie sind in Großschlatten und Goldbach belegt: 1525 verbaute z. B. Matthias Armbruster die ansehnliche Summe von 180 fl. in solche, und eine Urkunde

---

[805] S. de Köleséri, *Auraria Romano-Dacica*, S. 50.
[806] *Monografia* ..., S. 250. S. auch: *Călători străini* ..., Bd. II, S. 85.
[807] Für die Beziehung spricht nicht nur die Tätigkeit auswärtiger Pächter und Spezialisten, sondern auch das Auftreten von Bergleuten aus Freiberg und Eisleben bei einem Prozeß in Hermannstadt (G. Gündisch, *Deutsche Bergwerkssiedlungen* ..., S. 71). Auf die Regeln weisen gleichzeitig N. Maghiar und Șt. Olteanu (*Din istoria mineritului* ..., S. 162f.) hin.
[808] A. Veress, *Documente privitoare la istoria Ardealului*, Bd. III, S. 59.
[809] H. Wilsdorf, W. Quellenmalz, *Bergwerke und Hüttenanlagen* ..., S. 277.
[810] S. de Köleséri, *Auraria Romano-Dacica*, S. 88, 97. S. auch: *Călători străini* ..., Bd. II, S. 67.
[811] S. de Köleséri, *Auraria Romano-Dacica*, S. 76.
[812] S. de Köleséri, *Auraria Romano-Dacica*, S. 76.

aus dem gleichen Jahr spricht im Kontext der Wassernutzung des Roten Seifens von „Mühlenbesitzern" (*„Domini molendinorum"*).[813]

Eine große Verbreitung hatten die Pochwerke (*„contusorium"*): Nach Agricola gab es in den Karpaten auch 20 solche, die hintereinander folgten.[814] Im Inventar der Münzkammer und Gruben in Neustadt werden 1556 nur Pochwerke und keine Goldmühlen erwähnt, und dabei wird mitunter auch auf die unmittelbare Zugehörigkeit von einzelnen Anlagen zu bestimmten Bergwerken hingewiesen, ebenso in einem Verzeichnis von 1569 der Liegenschaften in Mittelberg.[815] Andere Belege stammen aus Ruda und Goldbach,[816] doch können sie auch sonstigenorts vorausgesetzt werden. Die Pochwerke wurden von einem oberschlächtigen oder unterschlächtigen Wasserrad angetrieben; nach den Bedürfnissen und Möglichkeiten der Besitzer – und vor allem entsprechend dem zur Verfügung stehenden Wasser – waren sie verschieden, öfters sehr groß. 1556 sind in Neustadt zwei mit 24 und eines mit 2l Stempeln (*„pistillis"*) erwähnt, 1569 in Mittelberg eines mit 19; 1551 hatten die 14 Pochwerke aus Neustadt insgesamt 206 Stempel (also im Mittel ungefähr 15), 1553 sind ebendort fünf erwähnt, davon 2 mit 12 Stempeln und je eins mit 9 und 21, 1585 gab es bei Ruda ein Pochwerk mit neun und auch solche mit sechs Stempeln waren üblich; im Allgemeinen sind diese Zahlen merklich größer als bei den von Agricola gezeichneten Pochwerken.[817] Da die Zahl der Stempel meist ein Vielfaches von drei war, werden diese für gewöhnlich – wie später – zu je drei gruppiert gewesen sein. Für die Pochschuhe wurde sehr harter Stein oder Eisen verwendet.[818] Weil im 16. Jh. nicht immer ein Sumpf zu den Anlagen gehörte (das Nasspochwerk war erst 1512 erfunden worden),[819] wird der Pochtrog nur manchmal mit Löchern zum Ausschwemmen der Pochtrübe versehen gewesen sein. Im 16. Jh. wurde öfters die Pochung des Erzes als nicht entsprechend eingestuft und so dürfte sich die Form der Pochwerke noch geändert haben; um 1700 scheint man jedoch die Sümpfe als allgemein dazugehörige Teile betrachtet zu haben.[820] Nach einer Zeichnung vom Beginn des 18. Jhs. waren die siebenbürgischen Anlagen dieser Art meist noch nicht über-

---

[813] G. Gündisch, *Deutsche Bergwerkssiedlungen ...*, S. 70; S. de Köleséri, *Auraria Romano-Dacica*, S. 47 f. Vgl. G. Agricola, *De re metallica*, Basel, 1556 (verwendet nach der Neuausgabe Berlin 1974), S. 229–233.
[814] *Istoria gîndirii ...*, S. 285.
[815] D. Prodan, *Iobăgia în sec. XVI*, Bd. II, S. 247.
[816] A. Veress, *Documente privitoare la istoria Ardealului*, Bd. III, S. 60; G. Gündisch, *Deutsche Bergwerkssiedlung ...*, S. 70.
[817] D. Prodan, *Iobăgia în sec. XVI*, Bd. II, S. 235, 247; *Monografia ...*, S. 254; D. Prodan, S. Goldenberg, *Inventarele ...*, S. 130; A. Veress, *Documente privitoare la istoria Ardealului*, Bd. III, S. 60; S. de Köleséri, *Auraria Romano-Dacica*, S. 94; G. Agricola, *De re metallica*, S. 254f.
[818] S. de Köleséri, *Auraria Romano-Dacica*, S. 76.
[819] A. Veress, *Documente privitoare la istoria Ardealului*, Bd. III, S. 60; H. Wilsdorf, W. Quellmalz, *Bergwerke und Hüttenanlagen ...*, S. 43.
[820] *Călători străini ...*, Bd. !I, S. 64, Bd. III, S. 193; S. de Köleséri, *Auraria Romano-Dacica*, S. 93.

dacht, doch gibt es von 1620 auch einen Hinweis auf ein großes Pochwerkhaus in Neustadt.[821]

Aus der Pochtrübe musste anschließend das Metall herausgewaschen werden. Dieses erfolgte auf die gleiche Art wie beim Goldwaschen aus dem Sand der Flüsse: Man verwendete dazu ein Gerinne, das mit einer haarigen Woll- oder Hanfplane bedeckt war. Nach der Planenwäsche wurde der anfallende goldhaltige Sand nochmals im „Scheidtrog" (auch „Sichertrog" genannt) gesichtet.[822] Wie in anderen Teilen Europas verwendete man für das Waschen auch Siebe – die manchmal an Seilen hingen –, Tröge mit Querleisten und kompliziertere Gerinne, so teilweise in Kleinschlatten.[823] Zumal aus Wassermangel ging aber in dieser Arbeitsphase, z. B. in Großschlatten, viel Edelmetall verloren.[824] Wir wissen nicht, ob Gesichtspunkte dieser Art zum Entstehen großer Goldwaschanlagen am Ampoi, bei Kleinschlatten, geführt haben, jedenfalls wurden solche 1558 für die sehr bedeutende Summe von 2.000 fl. verkauft.[825]

Werte dieser Größenordnung lassen sich nicht nur durch aufwändige Waschanlagen erklären – eher durch dazugehörige umfangreiche Erbwasserkanäle und -seen für eine konstante Wasserzufuhr.[826] Ein Bericht über diese stammt vom Beginn des 18. Jhs. Darin ist von einem Auffangbecken für Regenwasser die Rede, das sich oberhalb von Goldbach, gegen Großschlatten zu befand und das mit mehreren Kunstgräben – mehreren Zuflusskanälen und einem großen Abflusskanal – in Zusammenhang stand: Bei Dürre sollte angeblich das gespeicherte Wasser selbst für hundert Pochwerke mehrere Wochen ausreichen. Ähnliche Stauseen und weitverzweigte Kunstgräben werden gleichzeitig auch in anderen Tälern in der Nähe von Großschlatten erwähnt sowie bei Rohrbach, Altenberg, Großalmasch, Eisenburg usw.[827] Sie werden mit der fortschreitenden Abholzung des Gebirges und der dadurch bedingten ungleichmäßigeren Wasserführung der Bäche nötig geworden sein.

Mit Hilfe von Quecksilber oder Scheidewasser konnte man anschließend das Gold aus dem ausgewaschenen Metallstaub ausscheiden.[828] Manchmal genügte jedoch dieses einfache Verfahren nicht; bedingt durch die Merkmale des Gesteins waren zusätzliche Arbeitsgänge nötig. Das Erz aus Herzogdorf und Kleinschlatten musste z. B. vor dem Pochen geröstet werden.[829] Andernorts

---

[821] *Monografia* ..., S. 264.
[822] S. de Köleséri, *Auraria Romano-Dacica*, S. 93.
[823] A. Veress, *Documente privitoare la istoria Ardealului*, Bd. III, S. 59, 61; S. de Köleséri, *Auraria Romano-Dacica*, S. 83f; *Călători străini* ..., Bd. II, S. 436 f.; *Istoria gîndirii* ..., S. 285.
[824] *Călători străini* ..., Bd. III, S. 193.
[825] G. Gündisch, *Deutsche Bergwerkssiedlungen* ..., S. 71.
[826] Für die s.: N. Maghiar, Şt. Olteanu, *Din istoria mineritului* ..., S. 163, 173.
[827] S. de Köleséri, *Auraria Romano-Dacica*, S. 37, 82; J. Fridvaldszky, *Minero-logia* ..., S. 75; *Istoria gîndirii* ..., S. 334.
[828] *Călători străini* ..., Bd. II, S. 437.
[829] S. de Köleséri, *Auraria Romano-Dacica*, S. 93f. *Călători străini* ..., Bd. II, S. 436.

war das Fördergut jedoch zu schmelzen, und dieses wiederum erfolgte auf mehrere Arten. Zwischen Friesendorf und Fernesee wurden zwei Plattformen von beiläufig je 1,5 x 3,0 m gefunden, die vermutlich das Fundament von niedrigen, unter freiem Himmel befindlichen Öfen bildeten, die wohl den von Agricola skizzierten „Polnischen Öfen" ähnlich gewesen sein dürften; sie gehörten zu kleinen Bergwerksbetrieben.[830] Ihrer großen Zahl wegen könnte man vielleicht auch die von Fridvaldszky erwähnten 36 alten Schmelzöfen bei Offenburg[831] dieser Gruppe zuzählen.

Gleichzeitig sind aber auch Schmelzhütten mit mehreren Öfen belegt. So gab es in Mittelberg 1569 zwei Schmelzhütten (*„conflatorium"*) mit je vier Öfen (*„fornacis"*), von denen zwei bzw. drei dem Kaiser gehörten, die anderen waren Privatbesitz.[832] In Neustadt werden 1553 zwei Schmelzhütten erwähnt, davon eine mit vier Blasebälgen und wohl ebenso vielen Öfen, und 1556 eine mit mehr als zwei Öfen.[833] Andere Schmelzhütten mit zahlreichen Öfen sind in Kleinschlatten belegt, und zwar 1585 als *„conflatorium"* und 1717 als *„officina fusoriae"*.[834] Vom Beginn des 18. Jhs. besitzen wir auch einen Hinweis auf die Art dieser Öfen: In einer Zeichnung erscheinen unter einem Dach vier nebeneinanderstehend, mit einem oberen und einem unteren Vorherd – in der Art wie sie nach Agricola[835] in Niedersachsen gebräuchlich waren. Gleich den Pochwerken wurden sie nicht ganzjährig benutzt.[836]

Die schützenden Gebäude werden manchmal aufwändiger gewesen sein; in einer Schmelzhütte in Neustadt befanden sich 1556 zahlreiche Gerätschaften, so dass mit geschlossenen Wänden gerechnet werden muss. In ihrem geschlossenen, freien Raum, der wohl ziemlich groß war, stand unter anderem ein Treibofen mit zwei dazugehörigen Blasebalgen[837] – also eine dritte Ofenart, die zum Scheiden von Blei, Silber und Gold diente. Diese Öfen waren allgemein gewölbt, d. h. oben geschlossen, und mit Feuerungs- bzw. Abflussöffnungen in verschiedenen Höhen versehen[838] – auch eine siebenbürgische Zeichnung dürfte einen solchen Treibofen darstellen. In Bistritz wurde zeitweise das Silber aus Rodenau geschieden, und kurz nach 1700 ist eine *„officina"* zum Scheiden der Metalle auch für Kleinschlatten belegt.[839] Die Gewer-

---

[830] R. Popa, E. Kovács, *În legătură cu extragerea metalelor prețioase* ..., S. 116–126; G. Agricola, *De re metallica*, S. 321.
[831] J. Fridvaldszky, *Minero-logia* ..., S. 55.
[832] D. Prodan, *Iobăgia în sec. XVI*, Bd. II, S. 245.
[833] D. Prodan, S. Goldenberg, *Inventarele* ..., S. 129f., 139.
[834] A. Veress, *Documente privitoare la istoria Ardealului*, Bd. III, S. 59; S. de Köleséri, *Auraria Romano-Dacica*, S. 51.
[835] G. Agricola, *De re metallica*, S. 321.
[836] A. Veress, *Documente privitoare la istoria Ardealului*, Bd. III, S. 59.
[837] D. Prodan, S. Goldenberg, *Inventarele* ..., S. 139.
[838] G. Agricola, *De re metallica*, S. 370–385.
[839] A. Berger, *Urkunden-Regesten aus dem alten Bistritzer Archive*, in: „Programm des evangelischen Obergymnasiums [...] Bistrit", Bd. II, Bistritz 1894, S. 18; S. de Köleséri, *Auraria Romano-Dacica*, S. 51.

ken konnten dementsprechend ihr Erz im allgemeinen auf eigene Rechnung verarbeiten oder verarbeiten lassen.[840]
Es gab aber auch gegenteilige Bestrebungen. So verbot Wladislaw II. 1504 den Bistritzern, zum Nachteil der Kammer in Hermannstadt Edelmetalle selbst zu scheiden.[841] Zwar hatte die Hermannstädter Niederlassung keinen festen Sitz, sondern war verschiedenorts eingemietet, oft im Haus des jeweiligen Pächters. Dort gab es aber die nötigen Anlagen und Öfen, um 1540 z. B. im Pempflingerischen Haus.[842] (Da die Stadt kein Interesse an einem königlichen/fürstlichen Besitz innerhalb der Mauern hatte, blieben in der ersten Hälfte des 16. Jhs. drei Ankaufversuche des Fiskus fruchtlos.)[843] In der gut eingerichteten Kammer in Neustadt gab es sogar mehrere Schmelz- und Treibeöfen.[844] Im Inventar von 1556 erscheint u. a. eine Brennhütte (*„domus separatoria"*).[845] Nach einer Aufzeichnung von 1620 standen in der letzteren insgesamt sieben Öfen drei verschiedener Typen.[846] Das Scheiden der Metalle erfolgte periodisch, in Neustadt zu Beginn des 16. Jhs. viermal jährlich.[847] Dabei mussten ganz genaue Reinheitsvorschriften eingehalten werden.[848]

Ein letzter wichtiger Vorgang bei der Aufbereitung der Edelmetalle war das Zementieren, d. h. Verfeinern ihres Reinheitsgrades. Dieses wurde ausschließlich in den Kammern durchgeführt, und zwar ebenfalls periodisch, noch seltener als das Scheiden[849] – z. B. in Hermannstadt vor der Mitte des 16. Jhs. einmal, später zwei- bis dreimal jährlich.[850] Dort wird dafür ein Zementofen und 1506–1515 auch ein eigener Bau (*„domus Czymentheren"*) erwähnt[851] und in der Kammer in Neustadt gab es ebenfalls ein gesondertes Gebäude (*„Domus cimentatoria"*); Spuren davon wurden auf dem Gelände der einstigen Kammer ausgegraben.[852] Nach dem Verzeichnis von 1556 stand vermutlich in diesem Gebäude ein Ofen mit zwei Blasebälgen; auch verhältnismäßig viele Gerätschaften gehörten dazu.[853] Rechnungen der Kammer in Hermannstadt bezeugen für die dortige Zementierungswerkstatt ein ähnli-

---

[840] S. auch R. Popa, E. Kovács, *În legătură cu extragerea metalelor prețioase* ..., S. 121.
[841] A. Berger, *Urkunden-Regesten* ..., Bd. II, S. 18.
[842] *Călători străini* ..., Bd. II, S. 52, 80.
[843] G. Seivert, *Beiträge zu einer Geschichte der Hermannstädter Münzkammer*, in: „Archiv des Vereins für siebenbürgische Landeskunde", Bd. VI, Hermannstadt 1864, S. 171, 192f., 299.
[844] *Călători străini* ..., Bd. II, S. 65.
[845] D. Prodan, S. Goldenberg, *Inventarele* ..., S. 134f.
[846] *Monografia* ..., S. 263.
[847] *Călători străini* ..., Bd. II, S. 65.
[848] A., *Der Cementgewinn der Hermannstädter Kammer in den Jahren 1565–1570*, in: „Korrespondenzblatt des Vereins für siebenbürgische Landeskunde", Bd. X, 1887, S. 13f.
[849] *Călători străini* ..., Bd. II, S. 65. S. dazu auch: *Călători străini* ..., Bd. II, S. 47, 50, 52, 85; F. Schuller, *Zur Finanzgeschichte* ..., S. 104.
[850] F. Schuller, *Zur Finanzgeschichte* ..., S. 104; A., *Der Cementgewinn* ..., S. 16ff.
[851] *Călători străini* ..., Bd. II, S. 80.
[852] R. Popa, E. Kovács, *În legătură cu extragerea metalelor prețioase* ..., S. 124.
[853] D. Prodan, S. Goldenberg, *Inventarele* ..., S. 124 f., 133.

ches Inventar[854] und in den Unterkammern, die es zeitweise in Großschlatten und Rodenau gab, kann man es für den Beginn bzw. die Mitte des 16. Jhs. auch voraussetzen.[855] Die Zementierung selbst musste mit mehreren Substanzen nach genauen Vorschriften durchgeführt werden.[856]

Die Kammern unterstanden weiter dem Fiskus, d. h. der König und später der Fürst oder Kaiser waren oberste Regalherren. Anscheinend standen aber zeitweise auch anderen Persönlichkeiten, Institutionen oder Städten gewisse Einkünfte zu – so 1522–1524 der Stadt Hermannstadt.[857] Neben den erwähnten Arbeiten gehörte vor allem die allgemeine Förderung des Bergbaus und die Leitung des Abbaus in den Gruben des Fiskus zu den eigentlichen Pflichten der Kammern, die im Norden z. B. am besten von der unmittelbar im Revier gelegenen Niederlage in Neustadt wahrgenommen werden konnten.[858] Zumal seit der Gründung des siebenbürgischen Fürstentums rückte hingegen die Ausmünzung des Edelmetalls in den Vordergrund, die nach genauen Vorschriften erfolgte.[859]

Das komplizierte Münzsystem war auf eine steigende Vielzahl verschiedenartiger Münzen unterschiedlichen Wertes aufgebaut; z. B. sind bisher 562 Münztypen aus der zweiten Hälfte des 16. Jhs. bekannt und 2.107 aus dem 17. Jh.[860] Gleichzeitig vergrößerte sich auch die Zahl der Münzstätten. Vor 1541 standen jene in Neustadt und Hermannstadt noch ganz vorne; nur zwischen 1527 und 1540 verlegte Johann Zápolya die Münzkammer aus Hermannstadt strafweiße nach Klausenburg/Cluj (wobei man allerdings einige Zeit auch in Hermannstadt für Ferdinand weiterprägte).[861] Dabei stammen wenigstens 40 Guldentypen aus Neustadt, 33 aus Hermannstadt und 15 aus Klausenburg.[862] In der zweiten Hälfte des 16. Jhs. verschob sich das Verhältnis zwischen diesen Münzstätten noch mehr zu Gunsten der beiden alten Kammern, wobei die

---

[854] G. Seivert, *Beiträge zu einer Geschichte der Hermannstädter Münzkammer*, S. 191f. Betreffs die Unterkammern s. *Călători străini* ..., Bd. II, S. 50f. Für Offenburg wird zwar noch der alte Kammerhof erwähnt, aber schon um 1500 scheint nur ein Probieramt und eine Einlösestelle gearbeitet zu haben (G. Seivert, *Beiträge* ..., S. 170, 190. G. Gündisch, *Deutsche Bergwerkssiedlungen* ..., S. 68).
[855] A., *Der Cementgewinn* ..., S. 14.
[856] G. Gündisch, *Geschichte Münzstätte* ..., S. 83; G. Seivert, *Beiträge zu einer Geschichte der Hermannstädter Münzkammer*, S. 170 f.
[857] S. dazu: G. Gündisch, *Geschichte der Münzstätte* ..., S. 71; Ders. *Deutsche Bergwerkssiedlungen*, S. 68.
[858] A., *Der Cementgewinn* ..., S. 14.
[859] O. Luchian, G. Buzdugan, C. Oprescu u.a., *Monede și bancnote românești*, [Rumänische Münzen und Geldscheine], București 1977, S. 121–223. S. auch A. Resch, *Siebenbürgische Münzen und Medaillen von 1538 bis zur Gegenwart*, Hermannstadt 1901, S. 1–185.
[860] G. Seivert, *Beiträge zu einer Geschichte der Hermannstädter Münzkammer*, S. 173; A. Pohl, *Ungarische Goldgulden des Mittelalters*, Graz 1974, Tabelle 59.
[861] A. Pohl, *Ungarische Goldgulden* ..., Tabelle 40–59.
[862] Für die Angaben über Münzkammern und Münzen der zweiten Hälfte des 16. Jhs. und des gesamten 17. Jhs. s.: O. Luchian u.a., *Monede și bancnote românești*, S. 111–223; O. Iliescu, *Moneda în România*, București 1970, S. 41–45. S. auch: A. Resch, *Siebenbürgische Münzen und Medaillen*, S. 1–185.

Kammer in Neustadt außer für das Fürstentum Siebenbürgen seit 1562 auch für Ungarn und seit 1584 für Polen arbeitete. Hingegen wurde gleichzeitig nur je zwei Jahre in Klausenburg und vielleicht in Großschlatten geprägt, während Münzfälschungen unter anderem aus Rodenau stammen sollen.[863]

Wesentliche Änderungen brachte das 17. Jh. In Klausenburg stellte man 94 Jahre hindurch Münzen her, wobei 16 verschiedene Münzzeichen bekannt sind. Wesentlich weniger – nur 59 Jahre lang – arbeitete die Prägestätte in Neustadt für das Fürstentum Siebenbürgen (die Zahlungsmittel tragen acht unterschiedliche Münzzeichen), doch stammen von dort auch aus dieser Zeit vor allem ungarische Münzen. Immerhin ist die Niederlassung bezeichnenderweise vorübergehend zu einem Einnehmeramt der Zipser Kammer degradiert worden.[864] In Hermannstadt, Kronstadt und Weißenburg wurde ungefähr 75 Jahre hindurch Geld geprägt, wobei sich ein Unterschied zwischen diesen drei Städten in der Zahl verwendeter Münzzeichen erkennen lässt: In Hermannstadt handelt es sich um 24 Zeichen, in den anderen Orten um je 4. Außer diesen Städten sind jedoch auch neue Prägeorte zu erwähnen und zwar: Fogarasch/Făgăraș (21 Prägejahre, 5 Münzzeichen), Großenyed/Aiud (5 Prägejahre, 3 Münzzeichen), Broos/Orăștie (4 Prägejahre, 1 Münzzeichen), Bistritz (2 Prägejahre, 6 Münzzeichen), Großschlatten (1 Prägejahr, 1 Münzzeichen), Kleinschelken/Șeica Mică (1 Prägejahr, 1 Münzzeichen) und Neumarkt/Târgu Mureș (1 Münzzeichen).[865] Zugleich wurden siebenbürgische Münzen aber auch in Kaschau/Košice (in der heutigen Slowakei, 11 Prägejahre, 7 Münzzeichen), in Kremnitz (ebenfalls in der heutigen Slowakei, 3 Prägejahre, 1 Münzzeichen), in Oppeln/Opole (im heutigen Polen, 2 Prägejahre, 1 Münzzeichen) sowie kurze Zeit in Lippa, Munkács/Munkačevo (in der heutigen Ukraine) und in Teschen/Český Těšín (im heutigen Tschechien) geprägt. Als eine Besonderheit sind schließlich Bergwerkspfennige zu nennen; bisher sind 14 Typen bekannt, die aus den Jahren 1623–1663 stammen und in Mittelberg, Kleinschlatten und Neustadt oder Elisabethburg verwendet wurden.

Die Münzstätten benötigten verschiedene Anlagen. In der besser eingerichteten Kammer in Neustadt (die auch über ein eigenes Dominium verfügte) ist 1556 je ein Gebäude zum Prägen von Gold- und gewöhnlichen Münzen erwähnt, eine Schmelzhütte für Geld, eine Schatzkammer für Silbermünzen u.a. Dazu gehörten zahlreiche Gerätschaften, die teilweise recht aufwendig waren; seit dem Ende des 16. Jhs. wurde die Münzpresse sogar durch ein Wasserrad angetrieben.[866] Auch in Hermannstadt, Klausenburg, Weißenburg und Kron-

---

[863] G. Gündisch, *Geschichte der Münzstätte*, S. 70f.
[864] S. auch Schuler-Libloy, *Siebenbürgische Rechtsgeschichte*, Bd. I, S. 271.
[865] D. Prodan, S. Goldenberg, *Inventarele ...*, S. 131, 133f.; *Monografia ...*, S. 259. Für Göllnitz und Schmöllnitz ist ein Domenium schon 1338 belegt (G. v. Probszt, *Die niederungarischen Bergstädte ...*, 14).
[866] G. Gündisch, *Geschichte der Münzstätte ...*, S. 83.

stadt waren die Münzstätten entsprechend ausgestattet; schlechter dürfte hingegen die Einrichtung der anderen Prägestätten gewesen sein.

Das benötigte Metall stammte zum Teil aus den Gruben des Fiskus und dem Bergzins, aber auch aus der sogenannten Einlösung („*canubium*"), d. h. von den Gewerken und Goldwäschern, die, entsprechend einem feststehenden, verhältnismäßig kleinen Tarif ihr Gold und Silber an die Kammer verkaufen sollten.[867] Im Fall der Kammer in Hermannstadt wirkte sich dabei jedoch die verhältnismäßig große Distanz zum Bergrevier ungünstig aus; da es öfters in der Kammer kein Geld gab, mussten die Produzenten dann ihr Edelmetall zu einem noch ungünstigeren Preis an Zwischenhändler abgeben.[868] Dadurch wurde selbstverständlich dem Schleichhandel Vorschub geleistet, der im 17. Jh. von den Kammern nicht mehr einzudämmen war.[869] In Hermannstadt galt es z. B. 1677 als allgemein bekannt, dass Griechen gutes Gold einkauften und ausführten, dagegen minderwertiges einführten und verkauften.[870]

Zu erwähnen ist schließlich noch die Verhüttung von unedlen Metallen. In und bei Kleinschlatten wurde Zinnober aufbereitet, d. h. Quecksilber hergestellt – und zwar in 500 Töpfen gleichzeitig –,[871] und in Baizen und wohl auch Tannenhof erzeugte man – nicht ganz befriedigend – Kupfer (nach einem Vorschlag von 1585 sollte das Schwarzkupfer besser in Kleinschlatten geseigert und gebrochen werden).[872] Bei Eisenburg verhüttete man Eisenerz – nach einer Konskription von 1681–82 in fünf Anlagen gleichzeitig –, ebenso auch bei Birtin; dabei sollen im Vergleich zu früheren Zeiten größere und bessere Schachtöfen verwendet worden sein.[873] Verordnungen, die seit 1589 Schmiedegesellen untersagten, in Hunyad zu arbeiten, lassen gleichzeitig für diese Zeit auf dortige Hammerwerke schließen (wie es sie in einer späteren Zeit gab), und ebensolche sind auch in Eisenburg und Birtin erwähnt.[874]

Für viele Arbeitsgänge war ständig Holz oder Holzkohle nötig. Sie stammten aus der Umgebung der Bergbauorte und der ständige Verbrauch wird zu einer progressiven Veränderung der Landschaft geführt haben; in dem Siebenbürgischen Westgebirge ist dadurch der Wald in immer größerem Maße Wiesen gewichen.[875]

---

[867] *Călători străini* ..., Bd. II, S. 47f., 81f., 85; G. Gündisch, *Geschichte der Münzstätte* ..., S. 83.
[868] S. dazu: *Călători străini* ..., Bd. II, S. 47, 68, 81f.
[869] G. Seivert, *Hermannstädter Lokal-Statuten*, S. 57.
[870] A. Veress, *Documente privitoare la istoria Ardealului*, Bd. III, S. 60; *Călători străini* ..., Bd. II, S. 437.
[871] A. Veress, *Documente privitoare la istoria Ardealului*, Bd. III, S. 60, 62.
[872] J. Fridvaldszky, *Minero-logia* ..., S. 94; B. Orbán, *A székelyföld leírása történelmi* ..., Bd. V, Budapest 1873, S. 208f.; *Istoria gîndirii* ..., S. 287, 333.
[873] G. Gündisch, *Deutsche Bergwerksiedlungen*, S. 58; *Istoria gîndirii* ..., S. 334.
[874] Wegen Holzmangels wurde um 1450 in Oberungarn (der heutigen Slowakei) – in der Gegend von Göllnitz und Schmöllnitz das Schmelzen von Eisenerz sogar verboten (G. v. Probszt, *Die niederungarischen Bergstädte* ..., S. 15).
[875] *Călători străini* ..., Bd. II, S. 67.

Die im Montanwesen Tätigen werden in einer Quelle kurz als Metallarbeiter („*metallici*") bezeichnet,[876] worunter sowohl Bergleute als auch Schmelzer u. a. Arbeiter zu verstehen sein dürften. Die einfachen Häuer und Fördermänner (meist wohl „*sectores*", „*laboratores*" genannt) bildeten dabei die unterste Schicht der Bergleute, die teilweise sogar aus Sedlern bestand.[877] Im Unterschied zu den gut ausgebildeten Bergleuten dürfte ihre Zahl zeit- und ortsweise zugenommen haben; 1648 kamen z. B. bei einem einzigen Grubenunglück in der Kreuzbergzeche in Neustadt 300 Arbeiter um. Mit einem Tageslohn von 11 Denar waren die Häuer und Fördermänner 1570 nicht gut besoldet,[878] denn 1593 erhielt in Klausenburg ein Tagelöhner 10 bis 12 Denar, ein Geselle 16 und ein Meister 25.[879] So ist es verständlich, dass in Rodenau – wo es seinerzeit vermutlich kaum alte Familien von Bergleuten gab – 1552 nur arme, unstete Leute in den Gruben arbeiteten[880] und die Bevölkerung 1635 nur darum als Goldwäscher arbeiten wollte, weil Hagelschlag die Felder zerstört hatte.[881]

Die Bezeichnungen „*montanistas*" bzw. „*montanus seu cultor montanarum*" dürften häufiger für bessere Bergleute verwendet worden sein.[882] Ihre Zahl wechselte wohl stark, war aber im Allgemeinen im Abnehmen begriffen; im Jahr 1601 gab es z. B. in Neustadt nur 81 ausgebildete Bergleute.[883] (Dort musste der Fiskus im 17. Jh. wiederholt mit der Aufhebung der Privilegien drohen, um die Stadt zum Bergbau zu zwingen, aber auch in anderen Gebieten – wie z. B. in Schemnitz – wird in dieser Periode eine Abkehr vom Montanwesen bemerkbar.)[884] Bezeichnend für die Bedeutung, die Facharbeitern zugemessen wurde, ist ein Fall aus Kleinschlatten: 1646 wurden fünf abgängige Bergleute selbst in Neustadt gesucht.[885] Gut ausgebildete Fachkräfte sind auch von auswärts angeworben und angesiedelt worden – zumal von Gabriel Bethlen und Georg I. Rákóczi – in Neustadt, Kapnik-Oberstadt/Cavnic und Kleinschlatten.[886] Sie waren zumindest anfangs noch besser gestellt und besaßen, z. B. in Kleinschlatten, gewisse Privilegien, doch ihre Lage verschlechterte sich allmählich; trotzdem gebot noch Apafi seinen Provisoren eine sorgfäl-

---

[876] A. Veress, *Documente privitoare la istoria Ardealului*, Bd. III, S. 58, 60; D. Prodan, *Iobăgia în sec. XVI*, Bd. II, S. 242.
[877] *Monografia ...*, S. 258.
[878] S. Goldenberg, *Clujul în sec. XVI. Producția și schimbul de mărfuri*, București 1958, S. 364.
[879] *Călători străini ...*, Bd. II, S. 51.
[880] Arhivele Naționale, Direcția Județeană Cluj-Napoca, Fond: *Arhiva orașului Bistrița*, 1635, Nr. 133.
[881] *Călători străini ...*, Bd. II, S. 50, 85; D. Prodan, *Iobăgia în sec. XVI*, Bd. II, S. 244; S. de Kölesèri, *Auraria Romano-Dacica*, S. 47f.
[882] D. Prodan, *Iobăgia în sec. XVI*, Bd. II, S. 75;
[883] G. Gündisch, *Geschichte der Münzstätte ...*, S. 82, s. dazu: G. v. Probszt, *Die niederungarische Bergstädte ...*, S. 63.
[884] *Monografia ...*, S. 266.
[885] *Monografia ...*, S. 252, 266; C. Stephani, *Hospites de Maramorusio, II*.
[886] G. Gündisch, *Deutsche Bergwerkssiedlungen ...*, S. 73–76.

tige Behandlung dieser Leute.[887] Den Rahmen für die Sonderstellung bildete dort u. a. eine Bergwerksbruderschaft, über die ein selbstgewählter Zechmeister gesetzt war.[888]

Für den Grubenbetrieb waren weiterhin Bergmeister (*„Magister montanorum"*, *„Perkmeister"*) von besonderer Bedeutung. Sie sind 1525 in Großschlatten und 1585 in Mittelberg belegt.[889] Gleichzeitig werden aber auch besonders erfahrene Spezialisten erwähnt (wie Friedrich Schmalz aus Posen/Poznan[890]), die teilweise auch als Pächter oder Verwalter auftraten – so Johann Thurzo d. Ä., Felizian v. Herberstein oder Henricus Lisbona.[891]

Die Besitzverhältnisse im Montanwesen waren, wie erwähnt, relativ kompliziert, und so lassen sich auch die Besitzer der Zechen nur bedingt miteinander vergleichen. Es gab ortsansässige Gewerken (*„habitatores urburariis"*),[892] die anscheinend manchmal nur über normale Fundgruben[893] verfügten; man rechnete sie teilweise den Bergleuten zu, die auch als *„montanistae"* bezeichnet wurden.[894] Gleichzeitig sind aber Grubenbesitzer auch den Waldbürgern zugezählt worden – das dürfte z. B. bei sechs 1569 erwähnten Bürgern von Mittelberg der Fall gewesen sein.[895] (Die Zahl ihrer Knappen *„laboratores in fodinis suprascriptorum civium"*[896] lässt sich sogar einschätzen: Zieht man von den damaligen 89 Familien rund 20 Familien von Waldbürgern, anderen reichen Bürgern und Handwerkern ab,[897] so kann es sich bei den Betrieben durchschnittlich um je 11 Mann gehandelt haben; davon arbeiteten vielleicht 6–7 untertags, die anderen bei den zugehörigen Pochwerken, Schmelzöfen usw.). Mitunter schlossen sich auch hier mehrere Gewerken zu einer Gewerkschaft zusammen (so jene mit Besitzrechten in einem Tal neben Neustadt)[898] und manchmal lag der Betrieb sogar in den Händen der gesamten Ortsgemeinde (Offenburg, Mittelberg).[899] Unter den Ortsansässigen gab es aber auch besonders vermögende Persönlichkeiten, wie Petrus Litteratus in

---

[887] G. Gündisch, *Deutsche Bergwerkssiedlungen* ..., S. 74.
[888] S. de Köleséri, *Auraria Romano-Dacica*, S. 47; D. Prodan, *Iobăgia în sec. XVI*, Bd. II, S. 244.
[889] *Călători străini* ..., Bd. II, S. 64.
[890] *Călători străini* ..., Bd. II, S. 64, Bd. III, S. 186ff.; A. Berger, *Urkunden-Regesten* ..., Bd. II, S. 19; L. Forster, G. Gündisch, P. Binder, *Henricus Lisbona und Martin Opitz*, in: „Archiv für das Studium der neueren Sprachen und Literaturen", Bd. 215, 1978, S. 29; G. Gündisch, *Deutsche Bergwerkssiedlungen* ..., S. 72, 74.
[891] S. de Köleséri, *Auraria Romano-Dacica*, S. 50. Siehe auch: S. 49 und 51. Ursprünglich war der Urburer ein Bergzinseinnehmer.
[892] Für diese s.: G. Agricola, *De re metallica*, S. 55–65.
[893] S. de Köleséri, *Auraria Romano-Dacica*, S. 47 f.
[894] D. Prodan, *Iobăgia în sec. XVI*, Bd. II, S. 247.
[895] D. Prodan, *Iobăgia în sec. XVI*, Bd. II, S. 242.
[896] D. Prodan, *Iobăgia în sec. XVI*, Bd. II, S. 242.
[897] *Monografia* ..., S. 277.
[898] G. Gündisch, *Deutsche Bergwerkssiedlungen* ..., S. 71; S. de Köleséri, *Auraria Romano-Dacica*, S. 49; G. Gündisch, *Geschichte der Münzstätte* ..., S. 82.
[899] *Călători străini* ..., Bd. II, S. 85.

Neustadt; von diesem heißt es 1552, er fördere mehr Gold und Silber als alle anderen zusammen und besitze auch größere Macht als diese.[900] Weiterhin werden auswärtige Besitzer urkundlich bezeugt – wie die Herzöge von Bayern, Balassa Meyhart und eine Reihe von Patrizierfamilien verschiedener siebenbürgischer Städte – wie Hermannstadt (Lulay, Pemfflinger, Armbruster, Haller, Unterfelser), Bistritz (Kugler, Werner, Beuchel, Forster) oder Kronstadt (Benkner).[901] Von den Geschäftsaussichten angelockt, betätigten sich letztere auch als Geldgeber und erhielten dafür von den finanzierten Gewerken einen beträchtlichen Teil des geförderten Edelmetalls;[902] sie wurden in ihren Interessen selbst vom König geschützt.[903]

Zahlreiche Gruben oder Anteile daran gehörten schließlich dem Fiskus. So werden z. B. 1556 mehrere staatliche Bergwerke in Neustadt genannt; von einer Zeche in Mittelberg stand damals ein Achtel dem Kaiser zu, bei einer anderen verfügte er über eineinhalb Teile,[904] und 1690 verkaufte man dort fünf große Gruben an den Fiskus.[905]

Die Werte, um die es sich bei diesen großen Besitzen handelte, waren ganz verschieden. 1514 verkaufte eine Witwe ihren Gesamtanteil an den Gruben in Rodenau für 1.000 Gulden und 1558 Martin Literatus de Borband eine Goldwäscherei bei Kleinschlatten um 2.000 Gulden.[906] Dagegen wurde um 1530 der Wert der Liegenschaften von Wolfgang Forster in Rodenau auf 45.000 Gulden geschätzt[907] und im Jahre 1600 erwarb der niederländische Kaufmann Gerhard Lisbona den Herbersteinschen Besitz in und bei Neustadt für die gewaltige Summe von 125.000 Gulden.[908] (Vergleichsweise sei erwähnt, dass die Stadt Hermannstadt ihr späteres großes Rathaus 1549 um weniger als 2.000 Gulden erstand.)[909]

Bei den Gruben und Erzverarbeitungsanlagen des Fiskus und der auswärtigen Besitzer wurde die Arbeit seltener durch Verwalter geleitet (wie Petrus Litteratus um die Mitte des 16. Jhs. in Neustadt und Heinrich Lisbona im 17. Jh. in Kleinschlatten),[910] dafür öfter durch Pächter. Als solche erscheinen manchmal Unternehmer, die gleichzeitig Spezialisten waren (so 1508 Johann

---

[900] G. Gündisch, *Deutsche Bergwerkssiedlungen* ..., S. 68–71; *Monografia* ..., S. 258.
[901] G. Gündisch, *Deutsche Bergwerkssiedlungen* ..., S. 69; D. Prodan, *Iobăgia în sec. XVI*, Bd. II, S. 247; G. Gündisch, *Geschichte der Münzstätte* ..., S. 83; vgl. auch: G. v. Probszt, *Die niederungarischen Bergstädte*, S. 130.
[902] A. Berger, *Urkunden-Regesten* ..., Bd. II, S. 9.
[903] D. Prodan, *Iobăgia în sec. XVI*, Bd. II, S. 235f.
[904] G. Gündisch, *Geschichte der Münzstätte* ..., S. 83.
[905] A. Berger, *Urkunden-Regesten* ..., Bd. I. S. 39; G. Gündisch, *Deutsche Bergwerkssiedlungen* ..., S. 71.
[906] K. Gündisch, *Wolfgang Forster*, in: „Karpaten-Rundschau", Nr. 11/13.03.1981, S. 6.
[907] G. Gündisch, *Geschichte der Münzstätte* ..., S. 75.
[908] H. Fabini, *Sibiul gotic*, București 1983, S. 122–127.
[909] L. Forster, G. Gündisch, P. Binder, *Henricus Lisbona* ..., S. 25; *Călători străini* ..., Bd. II, S. 65f., 85; G. Gündisch, *Deutsche Bergwerkssiedlungen* ..., S. 74.
[910] *Monografia* ..., S. 250, 265; *Călători străini* ..., Bd. III, S. 186f.

Thurzo d.Ä. in Neustadt oder 1585 Felizian v. Herberstein in Kapnik/Cavnic).[911]

Die Pächter oder Verwalter übernahmen in Neustadt oft auch die Kammer selbst. Die Kammergrafen (sie wurden auch weiterhin mitunter Kämmerer genannt) wechselten jedoch fast jährlich.[912] Als Pächter erscheinen in Hermannstadt meist vornehme Bürger (wie Johann Lulay, Petrus Haller oder Johann Roth), manchmal die Stadt oder die Sächsische Nationsuniversität und selten ungarische Adlige (wie Árhándy oder Thornaly). Dabei lässt sich sogar eine Regel feststellen: Bis 1521 hatte für gewöhnlich der Hermannstädter Bürgermeister die Kammer gepachtet, seit 1522 der Comes der Nationsuniversität.[913] Weil sich Verwalter als Kammergrafen für den Fiskus als unvorteilhaft erwiesen, bildeten solche die Ausnahme.[914] Um 1550 betrug die Pachtsumme für die Münzkammer in Hermannstadt meist 4.000–5.000 Gulden/Jahr und 1620 die der Münzkammer in Neustadt zusammen mit jener der Zechen im Kreuzberg 3.500 Gulden.[915]

Neben dem Kämmerer, der meist sowohl Präfekt der Kammer als auch Präfekt der Bergwerke war, („*praefectus fodinarum civitatis Nagybanya et oppidi Felsöbanyo*") ist mitunter ein Bevollmächtigter des Schatzmeisters belegt.[916] Zu Beginn des 16. Jhs. gab es in Bergstädten, die von der Kammer weiter abgelegen waren, auch einen Vertreter von dieser – z. B. in Großschlatten einen Vizekämmerer und in Offenburg einen Verwalter.[917] Über die Angestellten der Münzkammern sind wir am besten aus Neustadt unterrichtet. Dort konnte sich der Kämmerer um 1560 drei Knechte, zwei Mägde und einen Schreiber halten. Dann gab es je einen Kastellan, Buchhalter, Kassierer, Probierer, Koch, Wirtschafter und vermutlich mehrere Münzer;[918] erwähnt sind auch ein Zementer, ein Siegelstecher, ein Silberschmelzer[919] sowie eine Besatzung von 54 Mann – davon 14 Reiter.[920]

Der Kämmerer hatte ein Jahresgehalt von 400 Gulden und erhielt zusätzlich die volle Verpflegung für seine Familie und seine Bediensteten[921] – seine Bezahlung kam also ungefähr jener von Kammergrafen kleinerer Salzniederlagen gleich. Dagegen bekam der Goldzementer 100 Gulden im Jahr, der Silberzementer 50, der Siegelstecher 60–125 und ein Silberschmelzer 30;[922] den

---

[911] G. Seivert, *Beiträge zu einer Geschichte der Hermannstädter Münzkammer*, S. 172; *Călători străini...*, Bd. II, S. 47.
[912] G. Seivert, *Beiträge zu einer Geschichte der Hermannstädter Münzkammer*, S. 170–173, 299, 302.
[913] *Călători străini ...*, Bd. II, S. 49.
[914] *Călători străini ...*, Bd. II, S. 46; *Monografia ...*, S. 262 (vgl. auch: S. 260–266).
[915] G. Seivert, *Beiträge zu einer Geschichte der Hermannstädter Münzkammer*, S. 172.
[916] *Călători străini ...*, Bd. II, S. 50, 81f.; G. Gündisch, *Deutsche Bergwerkssiedlungen ...*, S. 68.
[917] D. Prodan, *Iobăgia în sec. XVI*, Bd. II, S. 237f.
[918] *Monografia ...*, S. 257.
[919] D. Prodan, *Iobăgia în sec. XVI*, Bd. II, S. 237.
[920] D. Prodan, *Iobăgia în sec. XVI*, Bd. II, S. 237.
[921] *Monografia ...*, S. 257; D. Prodan, *Iobăgia în sec. XVI*, Bd. II, S. 238.
[922] D. Prodan, *Iobăgia în sec. XVI*, Bd. II, S. 238.

vier Dekurien des Fußvolkes stand ein Sold von je 24 Gulden pro Mann und Jahr zu und den 12 Reitern je 36 Gulden.[923] Rechnet man für die Häuer 11 Denar Tageslohn und 220 Arbeitstage im Jahr,[924] so ergibt das ungefähr 25 Gulden Jahreslohn – ein Wert, der mit dem Einkommen eines Fußsoldaten oder Silberschmelzers vergleichbar ist.

In den weitaus meisten der rund 50 oben genannten Bergbauorte gab es keine berufsmäßigen Handwerker. Über Hinweise auf eine Gewerbetätigkeit verfügen wir vor allem in Neustadt. Für die drei schon im 15. Jh. urkundlich belegten Zünfte gibt es auch aus dem 16.–17. Jh. neue Belege. Bei den Fleischhauern führten Zwistigkeiten 1506–1507 zu Eingriffen des Königs; ihre neuen Satzungen stammen von 1652.[925] Die Kürschner werden 1513, 1519 sowie 1547 erwähnt, und 1580 umfasste ihre Zunft zehn Meister – eine recht beträchtliche Zahl.[926] Schließlich wurden 1628 die Privilegien der Schneider erneuert.[927] Hinzu kommen im 16. Jh. zwei weitere schriftlich belegte Innungen und im 17. Jh. vier, und zwar datieren die ältesten erhaltenen Satzungen der Schlosser von 1572, die der Riemer von 1581, jene der Schuster und Fassbinder von 1619 und die der Messerschmiede und Schmiede von 1640 bzw. 1643.[928] Häufig gibt es auch spätere Beweise für den Fortbestand dieser Zünfte, so im Falle der Riemer, Schuster und Fassbinder.[929] Gleichzeitig werden andere Handwerker erwähnt, wie Goldschmiede, Bäcker oder Wurstmacher.[930] Nach einem Verzeichnis von 1715 hat es insgesamt 60 Gewerbetreibende gegeben,[931] nach einem anderen, genaueren von 1720 sogar 124; davon gehörten 103 17 verschiedenen Zünften an.[932]

In Mittelberg sind 1578 ebenfalls 6 Meister belegt; es handelt sich dabei um 7 % der Familienzahl.[933] Mit dem Niedergang des Bergbaus müssen die Gewerbe auch dort einen sichtlichen Aufschwung erfahren haben, denn 1715 gab

---

[923] S. dazu: W. Abel, *Wüstungen in historischer Sicht*, in: „Zeitschrift für Agrargeschichte und Agrarsoziologie", Nr. 2, 1967; P. Niedermaier, *Siebenbürgische Städte. Forschungen zur städtebaulichen und architektonischen Entwicklung von Handwerksorten zwischen dem 12. und 16. Jh.*, Bukarest, Köln, Wien 1979, S. 194.
[924] *Monografia ...*, S. 320.
[925] Șt. Pascu, *Meșteșugurile din Transilvania până în secolul al XVI-lea*, București 1954, S. 123–125; *Monografia ...*, S. 319.
[926] *Monografia ...*, S. 316.
[927] *Monografia ...*, S. 322–328.
[928] *Monografia ...*, S. 324ff.
[929] Șt. Pascu, *Meșteșugurile din Transilvania ...*,S. 105, 106, 209, 211.
[930] *Magyarország népessége a Programatica sanctio koraban*, Budapest 1896. S. 258–261. Vergleicht man die Werte von 1715 und 1720 miteinander, aber auch mit der Bevölkerungszahl und -bewegung sowie mit der begrenzten Bedeutung des Bergbaus, so scheinen die etwas neueren Werte eher den Tatsachen zu entsprechen.
[931] *Monografia ...*, S. 329f.
[932] D. Prodan, *Iobăgia în sec. XVI*, Bd. II, S. 242.
[933] *Magyarország népessége ...*, S. 197, 258–161.

es schon 43 Handwerker – das entspricht 20 % der Familienzahl.[934] Dagegen blieb ihre Zahl in kleineren Bergbauorten unbedeutend; in Altenberg wird 1525 ein Geschworener namens „*Stephanus Sartor*" erwähnt, und in Rodenau lebten 1713 4 Meister.[935]

Nur in ganz wenigen Ortschaften herrschte, durch das Montanwesen bedingt, ein einziges Gewerbe vor – so in Eisenburg das Schmiedehandwerk.[936] Meist waren die einzelnen Zweige prozentuell ähnlich vertreten wie in anderen Marktflecken und Städten. So dürfte es in kleinen Bergbauorten am ehesten einen Fleischhauer gegeben haben und 1578 waren von den sechs Meistern in Mittelberger je zwei Fleischer, Schmiede und Schneider.[937] Fasst man die Belege von 1715 und 1720 von dort und aus Neustadt zusammen,[938] so waren damals die Töpfer am zahlreichsten. Zahlenmäßig folgten Fleischhauer, Schneider, Tschismenmacher (Stiefelmacher), Schuster, Drechsler, Schmiede, Lederer, Schlosser, Messerschmiede, Fassbinder u.a.

Der Handel wichtigerer Bergbauorte beschränkte sich meist auf die Versorgung mit Lebensmitteln. Dafür besaßen ihre Bürger – z. B. in Mittelberg[939] – eine mehr oder weniger begrenzte Zollfreiheit. Kaufleute sind in Neustadt schriftlich belegt, 1569 z. B. ein Stefan Kaufmann („*Kalmar*") als Geschworener der Stadt.[940] Der dortige Markt wurde gleichzeitig von auswärtigen Kaufleuten besucht, so 1635 von solchen aus Wien, Trnovo, Sofia, Csernowitz/ Tschernovtsy usw.[941] Wie an anderen Orten war er mautpflichtig, wobei des Öfteren die Stadt als Pächter erscheint.[942] In Rodenau sind seit 1638 und 1644 ein bzw. zwei Jahrmärkte belegt.[943] Auch an anderen Orten dürften sie nicht gefehlt haben;[944] das Privileg für Mittelberg weist auf Märkte hin, und in Zen-

---

[934] *Magyarország népessége* ..., S. 268 f.
[935] Die einseitige Ausrichtung dürfte dazu beigetragen haben, dass „*im Jahr 1589 und später, im 17. Jh. den sächsischen Schmiedegesellen von ihren Zunftvorstehern wiederholt das Arbeiten in Neustadt und, ‚auff dem Traßko' (d. i. Eisenburg) als unzünftigen Ortschaften verboten wird*" (G. Gündisch, *Deutsche Bergwerkssiedlungen*, S. 58).
[936] D. Prodan, *Iobăgia în sec. XVI*, Bd. II, S. 242.
[937] *Magyarország népessége* ..., S. 258–261; *Monografia* ..., S. 329f.
[938] D. Prodan, *Iobăgia în sec. XVI*, Bd. II, S. 244f.
[939] *Monografia* ..., S. 206, 356; *Călători străini* ..., Bd. VI, S. 560.
[940] *Monografia* ..., S. 146.
[941] *Monografia* ..., S. 344–352.
[942] *Allmanach/Deß Jahrs nach der Zukunfft Christi ins Fleisch 1638* ..., Hrsg. D. Fröhlich, Hermannstadt, Bl. 23f.; *New und Alt Allmanmach/Auffs Jahr nach Jesu Christi Geburt 1644* ..., Hrsg. D. Fröhlich, Hermannstadt, Bl. 34ff.; *Der Newe und Alte Allmanach/Auffs 1652 Jahr nach Christi Geburt* ..., Hrsg. Ch. Newbarth, J. Neubarth, Hermannstadt, Bl. 25–28; ebenso 1675, Bl. 33–35, 1684, Bl. 31–34, 1685, Bl. 33–36, 1686, Bl. 33–34.
[943] Für Mittelberg siehe: D. Prodan, *Iobăgia în sec. XVI*, Bd. II, S. 244f. Für Großschlatten siehe: H. Theil, *Die Ansiedlungen von Siebenbürgen*, in: „Archiv des Vereins für siebenbürgische Landeskunde", Bd. XLIII, 1926, S. 216.
[944] Wie im vorigen Beitrag zu diesem Thema erwähnt wurde, erhielt z. B. Neustadt als erster Ort dieser Gegend 1347 das Jahrmarktsrecht.

tren größerer Gebiete – wie Großschlatten oder Kleinschlatten – waren sie vermutlich ebenfalls vorhanden.[945]

Wie aus den Einfuhrerleichterungen der früheren Jh. für Getreide, Mehl, Brot, Speck, Fisch usw. hervorgeht, spielte die Landwirtschaft im Leben der untersuchten Ortschaften eine geringe Rolle (obwohl diese Orte häufig über ein großes Gebiet verfügten, machte ihre Lage im Gebirge einen Ackerbau weitgehend unmöglich).[946] Immerhin gibt es z. B. von 1635 einen Beleg für die Landwirtschaft in Rodenau und im Falle von Neustadt weisen zahlreiche Zeugnisse auf Weinbau hin.[947] Wichtiger war die Viehzucht: Sie lässt sich im Laposcher Bergrevier und im Siebenbürgischen Westgebirge vermuten, und auch für das Rodenauer Tal ist der Schaffünfzigste belegt.[948]

Völlig unwichtig waren in dieser Zeit die ans Montanwesen gebundenen Bergbauorte in kirchlicher, politischer und militärischer Beziehung. Nur Neustadt hatte als befestigte Stadt einige Bedeutung für den Nordwesten Siebenbürgens bzw. das angrenzende Gebiet.[949] Dieser Ort wird auch in kultureller Hinsicht bedeutender gewesen sein, aber auch in Großschlatten soll zeitweise eine Druckerei existiert haben.[950]

In der Rechtslage der Ortschaften traten im Allgemeinen keine wesentlichen Änderungen ein. Die alten Privilegien wurden von Zeit zu Zeit bestätigt – für Neustadt z. B. von Wladislaw II. (1501), Johann Zápolya (1527), Ferdinand l. (1554), Maximilian II. (1573), Rudolf II. (1580, 1601), Stefan Báthory (1583, 1585), Stefan Bocskay (1605), Gabriel Báthory (1609) usw. Dadurch konnten die Orte ihre Sonderstellung eher verteidigen – in Neustadt zumal gegenüber den Pächtern, die im 17. Jh. den Marktzwang beanspruchten, die Verproviantierung erschwerten, den Weinkauf auf Wochenmärkten hinderten u. a. m.[951] Die Erneuerung der Privilegien half gleichzeitig der Stadt, ihre Verfügungsgewalt innerhalb des Weichbildes zu bewahren; sie äußerte sich z. B. 1658 in einer Einsprache bei einem Hauskauf.[952]

Aus einer Bescheinigung der alten Freiheiten kennen wir von 1585 die Rechtslage von Mittelberg:[953] Sie entsprach in großen Zügen jener anderer

---

[945] 1503 wurden z. B. die Grenzen des Dominiums von Neustadt durch genaue Messungen wieder festgelegt (*Monografia* ..., S. 219f.); sie stimmen wenigstens teilweise mit dem einstigen Rand des riesigen „*Keykus*"- und „*Fenteus*"-Waldes überein (*Documente*, C. 11., 12., 13. Jh., S. 251ff.) Siehe dazu auch: *Monografia* ..., S. 281 f.; G. Gündisch, *Deutsche Bergwerkssiedlungen* ..., S. 53.
[946] Arhivele Naționale, Direcția Județeană Cluj-Napoca, Fond: *Arhiva orașului Bistrița*, 1635, Nr. 133; *Monografia* ..., S. 292–299.
[947] *Monografia* ..., S. 300ff.; G. Gündisch, *Deutsche Bergwerkssiedlungen* ..., S. 53; A. Berger, *Urkunden-Regesten* ..., Bd. II, S. 15.
[948] *Monografia* ..., S. 145.
[949] St. Pascu, *Meșteșugurile din Transilvania* ..., S. 230, 265.
[950] G. Gündisch, *Geschichte der Münzstätten*, S. 75f.
[951] *Monografia* ..., S. 148.
[952] A. Veress, *Documente privitoare la istoria Ardealului*, Bd. III, S. 42–47.
[953] *Monografia* ..., S. 142, 146.

Bergstädte. Die Bürger wählten ihren Richter selbst, und dieser war dem Fürsten als oberster Gerichtsinstanz Rechenschaft schuldig. Zusammen mit den Geschworenen hatte er alle Rechtssachen zu erledigen, ausgenommen Fälle, für die der Bergmeister mit seinen Geschworenen zuständig war. Interessanterweise sind gleichzeitig die Verfahren gegen den Bergflecken, seinen Richter und eventuell die Geschworenen geregelt. Wie in früheren Privilegien für Bergstädte heißt es auch 1585, dass die Mittelberger nicht andernorts zurückgehalten, verschleppt oder vor ein fremdes Gericht zitiert werden dürfen. Handelserleichterungen, das freie Verwendungsrecht von Holz aus den Wäldern des Fiskus, Bußen für Ungehorsamkeiten gegenüber den Behörden des Fleckens bzw. beim Ablehnen von Ämtern, in die man gewählt wurde, ergänzen die Bestimmungen.

Mit der Bestätigung alter Privilegien verband sich manchmal auch deren Ergänzung. Im Falle von Neustadt geschah dies 1580 durch Rudolf II., und 1622 erhielt die Stadt eine zusätzliche Schenkung von Gabriel Bethlen.[954] Rodenau erzielte 1520 verschiedene Freiheiten von Ludwig II.,[955] aber auch die Rechte von Altenberg und Großschlatten wurden erweitert;[956] in einigen minder privilegierten Bergbauorten war dieses die einzige Möglichkeit, die besseren Bergleute vom Abwandern abzuhalten.

Erwähnenswert sind besonders die Bedingungen, die Gabriel Bethlen Bergleuten aus der Gegend von Schemnitz gewährte, welche er in Kleinschlatten ansiedelte:[957] Neben unbegrenztem Schürfrecht und Freizügigkeit – auch in die alte Heimat – gehörte dazu ihr Zusammenschluss zu einer Bergwerksbruderschaft mit selbstgewähltem Zechmeister, auch sollten ihnen ein Kirchenbau sichergestellt und ein Geistlicher für sie besoldet werden. Obwohl diese Privilegien vor allem während der Regierungszeit des schwachen Fürsten Michael Apafi eingeschränkt wurden, bestanden sie doch lange fort.[958]

Um in ungünstigen Zeiten die Bergleute festzuhalten, befreite man sie von verschiedenen Abgaben – so in Großschlatten und Altenberg.[959] War die Gefahr einer Abwanderung jedoch nicht akut, so kam es auch zu einer Erhöhung der geforderten Leistungen: Während Neustadt und Mittelberg im 16. Jh. einen feststehenden Zins von 150 bzw. 25 fl. zu zahlen hatten,[960] kam es nachher zu seiner progressiven Erhöhung, so dass Neustadt allein 1619 250 fl. entrichtete und um 1689 sogar 2.942 fl.[961]

---

[954] A. Berger, *Urkunden-Regesten* ..., Bd. II, 13.
[955] G. Gündisch, *Deutsche Bergwerkssiedlungen*, S. 60f., 79 bzw. 72f.
[956] G. Gündisch, *Deutsche Bergwerkssiedlungen*, S. 73f.
[957] G. Gündisch, *Deutsche Bergwerkssiedlungen* ..., S. 75f.
[958] G. Gündisch, *Deutsche Bergwerkssiedlungen* ..., S. 61, 73, 79.
[959] D. Prodan, *Iobăgia în sec. XVI*, Bd. I, S. 226.
[960] *Monografia* ..., S. 357f.
[961] D. Prodan, *Iobăgia în sec. XVI*, Bd. I, S. 209.

In der gesellschaftlichen Gliederung der Einwohner alter Bergbauorte lässt sich kein prinzipieller Unterschied zur vorangegangenen Zeit feststellen, doch schwankte das Verhältnis zwischen den einzelnen Bevölkerungsschichten recht erheblich. In Mittelberg bildeten 1569 die Wirte („*coloni*") 84 % der Familien und die Sedler 16 %.[962] Nach einem genaueren Verzeichnis von 1578 waren damals von den rund hundert Steuerzahlern 15 Waldbürger und vermögende Bewohner („*cives et potiores inhabitatores*"), 17 in Neustadt wohnhaft, 6 Handwerker und die anderen Sedler bzw. Arbeiter in den Gruben der Waldbürger.[963] Dagegen entfielen 1715 nur 36 % der Wirtschaften auf Waldbürger und Bürger und 64 % auf Sedler.[964] In Neustadt bildeten 1569 die Sedler 23 % der Familien und die Wirte 77 %.[965] Bis 1604 hatte sich das Verhältnis verschoben: Nach einem unvollständig erhaltenen Steuerverzeichnis[966] dürften von den erfassten Familien 36 % auf Sedler entfallen, 58 % auf Bürger und 6 % auf Waldbürger. 1643 bildeten die Sedler dann nur noch 19 %, die Waldbürger und Bürger hingegen 81 %[967] und 1715 die ersteren wieder 42 %, die beiden anderen Kategorien jedoch nur 58 %.[968] Schließlich sind im Bergbauort Großschlatten im gleichen Jahr ausschließlich Bürgerfamilien verzeichnet worden.[969]

Da einige Bergbauorte zeitweise zu Wüstungen wurden, aus manchen die privilegierten Bergleute wegzogen oder auch ihre einstigen Rechte einbüßten, fand in einer Reihe von Ortschaften eine Veränderung der sozialen Stellung ihrer Bewohner statt: Zu Beginn des 18. Jhs. erscheinen verschiedenerorts statt Bürgern vor allem Hörige, so in Offenburg, Altenberg, Kreischquell und Rodenau; gesondert wurden auch dort Sedler und andere Familien erwähnt, die 23–46 % ihrer Gesamtbevölkerung ausmachten.[970]

Einen Sonderfall gesellschaftlicher Gliederung bildete Kleinschlatten: Im Zentrum des Ampoitales gelegen und einstmals Ansiedlungsort von privilegierten Bergleuten gewesen, setzte sich die Bevölkerung aus Adligen (17 %), Bürgern (25 %), Leibeigenen (41 %), Sedlern (11 %) und anderen zusammen.[971]

---

[962] D. Prodan, *Iobăgia în sec. XVI*, Bd. I, S. 209, Bd. II, S. 242.
[963] *Magyarország népessége ...*, S. 197.
[964] D. Prodan, *Iobăgia în sec. XVI*, Bd. I, S. 209.
[965] Arhivele Naționale, Direcția Județeană Baia Mare, Fond: *1 Primăria oraș Baia Mare*, Paket: *Acte contribuționale*, Faszikel 2/6, Nr. I/9. Im Folgenden werden einfachheitshalber Zweit- und Drittbewohner eines Hauses als Sedler bezeichnet und mit D („*Dominus*") betitelte Besitzer den Waldbürgern zugerechnet (unter diesen befindet sich auch der Richter).
[966] Arhivele Naționale, Direcția Județeană Baia Mare, Fond: *1 Primăria oraș Baia Mare*, Paket: *Acte contribuționale*, Faszikel 2/23, Nr. VIII/558. Die Trennung von Sedlern und Bürgern erfolgte wie 1604.
[967] *Magyarország népessége ...*, S. 197.
[968] *Magyarország népessége ...*, S. 227.
[969] *Magyarország népessége ...*, S. 174f., 204, 223.
[970] *Magyarország népessége ...*, S. 205.
[971] *Magyarország népessége ...*, S. 126, 174f., 202, 204, 208f., 216.

In gewöhnlichen Dörfern, bei denen vermutlich erst verhältnismäßig spät Gruben eröffnet worden sind, gab es 1715 keine Bürger, sondern Hörige und Sedler sowie ausnahmsweise auch Adlige.[972] Von letzteren wurden vier im Dorf Großschlatten (Abrud-Sat) und fünf in Bucium erfasst; eindeutig überwogen die Leibeigenen, während die Sedler mit einem Anteil von 26–30 % der Gesamtbevölkerung z. B. in Großalmasch und Langenthal/Luncoi stärker ins Gewicht fielen.

Entsprechend der sozialen Schichtung wird in solchen Ortschaften die Führung und Verwaltung der Gemeinschaften gleich jener gewöhnlicher Hörigendörfer gewesen sein. In den älteren, bedeutenderen Bergbauorten gab es hingegen, wenigstens anfangs, einen Richter und Geschworene. So sind in einem Prozess von 1525 in Großschlatten zusammen mit den jeweiligen Richtern 4 Geschworene aus Altenberg sowie 3 aus Offenburg und einer aus Pernseifen erwähnt.[973] Für 1515 ist der Rat in Rodenau belegt und für 1566 jener in Mittelberg; dort sind außer dem Richter insgesamt 11 Geschworene bezeugt.[974]

Über die meisten Daten verfügen wir jedoch im Fall von Neustadt. Dabei werden auch Veränderungen deutlich, die im Laufe der Zeit – wohl nicht nur hier – stattgefunden haben.[975] 1569 werden ein Richter, 14 geschworene Waldbürger (*„jurati cives"*) und ein Marktrichter erwähnt.[976] 1570 gab es dann nur 12 geschworene Waldbürger, von denen vier auch im Vorjahr amtiert hatten. Von den 12 hatten 1583 zwei eine Sonderstellung als *„jurati consules"*, während man die anderen seit 1596 als *„proconsuli"* bezeichnete. Schließlich gab es 1958 auch 60 in fünf Klassen eingeteilte geschworene Wirte (*„jurati plebeji"*). Bei der Stadtverwaltung waren die einzelnen Bereiche Verantwortlichen zugeteilt – z. B. gab es zwei Zuständige für städtische Belange (*„aediles"*), zwei Marktrichter, zwei Flurrichter, einen, später zwei Notare, einen Zeugmeister u. a. m.

Sehr große Schwankungen sind in der Bevölkerungszahl der Bergbauorte zu verzeichnen. Am weitaus größten war weiterhin Neustadt. Dort gab es um 1470 über 300 Familien und rund ein Jh. später, 1569, sind 376 in einem Urbarium erfasst.[977] Nach einem Steuerverzeichnis von 1604 lässt sich auf nahe-

---

[972] S. Köleséri, *Auraria Romano-Dacica*, S. 47ff.
[973] D. Prodan, *Iobăgia în sec. XVI*, Bd. II, S. 240.
[974] *Monografia ...*, S. 206ff.
[975] D. Prodan, *Iobăgia în sec. XVI*, Bd. II, S. 240.
[976] D. Prodan, *Iobăgia în sec. XVI*, Bd. I, S. 192, 206; vgl. *Monografia ...*, S. 232.
[977] Arhivele Naționale, Direcția Județeană Baia Mare, Fond: *1 Primăia oraș Baia Mare*, Paket: *Acte contribuționale*, Faszikel 2/6, Nr. I/9. Das Verzeichnis ist nur für eines der vier Stadtquartale erhalten. Bezogen auf ein Steuerverzeichnis von 1643 für die gesamte Ortschaft macht in dem schon 1604 erfaßten Quartal die Wirtezahl in der Innenstadt 62 % der späteren Zahl aus und in der Vorstadt 38 %. Die Sedlerzahl war am Anfang des Jhs. sogar größer, u. zw. machte sie in der Innenstadt 130 % der späteren Zahl aus und in der Vorstadt 207 %. Setzt

zu 900 Wirtschaften schließen,[978] und in einem Verzeichnis von 1643 werden sogar 1.082 Wirte und Sedler angeführt.[979] Dann ging aber – vielleicht zum Teil auch wegen eines Grubenunglücks von 1648[980] – die Bevölkerung wieder sehr stark zurück, denn 1715 gab es nur noch 345 Familien.[981]

Wenige Hinweise gibt es auf den Umfang von Großschlatten.[982] Ende des 15. Jhs. wird es sich um über 200 Familien gehandelt haben, aber 1715 lebten 282 im Bergflecken (Abrud, Abrudbánya) und 150 im anliegenden Dorf (Abrud-Sat, Abrudfalva).[983]

Kleiner war Mittelberg: Ähnlich wie im 15. Jh. erscheinen in einem Urbarium von 1569 nur 89 Familien.[984] Vergleicht man die Abgaben des Ortes mit jenen von Neustadt,[985] so dürfte er um 1500 rund 100–200 Wirtschaften umfasst haben und um 1715 waren es sogar 217.[986] Eine vergleichbare Größenordnung wird auch Eisenburg gehabt haben. Handelte es sich Ende des 15. Jhs. um über hundert Wirtschaften, so waren es – nach einem merklichen Aufschwung – zu Beginn des 18. Jhs. immerhin 261 Familien.[987]

Dagegen gingen andere Bergbauorte stark zurück: Altenberg umfasste 1525 76 Wirtschaften, 1715 jedoch nur noch 11,[988] in Kleingrub sind schon 1525 nur 13 Familien verzeichnet[989] und Offenburg wurde zeitweise sogar vollständig zur Wüstung, bestand aber Anfang des 18. Jhs. wieder aus 78 Wirtschaften.[990]

Für andere Ortschaften verfügen wir über eine einzige Zahl vom Ende der untersuchten Zeitspanne;[991] dabei handelt es sich um folgende Familienzahlen: Kleinschlatten 127, Großalmasch 91, Pohlendorf 89, Bucium 86, Rodenau 65, Cărpiniș 36, Tannenhof 36, Fernesee 15, Kreischquell 15, Langenthal 11, Rohrbach 10, Herzogdorf 9, Săliște 6.

---

man für die anderen drei Quartale eine gleichartige Entwicklung voraus, so ergibt sich eine Familienzahl von 879.
[978] Arhivele Naționale, Direcția Județeană Baia Mare, Fond: *1 Primăria oraș Baia Mare*. Paktet: *Acte contribuționale*, Faszikel 2/23, Nr. VIII/558.
[979] *Monografia ...*, S. 267.
[980] *Magyarország népessége ...*, S. 197
[981] Siehe dazu: D. Prodan, *Iobăgia în sec. XVI*, Bd. I, S. 240.
[982] *Magyarország népessége ...*, S. 202, 227.
[983] D. Prodan, *Iobăgia în sec. XVI*, Bd. I, S. 192.
[984] Für die Sondersteuer von 1593–94 siehe: D. Prodan, *Iobăgia în sec. XVI*, Bd. I, S. 419f.
[985] *Magyarország népessége ...*, S. 197.
[986] *Magyarország népessége ...*, S. 216.
[987] D. Prodan, *Iobăgia în sec. XVI*, Bd. I, S. 192, Bd. II, 70; *Magyarország népessége ...*, S. 174. Die Bevölkerungszahl von 1525 stimmt auch mit der Größe der Klosterkirche überein, die um 1500 errichtet worden ist.
[988] D. Prodan, *Iobăgia în sec. XVI*, Bd. II, S. 70.
[989] *Offenbánya in Unteralba*, S. 356; *Magyarország népessége ...*, S. 204.
[990] *Magyarország népessége ...*, S. 126, 174f., 202, 204f., 208f., 223.
[991] G. v. Probszt, *Die niederungarischen Bergstädte ...*, S. 116.

Im Vergleich zu Bergbauorten aus anderen Gegenden[992] war Neustadt auch weiterhin ziemlich groß, Eisenburg, Mittelberg und vor allem Abrud/Großschlatten sind als mittelgroß zu bezeichnen, die anderen – einschließlich Kleinschlatten – jedoch als klein. Stellt man die Ortschaften Siebenbürgens und Marmatiens einander gegenüber, so ist im Vergleich zu Salzbergwerksorten einigerorts ein Zuwachs festzustellen. In seiner Blütezeit überflügelte Neustadt nun Thorenburg und erlangte vorübergehend die Größe von Bistritz und Schäßburg, sank aber dann wieder hinter diese zurück. Ebenso überflügelte Großschlatten letztlich Deesch und Salzburg/Ocna Sibiului und erreichte den Umfang sehr bedeutender Marktflecken wie Tartlau/Prejmer oder Reps/Rupea. Eisenburg und Mittelberg, die etwas nachstanden, lassen sich mit Salzburg, Weißenburg oder Heltau/Cisnădie vergleichen, die anderen aber nur mit kleineren Flecken oder Dörfern.

Im Lichte dieser Entwicklungen ist auch die allgemeine Einstufung der Bergbauorte durch die Zeitgenossen zu sehen. Neustadt, das fast ständig zwei Siegel benutzte[993] und als einzige dieser Ortschaften befestigt war, galt weiterhin ganz allgemein als *„civitas"*.[994] Zu Beginn des 16. Jhs. sind auch Rodenau (1515) und Altenberg (1525) als Stadt belegt,[995] und wahrscheinlich wurden nach einer Tradition des 15. Jhs.andere bedeutendere Orte ebenso eingestuft. So erscheinen in nahezu allen alten Siebenbürgenkarten[996] im Siebenbürgischen Westgebirge die *„Bergstet"* oder *„Vier Berg Stätt"*; eingezeichnet sind dabei namentlich Großschlatten (regelmäßig abgekürzt *„Schlotten"* oder *„Schlatten"* genannt), Altenberg und häufig Offenburg und Eisenburg.

In Beschreibungen des 16. und 17. Jhs. werden die Ortschaften jedoch abwechselnd als Städte bzw. Flecken bezeichnet – so Großschlatten, Altenberg, Offenburg und Kleingrub.[997] Gleichzeitig sind Mittelberg und Kleinschlatten ausschließlich mit dem Terminus *„oppidum"* eingestuft.[998] Offiziell galten auch erstere damals als solche. Dieses ist schon aus einer Urkunde von 1525 für Offenburg, Altenberg, Pernseifen und Großschlatten zu ersehen;[999] sie

---

[992] Nach *Monografia ...*, S. 512ff. wurde im 16. Jh. ein Siegel von vor 1400 und eines von 1483 verwendet. Mitte des 17. Jhs. kam neben dem letzteren ein neues mit der Umschrift „Sigillum civitatis Ruvuli Dominarum" in Verwendung.
[993] Siehe z. B.: D. Prodan, *Iobăgia în sec. XVI*, Bd. II, S. 239; *Monografia ...*, S. 225, 294.
[994] A,. Berger, *Urkunden-Regesten ...*, Bd. II, S. 40.
[995] S. dazu: G. Gündisch, *Deutsche Bergwerkssiedlungen ...*, S. 63f. Abbildungen von Karten siehe: *Siebenbürgen auf alten Karten*, Bearbeitet H. Meschendörfer, O. Mittelstrass, in: „Historisch-Landeskundlicher Atlas von Siebenbürgen", Heidelberg, 1996; E. Wagner, *Quellen zur Geschichte der Siebenbürger Sachsen*, Köln, Wien 1976, S. 104, 153.
[996] *Călători străini ...*, Bd. I, S. 158, 222, 224, 490, 499, Bd. II, S. 47.
[997] *Călători străini ...*, Bd. I, S. 161, Bd. II, S. 67.
[998] S. de Köleséri, *Auraria Romano-Dacica*, S. 47; vgl. auch *Călători străini ...*, Bd. II, S. 48.
[999] S. de Köleséri, *Auraria Romano-Dacica*, S. 48 f.

verfügten über ein Siegel der „Bergflecken".[1000] Ebenso wurden in Urkunden auch Mittelberg, Rodenau und Kleingrub als Flecken bezeichnet, wobei wir im Falle der erstgenannten Ortschaft wieder von der Existenz eines eigenen Siegels wissen.[1001] Später gehörten wohl Pernseifen, Kleingrub und Rodenau nicht mehr dazu, dagegen gibt es „*oppidum*"-Belege für Kleinschlatten, Kapnik und Eisenburg.[1002] Letzteres erscheint in einer Beschreibung des 16. Jhs. als „Dorf"[1003] und als solche galten gewiss die ganze Zeitspanne hin durch die vielen kleineren Bergbauorte.

Versuchen wir die verschiedenartigen Feststellungen zur Entwicklung der Bergorte zusammenzufassen, so sind vor allem die großen Unterschiede auffällig, die es zwischen den verschiedenen Zeitabschnitten gab. Diese lassen sich nur zum kleineren Teil durch neue Fundstätten oder den geringeren Ertrag beim Abbau der alten erklären. Vor allem sind es unterschiedliche Konjunkturen, die sich auch auf das Montanwesen Siebenbürgens ausgewirkt haben, und zwar im Kontext der besonderen geographischen Lage des Gebietes am Rande Mitteleuropas, an den Grenzen des Osmanischen Reiches.

Ortschaften, Siedlungen und Bauten[*]

Der Bergbau und die zugehörigen Siedlungen sind unmittelbar miteinander verbunden. Da die Förderung die Merkmale und die Entwicklung der Bergorte prägte, sind diese letztlich nur im Licht der Dynamik allgemeiner Entwicklungen zu begreifen. Diese Veränderungen mit ihrer Widerspiegelung im Siedlungscharakter sollen im Folgenden für das Mittelalter und die frühe Neuzeit beleuchtet werden.

Die *Morphologie von Einzelsiedlungen* kann Aufschluss über Vorgänge und Veränderungen im Siedlungsgeschehen geben. Neben den unregelmäßigen Ansiedlungen einer ortsansässigen Bevölkerung – etwa im Fall des „Dorfes" Großschlatten (*Abrud-Sat/Abrudfalva*) – finden wir die regelmäßigen Siedlungen der Hospites – so im Fall des „Bergfleckens" Großschlatten (*Abrud-Oraş/Abrudbánya*) mit dem alten Ring und einer etwas neueren Straße. Gerade in Großschlatten lagerten sich um das Bergbauzentrum jedoch unregel-

---

[1000] D. Prodan, *Iobăgia în sec. XVI*, Bd. II, S. 70, 257; C. Suciu, *Dicţionar istoric al localităţilor din Transilvania*, Bd. I, Bucureşti 1967, S. 53; J. Fridvalszky, *Minero-logia ...*, S. 203.
[1001] S. dazu: J. Fridvaldszky, *Minero-logia ...*, S. 45, 55, 66, 77; L. J. Marienburg, *Geographie des Großfürstenthums Siebenbürgen*, Bd. II, Hermannstadt 1813, S. 50, 65, 69, 90, 136.
[1002] *Călători străini ...*, Bd. I, S. 490.
[1003] *Călători străini ...*, Bd. I, S. 490.
[*] Vortrag bei der Tagung des Arbeitskreises für Siebenbürgische Landeskunde, Leoben/Steiermark 2002 (gekürzt).

mäßig verteilte Höfe in unmittelbarer Nähe der Förderstätten z. B. in Korna/ Corna, Kirnik/Cârnic oder Goldbach/Roşia Montana. Deren Anteil am Siedlungsbestand des Raumes hat zweifellos im Laufe der Zeit zugenommen.

Im Fall des Bergfleckens Großschlatten haben wir es typologisch mit einer Hospitessiedlungen zu tun, ebenso in Frauenbach/Baia Mare (später Neustadt): Hier wie dort bildet den Kern der Anlage ein großzügig ausgebildeter Ring; Mittelberg/Baia Sprie, Altenberg/Baia de Criş und Eisenburg/Rimetea sind ebenfalls durch Formen dieser Art kennzeichnet, dann auch Thorenburg/Turda, Deesch/Dej und Salzburg/Ocna Sibiului. In all diesen Orten hat sich die von den Hospites geprägte Anlage gut erhalten. Im Falle anderer Ortschaften ist dieses nur in geringerem Maße der Fall – etwa in Seck/Sic, aber auch in Rodenau/Rodna oder Offenburg/Baia de Arieş, vor allem aber in Salzdorf/Ocna Dejului, Kloosmarkt/Cojocna beziehungsweise Kleinschlatten/Zlatna.

Dabei spielte die Entwicklung des Bergbaues, seine Kontinuität und Diskontinuität eine entscheidende Rolle. Diese führte mitunter zu temporären Wüstungsvorgängen, d. h. zu einem vollständigen oder nahezu vollständigen Auflassen von Siedlungen für eine gewisse Zeit. Eindeutig sind diese Vorgänge im Fall von Rodenau, wo das Desinteresse an der Silberförderung um 1450 zeitweilig zu einem weitgehenden Verlassen des Ortes führte und ebenso in Offenburg, wo ein großes Grubenunglück die Aufgabe der Ortschaft bedingte.

Häufiger waren jedoch partielle, temporäre Wüstungsvorgänge beziehungsweise ein allmählicher Bevölkerungsaustausch durch Zuzug aus dem Umland; der Grund dafür konnte in demographischen Vorgängen liegen, wie sie vom südsiebenbürgischen Königsboden bekannt sind, oder in wirtschaftlichen Entwicklungen (mangelndes Interesse des Besitzers an den Gruben, widrige äußere Umstände u. a. m.). Der Bevölkerungswechsel war häufig mit Veränderungen der sozialen Lage der Bergleute verbunden sowie mit deren geänderter Lebensform. Dieses sowie eine kulturelle Beeinflussung drückte sich in der Siedlungsart aus.

Die Folge waren Überlagerungen verschiedenartiger Siedlungsformen. Dabei verschwanden die Vorgängersiedlungen in Thorenburg und Salzburg vollständig. Meist blieben jedoch deren Spuren insoweit erhalten, indem sich die neueren Siedlungsformen in die alte Struktur eingliederten.

Manchmal haben wir es mit einmaligen Überlagerungen zu tun – etwa in einem Stadtteil von Deesch, wo in einer relativ späten Phase regelmäßige Parzellierungen auf Einödflurblöcken einer Vorsiedlung erfolgten, so dass wir es hier wohl mit einer Übernahme wirtschaftlich-kulturell bedingter Formen auch durch die ansässige Bevölkerung zu tun haben – dieses unter dem starken Einfluss der Hospites. Den umgekehrten Vorgang finden wir in Salzdorf und Kloosmarkt. Dort sind Hospites urkundlich des Öfteren erwähnt, doch findet sich im Grundrissgefüge der Orte keinerlei Spur von deren Siedlung. Da ein totaler Wüstungsvorgang auszuschließen ist, könnten die Hospites von Anbeginn weniger zahlreich als in anderen Fällen gewesen sein und nur eine Oberschicht der Bevölkerung gebildet haben; so belegte auch ihre Siedlung unter Umständen nur eine kleinere Fläche und konnte eher verschwinden; auch monumentale Kirche haben sich hier nicht erhalten – obwohl gerade Kloosmarkt Sitz eines Archidiakons war.

Festzuhalten sind auch doppelte Überlagerungen. In Rodenau gab es im 13.-14. Jh. gewiss eine regelmäßige Parzellierung wie sie in Hospitessiedlungen anzutreffen ist; bei der Neuanlage entstanden Einödflurblöcke – wie das in Gebirgsgegenden üblich war. In diese gliederte sich dann wieder eine regelmäßigere Parzellierung ein. Wir haben es also zunächst mit einem Bevölkerungswechsel zu tun, dann mit einer Änderung von Lebensgewohnheiten – vielleicht auch bedingt durch einen neuerlichen Zuzug von Bergleuten. Im Bergflecken Kleinschlatten/Zlatna fand ein andersartiger Vorgang statt: Die regelmäßigere Parzellierung des Bergortes gliederte sich wohl in unregelmäßigere Einödflurblöcke ein, wurde aber später, zumal in Randbezirken wieder von unregelmäßigeren Formen durchsetzt: Es gab also zunächst einen Zuzug einer neuen Bevölkerung, dann eine allmähliche Zuwanderung aus dem Umland und eine langsame Änderung von Lebensgewohnheiten.

Die *Morphologie gesamter Ortschaften* ist im Fall der Bergreviere ebenfalls wichtig. Während Städte im westlichen Mitteleuropa oft aus mehreren getrennten Stadtteilen bestehen, beziehungsweise aus mehreren Siedlungen bestanden, die mitunter sogar eine verschiedene Rechtslage hatten (Altstadt, Neustadt u. a. m.), sind solche Fälle in Siebenbürgen selten anzutreffen – häufiger aber im Falle der Bergstädte, was auf deren komplexe Genese hinweist.

Nur manchmal bestehen die Bergorte aus einer einzigen Siedlung – so im Falle Mittelbergs oder Altenbergs. Wie bei vielen Handwerksorten Siebenbürgens sind im Grundrissgefüge öfters zwei Siedlungen kenntlich – eine Vorsiedlung und eine Hospitessiedlung –, die jedoch unter dem gleichen Namen erscheinen und in deren Fall wir keine Kenntnis einer einstigen Gliederung haben, so in Deesch und vermutlich in Eisenburg/Rimetea.

Wir kennen jedoch auch eindeutigere Abgrenzungen von Siedlungen mit verschiedenen Namen. In Neustadt muss in einer Frühzeit zwischen zwei Hospitessiedlungen – Frauenbach und †Sachsenberg/Baia Săsar – unterschieden werden und in Kleinschlatten zwischen dem Dorf und dem Bergflecken (das eine war wohl eine Niederlassung von Viehzüchtern, das andere eine Ansiedlung von Bergleuten). Noch ausgeprägter ist die Trennung im Fall Großschlattens. Dort sind noch in der Josephinischen Landesaufnahme die getrennten Gemarkungen von Dorf und Bergflecken eingezeichnet, und im Grundbuch sind die Flurnamen des Dorfes rumänisch bzw. slawisch geprägt, die des Bergortes nicht (offenbar ist der Bergort kurz vor 1320 auf der Gemarkung des Dorfes angelegt worden, das 1271 unter dem Namen „*terra Obruth*" erwähnt wurde und aus dessen Gebiet die neue Gemarkung herausgetrennt wurde.)

Die komplexeste Lage finden wir jedoch in Thorenburg, das in einer frühen Zeit wohl eine ganz besondere Bedeutung hatte. Dort kann zwischen mehreren Siedlungen mit ursprünglich getrennten Gemarkungen, anderen Rechtslagen und getrennten Verwaltungen unterschieden werden – ein Sachverhalt, der sonst nirgends in Siebenbürgen anzutreffen ist: Es handelt sich um Alt-Thorenburg, Neu-Thorenburg, das Kreuzritterdorf („*villa Cruciferorum*"), ein Kirchendorf („*Egyházfalva*") und †Sankt Nikolaus („*Szent Miklós*"); zusätzlich ist auch noch eine Besitzung des siebenbürgischen Bischofs erwähnt. Mit dieser Struktur lässt sich Thorenburg nur mit Großwardein/Oradea vergleichen.

Hinsichtlich der Siedlungstypen innerhalb einer Gesamtortschaft können verschiedene Kombinationen festgehalten werden. Einerseits gab oder gibt es Siedlungsgebilde auf einstigen Einödblockfluren (Streusiedlungen) neben zeilenmäßigen Anlagen (Straßendörfern), so in Großschlatten und Deesch, andererseits aber auch zeilenmäßige Anlagen neben anderen gleichartigen Siedlungen – in Thorenburg (sämtliche erwähnten Einzelsiedlungen), in Kleinschlatten (die Ansiedlung aus der Zeit Gabriel Bethlens neben dem Bergflecken) und einstmals in Frauenbach und †Sachsenberg.

Bauten als Zeugen der Entwicklung sind in diesen Ausführungen ebenfalls zu erwähnen.

Dabei kommt den Kirchen eine besondere Bedeutung zu. Diese weisen zunächst auf die Entstehungszeit der Bergorte hin. Walter Horwath zeigte in einer wichtigen Arbeit[1004] einen solchen Zusammenhang für gewöhnliche Siedlungen, dieser trifft aber auch für Bergorte in dem Maße zu, in dem die ursprünglichen Bauten nicht verschwunden sind (Kloosmarkt, Salzdorf) oder durch neuere ersetzt wurden (Alt-Thorenburg). In diesen Orten gab es einstmals gewiss romanische Kirchen – möglicherweise sogar aus der Zeit vor der Ansiedlung der Hospites (was auch eine spätere Beseitigung der relativ unansehnlichen, kleinen Bauten erklären würde). Die älteste romanische Kirche, welche noch vor der Ansiedlung der Hospites entstanden ist, über die wir jedoch Bescheid wissen (obwohl auch diese abgetragen wurde), gab es in Deesch. Ebenfalls eine romanische Kirche, die jedoch auf die Hospites zurückgeht, hat sich in Salzburg erhalten (ihr entspricht eine Ansiedlungszeit Mitte des 12. Jhs.). Auf Hospites geht gewiss auch der spätromanische Bau in Seck zurück (wo, dem Kirchenstil entsprechend, die Hospites in der zweiten Hälfte des 12. Jhs. ansässig geworden sein dürften). Eine Ruine eines frühgotischen Baues steht in Rodenau, und diese spricht für eine Ansiedlungszeit um 1200.

[1004] W. Horwath, *Die Landnahme des Altlandes im Lichte der Kirchenbauten*, in „Siebenbürgische Vierteljahrsschrift", Bd. 59, 1936.

In den anderen Orten – etwa in Neustadt, Großschlatten, Kleinschlatten, Altenberg oder Eisenburg – gibt oder gab es spätgotische Bauten, die für eine Siedlungsgründung um oder nach 1300 sprechen.

Es fehlen genauere Untersuchungen bezüglich des Zusammenhangs zwischen der einstigen Größe des Bergortes und jener der Kirche – wie es sie für gewöhnliche Orte gibt.[1005] Eindeutig sprechen jedoch die kleinen Ausmaße der Rodenauer Ruine für eine geringere Bevölkerung – es handelte sich dort um eine Basilika, ursprünglich mit einem Chor, einem Querschiff, einem sehr kurzen Langhaus und zwei Türmen. Eine vergleichbare Größenordnung hat die Saalkirche in Kleinschlatten, während jene in Großschlatten etwas größer ist. Besonders weiträumig war die einstige Kirche in Neustadt – eine zweischiffige Hallenkirche mit einem Turm; diese weist eindeutig auf eine viel größere Stadt hin.

Nicht nur Zeugen der Größe, sondern auch der Entwicklung sind die zahlreicheren Kirchen in zwei Orten: In Deesch entstand neben der schon erwähnten sehr alten ungarischen Kirche ein größerer gotischer Bau des Hospites, und dieser wurde schließlich noch erweitert; auch eine Klosterkirche kam hinzu. Noch komplexer ist die Lage in Thorenburg. Wie erwähnt wurde in Alt-Thorenburg gewiss eine romanische Pfarrkirche durch einen größeren gotischen Bau ersetzt; andere Pfarrkirchen kamen in Kirchendorf und in Neu-Thorenburg hinzu, ebenso ein großer Bau als Kreuzritterkirche. Andererseits ist gerade die Kirchenruine in Rodenau auch ein Zeuge des einstigen Niedergangs der Bergstadt.

Jenseits der Kirchenbauten ist die Vielzahl der urkundlich erwähnten öffentlichen Bauten Rodenaus ein Beweis der frühen Bedeutung dieser Ortschaft. Selbst wenn eine gründliche Untersuchung dazu noch aussteht, so spricht das Vorhandensein von verschiedenartigen Verkaufsständen, einem Schlachthof, einem Kuttelhof und anderer Einrichtungen eindeutig für einen fortgeschrittenen Stadtwerdungsprozess.

Aus dem relativen Reichtum der Urkunden gerade dieser Ortschaft, aber auch anderer Orte wie Frauenbach ergibt sich ein einprägsames Bild einstigen Lebens und der Entwicklung des Gepräges der Bergstädte Siebenbürgens im Mittelalter und in der frühen Neuzeit. Im Zentrum der Ortschaft befand sich der Marktplatz mit einem relativ geschlossenen Gepräge, unterschiedlich vielen Verkaufsständen und dem Rathaus, das oft nur ein einfacher Holzbau war – etwa in Deesch. In unmittelbarer Nähe des „Ringes" stand die Kirchenburg mit einer gemauerten Kirche, die von einem starken Holzzaun und einem Graben beziehungsweise einer Steinmauer mit Graben umgeben war.

[1005] P. Niedermaier, *Siebenbürgische Kirchenburgen als Teil von Siedlungsstrukturen. Widerspiegelung der Bevölkerungsentwicklung in der Größe von Bauten*, in „Landesgeschichte als Herausforderung und Programm. Karlheinz Blaschke zum 70. Geburtstag", Hrsg. U. John, J. Matzerath, Leipzig, Stuttgart 1997.

Zunächst waren alle Häuser aus Holz. Aber schon im 13. Jh. gab es in Rodenau neben einem solchen Haus einen Steinturm, wobei beide in einem ringsum befestigten Hof standen. Noch vor 1300 ist dort auch schon ein größeres gemauertes Haus erwähnt, das als „Palast" bezeichnet wird.[1006] Die Zahl gemauerter Häuser ist dann im Bereich der Marktplätze etwas angewachsen, um in der frühen Neuzeit jedoch wieder zurückzugehen. Um 1700 waren die weitaus meisten Wohnbauten selbst in Neustadt nur aus Holz und mit einem relativ niedrigen Steinsockel.

Zu den Wohnbauten gehörten mitunter Erdställe, d. h. unterirdische wehrhafte Stollen und Kammern – so in Rodenau. Die Stadt in ihrer Gesamtheit war zunächst jedoch „offen", also unbefestigt. Früh entstanden jedoch vielerorts Verhaue aus Dornenhecken, Holz und Erde, zu denen auch gut gesicherte Durchgänge gehörten – so dass man etwa in Thorenburg auch von einem Bereich „außerhalb der Stadttore" sprechen konnte. Nur in Frauenbach wurden diese einfacheren Verhaue jedoch Mitte des 14. Jhs. durch massive hölzerne Stadtbefestigungen ersetzt, später durch Stadtmauern mit Türmen.

Außer Kirchenburgen (z. B. in Rodenau und Deesch) oder einer stark befestigten klosterartigen Niederlassung (in Thorenburg) konnte es noch andere befestigte Bereiche in oder außerhalb der Bergorte geben. Ein befestigter Hof in Rodenau wurde schon erwähnt, und gewiss war es nicht die einzige derartige Anlage in einem solchen Ort. In Neustadt war in späterer Zeit die Berg- und Münzkammer von einer Mauer mit einem Torturm umgeben, aber Burgen außerhalb des Weichbildes, die mehr oder weniger vom Ort entfernt lagen, gab es auch sonst – so wird im 13. Jh. im Falle Rodenaus z. B. von möglicherweise zu bauenden Burgen auf Bergen rings um die Stadt gesprochen.

Innerhalb einer allgemeinen Einheitlichkeit muss jedoch die große, nicht nur geländebedingte, sondern auch geschichtlich, wirtschaftlich, sozial und ethnisch zu erklärende Vielfalt des Gesamtbildes der Bergorte unterstrichen werden.

All dieses zeigt, dass die Kenntnis des Bergbaus mit den zugehörigen Siedlungen und in seinen vielfältigen Zusammenhängen mit der politischen Geschichte und wirtschaftlichen Entwicklung für das Verständnis des Mittelalters und der frühen Neuzeit notwendig ist. Dieses gilt im Besonderen für Siebenbürgen, wo der Bergbau seit jeher eine große Bedeutung hatte.

[1006] Letztmals darüber: K. Gündisch, *Rodenau im 13. Jh. und das Rodenauer Bergrecht*, in: „Silber und Salz in Siebenbürgen", Bd. I, Bochum 2002, S. 66–68.

ANHANG

Verzeichnis der Abbildungen

Abb. 1. Kirchdrauf und das Zipser Haus von hinter dem Zipser Kapitel
Abb. 2. Häusergruppe in Georgenberg
Abb. 3. Wachstumsrhythmus in verschiedenen Gebieten vor 1337
Abb. 4. Bevölkerungsentwicklung zwischen den Jahren 500 und 1000 n. Chr.
Abb. 5. Gang der dichteren Besiedlung der Walachei
Abb. 6. Gang der dichteren Besiedlung in der Moldau
Abb. 7. Anteil der Wüstungen an der Gesamtzahl der Ortschaften
Abb. 8. Ansiedlungen des Ersten Großen Schwabenzuges
Abb. 9. Ansiedlungen des Zweiten Großen Schwabenzuges
Abb. 10. Anteil der Deutschen an der Gesamtbevölkerung verschiedener Komitate, 1890
Abb. 11. Entwicklung des Verhältnisses zwischen Äckern, Grünland und Unland
Abb. 12. Deutsch-Weißkirch, beiläufige Entwicklung der Gemarkungsnutzung
Abb. 13. Hahnbach, Orientierungsskizze
Abb. 14. Hahnbach, Dorfkern
Abb. 15. Heltau in der Josephinischen Landesaufnahme
Abb. 16. Heltau, Orientierungsskizze
Abb. 17. Heltau, Dorfkern
Abb. 18. Thalheim, Orientierungsskizze
Abb. 19. Burgberg, Orientierungsskizze
Abb. 20. Kastenholz in der Josephinischen Landesaufnahme (Ausschnitt)
Abb. 21. Kastenholz, Orientierungsskizze
Abb. 22. Kastenholz, Dorfkern
Abb. 23. Gierelsau, Orientierungsskizze
Abb. 24. Großschenk, Orientierungsskizze
Abb. 25. Großschenk, Dorfkern
Abb. 26. Großschenk, ältester Teil der rumänischen Siedlung
Abb. 27. Braller, Orientierungsskizze

Abb. 28. Zied, Orientierungsskizze
Abb. 29. Zied, Dorfkern
Abb. 30. Zied, ältester Teil der rumänischen Siedlung
Abb. 31. Werd, Orientierungsskizze
Abb. 32. Werd, Dorfkern
Abb. 33. Seiburg, Orientierungsskizze
Abb. 34. Hamruden, Orientierungsskizze
Abb. 35. Streitfort, Orientierungsskizze
Abb. 36. Streitfort, Dorfkern
Abb. 37. Katzendorf, Orientierungsskizze
Abb. 38. Katzendorf, Dorfkern
Abb. 39. Dobring, Orientierungsskizze
Abb. 40. Kelling, Orientierungsskizze
Abb. 41. Roseln, Orientierungsskizze
Abb. 42. Roseln, Dorfkern
Abb. 43. Henndorf, Orientierungsskizze
Abb. 44. Trappold, Orientierungsskizze
Abb. 45. Schaas, Orientierungsskizze
Abb. 46. Schaas, Dorfkern
Abb. 47. Deutsch-Kreuz, Orientierungsskizze
Abb. 48. Reußmarkt, alter Bereich des Dorfes
Abb. 49. Großschenk um 1160
Abb. 50. Grundrissschemata zeilenmäßiger Anlagen
Abb. 51. Mühlbach, Verhältnis zwischen Häuserzeile und Freiraum
Abb. 52. Klausenburg, Veränderung des Marktplatzes
Abb. 53. Platzanlagen mit einer unbebauten Front (Bistritz, Hermannstadt)
Abb. 54. Kronstadt, Umgestaltung eines Marktplatzes
Abb. 55. Frühe geschlossene Platzanlagen (Broos, Klausenburg, Frauenbach)
Abb. 56. Bistritz, Staffelung von Straßenbreiten
Abb. 57. Kronstadt, Verbindung zwischen Stadtgebieten
Abb. 58. Schäßburg, kommpositionelle Schwerlinie
Abb. 59. Mediasch, ovale Begrenzungen von Pazellengruppen
Abb. 60. Schäßburg, Verhaue und Tore im einstigen Stadtbild
Abb. 61. Marktstraßen siebenbürgischer Städte (Bistritz, Klausenburg)
Abb. 62. Wichtige Straßen siebenbürgischer Städte (Klausenburg, Bistritz)
Abb. 63. Hermannstadt, Entwicklung der Frontenführung eines Platzes
Abb. 64. Verwerfungen in Straßenfronten (Schäßburg, Kronstadt)
Abb. 65. Schäßburg, Bauten vor 1225
Abb. 66. Schäßburg um 1225
Abb. 67. Schäßburg, Bauten um 1225
Abb. 68. Schäßburg um 1340
Abb. 69. Schäßburg, Bauten um 1340
Abb. 70. Schäßburg, Bauten um 1425

Verzeichnis der Abbildungen

Abb. 71. Schäßburg um 1425
Abb. 72. Schäßburg, Bauten um 1550
Abb. 73. Schäßburg um 1550
Abb. 74. Großwardein, Dombereich um 1240
Abb. 75. Heltau um 1225
Abb. 76. Heltau um 1240
Abb. 77. Kronstadt, Innere Stadt um 1275
Abb. 78. Sächsisches Fachwerkhaus nach den Erkenntnissen von H. Phleps
Abb. 79. Schäßburg, Rekonstruktion eines Fachwerkhauses nach Grabungsergebnissen
Abb. 80. Hermannstadt, Böbelhaus in der Reispergasse
Abb. 81. Hermannstadt, Altembergerhaus um 1473
Abb. 82. Hermannstadt, Ausbau des einstigen Altembergerhauses durch Johann Lulay
Abb. 83. Hermannstadt, Altes Rathaus um 1600
Abb. 84. Bistritz, Goldschmiedehaus
Abb. 85. Hermannstadt, Fleischerlauben
Abb. 86. Kronstadt, Entwicklungsetappen des Rathauses
Abb. 87. Kronstadt, Rathaus, Hinterseite um 1600
Abb. 88. Kronstadt, Rathaus, Vorderseite um 1800
Abb. 89. Kelling, Siegfriedturm mit Burg um 1350
Abb. 90. Schäßburg, Entwicklung des Stundturmes
Abb. 91. Mediasch, Forkeschgässer Tor
Abb. 92. Kronstadt, Anlage des Katharinentores um 1600
Abb. 93. Kronstadt, Katharinentor
Abb. 94. Mediasch, Schmiedgässer Tor
Abb. 95. Mediasch, neues Schmiedgässer Tor
Abb. 96. Aneinandergereihte Räume
Abb. 97. Geschlossener Großraum
Abb. 98. Chorformen
Abb. 99. Westbegrenzung im Längsschnitt von Choranlagen
Abb. 100. Gewölbeformen
Abb. 101. Seitenapsiden und Seitenkapellen
Abb. 102. Ausleuchtung eines romanischen Kirchenraumes
Abb. 103. Besondere Formen des Gemeinderaumes
Abb. 104. Langhäuser von Basiliken
Abb. 105. Eingangshallen
Abb. 106. Emporen in Großschenk
Abb. 107. Verhältnis zwischen Länge und Breite romanischer Kirchen
Abb. 108. Verhältnis zwischen Breite und Höhe romanischer Kirchen
Abb. 109. Niveauunterschied zwischen einzelnen Räumen
Abb. 110. Ausformung des Raumes kleiner Basiliken

Abb. 111. Ausformung des Raumes der Emporenbasilika in Großschenk
Abb. 112. Ursprüngliche Westfassade der Kirche in Klein-Kopisch
Abb. 113. Einfache Baukörper
Abb. 114. Baukörper einer komplexen Komposition
Abb. 115. Betonung des Westportals
Abb. 116. Deutsch-Weißkirch, Bauetappen der Kirche
Abb. 117. Bartholomae, ursprünglich geplanter und heutiger Grundriss
Abb. 118. Bartholomae, ursprünglich geplantes Gepräge der Basilika
Abb. 119. Bartholomae, Gepräge der heutigen Kirche
Abb. 120. Tartlau, Kirche im 13. Jh.
Abb. 121. Tartlau, Kirchenburg im 18. Jh.
Abb. 122. Tartlau, Gepräge der Kirchenburg im 20. Jh.
Abb. 123. Schäßburg, Vorgängerbauten der Bergkirche um 1280
Abb. 124. Schäßburg, Bergkirche um 1700
Abb. 125. Hermannstadt, Marienkirche um 1250
Abb. 126. Hermannstadt, Marienkirche um 1350
Abb. 127. Hermannstadt, Marienkirche um 1370
Abb. 128. Hermannstadt, Marienkirche um 1450
Abb. 129. Hermannstadt, Marienkirche um 1460
Abb. 130. Hermannstadt, Stadtpfarrkirche um 1830
Abb. 131. Reichersdorf, Längsschnitt durch die Basilika
Abb. 132. Reichersdorf, Gepräge der Basilika um 1800
Abb. 133. Mühlbach, Raumformen der Marienkirche
Abb. 134. Mühlbach, Mögliche Ausbildung der Mittelschiffjoche
Abb. 135. Schematische Querschnitte
Abb. 136. Mühlbacher Stadtpfarrkirche, Sicht gegen den Chor
Abb. 137. Mühlbacher Kirche Nordseite
Abb. 138. Klausenburg, ursprünglich begonnene und ausgeführte Michaelskirche
Abb. 139. Klausenburg, Michaelskirche
Abb. 140. Konstantinopel/Istanbul, Hagia Sophia
Abb. 141. Kloster Cozia, Hauptkirche, Längsschnitt
Abb. 142. Kloster Neamţ, Hauptkirche, Isometrische Darstellung des Innenraums
Abb. 143. Curtea de Argeş, Fürstenkirche des Heiligen Nikolaus
Abb. 144. Kloster Cozia, Hauptkirche, Grundriss
Abb. 145. Kloster Plumbuiţa
Abb. 146. Târgovişte, Kloster Dealu
Abb. 147. Kloster Neamţ, Hauptkirche
Abb. 148. Kirche in Gurasada
Abb. 149. Kirche in Răşinari
Abb. 150. Hermannstadt, Orthodoxe Kathedrale, Grundriss
Abb. 151. Hermannstadt, Orthodoxe Kathedrale, Hauptkuppel

Abb. 152. Hermannstadt, Orthodoxe Kathedrale, Naos
Abb. 153. Hermannstadt, Orthodoxe Kathedrale, Pronaos und Emporen
Abb. 154. Hermannstadt, Orthodoxe Kathedrale, Seitenschiff
Abb. 155. Hermannstadt, Orthodoxe Kathedrale, Hauptfassade
Abb. 156. Hermannstadt, Orthodoxe Kathedrale, Rückseite
Abb. 157. Hermannstadt, Mutmaßlicher Standort der alten Synagoge
Abb. 158. Hermannstadt, Grundriss des Gebäudes
Abb. 159. Hermannstadt, heutiges Gepräge des Gebäudes

Ortsnamenregister

Der Haupteintrag erfolgt nach dem gängigen deutschen Ortsnamen, es folgen der rumänische, der ungarische und gegebenenfalls Namen in anderen Sprachen. Bei Ortschaften außerhalb Rumäniens ist das Länderkennzeichen angeführt, bei Wüstungen ein Kreuz.

Abrud → Großschlatten
Abrudbánya → Großschlatten
Abrudfalva → Großschlatten
Abrudkerpenyes → Cărpiniş
Abrud-Oraş → Großschlatten
Abrud-Sat → Großschlatten
Abtsdorf (Ţapu, Csicsóholdvilág) 17, 53
Aciliu → Tetscheln
Agârbiciu → Arbegen
Agnetheln (Agnita, Szentágota) 17, 27, 53, 77, 352
Agnita → Agnetheln
Ágotakövesd → Käbesch
Aiud → Großenyed
Aknasugatag → Altemwerk
Alămor → Mildenburg
Alba Iulia → Weißenburg, Karlsburg
Albeşti → Weißkirch
Albeştii Bistriţei → Weißkirch
Alcina → Alzen
Aldorf → Wallendorf
Algyógy → Gergersdorf
Alkenyér → Unterbrodsdorf
Alma Vii → Almen
Almaşu Mare → Großalmasch
Almen (Alma Vii, Szászalmád) 54, 57, 59
Alsóbajom → Bonnesdorf
Alsófernezely → Fernesee
Alsóidecs → Niedereidisch
Alsósófalva → Ocna de Jos
Alsóváca → Vaţa de Jos
Altâna → Alzen
Altemwerk (Ocna Şugatag, Aknasugatag) 335

Altenberg (Baia de Criş, Körösbánya) 195, 379, 396–401, 403–408, 411, 413–415, 421, 432, 434–438, 440, 441, 443
Altsohl (Zvolen, Zólyom), SK 376, 404
Alt-Walddorf (Stara Lesna), SK 10
Alvinc → Unterwinz
Alzen (Alţâna, Alcina) 246, 256, 257, 294, 407
Amnaş → Hamlesch
Apold → Trappold
Apoldu de Jos → Kleinpold
Apoldu de Sus → Großpold
Appesdorf (Cluj-Mănăştur, Monostor) 129, 191
Apulum → Weißenburg
Arad (Arad, Arad) XXV, 129, 134, 135, 325
Aranyosbánya → Offenburg
Aranyospolyán → Pohlendorf
Arbegen (Agârbiciu, Szászegerbegy) 53, 54, 55, 56, 59
Archita → Arkeden
Argeş → Argesch
Argesch (Argeş) 298, 299, 300
Arkeden (Archita, Erked) 17
Asszonyfalva → Frauendorf
Aszúbeszterce → Kleinbistritz
Aţel → Hetzeldorf
Athos/Klöster (Áthos), GR 297, 300
Áthos → Athos
Avrig → Freck
Axente Sever → Frauendorf

Baaßen (Basna, Bázna) 53, 54, 55
Bacău 66
Bachnen (Bahnea, Bonyha) 17
Badlinen → Bethlen
Băgaciu → Bogeschdorf
Bagendorf → Schäßburg
Bahnea → Bachnen
Baia → Moldenmarkt
Baia de Aramă 132, 388
Baia de Arieş → Offenburg
Baia de Criş → Altenberg
Baia Mare → Frauenbach
Baia Mare → Neustadt
Baia Sprie → Mittelberg
Baierdorf (Crainimăt, Királynémeti) 17, 19
Băişoara → Kleingrub
Băiţa → Baizen
Băiţa → Ginsdorf
Băiţa → Pernseifen
Băiţa → Trestenburg
Băiţa de Sub Codru → Waschwerk
Băiuţ → Elisabethburg
Baizen (Băiţa, Mosóbánya) 415, 426
Bălcaci → Bulkesch
Bakabánya → Pukkanz
Balázsfalva → Blasendorf
Bamberg, D 224
Banská Bistrica → Neusohl
Banská Štiavnica → Schemnitz
Baráthely → Pretai
Barcarozsnyó → Rosenau
Bardejov → Bartfeld
Bärendorf (Beriu, Berény) 17
Bârghiş → Bürgesch
Bártfa → Bartfeld
Bartfeld (Bardejov, Bártfa), SK 9, 14
Basna → Baaßen
Bartolomeu → Kronstadt/Bartholomae
Batoş → Botsch
Bátos → Botsch

Bayerndorf (Dumbrava Nouă, Boérfalva) 413
Bázna → Baaßen
Beclean → Bethlen
Bécs → Wien
Beiuş (Belényes) 388
Belényes → Beiuş
Bendorfiana → Schäßburg/Bagendorf
Berény → Bärendorf
Berethalom → Birthälm
Berghin → Blutroth
Beriu → Bärendorf
Berve → Blutroth
Berzed → Brăzeşti
Bese → Peschendorf
Besenyő → Heidendorf
Beszterce → Bistritz
Besztercebánya → Neusohl
Bethlen (Beclean, Badlinen) 144
Biertan → Birthälm
Bihar → Biharea
Bihardiószeg → Diosig
Biharea (Bihar) 124, 129, 130, 320
Birk (Petelea, Petele) 17
Birnbaum (Ghirbom, Oláhgirbó) 17
Birthälm (Biertan, Berethalom) 12, 17, 27, 53, 54, 56, 59, 60, 226, 271, 373, 394, 401
Birtin (Birtin) 388, 415, 426
Bistriţa → Bistritz
Bistritz (Bistriţa, Beszterce) XXII, 2, 10, 13, 17, 21, 23, 38, 39, 42, 44–46, 76, 77, 124, 131, 132, 138–140, 142–148, 155, 158, 159, 161, 163, 164, 166, 168, 169, 185–187, 190, 193, 194, 196–201, 211–214, 262, 329, 341, 345, 348, 352, 368, 373, 375, 390, 394, 405, 407, 422, 425, 429, 438; Niederwallendorf 18, 19
Blaj → Blasendorf
Blasendorf (Blaj, Balázsfalva) 53

Blutroth (Berghin, Berve) 17, 53
Boérfalva → Bayerndorf
Bogeschdorf (Băgaciu, Szászbogács) 53, 54, 56, 57, 59, 79, 286
Boholc → Buchholz
Boholţ → Buchholz
Boian → Bonnesdorf
Boica → Pernseifen
Bolgárszeg → Kronstadt/Obere Vorstadt
Bolkács → Bulkesch
Bologna → Großwardein
Bolonya → Kronstadt/Blumenau
Bonnesdorf (Boian, Alsóbajom) 17, 53, 54, 55, 59
Bonţida → Bruck
Borberek → Burgberg b. Unterwinz
Borcut → Kaltbrunn
Borkút → Kaltbrunn
Boroskrakkó → Krakau
Botsch (Batoş, Bátos) 17, 53
Boz → Bußd
Brad → Tannenhof
Brădeni → Henndorf
Bradu → Girelsau
Braller (Bruiu, Brulya) 17, 77, 84, 92, 96, 99, 101, 102, 112–114, 117, 120
Bran → Törzburg
Braşov → Kronstadt
Braşovechi → Kronstadt/Altstadt
Brassó → Kronstadt
Bratei → Pretai
Bratilovu 388
Bratislava → Pressburg
Brăzeşti (Berzed) 413
Breslau (Wrocław), PL 214, 376
Broos (Orăştie, Szászváros) 5, 17, 29, 42, 44, 76, 124, 127, 131, 147, 156, 158, 168, 193, 196, 199, 201, 249, 338, 340, 342, 352, 368, 373, 425
Bruck (Bonţida, Bonchida) 249, 250, 338

Bruiu → Braller
Buchholz (Boholţ, Boholc) 17
Bucium (Bucsony) 387, 413, 416, 436, 437
Bucsony → Bucium
Bucureşti → Bukarest
Buda → auch Budapest
Budacu de Jos → Deutsch-Budak
Budapest, H 329
Bukarest (Bucureşti, Bukuresd) 65
Bukuresd → Bukarest
Bulkesch (Băgaciu, Bolkács) 17, 53, 54, 55, 59
Burgberg b. Hermannstadt (Vurpăr, Vurpód) 90, 91, 96, 102, 112, 113, 114, 116, 117, 119
Burgberg b. Unterwinz (Vurpăr, Borberek) 17, 38, 84, 131, 196, 328, 329, 330-332, 334, 336–343, 345, 348–353, 356, 363, 365, 369, 370, 371, 373
Bürgesch (Bârghiş, Bürkös) 77
Bürkös → Bürgesch
Bußd (Boz) 17
Bußd (Buzd, Szászbuzd) 53, 54, 55
Buzd → Bußd

Căinel → Kainsdorf
Câlnic → Kelling
Câmpeni → Topesdorf
Câmpulung (Langenau) 64
Câmpulung pe Tisa → Langenfeld
Cărací (Kárács) 414
Caransebeş → Karansebesch
Cârnic → Kirnik
Cărpiniş (Abrudkerpenyes) 413, 437
Cârţa → Kerz
Caşolţ → Kastenholz
Căstău → Kastendorf
Caţa → Katzendorf
Cavnic → Kapnik
Cebe → Ţebea
Cenad → Tschanad

Cenade → Scholten
Černovcy → Czernowitz
Cetatea de Baltă → Kokelburg
Cetățeni 130
Chersig (Kőrösszeg) 34
Chintelnic → Kinteln
Chiraleș → Kyrieleis
Chirpăr → Kirchberg
Chust → Hust
Ciceu (Csicsó) 370
Ciceu → Csicsó
Český Těšin → Teschen
Cikmántor → Zuckmantel
Cincșor → Kleinschenk
Cincu → Großschenk
Cisnădie → Heltau
Cisnădioara → Michelsberg
Cloașterf → Klosdorf
Cluj-Mănăștur → Appesdorf
Cluj-Napoca → Klausenburg
Coconi 67
Codlea → Zeiden
Cojocna → Kloosmarkt
Constanța → Konstanza
Copșa Mare → Großkopisch
Copșa Mică → Kleinkopisch
Corna → Korna
Cotnari (Kotnari) 50
Coveș → Käbesch
Cozia/Kloster 298, 299, 300
Crainimăt → Baierdorf
Cricău → Krakau
Criș → Kreisch
Crișcior → Kreischquell
Cristian → Großau
Cristuru Secuiesc → Ungarisch-Kreuz
Criț → Deutsch-Kreuz
Csicsó (Ciceu) 348
Ciceu → Csicsó
Csicsóholdvilág → Abtsdorf
Csíkszereda → Szeklerburg
Cufoaia → Kothbach

Cund → Reußdorf
Cunța → Zekeschdorf
Curciu → Kirtsch
Curtea de Argeș 64
Czernowitz (Černovcy), UA 432

Dăbâca → Doboka
Daia → Thalheim
Darlac → Durles
Dârlos → Durles
Debrek (Dobricu Lăpușului, Lápos-debrek) 413
Decea (Marosdécse) 362, 364
Dedrad → Deutsch-Zepling
Dedrád → Deutsch-Zepling
Deesch (Dej, Dés) 8, 38, 40, 42–45, 124, 126, 130, 131, 133, 139, 141, 144, 151, 193, 196, 199, 322, 324–353, 355, 356, 359, 360–363, 365, 366–373, 394, 440–444
Dej → Deesch
Demsdorf (Densuș, Demsus) 250, 260
Demsus → Demsdorf
Densuș → Demsdorf
Dés → Deesch
Désakna → Salzdorf
Deutsch-Weißkirch (Viscri, Szászfehéregyháza) XXII, XXVIII, 84, 260, 262
Deutsch-Budak (Budacu de Jos, Szászbudak) 17, 19, 82, 83
Deutschendorf (Mintiu Gherlii, Szamosújvárnémeti) 326, 335
Deutschendorf (Poprad, Poprád), SK 11
Deutsch-Kreuz (Criț, Szászkeresztúr) 5, 7, 95, 103, 108, 113–115, 117
Deutsch-Zepling (Dedrad, Dedrád) 17
Deva → Diemrich
Déva → Diemrich

Diemrich (Deva, Déva) 27, 196
Diosig (Bihardiószeg) 48
Dipşa → Dürrbach
Dipse → Dürrbach
Disznópataka → Schweinsbach
Dobârca → Dobring
Doboka (Dăbâca, Doboka) 43, 53, 94, 123, 124, 129, 130, 191, 324, 375
Doboka → Doboka
Doborka → Dobring
Dobricu Lăpuşului → Debrek
Dobring (Dobârca, Doborka) 17, 96, 101, 102, 113, 117
Dobschau (Dobsiná, Dobsina), SK 377
Dobsina → Dobschau
Dobsiná → Dobschau
Dolmány → Thalheim
Domáld → Maldorf
Donnersmarkt (Mănărade, Monora) 17, 53
Dorna Vatra (Vatra Dornei) 146
Dorolea → Kleinbistritz
Draas (Drăuşeni, Homoróddaróc) 20, 29
Draşov → Troschen
Drassó → Troschen
Drăuşeni → Draas
Drobeta Turnu Severin → Turnu Severin
Dumbrava → Kleindebrezen
Dumbrava Nouă → Bayerndorf
Dumbrăveni → Eppeschdorf
Dumitra → Mettersdorf
Dumitrița → Waltersdorf
Dupuş → Tobsdorf
Durles (Dârlos, Darlac) 17, 53, 54, 55, 59
Dürrbach (Dipşa, Dipse) 17, 19

Eberfeld (Târgu Lăpuş, Magyarlápos) 385, 412

Ecel → Hetzeldorf
Ecsellő → Tetscheln
Eger → Erlau
Egyházfalva → Thorenburg
Eisch (Fântânele, Újős) 17
Eisenberg → Eisenburg
Eisenburg (Rimetea, Torockó, Eisenberg) 379, 391, 393, 394, 397, 399, 403–407, 415–417, 426, 432, 437–441, 443
Elisabethburg (Băiuț, Kohóvölgy) 385, 412, 425
Elisabethstadt → Eppeschdorf
Elsterdorf (Sereca, Szereka) 17
Enyed → Großenyed
Eperies (Prešov, Eperjes), SK 11
Eperjes → Eperies
Eppeschdorf (Dumbrăveni, Erzsebetváros, Elisabethstadt) 17
Erked → Arkeden
Erlau (Eger), H 326
Erzsebetváros → Eppeschdorf
Etschdorf (Iernuțeni, Radnótfája) 17
Eunebach (Inău, Ünőmező) 413

Fadcsád → Fedsched
Făgăraş → Fogarasch
Făget → Fedsched
Falkendorf (Şoimoş, Marossolymos) 403
Fânațe (Fonóháza) XXVIII
Fântânele → Eisch
Fântânele → Schweinsbach
Farkastelke → Furkeschdorf
Fedsched (Făget, Facsád) 64
Fehéregyháza → Weißkirch
Feisa → Füssen
Feketehalom → Zeiden
Feldioara → Marienburg
Felek → Freck
Felkenyér → Oberbrodsdorf
Felldorf (Filitelnic, Fületelke) 53
Felsőbánya → Mittelberg

Felsőfernezely → Friesendorf
Felsőidecs → Obereidisch
Felsősófalva → Ocna de Sus
Felsőszászújfalu → Oberneudorf
Felsőtatárlaka → Taterloch
Felvinc → Oberwinz
Fonóháza → Fânațe
Fenyőfalva → Girelsau
Fernesee (Ferneziu, Alsófernezely) 412, 422, 437
Ferneziu → Fernesee
Filitelnic → Felldorf
Firiza → Friesendorf
Fişer → Schweischer
Fofeldea → Hochfeld
Fogaras → Fogarasch
Fogarasch (Făgăraş, Fogaras) 27, 125, 134, 196, 425
Földvár → Marienburg
Frankfurt aM, D 5
Frauenbach (Baia Mare, Nagybánya) 3, 6, 38, 42, 44, 46, 122, 131–133, 143, 157, 158, 193, 195, 196, 198, 199, 201, 206, 374, 377, 378, 381, 384, 386, 388–408, 440, 441–444; Sachsenberg (Săsar) † 378, 384, 388–394, 406, 441, 442; → auch Neustadt
Frauendorf (Axente Sever, Asszonyfalva) 53–56, 59
Freck (Avrig, Felek) XXI, 83, 303
Freiberg, D 5, 149, 379
Friesendorf (Firiza, Felsőfernezely) 385, 412, 422
Furkeschdorf (Farkastelke) † 75
Fületelke → Felldorf
Füssen (Feisa, Küküllőfajsz) 17

Gelnica → Göllnitz
Geoagiu de Jos → Gergersdorf
Georgenberg (Spišska Sobota, Szepes-Szombat), SK 13
Gerdály → Gürteln

Gergelyfája → Gergeschdorf
Gergersdorf (Geoagiu de Jos, Algyógy) 249, 250
Gergeschdorf (Ungurei, Gergelyfája) 17, 53
Geroldsdorf (Tăuții de Sus, Misztótfalu) 384, 391, 393
Ghelari (Gyalár) 374, 379, 406, 409, 415
Gheorgheni → Niklasmarkt
Gherdeal → Gürteln
Gherla → Neuschloß
Ghinda → Windau
Ghirbom → Birnbaum
Gießhübel → Mühlbach
Ginsdorf (Băița, Mezőbányica) 17
Gîrbova → Urwegen
Girelsau (Bradu, Fenyőfalva) 17, 91, 93, 102, 113, 114, 117
Gladen (Gledin, Gledény) 17
Gledény → Gladen
Gledin → Gladen
Gogan → Gugendorf
Gógán → Gugendorf
Goldbach (Roşia Montana, Verespatak) XXV, 387, 413, 414, 416, 418–421, 440
Goleşti XXIX
Göllnitz (Gelnica), SK 5, 404
Görgényoroszfalu → Reußdorf
Görgénysóakna → Salzhau
Grappendorf (Groape, Groppa) 413
Groape → Grappendorf
Groppa → Grappendorf
Großalisch (Seleuş, Nagyszőllős) 53
Großalmasch (Almaşu Mare, Nagyalmás) 397, 414, 415, 418, 421, 436, 437
Großau (Cristian, Kereszténysziget) 17, 53–56, 58, 60, 84, 294
Großeidau (Viile Tecii, Kolozsnagyida) 17

Großendorf (Mărişelu, Sajónagyfalva) 17, 19
Großenyed (Aiud, Nagyenyed) 44, 45, 125, 134, 141, 348, 373, 399, 425
Großkopisch (Copşa Mare, Nagykapus) 17, 53, 54, 55
Großlasseln (Laslea, Szászszentlászló) 53
Großlogdes (Ludoş, Nagyludas) 17
Groß-Lomnitz (Velká Lomnica, Nagy-Lomnicz), SK 10
Großpold (Apoldu de Sus, Nagyapold) 17, 53–56, 58
Großprobstdorf (Târnava, Nagyekemező) 53–58, 77
Groß-Schemlak (Şemlacu Mare, Nagyszemlak) 130
Großschenk (Cincu, Nagysink) 27, 29, 34, 75, 77, 85, 92, 94, 95, 102, 112, 113, 114, 117–119, 122, 124, 173, 239, 247, 248, 253–258, 260, 263, 294
Großscheuern (Şura Mare, Nagycsűr) 17, 394
Großschlatten (Abrud) 5, 149, 195, 198, 378, 379, 385–400, 404–407, 409, 413–419, 421, 424, 425, 428, 430, 432–439, 441–443; Abrud-Oraş (Abrudbánya) 439; Abrud-Sat (Abrudfalva) 378, 386, 401, 437
Großschogen (Şieu, Nagysajó) 17
Großwardein (Oradea, Nagyvárad) 37, 38, 124, 129, 130, 134, 136, 167, 180, 329, 337, 371, 390, 442; Bologna 37; Olosig (Olazi) 37, 136; Velenţa (Velencze) 37; Wardein (Oradea, Várad) 135–137, 141, 142
Grubendorf (Ocnişoara, Kisakna) 335, 371, 372

Gugendorf (Gogan, Gógán) 17
Gurasada → Gurasaden
Gurasaden (Gurasada, Guraszáda) 250, 301, 302
Guraszáda → Gurasaden
Gürteln (Gherdeal, Gerdály) 77, 106
Guşteriţa → Hammersdorf
Gyalár → Ghelari
Gyergyószentmiklós → Niklasmarkt
Gyula (Ineu, Jenő) 408
Gyulafehérvár → Weißenburg, Karlsburg

Hahnbach (Hamba, Kakasfalva) 17, 87, 90, 102, 112, 117, 118
Halitsch, UA 144
Halmagen (Hălmeag, Halmágy) 120, 262
Halmágy → Halmagen
Hălmeag → Halmagen
Halwelagen (Hoghilac, Holdvilág) 17, 53
Hamba → Hahnbach
Hamlesch (Amnaş, Omlás) 17, 53, 54, 55, 56, 57, 58
Hammersdorf (Guşteriţa, Szenterzsebet) 17, 245, 248, 251, 258
Hamruden (Homorod, Homoród) 93, 96, 102, 113, 117, 118
Harcó → Hărţău
Harina → Mönchsdorf
Hârlău 50
Hărţăgani → Herzogdorf
Hărţău (Harcó) 250
Haţeg → Hatzeg
Hátszeg → Hatzeg
Hatzeg (Haţeg, Hátszeg) 27
Hégen → Henndorf
Heidendorf (Viişoara, Besenyő) 17, 19, 23, 81

Heltau (Cisnădie, Nagydisznód) 17, 27, 34, 51, 84, 88–90, 99–102, 110, 112, 113, 116–118, 122, 127, 132, 181, 239, 245, 252, 258, 263, 273, 315, 352, 373, 438
Henndorf (Brădeni, Hégen) 94, 103, 104, 113, 114, 117, 118, 120
Hercegány → Herzogdorf
Herina → Mönchsdorf
Hermannsdorf → Hermannstadt
Hermannstadt (Sibiu, Nagyszeben) XXIV, XXV, XXVII, XXVIII, XXX, 2–6, 8, 12, 16, 17, 21, 29, 39, 42–44, 46, 51, 59, 124, 125, 127, 129, 131, 132, 135, 138, 144, 145, 147–150, 154–156, 161, 163, 164, 166, 167, 169, 173, 184–190, 192–197, 198, 199, 200, 201, 204–211, 212, 214, 215–216, 249, 252, 255, 263, 271–285, 286, 287, 303–317, 340, 342, 348, 352, 368, 381, 390, 392, 398, 399, 400–402, 409, 410, 419, 423–426, 429, 430
Hermány → Kastenholz
Herzogdorf (Hărțăgani, Hercegány) 414, 421, 437
Hetzeldorf (Ațel, Ecel) 17, 53, 54, 55, 59, 76, 226, 278
Hochfeld (Fofeldea, Hóföld) 17, 24
Hóföld → Hochfeld
Hoghilac → Halwelagen
Holcmány → Holzmengen
Holdvilág → Halwelagen
Hollomütz (Holmniča), PL 10
Holmniča → Hollomütz
Holzmengen (Hozman; Holcmány) 17, 120
Homorod → Hamruden
Homoród → Hamruden
Homoróddaróc → Draas
Hosszúaszó → Langenthal
Hosszúmező → Langenfeld

Hozman → Holzmengen
Hunedoara → Hunyad
Hunyad (Hunedoara, Vajdahunyad) 48, 124, 130, 134, 387, 397, 415, 417, 426
Hust (Chust, Huszt), UA 335, 339, 359, 370, 371, 372
Huszt → Hust

Iacobeni → Jakobsdorf
Iași → Iassy
Iassy (Iași) 66, 149
Ideciu de Jos → Niedereidisch
Ideciu de Sus → Obereidisch
Iernuțeni → Etschdorf
Ighișu Nou → Sächsisch Eibesdorf
Ighiu → Krapundorf
Iglau (Jihlava), CZ 376, 380
Igló → Zipser Neudorf
Ineu → Eunebach
Ineu → Gyula
Irmesch (Ormeniș, Szászörményes) 53, 84
Istanbul, TR 304, 311
Istanbul → auch Konstantinopel

Jaad (Livezile, Jád) 17, 19, 79
Jabenița → Salzhau
Jád → Jaad
Jakabfalva → Jakobsdorf
Jakobsdorf (Iacobeni, Jakabfalva) 17, 53, 77
Jeica → Schelken
Jelna → Senndorf
Jenő → Gyula
Jibert → Seiburg
Jidvei → Seiden
Jihlava → Iglau
Jimbor → Sommerburg
Johannisdorf (Sântioana, Sajószentiván) 17, 19, 53
Jupa/Tibiscum † (Zsuppa) 129

Käbesch (Coveş, Ágotakövesd) 77
Kaca → Katzendorf
Kainsdorf (Căinel, Kajanel) 414
Kajanel → Kainsdorf
Kakasfalva → Hahnbach
Kaltbrunn (Borcut, Borkút) 412
Kapnik (Cavnic, Kapnikbánya) 396, 406; Kapnic Oberstadt 412, 427, 430, 439
Kapnikbánya → Kapnik
Karács → Căraci
Karánsebes → Karansebesch
Karansebesch (Caransebeş, Karánsebes) 37, 39, 44, 64, 132, 136, 141, 142, 188, 364, 371
Karlsburg (Alba Iulia, Gyulafehérvár) 8, 190, 312; → auch Weißenburg
Karpfen (Krupina, Korpona), SK 376
Kaschau (Košice, Kassa), SK 8, 9, 11, 148, 425
Käsmark (Kežmarok, Késmárk), SK 10, 11, 13, 147
Kassa → Kaschau
Kastendorf (Căstău, Kásztó) 17, 92
Kastenholz (Caşolţ, Hermány) 17, 91, 93, 102, 113, 114, 116, 122
Kásztó → Kastendorf
Katzendorf (Caţa, Kaca) 94, 100, 102, 113, 115, 117, 122
Keisd (Saschiz, Szászkézd) 27, 53, 352
Kelling (Câlnic, Kelnek) 17, 34, 48, 53–56, 58, 94, 102, 103, 113, 117, 221–223, 394
Kelnek → Kelling
Kentelke → Kinteln
Kerc → Kerz
Keresd → Kreisch
Kereszténysziget → Großau
Kerlés → Kyrieleis
Kerz (Cârţa, Kerc) 262, 263

Késmárk → Käsmark
Kézdivásárhely → Szekler Neumarkt
Kežmarok → Käsmark
Kiev → Kiew
Kiew (Kiev), UA 144, 297
Kinteln (Chintelnic, Kentelke) 17
Királynémeti → Baierdorf
Kirchberg (Chirpăr, Kürpöd) 17, 117, 247, 251
Kirchdrauf (Spišské Podhradie, Szepes-Váralja), SK 12; Zipser Haus (Spišsky Hrad) 12; Zipser Kapitel (Spišsky Kapitula) 12
Kirnik (Corna, Cârnic, Szarvaspatak, Korna) 386, 440
Kirtsch (Curciu, Küküllőkőrös) 53, 54, 55, 59, 286
Kisakna → Grubendorf
Kisapold → Kleinpold
Kisbánya → Kleingrub
Kiscsűr → Kleinscheuern
Kisdebrecen → Kleindebrezen
Kisdemeter → Waltersdorf
Kisdisznód → Michelsberg
Kisekemező → Kleinprobstdorf
Kisenyed → Kleinenyed
Kisfehéregyház → Weißkirch
Kiskapus → Kleinkopisch
Kisprázsmár → Tarteln
Kissajó → Kleinschogen
Kisselyk → Kleinschelken
Kisselyk → Kleinschenk
Kisszentlászló → Kleinlasseln
Kisszőllős → Kleinalisch
Kistorony → Neppendorf
Kiszsolna → Senndorf
Klausenburg (Cluj-Napoca, Kolozsvár) 5, 8, 9, 39, 42–44, 46, 52, 124, 129–131, 137, 138, 144, 145, 148, 152, 154, 156, 158, 163, 164, 167, 169, 185–187, 189, 191–193, 195–200, 282, 286, 291,

293–296, 322, 329, 340, 342, 348, 349, 350, 352, 368, 389, 394, 400, 401, 424, 427; Appesdorf (Mănăştur, Monostor) 242, 249, 250; Napoca † 129
Kleinalisch (Seleuş, Kisszőllős) 53
Kleinbistritz (Dorolea, Aszúbeszterce) 17, 19, 79, 83
Kleindebrezen (Dumbrava, Kisdebrecen) 412
Kleinenyed (Sîngătin, Kisenyed) 17
Kleingrub (Băişoara, Kisbánya) 397, 399–402, 405–407, 411, 413, 437–439
Kleinkopisch (Copşa Mică, Kiskapus) 258, 259
Kleinlasseln (Laslău Mic, Kisszentlászló) 53, 75
Kleinmühlbach (Sebeşel, Sebeshely) 17, 18
Kleinpold (Apoldu de Jos, Kisapold) 18, 60
Kleinprobstdorf (Târnăvioara, Kisekemező) 54, 55, 59
Kleinschelken (Şeica Mică, Kisselyk) 53–56, 59
Kleinschenk (Cincşor, Kisselyk) 18
Kleinscheuern (Şura Mică, Kiscsűr) 18
Kleinschlatten (Zlatna, Zalatna) 378, 379, 386, 387, 397, 414, 415, 417, 419, 421, 422, 425–427, 429, 433, 435, 437–443; Zlatna Sat 415; Zlatna Oraş 415; → auch Vulcoi
Kleinschogen (Şieuţ, Kissajó) 18
Kloosmarkt (Cojocna, Kulusakna) 38, 130, 319, 323, 325, 327–330, 332, 333, 335, 336, 339, 340, 342, 344, 345, 348–353, 356, 359, 360, 364, 366, 369–374, 407, 440–442
Klosdorf (Cloaşterf, Miklóstelke) 122
Kőhalom → Reps

Kohópatak → Kothbach
Kohóvölgy → Elisabethburg
Kokelburg (Cetatea de Baltă, Küküllővár) 18, 124, 130, 241, 252
Kolozsvár → Klausenburg
Kolozsnagyida → Großeidau
Konca → Zekeschdorf
Konstantinopel (heute Istanbul) 6, 179, 295, 296, 297, 302, 303, 306, 311
Konstantinopel → auch Istanbul
Konstanza (Constanţa) 149
Körmöcbánya → Kremnitz
Körösbánya → Altenberg
Kőrösszeg → Chersig
Korpona → Karpfen
Košice → Kaschau
Kothbach (Cufoaia, Kohópatak) 412
Kotnari → Cotnari
Krakau (Cricău, Boroskrakkó) 18, 19, 50, 385, 386
Krakau (Kraków), PL 144, 148
Kraków → Krakau
Krapundorf (Ighiu, Magyarigen) 18, 19, 50, 385, 386
Kreisch (Criş, Keresd) 53
Kreischquell (Crişcior, Kristyor) 396, 397, 404, 406, 413, 437
Kremnica → Kremnitz
Kremnitz (Kremnica, Körmöcbánya), SK 5, 9, 149, 376, 407, 410, 425
Kreuzritterdorf → Thorenburg
Kristyor → Kreischquell
Kronstadt (Braşov, Brassó) XXVI, 2, 4, 5, 8, 21, 39, 41, 42, 44, 46, 51, 124, 125, 128, 131, 132, 138, 143–145, 148, 149, 152, 156, 159, 162, 164, 165–167, 169, 171, 173, 182–187, 189, 192–197, 198, 199, 200, 216–227, 228–231, 270, 282, 240, 352, 368, 390, 400, 425, 429; Altstadt (Braşovechi, Óbrassó) 186;

Bartholomae (Batolomeu)
XXVII, 7, 186, 262–266, 294;
Blumenau (Plomena, Bolonya)
186; Obere Vorstadt (Şchei,
Bolgárszeg) 186
Krupina → Karpfen
Küküllőfajsz → Füssen
Küküllőkőrös → Kirtsch
Küküllőmagyarós → Maniersch
Küküllővár → Kokelburg
Kulusakna → Kloosmarkt
Kund → Reußdorf
Kürpöd → Kirchberg
Kutna Hora → Kuttenberg
Kuttenberg (Kutna Hora), CZ 5, 148, 379
Kyrieleis (Chiraleş, Kerlés) 17

Lámkerék → Langendorf
Lancrăm → Langendorf
Langenau → Câmpulung
Langendorf (Lancrăm, Lámkerék) 4, 18, 24
Langenfeld (Câmpulung pe Tisa, Hosszúmező) 327, 335, 337, 339, 341, 360, 363, 368, 373
Langenthal (Luncoi, Lunkoj) 436, 437
Langenthal (Valea Lungă, Hosszúaszó) 18, 53, 84
Láposdebrek → Debrek
Laslău Mare → Rumänisch-Lasseln
Laslău Mic → Kleinlasseln
Laslea → Großlasseln
Lechinţa → Lechnitz
Lechnitz (Lechinţa, Szászlekence) 18, 19, 23, 53, 81, 82
Lemberg (L'vov), PL 144, 329
Leoben, A 439
Leschkirch (Nocrich, Újegyház) 29, 76, 124
Leutschau (Levoča, Lőcse), SK 11
Leuven (Louven), B 5

Levoča → Leutschau
Lipova → Lippa
Lippa (Lipova, Lippä) 48, 136, 139, 336, 337, 340–343, 363, 390, 408, 425
Livezile → Jaad
Lőcse → Leutschau
Logig → Ludwigsdorf
London, UK 374
Louven → Leuven
Ludoş → Großlogdes
Ludvég → Ludwigsdorf
Ludwigsdorf (Logig, Ludvég) 18
Lugoj → Lugosch
Lugos → Lugosch
Lugosch (Lugoj, Lugos) 48, 371
Lunca → Treßten
Luncoi → Langenthal
Lunkoj → Langenthal
Lupşa → Wolfsdorf
L'vov → Lemberg

Magaré → Magarei
Magarei (Pelişor, Magaré) 249
Măgheruş → Maniersch
Magyarigen → Krapundorf
Magyarlápos → Eberfeld
Maldorf (Viişoara, Domáld) 53
Malomárka → Minarken
Malomvíz → Râul de Mori
Mănărade → Donnersmarkt
Mănăştur → Klausenburg/Appesdorf
Maniersch (Măgheruş, Küküllőmagyarós) 53
Máramarossziget → Sighet
Marburg ad Lahn, D 266
Mardiş → Mardisch
Mardisch (Mardiş, Mardos) 54, 55, 59
Mardos → Mardisch
Marienburg (Feldioara, Földvár) 167
Mărişelu → Großendorf

Marktschelken (Șeica Mare,
  Nagyselyk) 54, 55, 56, 59
Marosdécse → Decea
Marosfelfalu → Pränzdorf
Marpod (Marpod, Márpod) 120, 124
Márpod → Marpod
Martinsberg (Șomartin,
  Mártonhegy) 18, 120
Martinsdorf (Metiș, Mártonfalva)
  76, 79
Mártonfalva → Martinsdorf
Mártonhegy → Martinsberg
Mártontelke → Mortesdorf
Mediaș → Mediasch
Mediasch (Mediaș, Medies) 18, 21,
  37, 46, 47, 52, 54, 56, 59, 76, 124,
  127, 132, 155, 161, 162, 167, 168,
  185, 195, 196, 198, 199, 200, 226–
  228, 231–233, 352, 368, 373, 394,
  407
Medies → Mediasch
Mehadia (Mehádia) 415
Mehádia → Mehadia
Mercheașa → Streitfort
Mergeln (Merghindeal, Morgonda)
  18
Merghindeal → Mergeln
Meschen (Moșna, Muzsna) 18, 53,
  59, 60, 226
Metéora → Meteora
Meteora/Klöster (Metéora), GR 297
Metiș → Martinsdorf
Mettersdorf (Dumitra,
  Nagydemeter) 18, 19, 53
Mezőakna → Ocnița
Mezőbányica → Ginsdorf
Michelsberg (Cisnădioara,
  Kisdisznód) 18, 243, 245, 248,
  249, 251, 253, 254, 255, 256, 259,
  261, 273, 294, 315
Michelsdorf (†) 77
Michelsdorf (Veseuș,
  Szásznagyvesszős) 18, 53

Miechow (Mjechow), PL 214
Miercurea Ciuc → Szeklerburg
Miercurea Sibiului → Reußmarkt
Miereschhall (Ocna Mureș, Ujvár)
  319, 335
Mikelsdorf (Sânnicoară, Szamos-
  szentmiklós) 338
Miklóstelke → Klosdorf
Mildenburg (Alămor, Alamor) 18
Minarken (Monariu, Malomárka)
  18, 19, 79
Mintiu Gherlii → Deutschendorf
Mirkvásár → Streitfort
Mistrás → Mistra
Mistra (Mistrás) †, GR 147, 179
Misztótfalu → Geroldsdorf
Mittelberg (Baia Sprie, Felsőbánya)
  131, 374, 378, 391, 394, 396, 404,
  407, 408, 416–418, 420, 422, 425,
  428, 429, 431–436, 438–441
Mjechow → Miechow
Moldenmarkt (Baia) 143, 398
Moldovenești (Várfalva) 130
Moldovenești (Várfalva) 333
Monariu → Minarken
Mönchsdorf (Herina, Harina) 34,
  239, 241, 245, 247, 251, 254–257,
  261
Monora → Donnersmarkt
Monostor → Appesdorf
Monostor → Klausenburg/
  Appesdorf
Morgonda → Mergeln
Morisena → Tschanad
Marossolymos → Falkendorf
Marosvásárhely → Neumarkt
Mortesdorf (Motiș, Mártontelke) 54,
  55, 57, 58
Moskau (Moskva), RUS 147, 297
Moskva → Moskau
Moșna → Meschen
Mosobánya → Baizen
Mosóbánya → Waschwerk

Motiş → Mortesdorf
Mühlbach (Sebeş, Szászsebes) XXV, 4, 10, 17, 18, 29, 42, 44, 45, 76, 81, 124, 127, 131, 140, 149, 153, 155, 161, 171, 184, 185, 193, 195–197, 200, 247, 248, 262, 288–291, 292, 293, 338, 340, 342, 348, 352, 368, 373, 375, 394; Gießhübel † 17, 19, 46
München, D 169
Munkačevo → Munkács
Munkács (Munkačevo), UA 425
Musna → Meschen

Nadeş → Nadesch
Nadesch (Nadeş, Szásznádas) 53
Nádpatak → Rohrbach
Nagyalmás → Großalmasch
Nagyapold → Großpold
Nagybánya → Neustadt
Nagybánya → Frauenbach
Nagybaromlak → Wurmloch
Nagycsanád → Tschanad
Nagycsűr → Großscheuern
Nagydemeter → Mettersdorf
Nagydisznód → Heltau
Nagyekemező → Großprobstdorf
Nagyenyed → Großenyed
Nagykapus → Großkopisch
Nagy-Lomnicz → Groß-Lomnitz
Nagyludas → Großlogdes
Nagylupsa → Wolfsdorf
Nagysajó → Großschogen
Nagyselyk → Marktschelken
Nagysink → Großschenk
Nagyszeben → Hermannstadt
Nagyszemlak → Groß-Schemlak
Nagyszőllős → Großalisch
Nagytalmács → Talmesch
Nagyvárad → Großwardein
Napoca → Klausenburg
Năsăud → Nassod
Nasdorf (Stănija, Sztanizsa) 414

Nassod (Năsăud, Naszód) 329
Naszód → Nassod
Neamţ Kloster 298, 301
Neithausen (Netuş, Netus) 77
Nemes → Nimesch
Nemşa → Nimesch
Neppendorf (Turnişor, Kistorony) 18
Netus → Neithausen
Netuş → Neithausen
Neudorf (Nou, Szászújfalva) 18, 259
Neudorf (Spišská-Nova Ves, Igló), SK 11
Neumarkt (Târgu Mureş, Marosvásárhely) 8, 39, 42, 44, 124, 128, 133, 134, 144, 185, 189, 199, 200, 201, 329, 368, 373, 425
Neuschloss (Gherla, Szamosújvár) 144
Neusohl (Banská Bistrica, Besztercebánya), SK 5, 8, 407
Neustadt (Baia Mare, Nagybánya) 172, 374, 385, 409–412, 416–418, 420–436, 438, 440, 443, 444;
Neustadt → auch Frauenbach
Neu-Thorenburg
Niedereidisch (Ideciu de Jos, Alsóidecs) 18
Niklasmarkt (Gheorgheni, Gyergyószentmiklós) 27
Nimesch (Nemşa, Nemes) 53, 54, 57, 59
Nocrich → Leschkirch
Nou → Neudorf
Nürnberg, D 149, 207

Ópálos → Păuliş
Oberbrodsdorf (Vinerea, Felkenyér) 18
Obereidisch (Ideciu de Sus, Felsőidecs) 18

Oberneudorf (Satu Nou,
   Felsőszászújfalu) 18, 19
Oberwinz (Unirea, Felvinc) 328,
   329, 362
Óbrassó → Kronstadt/Altstadt
Ocna de Jos (Alsósófalva) 335
Ocna de Sus (Felsősófalva) 335
Ocna Dejului → Salzdorf
Ocna Mureş → Miereschhall
Ocna Sibiului → Salzburg
Ocna Şugatag → Altemwerk
Ocnişoara → Grubendorf
Ocniţa (Mezőakna) 18, 319, 335, 344
Oderhellen (Odorheiu Secuiesc,
   Székelyudvarhely) 124, 189, 355
Odorheiu Secuiesc → Oderhellen
Ofen (Buda; → auch Budapest), H
Offenburg (Baia de Arieş, Aranyos-
   bánya) 122, 131, 193, 196, 379,
   387–394, 396–407, 409, 413, 418,
   422, 424, 428, 430, 435–438, 440
Oláhgirbó → Birnbaum
Oláhszentlászló → Rumänisch-Las-
   seln
Olazi → Großwardein/Olosig
Omlás → Hamlesch
Opole → Oppeln
Oppeln (Opole), PL 425
Oradea → Großwardein, Wardein
Óradna → Rodenau
Őraljaboldogfalva → Sântamărie-
   Orlea
Orăştie → Broos
Orlad → Orlat
Orlád → Orlat
Orlat (Orlad, Orlád) 18, 19
Ormeniş → Irmesch
Orschova (Orşova, Orsova) 64
Orsova → Orschova
Orşova → Orschova
Ótorda → Thorenburg/Alt-Thoren-
   burg

Parajd → Praid
Paßbusch (Posmuş, Paszmos) 18
Paszmos → Paßbusch
Păuca → Törnen
Păugea → Puschendorf
Păuliş (Ópálos) 387
Pelişor → Magarei
Perkaß (Pricaz, Perkász) 18, 24
Perkász → Perkaß
Pernseifen (Băiţa, Boica) 379, 396,
   400, 403, 404, 406, 413, 414, 438,
   439
Perugia, I 147
Peschendorf (Stăjereni, Bese) 85
Petele → Birk
Petelea → Birk
Péterfalva → Petersdorf
Petersdorf (Petreşti, Péterfalva) 17,
   18
Petersdorf (Petriş, Petres) 19, 53
Petres → Petersdorf
Petreşti → Petersdorf
Petriş → Petersdorf
Petroşani → Petroscheni
Petroscheni (Petroşani, Petrozsény)
   134
Petrozsény → Petroscheni
Pintak (Pinticu, Szászpéntek) 18
Pintak (Slătiniţa, Pinták) 18, 19, 76
Pinták → Pintak
Pinticu → Pintak
Plomena → Kronstadt/Blumenau
Plumbuiţa 300
Pócstelek → Puschendorf
Podolin → Pudlein
Podolinec → Pudlein
Pohlendorf (Poiana,
   Aranyospolyán) 414, 437
Poiana → Pohlendorf
Poiana Sibiului (Pojána) 85
Pojána → Poiana Sibiului
Pókafalva → Törnen
Poprad → Deutschendorf

Poprád → Deutschendorf
Porkura → Schweinsdorf
Posen (Poznań), PL 428, 436
Posmuş → Paßbusch
Potaissa → Thorenburg
Poznań → Posen
Pozsony → Pressburg
Praid (Parajd) 322, 328, 335, 345, 356, 372
Pränzdorf (Suseni, Marosfelfalu) 18
Prázsmár → Tartlau
Prejmer → Tartlau
Prépostfalva → Probstdorf
Prešov → Eperjes
Pressburg (Bratislava, Pozsony), SK 8, 9
Pretai (Bratei, Baráthely) 18, 53, 54, 55, 59
Pricaz → Perkaß
Probstdorf (Stăjeriş, Prépostfalva) 77
Pudlein (Podolinec, Podolin), SK 11
Pukanec → Pukkanz
Pukkanz (Pukanec, Bakabánya), SK 407
Puschendorf (Păugea, Pócstelek) 53

Rădăuţi → Radauz
Radauz (Rădăuţi) 66
Rădeşti (Tompaháza) 245, 252, 255
Radnótfája → Etschdorf
Răhău → Reichenau
Râmnicu Vâlcea 64
Răşinari (Resinár) 302
Râşnov → Rosenau
Rätsch (Reciu, Szebenrécse) 18
Raul de Mori (Malomvíz) 34
Reciu → Rätsch
Reckenteck (Reteag, Retteg) 144
Reen (Reghin, Régen) 18, 23, 44, 76, 84, 124, 134, 188, 189, 373
Regen → Reen
Régen → Reen

Regensburg, D XXVII, 207
Reghin → Reen
Reghin Oraş → Reen
Rehó → Reichenau
Reichenau (Răhău, Rehó) 17, 18
Reichesdorf (Richiş, Riomfalva) 18, 53, 54, 56, 59, 285–288, 294
Reißdorf (Rişca, Riska) 405
Reps (Rupea, Kőhalom) 21, 27, 29, 124, 352, 438
Reschitz (Reşiţa, Resicabánya) 134
Resicabánya → Reschitz
Resinár → Răşinari
Reşiţa → Reschitz
Reteag → Reckenteck
Retteg → Reckenteck
Reußdorf (Cund, Kund) 18
Reußdorf (Solovăstru, Görgényoroszfalu) 53
Reußen (Ruşi, Rüsz) 53, 54, 55, 56, 58
Reußmarkt (Miercurea Sibiului, Szerdahely) 18, 27, 53–56, 58, 101, 109, 122, 394
Richiş → Reichesdorf
Rimetea → Eisenburg
Riomfalva → Reichesdorf
Rişca → Reißdorf
Riska → Reißdorf
Rodbav → Rohrbach
Rode (Zagăr, Zágor) 53, 124
Rodenau (Rodna, Óradna) XXV, 38, 40, 42, 44, 46, 47, 125, 131, 137, 143, 145, 192–194, 196, 214, 221, 262, 334, 336, 342, 375–377, 381–384, 389–391, 393, 394, 397, 399, 403–406, 410, 414, 418, 422, 424, 427, 429, 432, 433, 435, 437–439, 440, 441, 443, 444
Rodna → Rodenau
Rohrbach (Rodbav, Nádpatak) 18, 53, 120
Rohrbach (Trestia) 413, 417, 421, 437

Romos → Rumes
Romosz → Rumes
Rona (Róna) 346, 368, 371, 372
Róna → Rona
Roseln (Ruja, Rozsonda) 77, 94, 102, 104, 113, 114, 117
Rosenau (Râşnov, Barcarozsnyó) 75, 262, 373
Roşia → Rothberg
Roşia de Secaş → Rothkirch
Roşia Montana → Goldbach
Rothberg (Roşia, Veresmart) 18, 248
Rothenburg od Tauber, D 148, 169
Rothkirch (Roşia de Secaş, Székás-veresegyháza) 18
Rozsonda → Roseln
Ruda (Ruda) 396, 406, 407, 413, 420
Ruda → Ruda
Ruja → Roseln
Rumänisch-Lasseln (Laslău Mare, Oláhszentlászló)18, 75
Rumes (Romos, Romosz) 18, 50
Rupea → Reps
Ruşi → Reußen
Rüsz → Reußen

Săcel → Schwarzwasser
Sachsenberg → Frauenbach
Sächsisch Eibesdorf (Ighişu Nou, Szászivánfalva) XXVII, 53, 54, 59, 275, 286
Sächsisch Erkes † 18, 19
Sächsisch Regen (Reghin Oraş, Szászrégen) → Reen
Şaeş → Schaas
Sajómagyaros → Ungersdorf
Sajónagyfalva → Großendorf
Sajószentiván → Johannisdorf
Sajtény → Scheitin
Sălacea (Szalacs) 325, 328, 337
Sălişte (Szelistye) 414, 437
Sálya → Schaal
Salzbergwerk (Sóbánya) 371, 372

Salzburg (Ocna Sibiului, Vizakna) 18, 38, 245, 246, 258, 319, 323–326, 328–341, 343–346, 348–353, 355, 356, 359–361, 366, 367, 369, 371–373, 438, 440, 442
Salzdorf (Ocna Dejului, Désakna) 130, 131, 193, 196, 319, 320, 321, 323, 327–333, 335–342, 348–353, 355, 356, 359, 360, 363, 364, 366, 367, 370, 373, 394, 407, 440, 442
Salzhau (Jabenița, Görgénysóakna) 335
Sâmbăteni (Szombatfalva) 325
Sângeorz Nou → Sankt-Georgen
Sankt Georgen (Sfântu Gheorghe, Sepsiszentgyörgy) 124
Sankt-Georgen (Sângeorz Nou, Szászszentgyörgy) 18, 19, 53, 81
Sânnicoară → Mikelsdorf
Sântamărie-Orlea (Őraljaboldogfalva) 245
Sarmizegetusa (Ulpia Traiana, Várhely) 129
Şaroş pe Târnave → Scharosch ad Kokel
Săsar → Sachsenberg/Frauenbach
Saschiz → Keisd
Sathmar (Satu Mare, Szatmárnémeti) 136, 139, 320, 321, 328, 329, 337, 363, 377, 389
Satu Mare → Sathmar
Satu Nou → Oberneudorf
Schaal (Şoala, Sálya) 54–57, 59
Schaas (Şaeş, Segesd) 95, 103, 104, 107, 108, 113, 117, 122
Scharosch ad Kokel (Şaroş pe Târnave, Szászsáros)18, 53–55, 59, 275, 286
Schäßburg (Sighişoara, Segesvár) XXIV, XXVI, 13, 21, 44, 46, 76, 77, 120, 124, 127, 132, 138, 144, 154, 159, 161–163, 165–168, 172–179, 185–188, 190, 193–197, 199,

200, 202–203, 212, 214, 221, 223–226, 270–272, 341, 352, 368, 373, 394, 400, 407, 438; Bagendorf (Bendorfiana) † XXI
Şchei → Kronstadt/Obere Vorstadt
Scheitin (Şeitin, Sajtény) 325
Schelken (Jeica, Zselyk) 19
Schemnitz (Banská Štiavnica, Selmecbánya), SK 376, 382, 383, 404, 407, 415, 427, 434
Scholten (Cenade, Szászcsanád) 18, 53
Schönau (Şona, Sona) 18, 53
Schönbirk (Sigmir, Szépnyír) 18, 19
Schorsten (Şoroştin, Sorostély) 18, 53
Schwäbisch Gmünd, D 290
Schwarzwasser (Săcel, Szecsel) 15, 18
Schweinsbach (Fântânele, Disznópataka) 412
Schweinsdorf (Vălişoara, Porkura) 414
Schweischer (Fişer, Sövénység) 79, 83
Sebeş → Mühlbach
Sebeşel → Kleinmühlbach
Sebeshely → Kleinmühlbach
Seck (Sic, Szék) 38, 262, 326–330, 332, 335–338, 340, 343–346, 349, 351–353, 355, 356, 360, 366, 368, 369, 371–373, 440
Segedin (Szeged), H 325, 328, 337, 363
Segesd → Schaas
Segesvár → Schäßburg
Seiburg (Jibert, Zsiberk) 93, 98, 99, 101, 102, 117
Şeica Mare → Marktschelken
Şeica Mică → Kleinschelken
Seiden (Jidvei, Zsidve) 18, 53, 54, 55, 59
Şeitin → Scheitin

Seleuş → Großalisch
Seleuş → Kleinalisch
Selmecbánya → Schemnitz
Şemlacu Mare → Groß-Schemlak
Senereuş → Zendresch
Senndorf (Jelna, Kiszsolna) 18, 19, 83
Sepsiszentgyörgy → Sankt Georgen
Sereca → Elsterdorf
Sfântu Gheorghe → Sankt Georgen
Sibiu → Hermannstadt
Şibot → Unterbrodsdorf
Sic → Seck
Şieu → Großschogen
Şieu Măgheruş → Ungersdorf
Şieuţ → Kleinschogen
Sighet (Sighetul Marmaţiei, Mármarossziget) 327, 332, 339, 341–343, 352, 359, 360, 363, 366–373
Sighetul Marmaţiei → Sighet
Sighişoara → Schäßburg
Sigmir → Schönbirk
Sillein (Žilina, Zsolna), SK 376
Şimleul Silvaniei (Szilágysomlyó) 337
Sîngătin → Kleinenyed
Sîntioana → Johannisdorf
Slătiniţa → Pintak
Slimnic → Stolzenburg
Şoala → Schaal
Sóbánya → Salzbergwerk
Sofia (Sofija), BG 432
Sofija → Sofia
Sohodol (Szohodol) 386
Şoimoş → Falkendorf
Şoimoş → Solymos
Solovăstru → Reußdorf
Solymos (Şoimoş, Solymosvár) 48
Solymosvár → Solymos
Şomartin → Martinsberg
Sommerburg (Jimbor, Székelyzsombor) 18
Sona → Schönau

Şona → Schönau
Sorostély → Schorsten
Şoroştin → Schorsten
Sövénység → Schweischer
Spišska Sobota → Georgenberg
Spišká-Nova Ves → Zipser Neudorf
Spišské Podhradie → Kirchdrauf
Spišsky Hrad → Kirchdrauf/Zipser Haus
Spišsky Kapitula → Kirchdrauf/Zipser Kapitel
Spring (Şpring, Spring) 18
Şpring → Spring
Stăjereni → Peschendorf
Stăjeriş → Probstdorf
Stănija → Nasdorf
Stara Lesna → Alt-Walddorf
Stolzenburg (Slimnic, Szelindek) 53, 54–56, 58
Streitfort (Mercheaşa, Mirkvásár) 93, 99, 102, 115, 117, 118
Suceava → Szutschawa
Şura Mare → Großscheuern
Şura Mică → Kleinscheuern
Suseni → Pränzdorf
Szalacs → Sălacea
Szamosszentmiklós → Mikelsdorf
Szamosújvár → Neuschloß
Szamosújvárnémeti → Deutschendorf
Szarvaspatak → Kirnik
Szászalmád → Almen
Szászbogács → Bogeschdorf
Szászbudak → Deutsch-Budak
Szászbuzd → Bußd
Szászcsanád → Scholten
Szászegerbegy → Arbegen
Szászszentlászló → Großlasseln
Szászfehéregyháza → Deutsch Weißkirch
Szásziványfalva → Sächsisch Eibesdorf
Szászkeresztúr → Deutsch-Kreuz

Szászkézd → Keisd
Szászlekence → Lechnitz
Szásznádas → Nadesch
Szásznagyvesszős → Michelsdorf
Szászorbó → Urwegen
Szászörményes → Irmesch
Szászpéntek → Pintak
Szászrégen → Reen
Szászsáros → Scharosch ad Kokel
Szászsebes → Mühlbach
Szászszentgyörgy → Sankt-Georgen
Szásztörpény → Treppen
Szászújfalva → Neudorf
Szászváros → Broos
Szatmárnémeti → Sathmar
Szebenrécse → Rätsch
Szecsel → Schwarzwasser
Szeged → Segedin
Szék → Seck
Székásveresegyháza → Rothkirch
Székelykeresztúr → Ungarisch-Kreuz
Székelyudvarhely → Oderhellen
Székelyzsombor → Sommerburg
Szekler Neumarkt (Târgu Secuiesc, Kézdivásárhely) 124, 128, 188
Szeklerburg (Miercurea Ciuc, Csíkszereda) 124, 130
Szelindek → Stolzenburg
Szelistye → Sălişte
Szénaverős → Zendresch
Szentágota → Agnetheln
Szenterzsébet → Hammersdorf
Szentmiklós → Thorenburg
Szepes-Szombat → Georgenberg
Szepes-Váralja → Kirchdrauf
Szépnyír → Schönbirk
Szerdahely → Reußmarkt
Szereka → Elsterdorf
Szilágysomlyó → Şimleul Silvaniei
Szohodol → Sohodol
Szolnok, H 130, 337, 363

Szombatfalva → Sâmbăteni
Sztanizsa → Nasdorf
Szutschawa (Suceava) 143, 144, 166, 167, 329, 403

Táblás → Tobsdorf
Tács → Tatsch
Tălmaciu → Talmesch
Talmesch (Tălmaciu, Nagytalmács) 18, 143
Tannenhof (Brad, Brád) 396, 415, 426, 437
Țapu → Abtsdorf
Târgoviște 65, 166, 300
Târgu Lăpuș → Eberfeld
Târgu Mureș → Neumarkt
Târgu Secuiesc → Szekler Neumarkt
Târnava → Großprobstdorf
Târnăvioara → Kleinprobstdorf
Tărpiu → Treppen
Tarteln (Toarcla, Kisprázsmár) 18
Tartlau (Prejmer, Prázsmár) 27, 266–270, 294, 352, 373, 438
Tătărlaua → Taterloch
Taterloch (Tătărlaua, Felsőtatárlaka) 18
Tatsch (Tonciu, Tács) 19
Tăuții de Sus → Geroldsdorf
Teaca → Tekendorf
Țebea (Cebe) 405, 414
Teceu → Teutschenau
Técső → Teutschenau
Teke → Tekendorf
Tekendorf (Teaca, Teke) 15, 18, 53
Tekeújfalu → Treßten
Telek → Teliuc
Teliuc (Telek) 379, 406, 407
Temeschwar (Timișoara, Temesvár) XXIV, 37, 48, 64, 67, 134, 136, 138, 142, 167, 170, 348, 364
Temesvár → Temeschwar
Teschen (Český Těšín), CZ 376, 425
Tetscheln (Aciliu, Ecsellő) 18

Teutschenau (Teceu, Técső), UA 327, 335, 339, 359, 360, 371, 372, 373
Thalheim (Daia, Dolmány) 18, 81, 89, 90, 91, 96, 102, 104, 110, 116, 117, 122
Thorenburg (Turda, Torda) XXVI, 10, 13, 38, 40, 42, 44, 45, 123–126, 130, 131, 133, 141, 142, 192, 196, 319, 321–324, 326–331, 334–337, 339, 340, 341, 348, 352, 353, 355–357, 360–364, 366–374, 386, 438, 440, 442–444; Alt-Thorenburg (Turda Veche, Ótorda) 325, 326, 332–334, 339–342, 345, 346, 349, 351, 352, 442, 443; Egyházfalva 325, 326, 327, 332–334, 341, 368, 442; Kreuzritterdorf (villa Cruciferorum) 327, 332, 334, 442; Neu-Thorenburg (Turda Nouă, Újtorda) 325–327, 332–334, 339–341, 352, 365, 442, 443; Szentmiklós † 333, 442; Potaissa † 129
Tibiscum → Jupa
Țigmandru → Zuckmantel
Timișoara → Temeschwar
Tismana/Kloster 64
Toarcla → Tarteln
Tobsdorf (Dupuș, Táblás) 53
Tokaj, H 363
Tompaháza → Rădești
Tonciu → Tatsch
Topánfalva → Topesdorf
Topesdorf (Câmpeni, Topánfalva) 414
Topîrcea → Tschapertsch
Toporcsa → Tschapertsch
Törcsvár → Törzburg
Torda → Thorenburg
Tordavár → Moldovenești
Tordesch (Turdasch, Tordos) 18
Tordos → Tordesch
Törnen (Păuca, Pókafalva) 18, 53

Torockó → Eisenburg
Törzburg (Bran, Törcsvár) 143
Trappold (Apold, Apold) 53, 85, 95, 103, 104, 113, 114, 117
Treppen (Tărpiu, Szásztörpény) 18, 19, 53
Treßten (Lunca, Tekeújfalu) 18
Trestenburg (Băița) 396, 406
Trestia → Rohrbach
Trnovo (Veliko-Tărnovo), BG 432
Troschen (Drașov, Drassó) 18
Tschanad (Cenad, Nagycsanád) 64, 67, 129, 130, 135, 137, 167, 363; Morisena 129, 191
Tschapertsch (Topîrcea, Toporcsa) 18
Turda → Thorenburg
Turda Nouă → Thorenburg/ Neu-Thorenburg
Turda Veche → Thorenburg/ Alt-Thorenburg
Turdasch → Tordesch
Turnișor → Neppendorf
Turnu Severin 62

Ünőmező → Eunebach
Uila → Weilau
Újegyház → Leschkirch
Újős → Eisch
Újtorda → Thorenburg/ Neu-Thorenburg
Újvár → Miereschhall
Ulpia Traiana → Sarmizegetusa
Underten † 75
Ungarisch-Kreuz (Cristuru Secuiesc, Székelykeresztúr) 27
Ungersdorf (Șieu Măgheruș, Sajómagyaros) 18
Ungurei → Gergeschdorf
Unirea → Oberwinz
Unirea → Wallendorf
Unterbrodsdorf (Șibot, Alkenyér) 17, 18

Unterwinz (Vinţu de Jos, Alvinc) 18, 38, 84, 131, 193, 196, 328–332, 334, 336–340, 342, 345, 348–353, 356, 363, 365, 367–371, 373
Urwegen (Gîrbova, Szászorbó) 18, 48, 53, 56, 58

Vajdahunyad → Hunyad
Vajola → Weilau
Valchid → Waldhütten
Váldhíd → Waldhütten
Valea Lungă → Langenthal
Valea Viilor → Wurmloch
Vălișoara → Schweinsdorf
Vărd → Werd
Várfalva → Moldovenești
Várhely → Sarmizegetusa
Várad → Großwardein
Vața de Jos (Alsóváca) 415
Vatra Dornei → Dorna Vatra
Velența → Großwardein
Velenzce → Großwardein
Veliko-Tărnovo → Trnovo
Velká Lomnica → Groß-Lomnitz
Velţ → Wölz
Vérd → Werd
Veresmart → Rothberg
Verespatak → Goldbach
Vermes → Wermesch
Vermeș → Wermesch
Veseud → Zied
Veseuș → Michelsdorf
Vessződ → Zied
Viena → Wien
Viile Tecii → Großeidau
Viișoara → Heidendorf
Viișoara → Maldorf
Vinda → Windau
Vinerea → Oberbrodsdorf
Vingard → Weingardskirchen
Vingárd → Weingardskirchen
Vinţu de Jos → Unterwinz
Visc → Wißk

Viscri → Deutsch-Weißkirch
Visk → Wißk
Viskove → Wißk
Vizakna → Salzburg
Völc → Wölz
Volkány → Wolkendorf b Schäßburg
Vulcan (Zsilvajdejvulkán) 413
Vulcan → Wolkendorf b Schäßburg
Vulcoi (Vulkoj) 387
Vulkoj → Vulcoi
Vurpăr → Burgberg b Hermannstadt
Vurpăr → Burgberg b Unterwinz
Vurpód → Burgberg b Hermannstadt

Waldhütten (Valchid, Váldhíd) 53, 54, 55
Wallendorf (Unirea, Aldorf) 18, 19, 82
Waltersdorf (Dumitrița, Kisdemeter) 18, 19, 82
Waschwerk (Băița de Sub Codru, Mosóbánya) 397, 412, 413
Weilau (Uila, Vajola) 18
Weingardskirchen (Vingard, Vingárd) 18, 53
Weißenburg (Alba Iulia, Gyulafehérvár) 4, 31, 37, 40, 42, 43, 73, 123–127, 129, 130, 134–137, 144, 152, 167, 191–193, 196, 199–201, 224, 243, 244, 246, 252, 255, 257, 263, 324, 329, 334, 340, 342, 348, 352, 368, 369, 373, 379, 383, 386, 394, 407, 425, 438; Apulum † 41, 129; → auch Karlsburg
Weißkirch (Albești, Fehéregyháza) 18
Weißkirch (Albeștii Bistriței, Kisfehéregyház) 18, 19, 345
Weißkirch b Reußmarkt † 18, 19
Werd (Vărd, Vérd) 18, 50, 79, 93, 97, 102, 113, 117, 122
Wermesch (Vermeș, Vermes) 19, 79, 82
Wien (Viena, Bécs), A XXIV, 3, 4, 184, 432
Windau (Ghinda, Vinda) 18, 19
Winz → Unterwinz
Wißk (Visc, Visk, Viskove), UA 327, 335, 339, 370, 371, 372
Wolfsdorf (Lupșa, Nagylupsa) 404
Wolkendorf b Schäßburg (Vulcan, Volkány) 77
Wölz (Velț, Völc) 53, 54, 55
Wrocław → Breslau
Wurmloch (Valea Viilor, Nagybaromlak) 53, 54, 56, 59

Zagăr → Rode
Zágor → Rode
Zalatna → Kleinschlatten
Zalău → Zillenmarkt
Zeiden (Codlea, Feketehalom) 27, 80, 84, 407
Zekeschdorf (Cunța, Konca) 18
Zendresch (Senereuș, Szénaverős) 53
Zied (Veseud, Vessződ) 18, 50, 53, 79, 92, 96, 97, 102, 117, 120, 122
Zilah → Zillenmarkt
Žilina → Sillein
Zillenmarkt (Zalău, Zilah) 329, 337
Zlatna → Kleinschlatten
Zlatna Oraș → Kleinschlatten
Zlatna Sat → Kleinschlatten
Zólyom → Altsohl
Zselyk → Schelken
Zsiberk → Seiburg
Zsidve → Seiden
Zsilvajdejvulkán → Vulcan
Zsolna → Sillein
Zsuppa → Jupa
Zuckmantel (Țigmandru, Cikmántor) 53
Zvolen → Altsohl

Paul Philippi
Land des Segens?
Fragen an die Geschichte
Siebenbürgens und
seiner Sachsen

(Siebenbürgisches Archiv,
Band 39)
2008. XII, 394 S. Br.
ISBN 978-3-412-20048-0

Der evangelische Theologe und Kirchenhistoriker Paul Philippi hat sich über Jahrzehnte hin intensiv mit der Geschichte Siebenbürgens auseinandergesetzt. Kennzeichnend waren dabei nicht nur seine profunden Kenntnisse historischer Zusammenhänge und historischer Quellen, sondern vor allem die kritischen Fragen, die er zu stellen verstand. Dadurch konnten historische Interpretationen bestätigt, oft aber auch in Frage gestellt werden. Philippi ist es gelungen, neue Erkenntnisansätze über die Rolle der Sachsen im komplizierten Geflecht der Konfessionen, der politischen Stände und der ethnischen Nationen in Siebenbürgen aufzuzeigen und die Landesgeschichte – zumal ihre Religionspolitik – in den europäischen Zusammenhängen verständlich zu machen. Seine über sechs Jahrzehnte hin verstreut erschienenen Beiträge, zuletzt in seiner politischen Funktion als Vorsitzender des Gesamtverbandes der Deutschen in Rumänien entstanden, bieten überzeugende und anregende Zugänge zur Geschichte des südöstlichen Mitteleuropa.

URSULAPLATZ 1, D-50668 KÖLN, TELEFON (0221) 91390-0, FAX 91390-11

Siebenbürgisches Archiv
Archiv des Vereins für Siebenbürgische Landeskunde
Herausgegeben von Harald Roth und Ulrich A. Wien

– Eine Auswahl –

25: Heinz Heltmann (Hg.):
Naturwissenschaftliche Forschungen über Siebenbürgen IV.
1992. 434 S. 1 Kte. 65 Abb. Br.
ISBN 978-3-412-03892-2

29: Wolfgang Schuller (Hg.):
Siebenbürgen zur Zeit der Römer und der Völkerwanderung.
1995. VII, 276 S. Br.
ISBN 978-3-412-13394-8

34: Zsolt K. Lengyel u. Ulrich A. Wien (Hg.):
Siebenbürgen in der Habsburgermonarchie.
Vom Leopoldinum bis zum Ausgleich (1690–1867)
1999. VIII, 245 S. Br.
ISBN 978-3-412-05998-9

35: Heinz-Dietrich Löwe, Günther H. Tontsch u. Stefan Troebst (Hg.):
Minderheiten, Regionalbewußtsein und Zentralismus in Ostmitteleuropa.
2000. VIII, 238 S. Br.
ISBN 978-3-412-12799-2

36: Heinz Heltmann u. Hansgeorg von Killyen (Hg.):
Naturwissenschaftliche Forschungen über Siebenbürgen VI.
Beiträge zur Geographie, Botanik, Zoologie und Paläontologie.
2000. X, 305 S. 32 s/w-Abb. Br.
ISBN 978-3-412-03800-7

37: Ulrich A. Wien und Krista Zach (Hg.):
Humanismus in Ungarn und Siebenbürgen.
Politik, Religion und Kunst im 16. Jahrhundert.
2004. X, 240 S. Br.
ISBN 978-3-412-10504-4

38: Walter König:
»Schola seminarium rei publicae«. Aufsätze zu Geschichte und Gegenwart des Schulwesens in Siebenbürgen und in Rumänien. Als Festgabe zum 80. Geburtstag hrsg. v. Vorstand des Arbeitskreises für Siebenbürgische Landeskunde.
2005. XVI, 391 S. 1 s/w-Abb. auf Taf. Br.
ISBN 978-3-412-17305-0

39: Paul Philippi:
Land des Segens? Fragen an die Geschichte Siebenbürgens und seiner Sachsen
2008. XII, 394 S. Br.
ISBN 978-3-412-20048-0

URSULAPLATZ 1, D-50668 KÖLN, TELEFON (0221) 913900, FAX 9139011

Studia Transylvanica
Ergänzungsbände des Siebenbürgischen Archivs
Herausgegeben von Harald Roth und Ulrich A. Wien

– Eine Auswahl.
Band 25 ist vergriffen. –

26: Harald Zimmermann:
Der Deutsche Orden im Burzenland.
Eine diplomatische Untersuchung.
2001. XI, 246 S. 12 s/w-Abb. auf 8 Taf. Gb.
ISBN 978-3-412-10100-8

27: Meinolf Arens:
Habsburg und Siebenbürgen 1600–1605.
Gewaltsame Eingliederungsversuche eines ostmitteleuropäischen Fürstentums in einen frühabsolutistischen Reichsverband.
2001. XVI, 397 S. Gb.
ISBN 978-3-412-15600-8

28: Edit Szegedi:
Geschichtsbewußtsein und Gruppenidentität.
Die Historiographie der Siebenbürger Sachsen zwischen Barock und Aufklärung.
2002. VIII, 450 S. Gb.
ISBN 978-3-412-15901-6

29: Sorin Mitu:
Die ethnische Identität der Siebenbürger Rumänen.
Eine Entstehungsgeschichte.
2003. VIII, 354 S. Gb.
ISBN 978-3-412-16402-7

30: Lucian Boia:
Geschichte und Mythos.
Über die Gegenwart des Vergangenen in der rumänischen Gesellschaft.
2003. VII, 291 S. Gb.
ISBN 978-3-412-18302-8

31: Gerald Volkmer:
Die Siebenbürgische Frage (1878–1900).
Der Einfluß der rumänischen Nationalbewegung auf die diplomatischen Beziehungen zwischen Österreich-Ungarn und Rumänien.
2004. X, 390 S. Gb.
ISBN 978-3-412-04704-7

32: Johann Schneider:
Der Hermannstädter Metropolit Andrei von Şaguna.
Reform und Erneuerung der orthodoxen Kirche in Siebenbürgen und Ungarn nach 1848.
2005. XIII, 258 S. Gb.
ISBN 978-3-412-13505-8

33: Bianca Bican:
Die Rezeption Paul Celans in Rumänien.
2005. VII, 230 S. Gb.
ISBN 978-3-412-16605-2

34: Paul Milata:
Zwischen Hitler, Stalin und Antonescu.
Rumäniendeutsche in der Waffen-SS.
2007. XII, 349 S. 6 s/w-Abb. auf 4 Tafeln. Gb.
ISBN 978-3-412-13806-6

35: Cornelia Schlarb:
Tradition im Wandel.
Die evangelisch-lutherischen Gemeinden in Bessarabien 1814-1940.
2007. X, 669 S. mit 2 Karten. Gb.
ISBN 978-3-412-18206-9

36: Paul Niedermaier:
Städte, Dörfer, Baudenkmäler.
Studien zur Siedlungs- und Baugeschichte Siebenbürgens.
2008. XXX, 470 S. 159 s/w-Abb. Gb.
ISBN 978-3-412-20047-3

Ursulaplatz 1, D-50668 Köln, Telefon (0221) 91 39 00, Fax 91 39 011